임춘성 교수의

테크노 비즈니스 디자인

Techno Business Design

도서출판 청람

서문

이 책의 독자 여러분께

본 책 'Techno Business Design'(이하 TBD)는 흔한 책이 아닙니다. Techno Business라는 합성된 용어가 꽤 오랜 기간 우리에게 회자되어 왔지만, Techno와 Business 각 분야의 실질적인 합성은 그리 용이하지 않기 때문인 것 같습니다. 화두인 융합과 통섭의 줄기찬 노력도 그 결실을 보기에는 시간이 필요합니다.

그러나, 애플, 삼성전자, 페이스북 등과 같은 첨단기술기반 기업이 그들의 혁신적인 경영과 제품으로, 얼마나 우리의 생활을, 산업의 지도를, 사회의 흐름을 급격히 변화시키고 있는지는 더 첨언이 불필요합니다. 요컨대, 전통적인 기업의 경영과 사업의 기획이 이러한 Techno Business 형태로 탈바꿈하고 있으나, 정작 이를 뒷받침할 지식과 논리를 연구하고 교육하는 것이 턱없이 부족하다는 것입니다. 그래서 TBD를 집필하였습니다.

TBD는 TISSUE라 명명된 개념 모델을 근거로 구성되어 있습니다. TISSUE는 TBD의 6가지 핵심 구성요소, 즉 기술(T : Technology), 산업(I : Industry), 전략(S : Strategy), 서비스(S : Service), 고객(U : User), 환경(E : Environment)의 영문 앞자로 만들어졌습니다. Tissue라는 단어가 (세포 등으로 구성된) 조직, (가볍고 얇은) 종이와 같은 의미를 지녀, 시대에 흐름에 민감하게 흔들리는 Techno Business의 요소와 특성을 표현하기에 적합한 용어인 것 같기도 합니다.

Part Ⅰ : Techno Business와 TISSUE 모델은, 기술과 비즈니스의 융합현상과 Techno Business의 개념을 설명한 1장과, 기존의 관점들을 정리하고 이들과 대비된 Techno Business 분석의 새로운 접근방식으로서 TISSUE 모델을 소개한 2장을 포함하고 있습니다.

Part Ⅱ : Techno Business 컴포넌트는, TISSUE의 6가지 컴포넌트인 기술, 산업, 전략, 서비스, 고객, 환경 각각에 대한 총 6개의 장으로 구성되어 있습니다. 각 장은 해당 컴포넌트에 대하여 분류체계를 제시하고, 분석기법들을 나열하였으며, 또 주요 분석기법들에 대하여는 사례를 포함하여 비교적 자세히 설명하였습니다.

Part Ⅲ : Techno Bisiness 방법론과 사례는, 제9장에서 TISSUE의 6가지 컴포넌트들을 연계하여 연구개발된 Techno Business 통합분석방법론을 설명하였고, 제10장에서는 Techno Business 통합분석방법론을 활용하여 연세대학교 기업정보화연구센터(일명, ITR : IT Research & evaluation)가 직접 수행한 5가지 프로젝트 사례를 정리하였습니다.

Appendix : Techno Business 분석절차는, Part Ⅱ에서 설명한 TISSUE의 6가지 컴포넌트의 분석기법 각각에 대한 분석절차를 수록한 것입니다.

TBD의 내용은 대학의 교재로 유용합니다. 산업공학, 설계공학, 경영공학, 경영학, 창업벤처학 등 다양한 전공의 학부나 대학원 수업에 사용될 수 있게 하기 위하여 가급적 다수의 사례를 포함시켰습니다. 저의 경우는, 학부 전공 학생들로 하여금 현존하는 특정 기술과 해당 시장을 선정하여 비즈니스 모델을 수립해 보는 팀 프로젝트를 강의와 병행하여 진행하고 있습니다. TBD와 같은 내용은 실천 학습이 매우 중요하기 때문입니다.

TBD가 더욱 효과를 볼 수 있는 독자는 대학 밖에도 있습니다. 기술기반 사업을 기획하는 대기업과 중소기업의 실무자와 경영자 모두에게 유익하리라 판단됩니다. 비즈니스 모델을 개발하거나 벤처기업을 창업할 때, 폭넓은 시각과 속 깊은 수단이 되리라 생각합니다.

TBD를 연구하고 집필한 것은 당연히 많은 사람들의 열정과 노고로 이루어졌습니다. 1995년 연세대학교에 부임한 이후, 그간 함께 연구한 기업정보화연구센터 연구원 모두가 그 대상입니다. 대학원생으로서 욕심 많은 지도교수를 만나 무척 고생을 많이 시켰지만, 그래도 그만큼 배운 것도 많으리라 쉽게 생각해 왔던 것을, 이번 기회에 조금 만회해보려 합니다. 김인주, 윤취영, 서형식, 김상균, 고일석, 김상호, 이홍주, 조용주, 유은정, 전남주, 이창호, 최종화, 김병완 박사와, 이승창, 최자영, 이기형, 최석현, 고동환, 서종욱, 송문섭, 전동욱, 최상선, 김대욱, 김석태, 오범용, 양정환, 하준기, 김범용, 문영준, 박종식, 윤성철, 이선구, 진경수, 한정우, 황현정, 노주연, 박윤정, 송관의, 윤종일, 김진영, 김찬식, 변수길, 송치훈, 이상훈, 이진하, 임기만, 양은찬, 허남훈, 최봉균, 김대성, 황이현, 김학훈, 석지욱, 송기봉, 이상규, 이휘재, 정희조, 조만희, 박성순, 신현규, 윤응서, 이환수, 정규성, 김상윤, 나옥규, 배홍채, 송기보, 신현동, 정도범, 김동민, 허원영, 차종혁, 정세영, 황규하, 김재규, 민용헌, 최영준, 황용호, 배순학, 한진혁, 유상준, 이병율, 황집승, 박진섭, 박진우, 백남석, 손영대, 차정훈, 김태형, 조수현, 강수현, 신동훈 석사에게 고맙습니다. 특히, 전도가 유망한 젊은 나이에 먼저 세상을 떠난 제자 최영준이 보고 싶습니다.

한편, 까다로운 편집의 요구에도 기꺼이 응해주신 도서출판 청람의 이수영 사장님께 감사드리고, TBD의 보급에 도움을 주신 연세대학교 창업지원단 손홍규 단장에게도 감사의 마음을 표하고 싶습니다.

이 책을 직접 집필하는 데 관여한, 김민형, 양희정, 문형준, 백민호, 이승현, 김병건, 신선도, 배대정, 진종범, 장인수, 차정훈, 한동훈 박사과정과 이준희, 김종혁, 이충현, 변혜미, 천영준, 김광수, 김정훈, 김혜원, 김명춘 석사과정에게 감사합니다. 특별히, 최종화 박사와 김병건 박사과정의 수고가 많았습니다.

그간의 노력과 많은 도움에도 불구하고, TBD의 부족함을 인정하지 않을 수 없습니다. TISSUE가 포함하는 광범위한 영역과 방법론이 필요로 하는 현실적인 내용을, 대학의 일개 연구팀이 모두 만족시키기에는 한계가 있었습니다. 더욱이 'Design'은 구축과 활용으로 이루어져야 하기 때문에, 독자들에게 많은 몫을 남겨두게 되었습니다. 이 점 같은 분야를 고민하는 학문적 동질의식으로써 이해 부탁드립니다.

많은 분이 읽어주신 E-Business File(영진닷컴, 2000)에 이어, IT를 활용하여 기업 본연의 경쟁력을 향상시키는 방안을 제시한 기업정보화방법론/기업정보화워크북(커뮤니케이션북스, 2007)이 있었고, IT를 포함한 기술의 가치를 분석하여 비즈니스 모델을 개발하는 TBD까지 출간하게 되었습니다. 지난 20년 가까이 쉽지 않은 분야를 나름 열심이었던 대학교수로서, 교육하고 연구한 내용의 전문서적 집필을 일단락하니 교육자와 연구자 최소한의 소임 역시 일단락한 것 같아 기쁩니다. 사실 진정으로 기쁘고 감사한 이유는, 이제는 편하고 부담없는 마음으로 연구할 수 있겠구나 하는 마음이 들게 된 것임을 고백합니다.

2011년 4월 임춘성

leem@yonsei.ac.kr

차례

| Part I | Techno Business와 TISSUE 모델

| Part Ⅱ | Techno Business 컴포넌트

제3장 Techno Business를 위한 기술분석

제4장 Techno Business를 위한 산업분석

제6장 Techno Business를 위한 서비스분석

제7장 Techno Business를 위한 고객분석

| Part Ⅲ | Techno Business 방법론과 사례

제9장 Techno Business 통합분석방법론

제10장 Techno Business Cases

| Part I |

Techno Business와 TISSUE 모델

제 1 장 Techno Business 개념

제1장에서는 기술기반 비즈니스인 Techno Business의 개념에 대해서 소개한다. 기술이 발전함에 따라 비즈니스가 어떻게 진화하는지를 설명하고, 이를 통한 기술과 비즈니스의 선순환 관계를 정의한다. 최근 기술 간 융합현상의 대두로 인해 다양한 가치의 전환이 일어나고 있으며, 신기술에 대한 차별적 분석이 요구된다. 따라서, 본장에서는 Techno Business의 정의와 범위를 이해하고, Techno Business를 통해 새로운 비즈니스의 유형과 특징을 이해한다.

목차

Theme 1 : **Engineering – 공학이란?**

공학(Engineering)의 어원은 고대 로마시대에서 찾아볼 수 있다. 로마군이 성을 공격할 때 사용했던 기계를 ingenium, 생산자를 ingeniator라 칭했다고 한다. 초기의 공학은 전쟁무기 제작기술의 발전으로 시작된 것이다. 향후, 중세시대에 들어와 민간(civilian)으로 적용범위가 확장되었는데, 사람들의 주거, 생활편의를 증진하는 토목사업에 공학이 주로 접목된 탓에 지금도 토목공학을 영어로 Civil Engineering이라 하는 것이다.

공학(Engineering)의 정의를 종합해보면, 과학적 지식을 응용하고 인간의 편의를 추구하는 기술 및 학문이라 할 수 있다. 과학(Science)은 지구 만물의 존재 원리를 탐구하는 학문적 성격을 지닌다. 반면, 공학(Engineering)은 인류생활 전반에서 과학적 원리와 기술을 접목하고 활용할 수 있도록 설계하는 것이므로 실용적 성격을 지닌다. 과학자(Scientist)들이 자연현상을 이해하는 것에 주로 관심을 보인다면, 공학자(Engineer)는 편리한 생활을 위해 학문 활용방법에 주목한다.

과거와 현재를 보면 한 가지 놀라운 사실을 알 수 있다. 공학자들에게 '예술적 소양'이 중요하다는 점이다. 중세시대에 이름을 떨친 레오나르도다빈치는 천재적인 화가임과 동시에 수학자, 천문학자, 과학자, 그리고 엔지니어였다. '신' 이 아닌 '인간' 을 보고 그릴 뿐 아니라, 새와 같이 '날고 싶다' 는 기본 욕구를 해결하기 위해 원시 형태의 '비행기' 를 설계했다. 아인슈타인은 평생에 걸쳐 바이올린과 철학, 역사책에 푹 빠져 있었으며, 에디슨과 스티브 잡스는 셰익스피어가 저술한 문학작품을 즐겼다고 한다. 이제는 인문 · 사회 · 자연 · 예능과 같은 다양한 소양을 갖춘 교양있는 공학자가 경쟁력을 발휘하는 시대이다. 인문학적 통찰력, 사회문제 해결능력, 자연현상에 기반한 논리성, 예술성을 갖춘 창의력, 이들은 공학자의 발전에 중요한 자양분이 될 것이다.

교양을 갖춘 공학은 우리에게 '인간 편의를 반영한 디자인' 을 선사한다. 이순신 장군은 이미 보유하고 있던 판옥선에 지지대를 일부 늘리고 쇠못을 꽂아 돌격에 유리한 거북선을 개발했다. 현재 자동차 업계에서 보여지는 것처럼, 판옥선이라는 동일한 플랫폼을 기반으로 전혀 다른 거북선이 태어난 것이다. 배를 타는 사람이 '안정감' 을 느낌과 동시에, 배의 성능과 속도가 몇 배로 좋아져 돌격이 용이해졌다.

이처럼 인간에 진정으로 필요한 인공의 물품을 창조하는 것이 공학의 본질이다. 공학적 마인드를 바탕으로 떠올린 아이디어를 '모델링' 을 통해 실재화하며, '디자인' 을 통해 사람들이 보고 느낄 수 있도록 한다. 공학의 비전을 실현하는 데 있어 디자인은 매우 중요한 요소이다. 본 서의 제목이자 앞으로 자주 사용하게 될 'Techno Business Design' 는 공학자의 시각에서 Techno Business를 실제화하고 수행하는 방법을 Design(설계)하는 것을 의미한다.

1. 기술과 비즈니스 융합

앞으로 나오지 않을 영화 10선

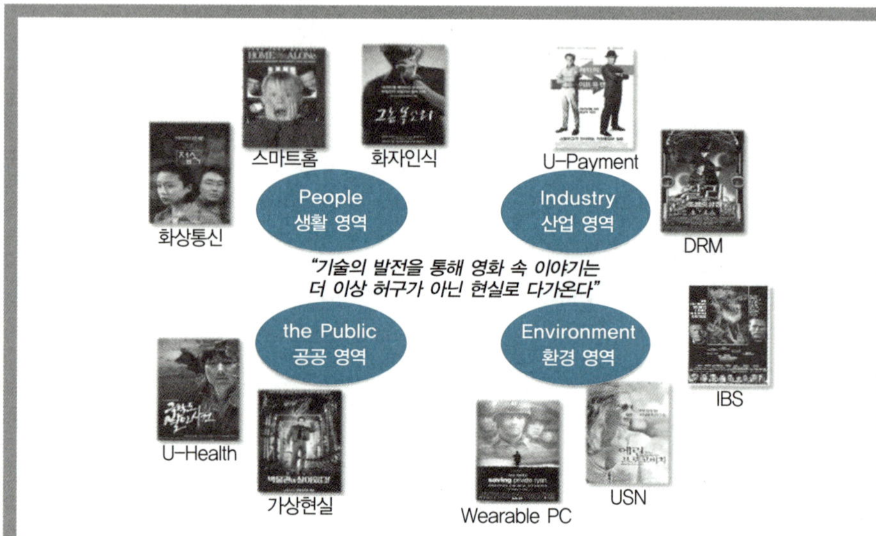

디지털 기술이 급속도로 발전하면서 영화에서나 볼 법한 미래형 기술들이 현실에서 서비스로 구현되고 있다. 이는 생활(People), 산업(Industry), 공공서비스(the Public), 환경(Environment)영역 등 사회 전반의 부가가치를 확장하였다. 본 장의 시작에 앞서 기술 실제화로 인해 청중들이 영화의 설득력이 떨어진다고 생각하여 흥행이 어려워진 영화를 알아보도록 하자.

People's Life(나홀로 집에(1990)) – 홈네트워크

만일 케빈의 집에 홈네트워크가 있었다면 영화에서처럼 도둑에 대처하기 위해 물 뿌리개, 딱총, 전기다리미를 사용할 필요가 없었을 것이다. 자동보안시스템이 사이렌을 작동시켜 위급상황을 전파하고, 경찰이 케빈의 집으로 출동하여 도둑을 체포하였을 것이다.

접속(1997) – 화상통화

주인공이 휴대전화를 이용한 화상통화로 상대방과 이야기할 수 있어 영화와는 다른 사랑이야기가 펼쳐졌을 것이다. 스마트폰과 같은 멀티미디어 기반 휴대기기로 인해 전

에는 찾아볼 수 없었던 연인들의 애틋한 이야기가 세계인에게 많이 회자되고 있다.

그놈 목소리(2007) – 음성인식

과거 유명세를 탔던 어린이 유괴사건을 바탕으로 제작된 영화이다. 유괴범은 60여 차례 공중전화로 4분 이내의 통화로 피해자의 가족을 협박하였다. 그러나 음성인식기술의 발전으로 통화시간과 상관 없이 60여 차례의 음성을 대조 · 분석함으로써 범인은 쉽게 검거되었을 것이다.

Industrial Business Catch Me If You Can(2002) – 금융보안

변장의 달인으로 불리는 한 명의 금융 사기꾼이 주인공이다. 그는 서류를 위조함으로써 26개국에서 위조수표 250만 달러를 남발할 수 있었다. 하지만, 아쉽게도 데이터와 전산인프라가 암호화되어 보안이 강화된 오늘날에는 그와 같은 유형의 사기꾼이 성공하기 어렵다.

찰리와 초콜릿 공장(2005) – DRM(Digital Rights Management)

신기술 유출로 폐쇄된 공장을 재운영하는 데 얽힌 스토리를 담고 있다. DRM과 같이 특허와 지적 재산을 보호할 수 있는 기술을 공장에서 진작 보유하였다면, 초콜릿 개발기술 유출은 존재할 수 없었을 것이며, 공장폐쇄 소동 또한 일어나지 않았을 것이다.

The Public Welfare(박물관이 살아있다(2006)) – 가상현실

주인공인 자연사 박물관 경비원과 밤만 되면 살아 움직이는 전시물에 얽힌 영화이다. 하지만, 3D 안경을 쓰고, TV를 통해 살아 숨쉬는 듯한 공룡 영상을 접하는 작금의 가상현실 환경에서는 매우 놀라운 일은 아니다. 디스플레이 기술혁신은 우리의 오감을 더욱 자극하고 있다.

극락도 살인사건(2007) – U-Health

보건소장의 신약 임상실험 부작용은 이 영화의 핵심인 살인사건을 유발하였다. 만일 스마트 기기를 통해 건강정보를 관리하였다면, 애초에 영화 같은 상황은 발생하지 않았을 것이다. 이와 같이, U-Health는 집적된 환자정보를 통해 시간 및 장소의 제한 없이 질병을 치료하도록 한다.

라이언 일병 구하기(1998) – Wearable PC

디지털 센서, GPS, 마이크로칩 등이 내장된 전투복을 착용했다면 라이언 일병의 위치를 빠른 시간에 파악하였을 것이다. 최근 웨어러블 컴퓨터, 스마트웨어 같은 첨단 의류산업에 대한 관심이 고조되면서, 단순 컴퓨터 부착 방식이 아닌 섬유 자체에 칩이 내장된 형태가 연구되고 있다.

Environmental Conservation(에린브로코비치(2000)) – USN(UbiquitousSensor

Network)

오염물질을 배출하는 거대 기업과 지역 주민들 간의 4년간 재판을 그려낸 영화이다. 오늘날 U-Sensor와 같은 감지기술과 통신기술을 결합한 실시간 환경오염 모니터링 기술이 있었다면 어땠을까? 영화처럼 재판 과정에 증거 자료를 확보하는 데 오랜 시간이 걸리지는 않았을 것이다.

타워링(1974) – IBS(Intelligent Building System)

초고층 빌딩의 화재를 다룬 영화다. 완벽한 지능형 방재시스템을 갖추고 있었다면 화재를 초기에 진압하여 인명 피해를 최소화하였을 것이다. 건물 전반의 모니터링을 주요 목적으로 하는 인텔리전트 빌딩시스템은 건설업계에 큰 반향을 불러일으켰다.

자료 : 임춘성 & ITR, "꼬마 혼자 도둑을 잡아? u시티 시대엔 그런일 없을걸!", 조선일보, 2008.

1.1 기술의 발전

본 절에서는 기술에 따른 비즈니스의 변화 발전 양상에 대해 논하고, 오늘날 기술의 변화가 어떠한 가치창출 행태를 보이는지 살펴본다. 또한, 테크노비즈니스가 어떤 개념적 영역을 포괄하고 있는지 소개하고, 다양한 사례와 근거를 중심으로 논의한다.

기술변화와 발전

기술변화와 신기술의 출현은 시대의 흐름을 주도하는 역할을 해 왔다. 산업혁명을 넘어 20세기에 들어서면서부터 기술변화에 의한 산업가치사슬도 점점 변화하기 시작하였다. 20세기 말부터는 컴퓨터를 비롯한 처리장치와 고속통신의 가능성이 증대되면서 정보교환과 처리에 따르는 데이터의 양은 급증하고, 소요비용은 감소하였다.

[그림 1-1]은 기술의 발전 양상을 보여주고 있다. 라디오의 경우 사용자가 5천만 명이 되기까지 38년이 걸렸으며, 텔레비전은 13년, 인터넷은 4년, iPod는 3년, Facebook은 불과 1년이 걸렸다. 이는 대중에게 신기술이 보급되는 데 소요되는 시간이 단축되고, 점차 나라와 업종을 막론하고 넓은 범위에서 적용되고 있음을 보여준다. 기술이 고속화, 다양화, 고도화, 융합화되고 있는 것이다.

그림 1-1 기술과 산업의 발전흐름

경제순환과 기술변화

기술의 발전은 다양한 관점에서 논의될 수 있다. 노벨경제학상 수상자인 콘트라티예프는 '경기순환이론'을 제시한 바 있다. [그림 1-2]는 그의 이론에서 제시하는 '콘트라티예프사이클'을 나타낸다. 경제성장과 침체가 약 54년 주기로 반복되는데, 각 주기별 주목받는 기술이 다르다는 것에 주목하였다. 슘페터 또한, 경기순환의 핵심요인이 기술혁신임을 주장하였다. 세계적 석학의 이론을 통해, 경제의 획기적 변화의 중심에 언제나 혁신기술 출현이 자리하였음을 알 수 있다.

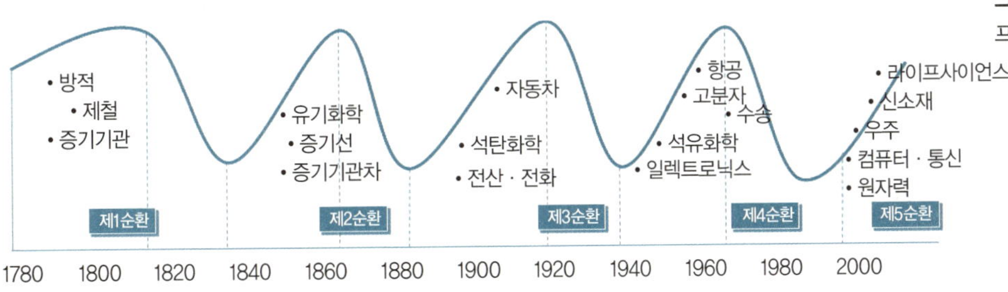

그림 1-2 콘트라티예프사이클과 기술변화

기술의 발전과 사회현상

기술의 발전은 사회 전 영역에서 큰 파급효과를 보인다. 유 · 무형의 가치를 창출하는 기업, 기술의 주요 이용자인 개인고객 모두 기술변화상에 큰 관심을 보인다. 21세기에 접어든 지금, 인류로 하여금 시 · 공간을 초월하도록 돕는 유비쿼터스(Ubiquitous) 기술이 화두가 되었다.

유비쿼터스 기술발전에 따른 사회변화 현상

연세대학교 기업정보화연구센터(ITR)는 유비쿼터스 기술발전에 따른 사회변화를 [그림 1-3]의 U-PIPE Model로 분류하여 제시한 바 있다. 본 모델은 생활(People), 산업(Industry), 공공(the Public), 환경(Environment) 등 사회 전반에 나타난 변화를 이해하도록 돕는다.

그림 1-3 유비쿼터스 기술발전에 따른 사회변화 현상

유비쿼터스 기술

영역	유비쿼터스 기술발전에 따른 사회현상	적용기술 예시
People 생활영역	다양한 기술과 이를 통한 서비스들은 사람들의 의식주를 포함한 8가지 전반적인 영역에서 선택의 폭을 높여줄 뿐만 아니라 더 편리하고 안전한 생활을 누리는 것을 가능하게 함	홈네트워킹을 통한 지능형 주거환경
Industry 산업영역	다양한 유비쿼터스 관련 기술을 통해 가치사슬상의 여러 과정조차도 통합되고 지능화되어 생산성 향상이 이루어지며, 산업 간 결합을 통해 한층 진보된 제품과 서비스가 제공	RFID기술을 통한 물류자동화시스템
The Public 공공영역	기술적 인프라를 통해 공공과 민간의 연계가 활발히 이루어지며 폭넓은 서비스를 제공할 수 있게 되며, 도시의 경쟁력 향상과 도시민의 삶의 질을 높여줄 수 있게 됨	GIS를 통한 대중교통시스템
Environment 환경영역	대기, 수질, 산림 등에 대한 주요한 환경자원을 유비쿼터스 기술을 통해 보전하고 관리할 수 있게 되며, 친환경기술을 통해 에너지 문제해결 및 재난/재해예방이 가능해 짐	USN기술을 통한 수질감시시스템

현대기술의 특징

현대기술은 빠른 발전주기와 교체주기를 가지며, 기술 간 · 산업 간 융합현상에 주도적인 역할을 수행하고 있다. [그림 1-4]는 현대기술에서 발견할 수 있는 주요 특징을 보여준다. 이는 현대의 첨단기술 진화속도가 빠르기 때문에 보이는 현상으로, 전통기술의 특성과는 차별점을 지닌다.

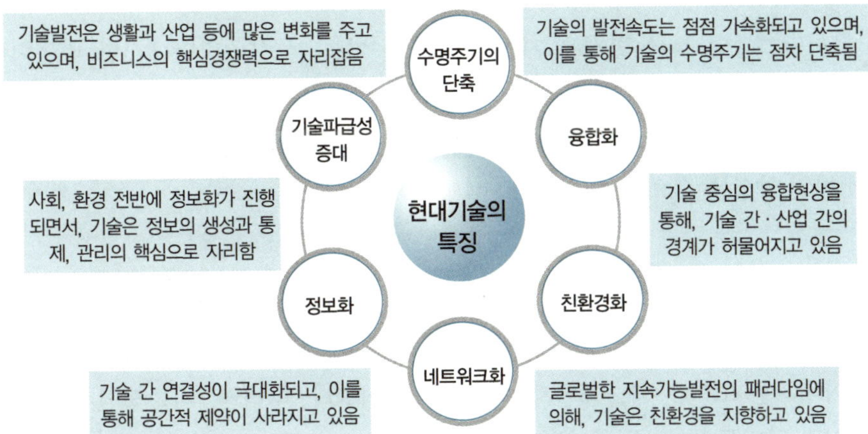

그림 1-4 현대기술의 특징

기술의 수명주기 단축

[그림 1-5]는 이동통신기술의 수명주기 단축 사례이다. 1세대에서 2세대로의 전환과 달리, 2세대에서 3, 4세대로의 전환 속도가 확연히 단축되었음을 알 수 있다. 기술수명주기 또한 단축되었다. 불과 10여 년 전, 이동통신기술의 주류였던 음성전달기술이 어느새 디지털 영상정보와 사용자 위치정보를 교환하는 최첨단 기술로 대체된 것이다.

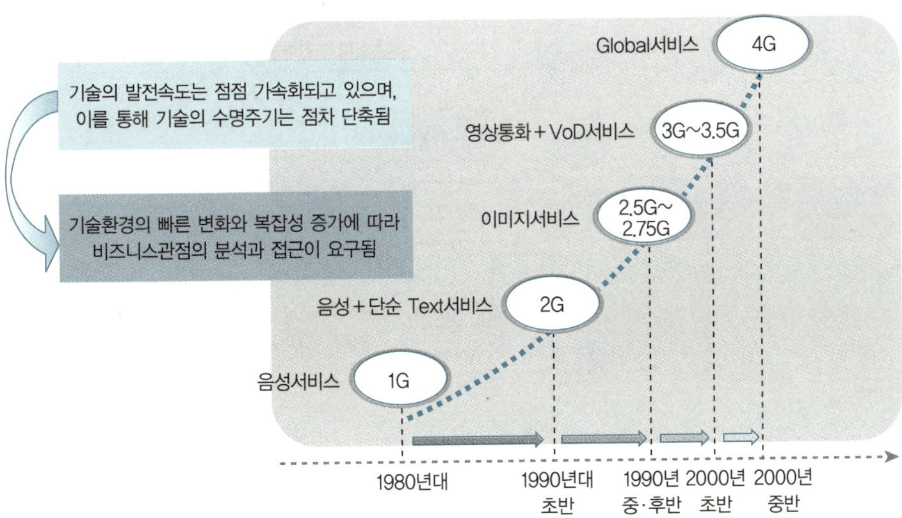

그림 1-5 이동통신기술의 발전 및 변화

기술의 발전과 비즈니스

첨단기술의 빠른 발전은 기초과학 또는 기술 본연의 발달에서만 비롯되는 것이 아니다. 소비자수요에 따라 새로이 발생하는 비즈니스 기회를 충족시키기 위한 공학자, 과학자의 기술개발 노력이 또 다른 원동력인 것이다. 이러한 기술의 발전 양상을 수요견인가설로서 설명할 수 있다.

수요견인가설(Demand-pull hypothesis)

[그림 1-6]과 같이, 시장이 원하는 수요를 충족하는 새로운 제품과 서비스를 찾아내려는 노력은 기술개발로 자연스레 어어진다. 따라서, 지속적인 시장수요 분석과 설비투자가 기술혁신을 유인하는 핵심 요인이라고 할 수 있다.

수요견인가설에서 주장하는 기업의 시장수요 대응 경로는 네 가지로 압축된다.

경로 A와 B에서는 기술개발보다는 기존설비 가동을 강조한다. 현행 유지전략인 셈이다. 경로 C는 과학적 지식을 동원하여 제품품질과 공정속도를 향상시킬 방안을 개발하고, 특허출원 절차를 거쳐 획득한 수익을 기술개발 예산에 재투자하는 전형적인 연구개발 프로세스이다. 반면, 경로 D에서는 과학 지식과 기업의 R&D 역량을 집중하여 시장에 존재하지 않는 신제품을 창조한다.

그림 1-6 수요견인 가설의 개념

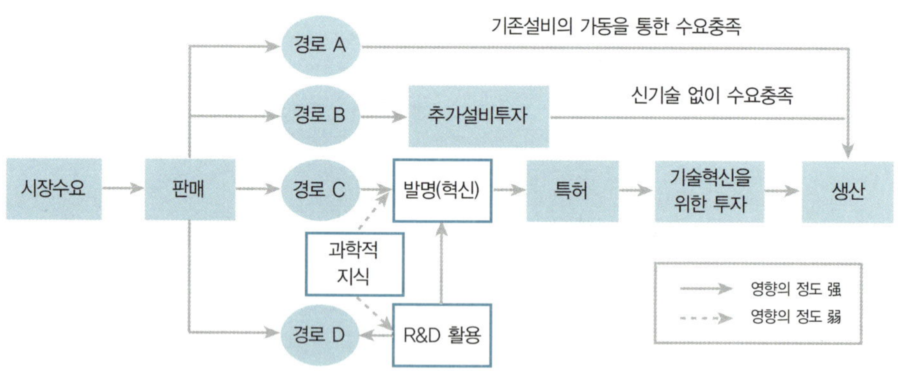

애플의 재도약

사업방식의 근본적인 변화를 가져오는 비즈니스 모델 혁신을 통한 가치창출

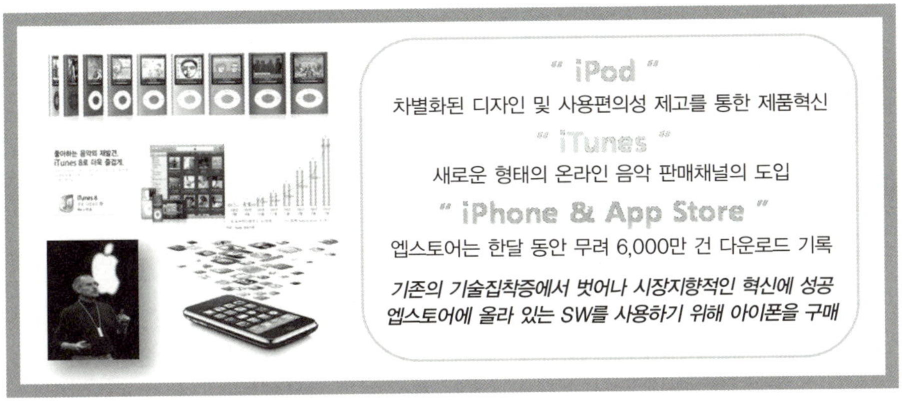

과거 애플은 스티브 잡스의 강력한 테크노 리더십 아래 매킨토시를 성공적으로 출시하여 IBM이라는 거대 컴퓨터 업체에 대항한 바 있다. 연이어, 세계 최초로 그래픽유저 인터페이스(GUI) 기술을 개발하여 수위의 컴퓨터 업체로 부상하였다. 하지만, 기업 내부 사정과 GUI 탑재 컴퓨터의 판매 부진으로 스티브 잡스가 물러난 후, 보수적인 경영진은 애플의 비즈니스를 유지함으로써 안정적인 시장점유율을 확보하는 것에만 주력하였다. '도전정신' 이라는 DNA를 육성하지 못하게 된 애플은 신제품 개발과 혁신에 실패를 거듭하게 되었다. 반면, 스티브 잡스는 독자적으로 넥스트(NEXT)라는 작은 회사를 설립하였다. 그는 객체지향형 운영체제인 넥스트 스텝(Next Step)을 출시하고 화려한 재기에 성공하였다. 또한, 자금난에 허덕이던 'Pixar' 를 인수하여 'Toy Story' 를 통해 초우량 엔터테인먼트 기업으로 전환하였다. 얼마 지나지 않아, 그는 경영난에 시달리던 애플을 다시 인수하여 기술혁신의 메카가 되도록 진두 지휘하게 되었다.

그가 이끄는 애플은 매킨토시를 뒤로 하고 'iPod' 과 'iTunes' 를 출시, 음반시장에 정면으로 도전하였다. 불법다운로드가 횡행하여 시장이 위축되고 있을 때, 혁신적인 디자인과 기능 그리고 강력한 콘텐츠 공급력을 갖춘 애플의 제품은 세계적인 반향을 불러일으켰다. MP3 플레이어 시장 구도를 한 순간에 뒤바꾸었을 뿐만 아니라, 온라인 음반시장을 석권함으로써 애플은 진정한 혁신형 기업으로 거듭나게 되었다. 뒤이어 출시한 'iPhone' 과 'App Store' 또한, 이동통신 업계에서 누구도 성공하지 못했던 '스마트폰' 열풍몰이에 성공하여 시장의 지각변동을 불러 일으켰다.

애플은 지금도 시장 수요변화를 포착하여 사업방식을 획기적으로 전환하여 Blue Ocean을 공략하기 위한 비즈니스 모델 혁신에 성공한 대표적 기업으로 손꼽힌다. 동종

기술개발, 사업 유지 및 확장과 같은 기존 비즈니스의 발전에 얽매이지 않고, '시류' 에 맞는 '시장의 움직임' 을 창조(Create)한 것이다. 스티브 잡스에게 기술은 비즈니스 트렌드 세터(Trend Setter)가 되기 위한 성공 방정식이다.

1.2 비즈니스의 진화

비즈니스는 본질적 측면에서 '가치교환' 을 중심으로 개념을 정립할 수 있다. 고객 및 시장 거시환경의 변화는 비즈니스의 패러다임을 지속적으로 변화시켰다. 복잡해진 비즈니스 구성요소를 단순화하기 위해 1990년대 이후, '비즈니스 모델' 이라는 새로운 개념으로 진화를 거듭한 비즈니스를 체계적으로 정리하기 위하여 노력하였다. 본 절에서는 기술발전을 기반으로 하는 21세기형 비즈니스의 개념과 진화 방향, 주요 활동 및 특성을 알아보도록 한다.

비즈니스의 개념

[그림 1-7]을 통해 비즈니스 개념을 설명하도록 한다. 왼쪽은 '비즈니스' 에 대한 광의적 개념이 '유 · 무형의 가치를 제공하고, 그에 상응하는 대가를 교환하는 공급 및 수요관계' 임을 보인다. 반면, 협의적 개념은 '가치교환을 실현하기 위해 개별 부서와 이해관계자에게 배분하는 업무' 이다. 이는 오른쪽 그림의 기업가치사슬에 연관된 세부 활동(Activity)을 의미한다. 종합하여 볼 때, 비즈니스 개념의 핵심은 '가치교환활동' 임을 알 수 있다.

그림 1-7 수요견인 가설의 개념

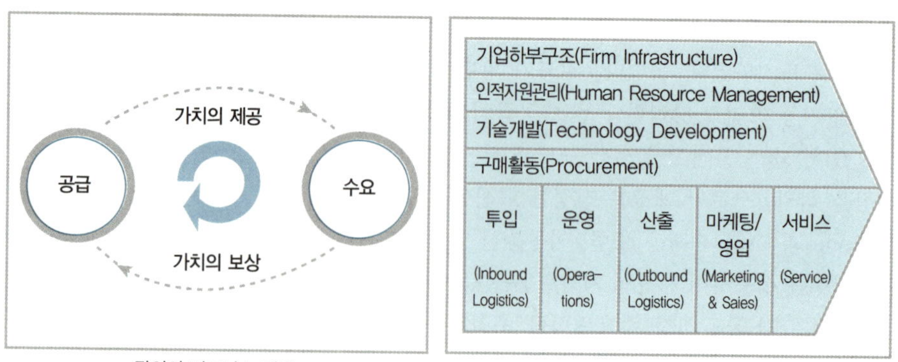

광의의 비즈니스 개념 / 협의의 비즈니스 개념

비즈니스 패러다임의 변화

현대사회의 비즈니스 패러다임은 놀랄 만큼 빠르게 변화하고 있다. 제조업 중심의 전통 산업사회에서 비즈니스의 주요 목적은 시장점유율 확보를 통한 독자적 경쟁우위에 있었다. 기업들은 고객이 원하는 상품을 제공하는 것에는 무관심하였다. 단지, 일정수준의 재화를 많이 판매하는 것이 비즈니스를 성공으로 이끌 수 있다고 확신하였다.

하지만, 서비스중심의 지식기반사회에서는 경쟁사, 이해관계자, 고객과 기업이 적극적으로 커뮤니케이션하는 것이 비즈니스에서 필수요소가 되었다. 공존을 도모하는 '지속가능경영' 패러다임은 산업계에서 시너지효과를 창출하고, 다수 고객의 요구를 충족하는 핵심 원동력으로 작용하였다. 또한, 글로벌 비즈니스 패러다임을 통해 비즈니스 권역은 세계로 확대되었다.

비즈니스 패러다임의 변화를 [그림 1-8]에 표현하였다. 다른 때와 달리, 정보화시대(Information Age)에 들어 가파른 변화 추세를 보였음을 알 수 있다. 이는 이종기술 및 사회의 격차를 줄이고 융합을 유인하는 정보기술이 발달하였기에 가능한 일이었다.

그림 1-8 비즈니스 패러다임의 변화

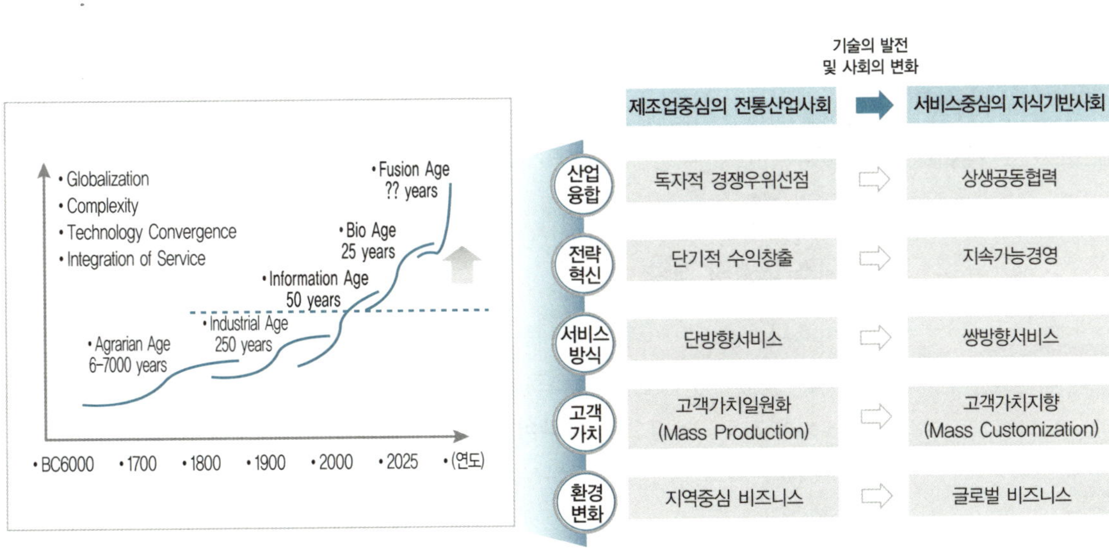

비즈니스의 주요 활동

비즈니스에 대한 협의적 개념으로 언급한 비즈니스 주요 활동은 [그림 1-9]와 같이 구분한다. 기존에는 주요 기능영역이 독자적 업무 수행의 결과로 비즈니스 활동이 결정되었다. 하지만, 정보시스템을 바탕으로 최근에는 부서 간 협업, 기능 간 융합이 점차 실현되고 있다.

그림 1-9 비즈니스 주요 활동의 구분

경영의 주요 기능								
재무관리	경영의 혈액순환	자본조달 결정	투자 결정	기업 결산	경영 분석	자본 운영		
인사관리	경영의 손과 발	인적자원 관리	직무 분석	채용 관리	노사관계 관리	후생복지 관리	임금 관리	인사 고과
연구개발	경영의 신진대사	기초연구 개발	응용연구 개발	기술 구입	공정연구 개발	제품연구 개발		
생산관리	경영의 근육과 몸통	공정 관리	품질 관리	재고 관리	제품/공정 설계	생산 계획		
마케팅	경영의 입, 귀 그리고 외모	마케팅 전략	시장 세분화	관계 마케팅	내부 마케팅	소비자 행동분석		
정보시스템	경영의 신경제	전략 시스템	마케팅관리 시스템	연구개발 시스템	생산관리 시스템	인사관리 시스템	재무관리	

비즈니스 모델의 개념

'비즈니스 모델' 이라는 용어는 산 · 학 · 연 집단에서 다양하게 활용하고 있다. 이들은 제각기 다른 관점으로 접근하고 있어 정확한 정의를 내리는 것은 쉽지 않다. 하지만, 어원으로 미루어 볼 때, '복잡한 비즈니스 행위를 구성하는 다양한 요인을 체계적으로 개념화하는 도구' 라고 설명할 수 있다.

◈ **ITR Definition**

> **비즈니스 모델**
> 상품과 서비스, 사업전략과 프로세스 그리고 비즈니스 모델의 이해관계자 등 다양한 구성 요소들을 정의하고 각각의 구성요소들 간의 가치흐름을 표현하는 도구

비즈니스 환경 변화와 비즈니스 모델

1990년대 후반에 '비즈니스 모델'이라는 용어가 본격적으로 알려지게 되었다. 경영자들은 "우리 기업의 경쟁 역량을 증진시킬 수 있는 비즈니스 모델이 무엇인가?"를 고민하기 시작하였다. 당시 정보기술의 발전과 이동통신 대역폭 증가로 인해 '닷컴경제(.Com Economy)' 시대가 도래하였다. 이에 따라, 산업 간 경계가 모호해졌으며, 개인별 욕구를 충족시키는 비즈니스의 신 유형이 탄생하였다. 시대적 조류에 적응한 첨단 기술기반 기업이 NASDAQ에 대거 상장되면서, 연구자들은 그들이 보여준 복잡한 '비즈니스 모델'을 본격적으로 분석하기 시작하였다. 따라서, [그림 1-10]과 같이, '비즈니스 모델' 용어의 언급 횟수와 NASDAQ 지수 변동이 유사한 형태를 보이는 것이다.

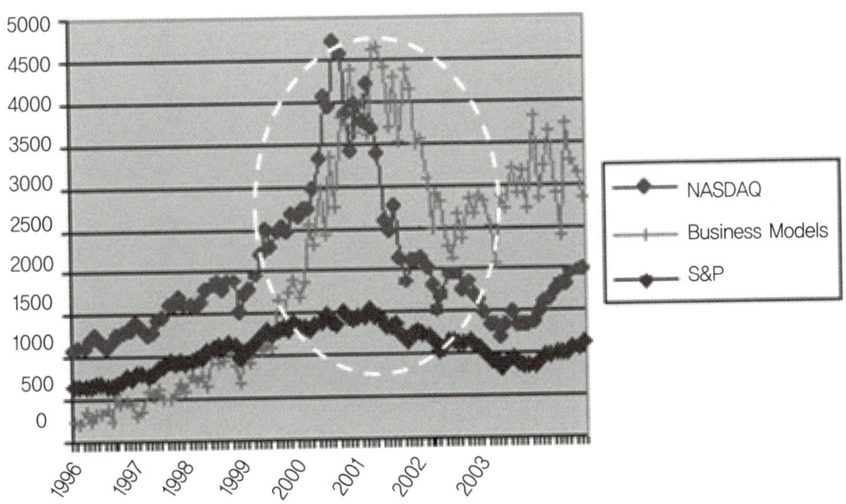

그림 1-10 NASDAQ 지수 변동과 비즈니스 모델 언급 빈도의 유사성

현대 비즈니스의 특징

[그림 1-11]과 같이 기술변화를 통해 비즈니스의 변화 또한 설명할 수 있다. 20세기 초반에는 소위 '굴뚝산업' 으로 불리는 자동차, 전자산업 위주의 제조 산업이 주를 이루었다. 후반으로 접어들어, 정보기술이 활용된 신규 비즈니스가 등장하였다. 또한, 21세기에는 정보기술과 산업 원천기술의 융합을 통해 또 다른 비즈니스 기회가 창출되었다. 현대 비즈니스의 가장 큰 특징은 비즈니스 기회가 첨단기술을 활용하여 창출된다는 것이다.

그림 1-11 기술발전에 따른 산업의 변화 양상

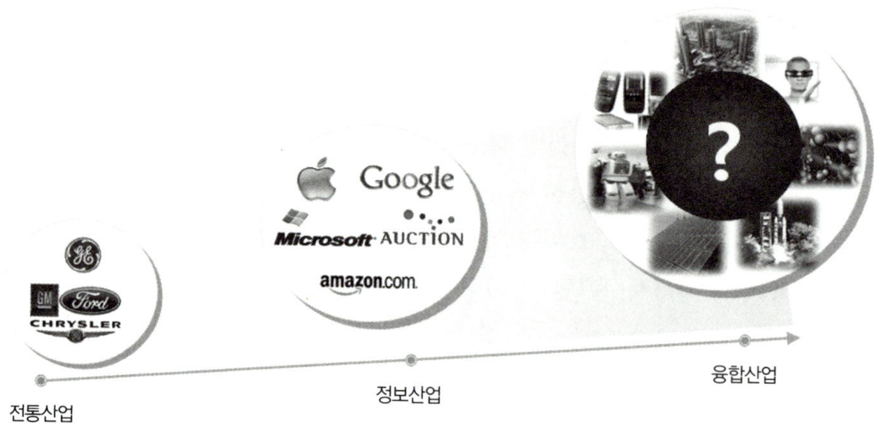

비즈니스의 진화와 기술

많은 기술혁신 이론가들은 비즈니스의 진화를 '획기적인 기술에 의한 변화' 로 설명하고 있다. 산업의 변화 또는 비즈니스 패러다임의 변화가 기술을 통해 이루어지고 있기 때문이다. 이러한 진화 구조를 설명하는 이론이 바로 기술주도 가설이다.

기술주도가설(Technology-push hypothesis)

기술주도가설은 [그림 1-12]에서처럼 기술의 발전이 가치창출 방식을 변화시켜 새로운 시장수요를 이끌어낸다고 설명한다. 뿐만 아니라 비즈니스를 유지하고 진화시키는 원동력이 기술이기 때문에 경기 호황세를 유지하기 위해서는 기술혁신과 진화를 장려해야 한다고 주장한다.

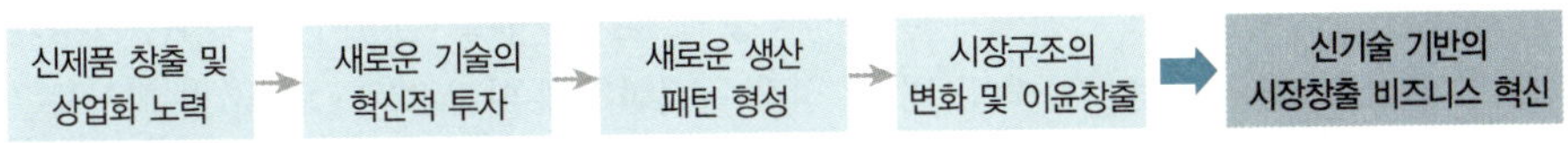

그림 1-12 신기술 주도의 시장구조 변화와 이윤창출 과정

기술주도가설의 기본개념은 [그림 1-13]과 같이 과학기술 및 공학을 활용한 제품 발명, 생산패턴 및 프로세스 구축, 마케팅 활동 전개의 결과로서 기업 이윤을 창출한다는 것이다. 이는 기술경쟁력과 기술혁신투자에 대한 경영진의 의지가 조화를 이루어야 진정한 혁신이 일어난다는 슘페터의 주장과 일맥 상통하는 것이다.

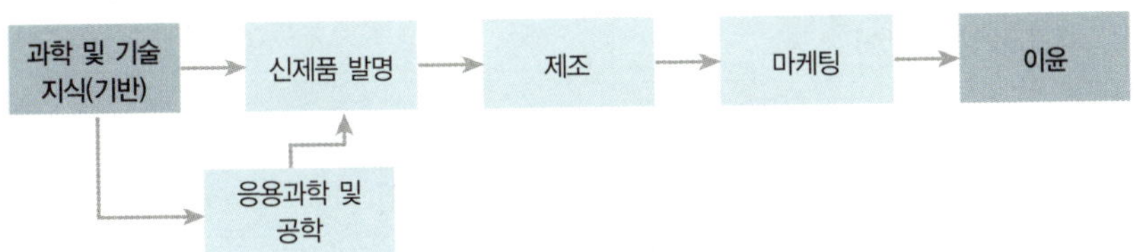

그림 1-13 기술주도가설의 개념

Purple Ocean : 융합과 융합기술

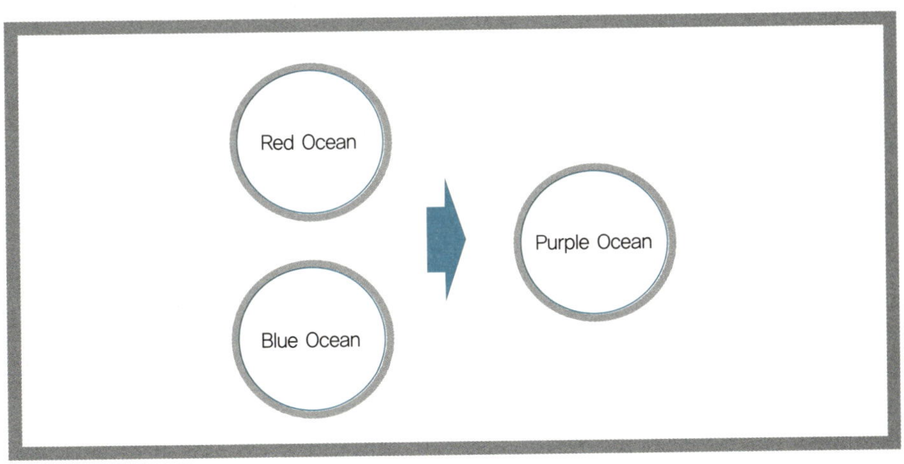

Red Ocean

시장성숙이 완료되어 성장이 정체된 산업이다. 산업 내 기업이 자사의 현 위치와 타

사의 역량에 대해 명확한 분석결과를 가지고 있어, 경쟁우위를 점하기 위해서는 게임의 법칙을 활용하여야만 한다. 수요량 변동, 시장 거시환경에 따라 Red Ocean의 회사들은 점유율을 높이기 위해 가격할인, 사은품증정 등의 소모적인 전략을 사용한다. 경쟁사의 시장침투가 늘어날수록 수익과 성장에 대한 전망은 어두워질 수밖에 없다.

Blue Ocean

다수의 기업에서 아직 개척하지 못하여 경쟁이 거의 존재하지 않는 이상적인 산업이다. Blue Ocean을 공략하기 위한 핵심은 수요 확대가 아니라 신시장의 창조에 주력하는 것이다. 경쟁이 거의 무의미하고, 단시간에 거두는 많은 수익으로 고도의 성장을 가능케 하는 Blue Ocean은 기업에게 엄청난 기회를 제공한다. 아직 시도하지 못한 광범위하고 잠재력이 큰 시장을 비유하는 대표적인 표현으로, 경영인과 지식인에게 지금도 널리 회자되는 대표적인 표현이다.

Purple Ocean

포화시장으로 여겼던 Red Ocean 속에서, 틈새시장인 Blue Ocean을 발굴함으로써 창출하는 미래지향적 산업을 Purple Ocean이라 칭한다. 시대적 화두인 융합기술을 통해 기술 간 융합을 달성함으로써, 기존에 존재하지 않았던 새로운 산업을 창조하는 것이다.

Purple Ocean전략에서는 Red Ocean에서 평범하다고 생각했던 문제를 다른 관점으로 재정의함으로써, Blue Ocean의 발굴을 목표로 한다. Techno Business 관점에서는 기존에 구축되어 있는 기반기술을 신기술 특성과 결합하여 이미 존재하였던 제품을 혁신하는 것이라 할 수 있다. SONY에서 창조한 Playstation 3와 같이 '게임기'로 대표되는 기성제품의 특성에 '블루레이'를 탑재하여 양질의 콘텐츠를 제공함으로써 Blue Ocean Point를 자극하는 것이 대표적 사례이다.

1.3 융합현상과 융합기술

융합의 개념 및 유형

융합(Convergence)은 '서로 다른 2개 이상의 것이 모여 구별이 없게 하나로 합쳐지는 것'으로 정의된다. 이질적 분야를 상황에 맞도록 조합하여 이상적인 사물을 만들어내는 것이라 할 수 있다.

◈ **ITR Definition**

> **기술융합**
> **NT, BT, IT 등의 신기술 간 또는 전통기술과의 결합을 통해 새로운 창조적 가치를 창출함으로써 미래 경제와 사회, 문화를 주도하는 현상**

Techno Business에서 융합은 [그림 1-14]와 같이 기술 간 횡적 융합과, 가치사슬상 종적 융합으로 구분할 수 있다. 횡적 융합은 이종으로 분류되는 기술 간 융합 현상을 의미한다. 그리고, 종적 융합은 기술의 상품화에서 시장 출시에 이르는 과정에서 나타나는 업무기능의 조화를 말한다. 융합을 통해 NT, BT, IT, CT 등의 신기술이 이종 전통기술 또는 신기술과 시너지효과를 얻도록 결합하여 신규 비즈니스를 창출할 수 있다. 미래 경제와 사회, 문화를 모두 주도하는 데 핵심적인 역할을 하게 된다.

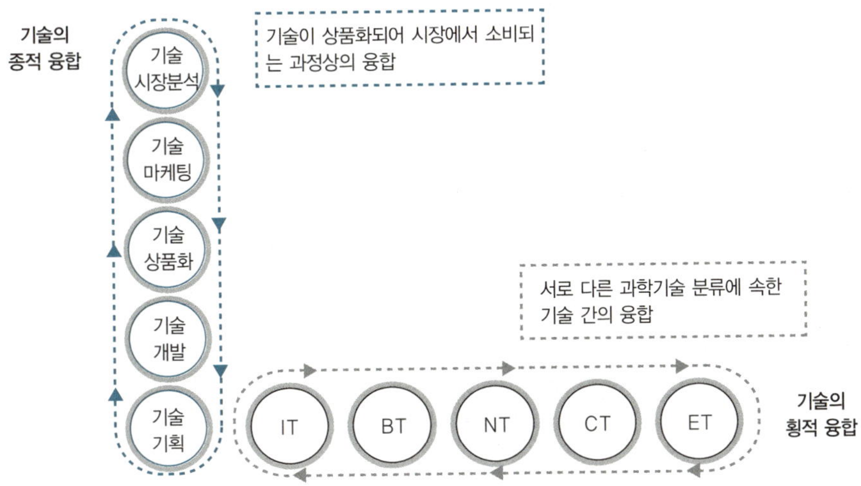

그림 1-14 융합의 유형

세계적으로 나타나는 융합현상

융합기술을 선점하여 새로운 가치를 창출하려는 노력이 세계 각국에서 일어나고 있다. 특히 장기화된 경기침체에 따라, 회복을 위한 강력한 수단으로서 융합기술에 이목이 집중되고 있다. [그림 1-15]와 같이 'IT, BT, CT' 등 미래지향적인 기술들 간의 결합 또는, 전통기술과의 조합을 실행하도록 국가 차원에서 적극적으로 정책 및 투자전략을 시행 중에 있다.

그림 1-15 각국의 융합현상

- NT 기반의 BT, IT, CT융합(NBIC) 전략수립(2002)
  → 융합기술 선점을 통한 신성장 동력 창출 및 안보기술 확보
- 건강(생명공학)분야, 우주분야, 에너지분야 등에 중점투자
  → American Competitiveness Initiative 수립(2006)

- 유럽 지식사회 건설을 위한 융합기술발전전략수립(2004)
  → NBIC + ST + ET + 식품안정성 + 융합기술의 부정적 효과 연구
- 제7차 Framework 프로그램 6개년도 계획수립(2006)
  → 정보기술, 생명공학, 에너지 등에 집중투자

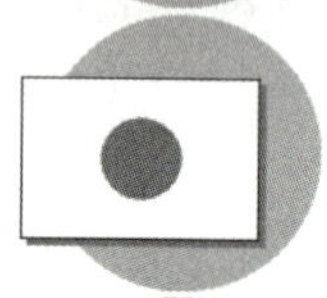

- 융합기술발전전략 '포커스 21' 계획수립(2004)
  → 일본의 강점분야인 제조기술 기반의 융합기술 상용화 전략수립
- 제 3기 과학기술 기본 5개년 계획수립(2006)
  → IT, NT, BT, ET + 재료분야에 중점투자

- 국가융합기술발전 기본계획수립(2008)
  → 선도국가의 정책을 복합적으로 수용하는 융합기술 육성계획
  → 융합기술 연구지원 및 관련기술영역의 상용화 지원정책수립

주요 국가별 융합기술분야

선진국에서는 몇년 전부터 [표 1-1]에서처럼 융합기술개발계획을 수립 · 시행하고 있다. 우리나라는 발전을 거듭한 IT-BT-NT 융합을 바탕으로 IT와 5T(BT, NT, ST, ET, CT) 간 융합분야를 적극 권장하고 있다. 미국, 유럽 등에

표 1-1 국가별 융합기술분야

구분	주요 융합기술분야	추진현황	비고
미국	NT/BT/IT/CT	• 융합기술을 인간의 수행능력을 향상시키기 위한 NT, BT, IT, CT 기술간에 이루어지는 상승적 결합으로 정의 • 국가경쟁력 강화계획 수립을 통한 생명공학, 우주분야, 에너지분야에 대한 투자계획을 발표	SF/DOC (2002)
유럽	NT/BT/IT/ST/ET	• 유럽 지식사회 건설을 위한 융합기술발전전략'을 수립하고, NBIT+ST+ET+식품안정성 및 융합기술의 부정적 효과에 대한 연구를 시작 • 2013년까지 정보기술, 생명공학, 에너지 등에 집중투자를 수행할 것을 결정	Council of the European Union
일본	IT/NT/BT/ET	• IT기반 융합의 촉진을 위한 IT, BT, NT, ET 융합기술 발전전략을 수립	일본 IT 전략본부 (2006)
한국	IT/BT/NT/CT/ET /6T(2002년) → 5T(2008) 조정/	• 국가 차원의 융합기술육성을 위한 2008년 '국가융합기술발전 기본계획'을 수립 • 융합기술의 개념 및 유형을 정의를 통한 구체화 및 관련기술영역의 정립을 수행	국가과학기술위원회 (2008)

서도 부처별로 산업 융합연구 진행기관을 선정하고 그들에 대해 적극적인 독려를 아끼지 않고 있다.

국내 주요 산업의 융합현상

전통산업과 IT산업 간 융합은 [표 1-2]에서 보이는 것처럼 활발히 이루어졌다. 이는 각계 부처와 기업이 합심하여 높은 수준의 IT기술을 전통산업에 접목한 결과이다. IT기술은 기초과학 발전뿐만 아니라 산업 원천기술개발을 위한 핵심 역할을 수행하였다. 2000년대 후반, 정부에서는 국가 신성장동력 산업으로 IT 융합산업을 지목하고, 저변 확대를 위한 지원을 아끼지 않고 있다. 이제 IT 융합은 [표 1-2]와 같이 모든 산업분야에서 급속히 진전되고 있다. 이제 IT가 모든 산업의 영역에서 부가가치를 높이는 기술로 자리매김한 것이다.

표 1-2 국내 주요 산업융합현상

구분	주요 융합기술분야	추진현황	비고
이광희 (2008)	농업/자동차/조선 의료/물류/건설 국방/교통	• 현재 대표적으로 거론되고 있는 8개 분야에서 IT와의 수요-공급관계를 분석하여 융합의 수준 및 정도를 제시 • 8개 분야 : 농업, 자동차, 조선, 의료, 물류, 건설, 국방, 교통	ETRI (전자통신동향분석)
조준일 (2005)	보건(의료)/유통(물류) 금융방송(미디어)/콘텐츠 자동차/화학(소재) 기계(장치)/우주항공	• 온라인화 가능성 및 디지털기술 적용가능성을 토대로 IT산업과의 융합가능성이 높은 산업 유형을 도출 및 분류함 – 기존제품/서비스의 온라인화가 촉진되는 사업 – IT와 유사화되는 산업 – IT의 접목으로 하드웨어의 구조변화가 나타나는 현상	LG주간경제 (CEO Report)
ETRI (2008)	자동차/조선/의료/국방 건설/생활섬유/기계항공	• 주력 기간산업에 IT를 접목하는 형태의 IT기반 융합산업을 제시	New IT 산업발전 기획보고서
IITA (2007)	조선/자동차/건설/의료 물류/농업/금융/섬유	• IT를 중심으로 융합현상이 발생가능한 산업 및 융합전략의 제시	IT기반 융합화 선도전략

비즈니스의 진화와 Techno Business의 대두

융합시대로 진입하면서 앞서 설명하였던 기술진화에 따라, 비즈니스의 신규 형태 또한 세계 곳곳에서 지금도 생겨나고 있다. 기존 비즈니스가 기술융합을 통해 Techno Business로 진화하기도 한다. 또한, 제품과 서비스에 대한 기본적인 인식이 '총체적 경험'(Total Experience)으로 작용하게 되었다. Techno Business에서 주목하는 것은 융합기술이므로 가치변동을 극심히 불러일으킬 것으로 예상할 수 있다.

[그림 1-16]에서 기술융합의 유형을 바탕으로 Techno Business 영역을 정의하였다. 기술의 종적 융합은 이전 비즈니스 프로세스를 재배열하고, 기술의 업무 적용범위를 넓힌다. 반면, 기술의 횡적 융합은 종래에 존재하지 않았던 신기술을 창조하고 이를 사업화하는 것을 말한다. 따라서 기존 비즈니스에 비해 Techno Business의 영역이 넓어, 가치를 판단하는 것이 어렵다. 기술 특성이 종래와 많이 다르다는 점, 기술 변화주기가 짧다는 점 등은 기존 비즈니스와는 차별화된 새로운 분석 방법이 필요하다는 것을 보여준다. Techno Business의 개념적 정의와 범위는 '2.1 Techno Business 개요'에서 상세히 다루도록 한다.

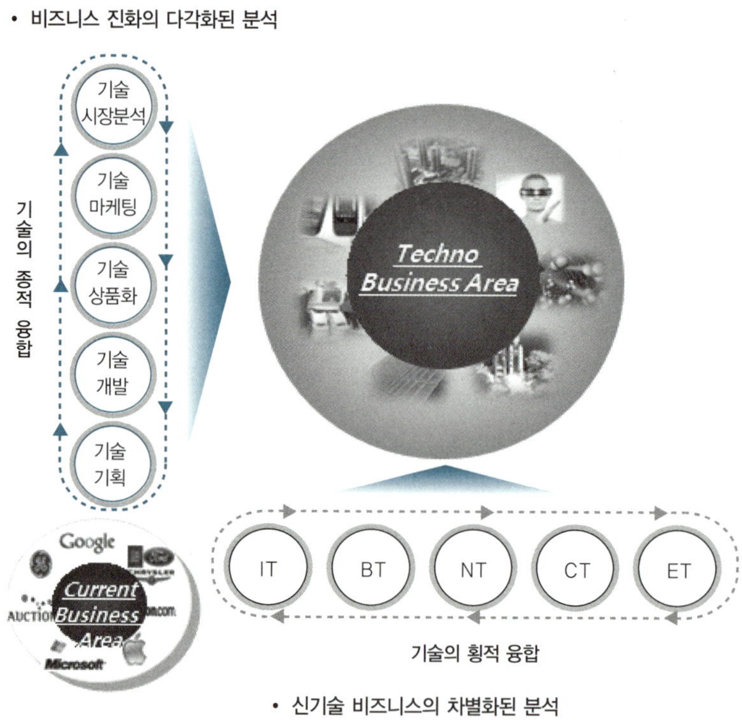

그림 1-16 Techno Business의 영역

2. Techno Business 개요

2.1 Techno Business 정의와 범위

본 절에서는 Techno Business를 비즈니스상의 기술 적용 범위에 따라 분류한다. 이를 기반으로 Techno Business Design에서 다루게 될 Techno Business를 정의하고 범위를 설정한다. 또한, Techno Business에 대한 분석 관점으로 기술, 전략, 시장을 제안한다.

Techno Business의 개념적 구분

Techno Business는 [그림 1-17]과 같이 4대 항목으로 구분할 수 있다. 대부분의 기업에서 일상적으로 수행 중인 General Business는 전통산업에서 발생하는 가치교환활동을 대부분 포괄한다. 이 중, 비즈니스의 가치창출을 위해 낮은 수준의 기술을 활용하거나 활동의 효율성을 높이기 위한 보조수단으로 기술을 적용하면 Technology Applied Business로 전환이 일어난다고 할 수 있다. 본 유형에서 기술은 비즈니스 성패에 간접적인 영향을 준다. 본 서에서 다루게 될 비즈니스 유형은 'Technology Centered Business(=Techno Business)'이다. 비즈니스 경쟁력 제고를 위해 시장수요에 적합한 '기술개발 및 활용'을 강조한다는 점에서 Technology Applied Business보다 구체적인 개념이라 할 수

그림 1-17 Techno Business의 개념적 구분

있다. Technology Centered Business 중에서도 온 · 오프라인 시장 석권을 목표로 IT기술을 적극 활용하여 신규 비즈니스 모델을 개발토록 하는 IT Business가 시장의 큰 화두이다.

비즈니스 분석 체계

전통 비즈니스에서는 기업전략과 시장수요만을 주로 분석하였다. 기술은 단지 전략목표를 위한 보조수단으로만 고려하였다. 하지만, 기술에 의한 경영환경 변화가 뚜렷한 오늘날 다른 전략적 요소와 함께 기술은 동등하게 분석하여야 한다. Techno Business와 같이 급변하는 첨단기술을 대상으로 하는 비즈니스를 올바르게 분석하기 위해 기술중심의 분석관점이 더할 나위 없이 중요하다. 따라서, Technno Business 환경에서는 [표 1-3]과 같이 전통 비즈니스에서 도출된 전략과 시장의 양대 분석관점에 기술을 추가한 새로운 비즈니스 분석 관점이 필요하게 되었다.

표 1-3 비즈니스 분석관점 변화

연구자	기술	전략	시장
Rappa(2000)	–	○	○
Venkatraman(1998)	–	○	○

연구자	기술	전략	시장
Amit(2001)	○	○	○
Afuah(2001)	○	○	○
Ethiraj(2000)	○	○	○
Timmers(1998)	○	–	○

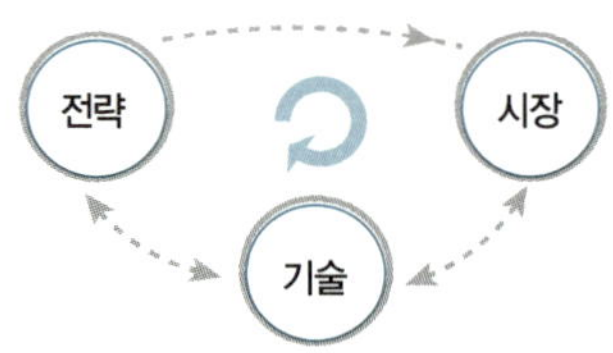

[그림 1-18]에서 기술(Technology), 전략(Strategy), 시장(Market)의 비즈니스 분석 3대 관점을 구조화하였다. 기술관점에서는 기술발전흐름을 예측하고, 시장경쟁력과 내재가치를 평가함으로써 사업화가능성을 판단한다. 전략 관점으로 기업의 내 · 외부대응을 위한 기업 고유의 요구사항을 분석함으로써 중 · 장기목표를 식별한다. 또한, 시장관점으로 세분화된 시장에 포진한 고객특성과 만족수준을 조사하여 제품 및 서비스에 대한 실제적 수요를 도출한다.

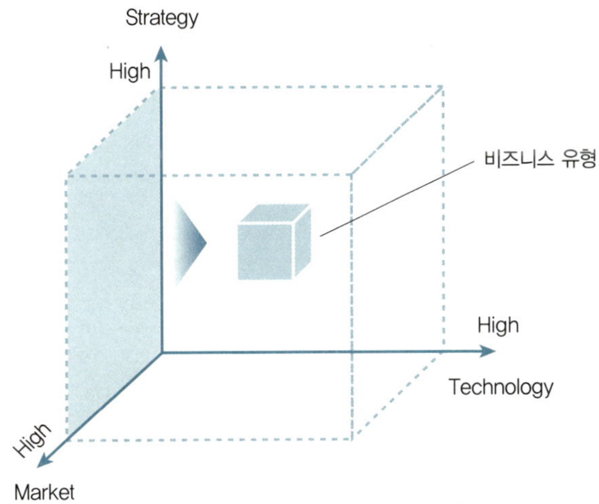

그림 1-18 비즈니스 분석 3대 관점

Techno Business 정의와 범위

Techno Business에서는 첨단기술을 제품 및 서비스에 직접 반영함으로써 전통적 비즈니스와 차별화된 가치를 생성한다. Technology Applied Business에서도 첨단기술을 비즈니스 활동의 변화 수단으로 고려하였으나, 생산성 및 편의성 증대와 같이 가치 생성과정의 부분적 개선이라는 한계를 보였다. 본 서에서는 고객에 기존에 찾아볼 수 없던 새로운 가치 제공에 주안하는 Technology Centered Business의 개념을 활용하여 Techno Business를 정의한다.

◈ **ITR Definition**

> **Techno Business**
> **가치창출의 핵심수단을 첨단기술로 설정하고, 기술개발 및 사업화중심의 차별화 전략을 수행하여 기업경쟁력을 높이고 시장파급력을 극대화하는 비즈니스**

Techno Business는 [그림 1-19]와 같이 기술(Technology), 전략(Strategy), 시장(Market)의 3대 구성요소를 가진다. Techno Business에서 다루는 기술은 단일산업 내 원천기술과 융합 신산업을 위한 기술의 횡적 융합을 대상으로 한다. Techno Business 수행 기업의 전략은 시장수요 충족을 위해 첨단기술을 기반으로 제품 및 서비스를 고도화하여 경쟁기업과 차별화하는 것을 주요 목표로 한다. 또한, Techno Business에서의 시장은 고객수용주기상의 첨단기술 혁신가(Innovator)부터 최후수용자(Laggards)까지를 모두 포괄한다. 이는 급변하는 기술 속성을 포착하고, 기업의 전략 수립에 따르는 요구사항을 반영하여 목표 시장의 수요에 적합한 Techno Business 활동을 도출할 수 있도록 한다.

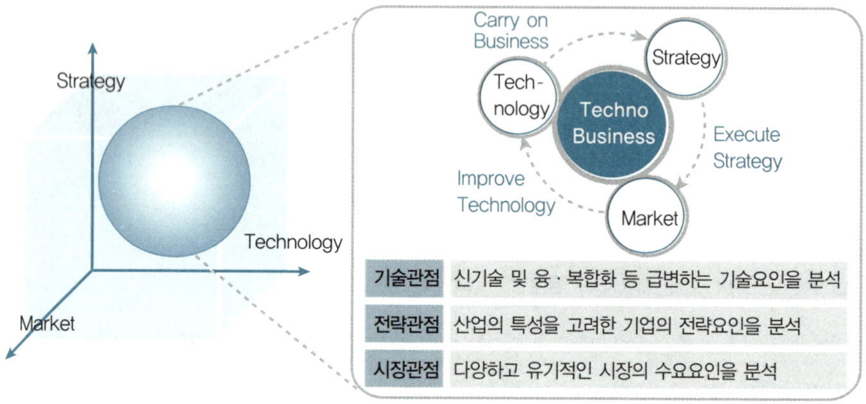

그림 1-19 Techno Business 3대 구성요소 및 분석범위

2.2 Techno Business 특성

본절에서는 테크노 비즈니스의 3대 구성요소별 특성을 구체적으로 설명한다. 그리고, 특성별 Techno Business와 일반 비즈니스를 비교·분석하여, Techno Business에 대한 심층적 이해를 돕는다.

Techno Business의 특성

Techno Business 3대 구성요소인 기술, 전략, 시장은 상호 연관관계를 가진다. 기술수명주기 단축에 따라, 첨단기술을 적용한 제품의 수명주기 또한 단축되었다. 이는 시장 수요 급변의 요인이 되며, 기업이 '신시장 및 비즈니스' 창출을 위한 전략을 수립하도록 한다. 전략에서 응시하는 주요 고객은 기업에 끊임없는 기술혁신을 요구하여 Techno Business를 지속적으로 수행하도록 한다. 아래의 [그림 1-20]을 통해 Techno Business 구성요소별 특성을 보다 자세히 설명하도록 한다.

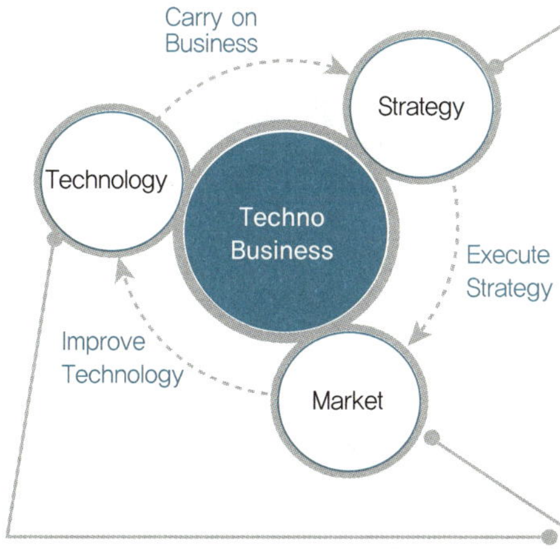

그림 1-20 Techno Business 구성요소별 특성

산업 및 비즈니스 환경변화에 적합한 전략적 우위점유	
특성 6	기업 간 제휴 및 표준화 대두
특성 7	가치원천이 다양화
특성 8	보조활동의 중요성 증대
특성 9	비즈니스 모델의 중요성 증대
특성 10	기술중심의 비즈니스전략 수립

급변하는 기술요인을 통한 가치창출 기회마련	
특성 1	수명주기가 짧은 기술을 대상
특성 2	제품에 직접적으로 적용
특성 3	산업 및 기술의 융합을 선도
특성 4	기술중심의 경쟁구도 형성
특성 5	기술 상용화에 많은 역량 필요

시장의 수요변화와 고객만족요인을 통한 파급력 증대	
특성 11	신시장과 신비즈니스를 창출
특성 12	트렌드 모니터링 중요성 증대
특성 13	기술과 시장의 선순환 구조형성
특성 14	시장파급력 증대
특성 15	시장성숙도가 중요한 영향

Techno Business와 일반 비즈니스의 비교

기술 관점의 5대 특성에 대해 일반 비즈니스와의 차이점을 [표 1-4]와 같이 분석하였다. Techno Business에서는 일반 비즈니스와 달리 사업화 대상 기술의 수명주기가 매우 짧다. 또한, 첨단기술 활용수준에 따라 비즈니스 형태가 판이하게 다르다. Techno Business는 융합기술의 활용이라는 특장점을 가지고 있으나, 경쟁사가 자사의 기술을 Catch-up하거나 대체기술이 등장하였을 경우, 치열한 경쟁구도가 발생한다는 단점을 보이기도 한다.

표 1-4 기술관점의 Techno Business와 일반 비즈니스 비교

No.	Key Characteristic	Techno Business Example	Non-Techno Business Example
특성 1	기술의 발전과 시장의 요구변화가 급격하게 일어나 기술수명주기가 짧은 기술을 대상으로 함	**만도의 김치냉장고 제조** 만도와 같은 김치냉장고 업체는 일년에 수차례 기능을 강화한 새 제품을 출시하고 있음	**웅진토기의 장독 제조** 수십년간 전통방식으로 장독을 제조함
특성 2	기술이 제품 및 서비스 개발에 핵심적(직접적)으로 역할을 수행함	**대한통운의 택배운송** 대한통운은 첨단 IT기술과 휴대용기기를 통해, 택배물품을 저비용, 신속한 스피드로 고객에게 배달함	**개인용달업체의 운송** 그동안의 고객관리 및 영업능력이 중요하며 기술과의 연관성이 낮음
특성 3	다양한 분야에 응용가능한 기반기술의 형태로서 산업/기술의 융합을 선도함	**삼성물산(건설)의 유비쿼터스 아파트 건설** 삼성물산을 포함한 주요 건설회사들은 IT와 건설 융합기술을 이용한 아파트를 건설하고 있음	**과거 건설회사의 아파트 건설** 건설기술만을 활용하여 많은 아파트를 건설하였음
특성 4	기술이 비즈니스의 핵심경쟁력이 되어, 경쟁기술의 출현으로 인한 시장 내경쟁이 치열함	**풀 터치폰** 삼성과 LG가 서로 앞다투며, 풀터치 핸드폰을 내놓고, 이에 따라 다른 경쟁사들도 풀터치폰을 잇따라 개발하여 시장에 내놓음	**명동칼국수** 핵심 경쟁력이 '손맛'이기 때문에, 경쟁자들이 따라 할 수가 없어, 수십년째 같은 메뉴로 인기를 끌고 있음
특성 5	기술개발분야뿐만 아니라 기술상용화에 많은 역량을 필요로 함	**KT WIBRO** KT의 WIBRO 서비스의 경우, 개발비용도 크지만, 이를 상용화 및 사업화하기 위해서도 큰 노력을 하였음	**비빔밥연구소** 비빔밥의 조리법을 체계화하고, 계절별로 다른 비빔밥 재료에 대한 스토리를 만드는 등 '글로벌 푸드'로 만드는 업무를 담당. 비빔밥에 들어가는 고추장의 매운맛 등급을 10가지로 분류해 다양한 외국인의 입맛을 공략

전략관점에서 보이는 일반 비즈니스와의 차이점은 [표 1-5]에 정리하였다. Techno Business에서는 기관별, 나라별로 다른 기술 플랫폼이 시장의 범용 표준으로 자리잡도록 기업 간 제휴 전략이 중요하게 되었다. 일반 비즈니스에서는 이미 성숙한 기술을 활용하기 때문에 위와 같은 문제를 찾아보기 어렵다. 또한, Techno Business에서는 완제품뿐만 아니라 각종 부품, 제반 서비스, 솔루션 등에서도 첨단기술을 바탕으로 신규가치를 창출하려는 전략을 구사한다. 이를 위해, 차별화된 기술을 확보하여 적용함으로써, 새로운 비즈니스 모델을 수립하기 위해 노력한다. 반면, 일반 비즈니스에서는 기술보다는 디자인, 마케팅, 판매방식을 변화시키는 것에 주력한다.

No.	Key Characteristic	Techno Business Example	Non-Techno Business Example
특성 6	표준화의 중요성 증대로 인해 기업 간 제휴의 필요성이 증대됨	**송도 U-City 개발 프로젝트** 현재 인천 U-City 개발 프로젝트에 참여 중인 건설회사, IT업체, 관련 정부부처는 플랫폼과 기술의 표준화를 위해 계속적으로 커뮤니케이션을 실시하고 있음	**제주도 특별자치도 개발 프로젝트** 표준화보다는 차별화가 더 중요한 포인트가 되어 다양한 기관, 다양한 자원을 유치하기 위해 노력하고 있음
특성 7	가치의 원천이 기존의 완제품중심에서 부품, 소재, 콘텐츠, 솔루션, 서비스 등으로 다양하게 이동	**애플의 아이팟과 아이튠즈와 애플스토어** 애플은 아이팟이라는 MP3뿐만이 아니라 아이튠즈를 통해 음악을 판매하고, 애플스토어를 통해 다양한 액세서리를 판매함	**중소기업 '비비티'의 MP3** 비비티는 완제품 MP3를 제조하여 작고 심플한 디자인으로 소비자들에게 인기를 끌고 있음
특성 8	기업가치사슬 내 보조활동(Secondary Activities)의 역할 및 중요성이 증대됨	**유전자변형콩을 이용한 두부제조업체** 보조활동인 기술개발의 중요성이 매우 큼	**청정원의 '유기농두부'** 좋은 재료를 통해 청결하게 관리하고, 두부를 만들어 유통시키는 가치사슬 내의 주요 활동이 중요함
특성 9	비즈니스 모델의 차별화를 통한 경쟁우위 달성을 추구함	**옥션의 경매중개서비스** 옥션은 온라인 경매입찰 중개라는 새로운 비즈니스 모델을 통해 기존 경매와 차별화 하고 엄청난 소비자들을 불러 모음	**노량진 수산시장의 경매** 다른 수산시장에서의 경매와 차별화되지 못하며, 전통적 방식고수
특성 10	비즈니스 전략 수립 시 기술이 주요한 차별화 요소가 됨	**도요타의 하이브리드카** 도요타가 하이브리드자동차에 대한 전략을 수립할 때, 경쟁사 대비 연비 및 안정성 등의 기술력에 대한 요소가 주요한 차별요소가 됨	**삼천리의 자전거** 삼천리의 자전거 판매전략 수립 시, 기술보다는 시장관찰을 통한 소비자니즈 파악을 통해 제품설계 및 마케팅이 전략적 차별화 요소가 됨

표 1-5 전략관점의 Techno Business와 일반 비즈니스 비교

시장관점에서 Techno Business와 일반 비즈니스의 차이점을 [표 1-6]으로 정리하였다. '기술'과 '전략' 관점뿐만 아니라, '시장' 관점에서도 Techno Business를 기존의 비즈니스 개념과 비교할 수 있다. Techno Business에서는 기술중심으로 새로운 시장과 비즈니스 유형을 창출하여 성과를 발현한다는 점에서 기존의 비즈니스와 큰 차별점을 보인다. 획득한 성과는 기술에 대한 재투자로 이어져 기술혁신의 발로가 되며, 유관기술과 산업에 큰 파급효과를 준다. 반면, 기존 비즈니스에서는 단순히 시장을 공략하기 위한 보조적 수단으로 기술을 고려한다.

표 1-6 시장관점의 Techno Business와 일반 비즈니스 비교

No.	Key Characteristic	Techno Business Example	Non-Techno Business Example
특성 11	기술변화에 대한 예측과 시장관측이 기업의 지속적 성과창출에 필수적 요소임	**LG전자의 LCD사업** 세계 LCD산업은 기술뿐만 아니라 경쟁기업이 언제 몇 세대 공정으로 넘어갈지에 대한 예측과 경제상황 및 시장 공급량에 따른 시장가격의 예측이 사업의 성패를 가름함	**프라다의 명품 핸드백** 프라다의 명품백은 시장과 소비자에 대한 모니터링과 디자인 개발이 성과창출에 필수적 요소이나 기술변화에 대한 영향력은 낮음
특성 12	기술이 새로운 시장과 비즈니스 유형을 창출함	**아마존의 E-book Kindle** 아마존은 Kindle을 통해 단말기를 구매하면 자유롭게 책을 다운받아 사용할 수 있도록 하였으며 단말기 시장과 콘텐츠 시장을 새롭게 창출하였음.	**교보문고의 서적 판매** 새로운 시장과 비즈니스 유형을 창출하기보다는 대량의 오프라인 서적을 보다 신속하게 제공하는 데에 치중함
특성 13	기술 사업화를 통한 시장창출과 시장 요구사항의 반영을 통한 기술혁신의 선순환 구조를 가짐	**SK Telecom의 GPS를 통한 서비스 제공** GPS 내장을 통해 핸드폰 내비게이션 시장을 새로이 창출할 뿐만 아니라, 여성들의 사회적 안전에 대한 요구로 인해 위치알림서비스 등을 제공함	**대리운전업체의 대리운전서비스** 대리운전업체 역시 시장의 요구를 반영하지만 기술적인 측면보다는 일반 서비스 측면을 통해 고객의 요구를 반영함
특성 14	기술을 통한 시장창출 및 유관기술(산업)으로의 파급효과가 큼	**삼성전자의 반도체 개발** 삼성전자, 하이닉스와 같은 반도체 회사가 새로운 반도체를 개발하면, 전자산업 전반의 제품의 수준이 발전하게 됨	**빈폴의 새로운 디자인의 의류 개발** 의류회사가 새로운 디자인의 옷을 만들게 되더라도 산업에 미치는 영향력은 미미함
특성 15	시장성숙도에 따라 같은 서비스 및 제품의 성패가 달라질 수 있음	**Palm의 스마트폰** 과거의 많은 스마트폰 제조업체들은 기술력만을 고려하고, 소비자의 기술에 대한 성숙도를 고려하지 않은 제품을 내놓았다가 수 차례 실패하였음	**한국리더십센터의 플랭클린 플래너** 플랭클린 플래너의 판매는 시장성숙도보다는 제품의 질, 마케팅, 영업 등의 요소들로 인해 성과가 결정됨

2.3 Techno Business와 IT

Techno Business에서 IT의 역할 및 중요성

[그림 1-21]을 통해 Techno Business 환경에서 IT가 보여주는 역할에 대해 설명한다. IT기술은 시 · 공간 제약을 파괴하고(이동성), 생활 전반에서 보편화될 뿐만 아니라(내재화), 업무 속도 증진, 고도화된 기능을 제공(지능화)하는 특성을 보인다. 이는 첨단기술(5T : NT, BT, ET, ST, CT)이 전통산업과 융합되는 과정에서 핵심 성공요인으로 작용한다.

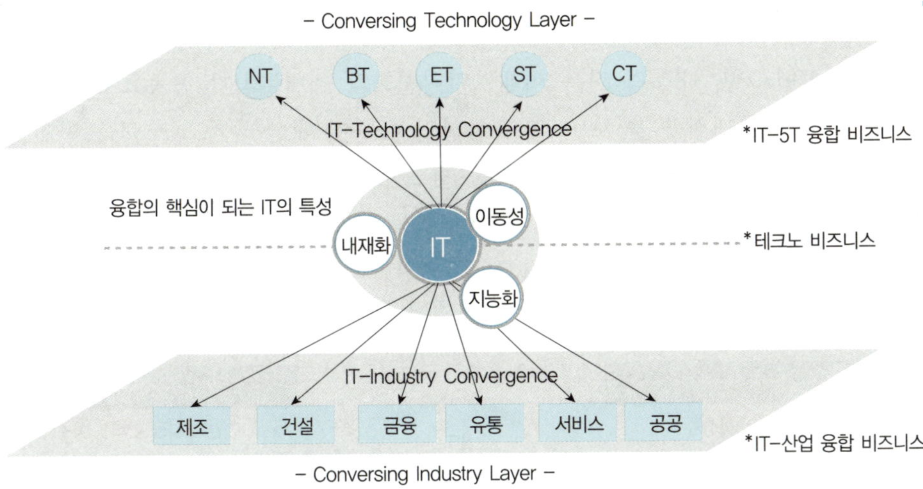

그림 1-21 Techno Business에서 IT의 역할

Techno Business에서 IT의 3대 융합특성

그렇다면 지능화, 내재화, 이동화란 어떤 의미일까? 지능화란 인공지능을 비롯한 스마트기술, 자동화기술을 통해 사람이 처리하는 업무나 기능을 다른 기계 또는 시스템이 대체하는 것을 말한다. 따라서 사람이 의사결정에 개입함으로써 발생하는 거래비용을 대폭 줄여준다. 한편, 내재화는 제품 내지는 기술 자체의 논리에 IT가 융합된다는 의미이다. 그를 통해 무형의 가치를 생산한다는 것이다. 마지막으로 이동화는 IT 탑재 제품을 소지하고 있으면 어디서나 활용이 가능하다는 것이다. 위의 내용을 [그림 1-22]에 요약하여 도식화하였다.

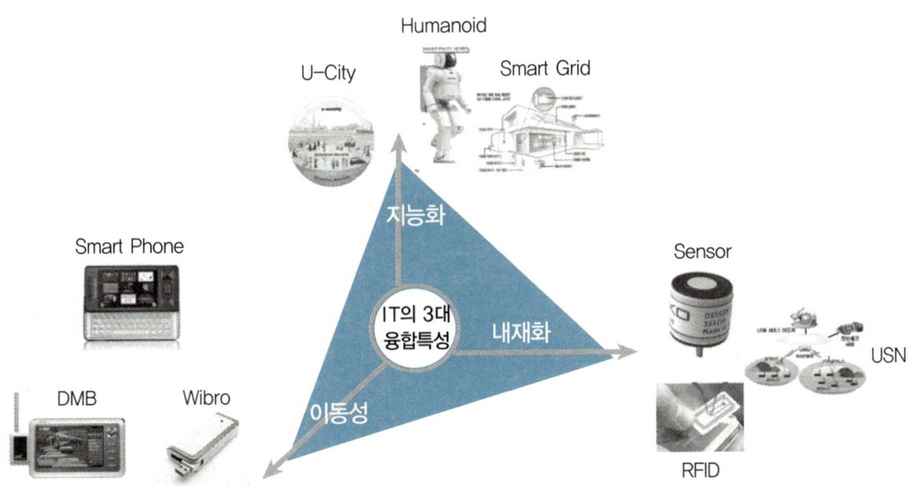

그림 1-22 IT의 3대 융합 특성

IT 융합현상에 따른 국가 IT 트렌드

2009년 9월, 대통령 직속 미래기획위원회와 개별부처가 공동으로 선포한 'IT Korea 미래전략'을 보면 IT 융합산업 육성에 대한 국가적 노력을 확인할 수 있다. 전통산업의 글로벌 경쟁력을 제고하고, IT 강국으로서의 위용을 지속적으로 견지하는 데 IT 활용 및 융합이 핵심 키워드임을 정부에서도 인식하게 된 것이다. [그림 1-23]에 IT KOREA 미래전략의 핵심내용을 수록하였다.

그림 1-23 IT KOREA 미래전략

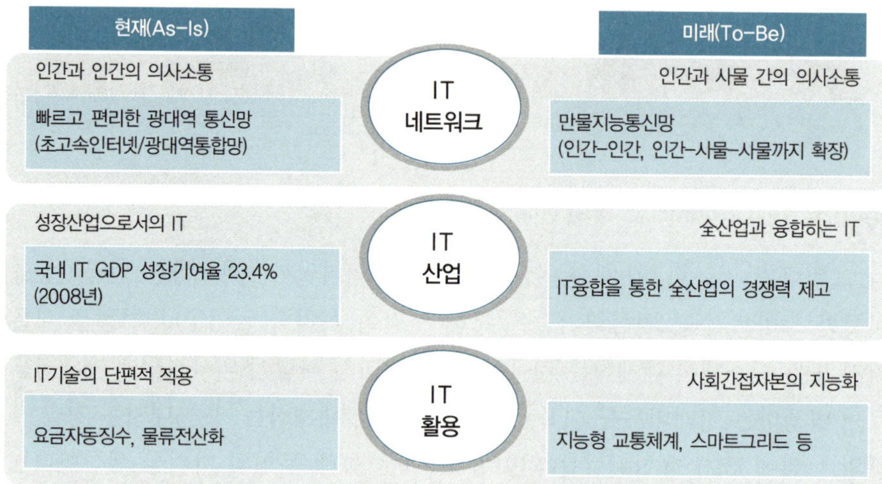

자료 : 미래기획위원회, "IT KOREA 미래전략", 2009.

광대역통신망을 통해 구축된 IT 네트워크는 이제 다양한 사물과의 상호작용까지 돕는 매체로 진화할 것이다. 한편 IT가 기존산업의 성장 기여율을 증진시키는 보조수단이었다면, 이제는 모든 산업의 가치사슬과 경쟁력을 좌지우지하는 핵심요소가 될 것이다. 요금을 자동징수하고, 물류를 전산화하는 정도의 수단에 지나지 않았던 IT는 지능형 교통체계, 스마트그리드 등의 활용 전략을 통해 인프라가 갖추어야 할 필수요소로 거듭날 것이다.

10대 IT 융합산업

국가적으로 융합산업을 장려할 목적으로, 지식경제부는 10대 IT 융합산업을 전략적으로 지원하고 있다. 이들 핵심 분야는 한국의 산업경쟁력을 세계적인 수준으로 끌어올리고, IT 탑재제품 시장에서 경쟁우위를 차지하고자 하는 목적을 위해 지정된 것이다.

조선, 건설, 의료, 자동차 등은 한국이 세계적으로 독보적인 역량을 구축하고 있는 분야로, 개발도상국에까지 성공사례가 수출되고 있다. 따라서 기존의 경쟁우위에 한층 장점을 더하는 IT 융합이 적극 추진되고 있다. 한편 자동차, 에너지, 항공 등은 물류중심지이자 기간산업 시스템 수출의 중심지로 거듭나야 할 우리나라의 선진화 과제로 떠오르고 있다. 마지막으로 국방, 기계는 기간산업이자 방위산업으로서 IT 융합을 통해 효율화와 자동화가 요구되는 분야이다. [그림 1-24]를 통해 대한민국 Techno Business의 원천이 될 10대 IT 융합산업을 확인하도록 하자.

그림 1-29 10대 IT 융합전략산업

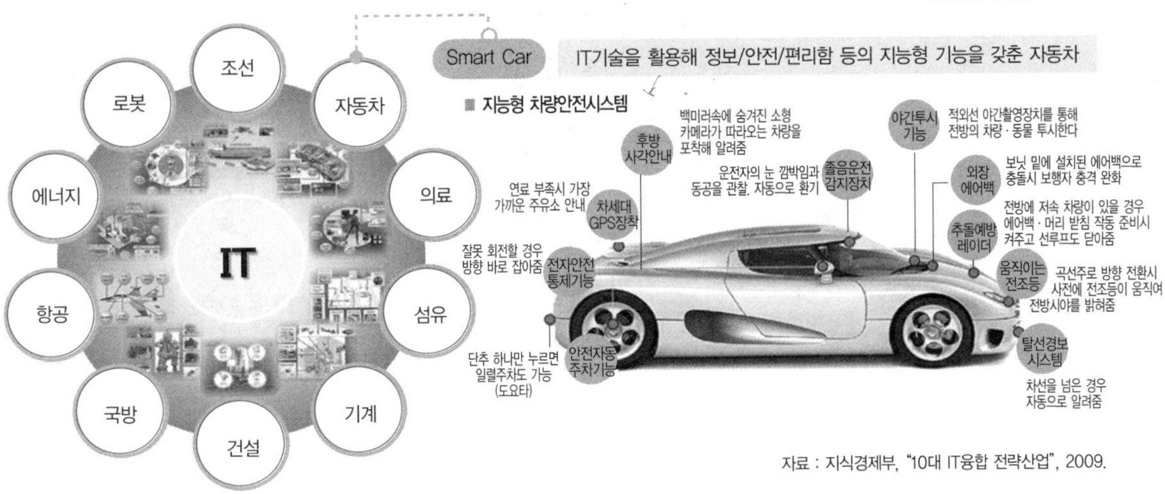

자료 : 지식경제부, "10대 IT융합 전략산업", 2009.

핵심용어

- **비즈니스 진화** : 비즈니스의 가치가 새롭게 정의, 분류되고 다양한 기존 비즈니스 간의 가치사슬이 융합되어 기존에 없었던 가치를 생성해 내는 현상
- **비즈니스 모델** : 상품과 서비스, 사업전략과 프로세스 그리고 비즈니스 모델의 이해관계자 등의 다양한 구성요소들을 정의하고, 각각의 구성요소들 간의 가치흐름을 표현하는 모델
- **융합** : 각기 다른 요소, 근거, 구성을 가졌던 기술이나 산업, 학문분야 등이 서로의 공통점을 중심으로 종합, 복합화되는 현상
- **Techno Business** : 가치창출의 핵심역량으로 기술을 활용하여, 기술중심의 차별화 전략을 통해 기술을 사업화하며, 시장과의 상호작용을 통해 시장파급력을 극대화하는 비즈니스

참고문헌

김병완 & ITR, A Maturity Framework for Technology Management and Its Impact on Business Performance, 연세대학교 ITR 박사학위 논문, 2010.

교육인적자원부, "국가융합기술발전 기본방침", 2007.

국가과학기술위원회 운영위원회, "국가융합기술발전 기본계획('09~13)", 국가과학기술위원회, 2008.

김한주, "IT기반 융합전략", 정보통신연구진흥원, 2007.

미래기획위원회, "IT KOREA 미래전략", 미래기획위원회, 2009.

이광희, "전통산업과 IT산업의 융합화 분석", 전자통신동향분석 제23권 제2호, 2008.

이홍주 & ITR, A Study on Development of Business Factors by Mobile Telecommunication Customer Needs Analysis in Ubiquitous Technology Environment, 연세대학교 ITR 박사학위논문, 2005.

임춘성 & ITR, "꼬마 혼자 도둑을 잡아? U시티 < 첨단 IT기술의 미래형 도시 > 시대엔 그런 일 없을걸!", 조선일보, 2008.

임춘성 & ITR, "U-City PIPE Model 서비스 관점의 U-City 구성요소", ITR Report, 2008.

전남주 & ITR, 유비쿼터스 기술 환경의 비즈니스모델 개발 방법론 연구, 연세대학교 ITR 박사학위논문, 2007.

조준일, "산업컨버전스 시대가 열린다", LG주간경제 CEO Report, 2005.

지식경제부, "10대 IT융합 전략산업", 미래기획위원회, 2009.

최문기, "New IT산업 발전 기획보고서", 한국전자통신연구원, 2008.

Afuah, A. and C.L. Tucci, "Internet Business Model and Strategies : Text and Cases", McGraw Hill, 2001.

Alfred Nordmann and Rapporteur, "Converging Technologies Shaping the Future of European Societies", *Council of the European Union*, 2004.

Alexander Osterwalder, et. al., "Clarifying business models : origins, present, and future of the concept", *Communications of the Association for Information Systems*, 2005.

Amit, R. and Zott, C., "Value Creation in e-Business", *Strategic Management Journal*, Vol.22, 2001, pp.493~520.

Choi, Y.J., Yu E.J., & Leem, C.S., Development of Evaluation Systems of IT-

Process's Productivity, The 5th ITA/EA International Conference 2007.

Ethiraj, S., Guler, I., and Singh, H., "The Impact of Internet and Electronic Technologies on firms and Its Implications for Competitive Advantage", *Working Paper*, The Warton School, 2000.

IT 戰略本部, "IT 新改革戰略", 2006.

Kim, B.G., Jeon, N.J. & Leem, C.S., Kim, B.W., Lee, S.H., A Business Model Feasibility Analysis Framework in Ubiquitous Technology Environments International Conference on Convergence Information Technology(ICCIT), 2007.

Linder, J. and S. Cantrell, "Changing Business Models : Surveying the Landscape", *Accenture Institute for Strategic Change*, 2000.

Mihail, C., Roco et. al., "Converging Technologies for Improving Human Performance", *National Science Foundation / Department of Commerce*, 2002.

Pateli, A. and G. Giaglis, "A Framework for understanding and analysing e-business Models", *Proceedings of the Bled Electronic Commerce*, 2003.

Rappa, M., "Business Model on the Web", http://digitalenterprise.org.models/models.html, 2001.

Timmers, P., "Business Models for Electronic Markets", *Electronic Market*, Vol.8, No.2, 1998, pp.3~8.

Venkatraman, N. and Henderson, J.C., *Real Strategies for Virtual Organizing*, *Sloan management Review*, Vol.40, No.1, 1998, pp.33~48.

제 2 장
Techno Business 분석모델

제2장에서는 기술기반 비즈니스의 분석체계로서 Techno Business 통합분석 모델을 소개한다. 본 모델은 경영학, 기술경영 및 융합기술 관점의 기존연구를 종합하여 Techno Business에 특화된 분석영역을 제시한다. 이를 반영하여 Technology(기술), Industry(산업), Strategy(전략), Service(서비스), User(고객), Environment(환경)의 6대 컴포넌트로 Techno Business 통합분석 모델을 설명한다. 또한, 기반 컴포넌트, 핵심 컴포넌트, 참조 컴포넌트로 구성된 Techno Business 통합분석 방법론을 제안한다.

목차

Theme 2 : Model - 모델이란?

'모델' 이라는 말을 들었을 때 어떤 생각이 떠오르는가? 우리는 종종 패션 모델을 떠올린다. 세련미를 뽐내며 무대 위를 걷는 그들은, 디자이너가 창조하려는 아름다움을 세상에 보여준다. 디자이너 고유의 세계(Real World)를 실재화하는 주체인 것이다.

한편 화가는 사진과 그림, 조각을 창조하기 위한 모방의 대상물로서 '모델' 을 생각한다. 전기전자 업종에 종사하는 사람은 주로 자동차, 전자제품의 형태를 보여주는 '모델' 을 이야기할 것이다. 자신이 살 집을 찾고 있는 사람에게 있어 '모델' 은 아파트의 축소판인 모델하우스일 것이다.

'모델', '모형' 의 사전적 정의는 무엇인가? 이는 현실세계의 다양한 객체와 가시적 현상, 절차 및 프로세스를 표현하기 위해 추상화된 관점으로 정의된다. 세부적인 내용을 포괄하기 위해 단순화한 표현인 것이다. 모델을 만들기 위해 사람들은 늘 '모델링(Modeling)을 한다. 미 공군 출원연구소(R&D)의 애널리스트인 Jeff Rothenberg는 모델링을 '패턴을 파악, 평가, 예측하여 프로세스를 조작하고 의미와 목적을 표현하는 과정' 이라 하였다.

'모델' 을 일반적인 기준으로 정리해보자. 우리는 표현방식에 따라 기호모델(Symbolic Model)과 화상모델(Graphical Model)로 구분할 수 있다. 전자는 다각형과 다이어그램을 주로 사용하지만, 후자를 보면 사진과 영상으로 이루어진 표현이 주를 이루고 있다. 또한, 모델링의 목적에 따라 다른 방식으로 구분하기도 한다. 프로그램 내 처리과정에 귀속되는 객체를 선별하고, 이들의 관계를 표현할 때는 프로그래밍 모델(Programming Model)을 활용한다. 컴퓨터 연산능력을 통해 새로운 사회현상을 분석할 때에는 시뮬레이션 모델(Simulation Model)을 구현한다. 산업현장의 업무절차와 프로세스를 실재화하고 관리하기 위해 프로세스 모델(Process Model)을 설계한다. 이에 더하여, 세상을 수학공식으로 단순화하기 위해 수학적 모델(Mathematical Model)을 수립하기도 한다. '경영학/산업공학 전공자' 는 앞서 열거한 모델 중 수학적 모델을 가장 많이 사용할 것이다. 경영과학(OR)에서는 문제에 대한 최적화된 답을 찾기 위해 몇 가지 제약조건과 목적함수를 수식으로 표현하는 '수학적 모델링' 을 한다. 그런데 한 가지 생각해 볼 점이 있다. '수학적 모델' 이 실제 산업현장을 완벽하게 표현하여 적합한 답을 찾아내도록 하는가? 목적함수식, 그리고 제약조건식의 각 변수 앞에 위치하는 계수(Parameter Value)는 어떻게 구할 것이며 과연 이것이 옳다고 확신할 수 있는가? 또한, 현실세계의 문제를 선형관계(Linear)로서 가정하고 목적함수식을 수립하는 것이 문제해결을 위한 최상의 방법이라 할 수 있는가?

실제세계(Real World)는 위와 같이 복잡하고, 환경에 맞추어 기민하게 변화하는 '아

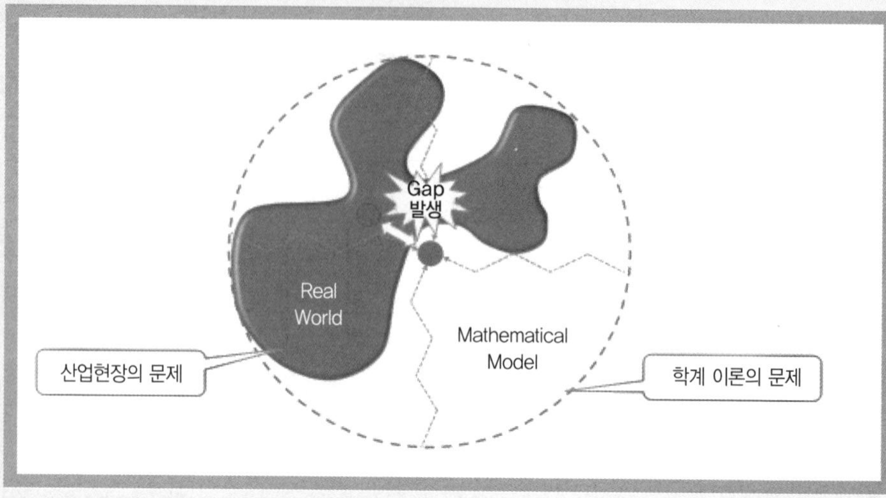

메바 형태' 라 할 수 있다. 문제가 발생하였을 경우, 현실에 근접한 해결방법을 제시하기 위해 학자, 산업 내 전문가로 하여금 각종 변수와 조건을 설정함으로써 수학적 모델을 만들도록 한다. 하지만 사람과 조직, 내 · 외부 상황요인을 모두 고려할 수 없는 한계로 인해 현실세계, 산업현장과 완벽히 일치시키지 못하고 '점선원' 과 같은 근사 형태의 모델을 만들게 된다. 따라서, 위의 그림과 같이 문제의 본질적인 답(현실세계 영역의 무게중심)과 최적화된 해결방안(수학적 모델의 무게중심) 사이에 괴리가 발생한다.

산업현장의 문제에 대해 보다 실용적인 답을 줄 수 있는 방안은 무엇일까? 수학적 모델에서 알고리즘(Algorithm)을 기반으로 전체 변수와 조건을 고려하여 특정 유형의 문제를 해결하는 것과는 다른 방법을 찾아보도록 하자. 이상적인 답을 구할 수는 없지만 현실적이고 만족할 만한 답을 찾을 수 있는 휴리스틱(Heuristic) 방식을 고려해보자. 이는 하위목표(중요변수)를 해결하기 위해 일정한 규칙을 가지고 답을 탐색한 결과 최상단의 직관적 해결책을 도출하는 것이다. 즉, 경영의사결정에 수반하는 데이터(내 · 외부 정보)가 한정적이고, 시간 및 비용에 제약이 있으므로 직관적으로 인과 · 선호관계를 파악해 유용한 해결책을 내놓아야 한다는 것이다.

본 장에서 제시할 'Techno Business 통합분석 모델(TISSUE Model)' 이 바로 휴리스틱, 귀납적 접근방법의 산물이다. 이는 BCG Matrix, SWOT분석, 5Forces분석과 같이 경영의사결정 시 사용하는 분석 모델과 유사할 수 있다. 비록, 계량적인 데이터를 수집하고 실증적인 검증을 하는 것은 아니지만 실제세계의 문제를 고민하고 해결방안을 내놓음에 있어 적합할 것이라 확신한다.

본서에서는 독자들이 Techno Business 환경에서 가치창출형 신규 비즈니스 모델을 개발할 수 있도록 6대 컴포넌트(기술, 산업, 전략, 서비스, 사용자, 거시환경)의 통합분석 관점(View)을 제공할 것이다.

1. Techno Business 관련 기존연구

Techno Business 분석관점 별 장 · 단점

Techno Business는 다음과 같이 경영학, 기술경영, 융합기술의 세 가지 방향으로 접근할 수 있다. 각 관점별로 Techno Business를 분석하였을 때, 보이는 장 · 단점을 기술하기로 한다.

경영학관점

- 장점 : 생산관리, 재무관리, 인사관리, 판매관리 등 경영관리 차원에서 다양한 분석이 가능함.
- 단점 : 기술기반 비즈니스의 핵심역량인 기술에 대한 분석을 간과함.

기술경영관점

- 장점 : 핵심기술에 대한 혁신 및 차별화 방안을 고려하여 기술의 성공적인 사업화를 실현함.
- 단점 : 기술의 관리 및 활용에 초점을 맞추고 있어 전사적인 기업전략 및 급변하는 시

장수요에 대한 통합적인 분석이 부족함.

융합기술관점

- 장점 : 기술 및 산업의 융합 동향에 따른 신 융합기술의 진입기회를 포착하는 데 중점을 둠.
- 단점 : 신 융합기술 중심의 연구는 향후 시장수요 및 고객요구사항에 대한 분석이 부족함.

1.1 Techno Business 기존연구 개요

Techno Business의 관련연구로서 [그림 2-1]과 같이 경영학, 기술경영, 융합기술 관련연구들을 정리하였다.

그림 2-1 Techno Business 기존연구 분석내용

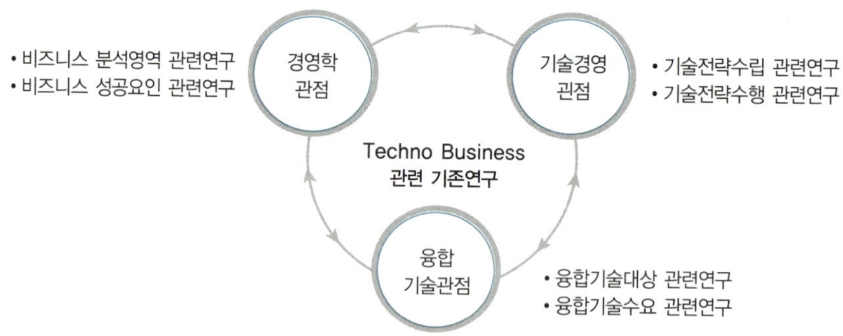

1.2 경영학관점 기존연구

기술기반 비즈니스를 수행하는 기업에 특화된 분석을 위하여 비즈니스 분석영역에 대한 연구가 다수 진행되었다. 또한 기술기반 비즈니스를 가치창출의 핵심 원동력으로 보고, 기업에서 발견되는 성공요인에 대하여 다양하게 논의하였다. [그림 2-2]는 경영학에서 보이는 양대 연구 분야를 도식화한 것이다.

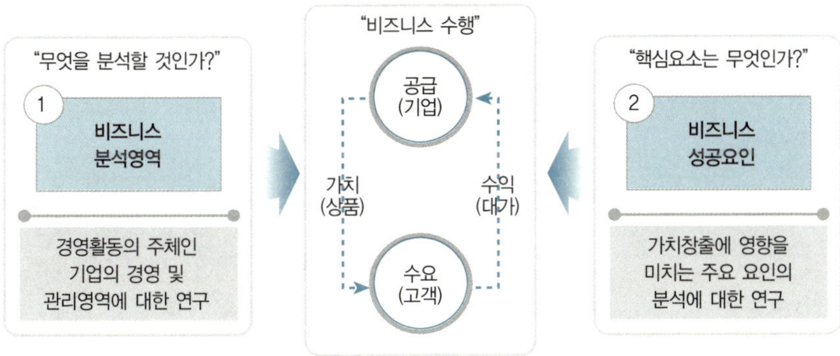

그림 2-2 경영학관점의 Techno Business 관련 기존연구

비즈니스 분석영역 관련 기존연구

기업이 비즈니스를 영위하기 위해 분석해야 하는 영역들은 [그림 2-3]과 같이 비즈니스 기능과 계층구조, 재무속성으로 구분한다. 그러나 대부분의 분석영역 관련 연구는 일반적인 비즈니스 수행 현황 및 결과를 연구 대상으로 하였다. 따라서 기술기반 비즈니스로 인한 기업의 경영환경 변화를 분석가능한 합리적 영역을 제시하는 데 한계를 보인다.

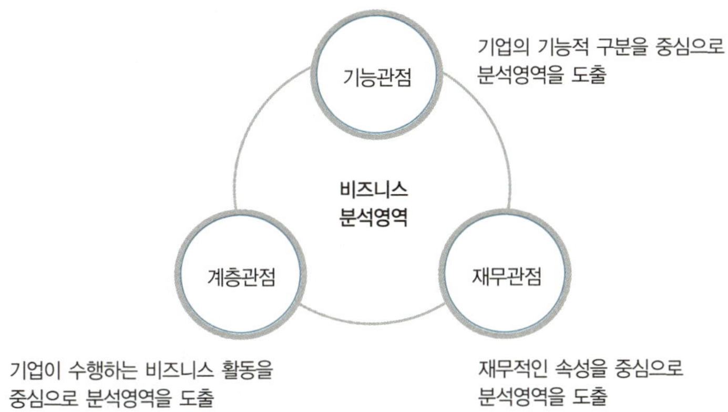

그림 2-3 비즈니스 분석영역 관련연구

비즈니스 성공요인 관련 기존연구

기존연구에서는 [그림 2-4]와 같이 기업의 보유역량, 경영활동, 성과요인 등의 3대 관점으로 비즈니스 가치창출의 성공요인을 제시하였다. 하지만, 이들의 연구방향은 기업의 보유 자원을 효율적으로 활용하기 위한 역량 및 조직 운영관리에 치중되는 한계를 보였다. Techno Business와 같이 현재 보유하지 않은 신

기술을 개발하고 적용하는 것이 기업의 성패를 좌우하는 경영환경에서는 추가적으로 다른 관점의 성공요인을 도출하여야 한다.

그림 2-4 비즈니스 성공요인 관련연구

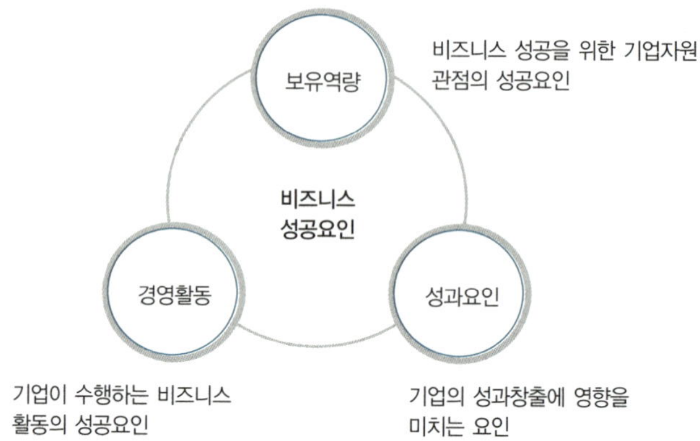

1.3 기술경영관점 기존연구

기술경영관점에서는 기업에서 수익성이 높은 제품을 개발하기 위해 요구되는 기술전략 수립방안에 초점을 맞추고 있다. 또한, 기술전략의 효과적 수행을 위해 기술관리체계와 같은 구체적 방안에 대해서도 많은 논의가 이루어지고 있다. [그림 2-5]를 통해 기술경영관점의 연구 분야를 도식화하여 정리하였다.

그림 2-5 기술경영관점의 Techno Business 관련 기존 연구

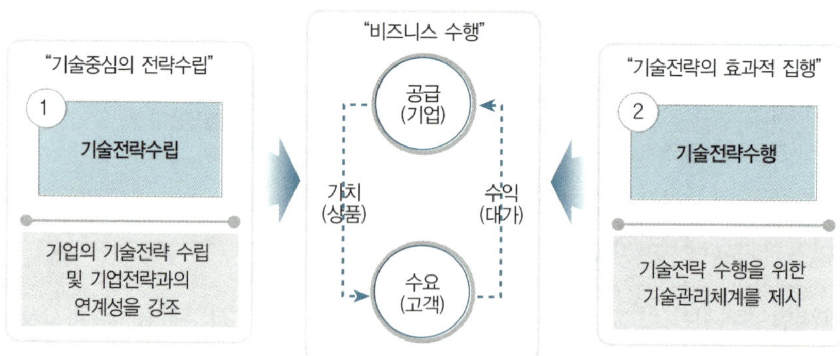

기술전략수립 관련 기존연구

기술개발 목적에 따라 [그림 2-6]과 같이 기술혁신, 시장진입, 경쟁우위 확보 등으로 기술전략 수립 방향을 설정하고 연구를 수행하였다. 세 갈래로 진행된 포괄적 연구는 대체로 기술 자체의 진화만을 목표로 하여 시장 경쟁상황을 반영한 전사적 기술개발 방향성을 정립하지 못하였다.

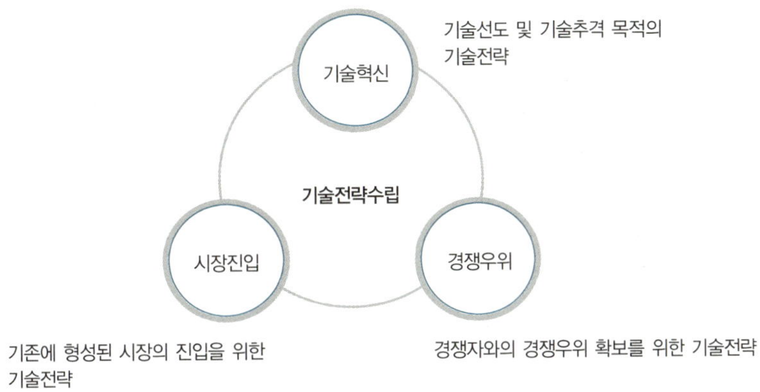

그림 2-6 기술전략수립 관련연구

기술전략수행 관련 기존연구

[그림 2-7]에서 볼 수 있듯이, 연구개발과 기술협력, 기술조직 구조 개선을 위한 전략 실행방안이 기술경영 분야의 또 다른 세부연구 주제였다. 하지만 이는 비즈니스 수행 과정 중 기술 측면에 한정된 분석 관점으로, 보다 포괄적인 범위에서 기술전략 수행 방안을 제시할 필요가 있다.

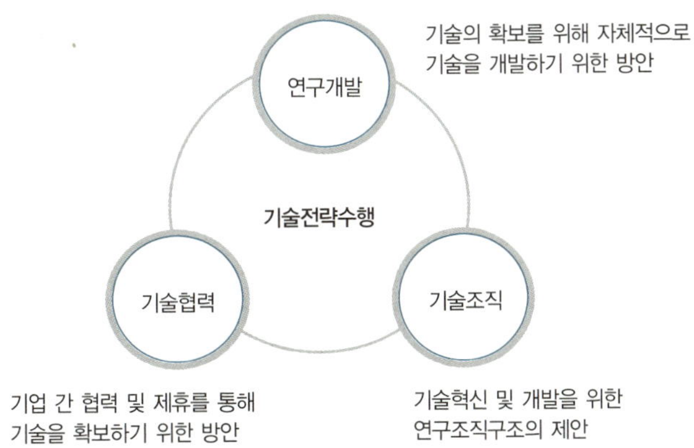

그림 2-7 기술전략수행 관련연구

1.4 융합기술관점 기존연구

융합기술(신기술)중심의 기술 간 · 산업 간 융합 정의 및 유형화 연구는 주로 기술기반 비즈니스의 미래상을 예측하고 분석하는 개념적 기반을 마련하였다. 또한, 융합의 유형별 시장현황을 반영하기 위하여 융합기술수요에 대한 연구가 진행되었다. [그림 2-8]은 융합기술관점의 기존연구를 도식화하여 정리한 것이다.

그림 2-8 융합기술 관점의 Techno-Business 관련 기존연구

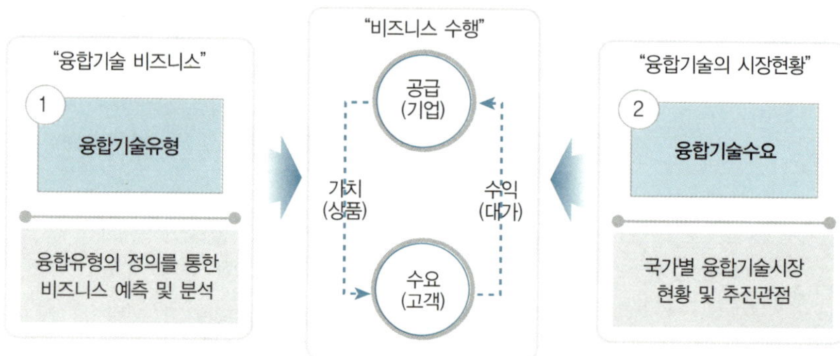

융합기술유형 관련 기존연구

융합기술에 대해 [그림 2-9]와 같이 신기술 간, 신기술과 기존기술 간, 신기술과 기존산업 간 유형을 집대성하고, 각 유형별 미래상을 분석하는 연구가 많이 수행되었다. 이는 기술기반 비즈니스 환경에서 기업이 주목하여야 하는 기술

그림 2-9 융합기술유형 관련연구

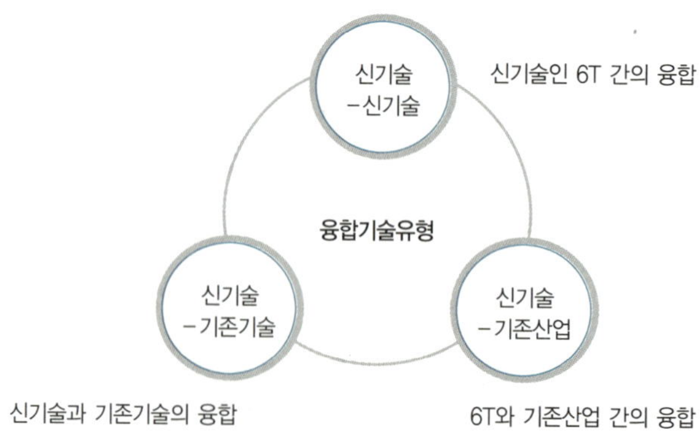

영역을 식별할 수 있도록 하였다. 하지만 융합의 개념을 정립하지 못한 상태에서 융합 기술로 분류한 유형들이 논리적인 결과라고 하기에는 다소 부족한 것이 사실이다.

융합기술수요 관련 기존연구

시장수요를 통해 기술 실현 초기단계인 융합기술에 대한 요구사항을 파악하여 대응책을 도출할 수 있도록 한다. 이 분야는 제품/서비스, 상용화가능성, 기술과 산업융합 관점에서 실제수요 예측을 목표로 한다. 그러나 새로운 기술에 대한 명확한 데이터가 존재하지 않아 예상수치를 통한 정성적 예측만을 수행할 수 있다. 따라서, 융합기술 사업화를 위한 핵심정보로서는 부족하다.

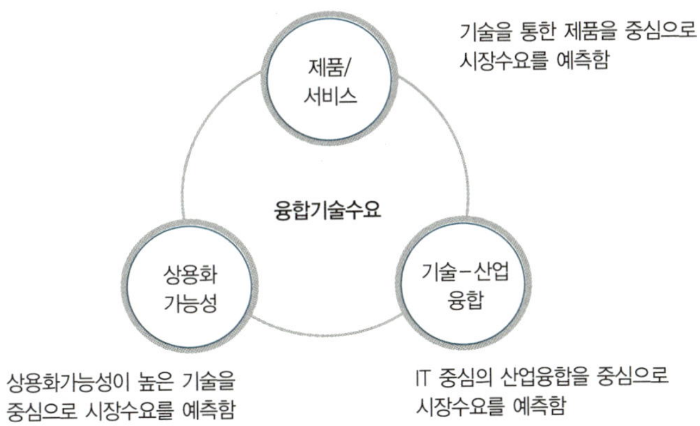

그림 2-10 융합기술 수요 관련연구

2. Techno Business 통합분석 모델

Techno Business 통합분석 모델의 중요성 · 국내 iPad 출시 사례

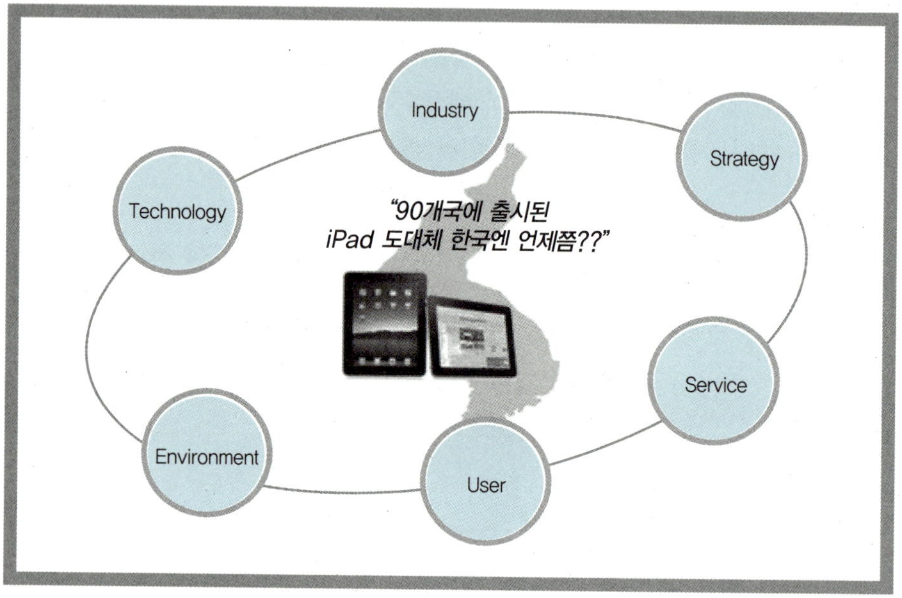

이동통신 · 콘텐츠 산업기술과 첨단 IT기술 간 융합의 결정체인 iPad는 판매 직후 전 세계 90개 국가에서 선풍적인 인기를 끌었다. 하지만, 대한민국에서는 타 국가보다 늦게 제품 출시가 결정되었다. 이는 애플과 KT 간 입장 차이, 국내 통신사업자 간 이해관계, 정부규제 등이 복합적으로 작용하였기 때문이다. Technology(기술), Industry(산업), Strategy(전략), Service(서비스), User(고객), Environment(환경)이라는 6대 관점으로 본 사례의 상황을 분석해보자.

Technology

- 국내산 최신 노트북, 넷북의 기능 수준이 높아 iPad의 시장 성공가능성을 점치기 어려움.
- Wi-Fi(무선인터넷), 3G 통신망과 국내 사업자 플랫폼 연계 활동이 다소 부족하였음.

Industry

- 1위(SK텔레콤)와 2위 사업자(KT)의 경쟁이 과열되면서 단말기 출시를 둘러싼 갈등이

벌어짐.
- 애플은 전략적으로 2위 사업자에게 제품을 독점하도록 함으로써, 판매효과 증진을 노림.

Strategy
- iPad에 앞서 Macbook Air의 공격적인 시장 출시를 주도함으로써, 유사한 요구사항을 지닌 소비자의 구매를 양 제품에 분산시킴.
- 국내에서 현재 인기몰이 중인 Galaxy Tab과 전략적 포지셔닝 차별화 전략이 필요함.

Service
- iBooks의 유료 e-book 콘텐츠가 무료이용을 원하는 한국 소비자에 부적합할 수 있음.

User
- 한국 소비자들이 고품질의 휴대기기에 익숙해져 당 제품의 품질요구수준이 매우 높음.
- 시장규모가 불확실함에도 불구하고 애플에서는 KT에 고정수량의 판매보증을 강요함.

Environment
- 대한민국 방송통신위원회의 iPad 전파인증허가에 오랜 시일이 소요

Techno Business 통합분석 모델의 중요성 – 삼성자동차 실패사례

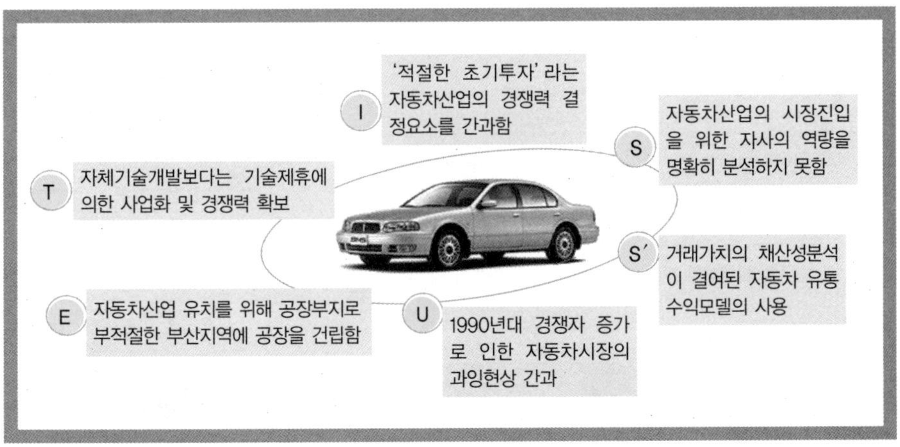

"국내 최고수준의 명차(名車)를 만들겠다며 자동차산업에 심혈을 기울여 왔던 삼성그룹이 마침내 백기를 들었다. 4조 3,000억 원의 법정관리 신청, 초일류기업을 지향해온 삼성으로서는 치욕적인 일이다. '삼성 불패(不敗)' 신화가 무너진 이유는 과연 무엇인가?"

국내 최대 재벌, 삼성에서 야심차게 내걸었던 완성차 업계 진출은 실패하였다. 프랑스의 르노자동차에 결국 매각된 것이다. '삼성'이라는 브랜드이미지만을 굳게 믿은 최고경영진이 기술기반 비즈니스에 대한 다각도적 분석 없이 투자하기로 결정하였기 때문이다. iPad 사례에서 제시한 기술, 산업, 전략, 서비스, 고객, 환경의 6대 관점으로 보면 위와 같이 문제점을 도출할 수 있다. 실패사례를 통해 우리는 첨단 기술기반 비즈니스를 주먹구구식이 아니라 거시적인 관점으로 내 · 외부의 많은 변수를 고려하여 체계적으로 분석하여야 함을 교훈으로 체득할 수 있다.

2.1 Techno Business 통합분석 모델 개요

경영학, 기술경영, 융합기술 등 초창기에 Techno Business 관련 연구를 수행한 학문 분야에서는 타 분야의 관점을 포괄하지 못하는 한계점이 존재한다. Techno Business에 대한 이론 정립은 경영학에서 보여준 전략–시장에 대한 수준 높은 이해, 기술경영의 기술중심적 분석기법, 융합기술연구에서 도출한 기술 고유의 특성을 모두 반영하여야 한다. 본절에서는 [그림 2–11]과 같이 통합분석 모델 필요성에 부합하기 위하여 TISSUE 모델(Techno Business 통합분석 모델)을 제안한다.

그림 2–11 Techno Business 통합분석 모델 개요

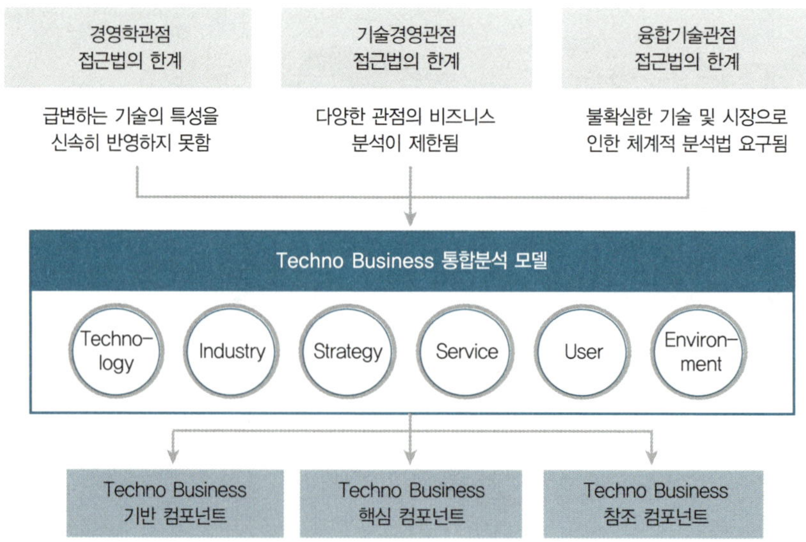

Techno Business 분석 컴포넌트의 구성

Techno Business를 분석하기 위하여 용어에서 나타나듯이 그대로 '기술(Technology)'과 '비즈니스(Business)'의 양대 관점을 중심으로, [그림 2-12]와 같이 세분화한다. 우선, 비즈니스에 대해 경영학의 기존연구를 반영하여 '전략'과 '시장'의 세부분석 관점을 설정한다. 전략부문에서는 산업(Industry)특성을 고려하여, 기업의 전략(Strategy)과 서비스(Service)를 도출하여야 한다. 시장부문에서는 고객(User)과 거시환경(Environment)을 종합적으로 이해하여 수요에 적합한 서비스(Service)를 계획·제공하여야 한다. 위의 내용을 반영하여 '전략'과 '시장', '기술'의 Techno Business 3대 컴포넌트를 6개로 세분화한 분석관점을 종합하여 Techno Business 특화된 분석 모델로서 'TISSUE 모델'을 정의한다.

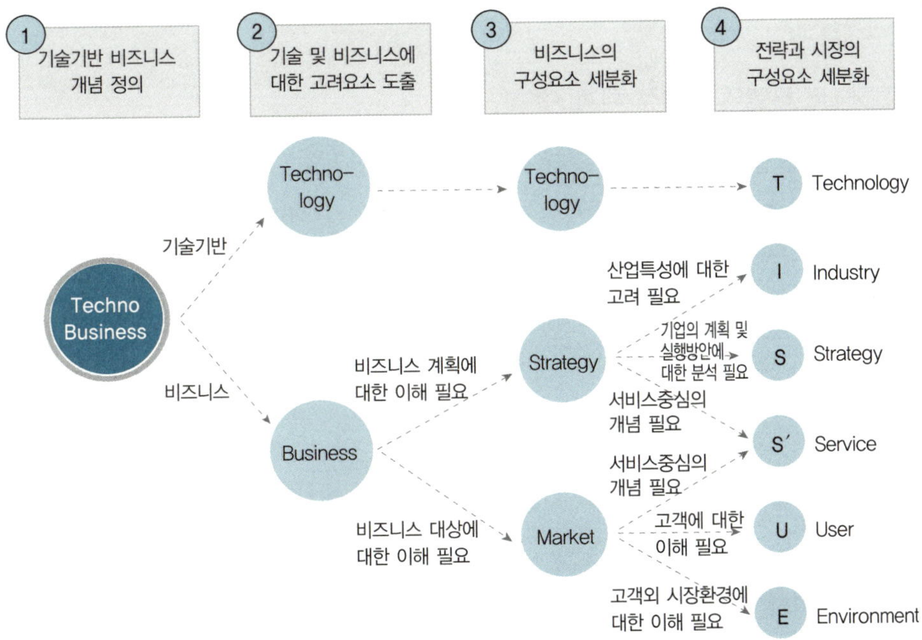

그림 2-12 Techno Business 통합분석 모델의 구성과정

TISSUE 모델의 표준적 체계

TISSUE 모델의 핵심 구성요소는 기술, 산업, 전략, 서비스, 고객, 환경이며, 상호간 유기적인 분석을 통해 Techno Business에 접근하여야 함을 규명한다. 또한, [그림 2-13]과 같이 Techno Business 현상에 대해 '기술주도 비즈니스

(Technology Driven Business)' 와 '서비스주도 비즈니스(Service Driven Business)' 의 순환적 시각을 제시한다. '기술주도 비즈니스' 에서는 첨단기술에 부합하는 비즈니스 모델을 수립하기 위해 타 컴포넌트의 요구사항을 반영하여야 함을 설명한다. 반면, '서비스주도 비즈니스' 에서는 거시환경 변화로 발생하는 고객수요를 충족시키기 위한 전략과 서비스 수립 과정에서, 경쟁력을 높이는 기술을 선정하고 사업화하는 일련의 절차들을 설명한다.

그림 2-13 TISSUE 모델의 구성요소 및 순환적 체계

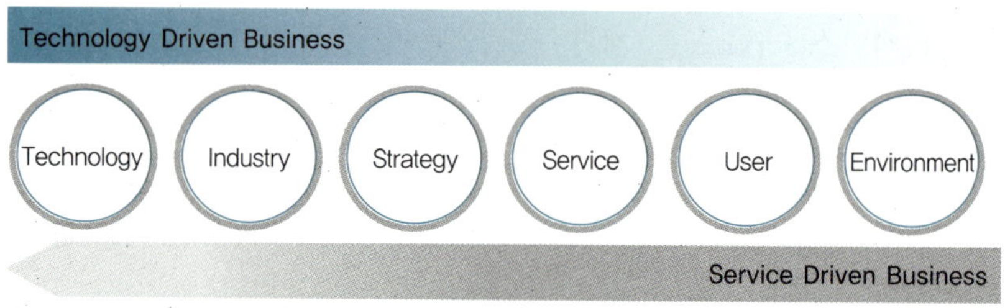

TISSUE 모델의 복합적 체계

TISSUE 모델은 컴포넌트 간 유기적 분석방법으로 [그림 2-14]의 복합적 체계(Complexity Framework)를 제시하였다. 이는 Techno Business 분석 과정에서 각 컴포넌트의 분석결과 정보를 타 컴포넌트와 상호 교환할 수 있도록 분석기법을 선택하고, 실행절차를 구체화하는 것이다.

그림 2-14 TISSUE 모델의 복합적 체계

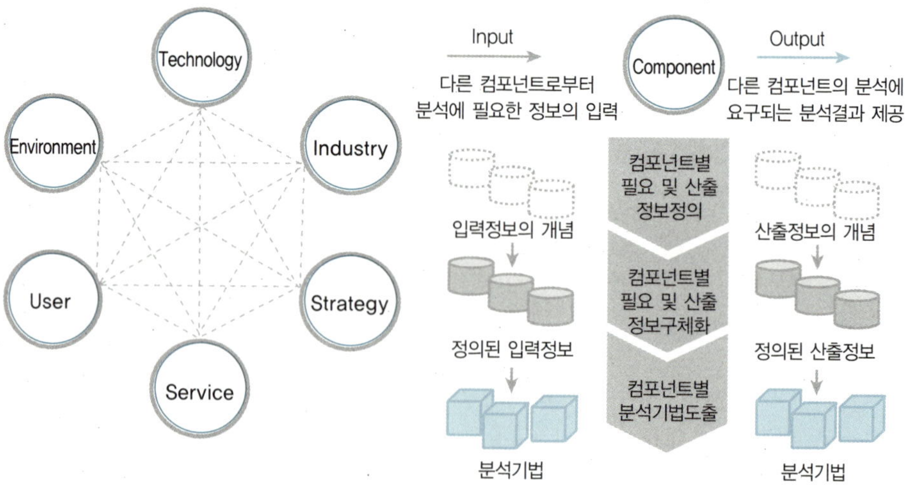

TISSUE 모델은 컴포넌트 간 복합적으로 발생하는 정보의 N:N 흐름을 가지므로 다른 연구분야에서 발간한 기술기반 비즈니스 분석서와 차별점을 지닌다. '기술' 이라는 단일 컴포넌트의 세부적인 분석을 위해 필요정보를 '산업', '전략', '서비스', '고객', '환경' 이라는 나머지 5개 컴포넌트에서 전달받을 수 있음을 제시한다. 또한, 분석 결과 산출된 정보를 다시 다른 컴포넌트에 제공함으로써 재사용성을 지닌다고 할 수 있다.

복합적 체계는 [그림 2-15]에서 보이는 순서대로 진행한다. 우선, 컴포넌트 관련성을 식별하고 Techno Business 분석모델 적용 시 타 관점의 분석정보를 필요로 하는 컴포넌트와 분석정보를 제공하는 컴포넌트를 정의한다. 뒤이어, 분석모델 적용 결과로 도출하여야 하는 컴포넌트별 입력 · 산출정보, 컴포넌트 간 정보흐름, 컴포넌트 고유의 분석 결과를 구체화한다. 마지막으로, 각 정보를 도출하기 위하여 수행할 분석기법을 도출하고 실행방법 및 절차를 구체화한다.

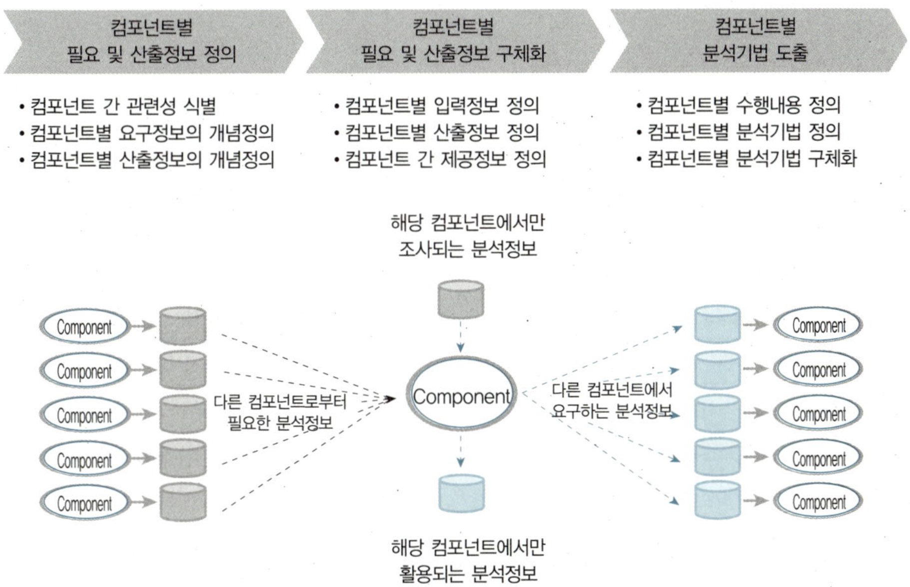

그림 2-15 TISSUE 모델의 복합적 체계 실행 절차

분석 컴포넌트 간 상호 교환하여야 하는 정보를 [표 2-1]에서 개념적으로 정리하였다. 각 컴포넌트별 분석기법 수행 결과물인 분석정보의 범위를 설정할 수 있도록 한다.

주요 분석정보의 흐름을 도식화하고 실제 교환정보를 정의한 결과는 [표 2-

표 2-1 TISSUE 모델의 컴포넌트 간 입력-산출체계

	Input	Component	Output	
I	산업 지속가능성, 내·외부 파급력 분석정보	Technology	기술특성 및 분류체계에 대한 분석정보	I
S	전략적 기술경쟁구도와 미래가치 분석정보		기술특성 및 사업화관련 분석정보	S
S′	서비스특성 및 핵심기술의 적합성 분석정보		기술특성 및 구현을 위한 기업자원 분석정보	S′
U	고객요구사항 및 예상고객 분석정보		기술특성 및 기술분류 구조정보	U
E	정책 측면의 구현가능성 분석정보		기술특성 및 기술로드맵 분석정보	E
T	기술특성 및 분류체계에 대한 분석정보	Industry	산업 지속가능성, 내·외부 파급력 분석정보	T
S	산업 내·외부 경쟁구도, 이해관계자 분석정보		산업구조 및 경쟁환경에 대한 분석정보	S
S′	서비스속성 및 사업화가능성 분석정보		산업 이해관계자 및 가치사슬 분석정보	S′
U	예상고객의 산업에 대한 요구사항 분석정보		시장수요, 수명주기, 산업경쟁구도 분석정보	U
E	산업에 파급효과를 미치는 거시환경 분석정보		산업구조, 이해관계자 및 진입장벽 분석정보	E
T	기술 특성 및 사업화 관련 분석정보	Strategy	전략적 기술경쟁구도와 미래가치 분석정보	T
I	산업구조 및 경쟁환경에 대한 분석정보		산업 내·외부 경쟁구도, 이해관계자 분석정보	I
S′	서비스 모델구조·속성, 전략부합성 분석정보		전략적 방향성 및 전략과제 도출 정보	S′
U	기술수요 추정, 고객요구사항 분석정보		타깃고객의 특성 및 전략방향성 도출정보	U
E	비즈니스 구현가능성을 위한 환경적 고려요인		전략, 프로세스, 조직측면의 요구사항정보	E
T	기술특성 및 구현을 위한 기업자원 분석정보	Service	서비스 특성 및 핵심기술의 적합성 분석정보	T
I	산업 이해관계자 및 가치사슬 분석정보		서비스속성 및 사업화가능성 분석정보	I
S	전략적 방향성 및 전략과제 도출정보		서비스모델구조·속성, 전략부합성 분석정보	S
U	고객유형, 특성, 요구사항 분석정보		서비스모델구조·속성, 사업성 분석정보	U
E	비즈니스 구현가능성을 위한 환경적 고려요인		서비스속성, 모델구조 분석정보	E
T	기술특성 및 기술분류 구조정보	User	고객요구사항 및 예상고객 분석정보	T
I	시장수요, 수명주기, 산업경쟁구도 분석정보		예상고객의 산업에 대한 요구사항 분석정보	I
S	타깃고객의 특성 및 전략방향성 도출정보		기술수요 추정, 고객 요구사항 분석정보	S
S′	서비스 모델구조·속성, 사업성 분석정보		고객유형, 특성, 요구사항 분석정보	S′
E	경제적, 사회적 측면의 분석정보		목표시장의 특성 및 고객요구사항 분석정보	E
T	기술특성 및 기술로드맵 분석정보	Environment	정책 측면의 구현가능성 분석정보	T
I	산업구조, 이해관계자 및 진입장벽 분석정보		산업에 파급효과를 미치는 거시환경 분석정보	I
S	전략, 프로세스, 조직 측면의 요구사항정보		비즈니스 구현가능성을 위한 환경적 고려요인	S
S′	서비스 속성, 모델구조 분석정보		서비스 제공을 위한 환경적 고려요인	S′
U	목표시장의 특성 및 고객요구사항 분석정보		경제적, 사회적 측면의 분석정보	U

2]와 같다. 이는 단일 컴포넌트에서 행에 위치한 나머지 컴포넌트의 기술된 정보를 입력받아 분석을 수행하며, 결과로서 산출한 정보를 열에 해당하는 나머지 컴포넌트에 다시 제공한다는 의미를 보여준다.

TISSUE 모델의 활용과 통합분석 방법론은 본서의 제9장에서 보다 자세히 다루고 있다.

표 2-2 분석 컴포넌트 간 상호 교환 정보요약

From / To	Technology	Industry	Strategy	Service	User	Environment
Technology	Output Input	• 산업수명주기 • 산업연관분석결과	• 경쟁기술분석결과 • 미래예측기술 • 기술가치추출결과 • 원천기술현황 • 경쟁분석결과	• 기술 적합성평가 • 제품 및 서비스분석	• 시장수요분석 • 예상시장정보 • 고객요구사항	• 기술규제 • 기술표준화기준 • 대체기술대안 • 연구기금관리
Industry	• 기술예측결과 • 기술의 산업특성 • 기술의 실현가능성 • 기술수명주기 • 기술로드맵 • 기술분류체계		• 경쟁환경분석 • 경쟁자분석 • 전략로드맵	• 이해관계자구조 • 제품서비스정보 • 사업구조 • 시장사업성 평가	• 시장수요분석 • 예비시장정보 • 고객유형 • 고객요구사항 • 고객만족도	• 정부정책 • 국내경기상황 • 세금규제 • 국제통상규제
Strategy	• 기술사업화모델 • 기술이전모델 • 기술결정수준 • 기술구현자원 • 기술경쟁력분석 • 유망투자기술 • 기술상용화절차	• 산업수명주기 • 산업경제관점 • 산업수익구조 • 산업이해관계자 • 경쟁구조분석 • 경쟁강도분석		• 이해관계자구조 • 제품서비스정보 • 사업구조 • 시장사업성평가 • 전략부합성평가 • 시나리오 • Value map • Process map	• 고객수용주기 • 고객라이프사이클 • 고객요구사항분석 • 시장수요정보 • 예비시장정보	• 지적재산권 • 라이센싱 • 특허 • 정부정책 • 기술규제
Service	• 기술특성 • 유망기술 • 기술기여가치 • 기술수명주기 • 기술사업화모델 • 기술이전모델 • 필요(구현)자원	• 산업이해관계자 • 산업가치사슬 • 산업위험요소 • 산업성숙도	• 프로세스 요구사항 • 조직 요구사항 • 전략과제 • 전략방향성 • To-Be 모델 • 실행계획		• 예비시장정보 • 시장환경분석 • 서비스수명주기 • 라이프스타일분석 • 사용성분석 • 고객요구사항분석	• 기술규제 • 기술표준화기준 • 대체기술대안 • 지적재산권 • 라이센싱 • 특허 • 정부정책
User	• 기술특성 • 기술상태분석결과 • 기술분류체계	• 시장수요 • 시장 내 경쟁구도 • 시장 라이프사이클	• 타깃고객정보 • 타깃고객특성 • 전략로드맵	• 이해관계자분석 • 제품 및 서비스분석 • 사업구조분석 • 시장사업성평가 • 시나리오분석		• 경제지표 • 소비패턴 • 라이프스타일 추세
Environment	• 기술특성 • 기술환경부합성 • 기술상태분석결과 • 기술상용화요인 • 기술로드맵	• 산업이해관계자 • 산업파급분석 • 산업구조 • 진입장벽	• 전략요구사항 • 프로세스요구사항 • 조직요구사항	• 이해관계자분석 • 제품 및 서비스 분석 • 사업구조분석 • 시나리오분석	• 예비시장분석 • 시장환경분석 • 서비스수명주기	

2.2 TISSUE 모델 구성

본 절에서는 TISSUE 모델의 6대 컴포넌트를 요약하여 설명한다. Techno Business 분석을 위하여 기술, 전략, 시장의 세 가지 분석 관점을 기반으로 도출한 6대 컴포넌트를 정의한다.

Technology Component

◈ **ITR Definition**

> **Technology Component**
> **Techno Business에서 비즈니스 아이템으로써 활용되는 기술을 대상으로 사업화 과정에서 필요한 주요 기술분석과 기존 비즈니스의 개선을 위해 수행하는 기술분석 기법으로 구성된 컴포넌트**

- Technology(제3장) : Techno Business를 위한 기술분석에서는 기술예측, 기술평가, 기술사업화에 관련한 세부 분석기법들을 제시한다. 기술의 향후 발전전망을 예측하고, 현 가치를 평가하며, 이를 실제 사업화하기 위한 분석 방안 및 전략들을 다룬다.

Industry Component

◈ **ITR Definition**

> **Industry Component**
> **Techno Business에서 비즈니스 아이템으로 활용되는 기술에 해당되는 산업을 대상으로 산업 내 환경특성을 분석하는 기법으로 구성된 컴포넌트**

- Industry(제4장) : Techno Business를 위한 산업분석에서는 산업구조분석, 산업경쟁분석, 산업진화예측의 세 가지 분야에 대해 세부 분석기법들을 제시한다. Techno Business가 속해 있는 산업의 현황을 파악하고 경쟁 구조를 이해하며 향후 어떻게 진화할 것인지 예측하는 것을 목적으로 한다.

Strategy Component

◈ **ITR Definition**

> **Strategy Component**
> Techno Business의 사업화 과정에서 수행하는 비즈니스 전략 수립에 필요한 분석 및 기존 비즈니스의 새로운 전략방향 설정을 위해 필요한 분석기법으로 구성된 컴포넌트

- Strategy(제5장) : Techno Business를 위한 전략분석은 전략요구사항분석, 전략최적방안수립, 전략성과평가의 세 가지 분석 분야로 구성된다. 기업에서 발생하는 요구사항을 명확하게 분석하여 기존 전략방향에 부합하는 최적의 전략을 수립하고 성과를 평가한다.

Service Component

◈ **ITR Definition**

> **Service Component**
> Techno Business 사업화 과정에서, 기술이 서비스(혹은 제품)로 전환되면서 요구되는 비즈니스 모델 구체화에 해당되는 분석 기법으로 구성된 컴포넌트

- Service(제6장) : Techno Business를 위한 서비스분석에서는 서비스구성요소분석, 서비스타당성평가, 서비스모델설계에 대한 세부 분석기법들을 제시한다. 실제 고객가치를 제공하는 비즈니스 모델을 구체화하기 위해 서비스의 구성요소들을 분석하고 타당성을 평가한다.

User Component

◈ **ITR Definition**

> **User Component**
> Techno Business의 제공 대상이 되는 시장 및 고객에 대한 특성을 분석하기 위해 고객정의 및 요구사항 도출 등의 기법으로 구성된 컴포넌트

- User(제7장) : Techno Business를 위한 사용자분석은 시장현황분석, 고객유형분석, 고객만족도분석으로 구성되어 세부 분석기법들을 제시한다. 비즈니스의 제공 대상을 시장 및 고객으로 구분하여 시장 현황을 파악하고 고객유형 및 만족도 등을 분석한다.

Environment Component

◈ ITR Definition

> **Environment Component**
> **Techno Business의 사업화 과정에서 발생하는 비즈니스 저해요인에 대한 분석을 수행하기 위해 비즈니스 환경의 외부적 요인에 대한 영향효과 및 리스크를 분석하는 기법으로 구성된 컴포넌트**

- Environment(제8장) : Techno Business를 위한 환경분석은 정책환경분석, 경제환경분석, 사회환경분석으로 구성된다. 비즈니스를 영위하는 데 영향을 미치는 거시적 환경요소에 대해 구체적으로 분석하여 이에 대한 효과 또는 리스크를 예측할 수 있는 세부 분석기법들을 제시한다.

2.3 TISSUE 모델 활용

TISSUE 모델을 실제적으로 활용하기 위하여 기반 컴포넌트와 핵심 컴포넌트, 참조 컴포넌트를 가지는 Techno Business 통합분석 방법론 구조를 개발한다. 기반 컴포넌트는 분석기법을 구성하는 관점을 활용하고 핵심 컴포넌트는 시나리오 분석 관점을, 그리고 참조 컴포넌트는 레파지토리를 구성하는 관점을 활용하여 구성한다. [그림 2-16]을 통해 분석 방법론을 개략적으로 설명하며, 제9장에서 관련 내용을 상세히 다루기로 한다.

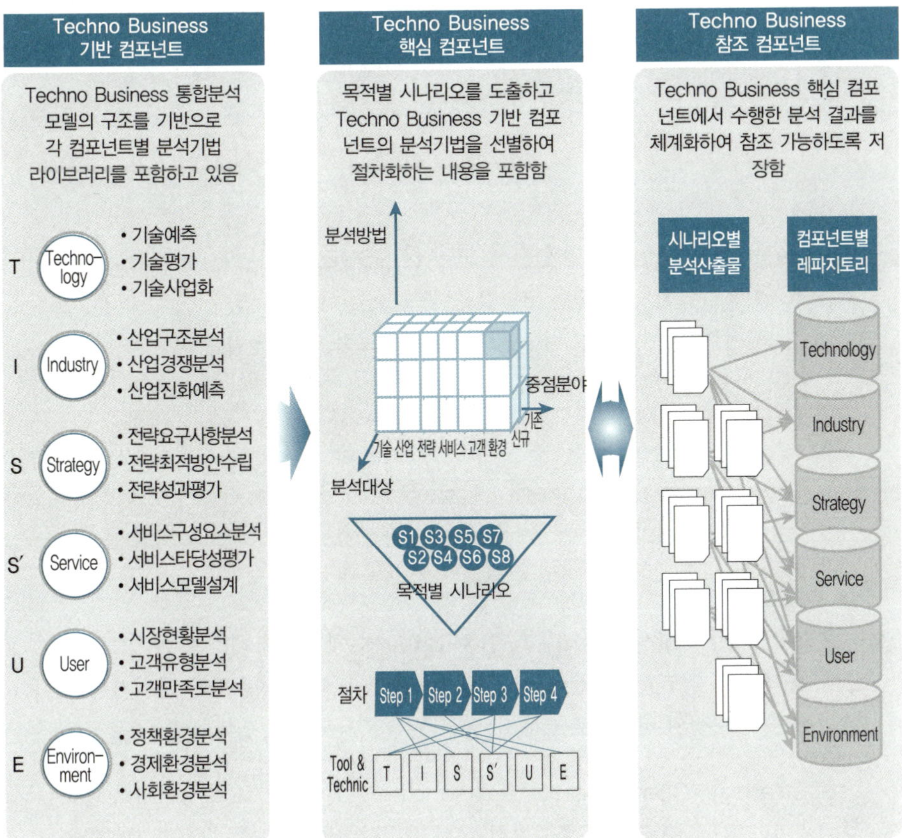

그림 2-16 Techno Business 통합분석 방법론 컴포넌트별 설명

핵심용어

- **Techno Business 통합분석 모델 (TISSUE 모델)** : Techno Business를 위한 기술전략, 시장을 6대 컴포넌트(기술, 산업, 전략, 서비스, 고객, 환경)로 세분화하고, 개별 컴포넌트의 분석정보를 타 관점의 분석수행시 유기적으로 반영함으로써 기업에 Techno Business 통합분석 관점을 제시하는 모델

- **Technology Component** : Techno Business에서 비즈니스 아이템으로써 활용되는 기술을 대상으로 사업화 과정에서 필요한 주요 기술 분석과 기존 비즈니스 개선을 위해 수행하는 기술분석 기법으로 구성된 컴포넌트

- **Industry Component** : Techno Business에서 비즈니스 아이템으로 활용되는 기술에 해당되는 산업을 대상으로 산업 내 환경특성을 분석하는 기법들로 구성된 컴포넌트

- **Strategy Component** : Techno Business의 사업화 과정에서 수행하는 비즈니스 전략 수립에 필요한 분석 및 기존 비즈니스의 새로운 전략방향 설정을 위해 필요한 분석기법으로 구성된 컴포넌트

- **Service Component** : Techno Business 사업화 과정에서, 기술이 서비스(혹은 제품)로 전환되면서 요구되는 비즈니스 모델 구체화에 해당되는 분석 기법으로 구성된 컴포넌트

- **User Component** : Techno Business의 제공 대상이 되는 시장 및 고객에 대한 특성을 분석하기 위해 고객정의 및 요구사항 도출 등의 기법으로 구성된 컴포넌트

- **Environment Component** : Techno Business의 사업화 과정에서 발생하는 비즈니스 저해요인에 대한 분석을 수행하기 위해 비즈니스 환경의 외부적 요인에 대한 영향효과 및 리스크를 분석하는 기법으로 구성된 컴포넌트

참고문헌

국가과학기술위원회, "국가융합기술 발전 기본계획", 2008.

설성수 · 이기호, 기술시장분석 체크리스트, 기술혁신학회지, 제5권 제3호, 2004, pp.277~292.

윤진효 외, IT 및 BT 산업별 기술관련 기업성과 결정요인 비교분석 연구, 기술혁신학회지, 제9권 2호 : 350-372, 2006.

임춘성, "디지털과 기업경영의 新패러다임", 삼성경제연구소, 2005.

임춘성 & ITR, IT 시대적 사명 : IT를 통한 선진국형 산업경쟁력 강화 방안, ITR Report, 2008.

임춘성 & ITR, 주요 선진국의 산업IT 융합정책 비교분석 및 시사점, ITR Report, 2009.

최종화 & ITR, 기술사업화 관점의 비즈니스 통합분석 방법론에 관한 연구, 연세대학교 ITR 박사학위논문, 2010.

Armstrong, Arthur, and John Hagel III, The Real Value of On-line Communities, *Harvard Business Review*, May-June 1996.

Cengiz Haksever et. al., A Model of Value Creation: Strategic View, *Journal of Business Ethics*, Kluwer Academic Publishers, 2004.

Christensen C.M. and Tedlow R.S., Patterns of Disruption in Retailing, *Harvard Business Review* : 42-45, 2000.

Clark, K.B. & Fujimoto, T., Product Development Performance, *Harvard Business School Press*, 1991.

Clark, K.B. & Fujimoto, T., Product Development Performance, *Harvard Business School Press*, 1991.

C.M. Chang, "Engineering Management", 2005.

Evans, Philips, and Thomas S. Wurster, "Strategy and the New Economics of Information", *Harvard Business Review*, Sep.-Oct., 1997.

Hagel, John III, and Arthur G. Armstrong, "Net Gain: Expanding Markets through Virtual Communities", *The Mckinsey Quarterly*, No.4, 1997.

Hagel, John III, and Jeffrey F. Rayport, The Coming Battle for Customer Information, *The Mckinsey Quarterly*, No.3, 1997.

Heinrich M. Arnold, *Technology Shocks*, Physica-Verlag, 2003.

Hong Joo Lee, A *Study on Development Business Factor in Ubiquitous*

Technology, 2007.

Jon English, Anthony R. Marcione, "Productivity: A New Perspective," *California Management Review* Vol.25, 1993.

Kelly, Kelvin, *New Rules for the New Economy: 10 Radical Strategies for a Connected World*, Viking, 1998.

L.M. Hitt, E. Brynjolfsson, Productivity, business profitability, and consumer surplus: three different measures of information technology value, *MIS Quarterly* 20 (2) 121~142, 1996.

Lancioni, R.A., Smith, M. F. and Oliva, T.A., The role of internet in supply chain management, *Industrial Marketing Management*, Vol.29, 45-56, 2000.

Saul J. Berman and Jeff Hagan, *How technology-driven business strategy can spur innovation and growth, Strategy & Leadership*, Vol.34, No.2, 28-34, 2006.

Seth Jonsson and Claes Gunnarsson, Internet technology to achieve supply chain performance, *Business Process Management Journal*, Vol.11, No.4, 403-417, 2005.

Tushnab M.L., Anderson P., Technological Discontinuities and Organizational Environments, *Administrative Science Quarterly* 31(3): 439-465, 1986.

| Part Ⅱ |

Techno Business 컴포넌트

제 3 장

Techno Business를 위한 기술분석

제3장에서는 Techno Business 통합분석을 위한 기술분석체계를 소개한다.
기술분석체계는 기술트렌드를 분류하는 기술분류체계와 해당 기술을 분석하는 실제적 방법인 기술분석기법으로 구성된다.
분석기법은 기술예측 · 기술평가 · 기술사업의 3대 영역을 중심으로 기본 개념과 목적, 필요성, 유형을 설명하고, 이에 부합하는 세부분석기법을 소개한다. 또한, 신기술을 활용하여 비즈니스 가치를 창출하려는 가상기업 사례를 통해 실제적 활용 방안을 제시한다.
본 장에서 소개하는 기술분석기법은 Techno Business 통합분석 적용 시, 해당 기술의 활용목적 및 범위에 따라 선별적으로 재구성하여 사용하여야 한다.

목차

Theme 3 : **Technology – 기술이란?**

최근 출간되는 도서 제목에서 흔히 볼 수 있는 단어 중 하나가 '기술' 이다. 공학 · 과학분야, 경영, 경제, 자기계발 등 분야를 막론하고 제목에서 '기술' 이라는 언어를 찾는 것은 매우 쉬운 일이 되었다. 그렇다면, 책의 첫인상을 결정하는 제목에 '기술' 이라는 단어를 사용함에 있어 저자들이 열광하는 이유는 무엇인가? '기술' 이 어떠한 함의를 가지기에 독자로 하여금 호감을 가지도록 하는 것인가?

사전에서 '기술' 이라는 단어를 찾아보면 크게 3가지 의미가 있음을 알 수 있다. 이를 영단어로 표현하면 Technology, Skill, Technique이다. 과학 · 공업분야에서는 산업현장 내 과학의 실제적 응용(Technology)의 의미로서 주로 사용한다. 또한, 문제에 직면하였을 때 해답을 찾는 능력(Skill), 특정 과업에서 응용되는 실용적 방법(Technique)이라는 의미를 가지고 있다. 위의 사실을 종합하여 볼 때 '기술' 은 우리에게 '실용, 유용' 이라는 긍정적 의미로 다가옴을 알 수 있다.

본 장에서 설명하게 될 기술기반 비즈니스 통합분석 모델(TISSUE Model)의 첫 구성요소인 Technology의 유래는 무엇일까? 고대 인도 · 유럽어족은 Teks(직물을 짜다), Tekon(목수, 건축가), Tekhne(기술, 공예, 손재주)라는 단어를 사용하였다. 의식주에 직접 연관된 사람과 행동을 지칭하였던 단어가 시대 발전을 거듭하면서 '첨단기술' 을 지칭하는 'Technology' 로 정착하게 된 것이다. 이와 같은 맥락에서, Technology는 창조를 위한 실용적인 기술로 정의할 수 있다.

정보통신 · IT 분야의 광대역 통합망 분류 내의 무선네트워크 기술의 종류를 알아보자. 이 중 우리가 흔히 알고 있는 CDMA, WCMA만 하더라도 이미 시장이 쇠퇴하거나 성숙기를 넘어 차세대 기술로 변화하는 시점에 놓여 있다. 세계적 리서치업체 Gartner가 10년 가량의 기술 전망을 모아 제공하는 'Priority Matrix'에서도 알 수 있듯이 관련 기술이 다량으로, 빠르게 발전하고 있음을 파악할 수 있다. 하나의 세부 기술 영역에서도

LO4. 광대역 통합망 中 무선네트워크기술

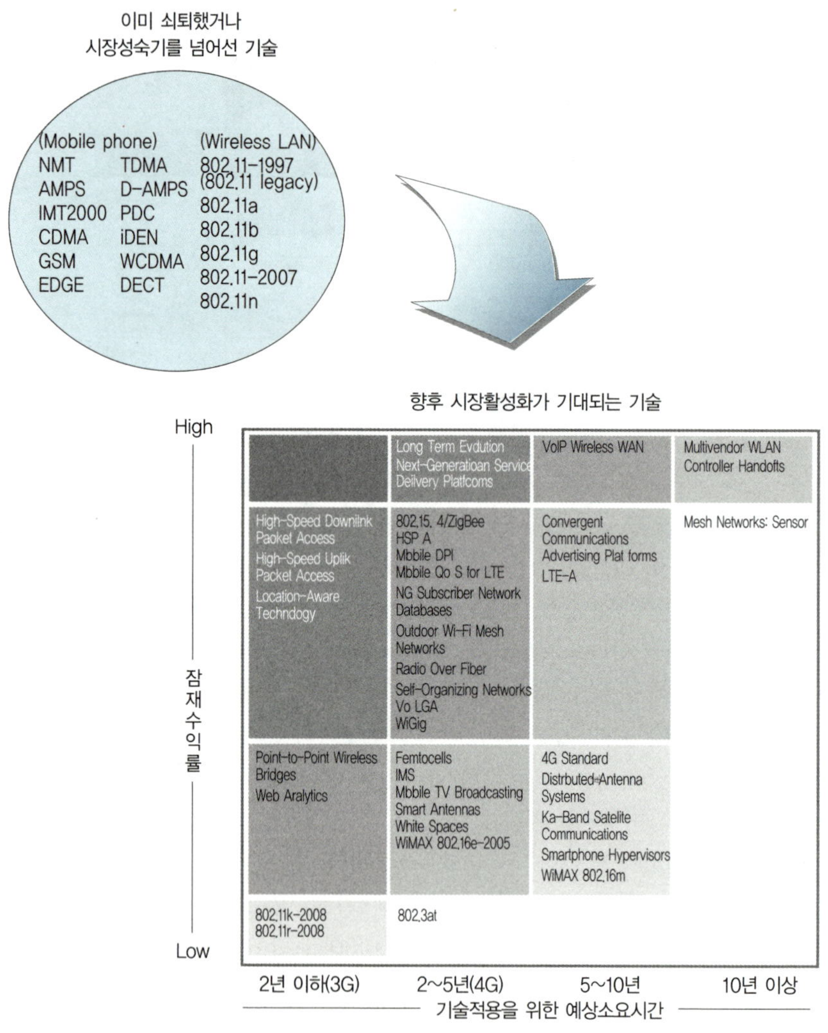

10년 단위로 수십, 수백 종류의 기술이 나타날 정도로 변화양상이 빠른 이 시대에 우리는 어떻게 대처하여야 하는가?

기술을 올바르게 분석하여 성공적인 전략을 수립하기 위해서는 3대 거시 관점으로 바라보아야 할 것이다. '자동차' 관련기술을 살펴보자. 우선, 공장에서 실제 자동차를 생산하는 데 필요한 '제조' 기술이 있을 것이다. 고객이 완제품을 사용하면서 느끼는 불편을 없애고, 안전성을 높이기 위하여 '유지 · 보수' 기술 또한 가져야 한다. 뿐만 아니라, 본 제품의 실효성을 높이기 위해 고객이 갖추어야 하는 '활용' 기술도 분석 시 고려하여야 하는 대상이다. 제3장에서는 다양한 전통기술과 정보기술(IT)을 응용, 융합하여 고객 개인에 맞도록 선택적으로 활용함으로써 실제 비즈니스로 구현할 수 있는 '기술분석방법' 을 다루게 될 것이다.

1. 기술분석체계

기술의 중요성

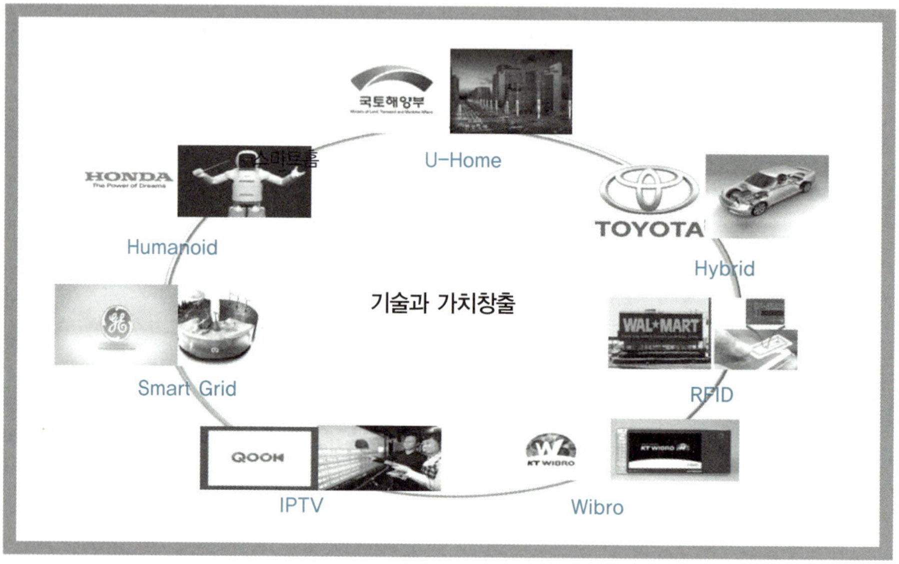

미래사회에 구현될 것이라 짐작했던 기술이 현실화된 사례를 곳곳에서 찾아볼 수 있다. 자동항법을 이용한 운전장치, RFID를 활용한 원산지추적시스템, 출시일자 및 도매업자 표시, 고속으로 이동하면서 인터넷을 즐기도록 하는 WiBro서비스 등이 좋은 사례이다. 인류는 하루가 다르게 기술을 발전시키고, '비즈니스 모델' 을 만들어 가치교환을 실현하고 있다. 재계 서열 최상위 기업부터 중소 · 벤처기업에 이르기까지 모두 첨단기술 확보에 주력하고, 기술개발 역량 강화를 위하여 인재양성 · 조직재편에 힘쓰는 등 Techno Business를 영위하려 노력한다.

우리가 주목해야 할 것은 21세기 경영활동의 핵심성공요인이 첨단 '기술' 이라는 사실이다. 높은 가치를 지닌 기술을 발굴하고 경영전략의 핵심으로 키우기 위하여 기업에서는 '기술' 을 어떻게 분석하고 활용하여야 하는가이다. 본 장에서는 Techno Business를 위한 기술평가의 개요와 함께 다양한 분석의 방법을 제시한다.

1.1 기술분석체계 개요

TISSUE 모델(제2장 참조)에서 기술(Technology)컴포넌트는 Techno Business통합분석의 시작이라 할 수 있다. [그림 3-1]을 통해 제2장에서 제시한 TISSUE 모델의 복합적 체계 중 기술 컴포넌트와 나머지 5대 컴포넌트의 연관관계를 설명한다. 5대 컴포넌트의 분석결과는 Techno Business를 위한 기술분석 수행 시 투입요소로서 활용된다. 그리고 기술 컴포넌트의 분석 결과는 추후 수행하는 5대 컴포넌트별 분석을 위한 산출물로 활용된다. 5대 컴포넌트의 분석결과가 상호작용하여 Techno Business를 위한 통합적인 분석을 가능하게 한다.

그림 3-1 TISSUE Model Correlation Framework

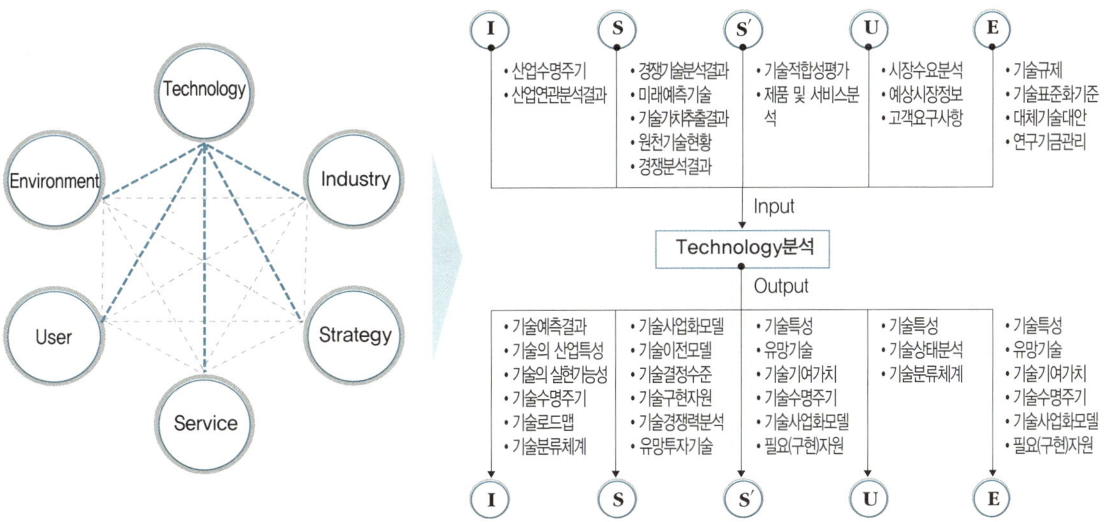

1.2 기술분류체계

기업은 Techno Business 수행을 위한 기술분석에 앞서 급변하는 비즈니스 환경변화를 이해하기 위한 가이드라인으로서 기술분류체계를 개발하여야 한다. 이는 기술 트렌드와 기업에 필요한 미래유망기술 예측에 도움을 준다. 하지만 기술분류체계를 논의하기에 앞서 분류체계에 대한 개념적 이해를 선행해야만 한다.

분류체계는 분석대상과 범위를 명확하게 규명하여, 이를 기반으로 기술의 현상분석 및 미래예측을 가능하게 하는 개념적 틀을 의미한다. As-Is분석 및 To-Be분석을 위한 분류체계 활용방안을 [그림 3-2]를 통해 설명한다. 아래와 같이 '차종'과 '제조사'의 두 가지 기준으로 세계자동차 업계의 As-Is를 일반화하고 분석하여 시장동향을 쉽게 이해할 수 있다. 그 중 분석대상 기업이 양산해 온 차종을 연도별로 분류하여, 당사의 자동차 생산 추세에 따른 체계적인 To-Be분석을 수행할 수 있다. 즉, 분류체계는 특정 기준을 통해 현상을 정리할 뿐 아니라, 분석의 가이드라인으로 활용된다.

그림 3-2 분류체계의 개념 및 활용예시

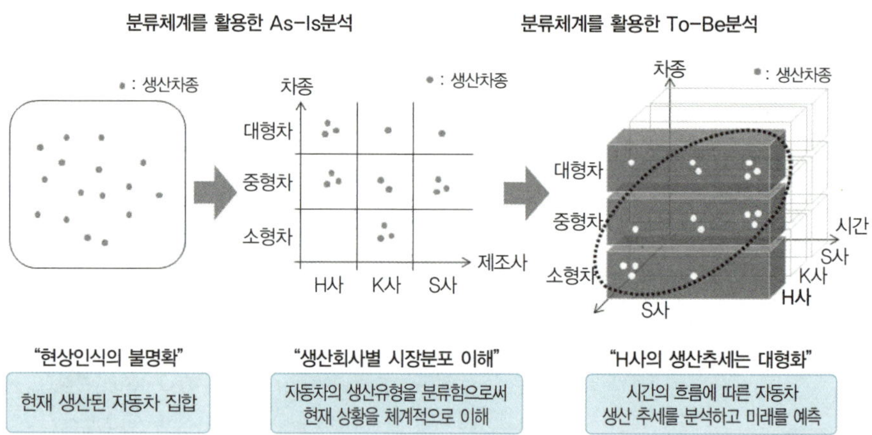

기술분류체계 개념

분류체계에 대한 개념적 정의와 역할에 비추어 볼 때, 신기술과 새로운 산업 출현에 따른 복잡한 현대 경영환경에서 기업은 기술부문에 특화된 분류체계를 개발하고 활용하는 것이 필요하다. 기술분류체계는 일반적으로 다음과 같이 정의한다.

◈ ITR Definition

기술분류체계
기술의 유형과 변화를 분석하기 위해 해당 기술의 특징을 중심으로 구조화된 형태로 분류한 개념적 체계

기술유형 및 분류기준

기술의 분류기준은 학문, 산업, 문헌 및 특허 등으로 다양하며, 분류의 범주 또한 분류 대상에 따라서 서로 상이하다. 따라서 Techno Business를 분석할 때는 분석하고자 하는 비즈니스의 내 · 외부 환경 및 해당기술의 속성을 고려하여 적절한 기술분류체계를 취사선택 및 개발할 필요가 있다.

참고로 [표 3-1]은 국내외 주요 기관의 기술분류체계 기준 및 분류현황을 나타내고 있다. 국내의 주요기관별 분류는 기술의 분류범위를 공학부분에 초점을 맞춰 기계, 전기, 전자 생명공학 등 매우 구체적으로 분류하고 있는 반면에 외국의 주요기관별 기술분류 범위는 학문 또는 기술계층으로 국내보다 좀 더 큰 시각에서 기술을 분류하고 있다. 이러한 기술분류체계를 통해서 해당 기업에서 미래 유망한 신기술을 도출하기 위해서 기술을 분류한다면 교육과학기술부의 분류체계를 참조할 수 있으며, 현재 산업계의 기술을 분류하고 싶다면 한국산업기술평가원의 산업기술분류표를 참조하면 될 것이다.

표 3-1 기관별 기술분류체계 기준 및 분류예시

구분		분류체계명칭	기준분류기준	분류예시
1	한국산업 기술평가원	산업기술분류표	국제특허분류	기계소재, 정보통신, 전기전자, 섬유화학, 경영/경제/기타
2	교육과학 기술부	미래유망 신기술 분류	기술융합형태	IT, BT, NT, ST, ET, CT
3	과학기술 정책연구원	과학기술 분류 체계	응용학문	전기전자, 정보통신, 기계, 소재, 생명공학, 보건의료 등 12개 분야
4	OECD	과학기술 학문 분류	기술/학문	자연과학, 공학 및 기술, 의학, 농학, 사회과학, 인문학
5	미국 상무부 (NIST)	기술분류코드	기술분야	생명, 전기/컴퓨터/통신, 정보과학, 제조, 재료/화학, 기타
6	유럽연합(TII)	기술분류	기술계층	생명, 에너지, 환경, 정보기술, 기초산업, 산업기술, 재료(공정)기술

1.3 기술분석기법

기술분석기법은 기술기반 비즈니스를 수행하기 위한 핵심기술을 선정하는 다양한 방법들을 제시한다. 기술분석기법을 제시하기에 앞서 Techno Business 기술분석의 의미와 분석기법 선정 절차를 이해하는 것이 중요하다. 그 이유는

기술분석의 목적, 대상 및 범위 등에 따라 적용되는 기법이 다르기 때문이다.

따라서 본 절에서는 Techno Business를 위한 기술분석의 개념과 대표적인 분석기법들을 제시하도록 한다.

Techno Business 기술분석 개념

일반적으로, 기술분석은 기술의 비즈니스 적합성, 수익성, 실현성을 중심으로 기술의 사업화 수행 가능성과 방안을 검토하는 것이다. 반면에 Techno Business에서의 기술분석은 기술기반 비즈니스 수행 시 기술 자체의 특성을 밝히는 것 이외에도 기술과 비즈니스의 결합이 경영환경에 실제 미치는 영향도 함께 분석한다.

◈ ITR Definition

> **Techno Business 기술분석**
> **사업화 수행 가능성과 방안을 검토하기 위해 기술의 성능, 특성 및 도입 효과 등을 분석하는 방법**

Techno Business 기술분석 시, [표 3-2]와 같은 Key Question에 대한 답을 도출할 수 있어야 한다. Key Questions를 종합해 보면 '기술예측'과 '기술평가', '기술사업화'로 구분할 수 있음을 알 수 있다. 이는 기업에서 분석하고자 하는 기술의 향후 전망을 예측하고 그 기술이 수익성을 지니며 실제로 구현가능한지를 가늠할 수 있도록 한다.

표 3-2 Techno Business 기술분석 Key Questions

	Key Questions	분석영역
1	시장에서 요구하는 제품을 위한 기술은 무엇인가?	기술예측
2	이미 존재하거나, 대체할 기술이 존재할까?	기술예측
3	기술을 구현하는 데 필요한 자원과 현재의 상태는 어떠한가?	기술예측
4	무수한 기술(아이디어) 중 어떤 무엇을 선택해야 할까?	기술평가
5	기술을 통해서 얼마나 많은 수익을 창출할 수 있을까?	기술평가
6	제품구현 및 사업화 대상 기술을 어떻게 획득할 것인가?	기술사업화
7	기술을 구현할 수 있을까, 구현한다면 어떻게 구현할까?	기술사업화

기술분석기법

기술분석을 위해 어떠한 기법을 사용하여야 하는가? 연구문헌, 회사에서 사용하고 있는 방법론과 분석 시나리오를 종합한 결과, [표 3-3]과 같이 12가지의 기술분석기법을 도출할 수 있었다. 이는 [표 3-1]에서 제시했던 3가지 분석 영역인 기술예측, 기술평가, 기술사업화로 분류한다.

표 3-3 기술분석기법 Pool

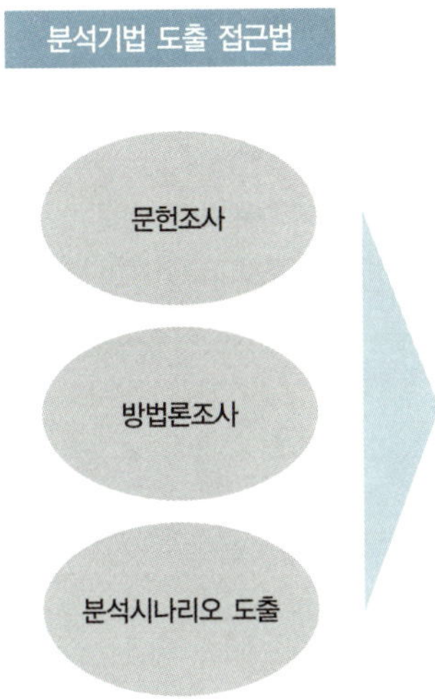

분석기법	세부분석기법
기술수요예측	직관적 · 탐구적 · 규범적 기술예측방법론
기술수명주기	특허인용주기 등을 활용한 기술수명예측기법
기술로드맵	수행단계별 기술로드맵 개발기법
기술등급평가	일정기준에 의해 기술을 정성적으로 평가
기술가치평가	특허인용주기 활용 기술수명예측기법
기술성과평가	기술의 직 · 간접적 성과평가
기술영향평가	기술의 사회적 영향을 정성적으로 평가
기술이전	기술이전전략 및 절차
기술상용화	기술상용화를 위한 모델 및 절차
기술전략수립	사업전략과 연계한 기술전략의 수립
기술사업화 영향요인	기술사업화의 성공 및 실패요인
기술환경분석	기술의 상태 및 환경의 분석을 수행

Techno Business 기술분석기법

기술분석기법은 다양한 문제들을 해결하기 위한 실제적 도구가 된다. 이를 위하여 분석영역을 구체화하도록 한다. [표 3-4]의 Techno Business 기술분석기법 도출 절차에서는 기술분석기법 개념에 대해 상세히 알 수 있다. 먼저 '예측'이 중요하다. 미래의 기술변화를 예측하는 한편, 기업이 테크노 비즈니스를 통해 달성하려는 목표수준이 정의되어야 한다. 객관적인 기술의 현황을 '평가'하기 위해 정성적인 평가와 정량적인 기술 평가가 요구된다. 마지막으로 '사업화' 단계에서 기술의 실행과 획득, 이전 절차를 둘러싼 쟁점이 해결되어야 한다. 다음 절에서는 영역별 주제를 중심으로 분석기법을 소개하도록 한다.

표 3-4 Techno Business 기술분석 기법 도출절차

분석영역의 구체화

- **예측**: 기술예측을 위해서는 기술의 수요 및 대상 기술의 변화를 바탕으로 기술적 목표를 정의해야 함
- **평가**: 기술평가를 위해서는 기술속성기반의 정성적 평가와 예상 수익분석을 위한 정량적 기술평가를 수행해야 함
- **사업화**: 기술의 실행을 위해서는 기술의 획득과 관련한 기술이전방안 및 상용화 절차를 정의해야 함

분석기법 정의

분석영역		분석기법	세부분석기법
1	기술 예측	기술수요예측	직관적 · 탐구적 · 규범적 기술예측방법론
		기술수명주기	특허인용주기 등을 활용한 기술수명예측기법
		기술로드맵	수행단계별 기술로드맵 개발기법
2	기술 평가	기술등급평가	일정기준에 의해 기술을 정성적으로 평가
		기술가치평가	특허인용주기 활용 기술수명예측기법
3	기술 사업화	기술이전	기술이전 전략 및 절차
		기술상용화	기술상용화를 위한 모델 및 절차

2. 기술예측

기술예측의 중요성

기술예측의 결과가 기업의 미래를 결정

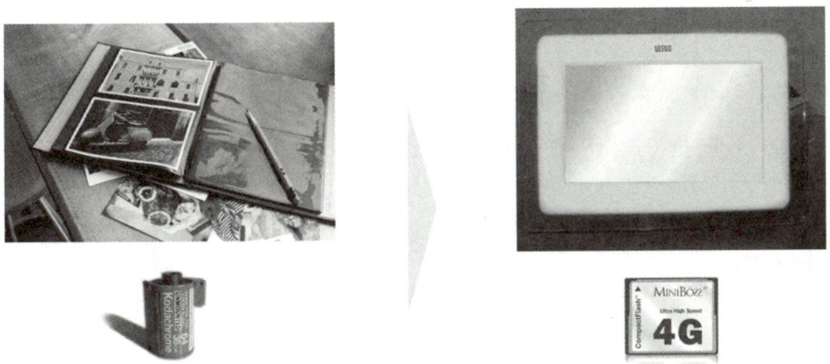

"세계 첫 컬러사진 필름 74년간의 인생 마감"

코닥(Kodak)은 1990년대까지만 하더라도 '사진' 하면 가장 먼저 떠올리는 대표적 기업이었다. 그러나, 디지털시대에 접어든 오늘날, 그 위치에는 삼성과 소니와 같은 전기전자 · IT업계가 대신 자리하게 되었다. 과거에 코닥은 현상필름 부문에서 높은 점유율을 보유하면서, 필름시장을 주름잡았다. 하지만, 정보기술의 발전에 따라 고객들이 디지털 카메라를 사용하면서 필름은 메모리칩으로 대체되었다. 코닥이 기술환경 변화를 감지하지 못하여 초기 대응이 부족했던 탓에 74년 만에 시장 내 지위를 잃어버리게 된 것이다.

위와 같은 사실은 우리에게, 유행을 선도하고 미래를 내다볼 수 있는 선구안이 중요하다는 것을 여실히 보여준다. 고객의 요구를 적절히 분석하고 그에 상응하는 기술을 개발 · 적용하지 못한다면 코닥과 같이 성장동력을 잃고 주저앉게 될 것이다. 그렇다면 다가올 미래의 고객의 요구는 무엇이며 그것을 만족시킬 수 있는 기술은 무엇인가? 본 절에서는 기술예측과 관련된 다양한 기법인 기술수요예측과 기술수명주기, 기술로드맵 분석을 활용하여 이에 대한 해답을 제시하고자 한다.

2.1 기술예측 개요

기술예측과 관련된 다양한 사례에서 볼 수 있듯이, 미래의 흐름을 예측하고 대응방안을 수립하는 것은 매우 어려운 일이다. 하지만, Techno Business의 목표수준을 정하기 위해 기술의 미래흐름을 예측하는 것은 매우 중요하다. 따라서 기술 트렌드와 사회적 요구사항 급변과 같은 경영 불확실성을 최소화하기 위해서는 기술수요예측, 기술수명주기와 기술로드맵과 같은 분석방법이 필요하다.

기술예측 개념

기술예측은 기술흐름의 변화, 기술실현시기 및 특성 등을 통해 분석된다. 예측은 미래에 대한 '대응'이라는 측면도 있지만, 예측을 통한 트렌드 파악으로 미래의 기술경쟁 전망을 미리 조망해 본다는데에 의의가 있다.

◈ **ITR Definition**

> **기술예측**
> **기술의 변화 양상을 전망하기 위해 기술의 출현 및 실현시기, 변화 속도 등을 분석하는 방법**

기술예측 유형

기술예측의 유형 및 실행방법은 [표 3-5]와 같이 기술수요예측, 기술수명주기, 기술로드맵의 3가지로 구분한다.

표 3-5 기술예측 유형

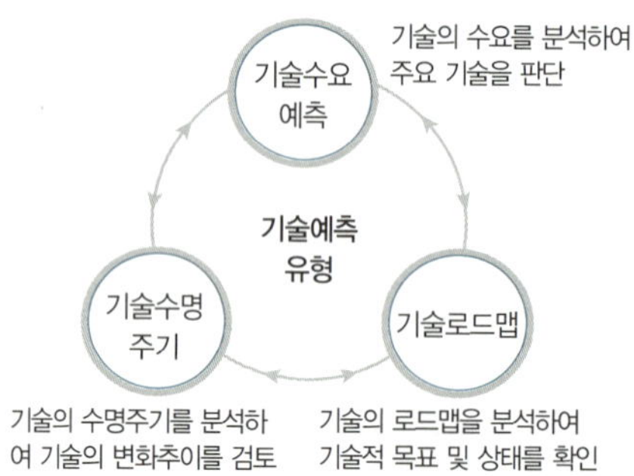

기술수요예측 유형

구분	설명
기술수요예측	다양한 형태의 기술예측기법을 활용하여 기술의 변화를 예측함
기술수명주기	특허인용주기 등을 활용하여 기술의 수명주기를 분석함으로써 기술의 수요를 예측함
기술로드맵	기술예측을 통한 기술적 목표의 수립 및 목표달성을 위한 실행계획을 도출함

기술예측 On Hand

"예측에는 직관적 예측 및 분석적 예측이 존재하며, 기술예측의 경우 직관적 예측과 분석적 예측의 가운데 범주에 속함"

"직관적 예측"

"특별한 근거 없이 주관적인 판단에 의한 예측"
Ex) 점성술, 타로

"객관적 정보 바탕의 정성적 판단에 의한 예측"
Ex) 의사가 환자를 진찰하는 행위

"분석적 예측"

"객관적 정보 바탕의 정량적 판단에 의한 예측"
Ex) 통계적 예측

"전문가 설문을 포함한 각종 정성적 기법을 활용한 기술수요예측"
"객관적 자료를 활용한 기술수명주기 및 기술로드맵의 분석"

정보통신부, 2007, 'IT기술예측(Technology Foresight) 2020'

- 정보통신부는 2007년 IT분야 산학연 전문가 3,500명을 대상으로 실시한 조사결과를 토대로 미래사회에서 필요로 하는 IT기술을 발굴하고 실현시기를 예측한 'IT기술예측(Technology Foresight) 2020'을 발표함.
- IT기술의 가치사슬에 따라 콘텐츠, 플랫폼, 네트워크, 단말, 융합 등 5개 분야에 총 365개의 IT기술 니즈가 발굴됐으며 대상기술의 중요도, 실현시기, 기술수준, 기술개발주체 등을 분석하여 52개의 핵심 IT기술을 도출함.

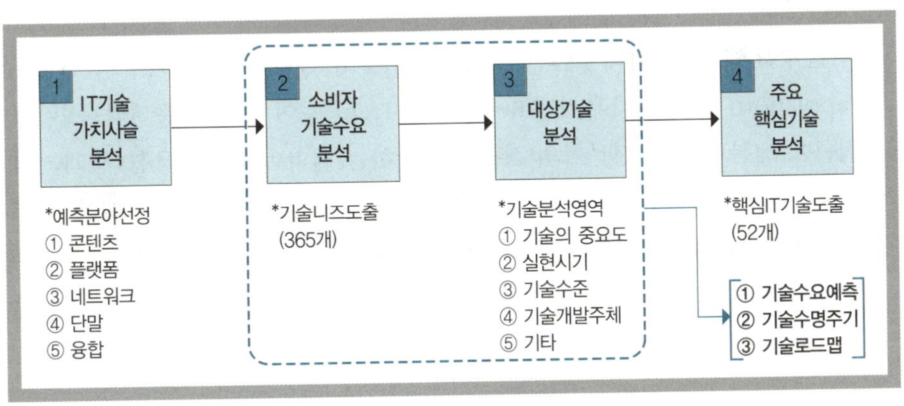

기술예측은 단순히 미래에 등장할 기술을 예측하는 것뿐만 아니라, 소비자의 수요, 기술의 변화추이 및 현재기술수준 등을 종합적으로 분석하는 것으로 기술분석을 위한 선행작업으로 이해할 수 있다.

2.2 기술수요예측

기술수요예측 개념

기술예측은 예측의 대상을 기술로 한정하는 분석활동으로 광의의 개념에서 기술수명주기 및 기술로드맵 분석 등의 다양한 기법들을 포함한다. 하지만, 기술예측의 가장 일반적인 기법은 기술수요예측이라고 할 수 있다. 기술수요예측은 기술의 변화 및 발전, 영향에 대한 분석을 의미하는 것으로 분석목표 및 기술의 형태에 따라 구분되며, 다양한 기술예측기법을 통해 결과를 도출한다. 기술수요예측에 대한 정의는 다음과 같다.

◈ **ITR Definition**

> **기술수요예측**
> **미래 시장에서 기술도입으로 인한 비즈니스의 성장성 및 수익성을 파악하기 위해 수요를 분석하는 방법**

기술수요예측 유형

기술수요예측을 위해 델파이법(Delphi Analysis), 경향외삽법(Trend Extrapolation) 및 연관나무기법(Relevance Tree) 등이 주로 활용된다. 정량적인 접근이 제한될 때는 전문가의 직관에 의존하는 델파이법을 사용한다. 과거와 현재의 트렌드가 미래 모습에 직결된다는 생각으로 장기적인 기술수요를 예측할 때, 경향외삽법을 사용한다. 이외에, 신기술 예측에서 효과를 보려 할 때는 연관나무기법을 활용할 수 있다. 대표적인 기술수요예측 기법을 [표 3-6]과 같이 정리하였다.

구분	정의	대표적 기법	장 · 단점
1 직관적 예측기법	전문가의 지식을 이용하여 특정 기술집합의 미래를 예측하는 기법	Delphi Analysis (델파이법)	과거 자료가 없거나 정량적 접근이 제한되는 경우에 적합함
			전문가 선정 및 객관성 확보가 제한됨
2 탐구적 예측기법	과거부터 현재까지의 경향을 미래에 연장하여 미래의 연속적 변화를 예측하는 기법	Trend Extrapolation (경향외삽법)	기술 및 시장수요조사에 적합함
			장기적인 관점에서 기술변화 요인의 분석이 제한됨
3 규범적 예측기법	미래사회의 요구, 목표 및 가치 등 규범을 설정하고 현재의 실현가능성을 분석하는 예측기법	Relevance Tree (연관나무기법)	신기술 예측에 효과적임
			기술예측의 응용수준이 낮음

표 3-6 기술수요예측 기법의 유형 및 비교 분석

Deliverables

본 서에서는 VE전자 모바일 네트워크 사업부를 통해 신규사업 확장을 목표로 Techno Business 통합분석을 수행했던 가상사례를 Deliverables에 수록한다. VE전자에서는 신규 수익모델을 스마트폰을 기반으로 한 모바일 비즈니스로 설정한 이후 본 사업부를 발족하였다. VE전자에서는 사업부의 전략 방향을 제품의 기술력 강화 및 시장선호도 증대, 환경 경영 실현으로 설정하고 아래와 같이 세부전략목표 및 실행계획을 도출하였다.

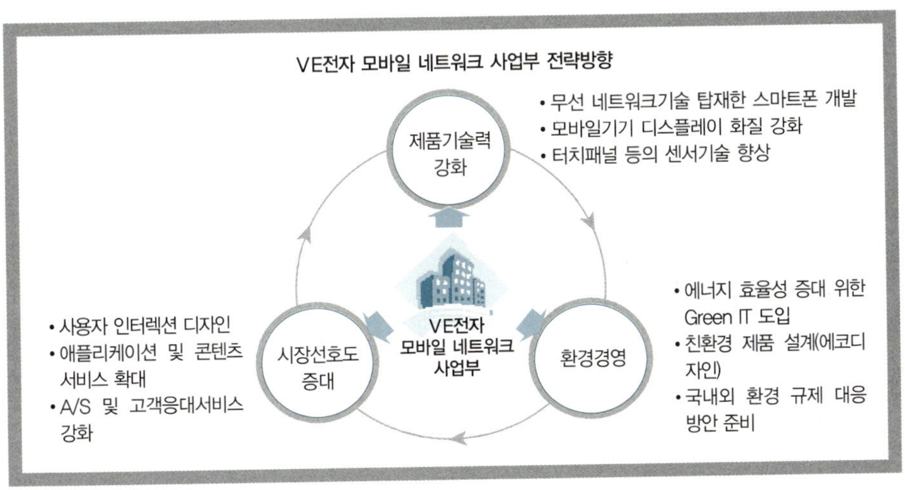

VE전자는 기 정의한 스마트폰 기반의 모바일 비즈니스를 수행하는 데 있어 제품의 경쟁력 향상에 요구되는 핵심기술에 대한 예측이 필요함을 인식하였다.

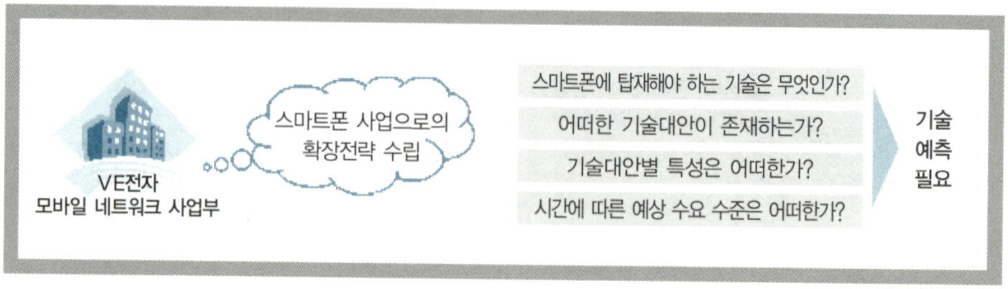

사업부에서는 무선 네트워크기술, 디스플레이기술 및 센서기술을 확보하여야 함을 인지하였다. 이 중 핵심기술인 무선네트워크에 대한 기술대안과 세부기술 속성을 아래와 같이 분석하였다.

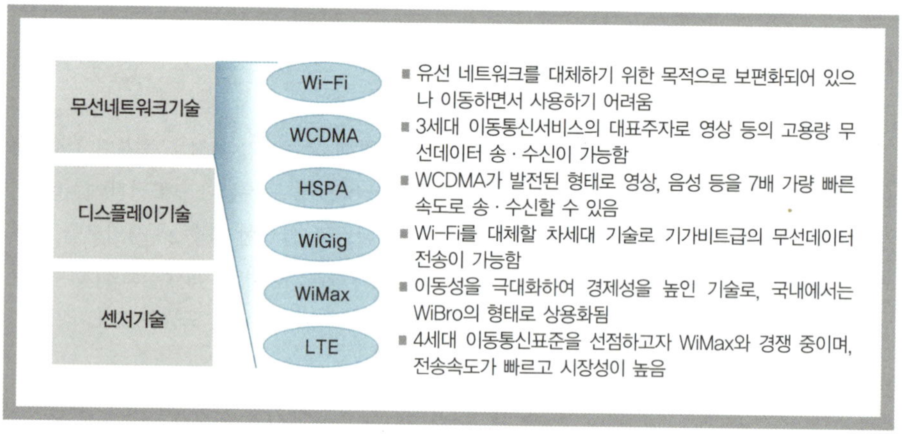

VE전자는 스마트폰 사업으로의 확장전략을 수립하기 위해 다양한 기술별 특성을 분석하였다. 우선 기술수요예측을 위해서 규범적 예측기법이라는 방법을 사용했다. 주요한 특성으로는 이동성, 전송속도 등을 고려하기로 하였다. 다양한 기술적 대안을 위해서 서비스 포지셔닝분석을 수행하는 한편, 예상소요시간 및 잠재수익률을 고려한 우선순위 매트릭스 구조를 사용했다. 그 결과 기술 재분류가 가능하였다.

VE전자는 현재 통신단말기 플랫폼 시장에서 3G에서 4G로 전이되는 과정이 주된 변화라고 보았다. 가장 중요한 요소는 이동성 및 데이터 전송능력이라고 판단하였다. 이를 뒷받침해주는 주된 기술 트렌드로는 안정적인 성능을 가진 것으로 알려진 HSPA 기술과 LTE기술이 지목되었다. 그러나 LTE는 기술적용을 위한 예상소요시간, 즉 연구

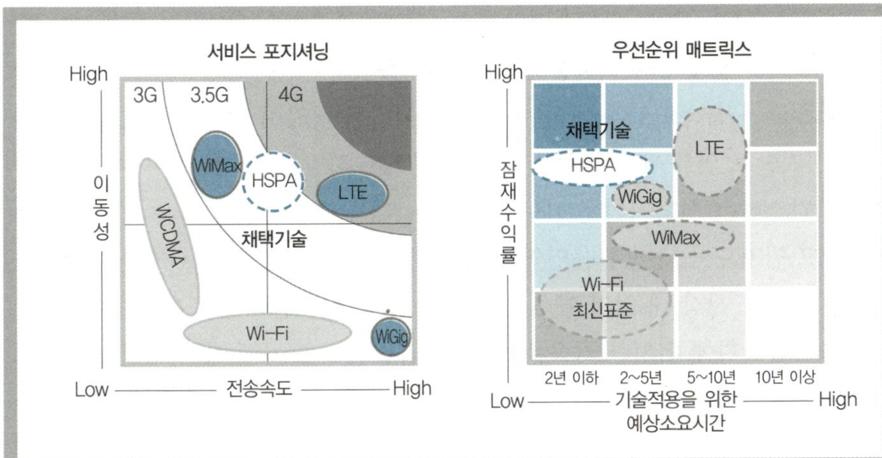

개발부터 제품 양산까지 걸리는 소요시간이 HSPA보다 2배 이상 걸렸다. 따라서 단시간에 신규시장 진입을 원하는 VE전자는 스마트폰 플랫폼을 위해 HSPA기술을 채택하기로 결정하였다.

2.3 기술수명주기

기술수명주기 개념

기술수명주기는 기술의 수명주기를 바탕으로 기술의 변화양상을 분석한다는 점에서 간접적으로 기술예측을 가능하게 한다. 또한, 해당기술의 수명주기상에서 기업의 기술활용영역, 주요 기술 및 기업전략 관점의 특징을 확인할 수 있도록 도와준다. 본 절에서는 기술수명주기의 정의 및 단계별 특징을 설명한다.

◈ **ITR Definition**

> **기술수명주기**
> 기술의 수용성을 주기별로 파악하기 위해 정형화된 패턴을 도출하여 변화 양상을 분석하는 방법

[그림 3-7]과 같이, 기술수명단계를 4단계로 구분할 수 있다. 이는 신기술 개발 완료 후 상용화되어 시장에 처음으로 출시되는 태동기, 고객의 만족도가 높아져 수요가 급속도로 확대되는 성장기, 이러한 성장이 최고조에 도달하는 성숙기, 신기술로 인해 제품이 주는 효용이 뒤쳐져 시장으로부터 점차 외면당하여 수요가 감소하는 쇠퇴기의 순서로 진행된다. 태동기에 놓인 기술은 시장 저변이 미흡하고 인지도가 낮아 활용영역이 다소 제한적이다. 따라서, 신기술을 사업화하려는 기업은 시장 내 입지 확대를 위해 주로 차별화 전략을 구사한다.

반면, 성장기에 위치한 기술은 시장 내 급증한 수요가 성장의 핵심으로 자리잡으며 활용영역 또한 빠르게 확대된다. 성숙기의 기술은 시장의 수요를 거의 충족시키고 발전된 기술에 대한 고객의 욕구를 자극하면서 신시장 출현을 유인하는 기반기술로서 전환될 것이다. 따라서, 활용영역은 성장기와 마찬가지로 안정적이지만 활용하는 기간은 오래갈 수 없을 것이다.

쇠퇴기에 놓인 기술은 수요감소, 대체기술의 출현에 직면할 수박에 없으므로, 해당 분야에서 진행 중이었던 사업은 축소 또는 정리된다. 한편, 미국의 Apple과 같이 성숙기의 기술(MP3 플레이어)에 혁신을 거듭하면서 기술수명을 연장(iPod 출시)하고 동종기업과는 차별화된 기술을 개발하여 급속도로 성장한 기업이 늘어나는 추세이다. 따라서, 기술수명주기의 개념이 바뀌어야 한다는 일부 학자의 주장이 제기되기도 한다.

그림 3-7 기술수명주기 예시

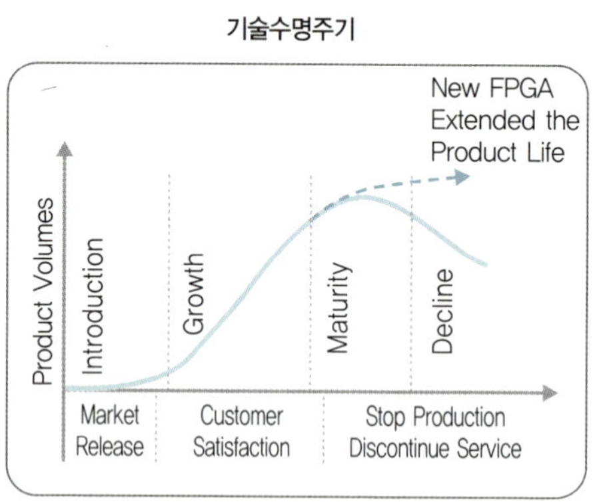

기술수명단계별 특징

기술수명단계	주요기술	활용영역	기업전략
태동기	신기술	제한된 영역	차별화
성장기	핵심기술	증가추세	수직통합
성숙기	기반기술	안정적	원가우위
쇠퇴기	기술대체	감소추세	사업축소

Deliverables

무선네트워크기술의 기술대안인 Wi-Fi, WCDMA, HSPA, WiGig, WiMax 및 LTE를 대상으로 기술의 시간에 따른 형태 및 속성을 세부적으로 분석하고자 기술수명주기 분석을 실시하였다. 기술수명주기의 일종인 Gartner의 Hyper Cycle을 활용하여 기술의 속성, 형태 및 범위의 변화양상을 시간의 흐름에 따라 분석하였다.(2009년 자료 활용)

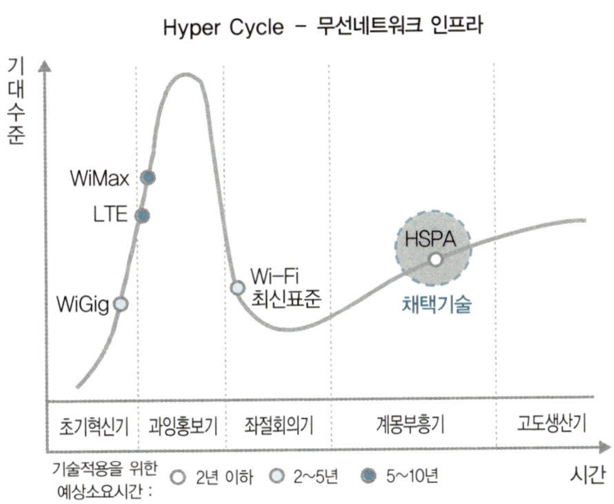

시사점

- 초기 Wi-Fi, WCDMA 기술 등은 이미 쇠퇴기에 접어들어 Hyper Cycle상에 존재하지 않음

- HSPA는 좌절회의기를 이미 넘어 기대수준이 다시 높아지는 추세임
- 2년 이내에 고도생산기를 앞두고 있음

- Wi-Fi 최신표준기술은 과잉기를 지나 기대수준이 낮아지는 추세임
- 2~5년 내에 Wi-Fi 최신표준 또는 이를 대체할 WiGig 기술이 상용화될 전망임

- 4세대 이동통신 인프라인 WiMax 및 LTE는 기대가 급증하는 초기 상태로 5~10년 내에 실현될 전망임

분석결과 초기 Wi-Fi, WCDMA기술 등은 이미 쇠퇴기에 접어들어 Hyper Cycle상에 존재하지 않는 것으로 확인하였다. Wi-Fi 최신표준기술은 과잉홍보기를 지나 기대수준이 낮아지는 추세이며, 2~5년 내에 Wi-Fi 최신표준 또는 이를 대체할 WiGig기술이 상용화될 전망이다. 또한, 4세대 이동통신 인프라인 WiMax 및 LTE는 기대가 급증하는 초기 상태로 5~10년 내에 실현될 전망이다. 마지막으로 HSPA는 좌절회의기를 이미 넘어 기대수준이 다시 높아지는 추세이며, 2년 이내에 고도생산기를 앞두고 있음을 확인하였다. 따라서 Hyper Cycle을 토대로 각 기술대안의 수명주기를 분석한 결과, 고도생산기를 맞이할 HSPA기술의 가능성이 가장 높다고 판단하였다.

2.4 기술로드맵

기술로드맵 개념

비즈니스 수행에 있어서 해당기술을 획득하는 방안, 유관기술, 시장과의 관련성 등을 인지하면서 기술을 개발 · 접목시키려면 많은 정보가 필요하다. 기술로드맵 분석은 이와 같은 문제를 해결하는 데 많은 정보를 제공할 수 있다. 기술로드맵은 선택과 집중식의 기술개발 및 실용화 또는 상품화를 목표로 하는 기술개발에 적합하며, 기술 및 제품의 예측 또는 신제품의 기획을 목적으로 주로 활용된다. 기술로드맵의 정의는 다음과 같다.

◈ **ITR Definition**

> **기술로드맵**
> **시장 예측을 바탕으로 미래의 기술 수요를 충족시키기 위해 기업 또는 연구기관 등 관련 조직의 개발단계를 체계화하는 방법**

기술로드맵 유형

기술로드맵(Technology Road Map : TRM)은 [표 3-8]과 같이 대상산업, 작성주체 및 대상내용에 따라 3가지 범주로 분류될 수 있다. 또한, 개발목적 및 대상기술을 기반으로 기술로드맵은 선택적으로 개발되고 활용된다.

제품기술로드맵은 향후 출시될 제품과 요구되는 기술을 연계한 것이다. 유망기술로드맵은 미래기술의 개발과정을 예측하는 데 주로 활용되지만 제품기술로드맵처럼 폭넓은 제품흐름을 보여주지 못한다. 그러나 잠재유망기술의 개발과 상업화를 예측하고 그 기술에 관한 기업의 경쟁력 수준, 잠재유망기술이 어떻게 발전하는가에 초점을 둔다.

대상산업 기준으로 한 로드맵에서 복수산업로드맵의 예로는 미국 IMTI (Intergrated Manufacturing Technology Initiative)에서 만든 4개 분야 제조기술로드맵을 들 수 있다. 단일산업로드맵은 미국전력연구소가 작성한 전력로드맵(National Electricity Technology Roadmap)이 좋은 예이다.

한편, 작성주체별 로드맵에서 정부주도로드맵은 여러 산업을 대상으로 한다. 또한 정부 및 관련산업 주체들이 효과적인 의사결정을 할 수 있도록 비전을 제공하기도 한다. 산업주도로드맵은 로드맵을 통해 지배적 표준을 유도함으로써 급변하는 기술환경 속에서 위험요소를 축소하고 공존할 목적으로 작성된다. 이는 참여기업들이 증가할수록 산업차원의 로드맵은 더욱 활성화될 것이다.

표 3-8 기술로드맵 유형

구분		유형	설명
대상 산업	1	복수산업 TRM	대상기술이 여러 산업에 걸쳐 복합적으로 요구되는 경우
	2	단일산업 TRM	대상기술이 한 산업에만 필요한 경우
	3	개별기업 TRM	특정 기업의 목적에 초점을 맞추어 작성되는 경우
작성 주체	1	정부주도 TRM	정부의 주도하에 기업과 대학의 참여로 작성되는 경우
	2	산업주도 TRM	동일산업 내 기업들의 공동참여하에 작성되는 경우
	3	기업주도 TRM	개별기업들이 독자적으로 작성하는 경우
대상 내용	1	제품기술 TRM	향후 출시될 제품과 요구되는 기술을 연계한 경우
	2	유망기술 TRM	연구수준에 머무르고 있는 미래기술의 개발과정을 예측하는 경우
	3	이슈관련 TRM	특정 이슈에 대해 관련 프로젝트의 계획수립 및 예산배분을 목적으로 작성

*TRM(Technology Road Map)

Deliverables

기술수요예측을 통해 확인한 주요 기술대안을 토대로 기술수명주기를 분석하고 기술의 특성, 형태 및 범위를 고려하여 HSPA기술을 선정하였다. 이어서 기술로드맵을 활용하여 시장의 수요를 HSPA기술과 연계하여 제품화하는 방안과 그것을 실현하기 위한 R&D전략을 수립하였다.

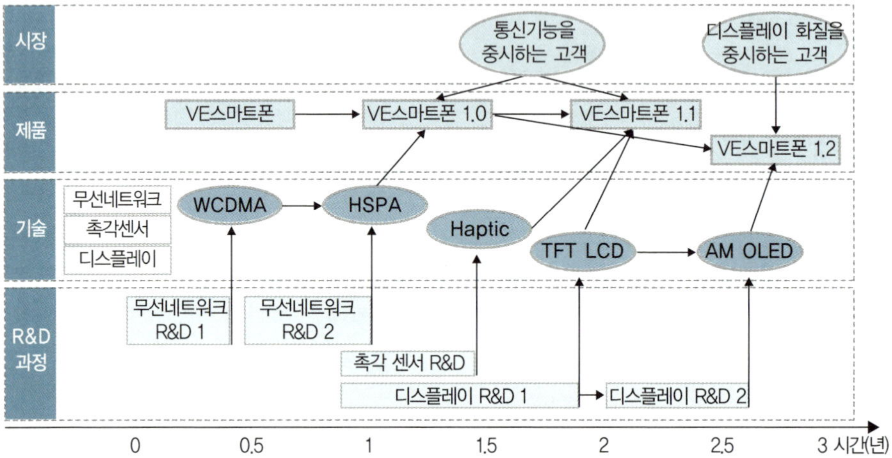

기술로드맵 구성 결과 생산할 제품의 컨셉과 HSPA기술을 중심으로 R&D가 필요한 유관기술을 식별하고 향후 기술개발 일정을 수립하였다. 우선, 통신기능을 최우선으로 중요시 하는 소비자 수요를 반영하여 스마트폰을 개발하기로 결정하였으며, 이를 지원하기 위한 주변기술들을 나열해 보았다. 음성, 데이터 등의 끊김이 없으며 빠른 전송속도를 지원해주는 WCDMA, HSPA 기술과 함께 디스플레이 화질을 중시하는 고객의 취향을 반영하여 AMOLED, TFT LCD기술을 반영할 것으로 결정되었다. 유저와 디바이스 사이의 상호작용 방법을 고려하여 정전압 또는 정전기 방식의 Haptic 기능을 추가하기로 하였다. 이를 위해서는 무선네트워크 R&D와 디스플레이 R&D, 촉각센서 R&D에 대한 각각의 R&D 계획을 수립하고 총 3년 이내에 관련 연구개발을 모두 완료하는 것으로 전략을 수립하였다.

3. 기술평가

기술평가의 중요성

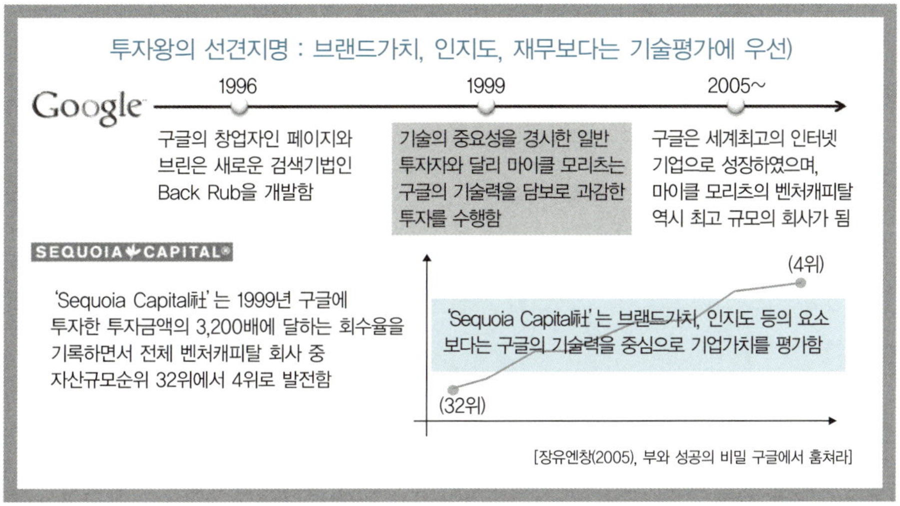

"고객이 엄청난 성장성을 지닌 기술주를 오래 보유할 수 없는 이유가 있다. 투자자는 아무리 공부해도 기술혁신 속도를 못 따라가기 때문이다." 일본의 유명한 투자자가 남긴 말이다. 과연 구글과 같은 블루칩을 미리 알아보는 혜안을 키우려면 무엇이 필요할까? 해당 기업이 보유한 기술을 평가하는 것이 그 답이다. 위의 그림은 세계적인 기업인 구글의 기술을 올바르게 평가하여 기업가치를 도출함으로써 급성장한 투자회사의 사례를 보여준다.

세계 최고의 기업 중 하나인 '구글' 의 창업자 페이지와 브린은 1996년 새로운 검색기법인 Back Rub을 개발하였다. 하지만, 기술만 완성한 상황이라 사업을 하려면 사업자금이 필요하였고 기술력 하나만 가진 그들에게 당시 돈을 투자하겠다는 투자자는 거의 없었다. 그러나 벤처캐피탈 회사인 Sequoia Capital社의 마이클 모리츠는 '구글' 의 기술력을 담보로 과감한 투자를 실시하였다. 3년 만에 투자금액의 3,200배에 달하는 투자회수율을 기록하였다. 이 결과 Sequoia Capital社는 전체 벤처캐피탈 회사 중 자산규모기준 32위에서 4위로 발전하였다. 본 절에서는 사업화를 위해 반드시 필요한 기술평가에 대해서 알아본다. 또한 기술을 평가하기 위한 세부기법으로서 기술등급평가 및 기술가치평가를 소개한다.

3.1 기술평가 개요

Techno Business의 수행에 있어 기술평가는 기술의 가치창출을 위한 기술 분석의 핵심적인 단계라고 할 수 있다. 또한, 지식기반산업 확산 및 경제환경 변화에 따라 무형자산이 중요해지면서 기술평가의 중요성 또한 높아지고 있다. 기술사업화를 성공적으로 수행하기 위해서는 적절한 기술평가를 통한 사업화 목표기술의 선정이 요구된다.

기술평가 개념

기술평가란 무엇인가? 먼저 기술을 정의해 보자. 기술이란 필요한 사항을 파악하고 문제를 해결하는 능력으로서(한국과학기술평가원) 생산품의 제조 또는 공업, 농업 또는 상업분야에서의 서비스 제공을 위한 체계화된 지식으로(WIPO) 정의할 수 있다. 기술평가는 그러한 기술을 종합적으로 분석하여 시장가치를 환산하는 과정이다.

◈ **ITR Definition**

기술평가
기술의 사업화 타당성을 검토하기 위해 기술의 우수성, 경제성 등을 평가하는 방법

기술평가 유형

기술평가의 유형은 평가의 대상 및 목적 등에 다양하게 정의한다. 실례로 한국과학기술정보원은 기술평가를 기술등급평가, 기술력평가 및 기술가치평가의 3가지로 구분하고 있다(한국과학기술정보원). 본 장에서는 이 중 기술등급평가와 기술가치평가에 대해서 설명한다.

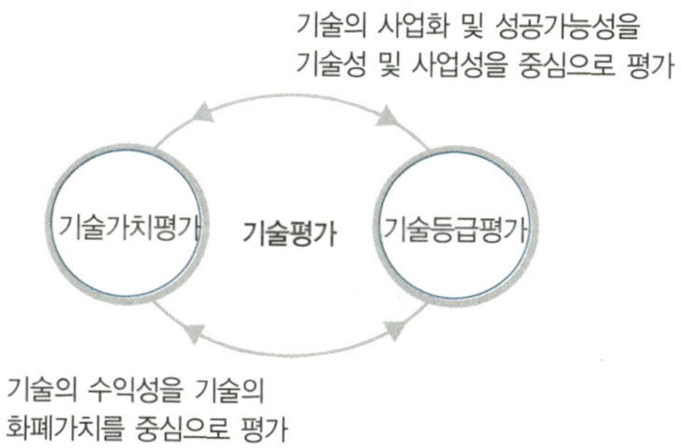

표 3-9 기술평가 유형

기술평가 유형

구분	설명
기술등급평가	기술의 사업화 가능성을 백분율이나 등급으로 평가하는 유형
기술가치평가	개별기술의 가치를 화폐가치로 환산하는 평가유형

기술평가 On Hand

"모든 평가에는 대상의 목적 달성을 위한 평가기준이 존재하며, 기술평가의 경우 기술의 사업성, 시장성 및 기술성 등을 종합적으로 평가함."

- 기술평가에서 가장 중요한 건… "해당기술이 얼마나 많은 수익을 창출할 것인가?" 임.
- 이를 위해서는 기술가치평가를 수행해야 하나 기술가치평가는 시간과 비용이 너무 많이 들 뿐만 아니라, 예상수익 외의 요소(기술영향 및 실현가능성 등)를 적절히 평가하지 못함.
- 따라서 기술을 평가할 때는 기술등급평가 및 기술가치평가를 동시에 활용함으로써 평

가의 효율성을 확보함.

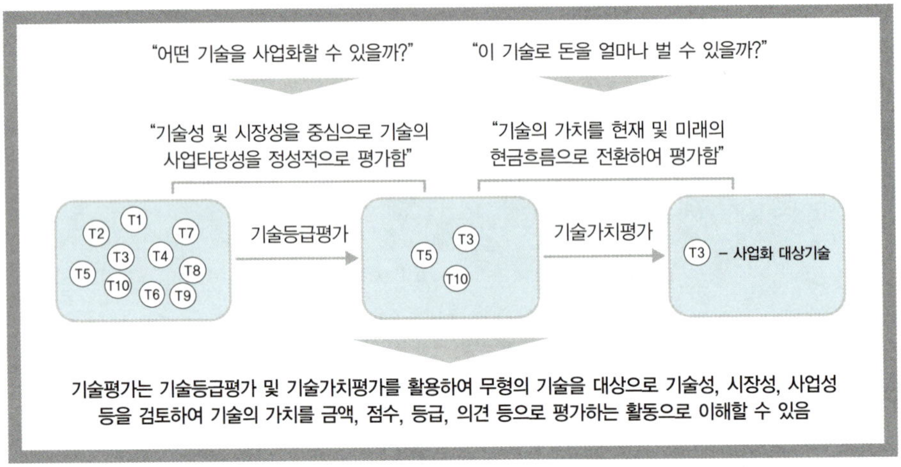

3.2 기술등급평가

기술등급평가 개념

기술을 평가할 때 가장 정확한 방법은 분석대상의 모든 기술에 가치평가를 적용하여 정량적 단위로 환산하는 것이다. 그러나 이 방법은 엄청난 시간과 비용이 소요되기 때문에 효율적이지 못하다. 이를 해결하는 방법으로 기술등급평가는 적은 비용과 시간을 투자하여 가치평가의 핵심 대상을 도출하기 위한 예비작업이다. 기술적합성, 기술사업성 등의 평가요인은 재무적 가치만을 평가하는 기존의 한계점을 보완할 수 있다. 기술등급평가의 정의는 다음과 같다.

◈ ITR Definition

기술등급평가

각 기술들의 개발 우선순위 또는 사업화 우선순위를 파악하기 위해 기술을 등급화하여 평가하는 방법

기술등급평가 유형

기술등급평가는 [표 3-10]과 같이 평가관점 및 평가영역에 따라 구분할 수 있다. 각 기관에서 제시한 기술평가체계는 평가관점과 세분화된 평가영역이 일부 다르지만 일반적으로 기술력 및 사업성으로 기술을 평가함을 알 수 있다.

표 3-10 기술평가체계에 따른 기술등급평가 유형

구분		평가체계	평가관점	평가영역
1	한국과학기술평가원	기술성 · 사업성평가	• 기술사용화	• 기술의 우수성 • 기술의 경제성
2	한국과학기술정보연구원	신기술 아이디어 사업화타당성평가	• 기술사업화 • 기술투자	• 기술의 우수성 • 기술의 사업타당성
3	기술신용보증기금	기술사업타당성 평가	• 기술사업화	• 기술적 타당성 • 경제적 타당성
4	한국산업기술진흥협회	IR 52 장영실상	• 기술사업화 • 기술거래/투자	• 기술의 우수성 • 기술의 사업성

기술등급평가체계

앞서 살펴본 기술등급평가 관련 연구를 바탕으로 [그림 3-3]과 같이 기술사업화 관점에서 기술성 및 사업성의 두 가지 요소로 구성한 기술등급평가체계를 제시한다. 기술성은 기술특성, 기술환경, 기술경쟁력으로 세분화하여 평가하며, 사업성은 시장구조, 경쟁수준, 산업특성으로 세분화하여 평가한다. 이는 기술을 핵심투입요소로 활용하여 가치를 생성하는 Techno Business의 대상기술을 사업화 관점에서 평가하는 데 활용할 수 있다.

그림 3-3 기술등급평가체계

Deliverables

기술예측에서 검토한 무선네트워크기술의 기술대안을 대상으로 기술등급평가를 활용하여 HSPA기술의 기술성 및 사업성을 검증한 결과 기술의 사업화 관점에서 HSPA기술의 기술성 및 시장성이 가장 양호한 것으로 판단하였다.

기술사업화 기술평가체계에 따른 기술등급평가

기술명	기술성				사업성				종합
	기술특성	기술환경	기술경쟁력	기술성종합	시장구조	경쟁수준	산업특성	사업성종합	
Wi-Fi	4.5	4.1	3.5	4.03	3.8	4.1	3.7	3.87	3.95
WCDMA	4.3	3.6	3.0	3.63	3.3	3.7	3.2	3.40	3.52
HSPA	4.4	3.8	4.3	4.17	4.0	4.5	3.9	4.13	4.15
WiGig	2.8	3.5	4.5	3.60	3.6	3.9	3.2	3.57	3.58
WiMax	3.9	3.2	3.9	3.67	3.9	3.0	4.0	3.63	3.65
LTE	3.6	3.8	4.5	3.97	4.4	3.6	4.3	4.10	4.04

주요 분석사항

✓ HSPA는 기술성 및 사업성 모두 전반적으로 우수한 기술등급에 해당하는 것으로 평가됨

✓ Wi-Fi는 기술성 대비 사업성이 미흡하고, LTE는 사업성 대비 아직 기술개발수준이 미흡함

3.3 기술가치평가

기술가치평가 개념

기술등급평가를 통해 선정된 기술들을 대상으로 사업화 대상기술을 선정하기 위해서는 기술등급평가에서 수행한 정성적 분석보다는 좀 더 정확하고 설득력 있는 기술가치평가를 실시할 필요가 있다. 또한, 기술가치평가의 정량화된 분석결과는 기업이 기술에 대한 투자의사결정을 수행할 때 유용하게 활용될 수 있다.

따라서 기술가치평가는 기술의 가치를 금액 또는 화폐가치 등으로 환산하여 기술의 가치를 정량화하는 과정이며, 기술과 비즈니스를 연결할 수 있는 하나의 언어가 된다. 가치 및 가치평가에 대한 다양한 정의를 바탕으로 다음과 같이 기술가치평가를 정의할 수 있다.

◈ ITR Definition

기술가치평가
기술의 가치를 화폐가치로 전환하여 해당 기술의 가치수준을 평가하는 방법

기술가치평가 유형

기술가치평가는 [표 3-11]과 같이 평가방법 및 적용분야에 따라 비용접근법, 시장접근법, 소득접근법으로 구분하여 정리할 수 있다. 세 가지 접근법에 따라 가치평가 결과 또한 각각 달라질 수 있다. 실제 산업에서는 2가지 이상의 접근법을 함께 활용하는 경우도 있으며, 평가 목적에 따라 알맞은 방법을 선택하여 적용하기도 한다.

가장 많이 사용하는 접근법은 소득접근법이다. 감가상각을 고려한 할인율(자본환원율)을 산정하고, 추정기간 동안의 현금흐름과 추정기간 이후의 잔존가치를 현재가치화하는 데 적용하는 할인현금흐름법(Discounted Cash Flow Method)이 주로 사용된다.

표 3-11 기술가치평가 유형

	구분	평가체계	적용분야	한계점
1	비용접근법	구현에 필요한 자원을 추정하여 가치를 평가	• 공공기관의 기술이전 • 연구초기단계의 기술	• 시장변동의 영향이 큼 • 영향요인 추정이 제한 • 미래수익 고려 제한
2	시장접근법	평가대상과 유사한 시장사례를 근거로 가치를 평가	• 기술대가 산정 • 핵심기술의 가치평가	• 비교(유사)사례 필요
3	소득접근법	기술을 통한 예상소득의 현재시점가치를 평가	• 기술사업화 • 기술거래	• 예측변수의 오차가능성

기술가치평가체계

대부분의 기술에는 거래시장이 존재하지 않는다. 뿐만 아니라 미래가치를 추정하는 데 개발비용만의 지표를 사용하는 것은 결과가 제한적이다. 따라서 본서에서는 소득접근법으로 기술가치평가기법을 설명한다. [그림 3-4]는 할인현금흐름에 의한 기술기여도 계산을 중심으로 기술 가치평가의 산출식을 보여준다. 이 기법은 신기술 및 신제품 평가, 수익극대화를 위한 기술전략 수립에 주로

활용한다.

그림 3-4 기술가치평가 산출식

$$V = \sum_{t=1}^{\infty} \frac{CF_t}{(1+r)^t}$$

기술의 수명 / 예상소득의 현재가치

$$\text{기술기여도} = \frac{\text{기술자산}}{\text{기술자산} + \text{인적자산} + \text{시장자산}}$$

$$\text{기술가치평가} = \text{할인현금흐름}(V) \times \text{기술기여도}$$

• CF : 현금흐름(cash flow) • r : 할인율(Discount rate)

Deliverables

기술등급평가를 통해 선정된 HSPA기술의 미래가치를 분석하기 위해 할인율을 적용하여 현재가치로 환산하였다. 소득접근법에 근거한 기술가치평가는 우선 기술수명을 3년이라고 보고, 할인율(자본환원율) 4%를 적용하여 아래 할인현금흐름(V)을 계산하여 약 867억이라는 금액을 산출하였으며, 여기에 기술기여도를 측정하여 0.8%의 값을 산출하였다. 따라서, 이 HSPA의 기술의 가치는 867억 원에 0.8%를 적용하여 약 69억 3천6백만원이라는 기술가치금액으로 환산할 수 있었다.

〈VE전자 기술가치평가〉

Assumptions VE전자는 2012년까지 시장점유율 15%를 목표로 설정하고, 현재의 기술가치로 환산함

VE전자 기술가치 평가결과

자본환원율 4%

할인현금흐름 $V = \sum_{t=1}^{\infty} \frac{CF_t}{(1+r)^t}$

(단위 : 억 원)

연도	매출예상	영업이익	현금흐름
2010	300만대	150	약 144
2011	700만대	350	약 323
2012	900만대	450	약 400
		Total	약 867

기술기여도
- 기술자산비중 : 50%
- 인적자산비중 : 8%
- 시장자산비중 : 5%

$$\frac{\text{기술자산}}{\text{기술자산} + \text{인적자산} + \text{시장자산}} = 0.8\%$$

기술기여가치 867억×0.8% = **약 69억 3천 6백만원**

스마트폰 시장추이

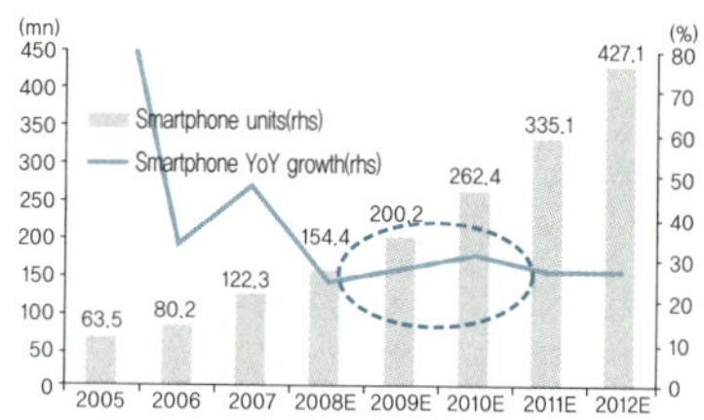

자료 : 미래에셋증권 리서치센터

VE전자는 2012년까지 스마트폰 시장이 지속적으로 성장할 것으로 판단하였으며, 시장점유율 15%를 목표 설정

4. 기술사업화

기술사업화의 중요성

기술개발의 성과는 기술사업화를 통해 달성

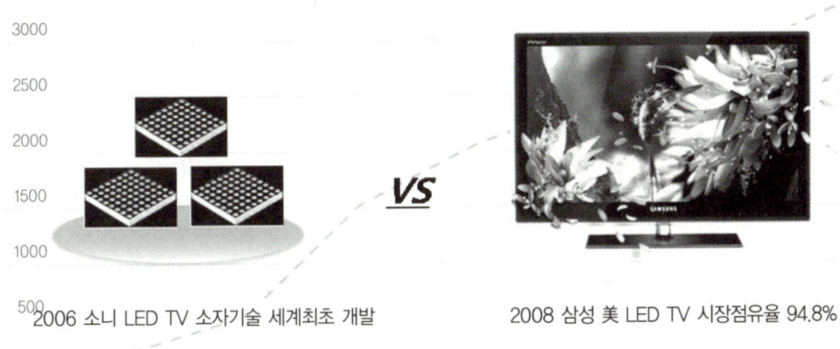

세계가 삼성에 박수치고… 개발한 소니는 땅을 치고

[조선일보, 2009]

요즘 TV에 출현하는 연예인들은 분장 및 화장에 좀 더 많은 신경을 써야 할 것 같다. LCD TV와 PDP TV에 이어 최근에 시장에 출시된 LED TV 때문이다. LED TV의 선명함과 현실반영수준은 뛰어난 연예인들의 분장 및 화장술을 능가할 만큼 혁신적인 제품이다. 그렇다면 이렇게 좋은 TV를 누가 만들었을까? 모르긴 몰라도 만든 기업은 아마 돈을 엄청 벌어드렸다고 생각할 것이다. 하지만, 결론부터 말하자면 LED TV 기술을 개발한 소니는 별로 돈을 벌지 못했고, 소니가 개발한 LED TV 기술을 상용화한 삼성은 2008년 기준으로 미국 내 LED TV 94.8%의 시장점유율을 기록하고 있다. 사례처럼 이제는 기술개발만큼이나 기술의 확보 및 사업화가 중요하게 된 것이다. 본 절에서는 기술을 확보하기 위한 기술이전과 확보한 기술을 사업화하는 과정인 기술상용화에 대해서 소개한다.

4.1 기술사업화 개요

시기적절한 기술사업화를 통해 시장확보 및 수익창출에 성공한 사업사례에서도 알 수 있듯이 기술을 기반으로 비즈니스를 수행하는 Techno Business에 있어 기술사업화는 기술을 가치로 변환하는 필수적인 과정이라 할 수 있다. 이는 기술개발환경에의 변화대응 및 R&D 투자효율성이 증대되면서 더욱 중요시되고 있다.

기술사업화 개념

기술사업화란 무엇인가? 먼저 한국기술거래소(2006)는 '사업화'를 생산과 영리를 목적으로 하는 지속적인 경제활동을 수행하는 것으로 정의하고 있다. 이러한 기술의 일반적인 정의를 바탕으로 기술사업화를 정의하면 다음과 같다.

◈ **ITR Definition**

> **기술사업화**
> **보유 또는 개발된 기술을 활용하여 수익 및 가치를 창출하기 위해 기술이전 또는 상용화의 형태로 사업화하는 방법**

기술사업화 유형

성공적인 기술사업화를 위해서는 기술이전모델, 기술상용화 절차 및 기술마케팅을 검토할 필요가 있다. [표 3-12]에서 기술 이전과 상용화의 개념을 구체

표 3-12 기술사업화 유형

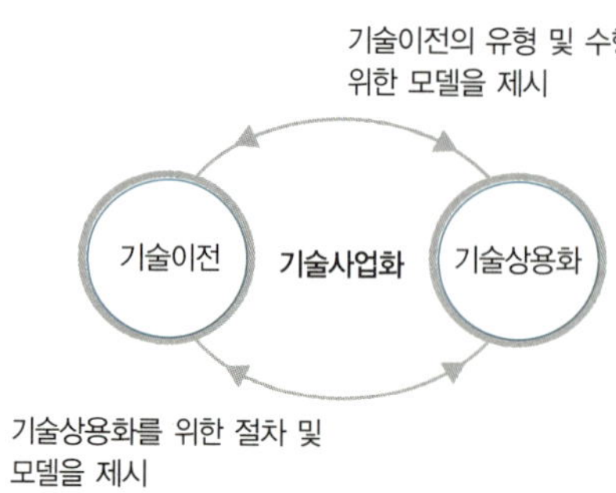

기술사업화 유형

구분	설명
기술이전	기술 자체를 활용한 경제활동
기술상용화	기술을 제품으로 구현화하는 과정

화하고 있다. 기술이전이 거래, 유통을 통해 기술을 활용한 제반 경제활동을 의미한다면, 기술상용화는 제품 자체가 구현되어 소비자에게 그 가치가 전달되는 현상을 가리킨다. 여기서 기술상용화는 기술이전의 개념을 포괄하고 있다.

기술사업화 On Hand

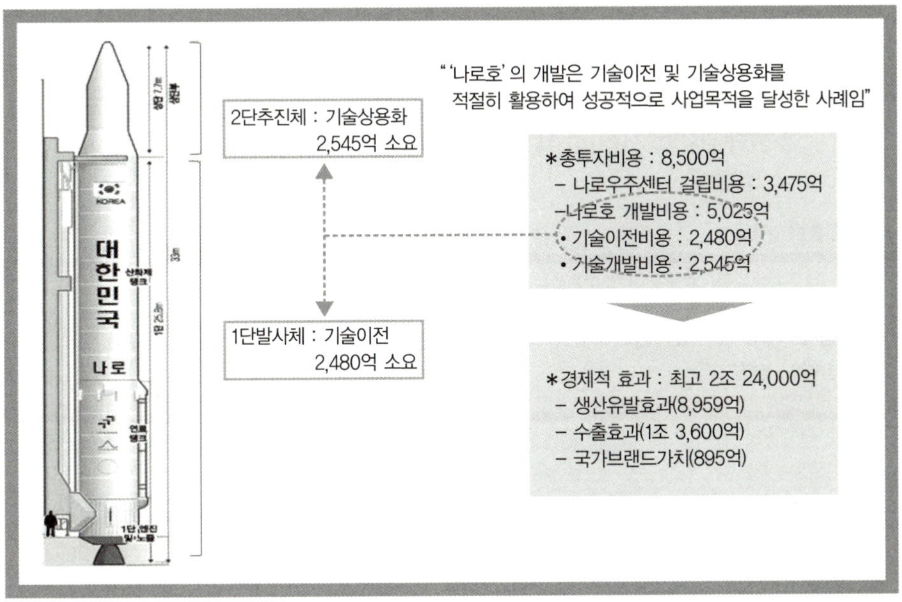

기술상용화의 범위

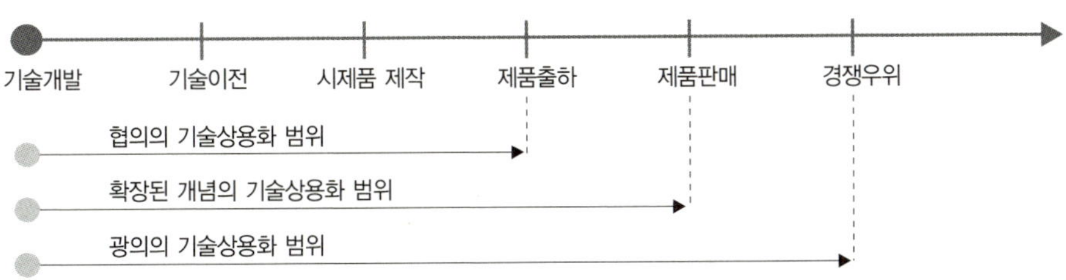

4.2 기술이전

기술이전 개념

Techno Business를 수행하는 데 있어서 핵심요소인 기술을 확보하는 것은 중요한 일이다. 그렇다면 기술을 가장 효과적으로 확보하는 비결은 무엇일까? 우선 직접 개발하는 방안이 있다. 두 번째로는 누군가의 기술에 대해 대가를 지불한 후 확보하는 경우가 있을 것이다.

기술은 다양한 기준에 의해 분류되며, 기술이전 관점에서는 거래의 대상으로 볼 수 있다. 거래대상으로서의 기술은 다양한 연구자들에 의해 특화수준(Hall, 1970), 변화의 정도(Abernathy, 1978), 기술요소(이진주, 1979), 영리추구(과학기술연감, 1990), 기술의 적용수준(허영도, 1991) 등으로 정의되고 있다.

기술의 거래관점에서 기술이전을 정의하면 다음과 같다.

◈ **ITR Definition**

> **기술이전**
> **기업 간 제휴 및 기술 경쟁력의 제고를 위해 보유 기술을 타 기업에 제공하거나 공동으로 개발하는 방법**

기술이전 유형

기술이전은 조직 간 원활한 기술거래 및 유통을 통한 기술획득 및 기술의 경제적 가치향상을 가능하게 기술도입, 기술자문, 협력약정 및 공동연구 등 다양한 형태의 유형이 있다.

[표 3-13]을 통해 기술이전의 유형을 정리하였다. 기술이전은 기술교역에 대한 대가를 지불하는 라이센싱의 유형이다. 우선 제공자 입장에서는 이윤극대화가 가능하다는 장점이 있다. 한편 기술자문은 전문적인 컨설턴트가 기술이전 절차에 직접 개입하는 경우다. 협력약정은 국가 및 기업 간 협약을 통해 기술 이전의 정도와 범위를 규정짓는 유형이다. 협력약정의 경우 다만 구체적인 통제수준이 약하다는 단점이 있다. 협력약정은 국가 및 기업 간 협력을 통한 상호기술이전 유형으로서 기술이전의 통제가 약하다. 그러나 유연한 기술이전이 가능하

표 3-13 기술이전 유형 및 비교분석

	구분	설명	장 · 단점
1	기술도입	기술교역에 대한 대가를 지불하는 라이센싱의 유형	• 기술이전의 통제가 강함 • 제공자의 이윤극대화 가능
2	기술자문	컨설턴트에 의한 직접적인 기술이전 유형	• 기술이전의 통제가 강함 • 제공자의 이윤극대화 가능
3	협력약정	국가 및 기업 간 협력을 통한 상호기술이전 유형	• 기술이전의 통제가 약함 • 경제적 가치창출에 제한
4	공동연구	공동연구개발사업에서 상호 기술이동 및 교환 수행	• 기술이전의 통제가 약함 • 경제적 가치창출에 제한
5	기타	자본재무역, 턴키계약, 합작투자 컨소시엄, 경영관리계약 등	• 기술이전의 유형에 따름

다는 점에서 장점이 있다. 마지막으로 공동연구는 다양한 연구주체들이 공동으로 R&D 사업을 발주하여 자유롭게 기술 이동 및 교환연구를 실시하는 경우를 말한다. 그러나 실질적으로 경제적인 가치를 얼마나 창출할지는 가늠하기 어려운 유형이다.

Deliverables

VE전자는 스마트폰 개발이라는 미션을 효과적으로 수행하기 위해 각 분야의 주요 반제품생산회사와 기술이전협약을 체결하기 위한 전략을 수립하였다.

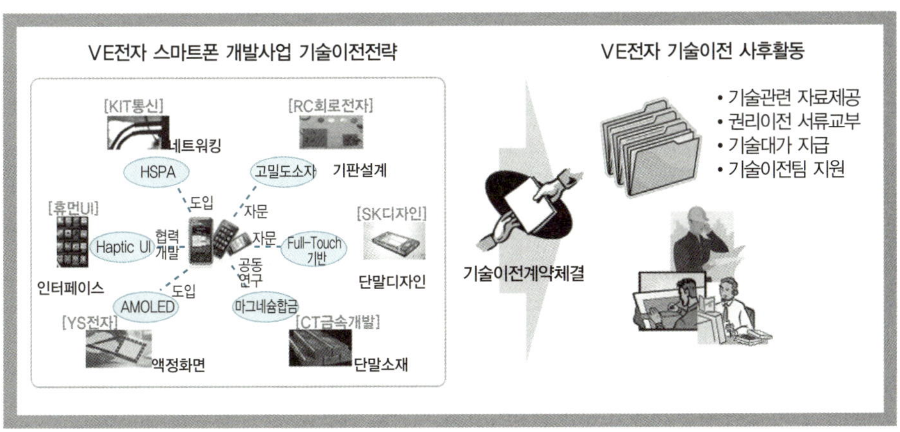

VE전자는 빠르게 성장하는 시장의 특성을 고려하여 진입시점이 중요하다고 판단하였다. 그리고 개발시간을 단축하기로 결정하였다. 따라서 스마트폰의 모든 부분을 자체 개발하기보다는 단말디자인 및 기판설계 분야는 자체 R&D 개발로 소화하기로 하고 나머지 기타 분야는 기술이전협약을 체결함으로써 단기간에 스마트폰 개발을 완료하기로 하였다. 이를 통해 자체개발로 4년을 예상했던 연구개발 소요시간을 2년 이내로 줄여 경쟁사보다 먼저 시장에 제품을 출시하기로 하였다. 기술이전 방식으로는 대상자와 협상을 벌여 기술관련 자료와 권리이전 서류를 작성하기로 하였다. 또한, 기술이전금액은 선금으로 일정금액을 납부하기로 하고 향후 매출이 발생되는 수량에 따라 연매출액의 5%를 로열티로 10년간 지급하기로 하였다.

4.3 기술상용화

기술상용화 개념

기술예측을 통해 유망기술을 확인하고, 기술평가를 통해 최종적으로 사업화할 대상 기술을 선정한 후 기술개발 및 기술이전을 통해 Techno Business 수행을 위한 기술을 확보한다. 이제, 실제적인 대상기술 사업화를 실행하여 수익을 창출해야 할 것이다. Techno Business의 가치창출을 위해 기술예측, 평가, 확보만큼이나 기술상용화도 중요한 요소이다. 일반적으로 기술상용화에 대한 개념은 대상기술의 상용화 범위를 기준으로 구분되며 기술을 통해 제품을 제작하고 시장에 출하하는 협의의 기술상용화 정의가 일반적이다.

◈ **ITR Definition**

> **기술상용화**
> **시장의 수요충족 또는 새로운 시장창출을 위해 개발된 기술을 제품 및 서비스의 형태로 구체화하는 방법**

기술상용화 유형

기술상용화 모델은 상용화 성공요인 및 인프라 등을 고려하여 개발되며 상용화 주체 및 추진관점 등에 따라 다양하게 구분될 수 있다. 1980년대 중반 Cooper(1986), Knox & Denison(1990), DuPont(1995), Jolly(1997) 등 많은 연구자들이 [표 3-14]와 같은 기술상용화 관련 연구를 수행하였다. 이를 바탕으로 기술상용화는 기술개발(아이디어 구상, 연구개발, 시제품 제작)-개발촉진-성과발현(제품생산, 마케팅, 기술개발 이후 검토)의 절차로 진행된다.

표 3-14 기술상용화 관련연구

구분		기술상용화 모형 및 특징
1	Cooper (1986)	범위설정 - 사업화 - 개발 - 테스트 - 시장진출
		상용화 단계별 핵심임무를 정하고 점검을 통한 운영의 효율성을 도모함
2	Jolly (1997)	Imaging - Incubating - Demonstrating - Promotion - Sustaining
		상용화 단계별 프로세스에서 기술가치가 창출된다는 점을 주장
3	Kokubu (2001)	구상 - 기초연구 - 응용연구 - 실용화 연구 - 상용화 연구 - 상품화 모델 - 제조
		기술의 상품화에 초점이 있으며, 각 단계별로 기술이전이 가능함
4	이영덕 (2001)	제안 - 연구개발 - 사업화 - 시제품 제작 - 생산 - 마케팅
		정부주도하의 기술상용화에 초점을 두고 상용화 절차를 정립함

Deliverables

VE전자는 아래와 같은 일련의 기술사업화 활동을 수행하였는데 그 절차와 내용은 다음과 같다. VE전자는 기존 사업분야의 성장 둔화로 새로운 성장동력으로 삼을 신규 사업영역을 탐색하기로 결정하였다. 이를 위해 관심이 있는 분야의 기술분류체계를 구축하고 새로운 성장동력으로 삼을 기술대안들 중에서 기술수요예측, 기술로드맵분석, 기술가치평가 등의 기술예측과 평가를 수행해 보았다. 그 결과 VE전자는 스마트폰 시장의 높은 성장률과 잠재력을 발견하여 HSPA기반 스마트폰 시장을 신규 사업영역으로 확정하고 단말기 및 서비스를 개발하기로 하였다. 연구개발에 앞서 자체적으로 개발할 수 있는 기판설계, 디자인 등은 자체 개발력으로 해결하기로 하고 HSPA, 단말소재, 액정화면 등은 자체 개발할 수 있는 시간과 인력이 부족한 관계로 직접 개발보다 타 회사로부터 기술 도입, 이전 또는 공동연구개발을 추진하기로 하였다. 핵심기술-자체 개발, 주변기술-공동개발이라는 전략을 통해 2년 이내에 제품개발을 완료하기로 하였다. 한편, 마케팅부서에서는 신규 시장에 대한 성장률을 검토한 결과 우선 30만대 판매가 가능하다는 결론을 내리고 개발완료 이후의 제품에 대한 마케팅 대상 및 계획을 세우기로 하였다.

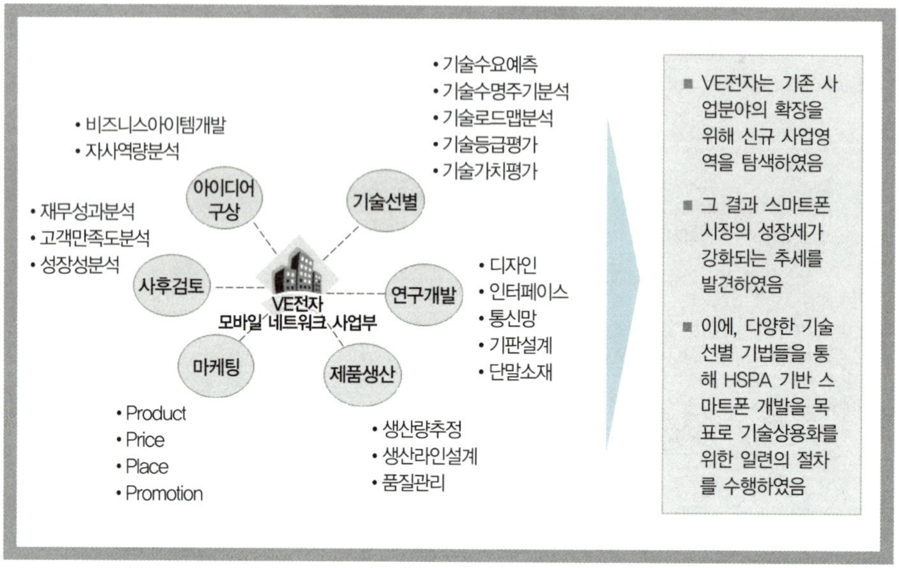

핵심용어

- **기술분류체계 :** 기술을 대상으로 기호 및 그것에 대응하는 용어를 사용하여 문헌 또는 데이터를 구조화하는 표현체계로서 기술의 현상분석 및 미래예측을 가능하게 함
- **기술분석기법 :** 기술을 활용하여 비즈니스를 수행할 때 적절한 기술선정을 위해 다양한 기준을 토대로 기술을 평가하는 것
- **기술예측 :** 미래의 사회상과 미래 니즈를 충족시킬 수 있는 광범위한 서술적 기술개념의 도출과정으로서 어떤 특정한 논리체계에 따른 기술의 실현시기, 기술특성 또는 기술모수의 변화속도에 대한 정량화된 전망
- **기술수요예측 :** 기술예측에 기초하여 기술에 대한 전반적인 예측, 평가, 기획을 대상으로 하는 활동으로 특정한 논리체계에 따른 설계, 생산, 기계, 재료 및 공정의 이용과 관련된 기술 특성의 변화정도, 기술속성과 시기에 관한 정량화된 전망
- **기술수명주기 :** 시간에 따른 기술성과의 진보를 S-Curve 형태의 정형화된 패턴으로 나타낸 것으로 이를 활용하여 기술의 특성 및 형태, 범위의 변화를 예측하기 위한 정보를 산출할 수 있음
- **기술로드맵 :** 미래의 시장에 대한 예측을 바탕으로 미래수요를 충족시키기 위해 기업 또는 산업 차원에서 향후 개발하여야 할 필요기술과 제품을 예측하는 최선의 기술대안을 의미하며, 미래의 수요를 기반으로 제품을 예측하고 이를 구현하기 위해 요구되는 기술을 도출하기 위한 기술지도로 이해할 수 있음
- **기술평가 :** 기술에 대한 권리성, 경제성, 대체성 및 기타 요인에 대한 기회요인과 위험요인을 종합적으로 분석하여 기술의 시장가치를 환산하는 일련의 활동으로 기술등급평가 및 기술가치평가로 구성

- **기술등급평가 :** 개별기술의 상대적 수준에 따라 미리 정해진 등급을 기준으로 기술적 우위성을 정성적으로 평가하는 것으로 대상기술에 대해 평가항목별로 개략적인 상대적 위치를 측정하거나 정의하는 일종의 등급평가
- **기술가치평가 :** 기업 또는 개인이 보유하고 있는 기술에 대하여 현재 시현되고 있거나 장래에 시현될 무형의 재산가치를 평가하는 것으로 보유기술의 상세한 내용뿐 아니라 기술의 가치를 정량화하여 표시하는 것
- **기술사업화 :** 무형의 기술을 유형의 상품으로 제품화하는 기술상용화 과정으로 넓은 의미에서는 기술이전의 개념을 포함함
- **기술이전 :** 한 조직에서 연구개발로 산출된 기술, 지식 및 정보가 다른 조직에서 활용되는 것으로 두 조직이 합동으로 새로운 기술, 지식 및 정보를 산출하는 과정으로 조직 간 기술의 유통을 의미함
- **기술상용화 :** 연구 개발된 기술을 사용하여 신제품을 개발하고 공정의 개발 또는 개선 등에 적용하여 제품생산에 이르는 일련의 과정

참고문헌

구 과학기술부, "1990 과학기술연감", 과학기술부

박진섭, "신기술 사업화를 위한 기술평가지표 개발에 관한 연구", 기술경영경제학회 동계학술대회, 2009.

박진섭 & ITR, 기술기반 비즈니스의 가치창출을 위한 기술사업화 영향요인 개발에 관한 연구, 연세대학교 ITR 석사학위논문, 2010.

박진섭 · 최종화 · 임춘성, 신기술 사업화를 위한 기술평가지표 개발에 관한 연구, 기술경영경제학회 동계학술대회, 2009.

이영덕, "기술상용화의 문제점과 해결방안", 한국과학기술정보연구원, 2003.

이진주, "산업기술측정에 관한 시도", 한국개발연구원, 1979.

이홍주 · 이휘재 · 임춘성, 유비쿼터스 정보기술의 전략적 활용 방안에 관한 연구, 경영관련학회 통합학술대회, 2003.

임춘성 · 김진우 · 한광희, 사이버 공간 내에서 사용자와 전자상거래시스템 간의 인터페이스에 대한 소프트 과학적 연구, 99 제3회 소프트과학 워크숍, 1999.

장유엔창, "부와 성공의 비밀 구글에서 훔쳐라", 머니플러스, 2007.

정보통신정책연구원, "IT 기술예측(Technology Foresight) 2020, 2006.

최종화 & ITR, 기술사업화 관점의 비즈니스 통합분석 방법론에 관한 연구, 연세대학교 ITR 박사학위논문, 2010.

ETRI & 전자신문사, "미래기술 전략지도 2025", 2009.

한국과학기술평가원, 기술동향분석보고서, 2000.

한국기술거래소(KTTC), "기술거래평가", 2004.

한국기술거래소, 2006 기술거래소 연구 보고서, 2006.

KISTI, 2002 정책연구보고서, 2002.

Abernathy, W., "The Productivity Dilemma", *Johns Hopkins University Press*, 1978.

Cooper, R.G., *Winning at New Product*, Addison-Wesley Pub., 1986.

Jamison, D.W. and Jansen. C., "Technology transfer and economic growth", *Industry and Higher Education*, Volume 15, Number 3:189-196, 2001.

Jolly, V.K., "Commercializing New Technology", *Harvard Business School Press*, 1997.

Kokubu, "Technology Commercialization in International Technology Transfer", in Chung, H. 2003, *Theory and Practice of Technology Commercialization,*

Daejeon: Korea Instiute of Science and Technology Information, 2001.

Knox and Denison, "R&D centred innovation: extending the supply side paradigm", *R&D Management*, 1990.

OECD, "Frascati Manual 2002 – Proposed Standard Practice for Surveys of Research and Experimental Development", 2002.

Robert Phaal, "Technology Roadmaping–A Planning Framework for Evolution and Revolution", *Technology Forecasting & Social Change*, 71:5–26, 2004.

WIPO, *WIPO Magazine*, 2008.

제 4 장

Techno Business를 위한 산업분석

제4장에서는 Techno Business 산업분석의 세부개념과 산업분석을 구성하는 세부 분석방법에 대해 소개한다. 본 장에서는 산업의 주요 이해관계자 및 이들 간의 관계에 대해 분석하는 산업구조분석과 경쟁업체의 위치 및 경쟁상황을 분석하는 산업경쟁분석 방법을 고찰한다. 또한, 산업의 향후 변화양상에 대해 전망하고 예측하는 산업진화예측 방법을 설명한다.

목차

Theme 4 : **Industry-산업이란?**

TV나 라디오, 인터넷에서 '또 하나의 가족', '소리없이 세상을 움직인다' 와 같은 기업 슬로건을 본 적이 있을 것이다. 기업은 저마다 광고와 PR과 같은 활동을 통해 자사의 이미지를 제고하려 한다. 고객에게 분명하게 인식된 슬로건이나 이미지는 일상생활 도중에 자주 연상되기 마련이다. 따라서 해당 기업에 대한 인지수준을 높이는 역할을 한다.

슬로건	기업	업종
또 하나의 가족	SAMSUNG	전기/전자
소리없이 세상을 움직인다	posco	기계/금속
I am your energy	GS칼텍스	석유/화학
Beyond Card	비씨카드	보험/기타
Olleh!	olleh kt	통신
아름다운 기업	금호아시아나	운수, 석유/화학, 건설업, 보험/기타
사람이 미래다	DOOSAN	도 · 소매, 기타서비스, 전기/전자, 기계/금속, 석유/화학, 건설업, 은행/증권 등

그러나 여기서 짚고 넘어갈 것이 있다. '독자들은 기업에 대해서 얼마나 알고 있는가?' 이미지 전략에 길들여져 '아름다운 기업' 의 단상만 갖고 있는 것은 아닌가? '각 기업이 속한 산업(업종)이 무엇인지 알고 있는가?' 예를 들어 '사람이 미래' 라는 슬로건을 내건 두산그룹은 도 · 소매, 기계/금속, 건설업 등 다양한 업종을 망라하는 대기업이다. 'I'm your energy' 를 전하는 GS칼텍스는 석유/화학업종의 선두를 차지하고 있다. 즉, 외부적인 이미지와 슬로건으로 해당 기업과 산업을 명확히 인식하기란 쉽지 않다. 기업이 처한 다양한 상황과 배경, 문제점을 중심으로 분석할 수 있는 능력을 길러야 하는 것이다.

한국의 경우, 6 · 25전쟁 이후 국가 그리고 기업과 산업이 위와 같은 단계를 거쳐 발전하였다. 1950년대와 60년대, 인적자원 외에는 없었던 우리나라는 섬유산업, 가발 등 노동집약형 경공업 위주로 산업을 육성하였다. 하지만 경공업만으로 국가의 질적 · 양적 발전을 도모하는 것에 한계를 느끼고, 1970년대 정부와 대기업이 서로 협력하여 해외자본을 유치하고 기술력을 이전받아 본격적으로 중 · 화학공업에 뛰어들게 되었다. 화학, 철강산업을 중심으로 대규모 투자가 이루어진 것이 바로 이 시점이다. 이러한 정책의 성공으로 공업발전국가로서의 기틀을 다질 수 있었고, 1980~90년대에는 이를 교두보로 삼아 조선, 자동차산업에까지 세력을 확장하였다. 이후 2000년대 들어 반도체와 정보통신기기를 필두로 IT 산업경쟁력을 확보하여 공업중심국가에서 고부가가치산업 강국으로 인정받게 되었다. 최근에는 '한강의 기적' 으로 불리는 산업의 초고속 성장세를 이어나가기 위해 바이오, 나노 등 첨단 융합산업 육성에 심혈을 기울이고 있다. 50년이라는 길지 않은 세월에도 불구하고 국가와 기업의 '주력산업' 이 끊임없이 변화하였다. 지금 이 시간에도 기업이 속한 산업동향과 제반환경이 요동치고 있을 것이다. 독자들은 카멜레온과 같은 산업에 대해 얼마나 알고 있는가?

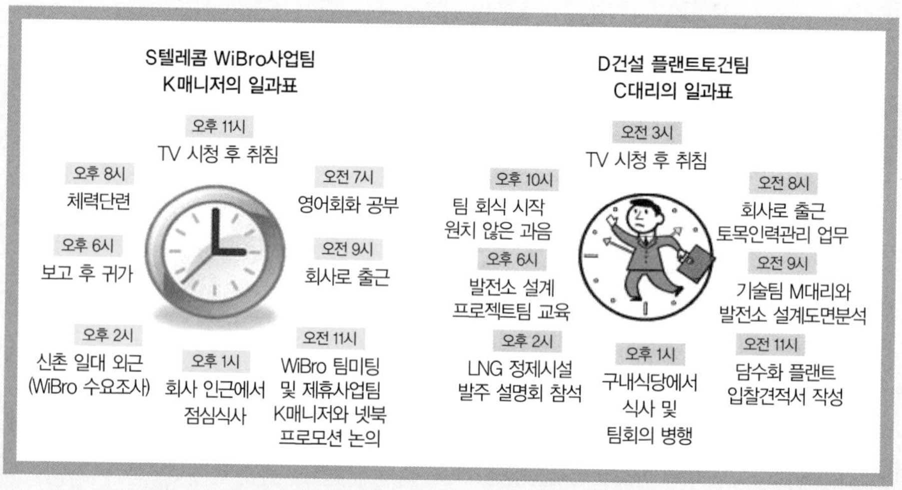

일례로, 통신업과 건설업종의 대기업에서 일하고 있는 두 회사원의 일상을 살펴보자. 이는 어디까지나 가정의 상황임을 미리 밝힌다. S텔레콤의 WiBro 사업팀에 있는 K매니저의 스케줄은 다소 신축성이 있는 반면, D건설 플랜트 토건팀에 재직 중인 C대리는 회사 업무가 하루의 절대 다수를 차지한다. 그들이 속한 산업과 부서가 너무나도 다르기 때문에 사내 업무 행태 또한 극명하게 비교된다. K매니저는 '시장조사' 차원의 파견근무도 자주 하고, 타 사업팀 직원과의 토론 또한 다수 실행한다. 반면, C대리는 밤 늦게까지 일할 뿐만 아니라 공사외주 업체 관계자나 팀 내 회식으로 인한 만남이 잦은 편이다.

이처럼 기업 고유의 문화에까지 영향력을 미칠 정도인 '산업 특성'에 대해 명확히 알아두어야 한다. 산업구조와 경쟁상황, 산업 진화방향에 이르기까지 보다 구체적으로 산업의 특성을 파악하여 Techno Business에 능동적으로 대응해야 한다.

1. 산업분석체계

산업분석의 중요성

산업별로 정리된 SERICEO와 LG경제연구원 홈페이지

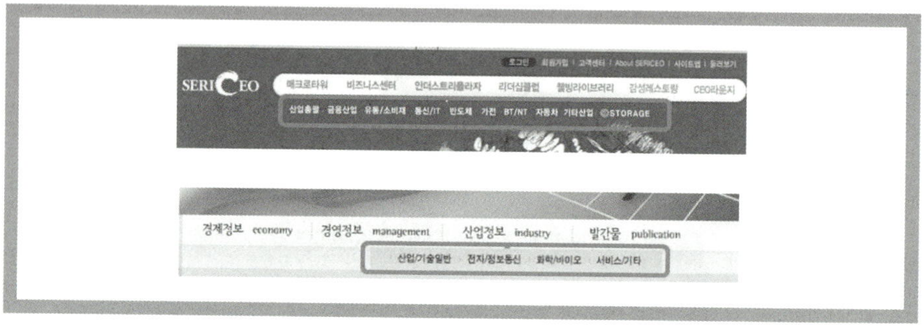

경제지를 보면, 산업분야별로 토픽이 구성되어 있는 것을 볼 수 있다. 정부기관이 발행하는 관보나 주요 일간지에서도 '산업' 관련 지면을 할애하고 있다. 주식시장의 주요 정보에서도 가장 민감하게 다루는 부분이 산업동향이다. 또한, 기업이 사업을 시작하면서 가장 먼저 '산업'의 현황에 직면한다. 제 아무리 뛰어난 역량을 가진 기업이라 하더라도 변화무쌍한 산업동향에 신경쓰지 않을 수 없다. 언제나 산업성장률, 수익률, 경쟁기업 성과 등은 개별기업의 경영환경에 중요한 참고가 된다. 예를 들어 반도체나 디스플레이산업은 요소 재료의 가격에 매우 민감하다. 메모리 가격의 단가에 따라 전체 산업의 경쟁지도와 기업의 전략이 좌우되는 것이다. 전체 기업조직의 존폐가 걸린 사안인 셈이다.

산업의 어떤 측면이 기업의 변화를 촉진하는가?

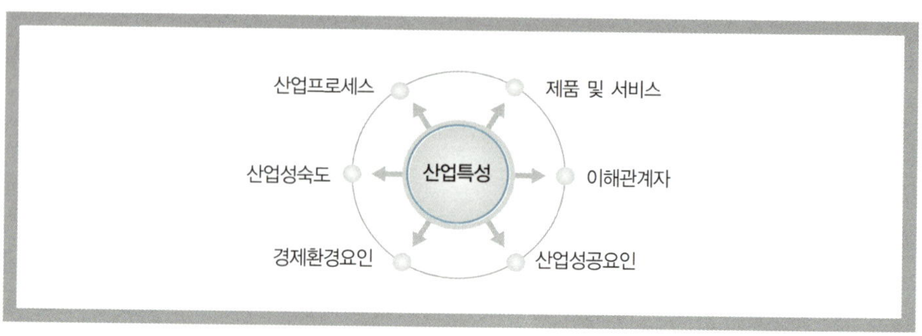

과연 산업의 어떤 요인이 기업의 전략, 조직, 프로세스를 변화시키는 것일까? 산업에 따라서 생산되는 제품 및 서비스, 과정적 요소인 산업의 프로세스가 크게 달라진다. 뿐만 아니라 기업환경을 둘러싸고 있는 이해관계자를 포함하여 해당 산업에서의 성공요인, 정치 · 법적 이슈 및 산업의 성숙도 역시 큰 차이를 보이게 되며 이는 기업의 활동에 큰 영향을 끼치게 된다.

1.1 산업분석체계 개요

사전적인 의미에서 볼 때 산업이란 '경제 전체를 아우르는 생산활동 전반'을 말한다. 그러나 보다 현장중심적인 관점에서 보면 산업은 모든 기업흐름의 '총합'으로 볼 수 있다. '산업'은 '업종'을 지칭하는 개념으로 쓰이기도 한다. 또한, 이들이 동일한 분야에서 경쟁관계를 이룰 때에도 '산업'이라는 표현을 사용한다.

본 절에서는 이러한 산업분석을 위해 [그림 4-1]과 같이 Techno Business의 관점에서 구성한 산업분석체계를 알아보고, 산업분석의 의미를 이해하도록 한다.

그림 4-1 TISSUE Model Correlation Framework

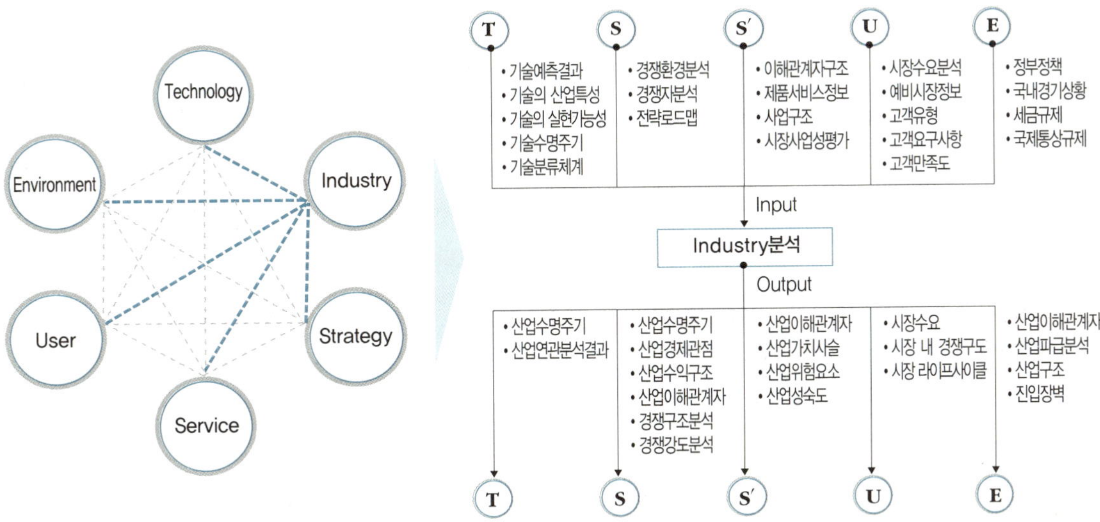

1.2 산업분류체계

다양한 산업을 논리정연하게 정리한 산업분류체계를 통해 기업은 자신이 속한 산업의 범위와 특징을 분명하게 알 수 있다. 산업생태계 속 위치를 식별토록 하는 것이다. 분류체계를 근거로 자신과 유사한 기업 · 산업의 통계정보와 법령을 수집하여 Techno Business에서 활용할 수 있다.

산업분류체계 개념

산업분류체계는 특정 기준으로 산업을 분류함으로써 세계와 국가의 다양한 업종 분포를 가시화한다. 관점에 따라 각기 다르게 제정되므로 실제 산업계에서는 국제표준 또는 국가별 표준을 사용한다. 주로 경제활동의 속성으로 분류한 산업분류체계를 많이 사용한다.

◈ **ITR Definition**

> **산업분류체계**
> **산업의 특성과 변화양상을 분석하기 위해 해당 산업의 특성, 구조 등을 기반으로 분류한 개념적 체계**

산업분류체계 유형

경제활동의 속성을 기준으로 한 산업분류체계를 [표 4-1]과 같이 정리하였다. UN에서 제정한 국제표준산업분류는 생산주체의 주요 활동별로 21개 산업으로 구분짓고 있다. 한편, 통계청에서는 UN 기준을 한국 실정에 맞게 개정하여 한국표준산업분류를 제시하였다. EU의 통계청 또한, 유럽의 실정에 부합하

표 4-1 산업분류체계 기준 및 분류현황

구분	분류체계명칭	산업분류기준	주요 내용
UN	국제표준산업분류	경제활동	생산주체의 주된 활동에 따라 21개 산업으로 대 분류함
통계청	한국표준산업분류	경제활동	UN의 국제표준 산업분류를 우리나라 실정에 맞게 개정함
EU 통계청	유럽산업분류	경제활동	원칙은 국제표준 산업분류와 동일하며, 17개 산업으로 분류함
ITR	ITR 산업분류체계	경제활동	국내환경에 특화시켜 4대/12대 산업영역으로 구분함

도록 UN 기준을 가공하여 17개 산업으로 다시 분류하였다. 개별국가 및 복수국가의 표준산업분류들은 대부분 UN의 국제표준산업분류를 바탕으로 국가별(또는 복수국가별) 환경적 요인을 반영하여 제정하였음을 알 수 있다.

ITR의 EIII 4대/12대 산업분류체계

연세대학교 ITR은 [표 4-2]와 같은 4대/12대 산업분류체계를 제시하였다. 생산된 재화 및 서비스의 용도, 투입요소, 공정 및 기술의 유사성, 재화 및 서비스의 특징을 고려하여 국내산업을 재분류한 것이다.

표 4-2 EIII 4대/12대 산업분류

대분류		소분류
제조	전기/전자	(1) 컴퓨터 및 사무용기기 제조업 (2) 전자부품, 영상, 음향 및 통신장비 제조업 (3) 의료, 정밀, 광학기기 및 시계제조업 (4) 기타 전기기계 및 전기변환장치 제조업 (5) 전기, 가스, 증기업(전기부문)
제조	기계/금속	(6) 제1차 금속산업 (7) 재생용 가공원료 생산업 (8) 조립금속제품 제조업(기계 및 가구 제외) (9) 기타 기계 및 장비제조업 (10) 자동차 및 트레일러제조업 (11) 기타 운송장비제조업
제조	석유/화학	(12) 코크스, 석유정제품 및 핵연료 제조업 (13) 화합물 및 화학제품제조업 (14) 고무 및 플라스틱제품제조업 (15) 전기, 가스, 증기업 (가스, 증기부문) (16) 수도사업
제조	목재/비금속	(17) 목재 및 나무제품제조업(가구제외) (18) 펄프, 종이 및 종이제품제조업 (19) 출판, 인쇄 및 기록매체복제업 (20) 비금속광물제품제조업 (21) 가구 및 기타 제품제조업
제조	섬유/식음료	(22) 음식료품제조업 (23) 담배제조업 (24) 섬유제품제조업(봉제, 의복제외) (25) 봉제, 의복 및 모피제품제조업 (26) 가죽, 가방 및 신발제조업
건설	건설업	(27) 종합건설업 (28) 전문직별 공사업
금융	은행/증권	(29) 금융업 및 금융관련서비스업(증권, 선물)
금융	보험/기타	(30) 보험 및 보험관련서비스업
유통/서비스	도소매	(31) 자동차 판매 및 차량연료소매업 (32) 도매 및 상품중개업 : 산업용 기계장비임대업 제외 : 의약품, 정형외과용품도매업 제외 : 연료 및 관련제품도매업 제외 (33) 의약품, 정형외과용품도매업 (34) 연료 및 관련제품도매업 (35) 소매업(자동차 제외) : 대형 종합소매업 제외 : 음식료품 위주 종합소매업 제외 : 통신판매업, 방문판매업 제외 (36) 대형 종합소매업 (37) 음식료품 위주 종합소매업 (38) 통신판매업 (39) 방문판매업
유통/서비스	통신	(44) 통신업
유통/서비스	운수	(40) 육상운송 및 파이프라인운송업 (41) 수상운송업 (42) 항공운송업 (43) 여행알선, 창고 및 운송관련서비스업
유통/서비스	기타 서비스	(45) 부동산업 (46) 기계장비 및 소비용품임대업 (47) 산업용 기계장비임대업 (48) 숙박 및 음식점업 : 호텔업, 휴양콘도운영업 제외 (49) 호텔업 (50) 휴양콘도운영업 (51) 정보처리 및 기타 컴퓨터운영관련업 (52) 연구 및 개발업 (53) 전문, 과학 및 기술서비스업 : 엔지니어링서비스업 제외 (54) 엔지니어링서비스업 (55) 사업지원서비스업 (56) 교육서비스업(학원, 직업훈련부문) (57) 보건업(병원 제외) (58) 병원 (59) 사회복지사업 (60) 영화, 방송 및 공연산업(영화, 방송부문) (61) 영화, 방송 및 공연산업(공연부문) (62) 기타 오락, 문화 및 운동관련 산업 : 뉴스제공업, 식물원, 동물원 및 자연공원 : 유원지 및 테마파크운영업 제외 (63) 뉴스제공업 (64) 식물원, 동물원 및 자연공원 (65) 유원지 및 테마파크운영업 (66) 하수처리, 폐기물처리 및 청소관련 서비스업 (67) 회원단체 (68) 수리업 (69) 기타 서비스업(산업용 세탁업 제외) (70) 산업용 세탁업

※ 연세대학교 ITR에서 개발한 EIII(Evaluation Indice of Industrial Informatization)는 기업의 IT와 관련된 자원의 보유, 관리, 활용수준을 종합하여 기업정보화수준을 측정하기 위한 방법론임.

정보산업분석체계

정보산업분석체계(An Analytic Framework for Information Industry)

IT 공급자가 속한 정보산업의 업태 및 각 업태가 제공하는 서비스를 설명하고 IT 공급자 각각의 역량을 단계적으로 분류

정보산업분석체계

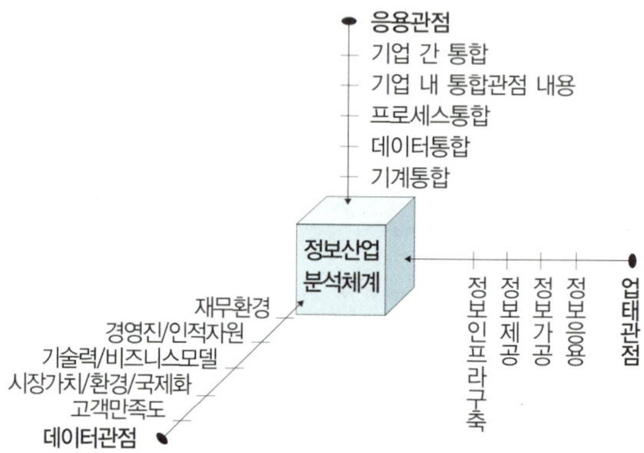

관점	내용
업태관점	IT 제품 및 서비스에 따라 구분되는 정보산업의 세부 업종
데이터관점	IT 공급자의 역량을 파악하기 위하여 고려해야 하는 세부 요인들의 집합
응용관점	IT 수요자가 원하는 요구사항을 충족시킬 수 있는 IT 공급자의 역량 수준

자료 : 기업정보화방법론, 2007.

1.3 산업분석기법

분류체계를 통해 산업의 구성요소를 도출하는 논리와 기준을 정의한 후 산업을 분석하는 방법을 보다 구체화하여야 한다. 산업의 각 요소별로 서로 연관관계를 중심으로, '구조분석' 과 '경쟁분석', '진화분석' 으로 구분한다. 그리고 각 분석영역에 맞는 세부 분석기법을 소개한다.

Techno Business 산업분석 개념

기업은 산업구조와 경쟁환경을 이해하고, 산업의 향후 트렌드를 예측하는데 관심을 가져야 한다. 이를 통해 해당 산업에서 기업이 진출 매력도를 가지는

지, 산업을 선도할 수 있는지에 대한 시사점을 찾을 수 있다. Techno Business 산업분석은 기업이 산업의 현황과 미래에 주의를 기울이도록 개념적 틀을 제시한다는 의의를 가진다.

◈ **ITR Definition**

> **Techno Business 산업분석**
> **산업의 구조, 경쟁환경 등의 이해를 기반으로 산업의 현황 및 변화를 분석하는 방법**

[표 4-3]과 같이 문헌조사, 방법론조사를 통해 분석영역과 과정에 대한 다양한 기초정보를 종합하는데 필요한 세부분석기법을 도출하였다.

표 4-3 산업분석기법 Pool

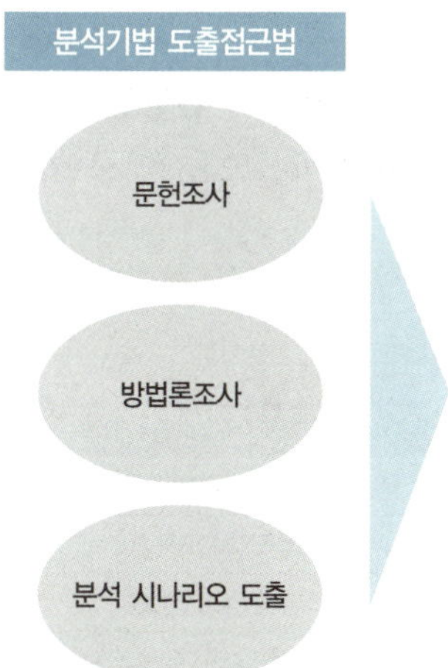

분석기법	세부분석기법
산업동향분석	산업의 주요 법적 · 환경적 이슈들을 정성적 분석
산업구성요소분석	산업구성요소들을 정의하고 특징을 파악
산업가치사슬분석	프로세스별 핵심 성공요인 도출
산업성공요인분석	산업의 주요 위험요인을 정성적으로 도출
산업위험요인분석	특허인용주기 활용 산업수명예측기법
경쟁그룹분석	경쟁그룹을 정의하고 개별분석 실시
경쟁구도분석	경쟁그룹 간의 역학관계를 그래프로 분석
경쟁강도분석	경쟁의 정도를 수치화하여 분석
산업영향요인분석	산업규모를 결정하는 요인들을 도출
산업수명주기분석	산업라이프사이클을 바탕으로 성숙도 측정
산업규모예측	산업영향요인을 고려하여 산업규모 예측
산업시나리오분석	위험/기회요인에 대한 시나리오분석

Techno Business 산업분석목적

산업분석을 위한 대상을 정확히 식별하기 위해 [표 4-4]와 같이 산업의 핵심 질문(Key Questions)을 도출하였다. 이를 통해 산업구조, 산업경쟁, 산업진화 영역으로 분류할 수 있다.

표 4-4 Techno Business 산업분석 Key Questions

	Key Questions	분석영역
1	산업을 구성하고 있는 이해관계자들은 누구이며 어떠한 관계를 가지고 있는가?	산업구조
2	산업에서의 주요한 가치의 흐름과 수익구조는 어떻게 되는가?	산업구조
3	산업에서의 성공을 결정하는 요인은 무엇이며, 어떤 위험요인들이 있는가?	산업구조
4	산업에 있어서의 주요 경쟁자들은 누구이며 경쟁강도는 어떠한가?	산업경쟁
5	경쟁군별로 각각의 특징 및 경쟁구도는 어떠한가?	산업경쟁
6	해당 산업이 산업수명주기상에서 어디에 위치하고 있는가?	산업진화
7	산업은 앞으로의 각종 기회 및 위험요인에 대해 어떻게 변화할 것인가?	산업진화

Techno Business 산업분석기법

[표 4-5]와 같이 산업분석기법을 구체화한다. 먼저 산업의 구성요소, 가치사슬, 성공요인에 대해 알아봄으로써 산업구조에 대해 전반적으로 이해한 다음, 수익에 큰 영향을 미치는 산업 내의 경쟁환경을 경쟁그룹, 경쟁구도 및 경쟁강도를 통해 분석한다. 또한 이러한 구조 및 경쟁환경이 향후 어떻게 진화할 것인지에 대해 규모예측, 수명주기분석, 시나리오분석을 통해 알아봄으로써 산업분석을 마무리한다.

표 4-5 Techno Business 산업분석 기법 도출절차

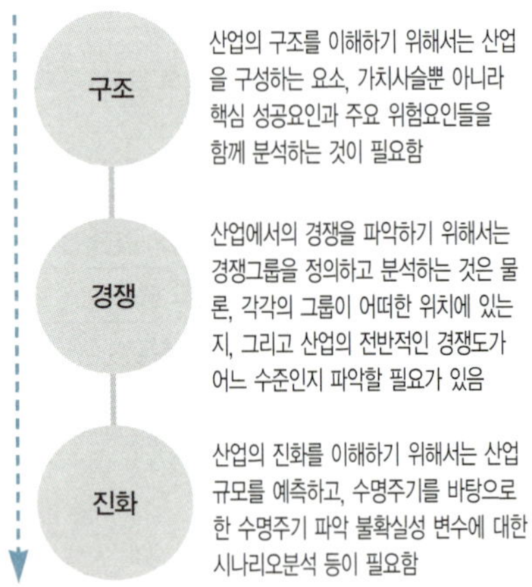

분석영역		분석기법	세부분석기법
1	산업 구조	산업구성요소분석	산업구성요소들을 정의하고 특징을 파악
		산업가치사슬분석	산업의 프로세스와 수익구조파악
		산업성공요인분석	프로세스별 핵심 성공요인 도출
2	산업 경쟁	경쟁그룹분석	경쟁그룹을 정의하고 개별 분석 실시
		경쟁구도분석	경쟁그룹 간의 역학관계를 그래프로 분석
		경쟁강도분석	경쟁의 정도를 수치화하여 분석
3	산업 진화	산업규모예측	산업영향요인을 고려하여 산업규모 예측
		산업수명주기분석	산업라이프사이클을 바탕으로 성숙도 측정
		산업시나리오분석	위험/기회요인에 대한 시나리오분석

2. 산업구조분석

산업구조분석의 중요성 사례

▪ 조선일보 2009년 9월 14일자

지난 달 이란 국영해운사 NITC가 발주한 선박을 모두 중국 조선사 두 곳에서 싹쓸이 한 것은 국영은행인 중국수출입은행이 선가의 90%에 해당하는 선박금융 지원을 약속했기 때문이다. 가격의 차이가 별로 없는 상황에서 대규모 선박금융을 지원하는 중국이 유리할 수밖에 없었다. 당시 계약물량은 한 척당 1억 달러가 넘는 초대형 유조선 12척 규모였다.

선박제조사

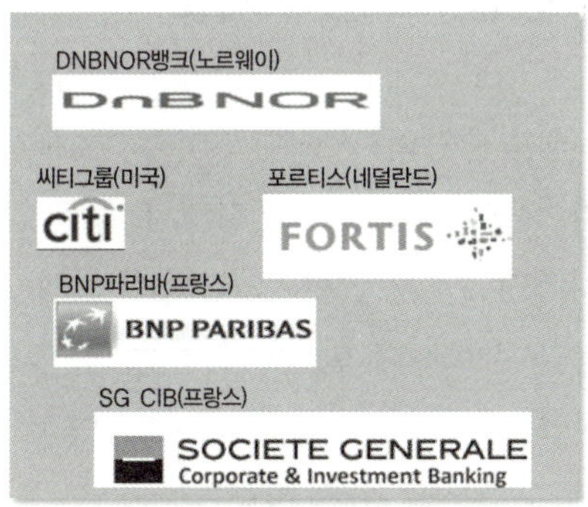

대표적 선박금융 주선 금융사

선박산업의 구조는 어떻게 되어 있을까? 조선산업을 통해 창출되는 수익은 각각 제조업체와 금융업체를 중심으로 배분된다. 다음의 그림을 보면 선박 생산을 위해서는 자본조달이 매우 중요함을 알 수 있다. 그러나 우리나라는 선박제조점유율 세계 1위라는 실적에 비해 금융점유율은 6%에 지나지 않는 수준이다. 결국 자본조달의 경쟁에서는 밀리고 있는 것이다.

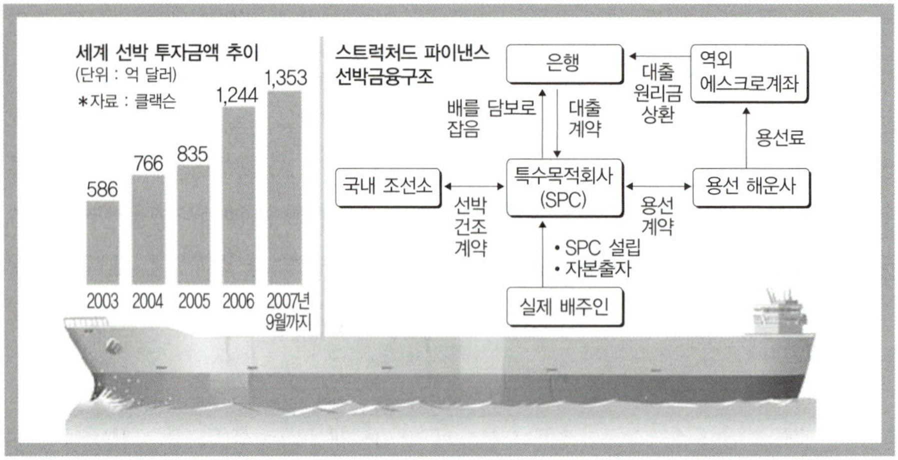

2.1 산업구조분석 개요

과연 산업의 구조란 무엇일까? 우선 산업을 구성하는 요소들을 생각해 볼 수 있다. 자사뿐만 아니라 경쟁자, 협업업체 등 수많은 이해관계가 얽혀 있는 것을 고려해야 한다. 한편, 산업의 투입과 산출을 통틀어 가치가 생성되고 전달되는 흐름을 검토해야 한다. 마지막으로 기업이 해당 산업분야에 진출했을 경우 성공을 거둘 수 있는 핵심방안은 무엇인지 살펴야 할 것이다. 이러한 과정을 통틀어 '산업구조분석' 이라 한다.

산업구조분석의 개념

"과연 산업의 얼개가 어떻게 되어 있을까?" 산업구조분석을 통해 해결하고자 하는 핵심 질문이다. 그 중 중요한 것은 '주요 이해관계자' 들의 관계와 가치의 흐름, 외부적인 영향을 함께 보는 것이다. 이러한 거시적인 분석방법을 통해 각 기업은 전반적인 산업의 변화 양상을 예측하고 자신의 현 주소를 가늠할 수 있다.

◈ **ITR Definition**

산업구조분석
산업을 구성하는 요소와 현황을 파악하기 위해 이해관계자, 경쟁자 및 환경적 영향요인 등을 분석하는 방법

산업구조분석의 필요성

그렇다면 왜 산업구조분석이 필요한 것일까? [그림 4-2]는 크게 네 가지 의미로 요약하고 있다. 첫째로 산업환경을 둘러싼 이해관계자 및 그들의 영향에 대한 파악이다. 이는 네트워크 관점에서 산업을 이해하려는 경영학의 이론적 틀과 유사한 목적을 갖고 있다. 둘째로 거시적인 산업의 프로세스를 이해하고자 함이다. 각 프로세스와 단계별 가치 생성 및 전달 흐름을 파악하려는 것이다. 셋째로 주요 성공요인을 통해 산업의 지속적인 성장동력을 알 수 있다. 마지막으로, 해당 산업에서의 수익구조를 파악하여 사업방향을 결정하는 데 활용한다.

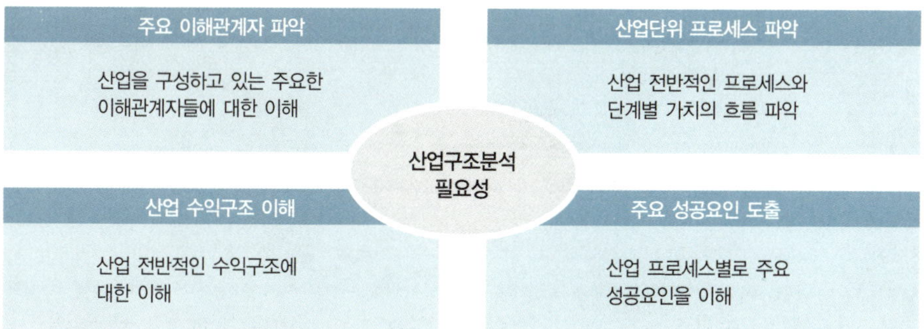

그림 4-2 Techno Business 산업구조 분석의 필요성

산업구조분석 On Hand

노트북은 단일제품처럼 인식되지만 내부를 보면 수많은 부품으로 이루어져 있다. 즉, 수많은 기업들의 경제활동이 낳은 결과물의 결합이다. 산업 역시 마찬가지다. 각 업종과 분야별로 나타나는 제품과 생산물은 수많은 기업이 제휴와 가치교환을 통해 만든 산물이다. 따라서 산업구조분석을 통해 산업의 다양한 이해관계자와 이들 간의 가치전달구조를 세밀하게 이해해야 한다.

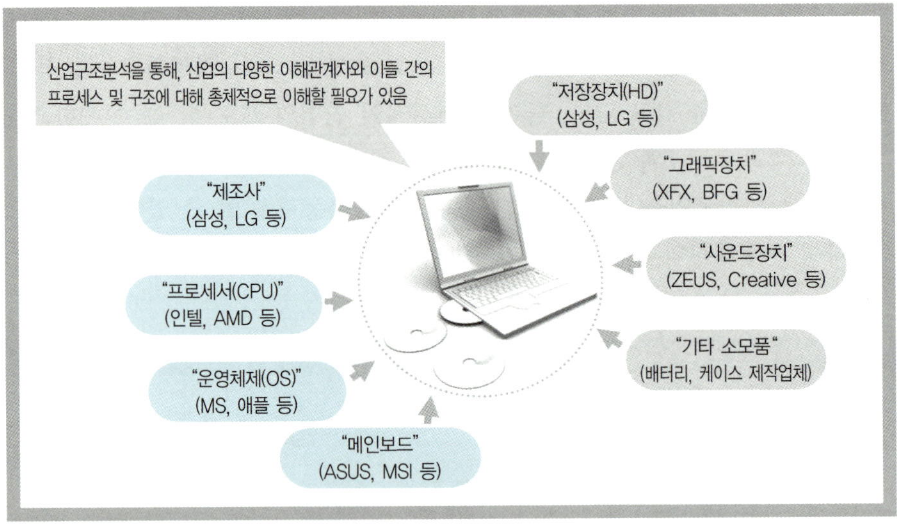

산업구조분석의 3가지 분석

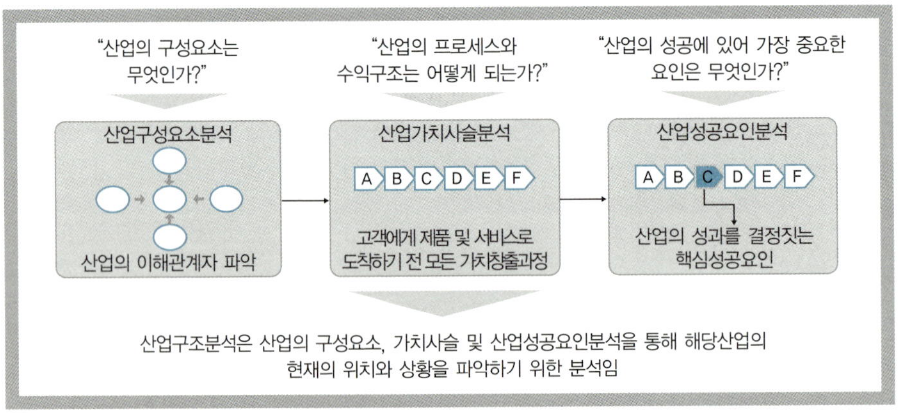

산업구조분석 영역

산업구조분석의 영역은 [표 4-6]과 같이 3가지 측면으로 살펴볼 수 있다. 우선 현재 산업의 양상을 파악하기 위해 산업구성요소를 분석한다. 그 다음에는 산업가치사슬영역이다. 산업네트워크 내에 존재하고 있는 다양한 경제주체들의 가치전달흐름을 이해해야 하는 것이다. 마지막으로 산업 자체가 지속 성장하기 위한 산업성공요인을 결정하게 된다.

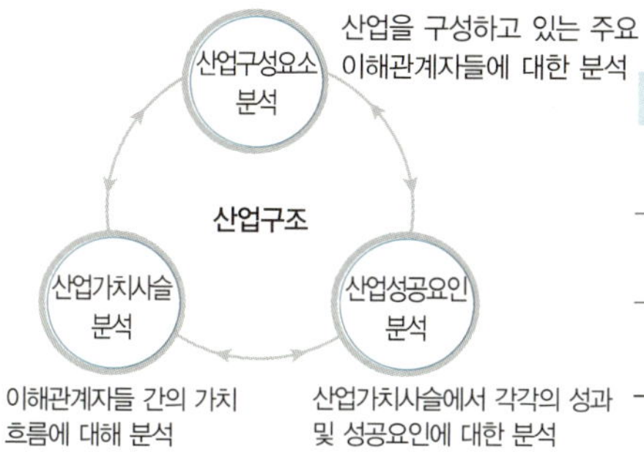

세부내용

구분	설명
산업구성요소 분석	산업을 구성하고 있는 주요 이해관계자들에 대한 분석
산업가치사슬 분석	이해관계자들 간의 가치의 흐름에 대해 분석
산업성공요인 분석	산업가치사슬에서 각각의 성과 및 성공요인에 대한 분석

표 4-6 산업구조분석 영역

2.2 산업구성요소분석

산업구성요소분석 개념

산업구성요소분석은 산업분석단계에서 가장 기본적인 분석이다. 각 기업을 둘러싸고 있는 다양한 이해관계자를 파악하고 산업의 내·외부를 함께 살펴보는 분석단계이다. 다시 말해, 개별기업의 주변에 포진해 있는 다양한 이해관계자 및 환경요인들의 특징을 파악함으로써, 산업구조 전반에 대한 이해가 가능한 것이다.

◈ ITR Definition

> **산업구성요소분석**
> 산업의 주요 이해관계자를 파악하고 이들의 영향요인을 도출하기 위해 경쟁자 동향, 공급자의 현황 등을 분석하는 방법

산업구성요소분석 필요성

과연 해당 분야에 진출했을 때 얻게 되는 기회와 위협은 무엇인가? 이는 산업구성요소분석을 통해 해결하고자 하는 핵심질문이다. 이는 기업의 거시적인 성장을 위해 필요한 전략 수립에 가장 중요한 참고사항인 것이다. [그림 4-3]에 드러나는 것처럼 외부 환경에 대한 이해와 산업구조의 내부에 대한 이해를 함께 갖추는 것이 이 분석과정의 목표이다.

그림 4-3 산업구성요소분석의 개념과 필요성

산업구성요소분석 : 5-Forces Model

마이클 포터(M. Porter)는 [그림 4-4]의 '5-Forces Model'을 통해 산업의 구성요소를 파악할 수 있게 하였다. 이 모델은 미래의 기회와 위험이라는 관점을 나타내고 있다. 핵심질문은 다음과 같다. "과연 개별기업을 둘러싼 외부구성요소는 무엇인가?" 이는 산업구성요소와 같은 맥락이다. 포터의 5-Forces Mode을 통해 우리는 산업의 구성요소를 공급자, 고객, 잠재적 시장진입자, 대체재, 경쟁자로 구분할 수 있다. 또한 이들이 산업환경에 미칠 영향을 파악할 수 있다.

그림 4-4 5-Forces Model 구조도

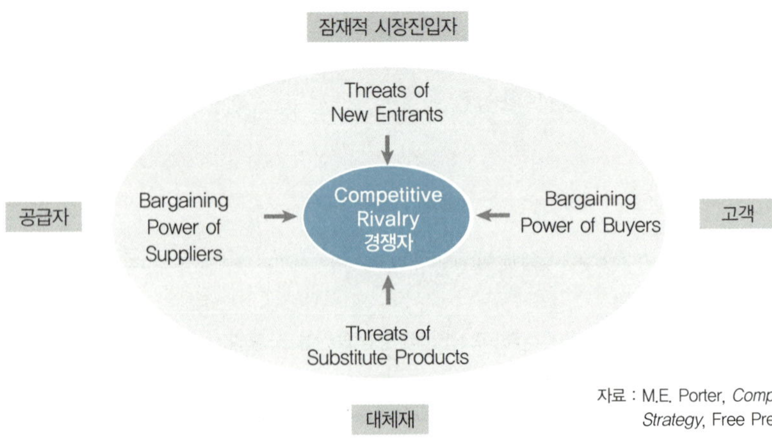

자료 : M.E. Porter, *Competitive Strategy*, Free Press, 1980.

Deliverables

VE전자가 집중하고자 하는 스마트폰의 산업의 구성요소에 대해 5-Forces Model을 통해 알아보고자 한다.

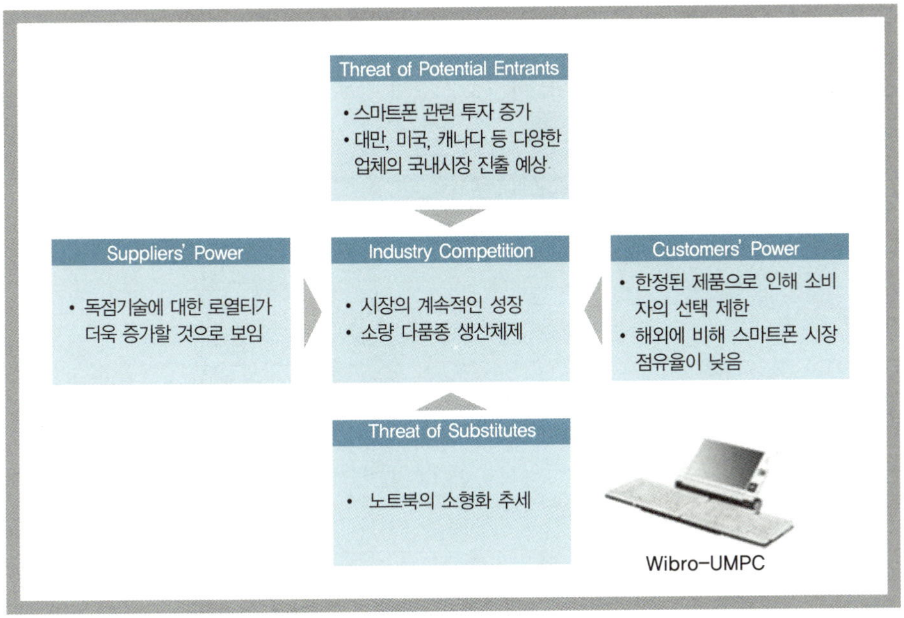

공급자

주요 부품에 대한 해외 의존도가 높고 이로 인해 로열티 지출이 지속적으로 증가하고 있음.

소비자

스마트폰을 원하는 소비층이 계속해서 늘고 있음에도 대중에게 많이 보급되고 있지 않은 상황임. 다양한 단말기가 등장하게 된다면 스마트폰 구매비율은 폭발적으로 증가할 것임.

잠재적 시장진입자

스마트폰과 관련해서 지속적으로 투자가 이루어지고 있어 다양한 경쟁업체들이 관련 시장에 진입할 것으로 예상됨.

대체재

노트북의 소형화를 포함하여 주요 컨버전스 기기들이 서로의 영역을 침범함에 따라

스마트폰 역시 노트북, PMP 등의 기기들과 경쟁을 하게 될 것이나 시장의 파이를 직접 위협할 정도는 아님.

산업경쟁자

제품이 한정되어 있어 소비자의 선택이 굉장히 제한적이며 경쟁업체가 적음. 하지만 향후 급속하게 심화될 것임.

산업의 구성요소들을 분석한 결과 현재 스마트폰산업은 기업성장의 관점에서 매력적인 요소를 갖추고 있다고 보았다. 하지만 시간이 지날수록 경쟁양상이 치열해 질 것으로 전망된다.

2.3 산업가치사슬분석

산업가치사슬분석 개념

'가치사슬' 역시 마이클 포터가 처음 제시한 개념이다. 기업이 활동을 하면서 가치를 생성하고 가공·전달하는 모든 과정을 통틀어 일컫는 말이다. 가령 기능적 관점으로 가치사슬을 분류한다면 재무회계, 마케팅, 인적자원관리 등으로 나눌 수 있을 것이다. 이 장에서 다루게 될 산업가치사슬은 기업의 가치생성 과정을 모두 합한 것이다. 그러므로 경제가치사슬(Economic Value Chain) 또는 가치시스템(Value System)으로 불리기도 한다. 기업의 가치가 교환되는 모든 과정을 통틀어 살펴보는 것이다.

◈ **ITR Definition**

> **산업가치사슬분석**
> **산업 내에서 생산제품 또는 서비스가 고객에게 제공되는 전 과정에서 생성되는 가치 흐름을 분석하는 방법**

산업가치사슬분석 필요성

그렇다면 왜 산업가치사슬분석이 요구되는 것인가? 다름 아닌 산업의 프로세스를 이해하기 위함이다. 이를 통해 산업이 어떤 방식으로 가치흐름을 전달하는지 파악할 수 있고 가치가 생성되는 요인을 파악할 수 있다. 따라서 수익구조와 수익원을 쉽게 이해할 수 있다. 향후에 있을 산업성공요인 분석절차에서 활용되는 방법이기도 하다.

산업가치사슬분석과 기업가치사슬

기업가치사슬은 일반적으로 말하는 가치사슬과 같은 의미로 마이클 포터가 주요 개념을 소개하고 정리했다. 포터는 가치창출의 원천에 따라 기업의 활동을 구분하였고 이를 가치사슬이라 하였다(기업가치사슬은 다음 페이지 설명 참고). 산업가치사슬은 산업 내에서 원재료부터 완제품이 만들어져 고객에게 제공되는 전체 과정에서 생산되는 가치의 흐름으로, 기업가치사슬의 연속으로 이루어지게 된다. [그림 4-5]에서 보여주듯이 일반적인 제조업의 가치사슬은 원재료 수입, 1차가공, 부품제조, 완제품 제조, 도매유통, 소매 등의 6단계로 구성된다. 산업가치사슬 각각의 단계에서 벌어지는 활동들은 마이클 포터가 말한 기업가치사슬에 의해 설명될 수 있다. 일반적인 기업은 산업가치사슬에서 하나의 단계를 담당하지만 여러 개의 단계가 한 기업에 의해 수행되기도 한다. 여러 개의 단계를 한 기업이 수행하는 경우를 수직통합이라고 한다.

그림 4-5 일반적인 제조업의 가치사슬

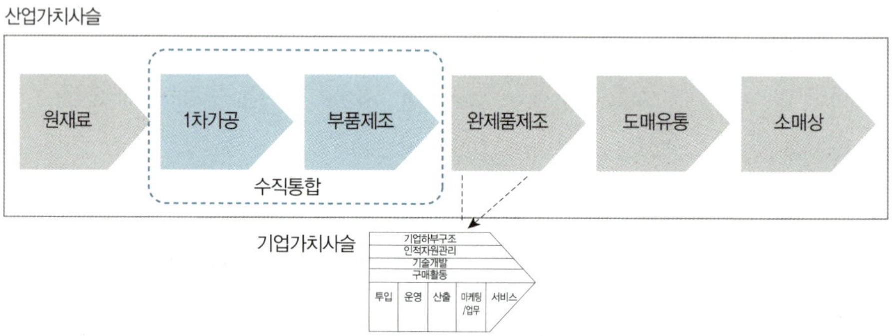

산업가치사슬분석과 수익분석

이 단계에서는 산업가치사슬상에서 실질적으로 수익을 낼 수 있는 과정을 검토하게 된다. [그림 4-6]에서는 자동차산업의 가치사슬을 보여준다. 우선 원재료를 생산하여 부품제조, 완성차 조립단계까지의 생산관련 요소들이 있다. 그리고 마케팅을 담당하는 신차 및 중고차 유통판매업체들이 관계되어 있다. 마지막으로 이러한 자동차 구입에 필요한 리스금융사 내지는 자동차보험사와 A/S를 비롯한 판매 및 판매 후 과정을 도출하였다.

그림 4-6 자동차산업의 가치사슬

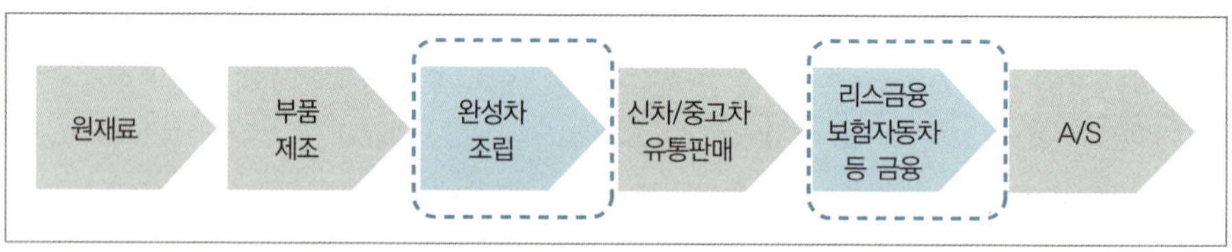

점선으로 표시한 두 단계를 주목해서 실제 사례를 살펴보면 포드의 경우 완성차조립을 판매하는 부문에서 매출의 대부분이 나오고 있지만 수익의 50%는 자동차 기반의 금융서비스를 통해 벌어들였다. 이는 앞선 사례에서 언급했던 조

선산업에서 조선제조와 선박금융업과 유사한 형태를 보인다. PC산업 역시 유사하다. 실제로 과거의 PC산업의 수익은 PC를 만드는 IBM, Dell과 같은 PC 제조업체들의 몫이었지만, 시간이 흐르면서 이들의 수익은 계속해서 줄어든 반면, Intel과 같은 주요 부품공급자와 마이크로소프트와 같은 소프트웨어업체가 PC산업의 많은 수익을 가져 가고 있다. 즉, 산업가치사슬분석을 통해서 우리는 산업의 수익구조를 보다 명확하게 이해할 수 있게 된다.

Deliverables

스마트폰의 산업가치사슬을 분석하여 수익구조에 대해 명확하게 이해하려고 한다. 스마트폰의 산업가치사슬은 원재료, 핵심부품제조, 완성품제조, 운영SW 설치, 판매, A/S의 6단계로 구성된다. 각 단계의 내용을 다음과 같이 설명할 수 있다.

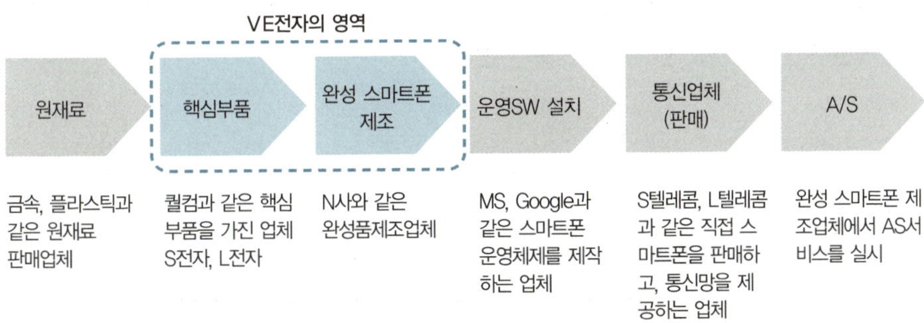

VE전자의 경우, 스마트폰의 핵심부품의 일부를 생산하며 완성 스마트폰을 제조하는 과정까지를 담당하고 있다. 이는 가치사슬상의 수직통합이 성립된 과정이라고 볼 수 있다. 운영SW의 경우 타회사의 제품을 이용하고 판매는 국내의 주요 통신사들이 전담하는 구조를 띠고 있다. 따라서 VE전자는 핵심부품을 수입 내지는 개발하여 완제품 스마트폰을 제조하는 과정에 주력하면 된다.

그러나 산업가치사슬을 통해 파악할 수 없는 정보도 있다. 소프트웨어업체와 핵심부품 판매업체의 경우 독과점 형태이기 때문에 수익성은 매우 높은 편이다. 그리고 Bargaining Power 역시 매우 높다. 또한 산업 내에서 통신사의 경우 스마트폰 판매율 증대 시에는 데이터요금 전체 수익이 늘어나게 된다. 따라서 일반 핸드폰보다 높은 수익을 창출할 수 있다. 그러나 통신사의 경우 판매를 통한 수익은 거의 없다. 그러나 통신비를 통해 큰 수익을 창출할 수 있기 때문에, 손해를 보고 기기를 판매하기도 한다.

실제로 완성 스마트폰업체들은 전략에 따라 여러 통신업체와 관계를 맺기도 하고, 특정 통신업체와만 관계를 맺을 수도 있다. 따라서 가치사슬을 분석할 때에는 실제 다양한 이해관계자의 시장점유율, 분포 등을 파악하고 전체적인 변화의 맥락에 맞는 분석을 해야 한다.

2.4 산업성공요인분석

산업성공요인분석 개념

과연 기업이 경쟁우위를 달성하기 위해서 핵심적으로 추구해야 할 활동은 무엇일까? 기존 경영학이나 비즈니스 모델 관련 연구에서는 이를 '성공요인' 이라 한다. 기업경영을 지속하기 위해서는 성공 경험의 계속된 축적이 필요하며, 그를 달성하기 위한 요인들을 탐색하고 습득해야 한다. 이것을 전체 산업의 관점에서는 '산업성공요인' 이라고 표현한다.

◈ **ITR Definition**

> **산업성공요인분석**
> **산업 내에서 경쟁우위를 달성하기 위해 결정적인 영향을 미치는 요인들을 도출하는 방법**

산업성공요인분석 필요성

[그림 4-7]은 산업성공요인분석의 배경과 의의를 설명하고 있다. 핵심성공요인(Critical Success Factor)은 산업성공요인의 기초적인 단위이다. 전체 산업의 트렌드를 견인하는 표준화의 관점, 자사의 제품 및 고객관리 역량을 차별화하는 관점, 원가우위를 갖는 관점 등에 의해 성공요인이 도출되며 그를 토대로 개별기업이 확보하고 유지해야 하는 요소들을 파악하게 된다. 이를 바탕으로 전체 전략 수립의 과정까지 발전하게 된다.

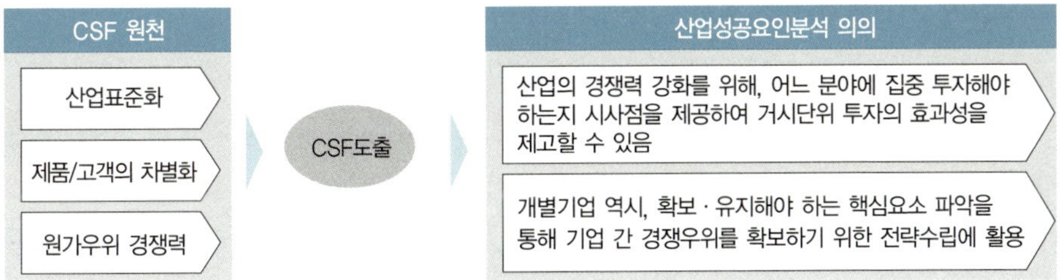

그림 4-7 CSF 원천 및 산업성공요인 분석 필요성

핵심성공요인분석과 산업성공요인분석

[표 4-7]에서 핵심성공요인분석은 크게 5가지 요소로 구분된다. 첫째로 산업의 특성을 고려한 성공요소 파악이 있다. 둘째로 개별기업이 산업 내에서 차지하는 위치를 감안한 성공요인 도출이 있다. 셋째로 외부환경요인을 포착하는 절차가 있다. 다양한 외생변수를 토대로 기업의 변화요인을 규정하는 작업이다. 넷째로 한시적 요인이 있다. 특정 기간 동안 기업이 한시적으로 해결해야 하는 제약요소를 파악하는 절차다. 마지막으로 관리성공요인이 있다. 전반적인 프로세스 가운데서 계획을 수립하고 사후평가를 내리기까지 충분히 관리가능한지 살펴보는 것이다.

표 4-7 핵심성공요인의 주요 출처와 산업성공요인

	주요 출처	설명
산업성공요인	산업의 특성	산업 자체의 특성을 결정지을 수 있는 고유산업의 성공요소 Ex) 생수사업의 CSF : 유통망 확보, 운송비 최소화
	경쟁전략 및 산업 내 위치	산업 내 위치를 고려하여 성공적인 요소를 도출하는 것
	외부환경의 요인	조직이 통제할 수 없는 외생적 요인으로 변화동인의 변화에 따라 기업이 반드시 수용하여 따라야 하는 불통제 변수
	한시적 요인	특정 기간 동안 한시적으로 기업의 영위를 위해 필수적으로 해결해야 하는 제약요소의 극복방안
	관리의 성공요인	모든 기능의 관리직은 해당부분의 최고의 성과를 위한 부분 최적의 성공요인을 보유

자료 : Christine, B. Bullen and John F. Rockart, *A Primer on Critical Success Factors*, 1981.

산업가치사슬 분석과 산업성공요인 분석

산업성공요인 분석은 앞서 설명한 가치사슬 분석의 결과물을 활용하여 수행될 수 있다. 가치사슬에 속하는 수많은 활동들 가운데 주요 성공요인에 해당하

는 부분을 산업성공요인으로 선정하는 것이다.

[그림 4-8]는 반도체산업의 전체 가치사슬을 분석한 결과이다. 방대한 가치사슬의 영역을 주요 활동 중심으로 구분하고 그 가운데서 특정 활동을 구성하는 가치사슬요소들을 다시 도출한다. 본문에서는 장비(Equipment) 제조활동 가운데 6요소의 가치사슬이 나타나고 있다. 이 부문에서는 신제품개발, 신규고객확보, 원재료확보, 생산, 배송, 서비스 등의 여러 단계가 필요하다. 그 가운데서도 가장 핵심적인 경쟁우위에 근접한 신제품 개발기간의 최소화가 가장 중요하다는 분석 결과를 도출할 수 있다.

그림 4-8 반도체산업의 가치사슬과 산업성공요인

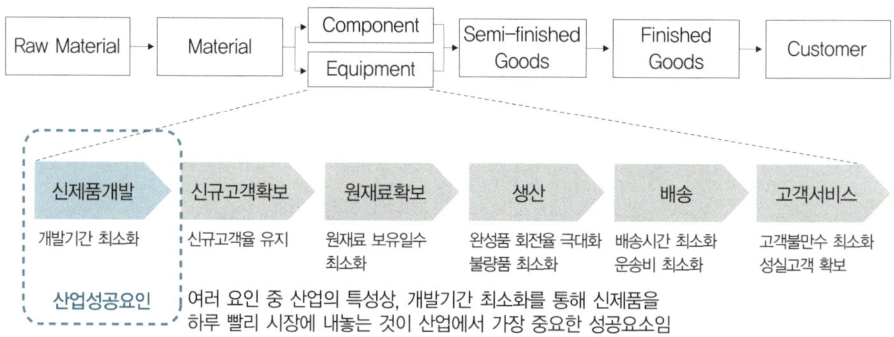

기업 CSF 관리예시

■ 기업들은 프로세스별로 KPI를 선정하고 그에 따른 CSF를 도출하여 관리하고 있음.

모 건설 기업의 CSF 관리예시

구분	KPI	P-CSF
재무지표	수주	공사실적(기술력) 극대화
		영업역량 강화
		브랜드가치 제고
	매출	수주성과 극대화
		사업관리 역량강화(인 · 허가, 설계, 분양 등)
	인당영업이익	적정규모 수주확보
		조직관리 효율화
토목환경 Task지표	지인정보관리 (영업대상관리 효율화)	예상 설계심의위원 정보수집
건설 · 건축 Task지표	서비스경쟁력 강화	신속한 민원처리체계 확립
		하차처리직원 및 협력업체의 A/S처리 역량관리
인력 Task지표	인력운용 예측시스템 구축 (인력운영 효율화)	연간 사업계획수립 명확화(수주계획 대비 인력계획)
		인력운영 결과 내역에 대한 체계적 데이터관리

산업성공요인분석 수행

산업가치사슬 분석결과를 바탕으로 단계별 성공요인을 분석한 뒤, 각 단계의 성공요인이 가지는 중요도를 평가해 산업의 성공요인을 도출한다. 산업성공요인은 흔히 우리가 삼성경제연구소(SERI) 리포트나 LG경제연구원(LGERI)의 리포트를 통해 볼 수 있는 산업동향분석의 내용들과 유사하다.

Deliverables

스마트폰산업의 가치사슬을 바탕으로 스마트폰 산업의 성공요인을 분석하고자 한다.

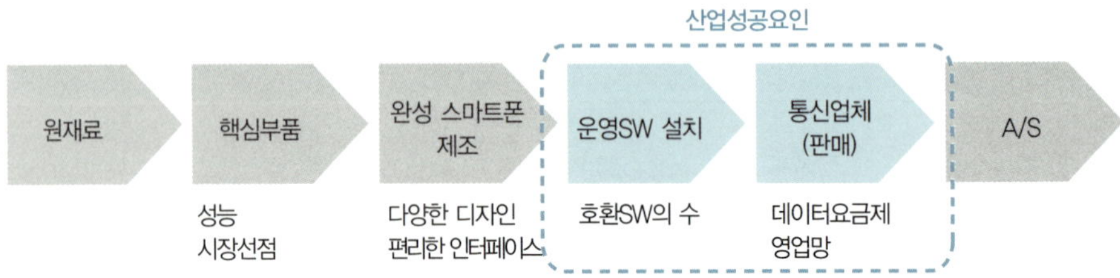

VE전자의 사례에서, 스마트폰산업의 가치사슬영역은 스마트폰 핵심부품 일부를 생산하며 완성 스마트폰을 제조하는 과정까지를 담당한다고 하였다. 하지만 기능이 좋고 제품이 좋다고 해서 무조건 시장에서 많이 팔리는 것은 아니다. 그 이유는 산업의 성공요인이 운영SW 및 통신업체에 있기 때문이다. 스마트폰의 특성상 많은 프로그램을 사용하고자 하기 때문에 얼마나 다양한 프로그램을 호환시킬 수 있는지가 중요한 요소이며, 따라서 운영SW가 중요해진다. 또한 아무리 훌륭한 스마트폰이라도 통신사에서 판매를 하지 않거나, 이에 적합한 요금제를 출시하지 않으면 판매가 매우 어려운게 현실이다.

산업성공요인분석 결과가 VE전자에 주는 시사점은 다음과 같다.

- 소비자들의 성향과 호환되는 핵심 소프트웨어(Killer Application)를 분석하여, 타깃 고객층이 선호하는 운영SW를 설치할 것
- 통신업체와의 협상을 통해 적합한 보조금 정책 실시 및 데이터요금제 출시 유도 등이라고 할 수 있겠다.

성능이 좋은 스마트폰을 만드는 것도 매우 중요하다. 하지만 산업의 핵심성공요인은 보다 다음 단계의 가치사슬에 있으며, 이를 이해하고 전략을 구상하는 것이 매우 중요하다고 하겠다. 본문에서는 운영SW이나 데이터요금제에 알맞은 통신업체 수를 계산하여 판매과정의 가치사슬흐름을 유추하고 있다.

3. 산업경쟁분석

산업경쟁분석의 중요성 사례

요구르트 아줌마의 경쟁자는 학습지 아주머니?

자료 : 유쾌한 팝콘 경제학, 국일증권경제연구소, 2006.

남편은 비록 중소기업이기는 하지만 매월 꼬박꼬박 월급 잘 나오는 직장에 다니고, 성격도 서글서글해서, 평소 주위 사람들로부터 인정받던 사람이었다. 그러던 어느 날 남편은 직장으로부터 덜컥 명예퇴직 선고를 받는다.(중략)

아내는 가계부를 펼쳤다. 그리고는 지난 한 달 동안 지출된 항목을 하나씩 빈 종이에 옮겨 적기 시작했다. 이윽고 한 항목에서 아내의 손길이 머뭇거리더니 아래위로 뭔가를 짚으며 말을 꺼낸다.

"이거 하고 이거 가운데 하나는 끊어도 될 것 같은데…!"

"…"

아내가 가리킨 것은 지금껏 아이들 몫으로 매달 꼬박꼬박 지출되던 항목이었다. 하나는 아이의 건강을 생각해 받아먹던 '요구르트' 였고, 다른 하나는 아이의 학습부진을 만회하기 위해 받아오던 '학습지' 였다.

(본문 중 발췌)

위의 사례에서 말하는 것처럼 현대사회에서의 경쟁의 영역은 단순히 직접경쟁자만을 의미하지 않는다. 요구르트 아줌마의 경쟁자는 타 브랜드 요구르트, 주변 슈퍼마켓, 우유배달뿐만 아니라, 문화적 배경에 따른 경쟁시장인 학습지 등을 포함하기도 한다. 즉 이러한 경쟁환경에 대한 이해를 제대로 하지 못하면 산업 내에서 살아남을 수 없다. 경쟁환경이야말로 비즈니스의 성패에 가장 직접적인 영향을 미치는 요인이기 때문이다.

3.1 산업경쟁분석 개요

산업 내의 경쟁환경을 파악하는 것은 매우 중요하다. 경쟁환경은 산업 전체의 수익성에 영향을 미치기 때문에 기업에게 가장 직접적인 영향을 미치는 산업 요인 중 하나라라고 할 수 있다. 산업경쟁분석은 크게 경쟁그룹분석과 경쟁구도분석, 경쟁강도분석으로 구성된다.

산업경쟁분석의 개념

산업경쟁분석은 산업에서 경쟁환경에 초점을 맞추고 있으며, 산업의 경쟁자들을 정의하고 분류하는 경쟁그룹분석, 이들 간의 경쟁현황을 보여주는 경쟁구도분석, 그리고 산업 전체의 경쟁 정도를 분석하는 경쟁강도분석이 있다. 이를 통해 기업은 산업에서의 경쟁환경을 이해하고, 향후 적합한 경쟁전략을 수립할 수 있게 된다.

◈ **ITR Definition**

산업경쟁분석
산업 내 기업들 간의 경쟁 현황을 파악하기 위해 경쟁그룹의 유형과 구도, 경쟁수준을 분석하는 방법

산업경쟁분석의 필요성

[그림 4-9]를 보면 산업경쟁분석은 크게 네 가지 의의를 가진다. 우선 경쟁자들을 정의하고, 경쟁그룹들의 특성을 파악할 수 있다. 그 다음 경쟁 현황을 토대로 자사가 속한 경쟁그룹이 다른 기업의 위치와 어떻게 상대화될 수 있는지 살펴볼 수 있다. 그 다음 산업 자체가 지속적으로 수익을 낼 수 있는지 검토하여 재무적 정당성을 판단할 수 있다. 마지막으로 이러한 과정을 거쳐 경쟁전략을 수립할 수 있다.

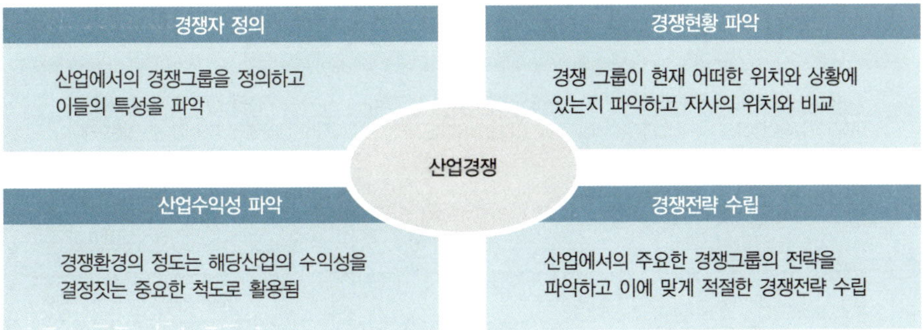

그림 4-9 Techno Business 산업경쟁 분석의 필요성

산업경쟁분석 On Hand

산업경쟁분석을 위해서는 먼저, 경쟁자들을 어떠한 기준에 따라 나누는 것이 우선되며, 경쟁자들이 어떻게 경쟁하고 있는지 그 구도를 파악하는 것도 수행되어야 한다. 또한 경쟁의 정도가 어느 정도인지를 분석해 정량적으로 파악하고 이를 타 산업과 비교하는 것도 필요하다.

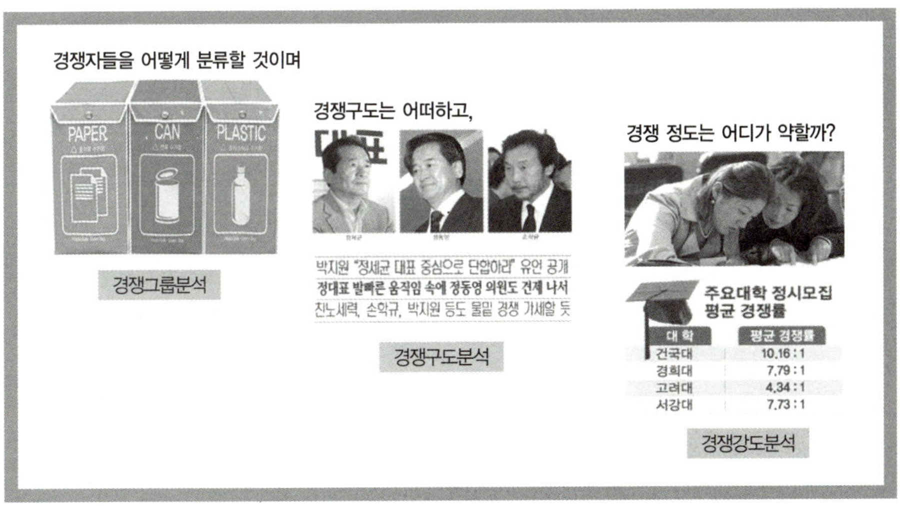

산업경쟁분석의 3가지 분석

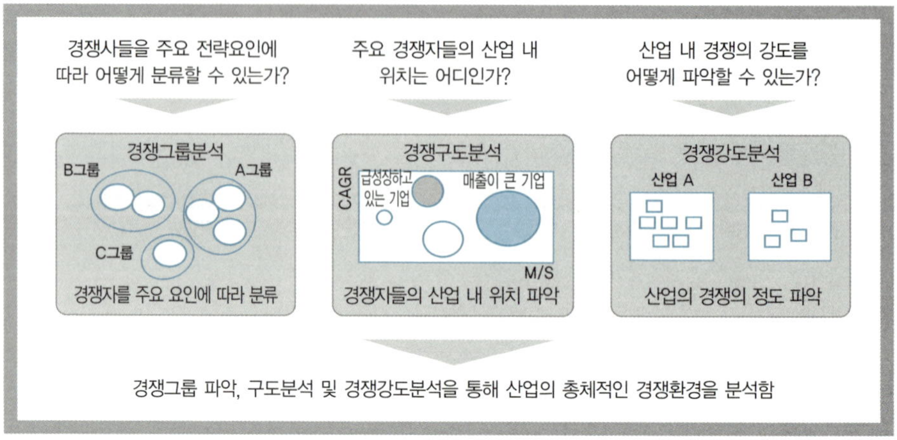

산업경쟁분석영역

[표 4-8]에서 제시하듯 산업경쟁분석은 크게 3가지 영역으로 구분된다. 먼저 산업 유사전략을 가진 그룹을 정의하고 구분하는 경쟁그룹분석, 이들이 각각 시장에서 어떤 성과를 내고 있는지, 어떤 경쟁 양상을 보이는지 파악하는 경쟁구도분석이 있다. 한편 산업 내 경쟁의 정도를 정량적으로 분석하는 경쟁강도분석도 있다. 경쟁그룹분석은 3.2절, 경쟁구도분석은 3.3절, 경쟁강도분석은 3.4절에서 보다 자세히 다루도록 한다.

표 4-8 산업경쟁분석 영역

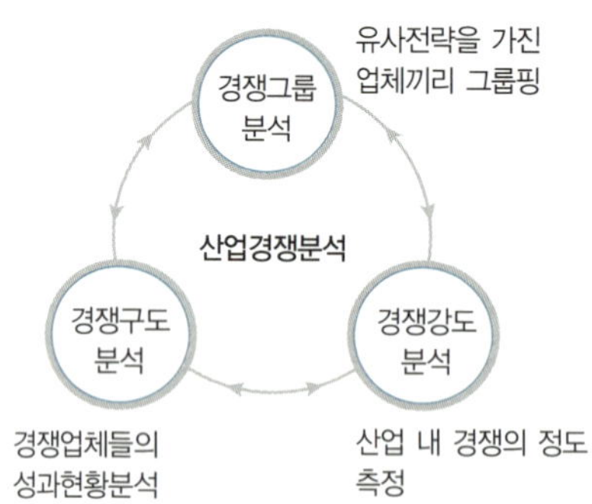

산업경쟁분석 유형

구분	설명
경쟁그룹 분석	산업 내의 업체들을 유사한 전략단위로 묶어 그룹별 전략적 위치 및 특징을 파악하는 분석
경쟁구도 분석	산업 내 업체들의 주요 성과지표를 통해 업체들의 현황을 분석하기 위한 분석
경쟁강도 분석	해당산업에서의 경쟁의 정도를 정량적으로 도출하기 위한 분석

3.2 경쟁그룹분석

경쟁그룹분석 개념

경쟁그룹분석은 핵심전략변수를 통해 기업군을 분류하고 이들의 특성을 도출해내는 분석방법으로, 핵심전략변수를 도출한 다음 경쟁기업들을 분류하고, 이들의 특성과 미래 변화를 예측하는 것이다. 물론 개별기업의 단독적 행동을 모두 합하여 하나의 트렌드로 유추할 수 있을 것이다.

◈ **ITR Definition**

> **경쟁그룹분석**
> **산업 내 기업들의 핵심전략을 기반으로 경쟁 기업을 그룹화하고, 그룹 별 특성 파악을 통해 미래의 변화방향을 분석하는 방법**

경쟁그룹분석 필요성

[그림 4-10]에서 보여주듯이 경쟁그룹분석을 위해서는 주변의 경쟁자들을 정의하고 분류하는 작업이 선행되어야 한다. 그리고 그를 통해 각 경쟁 그룹이 지니는 특성을 파악하고, 미래의 변동을 예측하는 단계까지 이르게 된다. 이와 같은 과정들을 모두 종합하여 자사의 전략적 위치를 파악하고, 장래 대응전략 수립에 적극 활용하게 되는 것이다.

그림 4-10 경쟁그룹 분석의 필요성

경쟁그룹분석 예시

경쟁그룹분석이 어떤 방식으로 실제 수행이 가능한지 살펴보도록 하자. 다음은 연세우유의 전략그룹분석 예시이다. [그림 4-11]은 가로축에서는 유통망, 세로축을 통해서는 제품군의 관점에서 경쟁그룹에 속하는 개별기업이 어떤 위치에 놓여 있는지 살펴보았다. 따라서 이 분석에서는 유통망과 제품군을 장악하는 것이 핵심성공요인 중의 하나임을 짐작할 수 있다. 따라서 이들 요소를 갖춘 기업들의 상황을 간략하게 전략그룹도 형태로 작성하였다.

그림 4-11 우유산업의 전략그룹도

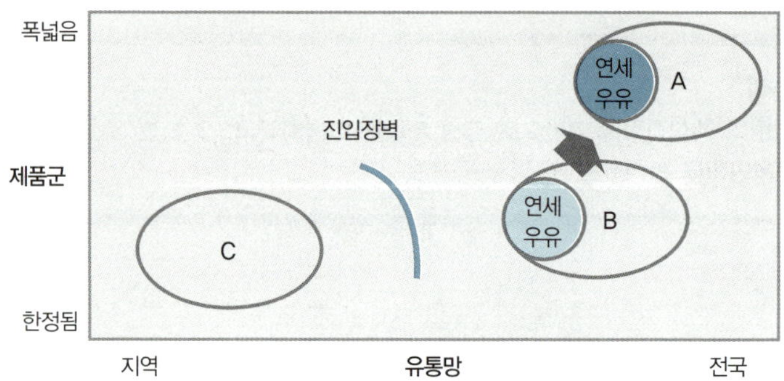

본문의 전략그룹도를 통한 각 경쟁그룹별 성향과 특징을 다음과 같이 유추하였다. 이를 통해 각 경쟁그룹이 갖고 있는 상대적인 경쟁우위 및 진입장벽의 개념을 추론해 볼 수 있다.

- A : 전국을 대상으로 다양한 유제품을 판매하는 업체(매일, 남양 등)
- B : 전국을 대상으로 하되, 우유를 중심으로 판매하는 업체(빙그레, 건국 등)
- C : 지역시장에서 우유를 중심으로 판매하는 업체(삼육, 강성원 등)

상기 전략그룹도에서 '연세우유'는 현재 전국단위 유통망을 보유하고 있으나, 제품군 다양성은 부족한 상황이다. 이를 표현하기 위해 현재 수준은 B그룹, 앞으로 발전 목표 수준은 A그룹으로 나타냈다. 연세우유는 이러한 경쟁그룹 위치상의 이동을 위해 다양한 전략적 대안을 고민하고 분석하게 될 것이다.

Deliverables

VE전자가 집중하고자 하는 스마트폰 산업의 경쟁그룹을 경쟁그룹도를 통해 분석한다. 그룹별 특징은 다음과 같다.

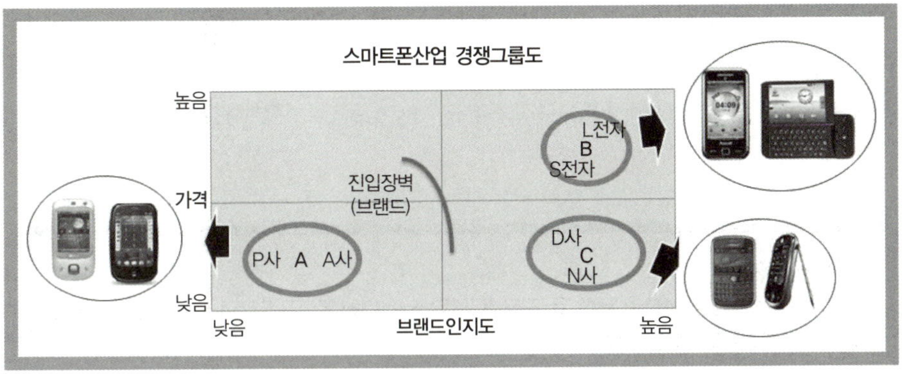

- A그룹

  브랜드인지도가 낮고 가격도 낮은 신생 스마트폰 제조업체들이 이에 속한다.

- B그룹

  브랜드인지도가 높고 높은 성과를 누리고 있는 기업들이다. 시장점유율뿐만 아니라 매출액에 있어서도 상당히 높은 수준을 차지한다. 고가의 경쟁력 있는 브랜드가 이에 해당한다.

- C그룹

  브랜드인지도가 높고 저가의 제품으로 박리다매를 취하고 있는 회사들로 핀란드의 N사가 대표적이다.

- 진입장벽

  A가 C 또는 B그룹으로 이동하기 위해서는 브랜드인지도라는 진입장벽이 존재하여 단기간에는 이동이 힘들다. 뿐만 아니라 C가 B로 이동하기 위해서는 가격상승 이후 자사제품에 대한 시장의 반응이 저조해지지 않을 것이라는 어느 정도의 전략적 기회가 확보되어야 한다. 따라서 VE전자가 경쟁국면에서 우위를 점하려면, 브랜드인지도와 가격 면에서 탁월한 수준을 보유하고 있어야 할 것이다. 현재시장에서 고전을 면치 못하고 있는 A그룹의 A사, P사가 신생업체 수준이라 한다면, B와 C의 경우에는 상당히 시장지배력이 높은 수준에 해당한다.

3.3 경쟁구도분석

경쟁구도분석 개념

경쟁구도분석은 산업의 주요 경쟁자들을 성과지표에 따라 위치를 도식화하여 표현한 것이다. 즉 경쟁기업들의 역량을 한눈에 파악할 수 있다. 경쟁그룹분석이 기업의 전략적 위치를 파악하는 것이라면, 경쟁구도분석은 경쟁그룹의 역량을 한눈에 볼 수 있도록 하는 차이가 있다. 경쟁구도는 산업에서의 주요 경쟁자들을 주요성과지표(성장률, 시장점유율, ROI 등)로 구분하여 표시한다.

◈ **ITR Definition**

> **경쟁구도분석**
> **산업 내 주요 경쟁자들의 위치 및 구도를 파악하기 위해 각 기업의 시장점유율, 매출 등을 바탕으로 구조화하는 방법**

경쟁구도분석 필요성

산업에서의 주요 지표들을 통해 도식화함으로써 경쟁자들을 그룹으로 구분하여 표현이 가능하다. 산업 내에서의 위치뿐만 아니라 다양한 경쟁자들의 점유율, 매출액 등을 중심으로 성과 비교가 가능하다는 것이 경쟁구도분석의 장점이다. 현재기업의 문제점뿐만 아니라 미래 관점의 경쟁력 배양을 위해 참고해야 할 벤치마킹 모델을 탐색하는 자료로도 활용이 가능하다.

경쟁구도분석 예시

[그림 4-12]은 전문화된 서비스산업인 컨설팅분야의 경쟁구도분석을 나타내고 있다. 연간성장률과 상대적인 시장점유율을 토대로 각 기업의 위치와 함께 시장지배력을 분명하게 표현하고 있다. 따라서 이를 통해 산업 내의 경쟁구도와 개별기업의 위치를 한눈에 파악할 수 있다. 경쟁그룹분석을 위해 컨설팅회사의 포지셔닝을 각각 종합서비스분야, 전략분야, IT분야로 세분화하였다.

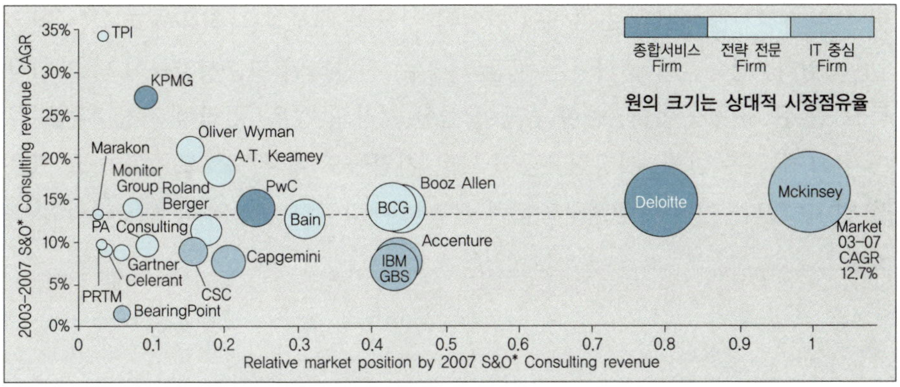

자료 : IBIS World, Capital IQ, Internal Firm Data, Public Accountancy Report 2007, Analyst Reports, Kennedy Information.

그림 4-12 컨설팅산업의 경쟁구도분석

경쟁구도분석 결과 유형 예시

경쟁구도분석 결과를 통해, 산업의 특성을 대략적으로 파악할 수 있다. [그림 4-13]은 경쟁구도분석의 주요 결과 및 산업의 특성을 표현한 그림이다. 세로축은 연평균성장률, 가로축은 시장점유율, 원의 크기는 상대적 시장점유율을 나타낸다.

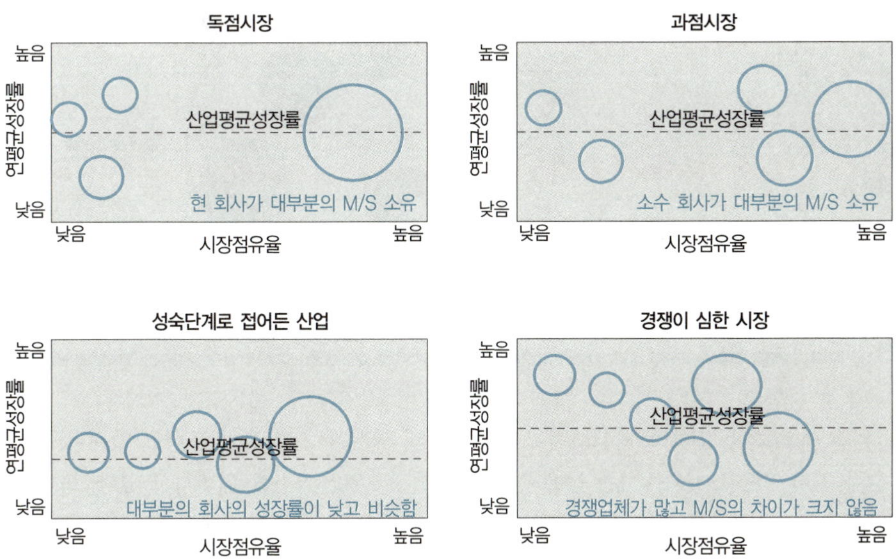

그림 4-13 다양한 경쟁구도분석 결과 예시

독점시장의 경우, 한 기업의 상대적 시장점유율이 압도적으로 큰 것을 알 수 있으며 과점시장에서는 2~3개의 기업이 시장의 대부분을 점유하고 있는 것을 알 수 있다. 성숙단계에 접어든 시장의 경우, 전반적인 평균성장률이 낮고 회사들도 별 큰 차이가 없다. 한편 경쟁이 심한 시장의 경우, 기업별 시장점유율 차이가 크게 없는 반면, 시장점유율이 낮은 기업들도 빠른 속도로 성장하고 있음을 알 수 있다. 이처럼 경쟁구도분석을 통해 대략적인 산업의 특성을 파악할 수 있다.

Deliverables

스마트폰산업 분야에서는 다양한 제조사들이 경쟁하고 있다. 대표적인 것이 N사였다. 그림으로 보면 과거에는 거의 N사 독주체제로 움직일 위험성이 높았다. 그러나 최근 들어 지속 성장하고 있는 S, L, M사 등이 급격하게 추격하게 되면서 스마트폰산업은 독점체제에서 과점체제로 접어듦을 파악할 수 있다.

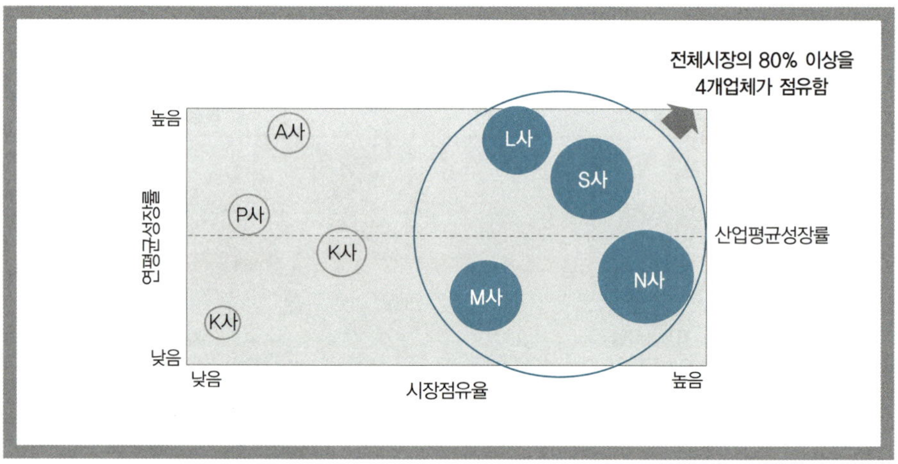

그림을 보면, 전체 4개의 회사가 전체시장의 약 80% 이상을 점유하고 있는 것을 알 수가 있다. 특히 S사와 L사는 높은 성장률로 시장 1위인 N사를 위협하고 있다. 또한 이외 회사들 중 A사의 경우 새로운 형태의 스마트폰 제작을 통해, 신흥시장을 중심으로 무서운 속도로 성장하고 있다. 이렇게 경쟁구도분석을 통해 각 기업의 전략적 변화를 한눈에 포착하는 것이 가능하다.

3.4 경쟁강도분석

경쟁강도분석 개념

경쟁강도분석은 산업 내 경쟁의 정도를 수치화하여 측정하는 분석방법으로, 산업의 수익성에 대해 파악할 수 있는 방법이다. 산업 내의 경쟁 정도를 비율로 알아보는 방법에 해당한다. 앞서 구성요소분석에 활용한 5-Forces Model이 기초자료가 된다.

◈ **ITR Definition**

> **경쟁강도분석**
> **산업 내 집중도 및 수익성을 파악하기 위해 정량화된 지표를 통해 경쟁의 정도를 수치화하여 분석하는 방법**

경쟁강도분석 필요성

경쟁강도분석은 크게 2가지 의미를 가진다. 먼저 산업경쟁의 정도를 정량적으로 파악할 수 있다는 점에서 의미를 가지며, 이러한 수치가 산업의 전반적인 수익성을 나타내는 간접적 척도라는 점에서도 의미를 가지게 된다.

경쟁강도분석 산출물 구성

경쟁강도분석은 각 영역별 분석을 통한 강도점수와 가중치를 도출하여 전체 산업경쟁강도를 산출하며, 정성적인 분석 및 예측도 함께 실시한다. 가중치는 전문가 견해 및 산업분석의 결과를 통해 결정된다. 경쟁강도(Intensity Score)는 각 영역별 세부지표분석을 통해 도출된 값이다. 주요 측정영역은 5-Forces Model의 세부요소에서 추출한 것이다. 산출물은 [그림 4-14]와 같다.

그림 4-14 경쟁강도 분석 산출물 구성

- 가중치 → 산업분석 및 전문가에 의해 설정된 영역별 가중치
- 경쟁강도 → 각 영역별 세부지표분석을 통해 도출된 영역의 경쟁강도값
- 비고 → 산업경쟁환경에 영향을 미치는 정성적인 요인 및 특이사항

5-Forces 영역	가중치	경쟁강도	비고
내부경쟁	0.3	3.8	내부경쟁 관련 주요 이슈 정리
잠재진입자	0.1	4.4	잠재진입자 관련 주요 이슈 정리
공급자교섭력	0.2	2.7	공급자 관련 주요 이슈 정리
구매자교섭력	0.25	1.6	구매자 관련 주요 이슈 정리
대체재위협	0.15	4.4	대체재 관련 주요 이슈 정리
전체	1	3.18	주요 이슈 종합

경쟁강도분석 수행

경쟁강도분석의 가중치는 환경분석 및 전문가인터뷰를 통해 도출되며, 이를 바탕으로 세부영역별 점수를 가중치로 합하여 그 강도를 정하게 된다. 경쟁의 강도는 시장환경을 판단하고 5-Forces 중에서 어떤 영역이 지배적인 영향을 미치는지 판단하는 근거가 된다. 이를 통해 차별화된 전략을 수립할 수 있다.

Deliverables

스마트폰산업의 산업경쟁수준을 파악하고자 경쟁강도분석을 실시하였다. 가중치는 전문가 설문을 통해 도출되었고, 내부경쟁영역이 가장 높은 가중치를 나타내었다.

5-Forces 영역	가중치	경쟁강도	비고
내부경쟁	0.3	3.3	시장의 계속적인 성장 소량 다품종 생산체제
잠재진입자	0.1	3.3	스마트폰 관련 투자 증가 대만, 미국, 캐나다 등 다양한 업체의 국내시장 진출할 것으로 예상
공급자교섭력	0.2	3.5	독점기술에 대한 로열티가 더욱 증가할 것으로 보임
구매자교섭력	0.2	2.7	한정된 제품으로 인해 소비자의 선택 제한
대체재위협	0.2	2.5	노트북의 소형화 추세
전체	1	3.06	시장의 성장속도에 비해 경쟁 정도가 낮다고 할 수 있음

일반 휴대폰의 경우 총경쟁강도 수치가 3.8이 나왔다. 즉 VE전자가 주력할 스마트폰의 산업경쟁정도는 아직 일반 휴대폰에 비해 낮다는 것을 알 수 있다.

4. 산업진화예측

산업진화예측의 중요성 사례

"영원할 것이라던 주택금융산업, 잘못된 예측으로 전 세계를 금융위기에 빠뜨린 투자은행들"

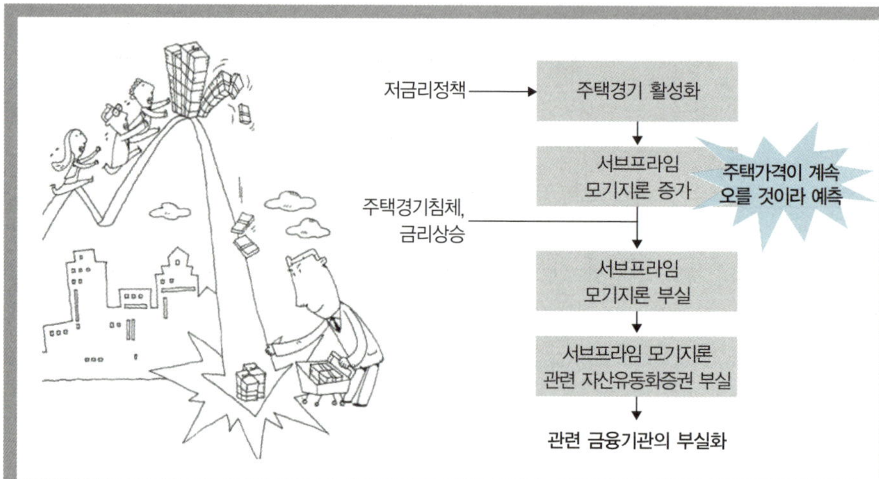

전 세계를 금융위기에 빠뜨린 서브프라임 모기지 사태의 원인은 각종 투자은행들의 부동산산업에 대한 잘못된 예측 때문이었다. 지나치게 낙관한 나머지 신용이 낮은 자들에게도 장기 모기지 대출을 남발하였고, 더 많은 대출을 위해 이러한 대출에 대한 권리를 채권화(자산유동화증권)하여 계속해서 사고 팔았기 때문이다.

- 서브프라임(Subprime) 모기지론 : 신용이 낮은 사람에게 해주는 주택담보대출
- 자산유동화증권 : 유동화 중개기관이 자산을 자산소유자로부터 떼어내 신용평가기관의 평가를 거쳐 증권화시킴으로써 시중에 유통시키는 것

4.1 산업진화예측 개요

산업진화예측은 산업의 규모, 성숙도 등의 변화를 분석하는 것이다. 또한 여러 가지 상황을 가정하고 시뮬레이션을 통해 미리 대비하는 방법도 있다. 이러한 예측을 통해 기업은 미래에 대한 불확실성을 줄이고 사전에 대비를 할 수 있다. 이러한 대비를 가능케 하는 산업진화예측은 산업규모예측과 산업수명주기분석, 산업시나리오분석 등으로 구성된다.

산업진화예측의 개념

산업진화예측은 현 산업의 미래에 대한 예측을 통해, 산업의 미래 전반적인 환경을 분석하여 앞으로의 변화에 유연하게 대처할 수 있게 하는 분석방법이다. 다양한 경쟁자, 이해관계자 및 환경요인분석을 통해 현재산업의 현황을 보다 상세하게 파악할 수 있다.

◈ ITR Definition

> **산업진화예측**
> **산업의 전반적인 변화양상을 예측하고 대응하기 위해 해당 산업의 영향요인 및 성숙수준을 분석하는 방법**

산업진화예측의 필요성

[그림 4-15]에 따르면 산업진화예측의 필요성은 크게 세 가지 측면으로 요약된다. 첫 번째로 산업 전체 규모를 파악하여, 생산 및 거시전략을 수립할 수 있다. 두 번째로 세부 전략 수립에도 활용가능하다. 마지막으로 변화를 사전에 예측함으로써 위험에 미리 대처할 수 있게 한다. 산업의 복잡한 변화를 구체적이며 일관된 기준으로 정리하는 것은 매우 어려운 일이다. 다양한 프로젝트별로 내재된 위험이 어느 정도인지 가늠하기도 어렵고 예측기준 역시 기업의 과거 경험에 의존한 것이라는 한계를 갖기 때문이다.

그림 4-15 Techno Business 산업진화 예측의 필요성

산업진화예측

- 산업 전체의 규모를 예측하여, 생산계획 및 거시전략 수립의 기초자료로 활용
- 향후 산업의 특징 및 성공요인의 변화에 대한 예측을 통해 세부전략 수립 시 활용
- 여러 가지 돌발적인 상황을 미리 예측하고 변화에 유연하게 대처하게 함

산업진화예측 On Hand

산업진화를 예측하는 것은 매우 어려운 일이다. 과거 IBM회장, Microsoft 회장조차도 PC산업에 대해 터무니 없는 예측을 하기도 했다.

2006년에만 PC는 세계적으로 2억 3,150만대 판매

1943년 Thomas J. Watson (IBM 회장): 아마도 전 세계에는 5대 정도의 컴퓨터시장이 있을 것이라고 생각한다

1949년 Popular Mechanics (미국 과학 기술잡지): 에니악에는 18,000개의 진공관이 장착되어 있고 무게는 30톤이 되지만, 컴퓨터에는 아마도 1,000개의 진공관이 장착되고 그 무게는 고작 1.5톤이 밖에 나가지 않을 것이다

1984년 John Dvorak (미국의 기술 관련 칼럼리스트): 마우스라 불리는 실험적인 디바이스를 사용하는데, 사람들이 아무도 이런 것을 원하지 않는다

1994년 Bill Gates (마이크로소프트 창립자): 앞으로 최소 10년 동안에는 인터넷의 상업적 기능은 거의 없다고 본다

산업진화예측의 3가지 분석

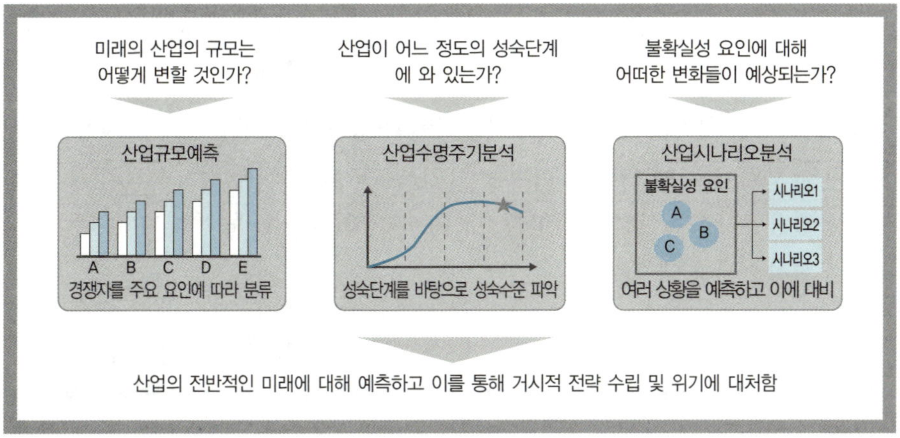

산업진화예측 영역

산업진화예측은 [표 4-9]와 같이 3가지 영역으로 구분된다. 산업 전체 크기를 예측하는 산업규모예측, 산업성숙도를 바탕으로 한 산업수명주기 분석, 여러 가지 상황을 가정하여 대비하는 산업시나리오 분석으로 구성된다. 산업규모예측은 4.2절, 산업수명주기 분석은 4.3절, 산업시나리오 분석은 4.4절에서 자세히 다루도록 한다.

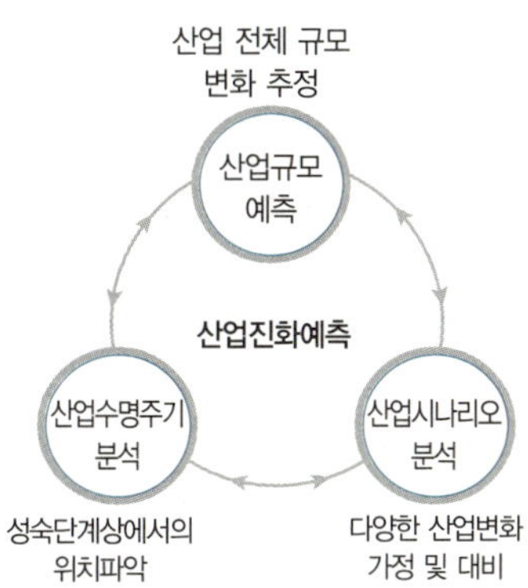

표 4-9 산업진화예측 영역

산업진화예측 유형

구분	설명
산업규모예측	산업 영향요인을 도출하고 산업의 전반적인 규모변화를 추정함
산업수명주기 분석	산업의 성숙단계에서의 위치를 파악하고 이에 따른 성공요인 및 특성 변화를 분석함
산업시나리오 분석	불확실한 요인에 대해 다양한 상황을 예측하고 대비 전략을 세움

4.2 산업규모예측

산업규모예측 개념

산업규모의 예측은 산업수명주기분석에서 중요한 정보원천으로 사용된다. 산업의 규모와 가치에 영향을 미치는 요인을 파악함으로써 전략수립의 주요한 자료로 활용된다. 즉 산업에 영향을 미치는 다양한 요인들을 통해, 미래의 산업규모의 성장추세를 예측하는 분석방법이다.

◈ **ITR Definition**

> **산업규모예측**
> **산업 내 기업들의 매출, 자산 등의 지표를 바탕으로 현재의 규모를 파악하고 미래의 성장 추세를 예측하는 방법**

산업규모예측의 필요성

산업규모예측을 통해 기업들은 대략적인 산업규모 변화를 예측할 수 있다. 규모에 대한 예측은 전반적인 생산계획 및 거시전략을 수립하는 데 많은 정보를 제공하게 된다. 반도체와 같은 산업의 경우 그 규모를 지속적으로 예측하는 것이 매우 중요하다.

산업규모예측 방법

산업규모를 예측하는 방법은 네 가지가 있다. 우선 경제통계학의 방법에서 주로 사용하는 Top-down 측정법이 있다. 과거의 실적 데이터를 활용해 수요개발 요인을 발견하고 상관분석을 수행하는 것이다. Bottom-up 방식을 통해서는 주로 마켓 리서치를 수행하게 된다. 한편 현재 사업의 관계자 및 전문가그룹의 반응을 통한 추정 역시 가능하다. 마지막으로 변동성이 큰 산업의 경우에는 시나리오를 통한 상황별 추정을 수행할 수 있다. [표 4-10]을 통해 산업규모예측방법을 요약하였다.

	구분	설명
1	Top-Down	Econometric forecasting(간편함) - 과거의 실적 데이터를 이용하여 Demand Driver를 찾은 다음 상관관계분석 및 Regression을 통하여 미래를 추정
2	Bottom-Up	Primary market research(비용과 시간이 많이 필요함) - Segmentation, 설문조사 및 통계적 분석 실시
3	Consensus	현 사업관계자, 전문가그룹, 고객 등의 경험 및 추정(가장 간편함) - 인터뷰, 설문을 이용함
4	Scenario	변화 예측의 변동성이 큰 산업에서 사용 - 기술, 규제, 정책 등의 변화 급변할 때 시장동인의 확률적 변수를 도입하여 여러 케이스 도출

자료 : 김동철 · 서영우, 경영전략수립방법론, 2008.

표 4-10 산업규모예측 방법의 종류

산업규모예측 수행(Top-Down방식)

Top-down 방식의 산업규모예측은 우선 가정에 의존한다는 한계를 갖으며 돌발변수를 고려하지 않는다는 단점을 지닌다. 그러나 시간 및 비용대비 효과가 좋은 편이며 장기전략 수립에 있어 유용하다는 장점이 있다. 산업규모예측을 위해서는 크게 가설설정 및 데이터수집, 영향요인도출, 산업규모추정 등 세 단계의 절차를 거치게 된다.

Deliverables

스마트폰시장의 전체 규모에 대한 향후 전망을 해 보았다. 산업규모 전망과 함께 사용자별 평균 데이터사용금액을 중심으로 변화상을 고찰해보고자 하였다.

스마트폰 산업규모 전망

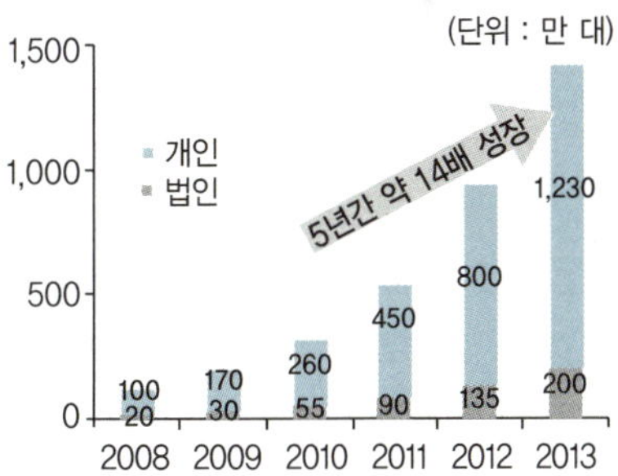

사용자당 평균 데이터요금 사용금액

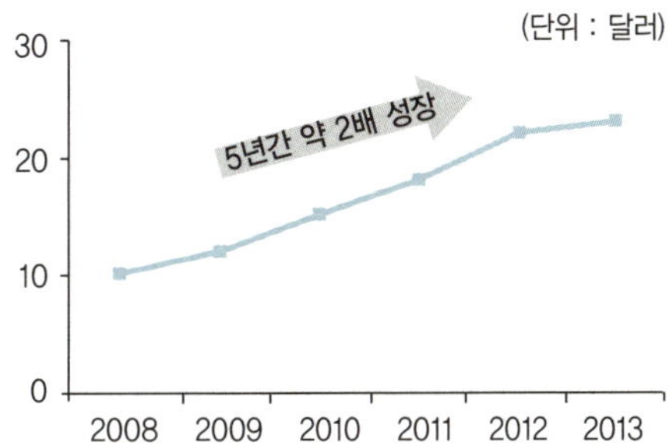

주요 분석결과 및 시사점은 다음과 같다.

- 스마트폰 판매대수는 2008년 120만 대에서 2013년 1,430만 대까지 증가할 것이며, 개인 스마트폰의 성장이 두드러질 것으로 보인다. 즉 시장의 양적 팽창이 있을 것으로 예상된다.
- 사용자당 평균 데이터요금 역시 2008년 10달러에서 2013년 20달러까지 늘어날 것으로 판단된다. 즉 시장의 질적 팽창도 함께 이루어질 것으로 보인다.
- 즉 스마트폰 판매뿐 아니라, 관련 콘텐츠시장 역시 큰 규모로 성장할 것임을 알 수 있으며, 이를 적절히 활용하는 전략을 구사하는 것이 필요하다고 하겠다.

4.3 산업수명주기분석

산업수명주기분석 개념

기업이 속한 산업의 진화과정을 통해 수명주기를 예측하고 이를 통해 각 단계별 요구되는 전략 및 운영상의 특성을 이해하기 위한 분석이 필요하다. 이를 위한 분석방법이 산업수명주기분석이다. 기술수명주기가 기술의 발전과정을 S커브형태로 나타낸 것이라면, 산업수명주기는 산업의 동태적인 진화를 중심으로 기술, 수요, 산업환경 등의 다양한 요인을 통해 산업의 성숙도를 S커브형태로 나타냈다는 차이가 있다.

◈ **ITR Definition**

산업수명주기분석
시간의 흐름에 따라 변화하는 산업의 전개 과정을 분석하고 예측하여 현재 및 미래의 특징을 분석하는 방법

산업수명주기분석 필요성

제품이나 서비스에 수명이 있듯, 산업에도 커다란 변화주기가 있다. 수명주기에서 가장 주목해야 할 부분은 산업의 성숙도이다. 성숙수준이 어느 정도 되느냐에 따라 수요, 경쟁, 기술 및 생산과정의 특성이 변화할 수 있다. 따라서 수명주기는 산업특성의 기초를 이해하는데 도움이 된다.

산업성숙단계 그래프

산업성숙단계는 크게 초기(Early), 확장(Expansion), 변환(Transition), 성숙(Mature)의 네 단계로 구분 된다. [그림 4-16]에서는 단계별로 요구되는 기업가 치사슬상의 활동에 따라 전략, 성장, 재무, 운영의 차원으로 살펴보고, 각각 해당하는 활동을 나타내었다.

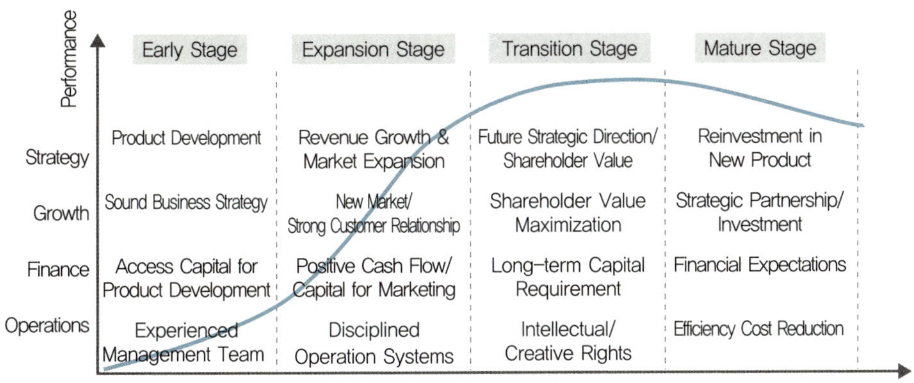

자료 : Robert M. Grant, *Comtemporary Strategy Analysis*, 1998.

그림 4-16 산업성숙단계 그래프

산업은 일정한 주기를 타고 생성과 성장, 성숙, 그리고 쇠퇴를 반복한다. 따라서 산업의 발전 또한 어느 정도 유기체적 성격을 갖고 있음을 짐작할 수 있다. 각 발전단계에 따라 요구되는 자본투자의 규모와 시장확보전략이 어느 정도 정해져 있기 때문에 개별기업의 성숙단계와 산업성숙단계에서는 유사한 패턴을 보인다.

Deliverables

산업수명주기분석을 통해 스마트폰산업의 성숙도를 분석해 본 결과, 산업의 확장단계(Expansion Stage)에 있는 것으로 나타났다.

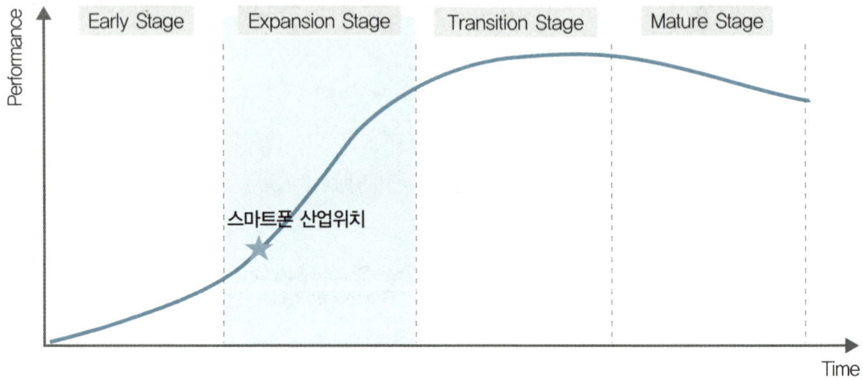

주요 분석 결과 및 시사점은 다음과 같다.

- 스마트폰은 현재 산업의 확장단계에 있다.
- 산업의 매출이 급격하게 증가하기 시작하며, 이에 따라 공급자의 제품 역시 다양해지고 기술이 급격히 발전하는 단계에 있다.
- 스마트폰 제조업체들은 흑자로 전환이 되며, 이제부터는 적극적인 마케팅을 시도하게 되는 시기이기도 하다.
- 정확한 수요예측보다는 생산량을 우선 적극적으로 늘리고, 기업은 시장점유율을 높이는 전략이 필요하다.

4.4 산업시나리오분석

산업시나리오분석 개념

산업시나리오분석은 산업변화에 대한 다양한 예측을 바탕으로, 불확실성이 큰 요인들의 변화에 따라 산업환경이 어떻게 변화할지에 대해 가정해보는 분석

방법이다. 시나리오기법은 크게 긍정적 시나리오와 부정적 시나리오, 그리고 현상유지 등의 상황을 가정하고, 특정한 선택(Option)에 따라 대안을 구축하는 방법이다.

◈ ITR Definition

> **산업시나리오분석**
> **산업에 영향을 미치는 요인들의 불확실성 및 영향도를 바탕으로 다양한 상황을 가정하여 변화양상을 분석하는 방법**

산업시나리오분석 필요성

산업시나리오분석을 활용하여 산업 변화의 동인을 파악할 수 있다. 불확실성을 가중시키는 요소는 무엇이며, 산업의 성장을 견인하는 요소는 무엇인지 파악할 수 있는 것이다. 한편, 시나리오 도출 및 대비를 통해 미래의 환경을 예측할 수 있다. 이를 위해 기업현장에서는 대부분 복수의 시나리오가 계획되고 구성된다. 특히 다양한 기술이나 포트폴리오에 투자했을 경우에는 시나리오분석법이 효과적일 수 있다. [그림 4-17]은 산업시나리오분석의 필요성을 설명하고 있다.

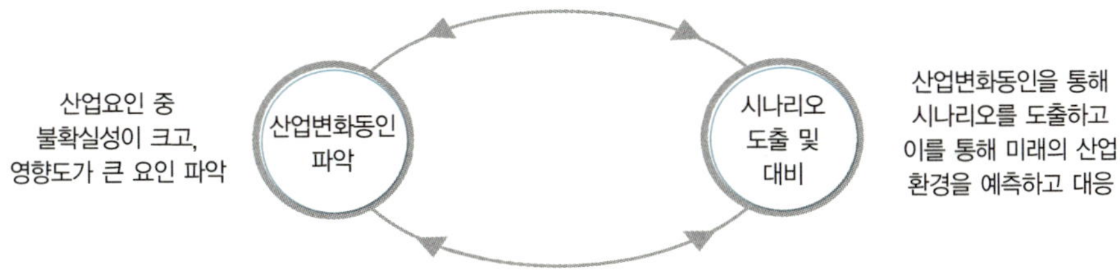

그림 4-17 산업시나리오분석의 필요성

Deliverables

스마트폰산업에서 주요 이슈들을 분석하여 3가지 상황을 예측하여 보았다. 산업전망을 나쁜 경우, 보통, 좋은 경우로 나누어 보았고, 이를 산출한 주요 가정과 전망은 다음과 같다.

No.	상황	2010년 가정상황	2010년 전망
Scenario 1	Worst Case	• 원자재값의 급격한 상승 • 중국에서의 급격한 인건비상승 • 금융위기로 인한 소비심리 악화	• 전반적인 기업의 수익성이 나빠지고, 글로벌 Big5를 제외하고는 전반적인 어려움에 처할 수 있음 • 무조건적인 투자확대보다는 현금확보를 통한 유동성 확보가 필요함
Scenario 2	Moderate Case	• 아시아 주요 국가 및 유럽정부의 적극적인 경기부양책 실시 • 동시처리 용량 및 속도 향상 기술의 등장	• 신흥시장과 선진국시장에서의 고른 성장 • 다양한 제품개발을 통한 폭넓은 소비자의 욕구를 충족시키는 것이 중요해짐
Scenario 3	Best Case	• 세계경제의 급속한 회복 • 4G기술의 조기 상용화로 인한 Data 요금 하향 및 속도 향상	• 중국, 인도 등 인구가 큰 신흥시장의 급격한 판매성장으로 저가 스마트폰이 성장을 주도함 • 선진국에서는 노트북의 일부 시장을 스마트폰이 잠식하고 고사양 고품질 스마트폰이 폭발적으로 팔림

현재의 산업환경을 보았을 때, 시나리오 2 혹은 시나리오 3의 가능성이 가장 높다고 할 수 있겠다. 하지만 외부적 환경의 악화로 시나리오 1의 가능성도 있으므로, 이에 대해서도 적절히 대비하는 것이 필요하다.

핵심용어

- **산업분류체계 :** 국가 또는 여러 국가의 산업을 경제, 기능, 사회 등 다양한 기준을 통해 분류한 체계
- **산업구조분석 :** 산업을 구성하고 있는 이해관계자, 경쟁자 및 환경적인 요인 분석을 통해 산업의 현황에 대한 정보를 파악하기 위한 분석
- **산업구성요소분석 :** 산업을 구성하는 이해관계자 및 환경요인을 분석하여 이들 각각의 특징 파악 및 파급 효과에 대해 분석하는 방법
- **산업가치사슬분석 :** 산업 내에서 생산제품 및 서비스가 원재료에서 고객에게 제공되기까지 전 과정에서 생성된 가치를 분석하는 방법
- **산업성공요인분석 :** 산업 내의 다양한 특성을 바탕으로 산업 내에서의 경쟁우위 달성에 결정적인 영향을 미치는 요인을 도출하는 방법
- **산업경쟁분석 :** 기업의 경쟁전략 수립을 위한 기초자료로 사용하기 위해, 경쟁그룹을 정의하고, 산업에서 활동 중인 기업들의 전략과 현황과 같은 정보들을 분석하는 방법
- **경쟁그룹분석 :** 산업에서의 핵심변수들을 통해 경쟁기업들을 분류하고 이들 그룹별로 특성 파악 및 미래 변동을 예측하는 분석방법
- **경쟁구도분석 :** 산업에서의 주요 경쟁자들의 위치를 파악하기 위해 산업 내 주요 성과 지표들을 토대로 경쟁사들을 표현하는 분석법
- **경쟁강도분석 :** 5 Forces-Model을 바탕으로 산업에서의 주요 이해관계자들을 통해, 현 산업에서의 경쟁의 정도를 정량적으로 분석하는 방법
- **산업진화예측 :** 산업의 다양한 환경분석을 통해 미래산업의 영향요인 및 산업성숙도를 바탕으로 산업의 전반적인 변화양상에 대해 예측하는 분석방법
- **산업규모예측 :** 산업에 영향을 미치는 다양한 요인과 과거와 현재의 각종 지

표를 분석하여, 미래의 산업성장추세를 예측하는 분석방법

- **산업수명주기분석 :** 산업이 초기단계부터 성숙하여 쇠퇴할 때까지 시간에 따라 진행되는 전개과정을 분석하고 예측하고 이를 바탕으로 현재 및 미래 산업의 특징을 파악하는 방법
- **산업시나리오분석 :** 산업에 영향을 미치는 요인들에 대해 불확실성 및 영향도를 고려하여 주요 동인을 도출하고, 이를 통해 복수의 산업의 변화 상황을 가정하고 분석하는 방법

참고문헌

김광일, 유쾌한 팝콘경쟁학, 국일증권경제연구소, 2006.

김동철 · 서영우, 경영전략수립방법론, 2008.

김병건 & ITR, 기업간 협업성과 기반의 산업정보화 수준 분석 방안에 관한 연구, 연세대학교 ITR 석사학위논문, 2007.

서형식 & ITR, 정보산업 분류체계 및 통합분석체계 수립과 적용에 관한 연구, 연세대학교 ITR 박사학위논문, 2003.

임춘성 & ITR, 기업정보화방법론 워크북, 2007.

임춘성 & ITR, 기업정보화방법론, 2007.

임춘성 & ITR, e-Business File, 2000.

임춘성 · 김상균 · 박형근, 전자상거래를 위한 정보산업 분류체계와 활용방안, 한국전자거래학회 종합학술대회, 2000.

임춘성 · 김훈태 · 홍정완 · 윤용기 · 박윤정 · 최봉균, 프로세스 관점의 컨텐츠 산업 분류체계에 관한 연구, 대한산업공학회/한국경영과학회 춘계공동학술대회, 2002.

임춘성 · 최봉균 · 윤용기, 디지털 컨텐츠 산업의 업무 프로세스 및 분류 체계에 관한 연구, 한국전자거래학회, 2002.

조선일보, "이란 국영 해운사 중국 선박 금융 수주," 2009년 9월 14일자 기사

통계청, http://www.kostat.go.kr

Christine, B. Bullen and John F. Rockart, *A Primer on Critical Success Factors*, 1981.

Craig S. Fleisher and Babette Bensoussan, *Strategic and Competitive Analysis*, 2002.

IBIS World, Capital IQ, Internal Firm Data, Public Accountancy Report 2007, Analyst Reports, Kennedy Information.

Lee H.J. & Leem C.S., A Study on Value Chain in a Ubiquitous Computing Environment, Lecture Notes in Computer Science, Volume 4251, 2005.

Leem, C.S., Service Industries, Electronic Commerce Encyclopedia of Information Systems, Volume 4, 2002.

Leem, C.S., Suh, H.S., Kim, D.S., A classification of mobile business model and its applications, Industrial Management and Decision Systems, 2004.

Michael, E., Porter, *Competitive Advantage*, 1995.

Michael, E., Porter, *Competitive Strategy*, Free Press, 1980.

Peter F. Drucker, The information executives truly need. In Harvard Business Review on measuring Corporate Performance, Boston, MA : Harvard Business School Press, 1998. 1–24

Robert M. Grant, *Comtemporary Strategy Analysis*, 1998.

Slywotzky, A.J., Value Migration, Boston, MA, Harvard Business School Press, 1996.

제 5 장
Techno Business를 위한 전략수립

제5장에서는 Techno Business 전략분석의 세부개념을 알아보고 전략수립을 위한 기업의 접근방안을 고찰한다. 분석에 앞서, 현행 전략 진단 및 비교분석을 위한 전략분류체계를 소개한다. 또한, 전략분석관점을 도출하여 세부기법을 구성한 전략분석체계를 제시한다. 구체적으로 이해관계자 요구사항 도출을 위한 '전략수립 요구사항분석', 계층 및 기능에 따른 '전략 최적화방안 수립', 실행 전 · 후 효과를 평가하는 '전략성과평가'를 중심으로 설명하도록 한다.

목차

Theme 5 : Strategy – 전략이란?

Theme 5 : **Strategy – 전략이란?**

주식투자 시 매수 · 매도시점을 정할 때, 컴퓨터게임에서 이기고 싶을 때, 심지어 소개팅에 나가서 마음에 드는 이성친구를 만들고 싶을 때 반드시 생각해야 하는 것은 전략이다. 우리는 일상 속에서 누군가에게 승리하고, 목표를 달성하기 위해 수도 없이 전략을 수립하고 실행한다. 귀에 박히도록 전략이 중요하다는 점을 들어온 당신, '전략'이 어떻게 탄생하였고, 수립할 때 무엇을 중요히 생각하여야 하는지 궁금하지 않은가?

라틴어에서 도래한 Strategy(전략)이라는 말은 끝없는 '전쟁'의 소용돌이에 휘말린 고대 그리스에서 처음으로 등장하였다. 도시국가의 맹주였던 아테네에서는 전쟁에 대비하고 전투를 지휘하기 위하여 전쟁위원회를 종종 소집하였다. 위원회의 구성원을 Strategus, 군대를 배치하는 용병술을 Strategia라 일컬었다. 이후 세월이 지나면서 'Strategy'라는 단어로서 전략의 의미를 가지는 말로 바뀌게 된 것이다.

전략분야의 구루(guru) 알프레드 챈들러(Alfred Chandler)는 "기업의 장기적 목표 결정과 이를 이루기 위하여 필요한 활동방침 및 자원배분을 선택하는 것"이 바로 전략임을 역설한다. 그리고 4장(산업)에서 설명한 5 Forces Model의 창안자 마이클포터는 "경쟁위치를 확보하고 경쟁자와 차별화된 새로운 활동 조합을 통하여 가치를 창출하는 것"을 전략이라 말한다. 저명한 학자들이 전하는 전략의 개념적 정의를 짚어보니 나에 대한 의사결정, 경쟁자에 대한 분석이 중요하다.

중국의 대표 지략가 '손무'는 자신의 대표저서인 '손자병법'의 모공편에서 "지피지기 백전불태(知彼知己 百戰不殆)"라는 말을 남겼다. 적을 알고 나를 알면 백 번 싸워도 위태롭지 않다는 의미이다. 기업에 있어 적을 안다는 것은 경쟁사(적)의 자원, 상황, 시장 경쟁동향을 파악한다는 것이다. 반대로 나를 안다는 것은 자사(나)의 자원, 기회 · 위협요

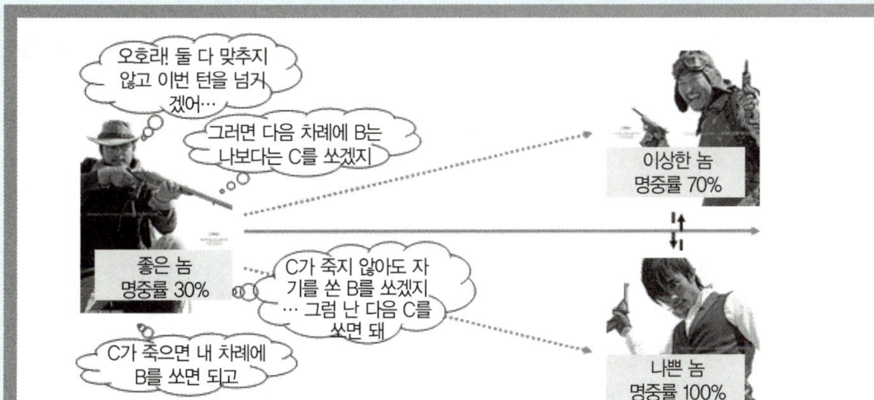

인, 사내잠재력을 올바르게 인식함을 말한다. 전략이 의미를 가지려면 적의 동향(경쟁자 역량 및 주변환경요인)과 우리의 실력(자사역량)이 어떠한지 분석하여 향후 대응에 반영하여야 한다.

손무의 명언과 일맥상통하는 이야기가 있다. 위의 그림에서도 잘 드러난다. 황야의 무법자인 '좋은 놈(A)', '나쁜 놈(B)', '이상한 놈(C)' 이 대적하게 되었을 때, 명중률이 가장 낮은 A는 어떻게 살아남을 수 있을까? 반드시 A와 B, C가 돌아가면서 총을 쏘는 상황을 가정하였다. 이때 '나쁜 놈' 과 '이상한 놈' 의 명중률을 정확히 알고(적을 알다), A의 명중률과 조합하여 그들의 행동을 예측하면(나를 알다) 최적의 선택을 할 수 있다. 즉, '적을 안다' 는 것은 당시의 상황을 분석한다는 것이며, '나를 안다' 는 것은 나의 행동을 결정하는 올바른 전략을 수립한다는 것이다.

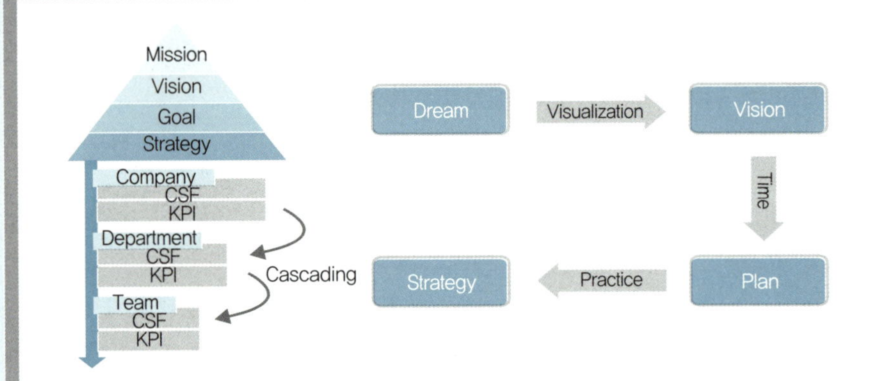

기업에서는 위와 같은 계층적 구조로서 조직원과 각 부서, 회사 전체를 망라하는 구체적 전략을 수립한다. 기업의 미션(Mission)과 그에 따른 비전(Vision), 목표(Goal)를 정립하고 있으며, 하위단계로서 실제 '전쟁(경쟁)' 을 위한 전략(Strategy)을 수립한다. 적합한 전략수립과 전술의 실행을 위해 핵심성공요인(CSF)을 정의하고 효과 여부를 측정할 수 있는 주요성과지표(KPI)를 설정한다. 기업 존재의 이유, 이상(Dream)이 바로 미션(Mission)이며, 비전(Vision)으로 가시화(Visualization)함으로써 미래상을 타진하고, 단기, 중장기라는 시간(Time)별 목표(Goal)달성을 위한 계획(Plan)을 수립하게 된다. 이를 실행(Practice)하기 위하여 전략(Strategy)을 CSF와 KPI 등으로 구체화하는 것이다. 이 과정 속에서 산업계 도처에 포진한 경쟁기업과 Win-Win할 수 있는 전략실행이 필요하다. 물론 전략의 특성상 다양한 시장에서 '경쟁' 이 나타나는 것은 틀림없다. 그러나 이들 산업의 구성요소들 사이에서 공존과 상생의 구조를 만들어내는 것 또한 중요하다. 오늘의 경쟁자가 내일의 제휴기업이 될 수도 있는 불확실한 현실 때문이다.

1. 전략분석체계

전략의 중요성

전략은 개인과 조직의 목표 달성을 위한 접근방법뿐만 아니라 미래 방향성에 대한 가이드라인을 제시한다. 따라서 기업조직의 활동 반경을 정하는 핵심적인 분야라고 하겠다. 세계사의 일화를 살펴보면서, 예부터 전략이 시대적 변화에 미친 지배적인 영향을 알아보자.

19세기 초 프랑스의 군주로 군림했던 나폴레옹은 유럽 통일의 꿈을 품고 프랑스의 대군을 직접 지휘했다. 그에게 전략이란 "시간과 공간을 이용하는 기술"이었다. 전투에 임하기 전 언제나 아군의 배치 및 전투 시 핵심과제와 우선순위를 파악하는 데 매진하였다. 이를 통해 나폴레옹은 43전 28승 12패 3무의 훌륭한 전적을 거두었다. 그러나 계획(Planning)의 범위를 초월하는 불확실성을 간과한 그는 무리한 러시아 원정 중 혹독한 겨울 기후에 의해 한 차례 좌절해야 했고, 워털루 결전을 치루면서는 대부분의 군대를 전장에서 잃고 황제위까지 반납한 채로 유배생활을 하게 되었다. 한편 조선을 구출한 성웅인 이순신 장군은 '학익진' 이나 '어린진' 과 같은 탁월한 전략을 구사하기도 했지만 수하의 병사를 "죽고자 하면 살고, 살고자 하면 죽는다"는 신념으로 무장시키는 모습을 보

"전략은 시간과 공간의 이용기술이다"

전략 1원칙	한 가지 목표에 집중하라
전략 2원칙	적의 주력을 집중공격하라
전략 3원칙	전쟁개시 초기에 병력을 분산 배치하라
전략 4원칙	적의 측면이나 후방에 아군의 주력을 배치하라
전략 5원칙	부대 간의 연락선을 확보하라

"28승 12패 3무"

VS

"죽고자 하면 살고, 살고자 하면 죽는다"

전략 1원칙	이겨본 자만이 이긴다
전략 2원칙	여세를 몰아라
전략 3원칙	적의 핵심부를 타격하라
전략 4원칙	전면전을 피하지 마라
전략 5원칙	1선에서 지켜라

"23전 23승 0패"

여주었다. 그 결과 23전 23승 0패라는 전무후무의 기록을 거두었다. 탁월한 용병술과 전술에 더해, 인간의 의지와 심성까지 고려한 불확실성 요소를 충분히 판단한 그만의 전략이 낳은 쾌거였다.

따라서 전략은 단순히 명시된 계획을 일관되게 수행하는 것뿐만 아니라 조직의 인적 · 물적요소를 다각도로 분석하여 활용하는 능력을 포함한다는 점을 알 수 있다. 전략분야가 경제학이나 행정, 사회학의 자원배분논리와 차이를 보이는 결정적인 포인트이다.

1.1 전략분석체계 개요

'전략(Strategy)' 이라는 단어는 고대의 군사 전략에서 비롯되었다. 전쟁터에서 장수가 구사해야 하는 전술의 방향성을 제시하는 분야인 'Strategia' 가 그 어원이다. 그러나 현대사회에서는 군사학과 같은 일부 영역에 한정하지 않고, '목표에 맞는 계획수립 및 실행' 으로 전략의 개념을 확대 정의할 수 있다. 이에 따라 국가를 수호하는 군대, 정책실행기구인 정부기관, 지속가능한 성장목표를 달성하려는 민간기업에서는 이미 전략의 개념을 인지하고, 발전을 위해 노력하였다. 본 절에서는 기업의 전략분석을 위한 Techno Business 전략분석체계와 도출 절차에 대해 소개하기로 한다. [그림 5-1]은 전략분석방법에 대한 연관관계를 나타낸다.

그림 5-1 TISSUE Model Correlation Framework

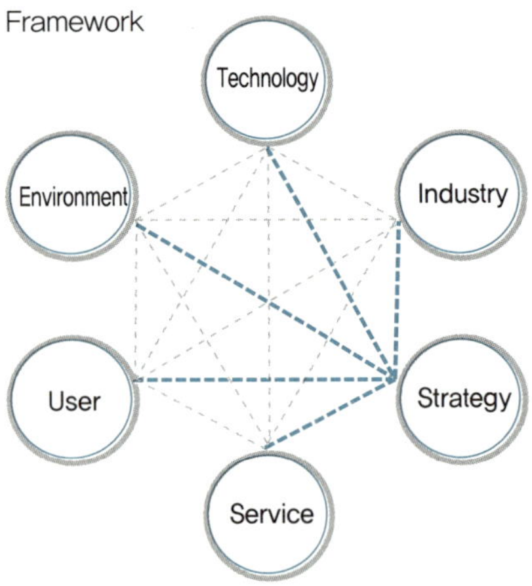

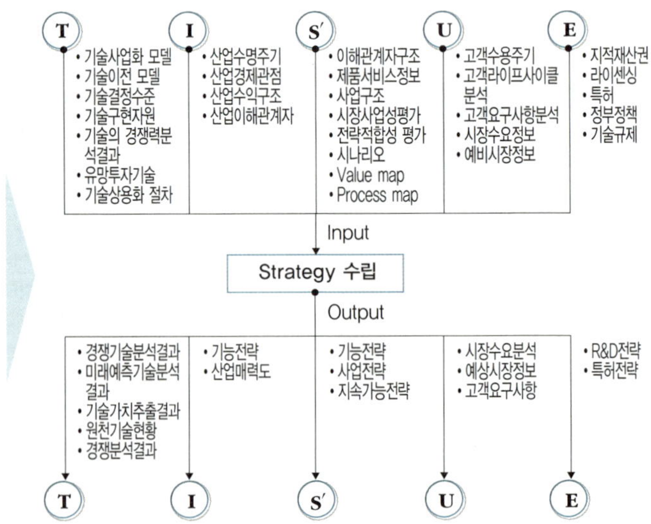

1.2 전략분류체계

전략분류체계는 기업의 현 위치(Position) 그리고 하위부서 및 기능별 조직이 수행가능한 전략의 집합이라 할 수 있다. 이는 "현재 우리 기업의 위치를 어떻게 분석해야 할까?"에 대한 해답을 제시할 수 있도록 전략구성요소에 대해 각종 이론과 모범사례를 포함한다. 경영자는 전략유형별 특징과 수립 시 고려요소를 명시한 전략분류체계를 활용하여 논리적인 전략분석을 수행할 수 있다. 또한, 타사와의 전략비교분석을 가능케 하는 기본 틀(Frame)이 된다.

전략분류체계 개념

Techno Business에서 전략분류체계는 기존기업 경영에서 다루는 전략분석의 틀을 포함하고 있다. 이는 기업가치사슬의 구성요소인 업무기능, 최고경영자로부터 개별부서에 이르는 업무계층의 두 가지 관점으로 전략을 분류하고 구조화한다. 따라서 전략분류체계란 기업이 소유하는 미션, 비전, 목표를 전제하고 기업의 현황, 보유자원, 제약조건을 중심으로 프로세스 및 조직의 운영전략 구성방안을 세부적으로 분류한 것이다.

◈ **ITR Definition**

> **전략분류체계**
> **기업 경영 전략을 내, 외부 환경 및 가치사슬 상의 특성을 반영하여 계층별, 기능별로 구조화하고 분석하는 체계**

전략유형 및 분류기준

전략에는 전사적인 경쟁우위의 확보를 목표로 하는 '기업전략', 개별 비즈니스의 성장성과 수익성을 추구하는 '사업전략', 전사 비전과 기업의 경제성에 부합하도록 업무기능의 효율적 운영에 집중하는 '기능전략'이 있다. 이와 같은 분류는 기업의 단위 및 전략 적용 범위에 따라 구분한 것이다. 불확실성에 항상 노출되어 있는 현대 기업은 상황에 따라 신속히 대처할 수 있어야 한다. 따라서 기업이 직면한 문제 원인을 규명하고 해결방안의 탐색과정에서 타 기업의 전략 및 성공사례를 참조할 수 있는 전략분류체계가 필요하다.

기업은 전략을 구체화하기 위하여 전사 차원으로 설정한 중장기 행보와 사업부서 및 기능부서의 움직임을 일치시켜야 한다. 그리고, 업무기능별로 역할을 명확히 분배하여야 한다. 이를 위한 가이드라인을 제공하기 위해 전략분류체계에서는 기업전략을 계층과 기능에 따라 분류한다. [표 5-1]은 계층별로 요구되는 전략의 분류를 나타내고 있다.

표 5-1 전략분류체계 기준 및 분류현황

구분		연구자	분류영역	세부전략분류
1	기업전략 (Corporate Strategy)	Alfred D. Chandler, Jr.	전사	단일품목생산, 판매망 확대, 수직적 통합, 제품별 다각화
		Richard Rumelt	전사	단일사업, 수직적 통합, 주력사업중심, 관련다각화, 비관련다각화
2	사업전략 (Business Strategy)	Wheelen & Hunger	사업부	저원가, 품질차별화, 서비스차별화
		Michael Porter	사업부	원가우위, 차별화, 원가집중, 차별화집중
3	기능전략 (Functional Strategy)	Herbert Simon	기능	영업, 생산, 재무관리
		Michael Porter	기능	인사, 재무, 마케팅, 연구개발, 생산 · 운영

전략분류체계 예시 : 계층별

전략은 전략적 목표에 따라 일관된 체계로 구축해야 하지만 부서와 계층별로 각각 차별화된 방안을 상세화할 필요가 있다. 예를 들어, 계열사단계의 전략과 부문단계의 전략을 같은 틀로 분석할 수는 없을 것이다. 전사적 차원의 기업전략은 기업이 핵심역량을 유지하고 경쟁우위를 유지하기 위해 어떤 선택을 취해야 하는가를 목적으로 한다. 기업전략이 전략계획의 커다란 틀을 제시하면, 사업전략을 토대로 '원가우위'와 '차별화' 가운데서 어떤 비교우위를 택할 것인지 정하게 된다. 두 가지 축은 병행해서 시행하기 어려우나, 기업의 지속 성장을 위해 포기할 수 없는 명제로, 상대적 비중으로 살펴볼 수 있는 객관적 시야와 전문성이 중요한 대목이다. 한편, 기능전략을 통해서는 사업전략에서 표방된 원가절감/차별화의 방향을 토대로 기업의 차별화된 기술역량이 어떤 것이 있는지 살펴보게 된다. 과연 해당 기술이 타사에 없는 것인지, 아니면 일반적으로 산업기반에 활용되는 것인지, 자사에 없기 때문에 외부에서 조달해야 하는 것인지를 명확하게 살펴보고 결정하는 것이 필요하다. 또한 기술 자체를 자본화할 것인가, 아니면 그를 통해 내부 비즈니스 프로세스를 유연하게 할 것인가에 따라 관점이 달라질 수 있다. 자사 차원의 기술개발이 소요하는 비용이 많다면 필요기술을 외부에서 조달하는 방안도 이 단계에서 고려할 수 있다. [그림 5-2]는 계층별 전략분류의 예를 보여주고 있다.

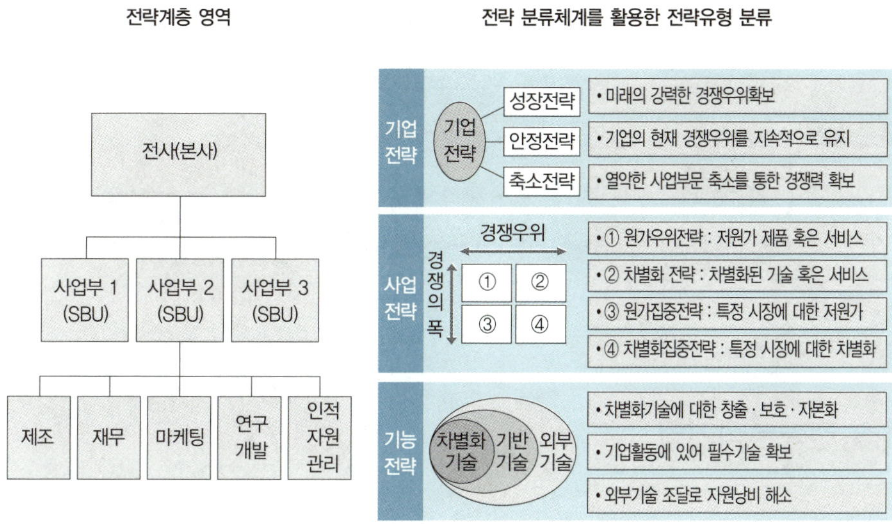

그림 5-2 계층별 전략분류체계 예시

전략분류체계 예시 : 기능별 분류

사업부 기능별 전략분류체계는 일반적인 기업의 가치사슬 내의 영역별 전략분류에 해당한다. 개별기능부서가 어떤 업무성격을 갖고 있느냐에 따라 전략을 분류하는 방법이다. 사업부 내에 속해 있는 기능영역에는 인사, 재무/회계, 마케팅, R&D, 생산/운영, 유통/물류, IT영역을 포함한다. 기능영역별로 달성하고자 하는 목표의 성격이 다르기 때문에 각각을 반영한 세부실행전략이 필요하다. [그림 5-3]은 기능별 전략분류의 예를 보여주고 있다.

그림 5-3 기능별 전략 분류체계 예시

전략유형	연구자	분류영역	세부전략분류
기능전략 (Functional Strategy)	Herbert Simon	기능	영업, 생산, 재무관리
	Michael Porter	기능	인사, 재무, 마케팅, 연구개발, 생산/운영

1.3 전략분석기법

전략을 위한 정보는 분류체계를 통해 분석하는 것만으로는 부족하며 구체적인 분석절차를 통해 시사점과 문제상황을 도출해야 한다. 전략분석이란 전략분류체계에 의해 분류된 계층별 · 기능별 전략을 세부적으로 분석하는 활동으로써 전략분석 결과는 기업의 전략을 수립하기 위한 사전자료로 활용된다. 전략 분석기법이란 이러한 전략분석을 가능하게 해주는 세부분석기법을 말한다.

Techno Business 전략분석개념

Techno Business의 산업 및 기술적 특성에 적합한 전략분석을 수행하기 위해서는 전략수립에 따른 절차적 세부분석기법이 필요하다. Techno Business 전략분석은 전략수립에 따른 절차적 접근법에 따라 조직, 프로세스, 시장측면의 요구사항분석과 전략방향수립 및 전략과제를 도출한다. 또한, 세부실행과제를 도출하기 위한 전략최적화 방안수립단계분석, 전략성과를 평가하기 위한 성과분석 등 전략수립의 전 과정에 걸쳐 분석이 이루어져야 한다.

◈ ITR Definition

> **Techno Business 전략분석**
> **기업의 전략적 방향을 제시하기 위해 내 · 외부 환경의 특성과 요구사항을 분석하고 향후 대응 방안을 구조화하는 방법**

Techno Business 전략분석을 정의하기 전에, 기존의 전략분석기법에 대한 문헌 및 방법론 조사를 바탕으로 실제 활용가능한 분석기법들을 정리하였다. 그리고 각 분석기법과 항목별 시나리오를 통해 세부분석기법을 선별하여 실제 기업의 기술도입전략에서 활용될 수 있게 구체화하였다. 다음의 [표 5-2]는 전략을 분석하기 위한 기법과 세부기법들을 나열하고 있다.

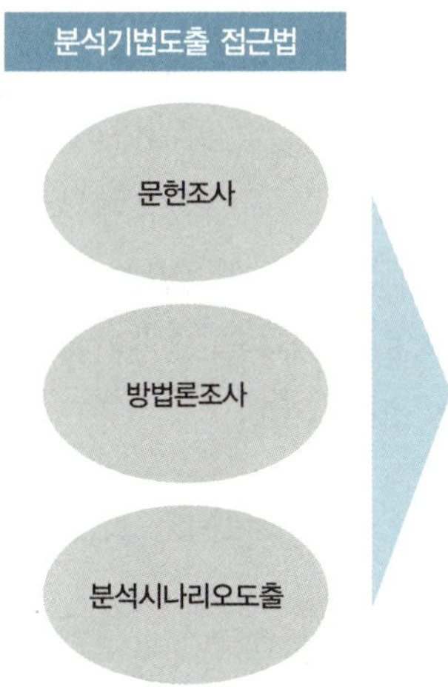

표 5-2 전략분석기법 Pool

분석기법	세부분석기법
내부환경분석	기업의 조직구조, 의사결정체계, 문화, 자원, 강 · 약점분석
외부환경분석	주주, 정책, 공급자, 지역사회, 경쟁자, 고객 등 분석
포트폴리오분석	내부환경 및 외부환경의 포트폴리오분석
전략수립체계	기업미션 및 목적 제시, 전략 및 정책 가이드라인 설정
전략과제도출	전략실현을 위한 Action Plan 설정 및 우선순위 평가
To-Be 모델수립	환경변화에 따른 전략방향성 도출
실행계획수립	일정계획, 투자계획, 인력계획, 운영계획수립
전략시나리오평가	전략실행계획에 대한 사전평가
전략성과평가	전략실행 후의 경제적 평가 및 개선과제도출

Techno Business 전략분석목적

Techno Business에서 전략을 수립하고 실행하는 주요 목적은 신기술의 사업화 및 성과 창출로 요약할 수 있다. 이러한 목적을 바탕으로 Techno Business 전략분석의 Key Questions을 생각해 볼 수 있다. [표 5-3]의 핵심질문들은 경영자가 전략 도입을 통해 해결하고자 하는 과제 및 쟁점과도 같다. 각각의 핵심 사항을 토대로 분석의 영역과 방향을 상세화하였다. 본문에서는 전략분석기법 Pool을 통해 Techno Business를 위해 필요한 세부분석기법을 도출하였다.

표 5-3 Techno Business 전략분석 Key Questions

	Key Questions	분석영역
1	어떤 유형의 사업을 추진할 것인가?	전략수립 요구사항분석
2	경쟁기업 및 환경에 따른 자사의 내 · 외부 강점과 약점은 무엇인가?	전략수립 요구사항분석
3	특정 사업 및 산업영역에 있어 어떻게 경쟁우위를 확보할 것인가?	전략최적화 방안수립
4	사업화를 위한 목표시장은 어떤 구분을 통해 적용할 것인가?	전략최적화 방안수립
5	해당 기능영역을 조직내부에서 수행할 것인가? 외부에서 조달할 것인가?	전략최적화 방안수립
6	전략수립계획에 따라 도출된 전략 방향성은 기업의 비전 및 목표와 부합하는가?	전략성과평가
7	전략실행 후 나타나는 효과는 어떻게 측정할 것인가?	전략성과평가

Techno Business 전략분석기법

도출된 분석영역을 토대로 기업전략 하부의 사업 및 기능전략을 위한 요구사항을 도출한다. 무엇보다 전략은 실체화되고 유형화된 산출물로 나타나야 한다는 특징이 있다. 향후의 성과평가에서 가장 중요한 참고자료가 되기 때문이다. 따라서 분명한 진단과 평가를 위해서는 전략수립 시 분석 프레임워크를 개발하거나 기존의 프레임워크를 원용할 필요가 있다. [표 5-4]에서는 성과평가를 목적으로 한 Techno Business 전략분석 프레임워크를 정의하였다.

표 5-4 Techno Business 전략분석 기법 도출절차

분석영역의 구체화

분석기법 정의

분석영역		분석기법	세부분석기법
1	전략 요구사항 분석	조직요구사항	기업 내부 경영진 목표 및 구성원 핵심역량 발현을 위한 요구분석
		프로세스요구사항	대내 · 외 업무체계 및 포트폴리오분석
		시장요구사항	외부환경의 변화 및 기업의 강 · 약점에 따른 요구사항 분석
2	최적화 방안수립	전략방향수립	사업전략과 기능전략 간 연계를 통한 전략 방향성 수립
		전략과제도출	실행 우선순위 평가를 통해 최종전략 과제도출
		실행계획수립	일정(투자), 인력계획 등의 전술계획 수립
3	전략 성과평가	전략계획평가	전략실행에 대한 사전성과평가
		전략효과평가	전략실행 후 성과평가 및 개선과제 도출

2. 전략수립 요구사항분석

전략수립 요구사항분석의 중요성 사례

전략수립 요구사항이란 개인 혹은 조직에 있어 미래에 대한 방향성, 즉 비전하에서 목표를 달성하기 위해 요구되는 사항들에 대하여 조사하고 분석하는 활동이라 할 수 있다. 개인의 경우 전략수립에 관계하는 영향요인의 수가 비교적 낮으므로 이러한 요구사항에 대한 고려가 큰 비중을 차지하지 못한다. 하지만, 조직의 경우 기업의 실정에 맞는 명확한 전략을 수립하기 위해서는 전략수립 전 과정에 걸쳐 관계하고 있는 무수히 많은 영향요인에 대한 요구사항을 조사하고 분석할 필요가 있다.

다음의 사례는 조직의 요구사항이 수렴되지 않아 실패한 사례를 보여주고 있다. 나폴레옹의 러시아 원정 당시, 프랑스군 제복의 단추는 주석으로 이루어져 있었으며 러시아의 강추위를 경험해 보지 않은 나폴레옹은 이러한 환경의 변화에 따라 요구되는 사항들을 정확히 분석하지 못하였다.

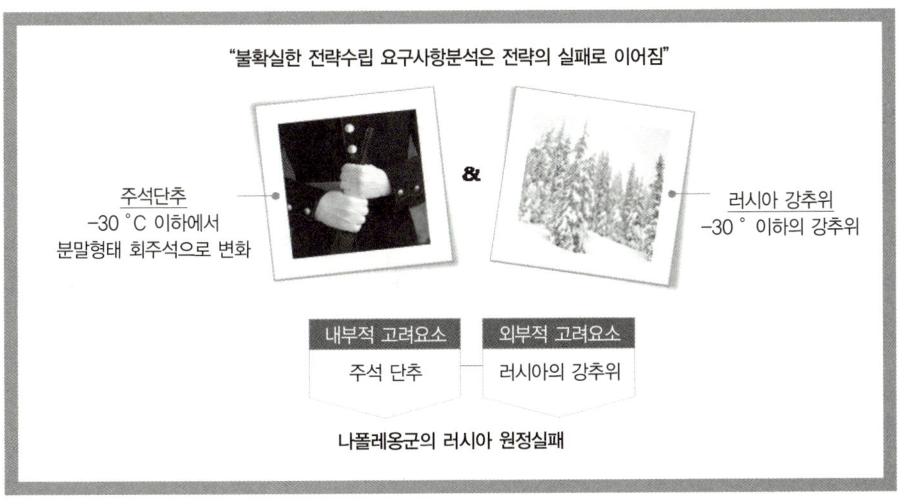

주석단추의 경우, 영하 30도 이하에서 분말형태의 회주석으로 변질되는 특성을 갖고 있다. 러시아 겨울의 강추위 속에서 프랑스군은 적군에 맞서 전투와 옷깃을 여미는 행동을 병행함에 따라 효과적으로 전투에 임하지 못하였고, 결국 러시아 원정은 실패로 끝나

고 말았다.

당시, 러시아 원정을 위해 출정한 프랑스군의 규모는 약 60만 명이었으며, 프랑스 복귀 시 생존자는 1만 명이었다.

2.1 전략수립 요구사항분석 개요

전략수립 요구사항분석은 기업 전반의 요구사항을 포괄하는 과정이다. Techno Business 전략을 수립하기 위한 첫 번째 단계로서, 기업의 내 · 외부 및 다양한 이해관계자가 원하는 이상수준 대비 현실적인 수준의 차이를 분석해야 한다. 전략은 크게 조직, 프로세스, 시장 요구사항분석으로 구성되며, 전체적인 기업 현황과 미래 대안의 밑그림을 보여주는 단계에 해당한다. 따라서 전략 차원에서 개선이나 혁신요구사항으로 분석되는 결과들은 다른 'TISSUE' 영역의 문제점 파악이나 최적화대안 도출과정의 주요한 참고자료로 활용될 수 있다.

전략수립 요구사항분석의 개념

경영자는 효과적인 의사결정을 내릴 수 있도록 다양한 경로를 통해 정보를 수집한다. 그리고 정보들 사이의 인과관계와 사업의 방향을 중심으로 문제점을 판단하게 된다. 따라서 전략수립 요구사항분석은 기업이 처한 다양한 문제 현상의 근본원인은 무엇이며, 이해관계자는 어떤 해결책을 원하는지를 구체화하는 과정이라고 할 수 있다. 전략수립 요구사항분석을 수행하기 위해서는 우선적으로 기업의 외부적인 요인과 내부적인 요인을 분석해야 하며, 분석결과에 따라 영역별 이해관계자들의 요구사항이 반영되어야 한다.

◈ **ITR Definition**

> **전략수립요구사항분석**
> **전략수립 과정에 관련된 다양한 이해관계자에게 대응하기 위하여 요구사항을 체계화하고 분석하는 방법**

전략수립 요구사항분석의 필요성

요구사항분석은 기본적으로 기업전략의 방향을 제시한다는 데에 의의가 있다. 현재 기업이 시장에서 어떠한 전략적 위치를 정하고 있는지 보여줄 뿐만 아니라, 다양한 경쟁자와 외부환경의 변화에 대응하기 위하여 탐색(Search)될 수 있는 정보들을 수집하고 논리화하는 절차이다. 기업전략에서의 '문제'는 다양한 구성원과 부서기능에 따라 각기 다른 관점으로 조명될 수 있다.

요구사항분석은 이러한 전략적 문제의 다차원성을 반영하여 체계화된 전략 구축을 지향하고자 하는 절차이다. 기업이 전략을 수립하기 위한 요구사항에 대한 정확한 분석을 수행하지 않을 경우, 최적화된 방안도출은 어려울 수 있다. 또한 실제 전략을 수행하는 관계자 혹은 조직 차원에서 명확한 방향성을 제공할 수 없다. [그림 5-4]는 전략수립 요구사항분석 결과가 투입요소로 작용하는 것을 나타내고 있다.

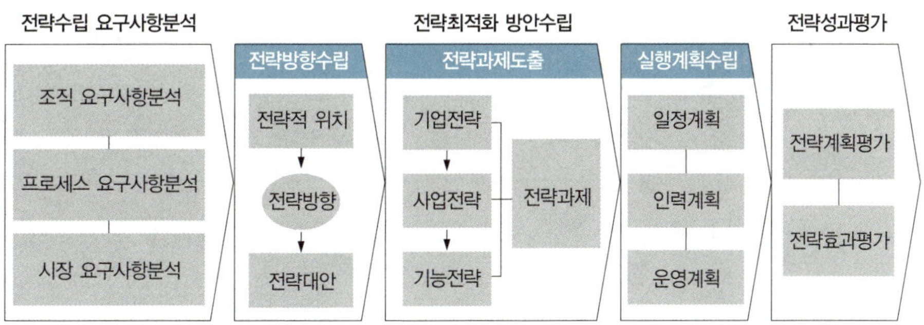

그림 5-4 Techno Business 전략수립 요구사항분석의 필요성

전략수립 요구사항분석 On Hand

최근 손쉬운 창업으로 각광받고 있는 온라인쇼핑몰의 경우 다양한 요구사항이 존재한다. 특히, 쇼핑몰 기획에서부터 판매량 목표설정, 아이템 선정 및 공급라인, 배송 및 홍보까지 다양한 영역에서의 요구사항이 존재한다. 이러한 상황에서 창업을 시도하는 많은 이들이 실패하는 사례가 언론매체를 통해 보도되고 있다.

다음의 사례를 통해 온라인쇼핑몰 창업의 전략수립 요구사항들을 어떻게 조사하고 분석할 것인지에 대해 소개하고자 한다. 먼저 조직적 측면의 요구사항과 프로세스 측면의 요구사항, 시장 측면의 요구사항으로 정리할 수 있으며, 이에 따라 창업자가 고려해야 할 세부 요구사항들에 대해 분석이 가능하다. 즉, 전략수립 요구사항분석은 전략수립 이전단계에서 고려해야 할 요구사항들을 파악할 수 있으며, 기업의 현재 전략적 위치를 파악할 수 있는 좋은 사전자료를 제공해 준다.

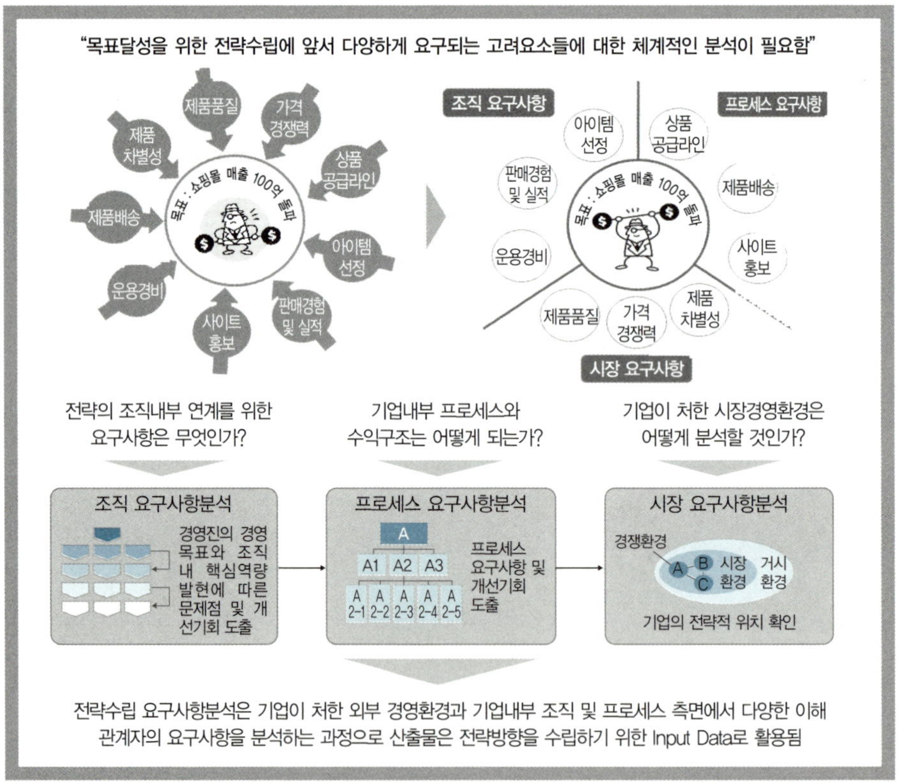

전략수립 요구사항분석 영역

Techno Business 전략을 수립하기 위해서는 다양한 이해관계자의 요구사항이 반영되어야 하며, 이러한 요구사항을 도출하기 위해 조직 관점, 프로세스 관점, 시장 관점 등 3가지 관점에서 분석을 수행한다. 조직 요구사항분석은 조직내부 효율성 극대화 및 핵심자원을 발굴하기 위해 필요한 정보를 수집하고 분석하는 단계이며, 프로세스 요구사항분석은 기업 내 의사결정 프로세스상의 핵심업무에 대한 정보를 수집 및 분석하는 단계라고 할 수 있다. 마지막으로 시장 요구사항분석은 기업외부로부터 다가오는 기회와 위협에 따른 기업 내부의 요구들을 분석하는 단계이다. [표 5-5]는 전략수립 요구사항분석의 영역을 보여주고 있다.

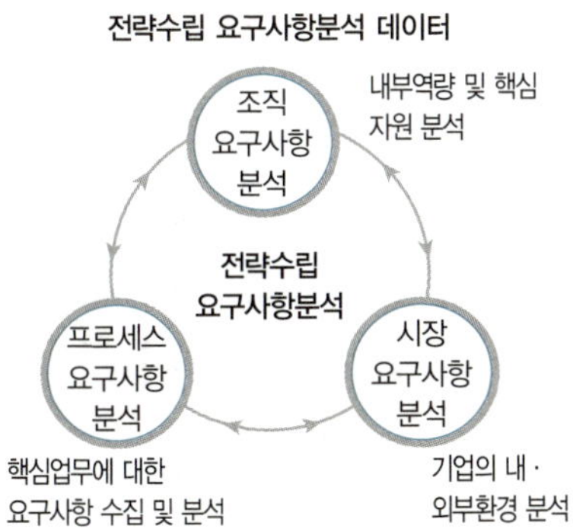

세부내용

구분	설명
조직 요구사항 분석	경영진에서부터 실무진에 이르기까지 내부 경영목표의 공유를 통해 조직 간 효율성을 극대화시키기 위한 조직내부 이해관계자의 요구사항을 분석함
프로세스 요구사항 분석	의사결정문제에 대한 신속하고 정확한 문제해결을 위해 필요한 최적의 업무 프로세스 요구사항을 분석함
시장 요구사항 분석	기업 외부의 다변화하는 경영환경 속에서 기업내부 전략에 대한 분석을 통해 현재 기업의 강 · 약점을 분석함

표 5-5 전략수립 요구사항분석 영역

2.2 조직 요구사항분석

조직 요구사항분석 개념

조직 요구사항분석은 경영진에서 사업조직 내 실무진에 이르기까지 유기적인 경영목표 실현을 위해 다양한 이해관계자의 요구사항을 도출하는 단계이다. 즉, 조직의 권한구조 및 문제점, 핵심역량 등을 분석하는 활동이라 할 수 있다. 이러한 조직 요구사항분석은 역량 발현을 위한 실행요건별로 기업의 현황을 분석하고 전략방향을 수립하기 위한 정보를 도출하는 것을 목적으로 한다.

◈ ITR Definition

조직 요구사항분석
경영진과 사업조직의 목표 공유를 위해 의사결정단계 및 각 부서별로 요구사항을 수집하고 분석하는 방법

조직 요구사항분석의 필요성

조직 요구사항분석은 조직의 구조, 핵심역량 및 자원, 그리고 조직의 문제점을 진단하고 분석하는 일련의 과정이라 할 수 있다. 이러한 조직 요구사항분석 결과는 전략 최적화방안 수립 시 조직의 현황과 주요 이슈를 도출할 수 있는 기회를 제공한다. 또한, 전략적 대안을 도출하여 조직 내 발생한 문제를 해결하고 조직의 경쟁력을 확보하는 데 반드시 필요한 전략적 방향성을 제공한다. [그림 5-5]를 통해 조직 요구사항분석의 필요성을 알 수 있다.

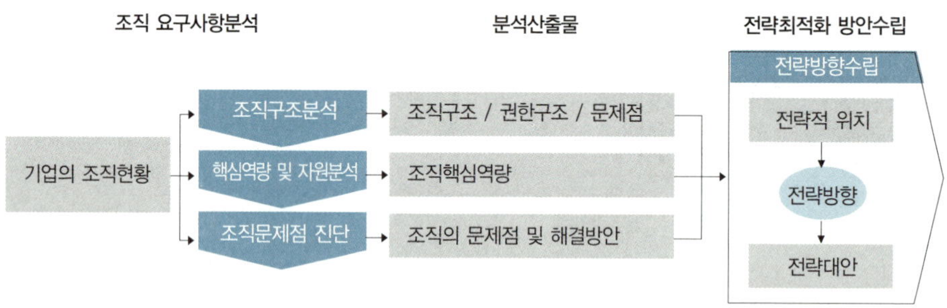

그림 5-5 조직 요구사항분석의 필요성

조직 요구사항분석 유형

조직 요구사항분석의 유형은 크게 조직의 권한구조, 내부역량, 조직문화 등 세 가지 유형으로 구분할 수 있다. 조직구조분석의 대표적 분석기법으로는 조직의 의사결정 프로세스 상의 개별 활동들에 대한 책임, 권한, 전문성 등을 분석하는 RAEW분석이 있다. 핵심역량 및 자원 분석의 대표적 기법으로는 기업의 핵심역량 파악 및 육성, 비핵심업무에 대한 아웃소싱 여부에 대해 분석하는 조직역량 분석기법이 있다. 또한 조직 문제점 진단의 대표적 기법으로는 공유가치, 전략, 기술, 시스템, 구성원, 스타일, 구조 등을 분석할 수 있는 7S 분석기법이 있다. 이러한 기법들을 정리하면 다음의 [표 5-6]과 같다.

구분		정의	대표적 기법	분석영역
1	조직구조분석	경영진의 목표에 따른 의사결정 프로세스를 세부업무로 나누어 조직의 권한구조를 파악하고, 문제점을 분석하는 기법	RAEW분석	경영진의 경영목표, 개별 활동들의 책임, 권한, 전문성 등
2	핵심역량 및 자원분석	기업의 전략을 달성하기 위한 조직의 핵심역량을 분석하는 기법	조직역량분석	핵심역량 육성, 유지, 아웃소싱 여부 등
3	조직문제점 진단	조직을 바라보는 구조적 틀을 활용하여 조직의 문제를 진단하고 대책을 수립하는 기법	7S분석	공유가치, 전략, 기술, 시스템, 구성원, 스타일, 구조

※ RAEW분석 – R : 책임(Responsibility), A : 권한(Authority), E : 전문성(Expertise), W : 실제업무수행(Work)
※ 7S분석 – S : 전략(Strategy), 구조(Structure), 시스템(System), 구성원(Staff), 역량(Skill), 경영스타일(Style), 공유가치(Shared Value)

표 5-6 조직 요구사항 분석기법의 유형

Deliverables

VE전자는 차세대 글로벌 모바일 기업으로의 도약을 위한 기업내부 조직구조 개선에 주안점을 두고 있다. 이러한 목표하에 VE전자는 기업의 현 조직구조에 대한 전략적 위치를 파악하기 위한 조직 요구사항분석이 요구된다.

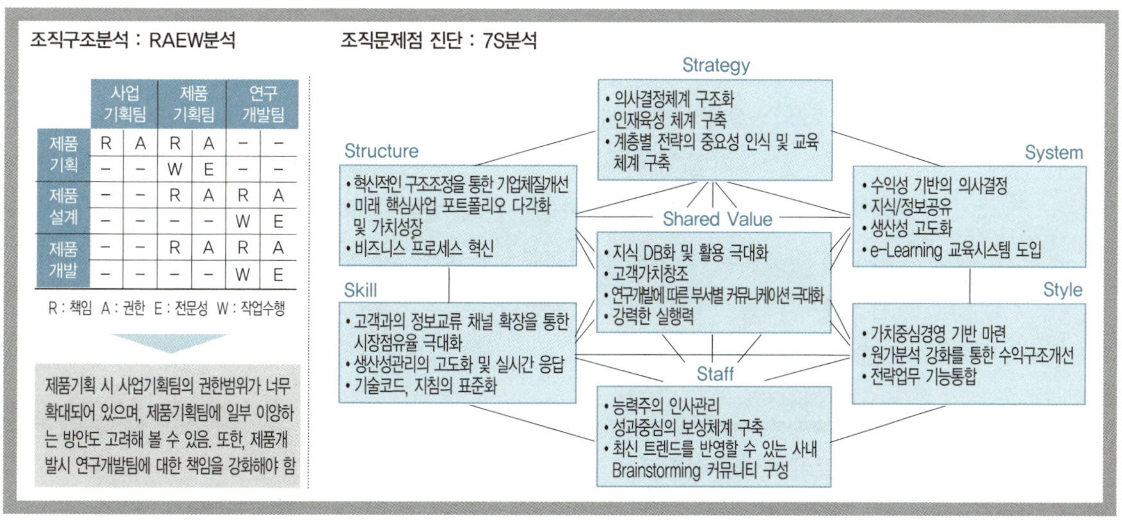

■ 조직구조분석 : RAEW분석

조직구조의 경우 RAEW분석을 통해 사업기획팀의 권한 범위에 대해 분석결과를 도출하였으며, 이를 통해 부서의 업무강도 및 그에 따른 생산성 저하요인 및 업무의 책임소재를 강화시킬 수 있다.

■ 조직문제점 진단 : 7S분석

조직의 문제점을 파악하기 위해 VE전자가 수행한 분석기법은 7S분석으로서 S는 Strategy, Structure, Shared Value, System, Skill, Staff, Style 등으로 구성된다. 각 분석영역별로 아래와 같은 결과를 도출하였다.

- Strategy : 의사결정체계 구조화 및 계층별 전략 공유, 전략의 중요성 인식 및 교육체계 강화
- Structure : 구조조정을 통한 기업체질 개선 및 프로세스 혁신 필요
- Skill : 고객 접점채널 확장 및 생산성 관리
- System : 수익성기반의 의사결정 시스템 및 지식 공유, 교육 시스템 도입
- Style : 가치중심 경영 기반 하의 원가 분석 및 업무기능 통합
- Staff : 인사관리를 위한 보상체계 구축 및 커뮤니티 구성
- Shared value : 지식DB화 및 극대화 및 커뮤니티 활성화

2.3 프로세스 요구사항분석

프로세스 요구사항분석 개념

프로세스 요구사항분석은 가치사슬에 대한 구조적 분석을 수행하는 작업이다. 이를 통해 기업 내부의 다양한 이슈를 파악하고 가치창출 과정과 혁신 과정에서 어떤 문제가 있는지를 파악하는 방법이다. 특히 프로세스 요구사항분석은 업무별 산출물을 중심으로 비교분석을 하여, 경쟁사와의 차이점을 통해 차별화된 실행전략을 시사점으로 도출한다.

◈ **ITR Definition**

프로세스 요구사항분석

프로세스별 이해관계자의 가치창출을 위한 문제점 및 요구사항을 도출하기 위하여 업무 프로세스 구조 및 기능을 분석하는 방법

프로세스 요구사항분석의 필요성

프로세스 요구사항분석은 기업의 의사결정 문제에 필요한 개선 과제를 파악하는 방법이다. [그림 5-6]에서 보여주듯이 조직 요구사항분석 결과와 함께 기업 내부에서 전략적 개선이 필요한 부분을 수렴하는 한편, 지금의 전략적 위치에서 어떤 방향을 선택할 것인지에 따라 장기적인 전략적 대안을 도출하는 과정이기도 하다. 무엇보다 프로세스 요구사항분석의 핵심은 객관적인 프로세스 진단을 통해 전략의 방향을 제시하는 것이다. 뿐만 아니라 프로세스의 구조가 유연하고 명료한지, 기업에서 즉시 실행할 수 있을 만큼 간결하고 실천가능한지 살펴보는 것도 필요하다.

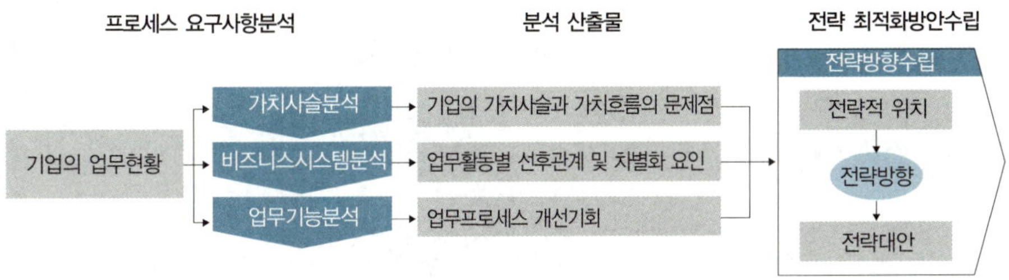

그림 5-6 프로세스 요구사항분석의 필요성

프로세스 요구사항분석 유형

프로세스 요구사항분석의 유형은 크게 가치사슬 분석, 비즈니스 시스템 분석, 업무기능 분석 등 세 가지 유형으로 구분할 수 있다. 기능별로 조직의 업무 개선 기회를 파악하는 한편, 이들의 우선순위를 도출하는 과정이기도 하다. 기업의 가치창출활동 가운데서 나타나는 다양한 강·약점을 파악하는 과정이며, 기능조직 내 업무프로세스에 대한 문제점 및 재조정을 위해 [표 5-7]과 같은 분석기법을 활용한다.

표 5-7 프로세스 요구사항 분석기법의 유형

	구분	정의	대표적 기법	분석영역
1	가치사슬 분석	부가가치 창출의 직·간접 업무를 파악하고 기업의 가치창출 활동상의 강 약점을 분석하는 기법	Value Chain Analysis	• Primary Activity, Support Activity 분석 • 업무 프로세스 상의 가치실현 절차분석
2	비즈니스 시스템분석	핵심업무의 활동영역 및 선후관계를 정의하고 경쟁사와의 비교분석을 진행하는 기법	Business System Analysis	• 각 업무활동 별 선후관계 및 중점영역분석 • 경쟁사 비교에 따른 기업의 보충영역 정의
3	업무기능 분석	기업 전체의 업무를 계층별로 분해하고, 전사적 업무 개선기회를 도출하는 기법	Functional Process Analysis	• 업무기능영역, 업무기능, 업무프로세스, 단위 프로세스분석 • Process 별 기능 정의

Deliverables

VE전자는 기업내부 조직구조개선의 조직 요구사항분석 결과를 토대로 가치사슬 최적화 및 조직문화와 구조개선을 위한 프로세스 요구사항분석이 요구된다.

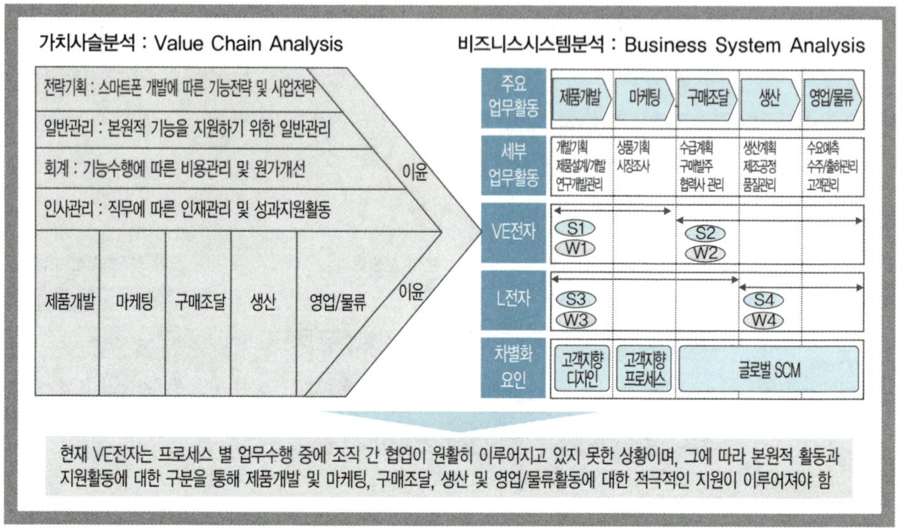

■ 가치사슬분석

VE전자는 가치사슬분석을 통해 현재 기업의 가치흐름을 파악하였으며, 이에 따라 현재 VE전자가 기업경쟁력 확보를 위하여 핵심가치를 영역별로 도출하였다.

■ 비즈니스 시스템 분석

비즈니스 시스템 분석을 통해 VE전자는 주요 업무활동과 세부 업무활동에 대한 다음과 같은 차별화 요인을 도출하였다.

- 고객지향 디자인 : 차세대 글로벌 모바일기업으로 성장하기 위한 VE전자의 차별화 요인 중 하나로서 고객의 요구에 따른 제품 디자인 주력
- 고객지향 프로세스 : 고객의 요구사항 반영 및 디자인에 대한 제품 반영을 위하여 고객지향 프로세스를 추구하고자 함
- 글로벌 SCM : 기업의 세계진출과 동시에 기획단계에서부터 제품 출하까지 효율적인 공급을 위한 글로벌 SCM을 구축하고자 함

2.4 시장 요구사항분석

시장 요구사항분석 개념

시장 요구사항분석은 분석관점에 따라 기업이 처한 산업, 경쟁, 시장환경을 세분화하여 현 기업전략에 대한 환경분석과 기업 내·외부환경에 대한 이해관계자의 다양한 요구사항을 분석하는 과정이다. 이러한 시장 요구사항분석의 목적은 기업 내부역량에 대한 분석과 외부환경에 따른 기업의 강·약점 및 기회와 위협에 대한 전략적 방향을 도출하기 위한 것이라고 할 수 있다.

◈ **ITR Definition**

> **시장 요구사항분석**
> **기업 내부역량과 외부환경에 따른 전략적 방향성 도출하기 위하여 거시환경, 경쟁환경 그리고 수요환경 등의 다양한 요구사항을 분석하는 방법**

시장 요구사항분석의 필요성

시장 요구사항분석은 기업을 둘러싸고 있는 외부 거시환경과 시장 내 경쟁환경, 고객의 수요환경을 진단하고 분석하는 절차이며, 이러한 시장 요구사항분석은 전략 최적화방안 수립 시 기업이 현재 속해 있는 환경 속에서 경쟁력 확보 및 전략적 방향성을 도출할 수 있는 기회를 제공한다. 이러한 시장 요구사항분석의 필요성은 [그림 5-7]을 통해 알 수 있다.

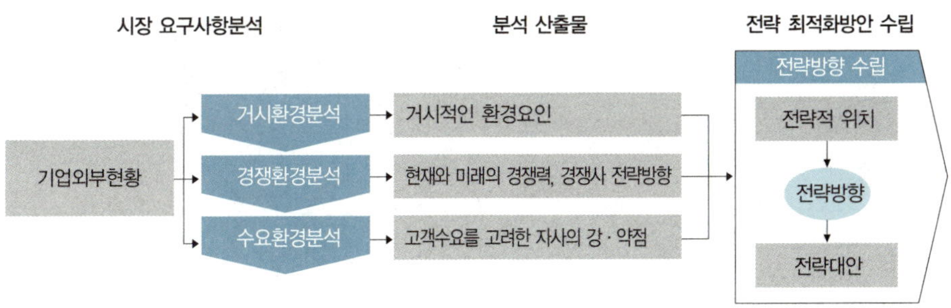

그림 5-7 시장 요구사항분석의 필요성

시장 요구사항분석 유형

환경범위에 따라 시장분석은 다양화될 수 있다. 단기적인 성과를 이끌어내는 마케팅분야뿐만 아니라 기업의 전략적 유연성을 위해 다양한 분야의 지식과 역량을 고려해야 한다. 예를 들어 기업활동에 영향을 미치는 정치경제적 요인, 사회문화적 요인, 기술적 요인 등을 바탕으로 분석을 수행한다. 이를 '거시환경분석'이라고 한다. 경쟁자 및 잠재적 진입자, 대체재, 공급자, 구매자의 5요소도 중요하다. 제4장(산업)에서 설명한 5-Forces Model을 활용하여 자사의 역량이 얼마만큼 우위를 갖고 있는지 점검해 보아야 한다. 자사, 시장 내 경쟁자, 고객 등을 토대로 한 3C분석 또한 고객지향적인 분석을 위해 중요하다. 이를 위해 [표 5-8]은 시장의 요구사항을 도출하기 위한 대표적 분석기법을 제시하고 있다.

표 5-8 시장 요구사항 분석기법의 유형

	구분	정의	대표적 기법	분석영역
1	거시환경분석	기업의 경영활동에 영향을 미치는 거시환경요인을 집중적으로 분석하는 기법	PEST분석	정치적 요인, 경제적 요인, 사회문화적 요인 기술적 요인분석
2	경쟁환경분석	산업 내 경쟁요인으로부터 현재의 경쟁력과 미래의 경쟁력을 예측할 수 있는 기법	5-Forces분석	산업 내 경쟁자, 잠재진입자, 대체재, 공급자 구매자분석
3	수요환경분석	3C 분석을 통해 시장경쟁력을 파악하고 고객지향적 시각을 제공하는 기법	3C분석	자사, 시장 내 경쟁사, 고객분석 등

※ PEST분석 – P : 정치적 환경(Political Environment), E : 경제적 환경(Economical Environment), S : 사회문화적 환경(Social Environment), T : 기술적 환경(Technological Environment)

※ 3C분석 – C : 시장 내 경쟁사(Competitor), 자사(Company), 고객(Customer)

Deliverables

VE전자의 CEO는 기업의 신동력으로서 차세대 모바일기술을 선정하였으며, 세계적인 모바일기업으로 도약하기 위한 전략 목표를 제시함에 따라 현 VE전자의 전략적 위치를 확인하기 위한 시장 요구사항분석이 요구된다.

VE전자는 세계적인 모바일기업으로 도약하기 위한 전략수립에 앞서 VE전자가 처한 산업, 경쟁, 수요환경을 세분화하여 시장요구사항에 대한 분석을 수행하고자 한다.

■ 경쟁환경 분석 : 5-Forces분석

현재 산업 내 경쟁환경을 분석하기 위해 VE전자는 5-Forces분석을 통하여 동일 산업군의 경영자 및 신규진입의 위협과 대체품 및 서비스의 위협, 공급자 및 구매자의 교섭력 등 5가지 영역에 대해 분석해 본 결과 스마트폰에 대한 고객 니즈 및 시장이 활성화되고 있으나 산업 내 경쟁이 치열하며, 대체품(2G, 3G 등)의 위협이 존재하고, 또한 부품업체 간의 제휴가 필요하다는 결론을 도출하게 되었다.

경쟁환경분석 : 5-Forces분석

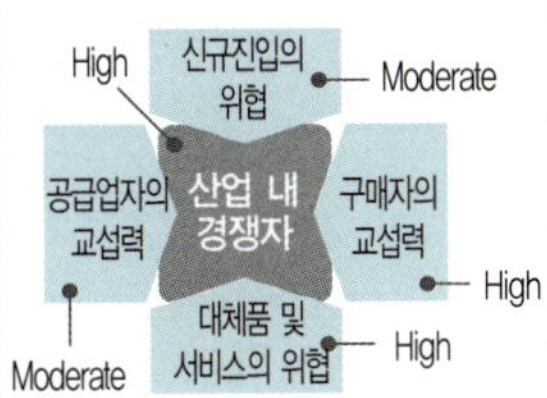

분석영역	세부내용	Low	Moderate	High
산업 내 경쟁자	글로벌 이슈가 된 외국 스마트폰의 국내시장 진출이 확정됨에 따라 경쟁이 치열해 질 것으로 예상됨			✓
신규진입의 위협	스마트폰에 대한 기술우위를 선점하고 제품을 차별화하기 위해 선진입자와의 경쟁이 치열해질 것으로 예상됨			✓
대체품 및 서비스의 위협	2G, 3G에 지속적인 니즈로 인해 기술의 융·복합화 가능성 높음			✓
공급업자의 교섭력	네트워크 공급자와 전략적 제휴관계 수립이 필요함		✓	
구매자의 교섭력	고객 니즈의 다변화 및 다양화로 인해 제품개발 참여가 필요함			✓

■ 수요환경분석 : 3C분석

제품에 대한 수요환경을 분석하기 위해 VE전자는 다음과 같이 3C분석을 통해 고객의 디자인 요구 및 성능에 대한 요구가 다양화 및 다변화하고 있으며, 이에 따라 기술력과 디자인 수준 확보 그리고 경쟁사에 대한 지속적인 모니터링이 요구된다는 결론을 도출하였다.

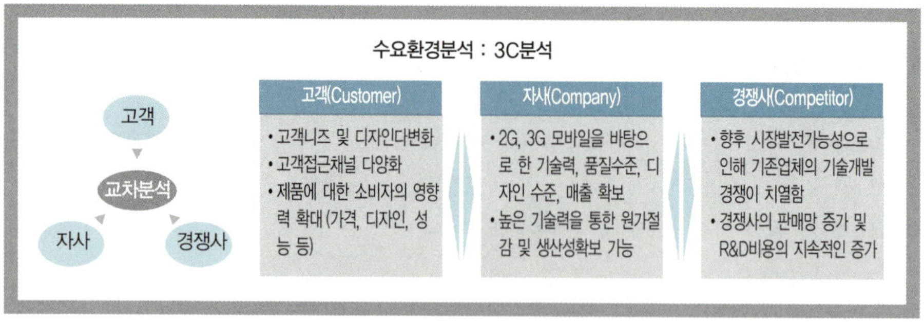

VE전자는 시장 요구사항분석 결과 스마트폰 사업의 시장화가능성을 확인하였으며, 제품의 성공가능성을 증대시키기 위한 세부전략방향 모색 필요에 따라 전략수립을 위한 전략 최적화 방안을 수립하고자 한다.

3. 전략최적화방안 수립

전략최적화방안 수립의 중요성

전략 최적화방안 수립이란 각각의 요구사항분석 결과를 토대로 현재의 전략적 위치를 확인하여 전략수립을 위한 방향성을 제시하는 것이다. 그리고 실제 기업이 수행할 전략수립까지 포함하고 있다.

만약 잘못된 전략적 위치 파악이 이루어진다면 어떤 상황이 벌어질까? 기업이 나아가야 할 방향을 올바르게 제시하지 못할 경우 기업전략의 실패로 이어질 가능성이 매우 높다. 그리고 시장 내에서 기업 자체가 위기국면을 맞이할 수도 있다.

다음의 사례는 전략 최적화방안 수립이 성공적인 실행으로 이어지기 위해 갖추어야 할 요건에 대해 잘 설명하고 있다.

한국을 대표하는 지휘자인 정명훈 서울시향 예술감독은 2001년 도쿄 필하모닉 오케스트라의 리허설을 준비하면서 색다른 느낌을 받았다. 깔끔한 오케스트레이션과 분명한 선율처리는 놀라웠지만, 정작 감동과 영감이 없는 연주라는 생각이 들었다는 것이다. 이를 극복하기 위해 정 감독은 연주자들에게 리본을 묶은 삽 한 자루씩을 선물했다고 한다. 자신의 내면에 자리잡은 열정과 동기를 이끌어 내 달라는 부탁인 셈이었다. 정 감독

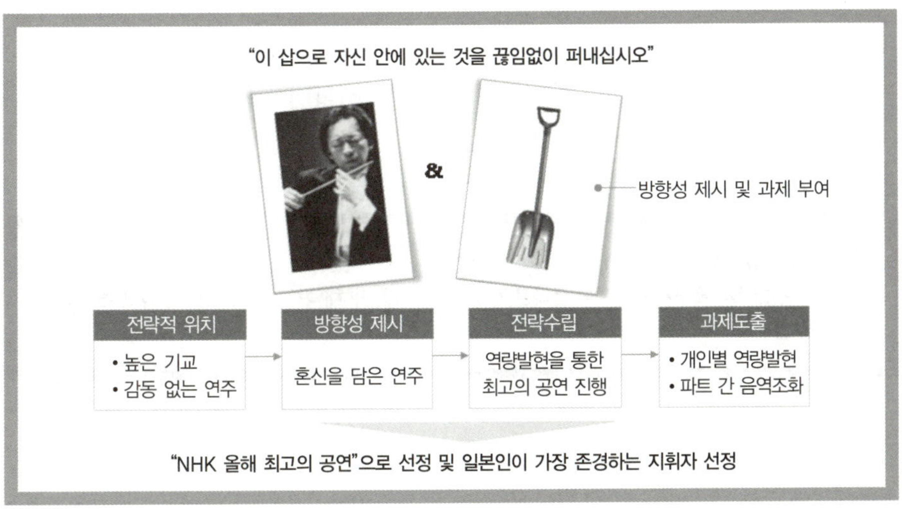

이 객원지휘한 연주회 당일, 수많은 일본 관객들이 도쿄 필하모닉의 새로운 해석과 시도에 찬사를 보냈다. 그 결과 NHK는 정명훈을 일본인이 가장 존경하는 지휘자로 손꼽았다. 이 예화의 시사점은 무엇일까? 정확한 전략적 위치 파악과 동시에 분명한 전략적 방향을 제시하고, 그에 따른 전략 과제를 리더가 몸소 실천했다는 것이다.

3.1 전략최적화방안 수립개요

전략이론과 실제전략계획 사이에 가장 큰 차이가 바로 '최적화방안'이라 할 수 있다. 솔루션(Solution)이 없는 전략은 문제점 나열에 불과하다. 따라서 기업경영의 실제를 반영한 전략방안은 경영자가 의사결정을 하는데 가장 중요한 지침이 된다. 또한 자사가 경쟁환경 속에서 어느 정도의 전략적 위치를 점하는지 객관적으로 검토하는 단계이기도 하다. 이를 통해 기업의 실행목표를 설정하고, 실행방안을 수립할 수 있다. 따라서 전략최적화방안은 전략의 기초 수립뿐만 아니라 실천방법까지 규정하는 종합적인 단계라고 할 수 있다. 이러한 전략최적화방안 수립은 전략방향 수립, 전략과제 도출, 실행계획 수립의 세 가지 절차로 구성된다.

전략최적화방안 수립의 개념

전략최적화방안은 전략수립 요구사항분석의 조직, 프로세스, 시장요구사항에 대한 분석결과를 기반으로 사업전략과 기능전략을 연결하는 단계라 할 수 있다. 기업실정에 맞는 최적화된 전략을 수립하는 일련의 과정인 것이다.

◈ ITR Definition

전략최적화방안 수립
전략의 수립 및 요구사항 분석 결과를 바탕으로 기업이 채택해야 할 전략적 대안을 도출하는 방법

전략최적화방안 수립의 필요성

전략최적화방안 수립은 조직, 프로세스, 시장의 요구사항들을 분석하여 기업설정에 맞는 최적화된 전략을 수집하는 일련의 과정이라 할 수 있다. 이러한 전략최적화방안을 통해 [그림 5-8]과 같이 기업의 전략실행을 위한 목표선정과 구체적인 과업을 설정하고 이를 달성하기 위한 계획을 수립할 수 있다.

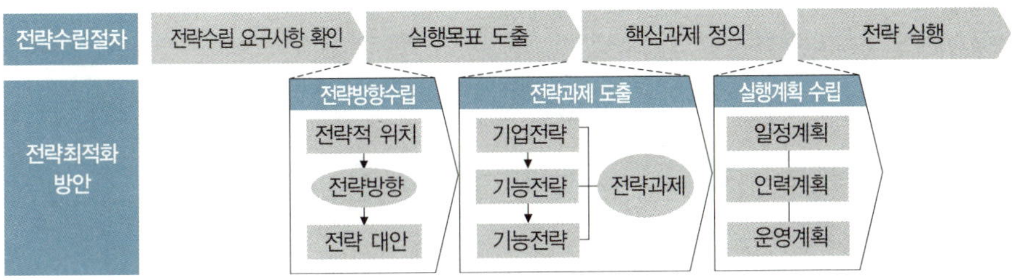

그림 5-8 Techno Business 전략최적화방안 수립의 필요성

전략최적화방안 수립 On Hand

개인 혹은 조직에 있어 미래지향적인 비전과 목표를 설정하였을 때, 그에 적합한 방향을 설정하고 실행과제와 계획을 수립하는 것은 매우 중요하다. 또한 일련의 프로세스를 통해 도출된 과제 및 실행계획은 목표달성에 있어 반드시 수행되어야 하는 절차이다. 다음의 사례를 통해 어떠한 절차적 접근이 필요한지 소개하고자 한다.

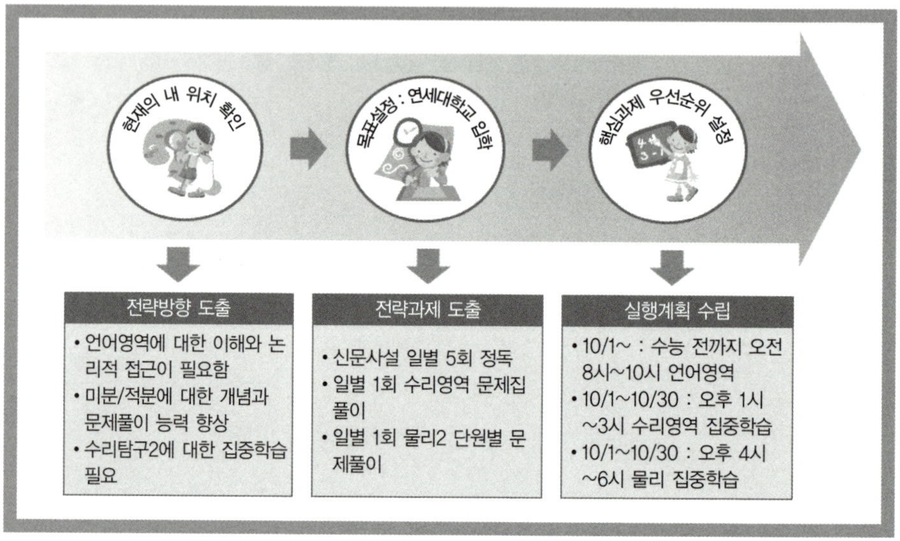

수험생의 경우 입학을 희망하는 대학을 목표로 세우고 이를 달성하기 위한 전략적인 접근이 필요하다. 이를 위해서는 첫 번째로 현재 자신의 위치를 확인하는 단계를 거쳐야 한다. 이는 전략방향을 도출하기 위한 전략적 위치를 확인하는 절차이며 이를 통해 학생은 현재 자신이 부족한 과목과 보완해야 할 점에 대해 파악할 수 있다. 다음으로 보완에 따른 선택가능한 희망 대학을 선정하고 이를 위해 필요한 학습영역을 세분화해야 한다. 위의 그림처럼 신문 사설에 대한 정독 및 부족한 과목에 대한 일별 혹은 월별 학습계획을 짜는 것이 대표적인 예이다. 이러한 전략과제 도출 이후에는 가장 시급한 과목과 보완사항을 분류하고 핵심과제의 우선순위를 결정한 후 과제순위별 실행계획을 수립하여 목표달성에 근접하게 된다.

전략최적화방안 수립영역

Techno Business 전략수립 시 다양한 이해관계자의 요구사항이 반영되어야 하며, 이러한 요구사항이 반영되는 단계가 바로 전략 최적화방안 수립영역이라 할 수 있다. [표 5-9]는 전략 최적화방향의 세부내용을 보여 주고 있다. 전략 최적화방안 수립영역은 전략방향 수립, 전략과제 도출, 실행계획 수립으로 구성된다. 구성단계 중 전략방향 수립은 기업의 비전 및 전략 목표를 수립하는 단계이며, 전략과제 도출은 실제 Techno Business 전략을 실현하기 위한 실행목표를 도출하고 정의하는 단계이다. 마지막으로 실행계획 수립영역은 도출된 전략과제를 바탕으로 과제실행을 위한 구체적인 계획을 수립하는 단계이다.

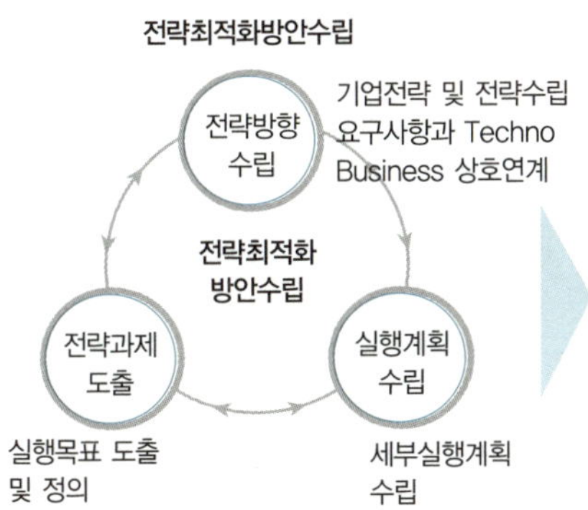

세부내용

구분	설명
전략방향 수립	기업전략 방향과 전략 실행상 필요한 전략 수립 요구사항 분석결과를 토대로 기업의 비전 및 전략 방향을 수립함
전략과제 도출	Techno Business 전략을 실현하기 위한 실행목표를 도출 및 정의함
실행계획 수립	도출된 전략과제를 바탕으로 실제 수행할 수 있는 실행계획을 수립함

표 5-9 전략최적화방안 수립영역

3.2 전략방향수립

전략방향수립의 개념

전략방향수립은 기업의 비전과 전사 목표를 통해 사업부 및 기능부서의 전략적 방향성을 수립하는 단계이다. 앞서 설명한 전략수립 요구사항 분석 결과를 바탕으로 전략방향의 대안을 도출하고 평가하여 최적의 전략방향을 수립한다.

◈ ITR Definition

전략방향수립
기업의 전략 방향과 대안을 도출하고 향후 전략 수립의 거시적인 방향을 구조화하여 제시하는 방법

전략방향수립의 필요성

전략수립요구사항을 도출한 다음에는 실행목표를 세우게 된다. 그 이전에 기업 내 개별 구성원들의 요구사항을 수렴하여 전략을 수립하기 위한 절차가 필요하다. 전략방향수립은 전사적 차원의 전략방향을 제시해주는 역할뿐만 아니라, 전략적 대안의 타당성을 검증하는 역할을 한다. [그림 5-9]는 전략방향수립의 필요성을 나타내고 있다.

그림 5-9 전략방향수립의 필요성

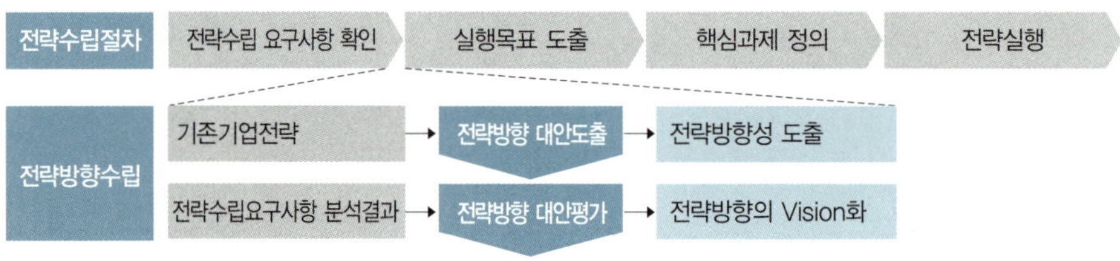

전략방향수립의 유형

전략방향수립기법은 전략방향 대안들을 도출하고 평가하는 역할을 한다. 먼저 전략방향 대안도출은 전략 시나리오에 따른 최선의 방향을 제시하는 영역이다. 또한 전략방향 대안평가를 통해 도출된 대안들이 실제 기업의 세부전략수립에 적합한지 그리고 위험은 없는지를 평가한다. 이러한 전략방향 수립기법의 유형은 [표 5-10]과 같이 정리하였다.

표 5-10 전략방향 수립기법의 유형 및 분석영역

구분		정의	대표적 기법	분석영역
1	전략방향 대안 도출	비연속적으로 변화하는 산업환경에 대한 전략 시나리오를 구성하여 대응책을 마련할 수 있음	Scenario Method	기회요소 시나리오 대응
		Who, What, How 관점에서 각각의 대안을 도출하고 종합적 대안을 선정할 수 있음	Strategic Position Map	Who, What, How
		두 개의 축으로 나누어 자사의 선택가능한 최적의 위치 방향을 도출할 수 있음	Strategic Compass	핵심적 Element
2	전략방향 대안 평가	해당산업 또는 제품의 성숙도 및 자사의 경쟁위치 차원에서 적정한지를 평가할 수 있음	Life Cycle/Strategic Fit Analysis	해당 산업 및 제품 성숙도
		자사의 핵심역량 대비 전략방향이 적정한지를 평가할 수 있음	Core Competency Fit Analysis	기업의 핵심역량
		산업시나리오에 따른 리스크에 대비하여 적절히 대응 또는 회피할 수 있는지 평가할 수 있음	Scenario Risk Analysis	산업리스크, 전략방향의 대안
		각 전략방향을 택했을 경우 기대되는 성과로서 적정성을 평가할 수 있음	Reward Analysis	기대성과, To-Be Model

Deliverables

VE전자는 판매량 증진을 위한 가상의 마케팅 시나리오를 작성한 후 이에 따른 전략 방향성을 수립하였다. 다음의 산출물은 VE전자의 Scenario Method에 의한 전략방향성 도출에 대한 사례이다.

VE전자는 전략적 목표로 스마트폰 판매량을 설정하고 이에 따라 판매량의 증감에 따른 전략의 성공, 중립, 실패에 대한 시나리오를 도출하였다.

전략방향 대안 도출 : Scenario Method

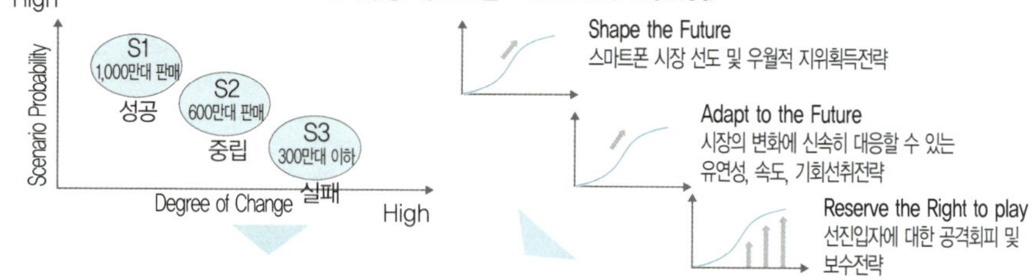

	Shape the Future	Adapt to the Future	Reserve the Right to play
S1	• 원천기술 개발획득 • 수요시장 선점	• L사의 기술적 위험요인에 대한 차별화 기술확보 • 신제품 출시기간 단축	• 선진입자인 L사와의 기술제휴 • 협업을 통한 공동마케팅 진행
S2	• 차세대 모델 개발 집중	• 제한적 공급량을 통한 판매	• 가격축소를 통한 재고축소 및 판매량 확보
S3	• 소비자 관심 환기를 위한 공격적 마케팅 진행	• L사 제품에 대한 벤치마킹 • L사 성공요인 도출 및 반영	• Following Group 통합 및 제휴

Strategic Posture →

VE전자는 산업의 지위획득전략 및 기회선취전략, 보수전략 등 3가지 전략대안을 도출하였다.

3.3 전략과제도출

전략과제도출의 개념

전략과제도출은 앞서 수행한 전략방향을 토대로 단계별 전략을 수립하고 실제 전략을 성공적으로 수행하기 위한 실행목표를 설정함과 동시에 세부전략별 과제를 구체화하는 단계라고 할 수 있다. 또한 도출된 전략과제는 핵심과제로 분류되어 기업의 모든 임직원이 수행해야 할 최종 목표과업이 된다.

◈ **ITR Definition**

> **전략과제도출**
> **수립된 전략적 목표를 성공적으로 달성하기 위해 계층별 실행전략과 최종 목표 과업을 도출하기 위한 방법**

전략과제도출의 필요성

기업이 실제 수행가능한 전략과제를 도출하기 위해서는 [그림 5-10]에서 나타나듯이 계층별 전략수립을 통한 단계적 접근이 필요하다. 전략과제는 지금껏 수행된 요구사항분석 및 실행목표, 전략방향성 등을 기반으로 도출되며, 성공적인 목표달성을 위해 수행해야 하는 일종의 실행과제라고 할 수 있다.

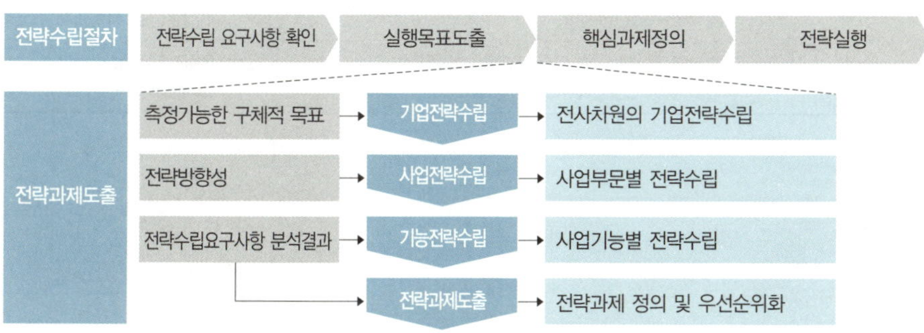

그림 5-10 전략과제 도출의 필요성

전략과제도출의 유형

전략과제도출을 수행하기 위해서 우선적으로 수행해야 하는 절차는 기업의 단계별 전략인 기업전략, 사업전략, 기능전략을 정의하는 것이다. 각각의 전략들을 바탕으로 목표로 달성하기 위해 실행해야 하는 전략과제들을 도출할 수 있다. [표 5-11]은 전략과제의 유형과 대표적 기법을 보여주고 있다.

표 5-11 전략과제 도출 기법의 유형

구분	정의	대표적 기법	분석영역
1 기업전략수립	시장성장률과 상대시장점유율에 의해 사업 포트폴리오의 적정성과 투자방향을 결정하는 전략수립 Framework	BCG Matrix	Star, Cash Cow, Question Mark, Dog
	순 ROI와 자산성장률의 2축의 틀에 의해 최적화된 투자방향을 Value 관점에서 판단하는 전략수립 Framework	Growth Spread Matrix	Destroying Value, Creating Value, Releasing Value, Limiting Value
	핵심역량을 기반으로 전략에 입안하여 전략을 수립하는 전략수립 Framework	Core Competence Agenda	Premier Plus10, Mega-Opportunities, Fill in the Banks, White Spaces
2 사업전략수립	저원가, 차별화 등을 통해 경쟁자우위의 사업전략수립이 가능함	Three Genetic Strategies	차별화영역, 원가영역, 집중영역
3 기능전략수립	각 기능별 세부 프로세스, 조직/인사, IT의 인프라별 개선방향 파악	Business Transformation	업무프로세스, 인사/조직, IT인프라
	가치업무와 비가치업무에 대한 구분을 통해 업무의 가치를 평가하여 생성 또는 제거함	Value Added Analysis	업무 프로세스, Activity, Task
4 전략과제도출	전략에 따른 체계화된 전략과제 도출을 위해 전략 맵을 설계함	Strategy Tree	전략목표, 전략, 전략 initiatives, 전략과제
	과제별 우선순위화 이후 과제의 성공적 수행을 위한 CSF, KPI 도출	과제 정의서	R&R, Monitoring System

Deliverables

VE전자는 사내 사업부에 대한 자체 시장점유율 및 시장성장률을 분석함에 따라 각 사업부에 대한 평가를 진행하고 이를 통해 사업부를 총괄 운영하기 위한 기업전략을 수립하였다.

기업전략수립 : BCG 매트릭스

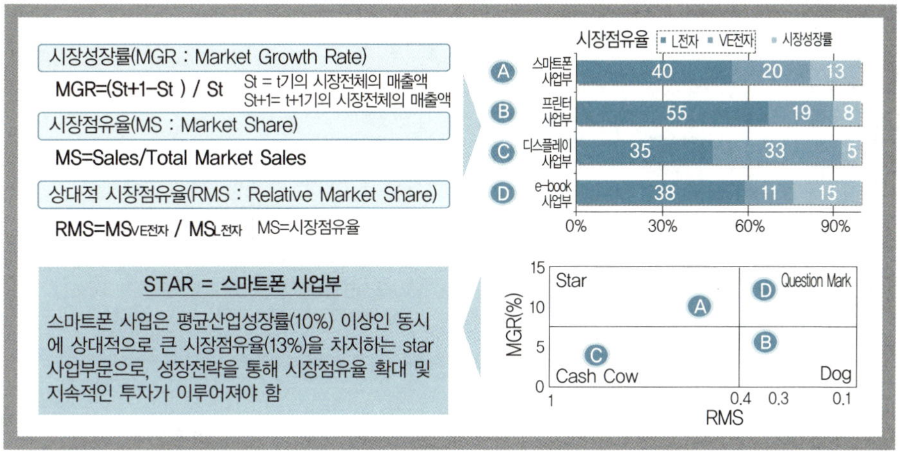

VE전자는 기업의 성장전략을 기반으로 스마트폰의 사업전략수립을 위해 경쟁사의 제품과 전략적 목표를 비교 · 분석하여 사업화 전략을 수립하였다.

사업전략수립 : Three Generic Strategies

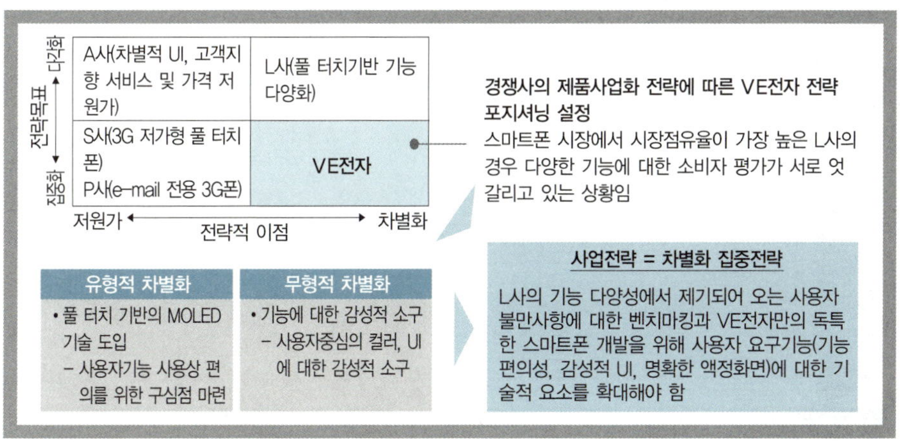

VE전자는 스마트폰에 대한 제품사업전략을 달성하기 위해 각 기능부서별 프로세스의 액티비티에 대한 강화 방안을 목표로 하는 기능전략을 수립하였다.

기능전략수립 : Value Added Analysis

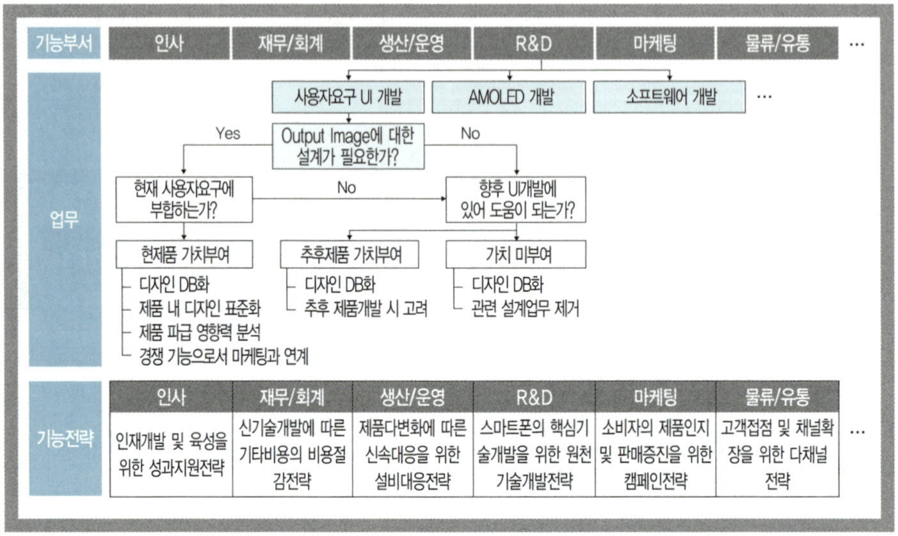

기능전략이 수립되면 구체적으로 기업의 경영자와 실무자들이 실행하기 위한 방안이 정의되어야 한다. 그 점에서 과제정의서는 전략계획의 실행목표라고 할 수 있다.

과제도출 및 정의서 : 과제 정의서

과제번호	A1	과제명	내부 협업 네트워크 효율 증대를 위한 Enterprise Portal 재구성	추진조직	IT부서

과제 목적	• 내부 협업을 통한 제품개발의 효율성 및 효과 증대	고려 사항	• 시스템 설계 시 각 부서의 긴밀한 협조 필요
요구 사항	• 각 부서에 분산되어 있는 시스템 기능에 대한 설문 • 실제 시스템 사용자에 대한 기능 표준화 • 각 업무 단위별 코드 표준화	기대 효과	• 업무 프로세스에 따른 각 부서의 요구사항을 효율적으로 반영가능 • 사용자 요구사항을 제품 개발에 효과적으로 반영가능 • 제품의 고품질 및 차별화가능

과제 번호

• 추진일정 : ×××년 ×월 ×일 ~ ×××년 ×월 ×일
• 추진절차

시스템 재구성 계획	Communication 체계 조사 및 검증	시스템 설계	시스템 개발
자료 수집, 검토	부서 간 합의 및 정보공유체계 조사 및 검증	사용자 기능에 대한 기존 시스템의 문제점 파악 및 재설계	시스템 개발 및 모니터링 사용자 평가 실시

3.4 실행계획수립

실행계획수립의 개념

실행계획수립은 단계별 수립된 단 · 중 · 장기전략을 실제 기업의 특성에 맞게 수행하기 위한 일련의 계획수립단계라 할 수 있다. 또한 실행계획수립은 구체적인 실행계획을 수립하고 과제 수행과정에 발생하는 문제에 대한 대응책을 마련하여 프로젝트의 성공가능성을 높일 수 있도록 한다.

◈ **ITR Definition**

> **실행계획수립**
> **수립된 전략을 단기, 중기, 장기에 걸쳐 실행할 수 있도록 일정과 역량분배, 수준관리 등을 구체화하는 방법**

실행계획수립의 필요성

실행계획수립은 전략수립 절차에서 도출된 각 영역별 결과들을 종합하여 전략실행을 위한 계획을 설정하는 단계이다. 이를 통해 세부 실행에 대한 일정을 계획하고 조직/개인의 역량을 분배한다. 또한 전략실행 과정에서 발생할 수 있는 문제점에 대한 모니터링과 변화관리를 계획하는 단계이다. [그림 5-11]을 통해 실행계획수립의 필요성을 알 수 있다.

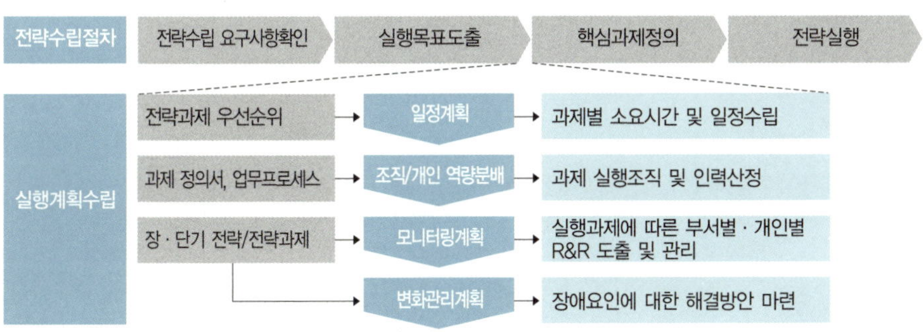

그림 5-11 실행계획수립의 필요성

실행계획수립의 유형

실행계획수립의 유형은 과제수행 일정 및 추진조직을 구성하기 위한 기법과 과제의 성공가능성을 높일 수 있는 모니터링 및 변화관리기법으로 구성된다. 과제의 성공적인 수행을 위해 [표 5-12]와 같은 다양한 계획수립기법을 활용하게 된다.

표 5-12 실행계획수립의 유형

	구분	정의	대표적 기법	분석영역
1	일정계획	세부 과제별 예상소요시간을 결정하고, 프로젝트 개시 및 종료를 고려한 과제별 기간을 맵핑하는 차트	Gant Chart	Task별 ID 부여 및 소요시간 설정
2	조직/개인 역량분배	과제별 성격과 필요 역량에 따라 적합한 인원을 구성하고 조직을 새로이 설계함	R&R Assignment	조직의 역할, 권한, 필요 역량, 주요 작업
3	모니터링계획	실행과제의 부서별/개인별 역할과 책임을 분석하여 표시하는 차트	RACI Chart	프로젝트 정의, 프로젝트 계획, 프로젝트 수행, 프로젝트 완료 등 단계별 모니터링
4	변화관리계획	조직 내 전략실행의 장애요인을 파악하여 변화관리 측면에서 해결함	Strategy Implementation Barrier	비전장애, 인적장애, 자원장애, 관리장애

※ R&R – Role & Responsibility

※ RACI Chart – R : 실무담당자(Responsible), A : 의사결정권자(Accountable), C : 업무수행조언자(Consulted), I : 결과보고대상자(Informed)(R, A, C, I는 필수적으로 활용되며, 예비적으로 S(Support)를 활용함)

Deliverables

VE전자는 전략의 핵심과제를 실행하기 위해 일정에 맞춰 추진조직을 구성하고 모니터링 및 변화관리 계획을 수립하였다.

■ 조직/개인 역량분배 : 추진조직 구성

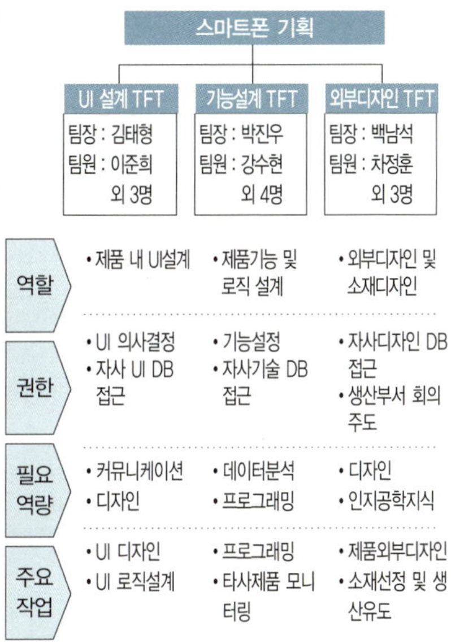

■ 모니터링 계획 : RACI Chart

R : Responsible A : Accountable C : Consulted I : Informed(S : Support)

단계	세부활동	프로젝트 이해관계자				
		TFT 팀장	TFT 팀원	사업부장	생산부서	마케팅부서
프로젝트 정의	목표정의	R	S	A	S	I
	영향도평가	R	S	A	S	I
	기대효과정의	R	S	A	I	I
프로젝트 기획	업무정의	A	S	I	I	I
	필요역량조사	A	S	I	S	S
	TFT 구성	A	S	I	S	S
프로젝트 실행	실행 모니터링	A	S	I	I	I
	중간산출물 관리	A	S	I	S	S
	시간관리	A	S	I	I	I
	비용관리	A	S	I	I	I
프로젝트 완료	성과평가	R	S	A	S	S
	성과학습	R	S	A	S	S

■ 조직/개인 역량 분배 : 추진조직 구성

VE전자는 핵심과제를 실행하기 위한 조직 및 개인의 역량을 분배하기 위해 스마트폰 기획에 대한 UI설계, 기능설계, 외부디자인 TFT를 구성하였다. 이러한 TFT는 각각의 팀에 적합한 역할과 권한, 필요역량, 주요 작업에 대한 기준을 수립하고 그에 따라 적합한 역량을 소유한 개인별 임무 부여를 통해 추진조직을 구성하였다.

■ 모니터링 계획 : RACI Chart

프로젝트별 정의 및 기획, 실행, 완료에 따른 세부활동을 정의하고 그에 따른 이해관계자들의 관여도를 설정하고 단계별 모니터링 계획을 설정하였다.

4. 전략성과평가

전략성과평가의 중요성 사례

전략성과평가는 방법과 성격에 따라 정성적 평가와 정량적 평가로 구분되며, 평가대상이 되는 단계에 따라 전략수립에 대한 사전평가와 전략실행 후의 성과평가로 구분된다.

다음은 개인의 목표설정에 따른 계획수립 평가와 성과평가를 보여주는 사례이다.

우리는 새로운 해를 맞이함에 따라 새로운 목표수립과 함께 목표달성을 위한 전략적 계획을 수립한다. 또한 이러한 계획을 일정기간의 단위과제로 구분하고 그에 따른 성과를 평가하게 된다. 여기서 우리는 전략성과평가를 전략계획평가와 전략효과평가로 구분지을 수 있다. 앞서 언급한 새로운 목표수립에서부터 목표 달성을 위한 전략수립까지의 과정, 즉 목표달성까지의 타당성 및 실현성에 대한 평가를 전략계획평가라 할 수 있으며 실행 후 월말 비용, 효과, 리스크에 대한 평가 및 개선 활동을 전략효과평가라 할 수 있다.

"계획에 따른 실현가능성 여부와 성과에 따른 평가는 문제해결 및 개선에 대한 밑거름이 될 수 있음"

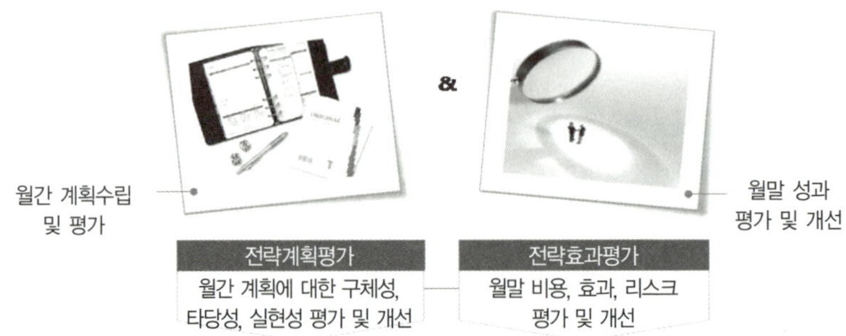

"계획수립 및 실행단계에서의 지속적인 모니터링과 성과에 대한 분석 및 개선이 따라야 함"

이러한 평가가 중요한 이유는 목표달성을 위한 과정상의 문제를 사전에 파악하고 성과에 따른 개선을 해야 보다 효율적으로 목표달성을 이룰 수 있기 때문이다.

4.1 전략성과평가의 개요

전략에 대한 평가는 전략수립에 대한 단계별 활동이 제대로 수행되었는지 여부를 판단할 수 있는 전략계획상의 평가와 전략실행 후 전략실현 여부에 대한 평가를 수행하기 위한 전략효과평가로 구성된다.

전략성과평가의 개념

전략성과평가는 기업의 목표와 비전에 따라 수립된 전략을 정량화하여 평가하는 활동이다. 이러한 평가는 전략의 수립과정에 대한 계획평가와 전략실행 후 성과를 측정할 수 있는 효과평가를 포괄하는 등 전략의 수립 적절성 및 실행 효과성을 동시에 평가한다.

◈ **ITR Definition**

> **전략성과평가**
> **기업의 목표와 비전에 따라 수립된 전략을 정량화하여 평가하는 과정을 통해 실행효과성 및 적절성을 제고하는 방법**

전략성과평가의 필요성

전략의 수립과정에서 정확한 요구사항 수렴 및 전략의 실현성 여부를 판단하기 위해서는 전략수립과정 전반에 걸쳐 평가가 이루어져야 한다. 또한, 전략 실행 후 효과성 및 문제점 개선을 위한 평가도 수반되어야 한다. 이러한 전략 성과평가는 기업의 지속가능성을 위해 반드시 필요한 활동이라 할 수 있다. [그림 5-12]에서는 전략성과평가의 필요성을 보여준다.

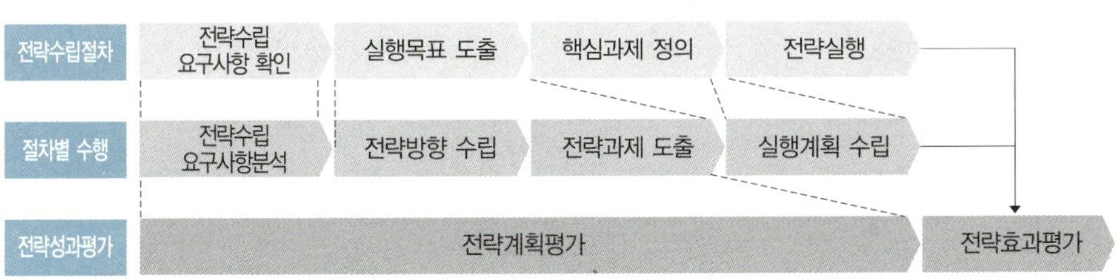

그림 5-12 Techno Business 전략성과 평가의 필요성

전략성과평가 On Hand

전략성과평가는 설명하였듯이 계획상의 평가와 실행 후 효과에 대한 평가로 구분된다. 이러한 평가의 구분에 대해 이해를 돕기 위해 다음의 사례를 제시하고자 한다.

신차 출시 전 차량제조업체는 차량기획에서부터 양산을 위해 앞서 살펴본 요구사항 분석, 전략 최적화방안 수립과 전략성과평가의 단계를 거친다. 전략계획평가는 요구사항 분석결과에 따른 차량의 기획부터 시장반응조사 및 설계공정에 이르는 차량 출시 전까지의 과정을 포함한다. 또한 효과평가를 통해 고객들의 정성적인 평가를 구체적으로 반영한다.

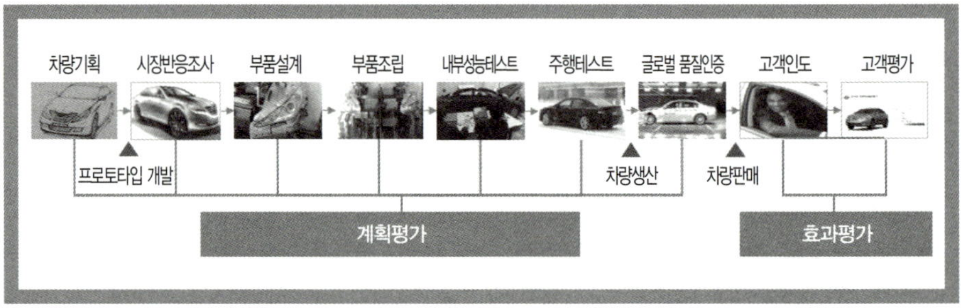

이러한 평가가 필요한 이유는 전략목표에 따라 차량을 출시하고 출시 후 효과에 대한 성과를 분석하여 개선사항을 향후 신차 출시에 반영하기 위함이다. 평가활동을 통해 완성차 업체는 시장에서 고객의 요구를 신속하게 반영할 수 있고 고객들로 하여금 기업에 대한 브랜드인지도 및 충성도를 강화할 수 있는 기회를 가질 수 있다.

전략성과평가 영역

전략성과평가는 계획 및 효과라는 두 가지 측면으로 구분된다. 전략수립과 실행측면의 포괄적인 평가가 이루어지기 위해 전략계획평가, 전략효과평가 등 두 가지 영역으로 세분화하였다. 다음의 [표 5-13]은 각각의 성과평가영역을 설명하고 있다.

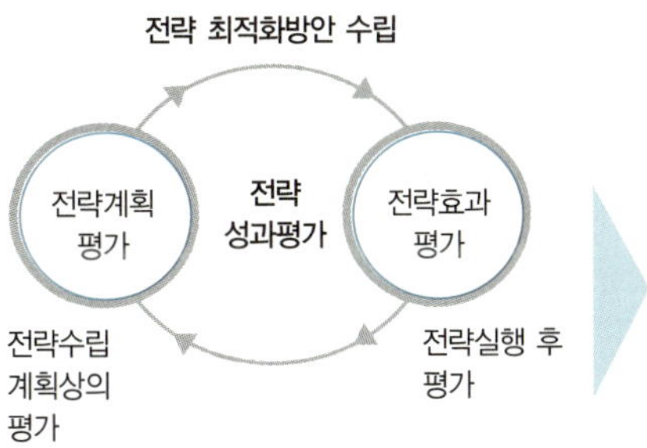

세부내용

구분	설명
전략계획 평가	전략계획 시 전략에 대한 구체성과 목표 연계의 타당성, 실현가능성에 대한 총체적인 계획상의 평가를 수행함
전략효과 평가	실제 전략실행 후 기업성과 향상에 어떠한 영향을 미치는지에 대한 효율성 및 효과성 측면에서 평가를 수행함

표 5-13 전략성과평가 분석영역

4.2 전략계획평가

전략계획평가의 개념

전략계획평가는 그 자체로서 계획(Planning) 과정이자 피드백(Feedback) 과정이다. 무엇보다 현재의 전략이 미래 전략의 참고가 되는 역할을 하기 때문이다. 전략계획의 평가를 위해서는 먼저 단계별 전략에 대한 구체성, 타당성, 실현성에 대한 평가가 이루어진다. 그리고 이를 바탕으로 도출된 시사점(Implication)을 중심으로 개선사항을 도출한다.

◈ **ITR Definition**

> **전략계획평가**
> **전략계획의 절차를 분석하는 과정을 통해 전략 수립의 구체성, 목표 타당성, 실현가능성 여부를 평가하고 전략수립 과정에 반영하는 방법**

전략계획평가의 필요성

전략계획평가는 전략의 효과와 구체성을 미리 진단하는 과정이다. 사전에 검토된 요구사항분석부터 핵심과제 정의에 이르기까지 전체 활동을 대상으로 구체성, 타당성, 실현성을 평가하는 작업이다. 따라서, 전략수립과 실행계획의 최종 검증절차에 해당한다. 흔히 전략을 세우고 전체 기업의 조직/프로세스/시스템에 반영하는 것을 의사결정이라고 한다. 하지만 전략계획 자체를 평가하고 검증을 하는 것 또한 경영자가 내려야 할 중요한 의사결정에 해당한다. '기업의 C클래스'로 불리는 최고경영층은 다양한 정보를 통해 기안된 전략계획 수립절차를 검증하고 평가하는 역할을 수행한다. 다음의 [그림 5-13]은 전략계획평가의 필요성을 보여주고 있다.

그림 5-13 전략계획 평가의 필요성

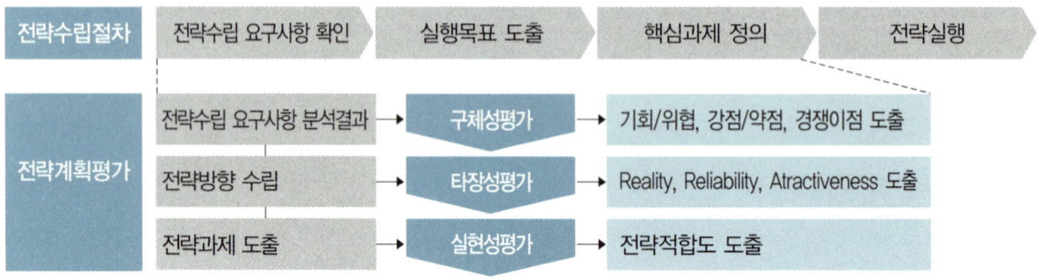

전략계획평가의 유형

전략계획평가는 크게 세 가지 분야로 나뉜다. 구체성평가를 통해서는 각각 내용들이 기업의 맥락에 충분히 시사점을 전달하고 있는지 검증하는 절차라고 하겠다. 한편 타당성평가는 해당 전략계획이 기업의 목표와 비전에 맞게 사업특성에 부합된 전략인지 검증하는 단계다. 이 과정에서 전략계획뿐만 아니라 기업의 전략적 위치를 파악하게 된다. 또한 실현성평가는 대안 자체가 실행가능한지 파악하는 단계라고 할 수 있다. [표 5-14]는 이러한 전략계획평가의 유형과 대표적 기법을 소개하고 있다.

표 5-14 전략계획평가의 유형

구분		정의	대표적 기법	분석영역
1	구체성평가	수립한 전략이 현재 기업의 비즈니스 계층간의 연간관계를 고려한 구체화된 적합성 분석 기법	Reward Diagnostic	미션, 비전 전략, 과제 간 구체성, 적합성 등
2	타당성평가	기업의 비전이 확고하게 제시되고 있는지 여부와 기업의 형태 및 지배구조, 규모, 사업의 특성에 따라 실행 타당성을 진단함	Vision Diagnostic	비전타당성, 목표타당성, 전략타당성, 과제타당성 등
3	실현성평가	경쟁사 및 산업에 대한 벤치마킹을 통해 수립된 전략의 실현가능성과 수행 시 효과에 대한 사전평가를 실시함	Benchmarking	• 경쟁사 미션, 비전, 핵심가치 등 • 이해관계자 인터뷰 결과

Deliverables

VE전자는 전략수립 과정에서 재정립된 자사의 비전이 실제 자사의 미션 및 기업목표와 적합한지 여부와 조직의 가치창출 가능성과 타당성을 판단하기 위해 비전 진단을 수행하였다.

이러한 진단은 타당성 평가를 통해 미션, 비전, 전략, 핵심가치의 영역(Criteria) 중심으로 구체성 및 타당성, 실현성을 평가할 수 있다. 우선적으로 VE전자는 자사의 미션 및 비전, 전략, 핵심가치 등에 대해 조사하였으며, 그에 따른 영역적 구분을 통해 항목별 타당성평가를 하였다.

타당성평가 : Vision Diagnostic Criteria

Criteria	High	Medium	Low
미션 : VE전자의 세계적인 모바일 기업으로의 도약			
• 조직의 주요 목적성 발현 여부		✓	
• 스마트폰 시장에 대한 목표시장 적합성 여부	✓		
• 조직의 전략유입을 위한 목표 적합성 여부	✓		
비전 : 5년 이내 차별화된 스마트폰 개발을 통한 모바일 시장점유율 40% 확보			
• 비전도달 가능수준		✓	
• 조직 내 비전 공유수준			✓
• 조직 문화에 따른 비전 확장성			✓
전략 : 성장전략에 따른 차별화집중전략			
• 비전 도달을 위한 전략적합성	✓		
• 기업전략의 적합성 및 사업전략의 연계수준	✓		
• 사업부별 기능전략의 상위전략 반영 여부	✓		
핵심가치 : 고객지향적 제품			
• 기업목표 및 비전에 따른 핵심가치의 이점	✓		
• 전략실행에 따른 핵심가치의 이점	✓		

타당성평가에 보편적으로 고정된 틀이 있는 것은 아니다. 본문에서 제시한 것처럼 미션/비전/전략 중심으로 계층적인 타당성평가를 할 수도 있지만, 기업의 비즈니스 수행을 위해 필요한 핵심 주제별로 타당성평가를 진행할 수도 있다. 다만 위의 테이블에 포함된 것처럼 타당성의 정도 차를 High-Medium-Low 혹은 그 이외의 기준으로 표시해야 한다.

무엇보다 타당성평가는 전략 측면에서 정성적이고 질적인 부분을 비교가능한 측정 프레임으로 변환시켜준다는 점에서 의미를 갖는다.

또한 타당성평가는 일종의 '거르기'(Screening) 과정이다. 기업의 전략적 의사결정 순위가 정해지면, 그 의사결정 순위에 맞게 개별 비즈니스의 적합성이 검토될 수 있다. 따라서 다양한 전략 정보 및 유형들을 타당성평가라는 틀을 통해 걸러내고 나면, 검증 가능하고 실제화 가능한 전략대안 중심으로 효과평가를 진행할 수 있다.

4.3 전략효과평가

전략효과평가의 개념

전략효과평가는 전략실행 이후의 단계에 해당한다. 전략에 입각한 각종 프로젝트가 얼마나 성과를 거두었는지 결과를 평가하고 이를 바탕으로 경영성과에 대한 정성 · 정량적인 효과를 함께 살펴보는 작업이다. 특히, 정량평가에서는 화폐가치를 고려함으로써 전략의 재무적 기여도에 대한 평가를 하게 된다.

◈ **ITR Definition**

전략효과평가
전략의 실행 이후 조직, 프로세스 등에 미치는 효과를 화폐가치를 통한 가치측정 및 위험요인 분석 등을 통해 평가하는 방법

전략효과평가의 필요성

전략효과평가는 평가영역을 정의하는 한편, 실제 경제적 가치분석 관점에서 전략과제가 수행된 후를 평가한다. 체계적인 분석을 통해 실제 기업의 투자 프로젝트 평가 및 전략적 파급효과를 객관적으로 진단 · 평가하고 개선점을 파악한다. 전략수립 및 실행 프로세스에서 지속적인 전략계획관리를 위해 제일 필요한 부분 중 하나이다. 이러한 전략효과평가의 필요성은 [그림 5-14]를 통해 알 수 있다.

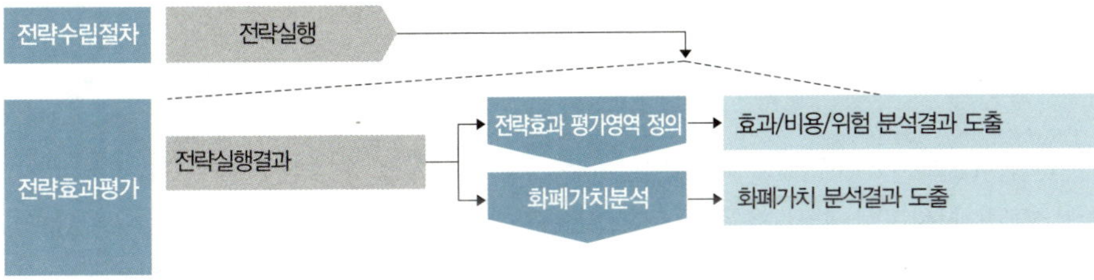

그림 5-14 전략효과 평가의 필요성

전략효과평가의 유형

전략효과평가는 전략이 실행된 후 성과를 분석하고 평가하는 작업이다. 크게 실행효과, 경제적 가치, 위험관리 측면으로 나뉜다. 이 가운데서 효과분석은 경영성과에 대한 전략 영향도를 측정하고, 측정된 결과를 분석하는 활동이다. 한편, 비용분석은 기업의 투자비용에 따른 결과를 측정하는 유형이라 하겠다. 마지막으로 위험분석은 전략실행에 따른 위험요인 및 개선방향을 도출하고 안정적 목표 달성을 실현하기 위한 목적을 가지고 있다. 이러한 평가유형은 다음의 [표 5-15]에서 정리하고 있다.

표 5-15 전략효과평가의 유형

구분	정의	대표적 기법	분석영역
1 효과분석	경영성과에 대한 전략 영향도를 측정하여 전략 실행효과로 변환하여 분석을 수행함	Balanced Scorecard	핵심성공요인(CSF), 핵심성과지표(KPI)별 경영성과의 증분 및 영향도
2 비용분석	비용에 대한 효율적 투자전략을 도출하기 위해 통합적 관점의 총발생비용을 산출 및 분석함	Net Present Value	실행과제 수행에 따른 직접비용, 투자비용, 비가시적인 간접비용
3 위험분석	실행과제의 잠재적 위험요인을 측정하여 집중관리 대상을 선별하여 개선방향을 도출 하고 안정적 목표달성을 실현함	Risk Analysis	전략과제 수행 문제점, 위험요인, 개선방향, Feedback 지원영역

Deliverables

VE전자는 국내 내수시장 석권을 넘어서 글로벌 업체로 도약하고자 한다. 모바일 기업인 VE전자는 자사 출시 제품인 스마트폰에 대한 글로벌 SCM을 구축하고자 하였다. 우선 공급체인상의 정보화 위험요인을 선정한 다음, 각 요인별로 발생예측 위험률을 산출하였다. 그 결과 수용위험 및 아키텍처위험, 역량위험 등이 상대적으로 높은 것으로 나타났다. 글로벌 SCM이라는 새로운 기술지식을 조직 전체에 인식시키고 전략적으로 활용하는 자산으로 변환시키기까지 많은 시간이 걸리는 셈이다.

VE전자가 위험요인을 세분화하는 기준은 두 가지였다. 현업-비즈니스 차원인 경영관점과 그를 지원하는 차원인 IT관점에 따라 위험요인을 도출하였다. 그리고 이에 따른 예측값을 도출하여 객관성을 확보하였다. 이를 통해 글로벌 가치사슬상에서 보완 및 개선해야 할 영역별 요인을 나열하였다. 이제 객관적인 정보와 상황판단을 갖춘 VE전자는 조사 결과를 중심으로 글로벌 수준을 지향하는 업체로 보완해야 할 취약 요소를 정의할 것이다.

위험요인		낮은값(10%)	중간값(50%)	높은값(90%)	예측값
경영관점	비용위험	2%	4%	6%	4%
	효과위험	3%	8%	10%	7.25%
	수용위험	7%	10%	15%	10.5%
	기능	3%	6%	7%	5.5%
IT관점	벤더위험	2%	5%	9%	5.25%
	아키텍처위험	8%	9%	13%	9.75%
	역량위험	6%	10%	12%	9.5%
	장애위험	5%	9%	11%	8.5%

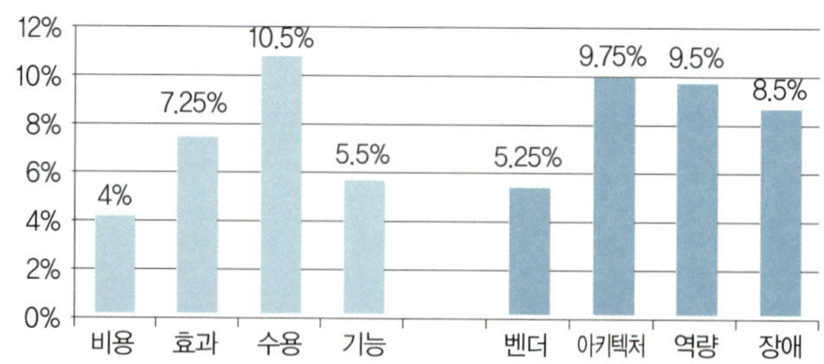

효과-비용-위험은 상호 연관성이 높은 분야로 어떤 컴포넌트가 상대적 우위를 갖고 있는지 판단하기 힘들다. 예를 들어 보수적인 성향을 갖고 있고 재무적 안정성을 중시하는 기업 유형이라면, 비용을 중심으로 검증을 할 것이다. 한편 다양한 전략적 옵션을 구축하는 성향을 가진 조직관점에서는 위험인식수준이 높을 것이다. 따라서 조직별로 해당 비즈니스나 프로젝트에 대한 인식수준, 관점에 따라 비용 · 효과 · 위험에 대한 가중치나 조사의 주안점이 달라질 수 있다.

핵심용어

- **기업전략** : 기업 전사차원의 전략을 말하며, 기업의 계층별 전략 중 가장 상위의 사업전략 및 기능전략의 방향성을 제시해주는 전략
- **사업전략** : 기업이 보유한 다양한 사업부들 각각의 전략을 의미하며, 사업의 성공을 통해 경쟁우위를 확보하기 위한 기업의 핵심전략
- **기능전략** : 사업부 내 인사, 재무/회계, 생산, R&D, IT 등 각종 기능영역에 대한 전략으로 사업전략과 연계하여 사업화 단계로 이끌 수 있는 전략수립이 매우 중요
- **전략수립 요구사항분석** : 기업이 전략을 수립함에 있어 관계하고 있는 다양한 이해관계자의 요구사항을 수렴하여 분석결과를 도출하는 분석과정
- **전략최적화방안수립** : 실제 전략이 수립되고 실행계획까지 도출되는 과정이며 전략방향성 설정 및 대안설정, 전략수립, 전략과제 도출, 실행계획 수립 등이 포함
- **전략성과평가** : 전략수립에 따른 계획상의 평가와 전략 실행 후 효과에 대한 평가

참고문헌

김대욱 & ITR, 정보화전략계획 수립을 위한 요구사항 분석 방안에 관한 연구, 연세대학교 ITR 석사학위논문, 2000.

노주연 & ITR, 기업자원의 전략적 활용을 위한 정보자원 관리 모델에 관한 연구, 연세대학교 ITR 석사학위논문, 2005.

오범용 & ITR, 정보화전략계획 평가체계 개발에 관한 연구, 연세대학교 ITR 석사학위논문, 2000.

이휘재 · 김대성 · 서형식 · 임춘성, 모바일 도입을 위한 통합 핵심업무 프로세스 도출에 관한 연구-물류관리 대한산업공학회 추계학술대회, 2003.

임춘성 & ITR, 기업정보화방법론 워크북, 2007.

임춘성 & ITR, 기업정보화방법론, 2007.

임춘성 · 이창수 · 김상균, 인터넷 비즈니스 기업가치평가 방법론, 기업정보화 Forum, 2000.

임춘성 · 이창수 · 김경묵 · 서형식 · 김범용, 인터넷 비즈니스 기업의 가치평가모형 개발 및 적용, 대한산업공학회 추계학술대회, 2001.

전동욱 & ITR, 정보전략 수립을 위한 목표기업모델 개발방안 연구, 연세대학교 ITR 석사학위논문, 2000.

Yamamoto Hisatoshi, MOT관점에서 본 실전적 기술전략, 2007.

Ansoff, I.H., *Corporate Strategy*, 1965.

Chandler, A.D., *Strategy and Structure*, 1962.

Christine B. Bullen and John F. Rockart, A *Primer on Critical Success Factors*, 1981.

Craig S. Fleisher and Babette Bensoussan, *Strategic and Competitive Analysis*, 2002.

Ford, D., *Develop Your Technology Strategy*, 1988.

Georgs, S. Bay., *Market Driven Strategy-Process for Creating Value*, 1990.

Jay B. Barney, William S. Hesterly, *Strategic Management and Competitive Advantage : Concepts and Cases*, 2007.

Kaplan, R.S. and Norton D.P., *The Balanced Scorecard : Measures that Drive Performance*, 1992.

Lee, H. J., Leem, C.S., Kim, S.G., A Study on Development of Business Factor in

Ubiquitous Technology, Lecture Notes in Computer Science, Volume 4251, 2006.

Michael, E. Porter, *Competitive Advantage : Creating and Sustaining Superior Performance*, 1995.

Michael, E. Porter, *Competitive Strategy : Techniques for Analyzing Industries and Competitors*, 1980.

Michael, E. Porter, *From Competitive Advantage to Corporate Strategy*, 1987.

Richard P. Rumelt, *Strategy, Structure and Economic Performance*, 1974.

Robert M. Grant, *Contemporary Strategy Analysis*, 1998.

Saloner, G., Shepard, A., and Podolny, J., *Strategic Management*, 2001.

Simon, H., *Lessons from Germany's Midsize Giants*, 1992.

Wheelen, T.L. and Hunger, J.D., *Strategic Management and Business Policy*, 2004, 2006.

제 6 장

Techno Business를 위한 서비스분석

제6장에서는 Techno Business 서비스를 분석하고 설계하기 위한 세부 개념을 알아보고, 서비스분석의 다양한 기법을 고찰한다. 본 장에서는 서비스의 개념적 분류와 속성 및 다양한 이해관계자를 도출하고 분석하는 방법을 설명한다. 또한 기술, 전략, 시장관점에서 서비스의 성공가능성을 분석하기 위한 서비스 타당성평가기법을 소개한다. 마지막으로 서비스의 시나리오, 관계구조분석을 통해 수익모델을 도출하는 서비스모델설계 방법에 대하여 논의하고, 가상사례를 중심으로 그 활용방안에 대한 산출물을 간략히 설명한다.

목차

Theme 6 : **Service – 서비스란?**

만약 친구들과 포장마차에서 떡볶이 먹는 것을 즐긴다거나 지인들과 종종 노래방에서 스트레스를 풀 때면 인상좋은 아주머니, 노래방 직원에게 언제나 하는 말이 있다. '서비스' 좀 더 주세요! 쉽게 말해 '덤'을 달라는 것이다. 강남 일대 젊음의 거리를 걷던 중 스스럼없이 싸인을 해주는 톱스타를 발견했을 때, 해외로 가는 비행기의 친절한 스튜어디스를 보고는 '서비스'가 좋다고 말하기도 한다. 그들에게 '만족감'을 느꼈음을 표현한 것이다.

우리가 무심코 언급하고 인지했던 '서비스(Service)'를 다시금 짚어보아야 한다. 사실, 서비스는 필자가 위에서 말한 것처럼 단순히 '공짜', '부가적 활동'의 의미만을 가지고 있지 않다. 현대사회에서 보이지 않는 자산과 가치를 고객에게 제공하고, 재화로서 되돌려 받을 수 있는 '서비스'를 생산하는 것은 기업의 부가적 활동이 아니라 핵심경쟁력이기 때문이다.

산업의 변천에 따라 다시 정리해 보자. 농경사회에서 상거래 시 가격을 할인해주거나 정량보다 많은 양의 식료품을 주는 것이 '서비스'의 원형이다. 후에 산업화사회에서는 유사 성능의 제품(공산품)을 많이 판매하기 위해 고객을 친절히 대하고 일정기간 동안 교환 및 수리를 보장하는 '서비스'로 발전하였다. 하지만 이제는 제품판매를 지원하는 것이 아닌 소비자에게 직접 서비스를 판매하여 수익을 창출하는 신개념의 '서비스'가 이루어지고 있다.

대표적인 형태가 'IT서비스'이다. IT기기와 소프트웨어를 무작정 보급하는 활동에서 진보하여 수요자의 요구사항과 기업의 내부사정을 충분히 고려하여 전략적으로 IT시스템을 구현하는 통합적인 활동이다. 첨단 IT기술을 지닌 공급자, 다수의 전통기업이라는 IT수요자를 연결하는 브릿지형 산업으로서 역할을 톡톡히 해내고 있다. SI(시스템통합), IT컨설팅, IT교육업계에 종사하는 사람들은 굴뚝이 있는 공장에서 물건을 제조하지 않는다. 'IT의 올바른 활용'을 기치로 내걸고 이에 대한 해답인 무형가치를 수요자에게 제공 · 판매하는 것이다.

이제는 학제적으로 '서비스'에 접근해 보자. 미국마케팅학회(AMA)에서는 1960년, 판매진작을 위해 제공하거나 상품과 연계된 모든 편익, 만족감으로 서비스를 설명하였다. 하지만 2000년대에 사는 우리는 '서비스'를 예일대학의 Christopher Lovelock 교수가 말한 것처럼 고객에 무형의 가치를 제공하여 성과를 주는 경제적 활동의 총합으로 받아들여야 한다. 즉, '서비스' 과정에서 무형가치만을 주고받는 것에서 그치지 않고 직접판매를 통한 화폐교환이 일어난다는 것이다.

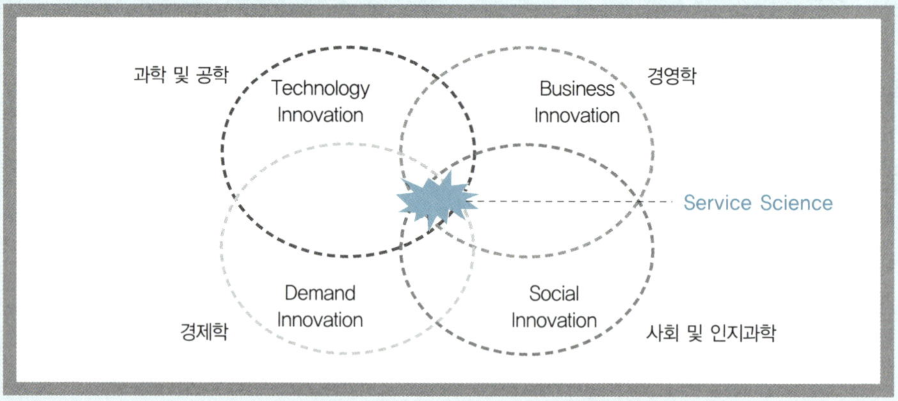

사회 전반에서 중요성이 매우 커진 '서비스'와 '서비스산업'을 더욱 발전적 시각으로 분석하는 접근방식이 있다. 글로벌기업, IBM이 남달리 주목함으로써 연구자들의 관심 또한 높아진 '서비스과학(Service Science)'이 그 예다. 해당 부류의 연구자들은 '서비스'를 단순히 경영학의 관점에서 고객욕구 충족을 연구하는 것에서 나아가 과학 · 공학, 경제학, 사회학, 인지과학을 망라한 융합형 학문으로 접근해야 한다는 견해를 보인다. 서비스산업 육성을 통한 사회의 생산성 증진, 창조형 기술개발, 수요의 확대, 사회적 반향 등을 불러일으키는 다양한 학제적 접근이 필수라는 것이다.

대한민국과 같이 인적자원에 의존하는 비율이 높은 국가일수록, '무형자산'을 적극 생산하고 활용할 수 있는 '서비스산업'에 주목하고 비중을 높여야 한다. 공업중심국가에서 영위하기 어려운 고부가가치형 첨단산업으로의 발전에 제동을 걸어서는 안 된다. 기업 또한 수익창출의 핵심 동력원으로서 '서비스'를 올바르게 인식하고 발전전략을 수립하기 위해 힘써야 한다. 따라서 서비스의 구성요소를 분석하고, 새로 기획하는 서비스의 타당성을 분석하여, 세계 기업과 어깨를 나란히 하는 서비스 모델을 최종적으로 만들 수 있도록 아낌없는 연구와 투자가 필요한 시점이다.

1. 서비스 분석체계

서비스 분석의 중요성

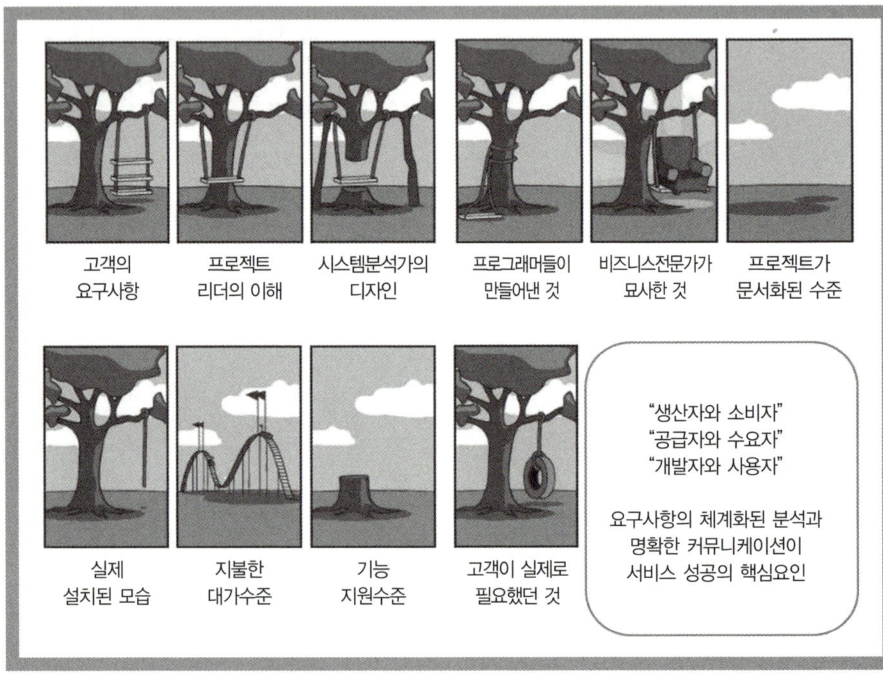

기술발전의 가속화, 시장수요 다변화 등은 시장의 제품 및 서비스 생명주기를 단축시켰다. 신규 서비스 출시를 통한 지속적 수익창출을 기대하기 어렵게 되면서 기업은 시장 진출과 저변 확대에 보다 큰 부담을 가지게 되었다. 이에 따라, 서비스에 대한 체계적인 분석을 바탕으로 서비스 모델을 설계하는 것이 중요하게 되었다. 또한, 기업과 고객이 서로의 요구사항을 교환하여 Win-Win효과를 거둘 수 있는 지속가능한 서비스 가치 설정이 필요한 시점이 된 것이다.

위 그림은 고객에게 전달하기 위한 서비스 가치를 명확히 하는 것에 그 의미를 갖는다. 서비스 분석이 원활히 이루어지지 않는다면 고객이 요구하는 바는 서비스를 설계하고 구현하고, 제공하는 과정에서 왜곡될 수 있으며 이는 서비스의 실패를 의미한다.

서비스의 본질을 이해하고, 서비스 제공과 관련된 환경을 분석하여, 명확한 커뮤니케이션을 통해 서비스를 설계하고 제공한다면 오늘날과 같은 경쟁적인 비즈니스 환경에서 선도적 입지를 취할 수 있을 것이다.

1.1 서비스 분석체계 개요

본 절에서는 Techno Business 서비스의 일반적인 개념, 가치창출 유형에 따른 세부적인 개념을 고찰한다. 또한, Techno Business 서비스를 위한 분석체계 및 설계기법에 대해 소개한다. [그림 6-1]은 서비스 분석과 다른 컴포넌트들과의 관계를 보여주고 있다.

그림 6-1 TISSUE Model Correlation Framework

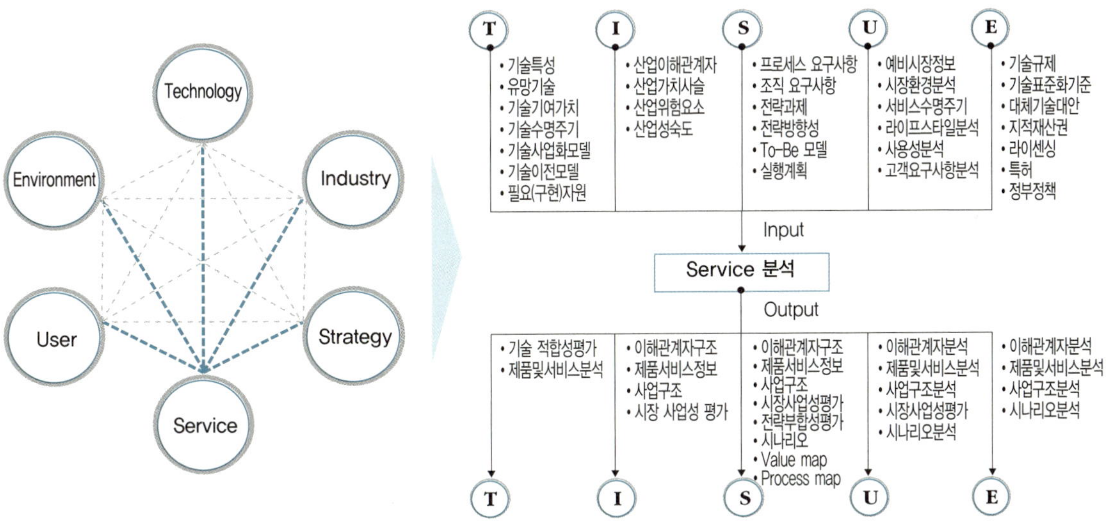

서비스의 일반적인 개념

과거의 고객은 서비스를 제품 판매 증진을 위한 부가적 활동으로 인식하였다. 따라서 기업에서는 제품과 서비스를 구분하여 고객이 서비스의 존재 유무를 인지하도록 하는 것이 중요하였다. 그러나 서비스 자체가 상품화되고, 제품의 부가적인 가치를 넘어서 본질적 가치를 실현하는 현대 비즈니스 환경에서는 서비스가 핵심적인 역할을 한다. [그림 6-2]는 서비스의 발전과 유형을 보여주고 있다.

그림 6-2 제품과 서비스의 발전과 유형

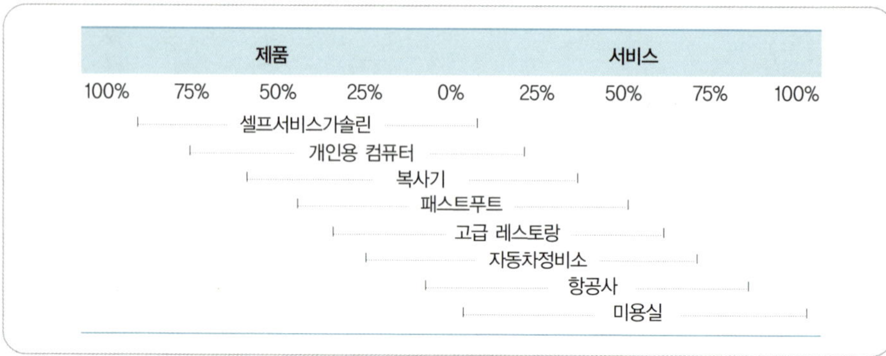

서비스 개념의 세분화

IT의 발전 및 산업구조의 변화에 따라 서비스산업은 점차 확장되는 추세를 보인다. 또한 경영환경의 변화와 사업범위의 확대로 인해 서비스의 개념과 영역을 규정하는 것이 어려워졌다. 서비스와 제품의 차별적 특성을 도출하는 것이 어렵기 때문에 서비스가 제공하는 가치(Value) 전달의 경로에 따른 분석이 필요하다.

그림 6-3 서비스 개념의 세분화 유형

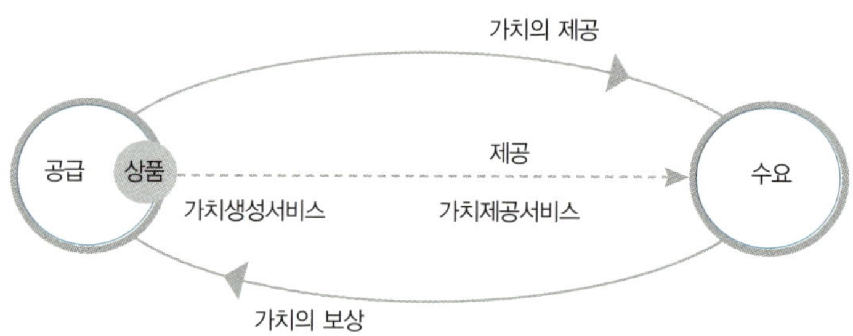

[그림 6-3]은 서비스의 유형을 개념적으로 세분화하고 구체화하여 보여주고 있다. 먼저 상품화를 통해 가치를 생성하는 '가치생성서비스'의 유형이 있다. 또한 생산된 제품과 더불어 제공되거나 수요자로의 전달과정을 통해 생성되는 '가치제공서비스' 유형을 볼 수 있다. 이러한 두 가지 가치창출 유형별 서비스

의 개념은 [표 6-1]과 같다.

표 6-1 서비스 가치 창출 유형별 개념

구분	설명	예시
가치생성으로서의 서비스	공급자가 생산하여 서비스가치가 생성된 서비스상품	여행패키지 상품, 금융 및 보험 상품 등
가치제공으로서의 서비스	생산된 상품을 수요자에게 전달하여 가치를 창출하는 제공 서비스	가전제품 배달서비스, 숙박서비스, 문화서비스 등

이러한 가치창출 관점의 유형 외에도 전달되는 상품을 중심으로 서비스의 유형을 세분화하여 분석할 수 있다. [그림 6-4]는 서비스 생성 및 전달 과정상에, 생산되거나 전달되는 상품 유형을 설명하고 있다. 상품은 일반적인 재화를 의미하는 유형상품과 정보 및 데이터를 포괄하는 지식상품, 생산된 제품이 서비스화되어 생산되는 서비스상품으로 분류할 수 있다.

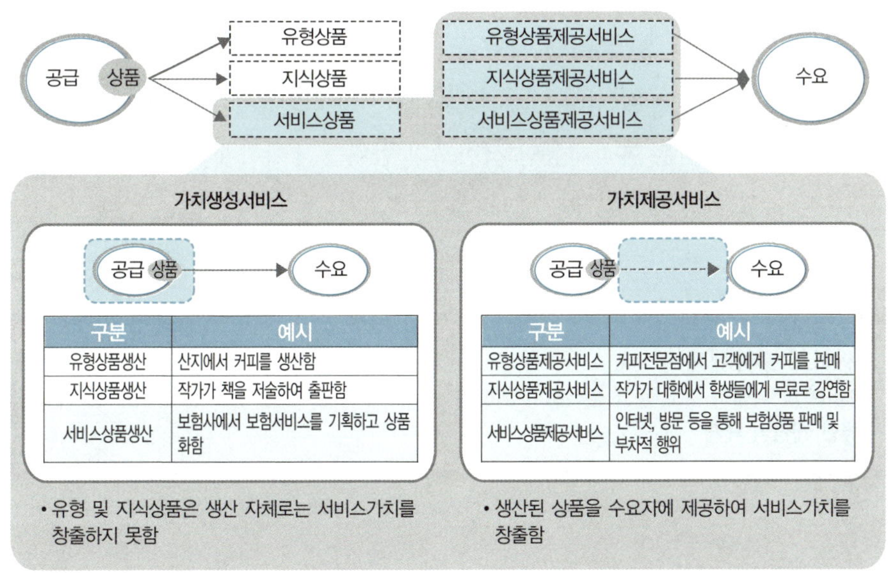

그림 6-4 서비스 가치창출 유형 세분화

지금까지 서비스의 개념과 유형을 살펴보았듯이 명확한 정의를 내리기는 어렵지만 Techno Business에서의 서비스는 융합 및 IT기술을 통해 창출되는 유·무형의 상품을 통해 발생하는 경제적 거래행위로 정의할 수 있다.

◈ ITR Definition

> **Techno Business 서비스**
> IT 융합 기술을 통해 생성된 상품 또는 이를 판매하거나 제공하여 가치를 창출하는 활동

1.2 서비스 분류체계

앞 절에서는 서비스의 특성과 유형을 가치중심으로 파악하였다. 다음은 Techno Business에서 해당 서비스를 정의하고 활용하기 위한 서비스 분류체계를 알아보기로 한다. 서비스 분류체계는 유형별로 서비스를 체계화함으로써 비즈니스 환경에 적합한 서비스를 파악하고 분석할 수 있는 틀을 제시한다.

서비스 분류체계 개념

Techno Business의 서비스 분류체계는 활용목적과 분석관점에 따라 다양하게 개발되며 이를 통해 서비스 제공유형 분석 및 현황을 파악할 수 있다. 서비스 분류체계의 목적은 분석대상인 서비스의 범위를 명확하게 규명하고 이를 체계적으로 분석하는 것에 있다.

◈ ITR Definition

> **서비스 분류체계**
> 서비스의 특성과 구조 등을 분석하기 위하여 서비스의 유형, 전달 구조 등을 기반으로 분류한 개념적 체계

서비스 유형 및 분류기준

서비스의 유형은 일반적으로 산업 및 업종, 제공영역 그리고 서비스를 제공하기 위해 활용되는 요소기술을 기준으로 분류될 수 있다. [표 6-2]는 이러한 기준을 통해 구분된 서비스 분류체계의 예시를 나타내고 있다.

표 6-2 서비스 분류체계 기준 및 분류현황

	분류유형 및 기준	분류체계 예시
1	산업업종별 (통계청 서비스업 분류)	도매 및 소매업, 숙박 및 음식점업, 통신업, 금융 및 보험업, 부동산 및 임대업, 사업서비스업, 교육 서비스업, 보건 및 사회복지사업, 오락, 문화 및 운동관련서비스업, 기타 공공, 수리 및 개인서비스업 등
2	제공영역별	U-City 서비스분류, 행정서비스분류, 교육서비스분류, 의료서비스분류 등
3	요소기술별	유비쿼터스 컴퓨팅서비스분류, IPTV 서비스분류, Mobile 서비스분류 등
4	가치창출유형별	가치생성서비스, 가치제공서비스

서비스 분류체계 예시 : 가치창출 유형별

[표 6-3]에서는 앞서 논의하였던 서비스 가치창출의 유형에 따라 구성된 분류체계와 각각의 서비스를 예시적으로 보여준다. 일반적인 산업분류와 달리 가치창출과 전달 과정의 차이에 따라 구분하는 것이 특징이다.

표 6-3 가치창출 유형별 서비스 분류체계 예시

	서비스 가치창출 유형		분류체계 예시
1	가치생성서비스	서비스상품	여행상품, 금융 및 보험상품, 음악 및 영화 콘텐츠상품, 통신사 요금상품 등
2	가치제공서비스	유형상품제공	도매 및 소매서비스, 식품 및 음료 판매서비스 등
		지식상품제공	교육서비스, 의료서비스, 컨설팅서비스, 소프트웨어제공서비스, 지식서비스 등
		서비스상품 제공	오락, 문화 및 운동관련서비스, 숙박서비스, 금융 및 보험서비스, 통신서비스 등

분류체계에서 나타난 지식상품제공의 경우 최근 중요성이 증대하고 있는 지식서비스산업의 분류 및 속성과 함께 논의할 수 있다. 지식서비스산업의 일반적인 개요는 다음과 같다.

※ 지식서비스산업

- 직접 지식을 창출하거나 창출된 지식을 가공, 활용, 유통시키거나 지식이 체화된 중간재를 생산활동에 집약적으로 사용함으로써 새로운 지식 또는 고부가가치의 서비스를 제공하는 산업으로 정의함.

- 정부는 "지식서비스 육성전략(2007)", "지식서비스 산업활성화(2009)" 등의 정책수립을 통해 지식서비스와 제조업의 융합을 통한 우리나라 전 산업분야에서 국제경쟁력 향상을 목표로 하고 있음.

서비스 분류체계 예시 : U-City 서비스분류(U-City 통합운영센터 기반서비스)

유비쿼터스기술이 도시 개발에 접목되면서, 국가적으로 지능화된 서비스 창출의 중요성이 대두되고 있다. 미래형 지능도시(Intelligent City)인 U-City는 이러한 측면에서 다양한 이들의 관심을 끌고 있다. [표 6-4]는 신기술이 접목된 도시개발 및 제공서비스를 상세화한 것이다.

표 6-4 U-City 서비스 분류체계 예시

영역	공통서비스	설명	하위단위 서비스
행정	행정민원처리 서비스	Web 또는 U-Device(Mobile Device, Kiosk 등)를 통한 원격 민원행정서비스	온라인민원서비스
			모바일민원서비스
			무인민원발급기서비스
	도시민 정보제공 서비스	Web 또 는 U-Device(Mobile Device, Media Board 등)를 통해 지역 내 도시정보를 통합적으로 제공하는 서비스	지역정보포털서비스
			미디어보드서비스
	도시민 커뮤니티 제공서비스	Web을 통해 지역 내 도시민들의 행정참여공간 또는 상호교류를 위한 커뮤니티공간 제공서비스	지역커뮤니티서비스
			시민참여행정서비스
교통	교통제어 서비스	지역 내 도로시설물의 자동화를 통해 교통흐름의 모니터링 및 제어서비스	교통흐름모니터링서비스
			교통신호제어서비스
	교통단속 서비스	지능형 무인단속시스템을 통해 지역 내 주정차위반단속서비스	주정차 위반단속서비스
			과속 및 신호위반단속서비스
	교통현황 정보제공서비스	Web 또는 U-Device(Mobile, Media Board)를 통한 지역 내 교통현황정보 제공서비스	온라인/모바일/현장(도로) 교통현황정보서비스
	대중교통 정보제공서비스	Web 또는 U-Device(Mobile, Media Board)를 통한 대중교통정보제공서비스	온라인/모바일/환승장 대중교통정보서비스
	교통안전지원 서비스	U-Device(Media Board) 또는 도로시설물을 통해 스쿨존 또는 운전위험지역에 대한 교통정보서비스제공 및 돌발상황에 대한 관리서비스	교통안전지역정보서비스
			위험도로알림서비스
			돌발상황관리서비스
방범 방재	공공방범서비스 (CCTV운영)	지능형 무인방범시스템(CCTV, USN 등)을 통한 지역 내 공공 및 주요 지역의 방범서비스	공공지역방범서비스
			차량추적서비스

방범방재	자연재해 관리서비스	산림/하천 등을 대상으로 화재/범람/붕괴 등의 자연재해감시서비스	산불감시서비스
			하천유량 감시서비스
	재난사고 관리서비스	지역 내 주요 건물(고층건물)/가스시설/도로시설물(도로/교량) 등을 대상으로 화재/침수/누출/붕괴 등의 재난사고감시서비스	고층건물 안전감시서비스
			지역가스누출 감시서비스
			도로시설물 안전감시서비스
환경	생태환경 관리서비스	U-Device(CCTV, USN 등)를 통한 대기, 수질, 녹지 등의 환경오염 모니터링 및 관리서비스	대기오염 모니터링서비스
			수질오염 모니터링서비스
			녹지조경 모니터링서비스
	폐기물 관리서비스	RFID 등의 센서를 통한 유해성 폐기물 및 생활 쓰레기의 모니터링 및 관리서비스	유해성폐기물 관리서비스
			생활쓰레기 관리서비스
	환경정보 제공서비스	Web 또는 U-Device(Mobile Device, Media Board 등)을 통해 지역 내 환경오염정보 및 기상정보 등의 통합적 환경정보제공서비스	온라인/모바일/미디어보드 환경정보제공서비스
시설물 관리	지상시설물 관리서비스	U-Device(CCTV, USN 등)를 통한 지역 내 도로시설물, 조명시설물 등의 지상공공기반시설물, 도로시설물관리서비스	도로시설물 관리서비스
			조명시설(가로등)관리서비스
			공공시설물 관리서비스
			현장장비(통신망, CCTV 등) 관리서비스
	지하시설물 관리서비스	U-Device(CCTV, USN 등)를 통한 지역 내 상하수도 및 공동구시설관리서비스	상수도 시설관리서비스
			하수도 시설관리서비스
			공동구 시설관리서비스
			가스 시설관리서비스

자료 : U-Eco City 사업단, 2009.

1.3 서비스 분석기법

서비스로 분석하기 위한 방법들을 소개하고자 한다. Techno Business 서비스를 분석하기 위해 요구되는 다양한 기법 및 방법론을 문헌자료 및 사례조사를 통해 수집하고 도출하였다.

Techno Business 서비스 분석개념

일반적으로 서비스 분석기법은 서비스 설계와 제공을 위한 관련요소들의 분석을 의미한다. 그러나 서비스 관련 기존연구에 따르면 사업모델 및 관계구조를 파악하는 것이 중요해지고 있다. 따라서 Techno Business 서비스분석에서는 특정 영역을 세분화할뿐만 아니라 시나리오 및 관계구조분석 등 시간적 흐름과 구성요소들 간의 관계까지도 함께 살펴보아야 한다.

◈ **ITR Definition**

> **서비스분석**
> **서비스의 전달방식 및 대상에 대한 이해를 기반으로 서비스의 현황 및 요구사항을 분석하는 방법**

서비스와 관련된 다양한 연구들을 기반으로 서비스분석, 평가, 설계를 위한 다양한 분석기법들을 수집하였으며, 수집된 분석기법은 [표 6-5]와 같다.

표 6-5 서비스 분석기법 Pool

분석기법	세부분석기법
서비스 속성분석	비즈니스를 통해 제공되는 상품 및 제공서비스의 목적 및 속성 분석
서비스 이해관계자분석	서비스제공에 관련된 이해관계자분석
서비스 요구사항분석	사용자를 대상으로 한 서비스의 기능적 요구사항분석
기술적합성평가	서비스제공을 위해 적용된 기술의 적절성분석
전략부합성평가	서비스목적과 기업전략과의 일치성분석
시장사업성평가	서비스제공을 통한 경제적 영향 및 효과분석
서비스 고객만족평가	제공되는 서비스의 사용자를 대상으로 서비스의 만족도를 평가
서비스 품질평가	제공되는 서비스의 전반적인 우수성 평가
서비스 시나리오분석	서비스와 관련된 예측가능한 주요 문제들을 인식하고 사전에 분석
서비스 관계구조분석	서비스 이해관계자 간의 가치 및 프로세스 흐름분석
서비스 수익모델분석	서비스를 제공함으로써 얻는 주요수익, 부가수익, 잠재수익의 분석

Techno Business 서비스 분석목적

Techno Business에서 서비스분석은 서비스를 제공하기 위해 요구되는 서비스의 구성요소분석과 이에 대한 사전평가를 기반으로 서비스의 타당성을 검증하는 작업이다. 서비스를 통해 전달되는 가치의 흐름 및 절차를 분석하여 수익원을 도출하고, 서비스 제공 방안을 구체화하는 것을 목적으로 한다. 이러한 Techno Business 서비스 분석목적을 달성하기 위한 Key Question들을 [표 6-

6]과 같이 도출하여 분석영역을 유형화하였다.

	Key Questions	분석영역
1	Techno Business 서비스의 핵심적인 가치 및 목적은 무엇인가?	서비스 구성요소분석
2	서비스제공과 관련된 이해관계자는 누구인가?	서비스 구성요소분석
3	서비스에 적용되는 기술은 Techno Business 서비스를 제공하고 지원하는 데 적합한가?	서비스 평가분석
4	서비스의 제공목적은 Techno Business 환경에서 기업의 전사적인 비전 및 목표에 적합한가?	서비스 평가분석
5	서비스의 사업성공가능성은 어느 정도인가?	서비스 평가분석
6	서비스는 Techno Business 환경에서 어떠한 구조로 가치를 전달하나?	서비스 모델설계
7	서비스제공을 통해 창출할 수 있는 수익유형은 어떤 것인가?	서비스 모델설계

표 6-6 Techno Business 서비스분석 Key Questions

Techno Business 서비스 분석기법

[표 6-7]은 앞서 수집된 서비스 분석 기법들과 Key Question을 기반으로 도출되었다. 각 영역들을 구체화하고 개별 분석기법들을 연계하여 분석영역과 기법들을 정의하였다.

분석영역의 구체화

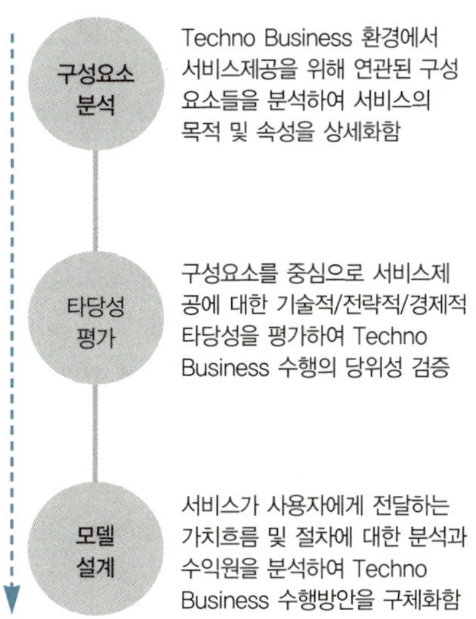

분석기법 정의

분석영역		분석기법	세부분석기법
1	서비스 구성요소 분석	서비스속성 분석	상품 및 제공서비스 정의, 고유속성 분석 및 구체화
		서비스이해 관계자분석	서비스제공에 관련된 이해 관계자분석
2	서비스 타당성 평가	기술적합성 평가	서비스 제공을 위해 적용된 기술의 적절성분석
		전략부합성 평가	서비스목적과 기업전략과의 일치성 분석
		시장사업성 평가	서비스제공의 경제적 영향 및 효과분석
3	서비스 모델 설계	서비스시나리오 분석	서비스의 예측가능한 문제들을 인식하고 분석
		서비스관계 구조분석	서비스 이해관계자 간의 가치 및 프로세스 흐름분석
		서비스수익 모델 분석	서비스 제공을 통해 얻는 주요, 부가, 잠재수익분석

표 6-7 Techno Business 서비스 분석기법 도출절차

2. 서비스 구성요소분석

서비스 구성요소분석의 중요성 사례

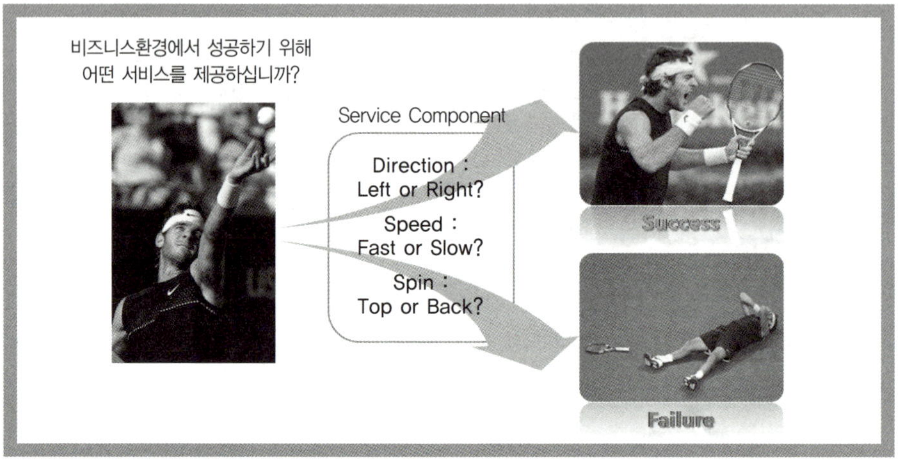

테니스에서 한 선수가 서비스를 넣기 위해서 고려해야 할 사항들은 어떤 것들이 있을까? 서비스의 방향이나 속도 이외에 많은 조건들에 대해 생각할 것이다. 이러한 구성요소들을 어떤 관점에서 정의하고 대처하느냐에 따라 그 경기의 희비가 갈릴 수 있다.

실제 비즈니스 환경에서도 마찬가지다. 테니스 선수가 서비스를 넣을 때 수많은 고민을 하듯 다양한 고려사항을 구체화시켜야 한다. 또한 실제 서비스 구성요소를 명확히 정의함으로써 기업서비스의 본질적 가치가 결정된다.

서비스를 통해 제공하려는 상품은 무엇인가? 그리고 그것을 고객에게 전달하기 위한 경로는 어떤 것인가? 해당 상품의 유통과 시장화를 위해 접촉해야 할 이해관계자들은 어떤 이들인가? 이러한 다양한 질문에 대답하기 위해서는 서비스 구성요소를 분석해야 한다.

"과연 우리 회사가 제공하고 있는 서비스의 가치는 무엇일까?" 수많은 마케팅 이론가들이 서비스를 정의하고, 전달방식과 유형을 구체화하려고 시도하였다. 그러나 기업이 서비스를 디자인한 만큼 고객의 경험에서 실제로 수용되고 있는지에 대해서는 아직 설명력 있는 근거를 제시하지 못하고 있다.

본 장에서는 위와 같은 고민을 바탕으로 서비스를 분석하는 방법에 대해 살펴볼 것이다. Techno Business를 도입하고 실행하는 데 필요한 서비스 디자인과 가치는 무엇일까?

2.1 서비스 구성요소분석 개요

서비스를 실제 기획할 때 기획자가 고려해야 할 구성요인(Factor)에는 어떤 것들이 있을까? 흔히 서비스는 '무형' 이라는 점에 착안하여 기획하고 개발하는 단계에서 창의성과 시의성에만 치중하는 경향이 있다. 그러나 서비스를 제공한다는 것 자체가 또 하나의 사업분야라는 점을 감안하면, 서비스상품 자체가 확대 재생산되기 위한 이해관계구조를 파악하는 것 역시 중요하다.

서비스 구성요소분석 개념

서비스는 어떻게 정의될 수 있고 서비스가 제공되는 범위는 어디까지인가? 서비스 구성요소분석은 다양한 이해관계와의 접점, 네트워크분석을 통해 외부적 요소를 살펴보는 단계이다. 한편 기획과정뿐만 아니라 실질적인 적용과정 역시 포함되어야 한다. 따라서 서비스 구현 및 제공방안, 운영방법 등에 대한 일련의 조사분석 과정이 본 장의 범위가 된다.

◈ **ITR Definition**

서비스 구성요소분석
서비스 모델을 개발하기 위해 서비스의 가치 생성에 관련된 이해관계자와 서비스 상품의 속성 등을 분석하는 방법

서비스 구성요소

서비스의 구성요소는 그것을 기획 · 개발 · 보급하는 주체에 따라 [표 6-8]과 같이 구분할 수 있다. 제공대상이 되는 '상품' 과 이를 전달하는 '제공행위', 그리고 서비스제공과 관련된 '공급자', '구매자', '경쟁자', '파트너' 와 같은 이해관계자로 구분하여 정의할 수 있다.

표 6-8 서비스 구성 요소

구성요소	설명
상품	공급자가 수요자에게 제공하기 위해 생산하는 유형상품, 지식상품, 서비스상품
제공서비스	공급자가 수요자에게 제공하는 상품의 판매 및 부차적인 제공행위
공급자	서비스를 생성하고 전달하여 구매자에게 제공하는 사업자
구매자	공급자로부터 서비스를 제공받고 대가를 제공하는 고객
경쟁자	서비스 제공과정에서 공급자와 이해관계를 반하는 참여자
파트너	서비스 제공과정에서 공급자와 이해관계를 공유하는 참여자

서비스 구성요소분석 On Hand

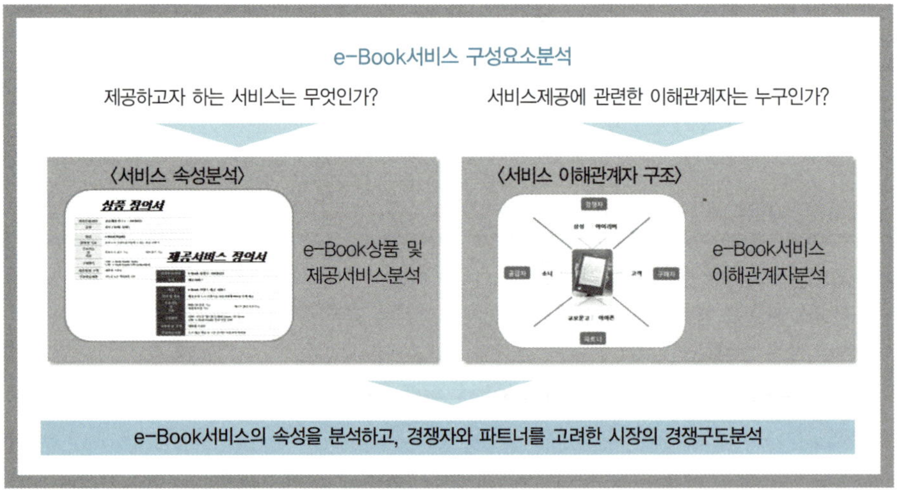

e-Book시장에 진입하여 비즈니스를 시작하기 위해 기업이 고려해야 할 점들에는 어떤 것이 있을까? e-Book과 관련된 기술요소와 산업현황, 사용자분석과 같은 기본적인 분석절차를 거치는 것도 중요하지만 서비스 제품과 연관되는 다양한 이해관계자와 구성요소를 분석할 필요가 있다. 마케팅 학자들은 이렇게 다양한 요소들을 아우르는 서비스 디자인을 위해 '전체' 적인 시각을 가지라고 한다.

그러나 전체를 보기 위해서 선행되어야 할 분석단계가 있다. 바로 서비스 구성요소 분석이다. 기업이 보유하고 있는 내적인 서비스자원의 순환을 살펴보는 것이다. 어떠한 기술을 분석할 것이며 어떠한 사용자 층을 분석할 것인가? 그리고 산업의 현황은 어떻게 조사할 것인가?

제시된 사례의 그림에서는 e-Book관련 서비스를 제공하기 위해 먼저 e-Book의 속성을 정의하였다. 그 후에 서비스 비즈니스가 갖고 있는 요소들을 포함하였다. 이를 통해 기업은 자사가 제공하려는 e-Book서비스의 가치를 분석할수 있다. 또한 서비스제공에 관련된 이해관계자 요소 역시 도출가능하다. 이것을 '네트워크' 라고도 할 수 있을 것이다. 이러한 네트워크에 대한 이해를 토대로 경쟁자 및 파트너, 수요자 등에 대한 속성을 명시해야 한다. 또 서비스분석을 통해 제공하고자 하는 구체적인 e-Book서비스의 이해관계구조를 파악할 수 있다.

서비스 구성요소분석을 통해 서비스의 속성을 파악하고 이해관계자를 파악함으로써 서비스제공에 관한 방향성을 설정할 수 있고 관련된 분석요소를 결정할 수 있다.

서비스 구성요소분석 유형

서비스 구성요소분석은 상품 및 서비스의 고유 속성을 나타내는 '서비스 속성분석' 단계와 서비스의 외부 관계를 분석하는 '서비스 이해관계자분석' 등으로 구분할 수 있다. 각각의 산출물은 상품정의서와 제공서비스정의서를 통해 구체화된다. 서비스 이해관계자분석은 서비스 제공과정에서 가치를 주고받는 참여자들을 분석하는 과정이다. [표 6-9]는 서비스 구성요소분석의 유형을 나타내고 있다.

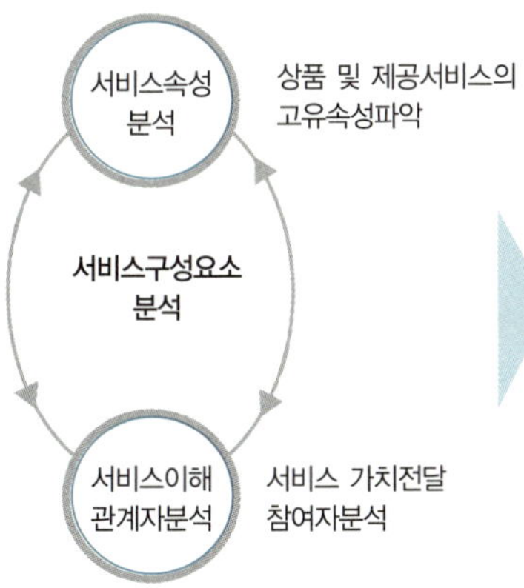

서비스 구성요소분석 유형

구분	설명
서비스 속성 분석	상품 및 제공서비스의 고유한 속성분석을 통해 정의 및 목적, 범위를 구체화하는 것
서비스 이해관계자 분석	서비스제공 구조상에서 가치를 주고받는 참여자들의 분석

표 6-9 서비스 구성요소분석 유형

2.2 서비스 속성분석

서비스 속성분석은 서비스 자체가 가지는 특성을 분석하는 작업이다. 경영자가 서비스를 도입하는 목적과 본래의 서비스상품이 가지는 특성을 중심으로 서비스속성을 정의한다. 그리고 구체적으로 세부 속성을 명시함으로써 서비스 제품을 통해 가능한 비즈니스 범위 및 특성을 정의한다.

서비스 속성분석 개념

서비스 속성분석은 전달하고자 하는 상품 및 제공서비스의 기능을 정의한다. 가치창출(Value Creation) 과정에서 서비스를 생산하기 위해 파악해야 할 요소를 도출하는 작업이기도 하다. 서비스 속성요소는 '상품'과 '제공서비스'라고 구분하고 각각의 기능 및 가치, 서비스 제공목적, 요구기술, 핵심구성요소, 사용자 및 고객, 주요 이슈사항 등을 분석한다. 또한 상품정의서 및 제공서비스 정의서를 최종 산출물로 도출한다.

◈ **ITR Definition**

> **서비스 속성분석**
> **서비스의 핵심 가치를 파악하기 위하여 상품 및 서비스의 특성을 정의하고 기능, 주요 이슈 등을 분석하는 방법**

서비스 속성분석의 필요성

서비스 속성분석은 상품 및 제공서비스의 기능과 구성요소를 정의하고 범위를 명확히 하기 위한 절차이다. 서비스의 개념은 정확히 정의하기가 어렵기 때문에 사업성이 있는 항목을 중심으로 기업의 맥락에 맞게 주요 가치만 도출해내는 것이 중요하다. 따라서 분석자와 기획자의 선택이 매우 중요하다. [그림 6-5]는 서비스 속성분석의 주요 내용을 통해 필요성을 설명한다.

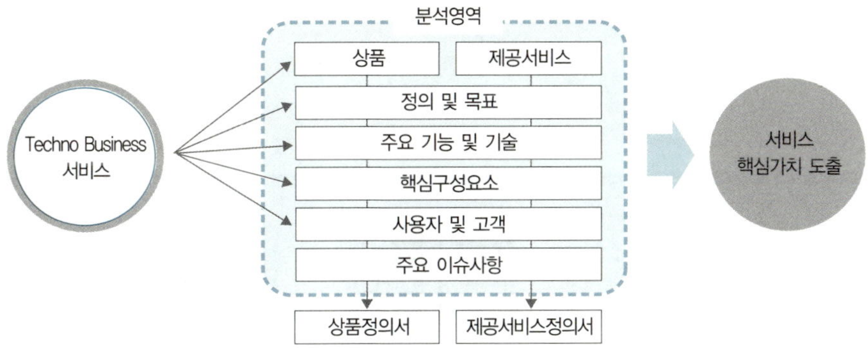

그림 6-5 서비스 속성분석의 필요성

서비스 속성분석 유형

서비스 속성분석은 상품 속성을 분석하여 상품정의서를 도출하는 유형과 제공서비스 속성을 분석하여 제공서비스정의서를 도출하는 유형으로 구분된다. 이러한 서비스 속성분석의 주요 속성들로는 상품 및 제공서비스의 정의, 목표, 주요 기술 및 기능, 핵심구성요소, 사용자 및 고객, 주요 이슈사항 등이 있다. [표 6-10]은 협업지원 Web DB 서비스의 속성분석을 수행하여 도출된 정의서의 예이다.

표 6-10 서비스 속성분석 예시(협업지원 Web DB 서비스)

협업지원 Web DB S/W정의서

관리부서-번호	IT개발부서 - SVC0423	
유형	상품 (S/W)	
이름	협업지원 Web DB S/W	
정의 및 목표	협업지원 Web DB 서비스를 제공하기 위해 사용되는 S/W로 사용자 및 고객에게 제공되어 PC환경에서 서비스 사용을 지원함	
주요 기능 및 기술	파일 업로드/다운로드기능 Web DB 사용자인증기능 DB 변경사항알림기능	업무공지사항기능 업무연락망관리기능 인스턴스메시지기능
구성항목	S/W : User Application S/W, Web Server S/W, DB Server S/W	
사용자 및 고객	서버 및 서비스관리자, 내부담당직원 및 임직원, 고객사 담당자	
주요 이슈사항	다양한 PC환경에서 사용 가능한 S/W	

협업지원 Web DB 제공서비스정의서

관리부서-번호	IT서비스지원부서 - SVC0223	
유형	제공서비스	
이름	협업지원 Web DB 서비스	
정의 및 목표	고객사 및 내/외부 관계자의 협업업무진행을 위해 관련 전자문서 및 정보를 공유할 수 있도록 지원하는 Web DB 서비스로 업무별 관리와 주요 프로젝트 진행사항에 대해 리포팅하여 효율적인 업무수행을 목표로 함	
주요 기능 및 기술	파일 업로드/다운로드기능 Web DB 사용자인증기능 DB 변경사항알림기능	업무공지사항기능 업무연락망관리기능 인스턴스메시지기능
구성항목	H/W : 인터넷망(내/외부망), Web Server, DB Server S/W : 협업지원 Web DB S/W	
사용자 및 고객	내부담당직원 및 임직원, 고객사 담당자	
주요 이슈사항	서비스 이용을 위한 기본적인 교육이 요구됨	

Deliverables

스마트폰 기반 모바일뉴스 서비스 속성분석

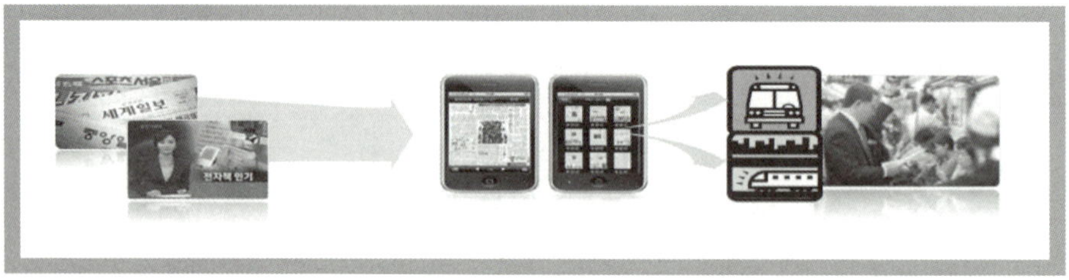

VE전자는 기업의 스마트폰 출시전략을 세움과 동시에 모바일뉴스 서비스제공전략을 세웠다. 먼저 모바일뉴스 서비스를 정의하기 위해 서비스 속성분석을 실행하였다. VE전자의 모바일뉴스 서비스는 주로 자사에서 상품화된 스마트폰을 통하여 제공된다. 구체적인 콘텐츠로는 각종 언론의 기사 및 단신 등을 매너스크립트 형태로 요약하여 동영상 및 텍스트 방식으로 제공한다.

따라서 VE전자의 서비스 디자인에 매우 중요한 스마트폰과 모바일뉴스 서비스의 속성 정의 및 분석이 필요하다. 다음과 같이 실례로 서비스제공 단말기 역할을 하는 스마트폰과 뉴스서비스의 정의서를 제시하였다.

VE전자의 HSDPA 기반 스마트폰 상품 및 서비스정의서

관리부서-번호	모바일 네트워크 사업부 상품 개발팀 -VEPD-94033	
유형	상품(S/W, H/W)	
이름	HSPA기반 스마트폰	
정의 및 목표	HSPA 모뎀기술을 활용한 고속 데이터 전송이 가능한 스마트폰으로 Full Touch를 지원하고 AM OLED 액정을 갖춰 고객에게 사용 편의성을 제공함	
주요 기능 및 기술	HSPA Haptic UI AM OLED	Full Touch WiFi 윈도우 모바일지원 등
구성항목	• H/W : HSPA Modem, AM OLED, WiFi, Full Touch 압력액정 등 • S/W : Haptic UI S/W, 윈도우 모바일, 콘텐츠 리더 S/W 등	
사용자 및 고객	스마트폰 사용가능한 모든 고객 등	
주요 이슈사항	최신기술 접목에 따르는 기기원가상승 등	

관리부서-번호	모바일 네트워크 사업부 서비스 기획팀 - VESP-92033	
유형	서비스	
이름	모바일뉴스 서비스	
정의 및 목표	주요 뉴스와 신문을 모바일 콘텐츠화하여 시간과 장소에 관계없이 실시간으로 구독자에게 제공하고, 설정된 관심 분야에 대한 뉴스 기사를 스크랩하여 관리해 주는 기능을 제공함	
주요 기능 및 기술	동영상 뉴스 Viewer Text, Image 신문 Viewer	관심분야 설정기능 뉴스 스크랩기능 등
구성항목	• H/W : 인터넷망(내/외부망), Web Server, 스크랩 기사 DB 등 • S/W : 서비스 DB접속 S/W, 모바일콘텐츠 변환 S/W, 구독자관리 S/W 등	
사용자 및 고객	직장인, 대학생 등	
주요 이슈사항	뉴스 콘텐츠 변환 시 가독성 향상 등	

HSPA기반 스마트폰은 HSPA 모뎀을 기반으로 고속 데이터 전송이 가능한 스마트폰으로 Full Touch를 지원하는 한편, AMOLED 디스플레이를 갖춘 단말기이다. 주요 기능 및 기술로는 HSPA, Haptic UI, Wi-Fi 등을 포함하고 있다.

모바일뉴스 서비스는 주요 뉴스와 신문을 모바일 콘텐츠로 변환하는 것이다. 한편 시간과 장소에 관계없이 실시간으로 구독자에게 제공하고 설정된 관심분야에 대한 뉴스 기사를 스크랩해주는 성격을 갖고 있다. 서비스의 주요 사용자 및 고객은 스마트폰을 사용하는 직장인들과 대학생인 것으로 나타났다.

2.3 서비스 이해관계자분석

서비스 이해관계자분석은 서비스 자체의 내적 특성뿐만 아니라 다양한 관계적 요소까지 함께 포괄하기 위한 분석절차이다. 본 절에서는 서비스의 이해관계자에 대한 주요 정의와 이해관계 분석방법에 대해 소개한다.

서비스 이해관계자분석 개념

서비스 이해관계자분석은 서비스 제공과 관련된 이해관계자분석을 통해 비즈니스의 참여주체를 명확히 하고, 이를 통해 기업의 자원배분이나 서비스 제공 방향과 같은 전략적인 결정을 지원하는 것이다.

◈ **ITR Definition**

> **서비스 이해관계자분석**
> **서비스의 가치 생성과 전달 과정에 관련된 참여주체의 동향을 파악하기 위해 공급자, 구매자, 경쟁자 등의 영향요인 및 특성을 분석하는 방법**

시장활동에서 서로 보완적인 역할을 하는 개인 및 그룹도 있지만 전략적으로 방해요소가 되는 그룹 역시 존재한다. 그러한 개인과 그룹을 발견하고 적절한 대응전략을 구사하기 위해 이해관계자분석을 실시한다. 이해관계자분석은 연구자에 따라서는 네트워크분석으로 정의되기도 한다. 기업의 제휴(Alliance)

대상 선정이나 외부 경쟁세력에 의한 저항(Resistance) 형성과 같은 것들이 이 분석의 주된 쟁점이다. 따라서 이해관계를 구체화하여 급변하는 시장환경에 즉각적으로 대응할 수 있으며 비즈니스의 참여주체를 명확히 하는 역할을 한다.

표 6-11 서비스 이해관계자 정의

기관 및 연구자	정의
Freeman and Reed(1983)	협의 : 기업의 기능 및 경영활동의 존속과 유지를 위해 활동하는 주요 집단 광의 : 기업의 기능과 경영활동에 영향을 주거나 받을 수 있는 개인이나 집단 모두
Davis and Frederik(1984)	경영활동의 의사결정에 참여하는 권한(Power)을 가진 자
Caroll(1989)	기업의 활동과 의사결정, 정책과 이를 집행함으로써 영향을 받거나 미칠 수 있는 집단

서비스 이해관계자 유형 및 영향요인 분석

서비스의 이해관계자 유형은 일반적으로 공급자를 포함하여 구매자, 파트너, 경쟁자 등으로 분류할 수 있다. 이러한 서비스와 관련된 이해관계자가 서비스 제공에 미치는 영향요인 및 속성을 정의하여 서비스와 이해관계자 간의 관계를 분석한다.

그림 6-6 서비스 이해관계자 정의

주요 이해관계자는 5-Forces분석의 공급자, 경쟁자, 구매자의 관점과 그 맥락을 같이 하며 서비스 공급업자를 사업주체인 공급자와 지원주체인 파트너를 세분화하여 도출할 수 있다. 또한, [표 6-12]는 주요 이해관계자의 서비스에 관한 영향요인과 속성에 대하여 설명한다.

이해관계자 유형	서비스 주요 영향요인	속성
공급자	상품 및 서비스의 질, 가격 및 비용 등	서비스제공주체
구매자	가격 및 비용, 시장규모, 수익률 등	서비스활용주체
경쟁자	상품 및 서비스의 대체재, 가격 및 비용, 수익률 등	서비스경쟁주체
파트너	마케팅채널 및 유통경로, 기술개발 및 원자재공급 등	서비스지원주체

표 6-12 서비스 이해관계자 유형별 영향요인 및 속성

Deliverables

스마트폰 기반 모바일뉴스 서비스 주요 이해관계자분석

VE전자는 자사에서 생산되는 스마트폰을 통해 모바일뉴스 서비스를 제공하기로 결정하였다. 콘텐츠서비스의 런칭을 위해 비즈니스 모델에 관련된 주요 이해관계자들인 공급자, 경쟁자, 구매자, 파트너의 측면에서 영향요인을 분석하였다.

VE전자의 모바일뉴스 서비스 주요 이해관계자 구조 및 분석 결과

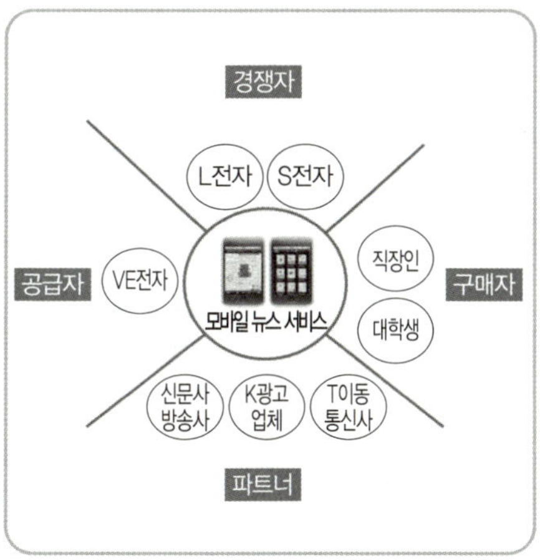

공급자 고객유인을 위한 가격 및 콘텐츠의 전략적 서비스가 요구됨

구분	서비스 영향요인	속성
VE전자	서비스가격, 콘텐츠 구성	서비스제공자

경쟁자 대체 서비스와 스마트폰에 의한 가격경쟁이 예상됨

구분	서비스 영향요인	속성
L전자	대체서비스	서비스경쟁자
S전자	대체스마트폰	스마트폰경쟁자

파트너 지불대금과 수익금 간 조정을 통해 수익성 확보

구분	서비스 영향요인	속성
신문사, 방송사	기사제공, 저작권료	콘텐츠제공자
K광고업체	광고대행료	광고의뢰자
T이동통신사	통신선로사용료, 데이터요금수익	서비스중계자

구매자 고객요구사항분석을 통해 서비스콘텐츠 구성

구분	서비스 영향요인	속성
직장인	정치, 주식, 부동산기사 관심	구매자
대학생	연예, 스포츠기사 관심	구매자

분석 결과 VE전자의 모바일뉴스 서비스와 관련된 이해관계자 네트워크에는 다양한 업체가 포함되었다. 공급자인 VE전자를 비롯하여 경쟁자인 L전자, S전자가 포함되었다. 파트너로는 뉴스 콘텐츠제공자인 신문사와 방송사, 서비스채널을 제공하는 T이동통신사가 제시되었다. 마지막으로 광고는 K사를 통해 제공되는 것으로 나타났다.

VE전자는 서비스 영향요인분석을 위해 서비스가격과 콘텐츠 구성 등의 요인들을 주된 요소로 들었다. 영향요인분석을 위해서는 고객유인을 위한 가격책정(Pricing) 및 콘텐츠의 전략적 서비스 수립(Strategic Building of Service)이 요구된다.

경쟁자인 L전자와 S전자의 경우 VE전자와 대체재 관계에 놓여 있었다. 유사한 상품속성을 제공하는 기업들이기에 직접적인 경쟁자로 분석되었다. 장기적으로는 시장점유율 및 고객유지율을 통해 경쟁하게 될 것으로 나타났다. 결국 VE전자의 스마트폰과 모바일뉴스 서비스는 가격경쟁 국면에 뛰어들어야 할 것으로 분석되었다.

비용 및 수익발생 요인도 중요하다. 파트너로 나타난 신문, 방송사는 기사제공과 관련된 콘텐츠 제공료를 징수할 것으로 보인다. 한편, K사는 광고대행료를, T이동통신사는 통신선로사용료를 요구할 것이다. 마지막으로 구매자는 직접적으로 VE전자의 제품에 대해 평가피드백을 제공할 것이다. 이 모든 요인들이 VE전자가 제공하는 서비스의 콘텐츠 구성에 영향을 미친다. 따라서 VE전자는 구매자 요구사항의 다각적인 분석을 통해 보다 주기적이고 부문별로 상세화된 수요 조사 작업을 수행할 수 있다.

3. 서비스 타당성평가

서비스 타당성평가의 중요성 사례

'손안의 TV', '퍼스널미디어시대'를 개척한 DMB의 진실

TU미디어

"방송과 통신이 융합하는 뉴미디어시대의 대표적 Media인 위성 DMB서비스를 제공하겠습니다."

- 월 이용료, 콘텐츠 부족 등으로 지상파 DMB로 고객집중, 위성 DMB는 뒷전
- 200억 원 넘게 투자했지만, 낮은 광고수익으로 투자비용회수는 고사, 월 운영비에도 턱없이 못 미치는 수익성

DMB 가입자 증가추이 (단위 : 원)

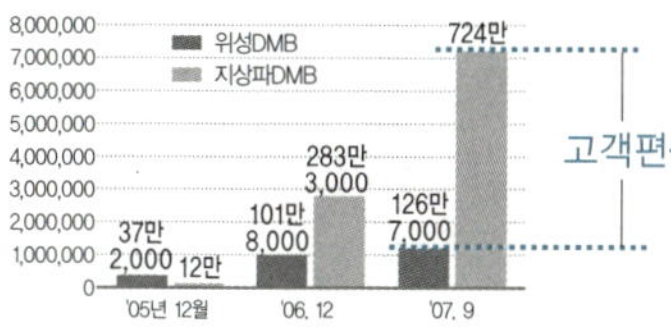

TU미디어 재무현황 (단위 : 억 원)

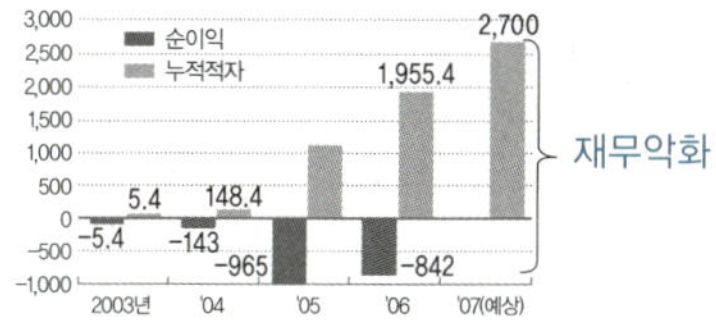

불확실한 서비스환경에서 서비스 런칭의 성공가능성을 예상할 수 있는 방법으로 타당성평가가 주목받고 있다.

DMB는 이제 매우 흔한 기술이 되었다. 달리는 차나 지하철 안에서, 영상을 감상할 수 있는 시대가 된 것이다. DMB는 구체적으로 위성 DMB기술과 지상파 DMB기술로 나누어진다.

TU미디어는 위성 DMB기술 분야에서 선두를 점하고 있었다. 하지만 화려한 스포트라이트 이후 이 회사는 재정위기에 몰려야만 했다. 대부분의 고객은 별도의 서비스 이용료가 필요없는 지상파 DMB를 주로 구매했다. 이러한 경향이 계속되자 TU 미디어의 재무상태는 기업의 존폐 위험에까지 몰리게 되었다.

위성 DMB는 위성통신을 통해, 방송서비스를 제공하여 지역과 지형의 제약을 극복한다는 이점이 있었다. 그러나 시장성 측면에서는 지상파 DMB기술에 비해 효과가 없었다. 소비자는 높은 기술수준보다는 보다 저렴하고 이용하기 편한 서비스를 선호하였다. 따라서 지상파 DMB서비스가 활성화되는 동안 위성 DMB서비스는 사양길로 접어들고 있다.

이러한 사례에서 볼 수 있듯이 서비스를 시장에 선보이기 이전에 다면적인 평가를 선행함으로써, 서비스가 가지는 위험요인을 분석하는 것이 중요하며, 이는 서비스 타당성평가를 통해 수행될 수 있다.

3.1 서비스 타당성평가 개요

본 절은 서비스를 제공하기 이전에 사전평가의 개념으로 수행되는 서비스 타당성평가의 개요와 주요 평가영역에 대하여 소개한다.

서비스 타당성평가 개념

서비스 타당성평가의 개념은 일반적인 타당성평가 및 사업 타당성평가의 개념과 유사하다. 이 단계에서는 사업을 시행하기 이전에 특정 서비스 도입의 성공가능성을 예측해 본다. 따라서 서비스의 사전평가 과정을 통해 다양한 정보를 수집 · 분류하고 기업의 맥락에 맞게 검토하게 된다.

표 6-13 연구별 타당성평가

연구자 및 단체	연구관점	개념
Willcocks (1996)	정보화 투자타당성	정보화 투자를 사업적 투자관점으로 인식하여 정보화비용, 효과, 위험을 파악하여 정보화 투자의사결정을 최적화하고, 사후 효과분석의 근거와 기준치를 미리 설정하여 정보화 프로젝트 이후 성과관리를 할 수 있도록 하는 것
Irani (1997)	타당성평가 영역분류	경제적 평가, 전략적 평가, 분석적 평가, 통합적 평가로 타당성평가 영역을 구분
Baxter (2003)	사업타당성	타당성평가는 신제품 개발 등과 같은 사업을 오너가 평가하기 위해 사용하는 툴로써, 이를 통해 마케팅 전략의 변화, 사업의 확대, 사업의 수행 등을 결정함

Willcocks가 IT 자원에 대한 투자를 중심으로 효과 분석 및 의사결정 최적화 단계에 대해 이야기했다면, Irani는 경제적 평가, 전략적 평가, 분석적 평가로 타당성평가의 영역을 세분화하고 실천가능한 항목으로 상세화했다. 한편, Baxter는 경영자에게 주는 시사점을 중시했다. 또한, 마케팅전략의 변화와 사업 확대 · 수행 · 축소 등으로 항목을 나누어 살펴본 것이 특징이다.

◈ ITR Definition

서비스 타당성평가
서비스 도입의 적정성을 파악하기 위해 기술의 성능, 경제성 등을 평가하고 성공 및 위험 요인을 분석하는 방법

서비스 타당성평가의 필요성

최근, 서비스를 제공하기 위해 다양한 기술이 요구되고 있으며 서비스를 둘러싼 비즈니스 환경 역시 빠르게 변하고 있다. 이로 인해 서비스의 사업화 실패율 또한 높아짐에 따라 사업화 전 사전평가를 수행하는 것이 중요해졌다. 서비스에 대한 타당성평가를 통해 사전에 위험요인을 도출하고 분석하여 배제함으로써 서비스의 성공가능성을 높일 수 있다. [그림 6-7]은 서비스 타당성평가의 필요성을 나타내고 있다.

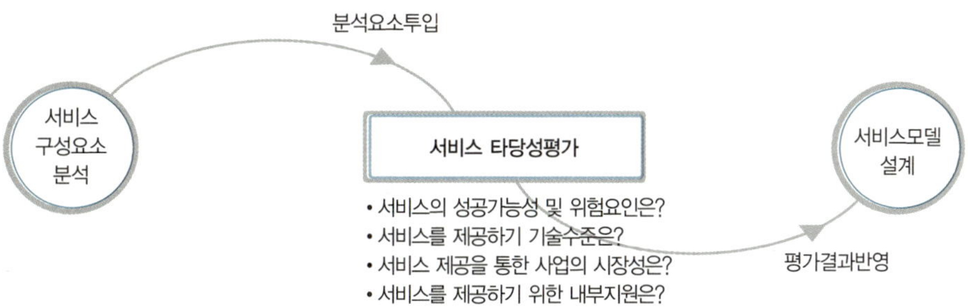

그림 6-7 서비스 타당성평가의 필요성

서비스 타당성평가 On Hand

새로운 정부가 들어서면서 가장 이슈가 된 사례가 있다. 바로 4대강 사업을 둘러싼 논란이다. 곳곳에 보를 쌓고 수로정비를 진행하고 있는 현재에 이르러서도 과연 이 사업이 실효성을 거둘 수 있을지 엄청난 논쟁이 계속되고 있다. 경제적인 효과뿐만 아니라 국민의 삶의 질을 아우르는 사회 전체적인 문제로 확산된 것이다.

국가차원의 사업정책과 마찬가지로 서비스분석에서도 '불확실성'에 대한 개념이 존재한다. 4대강 사업관점에서 서비스 타당성평가를 수행하기 위해 어떤 요소들이 포함되어야 하는지 살펴보도록 하자.

4대강 사업에 적용되는 기술은 사업의 기능을 원활히 지원하는가?

- 4대강 사업에 적용되는 기술들은 홍수통제 기능을 제공하기에 적합한가?
- 4대강 사업에 적용되는 기술들은 환경보존을 위한 기능을 제공하는가?

기술적합성평가

4대강 사업의 목적과 국가정책의 방향성은?

- 4대강 사업을 통한 국토개발은 국가적 토지개발 방향성에 부합하는가?
- 4대강 사업을 수행하기 위한 정부조직의 지원은 적절한가?

전략부합성평가

4대강 사업을 통한 경제적 효과는?

- 4대강 사업을 통해 창출되는 실효성 있는 일자리는 얼마나 되는가?
- 4대강 사업이 지역경제 발전에 주는 효과는 얼마나 되는가?

시장사업성평가

기술적합성평가를 통해 4대강 사업에 활용되는 다양한 환경, 토목공학적 기법들이 사업 목적에 타당한지 검토한다. 그리고 전략부합성평가를 통해 4대강 보전 사업이 국토개발관리 방향과 직결되는지 고려한다. 마지막으로 시장사업성평가를 통해 경제 발전과 건설분야 선진화에 얼마나 도움이 되는지 고민해 볼 수 있다. 이러한 다양한 차원에서의 분석이 잘 이루어져 공개된다면, 4대강 사업에 대한 국민들의 의혹도 조금은 줄어들지 않을까?

서비스 타당성평가 영역

서비스 타당성평가 영역은 사업목적에 맞게 개발 및 구성되어야 한다. 주요 영역은 기술적합성, 전략부합성, 시장사업성평가로 구성된다. 기술적합성평가 영역은 서비스의 기술특성과 지원수준을 평가하기 위한 영역이며, 전략부합성 평가영역은 서비스와 기업전략의 일치수준을 평가하는 영역이다. 마지막으로 시장사업성 평가영역은 서비스의 재무적 영향과 부가적 효과를 평가하기 위한 영역으로 구성된다. [표 6-14]는 서비스 타당성평가의 3대 영역을 구분하여 나타낸다.

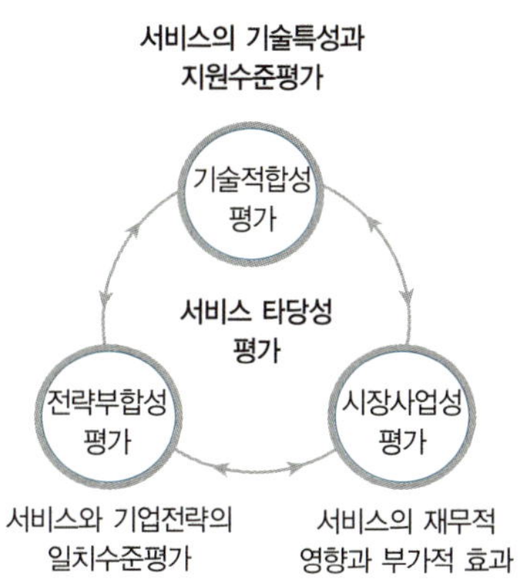

서비스 타당성평가 영역

구분	설명
기술적합성 평가	서비스에 적용된 기술의 특성 및 지원수준에 대한 평가
전략부합성 평가	서비스를 통해 제공하는 가치가 기업의 비전 및 전략적 방향과의 일치성 평가
시장사업성 평가	서비스제공을 통해 얻을 수 있는 재무적 영향과 부가적 효과에 대한 평가

표 6-14 서비스 타당성평가 영역

3.2 서비스 기술적합성평가

서비스 기술적합성평가 개념

기술은 기업의 전략에서 가장 중요한 자원 중 하나이다. 하이테크마케팅, 기술혁신 등 수많은 신기술 경영관련 분야에서 항상 논점이 되어 왔다. 제3장 'Technology' 에서 설명하였듯이 기술과 서비스는 매우 밀접한 관련이 있음을 알 수 있다. 본 절에서는 서비스의 설계가 얼마나 기술과 부합하고 있는지를 설명하고 있다. 서비스 기술적합성평가는 서비스를 제공하기 위해 요구되는 기술의 특성과 활용수준을 분석하여 적용기술에 대한 서비스 적합수준을 평가하는 것이다.

◈ **ITR Definition**

> **서비스 기술적합성평가**
> **서비스의 성공 가능성을 파악하기 위해 기술의 기여수준 및 지원수준, 활용 수준 등을 평가하는 방법**

서비스 기술적합성평가 필요성

비즈니스 관점에서 서비스 설계의 적합성을 평가하는 것은 매우 중요한 일이다. 그러나 시장을 선도할 수 있는 기술적 혁신성 또한 간과해서는 안 된다. 구글의 안드로이드와 같은 기술들은 고객의 시선을 집중시킬 수 있는 서비스를 제공하는 것으로 유명하다. 서비스 기술적합성평가는 서비스에 탑재된 기술이 시장에서의 성공을 보장하는지 여부를 알아보기 위해 [그림 6-8]과 같이 세분화하여 평가한다.

그림 6-8 서비스 기술적합성평가의 필요성

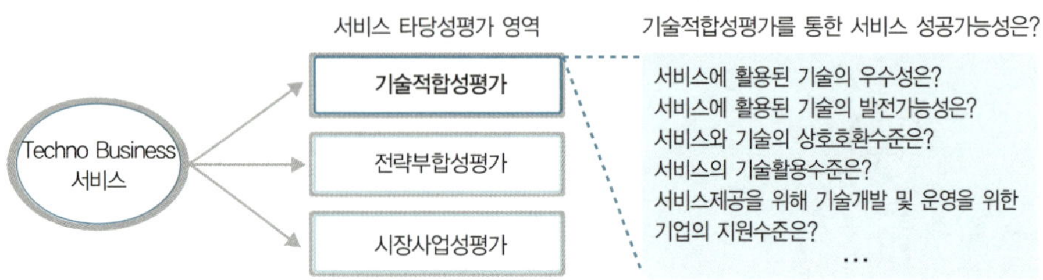

서비스 기술적합성평가 체계

서비스 기술적합성평가는 기술 특유의 속성을 평가하는 기술특성적합성 평가영역과 서비스에서 기술의 활용수준을 평가하는 기술활용적합성 평가영역 그리고 서비스의 기술지원과 관련된 기술지원적합성 평가영역으로 구성되어 있다. 각 평가영역의 세부 평가영역은 [그림 6-9]와 같다.

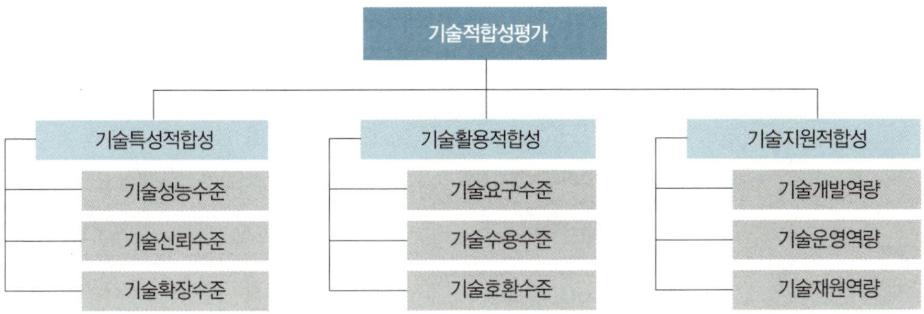

그림 6-9 서비스 기술적합성평가 체계

3.3 서비스 전략부합성평가

서비스 전략부합성평가 개념

서비스 전략부합성평가는 전사적 관점(Enterprise perspective)과 사업 관점(Business perspective)으로 구분된다. 서비스 제공목적에 대한 전략의 부합성을 평가하고 분석하는 절차이다. 서비스를 생성하는 업무를 비롯하여, 이를 지원하고 관리하는 조직구조에 이르기까지 다양한 실행 측면들을 관리하고 검토한다.

◈ **ITR Definition**

> **서비스 전략부합성평가**
> 서비스의 구조나 특성이 기업 전략에 부합하는지 검토하기 위하여 서비스와 기업 전략의 목표 일치 수준을 평가하는 방법

서비스 전략부합성평가 필요성

서비스 제공의 방향성과 목적 사이에는 일관성이 있어야만 한다. 즉, 전사적인 관점에서 하나의 서비스 전략이 체계화될 수 있도록 논리적으로 정리하는 것이 중요하다. 개별 서비스의 우수성(Excellency)이 확보되더라도 투자범위가 너무 넓거나 기존의 서비스범위와 자주 중복된다면 또다른 문제가 될 수 있다. 따라서 신규서비스를 설계하거나 개발하는 데 있어서 해당 기업의 지원과 관리가 가능한지 평가해 보아야 한다. [그림 6-10]에서는 전략부합성평가가 필요한 이유를 설명하고 있다.

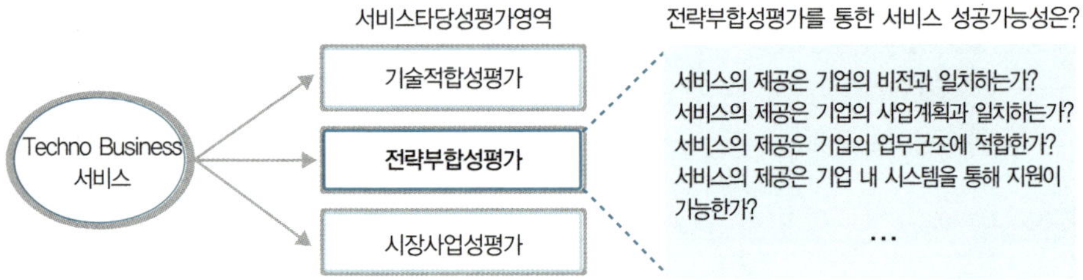

그림 6-10 서비스 전략부합성평가의 필요성

서비스 전략부합성평가 체계

서비스 전략부합성평가는 두 가지 영역으로 구분된다. 먼저 사업의 목표, 실행계획, 다양한 업체와의 제휴 네트워크 측면을 고려하는 사업계획부합성평가가 있다. 그리고 기업의 내부구조를 통해 개별 비즈니스가 지원되는 정도, 프로세스 효율성, 업무분장 등을 파악하는 조직구조부합성평가가 포함된다. [그림 6-11]은 서비스 전략부합성평가 체계를 나타낸다.

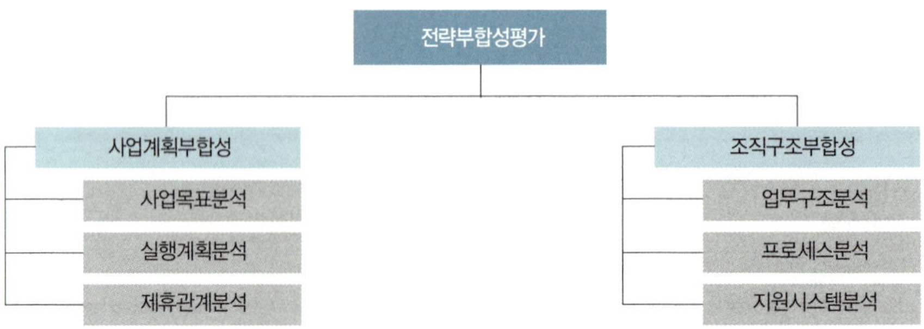

그림 6-11 서비스 전략부합성평가 체계

3.4 서비스 시장사업성평가

서비스 시장사업성평가 개념

서비스의 성공은 예측하기 힘들기 때문에 단기적인 수익성과 사업의 합리성을 파악하는 것이 중요하다. 장기적으로 성장성 있는 서비스 투자안이라 하더라도 지속적으로 수익관리가 되지 않을 경우 기각되는 경우가 많다. 따라서 재무적인 관점에서의 투자 및 부가효과를 고려해야 한다. 이를 통해 보다 직접적으로 시장화가능성을 가늠할 수 있다. 시장사업성평가는 서비스의 수익화 가능성을 구체화하는 방법이다.

◈ **ITR Definition**

> **서비스 시장사업성평가**
> **서비스의 단기적 수익성과 장기적인 성장성을 파악하기 위해 재무적인 투자효과와 비재무적인 효과를 평가하는 방법**

서비스 시장사업성평가의 필요성

서비스를 위한 기술과 전략의 평가뿐만 아니라 서비스 제공을 통한 성공가능성 역시 중요하다. 즉, 서비스를 제공하기 위한 비용과 그에 따른 수익의 규모를 명확히 산정하는 것이 필요하다. 또한 재무적 관점의 타당성뿐만 아니라 해당 서비스로 인해 창출되는 잠재적 효과와 신규사업기회 그리고 장기적인 기업의 가치향상 등 부가적인 효과 역시 중요한 평가영역이 된다. [그림 6-12]에서는 시장사업성평가의 필요성을 설명하고 있다.

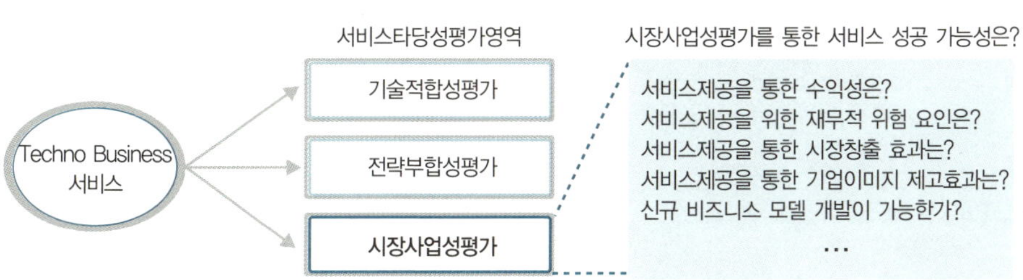

그림 6-12 서비스 시장사업성평가의 필요성

서비스 시장사업성평가 체계

서비스 시장사업성평가는 [그림 6-13]과 같이 재무적 관점의 사업투자효과 평가영역, 비재무적 관점의 사업부가효과 평가영역으로 구성된다. 사업투자효과는 투입비용 대비 수익의 규모를 산정하고 재무적 위험요인을 평가한다. 또한 사업부가효과는 잠재수요의 가능성과 신규사업의 기회 및 기업의 이미지 제고 등의 효과를 평가한다.

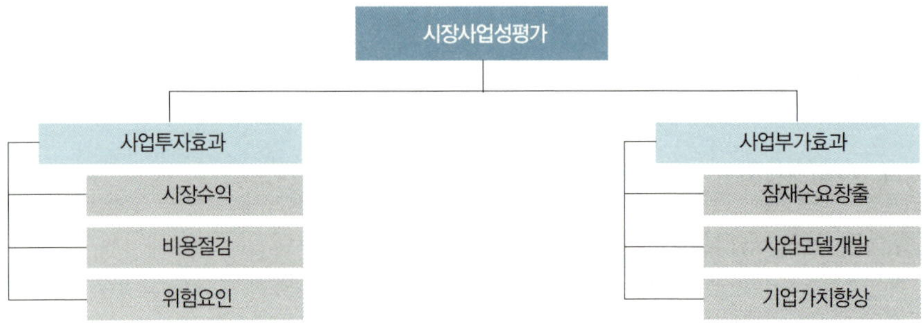

그림 6-13 서비스 시장사업성평가 체계

Deliverables

스마트폰 기반 모바일뉴스 서비스 타당성평가

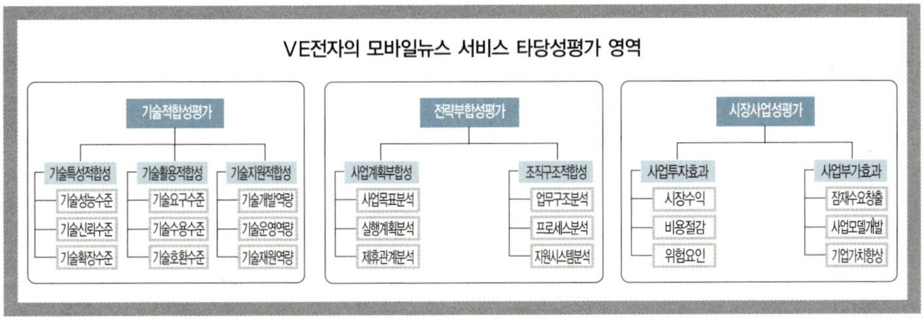

VE전자는 모바일뉴스 서비스의 성공가능성을 분석하기 위해 서비스 타당성평가를 수행하였다. 평가영역은 기술적합성, 전략부합성, 시장사업성 등의 3대 영역으로 구성되었다.

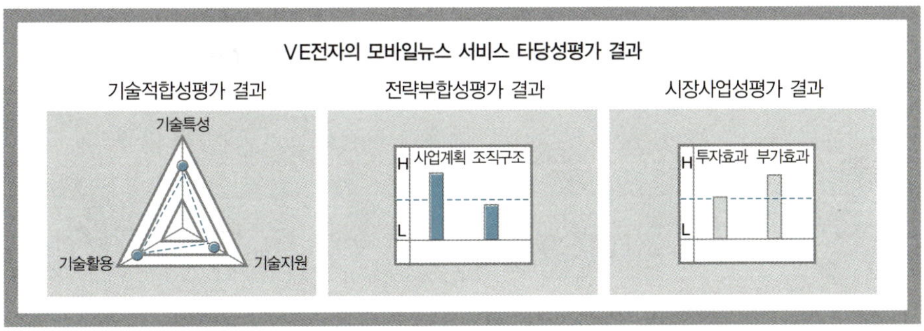

■ 기술적합성평가

1. 핵심기술인 HSPA를 이용한 서비스기술 적합수준은 기술특성, 활용부분에서 안정적인 것으로 나타났다.
2. 기술지원영역에서는 타 영역에 비해서 낮은 평가결과를 나타냈지만, 서비스를 제공하는 데는 안정적인 수준이다.

■ 전략부합성평가

1. 사업계획에 대한 전략부합수준은 스마트폰 개발사업과 맞물려 높은 타당성 결과를 나타냈다.
2. 하지만 조직구조 측면에서는 서비스 제공을 위한 원활한 지원이 이루어지지 못할

것으로 평가되었으며, 이를 위해 전담부서 신설이 요구된다.

■ 시장사업성평가

1. 모바일뉴스 서비스 제공을 통한 자체적인 투자효과는 큰 수익성을 나타내지 못하는 것으로 평가되었으나, VE전자 스마트폰에 고객을 고착화시키는 효과를 얻을 수 있는 것으로 나타났다. 따라서 서비스 제공을 통해 서비스수익 외 부가적인 효과를 얻을 수 있는 것으로 분석되었다.

4. 서비스 모델설계

서비스 모델설계의 중요성 사례

서비스 모델을 설계하는 것은 서비스와 관련된 구성요소와의 관계를 정의하고 이를 가시적으로 표현하는 것을 의미한다. 서비스 모델의 설계는 가치전달의 흐름과 세부절차들을 도출하는 과정으로 서비스의 청사진과 같다고 할 수 있다. 또한, 서비스 제공을 통한 수익 및 가치의 유형을 구조화하여 그 흐름을 파악할 수 있다.

이처럼 서비스 모델설계는 서비스의 전체적인 흐름을 분석하고 구조화하는 등 서비스를 구현하기 위한 마지막 단계로 볼 수 있다. 즉, 서비스 구성요소분석, 서비스 타당성평가 등을 통해 도출된 결과를 종합적으로 반영하여 서비스를 설계하여 모델화하는 것이다.

서비스 모델설계는 구성요소를 고려한 시나리오분석, 시나리오에 기반한 서비스 구조화, 수익모델창출 과정을 포함한다.

서비스를 새롭게 기획하는 기업이라면 서비스 구성요소분석, 서비스 타당성평가 및 최적화된 시나리오 구성과 수익모델을 구조화하여 수익창출을 위한 기반을 마련해야 할 것이다.

4.1 서비스 모델설계 개요

본 절에서는 서비스 구성요소, 타당성평가 결과 등을 기반으로 서비스 모델을 설계하는 방법에 대하여 소개한다.

서비스 모델설계 개념

서비스 모델설계는 서비스의 전체적인 흐름과 이해관계자의 행위 및 전달가치 등을 구조화하여 표현하는 것을 의미한다. 기획자가 서비스 모델에 대해 구체화된 흐름을 제시하면, 개발자나 하위단계의 업무담당자가 이것을 구현하는 자료로 활용한다.

◈ **ITR Definition**

> **서비스 모델설계**
> **서비스의 제공과정 및 전달방식의 체계화를 통해 최적화된 서비스 구성요소 및 프로세스를 구성하는 방법**

일반적으로 모델이라 함은 객체, 시스템 또는 개념에 대한 구조나 작업을 보여주기 위한 패턴, 계획 또는 설명을 말한다. 이러한 의미에서 서비스 모델은 시나리오를 기반으로 전체적인 흐름 및 구조를 도식화하고 세부 구성요소들 간의 관계를 구체화한 것이다. [그림 6-14]는 서비스 모델설계의 주요 흐름을 보여준다.

그림 6-14 서비스 모델설계 개요

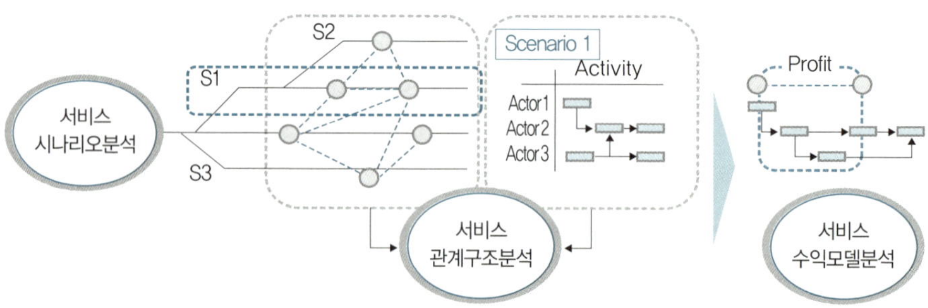

서비스 모델설계 On Hand

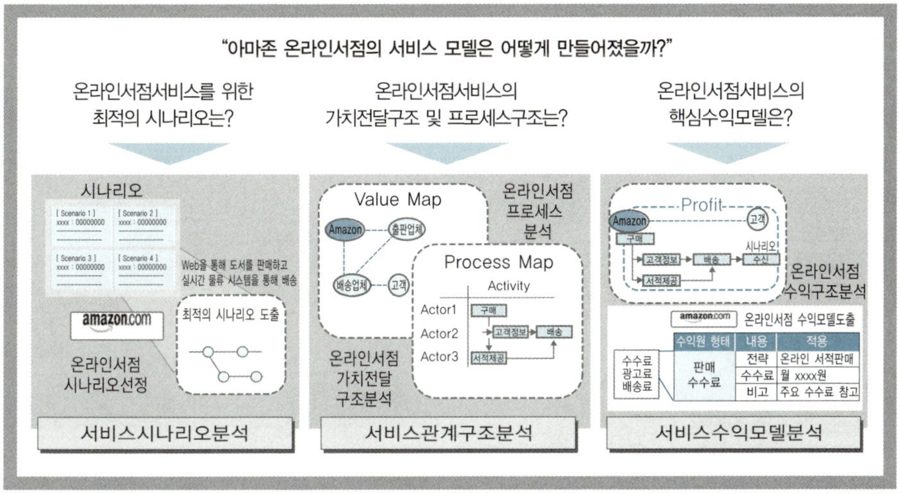

인터넷시대가 도래하면서 다양한 서비스 모델들이 등장했다. 아마존, 델, 구글 등 다양한 기업들이 새로운 서비스를 통해 시장에 나타났고 이는 혁신적인 서비스 형태와 수익구조를 통해 시장에서 선두기업으로 자리매김하였다.

이처럼 최근 기업들은 서비스를 하나의 독창적인 모델로써 제시하는 경우가 많다. 이러한 서비스 모델의 설계는 아마존의 예를 통해 설명한 위 그림처럼 서비스시나리오분석, 서비스관계구조분석, 서비스수익모델분석의 단계를 거친다.

■ 서비스시나리오분석

서비스시나리오분석 단계는 제공하고자 하는 서비스의 다양한 시나리오를 도출하고 최상의 시나리오를 선정하는 것이다.

■ 서비스관계구조분석

서비스관계구조분석은 도출된 시나리오를 기반으로 이해관계자, 전달가치 등을 서비스프로세스에 맞게 구조화하여 서비스의 청사진을 그리는 것이다.

■ 서비스수익모델분석

서비스수익모델분석은 서비스관계구조분석결과를 통해 서비스에서 발생할 수 있는 수익요소와 수익채널, 유형 등을 분석하여 서비스가 가지는 수익형태를 도식화하는 것이다.

서비스 모델설계 영역

서비스 모델설계 단계에서는 서비스와 관련된 현상(Phenomenon)과 트렌드(Trend)를 분석하여 서비스 제공을 위한 전체적인 시나리오(Scenario)를 도출한다. 이를 바탕으로 시나리오분석을 수행하고 서비스 관계구조분석을 통해 이해관계자 간의 전달되는 가치와 절차를 분석한다. 그 후에 서비스 컴포넌트 간의 비교/차이를 기반으로 서비스 제공을 통해 얻는 주요 수익, 부가수익, 잠재수익 등을 도출하여 수익모델을 제시한다. [표 6-15]는 서비스모델 설계를 위한 분석영역을 설명하고 있다.

표 6-15 서비스 모델 설계영역

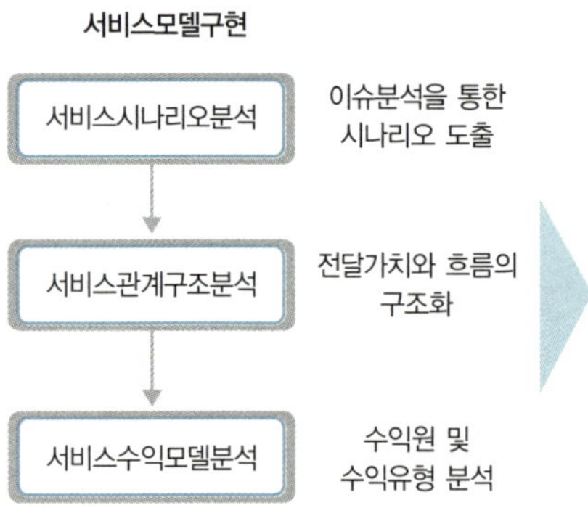

서비스모델설계 영역

구분	설명
서비스시나리오 분석	서비스와 관련된 현상 및 트렌드를 분석하여 서비스를 제공하기 위한 시나리오 도출
서비스관계구조 분석	서비스 제공에 관계된 이해관계자간의 전달되는 가치와 절차의 분석
서비스수익모델 분석	서비스를 제공함으로써 얻는 주요수익, 부가수익, 잠재수익에 대한 분석

4.2 서비스 시나리오분석

서비스 시나리오분석 개념

일반적으로 시나리오분석은 미래에 발생가능한 일을 예상하고 대안을 마련하는 방법이다. 이를 통해 불확실성을 최소화하고 서비스 및 사업의 방향을 미리 판단해 볼 수 있다. 일반적인 시나리오분석의 정의는 [표 6-16]과 같다.

연구자 및 단체	정의
Peter Schwarts (1991)	현재에서 미래시점까지의 경로를 서술하는 이야기(narration), 이미지(image) 또는 지도(map)를 의미하는 것으로, 무언가 미래에 결정하기 위해서 미래에 나타날 여러 가지 상황들이 어떻게 펼쳐질지를 알게 해주는 도구
Shoemaker (2002)	기업이 미래의 불확실성이라는 상황하에서 앞으로 일어날 가능성이 있는 환경요인을 분석하여 설득력 있는 미래상을 그려보고 여러 가지의 미래상(시나리오)에 따라 자사의 전략을 수립하고 실천할 수 있음

표 6-16 시나리오분석의 정의

◈ **ITR Definition**

서비스 시나리오분석

서비스 도입으로 인해 발생 가능한 상황에 효과적으로 대처하기 위해 예상되는 서비스 요소의 변화 과정들을 도출하고 분석하는 방법

서비스 시나리오분석 유형

서비스 시나리오분석 방법은 다양한 분야에서 활용하는 시나리오 기법(Scenario Method)을 활용할 수 있다. 그러나 구체적인 절차와 분석 방법은 해당 서비스 분야에 맞게 구성되어야 한다. [표 6-17]은 기관 및 국가별 주요 시나리오분석기법을 보여준다.

기관 및 국가	분석방법명칭	주요 기법	특징
Kairos Fultere (스웨덴)	T.A.I.D.A.	Workshop Brainstorming	거시적 관점에서 시나리오를 도출하고, 더불어 Imaging-Deciding 단계를 통해 비전과 전략제시
Battelle (미국)	B.A.S.I.C.S.	Computering Probability Program	교차분석방법 및 시스템 활용
국립예술과학원 (프랑스)	MICMAC	Computering Probability Program	교차분석방법 및 시스템 활용
GBN (미국)	The art of the long view	Workshop Brainstorming & Networking	미시적 관점에서 시나리오 도출

* T.A.I.D.A : Traking, Analysing, Imaging, Deciding, Acting의 약자로 시나리오분석 각 단계를 의미함.

* 교차분석 : 두 변수(문항) 간의 상호관련성(독립성, 연관성 ; 특히, 집단 간 차이)을 알아보기 위하여 실시하는 통계적 분석방법

자료 : 정보통신정책연구원, 2005, 조위덕, 2009 재구성

표 6-17 주요 시나리오분석 유형

Deliverables

스마트폰 기반 모바일뉴스 서비스 시나리오분석

VE전자는 모바일뉴스 서비스의 서비스 모델설계를 위해 서비스 시나리오분석을 수행하였다. 먼저 트렌드를 분석을 통해 복수의 서비스 시나리오를 설정하고 최상의 시나리오를 선택하였다. 마지막으로 주요 시나리오 요인을 도출하고 서비스 제공방안을 제시하는 결정 단계를 거쳤다.

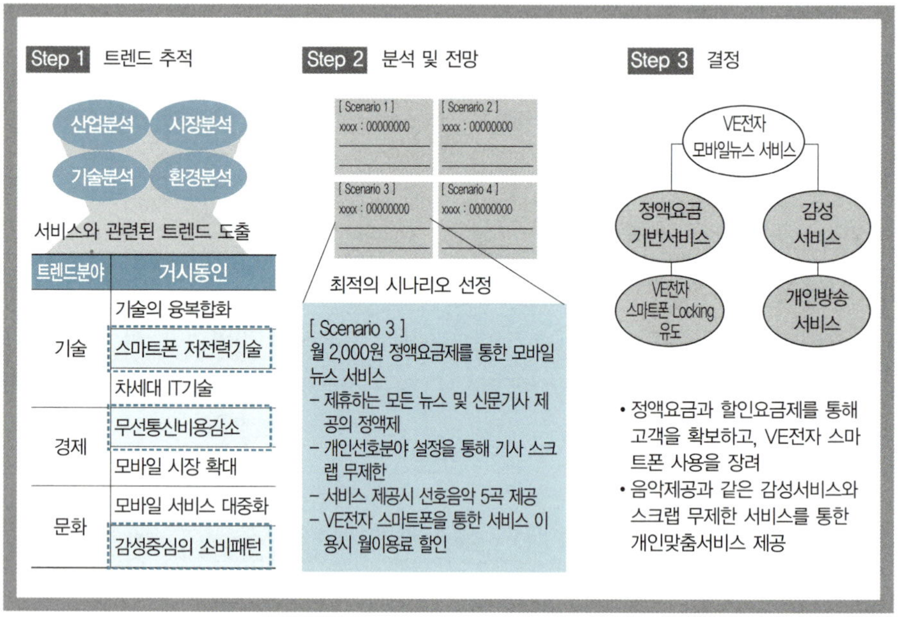

■ Step 1 트렌드 추적

VE전자는 스마트폰 기반 모바일뉴스 서비스와 관련된 트렌드를 도출하기 위해 산업, 시장, 기술, 환경 등의 영역을 조사 분석하였다. 이를 통해 기술부분에서 스마트폰의 저전력기술, 경제부분에서 무선통신비용 감소, 문화부분에서 감성중심의 소비패턴을 핵심 트렌드로 도출하였다.

■ Step 2 분석 및 전망

도출된 트렌드를 기반으로 4개의 유망한 서비스 시나리오를 도출하였으며 그 중 월 정액요금제를 통한 모바일뉴스 서비스를 최적의 시나리오로 선정하였다.

■ Step 3 결정

선정된 시나리오를 통해 총 4개의 서비스 시나리오 요인을 도출하였다. 정액요금기반서비스, 감성서비스, 개인맞춤서비스, VE전자 스마트폰 고객 유도와 같은 요인들을 통해 서비스 제공의 방향을 설정하였다.

4.3 서비스 관계구조분석

서비스 관계구조분석 개념

서비스 관계구조분석은 서비스 제공상의 가치흐름 분석과 서비스 제공을 위한 프로세스분석을 통해 수행된다. 또 서비스의 구조화를 통해 서비스 이해관계자 간의 전달가치를 가시화하여 표현하고 분석한다. 단계별 행위를 구체화하고, 서비스 컴포넌트 간의 관계를 명확히 한다.

◈ **ITR Definition**

> **서비스 관계구조분석**
> **서비스가 개발, 생산, 유통되는 프로세스를 파악하기 위하여 가치의 전달 흐름을 구조화하여 분석하는 방법**

Techno Business 서비스 환경은 다양한 이해관계자와 서비스 제공채널을 가지고 있다. 서비스를 제공하기 위해서는 관련된 이해관계자 간의 전달가치 및 단계별 행위 등에 대한 분석이 선행되어야 성공적인 서비스 모델 수립이 가능하다. [그림 6-15]는 서비스 관계구조분석의 필요성을 나타낸다.

그림 6-15 서비스 관계구조분석 필요성

서비스 관계구조분석 기법

서비스 관계구조분석은 [표 6-18]에서 보여주듯이 Value Map 분석과 Process Map 분석으로 구성되어 있다. 관계구조는 정보의 '양' 보다는 '흐름'(Flow)을 표현해 주는 것이 중요하며, 기존의 서비스 자원(Resource)들이 갖고 있는 순차적(Sequential) 연관관계를 밝혀주는 데에 의미가 있다.

표 6-18 서비스 관계구조분석 기법

연구자 및 단체	연구관점	개념
Value Map 분석	전달가치	서비스 제공과 관련된 이해관계자 간 전달가치의 유형 및 흐름에 대한 분석
Process Map 분석	수행절차	서비스 제공을 위해 이해관계자 간 수행하는 프로세스 절차에 대한 분석

Value Map 분석은 서비스 제공과 관련된 이해관계자 간의 전달가치 유형 및 흐름에 대하여 분석하며 Process Map 분석은 서비스 제공을 위해 이해관계자 간 수행되는 절차를 분석하는 것이다. [그림 6-16]은 각각의 분석개념을 나타낸다.

그림 6-16 Value Map 및 Process Map 개념도

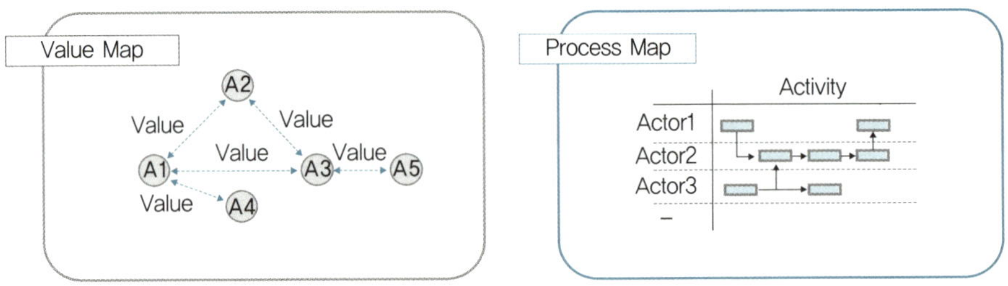

Deliverables

스마트폰 기반 모바일뉴스 서비스 관계구조분석

VE전자는 모바일뉴스 서비스 시나리오를 기반으로 서비스 관계구조분석을 수행하였다. 서비스 관계구조분석은 도출된 이해관계자 분석결과를 통해 이해관계자 요구사항을 도출하고, 이를 통해 Value Map과 Process Map을 작성하여 서비스를 구조화하였다. 마지막으로 서비스의 제공방안을 도출하였다.

■ 이해관계자 요구사항 도출

- VE전자 : 서비스 이용료, 콘텐츠 구성
- 신문사, 방송사 : 뉴스기사, 기사 저작권료
- T이동통신사 : 통신선로사용료, 데이터요금
- K광고사 : 광고제공, 광고대행료
- 구매자 : 관심기사

■ Value Map 및 Process Map

1 이해관계자 요구사항

구분		서비스 영향요인	특징
공급자	VE전자	서비스 가격, 콘텐츠 구성	서비스 제공자
경쟁자	L전자	대체 서비스	서비스 경쟁자
	S전자	대체 스마트폰	스마트폰 경쟁자
파트너	신문사, 방송사	기사제공, 저작권료	콘텐츠 제공자
	K 광고사	광고대행료	광고 의뢰자
	T 이통사	통신선로사용료 데이터요금수익	서비스 중계자
구매자	직장인	정치, 주식, 부동산기사 관심	구매자
	대학생	연예, 스포츠 기사 관심	구매자

2 Value Map

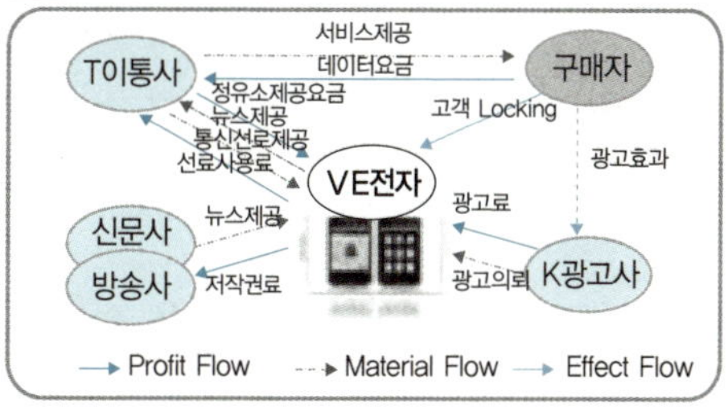

3 Process Map

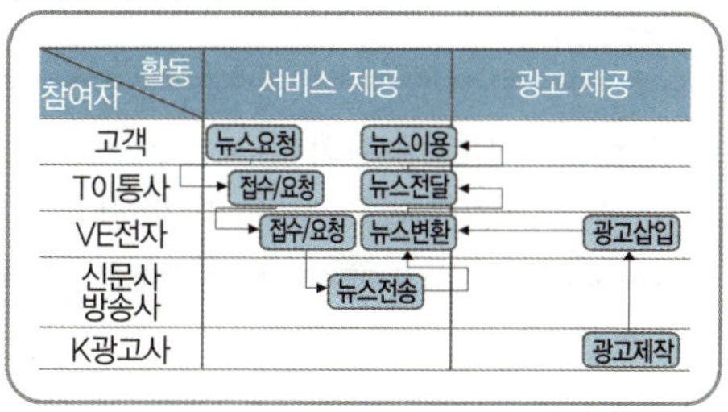

■ 서비스 제공 방안

서비스 제공을 위해 방송사 및 신문사로부터 뉴스를 제공받고 저작권료를 지불하고 제공된 뉴스를 요청고객에게 T이동통신사의 통신선로를 통해 제공하고 통신선로 이용료를 지불한다. 여기서 발생된 데이터 요금 수익을 통해 정보제공에 따른 서비스 이용요금을 확보하고, 뉴스에 광고를 대행하여 게재하고 광고료를 받아 수익성을 확보한다.

4.4 서비스 수익모델분석

서비스 수익모델분석 개념

서비스 수익모델은 특정 서비스 분야에 투자하고자 하는 경영자가 의사결정의 근거로 활용할 수 있는 주요 참고자료이다. 수익모델의 분석은 수익의 발생 원천과 여기에 기여한 요소들의 관계를 나타낸다. 즉, 수익원의 구성 및 구조 등을 종합적으로 분석하여 수익의 발생과 이해관계자와의 관계를 분석하는 것이다. [표 6-19]는 기존연구에서 정의하는 수익모델의 개념을 설명하고 있다.

표 6-19 수익모델의 개념

구분	설명
Raphael Amit (2001)	수익모델은 수익창출을 가능하게 하는 비즈니스 모델의 세분화된 형태
Alexander Osterwalder (2005)	기업이 고객에게 가치를 제공하고 대가로서 변환되어 들어오는 수익의 흐름 또는 기업이 다양한 수익의 흐름 속에서 수익을 창출하는 방법을 설명

결국 서비스 수익모델분석은 서비스를 통해 얻게 되는 수익의 형태와 대상, 구조를 분석하는 것으로 수익구조 및 원천을 이해하기 위한 분석방법이다.

◈ **ITR Definition**

서비스 수익모델분석
서비스의 사업 지속성 여부를 판단하기 위해 수익 요인 및 구조 등을 분석하는 방법

서비스 수익모델분석 유형

서비스 수익모델분석은 [표 6-20]과 같이 수익전달의 서비스 수익구조분석과 전달가치유형 관점에서 바라보는 서비스 수익유형분석으로 구분된다.

표 6-20 서비스 수익모델분석 기법

분석기법	분석관점	정의
서비스 수익구조분석	수익전달구조	서비스 제공과 관계된 이해관계자 사이의 수익전달구조분석
서비스 수익유형분석	전달가치유형	서비스와 관련된 이해관계자 사이에 전달되는 수익유형 및 수익원 분석

서비스 수익구조분석은 이해관계자들 사이에 수익이 전달되는 방식을 파악하는 과정이다. 수익발생 요인과 각종 관리 및 거래비용 등을 산정한 최종적인 순익을 서비스 수익으로 간주하는 것이다. 한편, 수익유형분석은 수익원천 및 유형을 정의하는 과정이다. 구체적인 분석수행절차는 [그림 6-17]을 통해 알 수 있다.

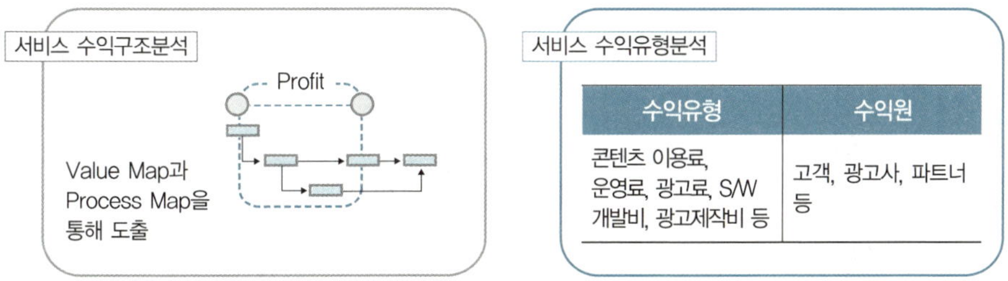

그림 6-17 서비스 수익구조분석 및 수익유형분석 개념도

서비스 수익구조분석 예시

서비스 수익구조분석은 이해관계자 간의 수익구조를 구체화하는 단계이다. 공급자/파트너/수요자 사이에 가치가 전달되는 경로를 순차적으로 표시하고 이해관계자들의 구조적 관계를 파악할 수 있다. 이러한 서비스 수익구조분석의 예는 다음의 [그림 6-18]과 같다.

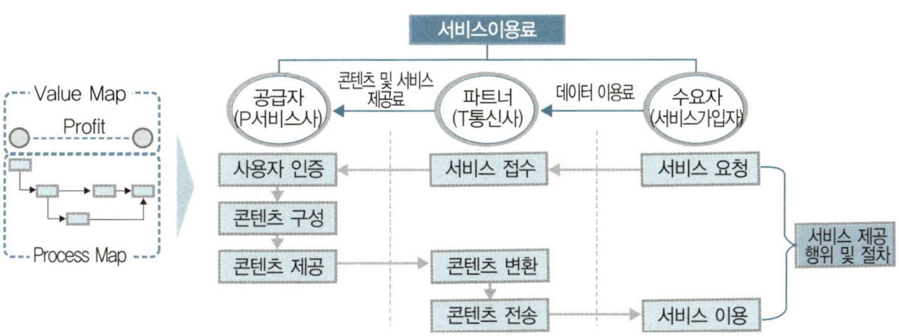

그림 6-18 서비스 수익구조분석 예시

서비스 수익유형분석 예시

서비스 수익유형분석은 서비스 수익구조분석을 통해 수익유형 및 수익원을 분석하는 방법으로 서비스 제공을 통해 얻을 수 있는 수익의 유형을 구분하고 해당되는 수익원을 도출하는 방법이다. [그림 6-19]는 서비스수익유형분석의 예를 보여준다.

그림 6-19 서비스 수익유형분석 예시

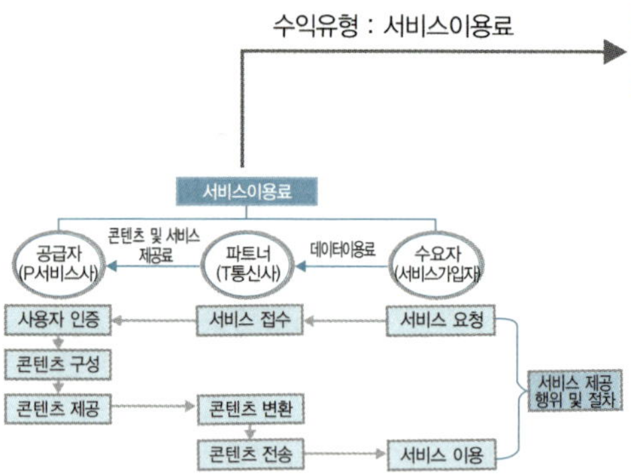

구분	수익유형	수익원	설명
직접 수익	판매료	수요자	제품이나 서비스의 판매로부터 얻어지는 수익
	중개료	수요자 공급자	제품이나 서비스의 거래를 중개하고 그에 대한 수수료를 얻는 형태의 수익
	이용료	수요자	제품이나 서비스 고객에 이용하는 대가로 지불하여 얻는 수익
	…	…	…
간접 수익	광고료	광고사	광고를 게재해줌으로써 대가를 얻음
	…	…	…
잠재 수익	브랜드 이미지	수요자	후발업체의 진입장벽을 높이고, 인지도 높은 브랜드는 높은 판매가격의 원천이 됨
	대규모 가입자	수요자	광고유치, 제휴합병 등의 근거자료가 되며 장기적인 수익의 근원
	…	…	…

Deliverables

스마트폰 기반 모바일뉴스 서비스 수익모델분석

VE전자는 서비스분석을 위해 서비스 구성요소분석, 서비스 타당성평가 등을 수행하고 서비스의 제공 방향성과 가치에 대해 분석하였다. 또한 주요 이해관계자를 중심으로 서비스 제공환경을 분석하여 관계구조를 파악할 수 있었다. 이를 기반으로 VE전자는 스마트폰 기반 모바일뉴스 서비스의 수익모델을 도출하였다.

서비스 수익모델분석은 이해관계자 및 서비스 관계구조 자료수집과 분석, 그리고 서비스 수익구조 및 수익유형 도출, 서비스 수익모델 도출, 서비스 수익성분석의 절차로 수행하였다.

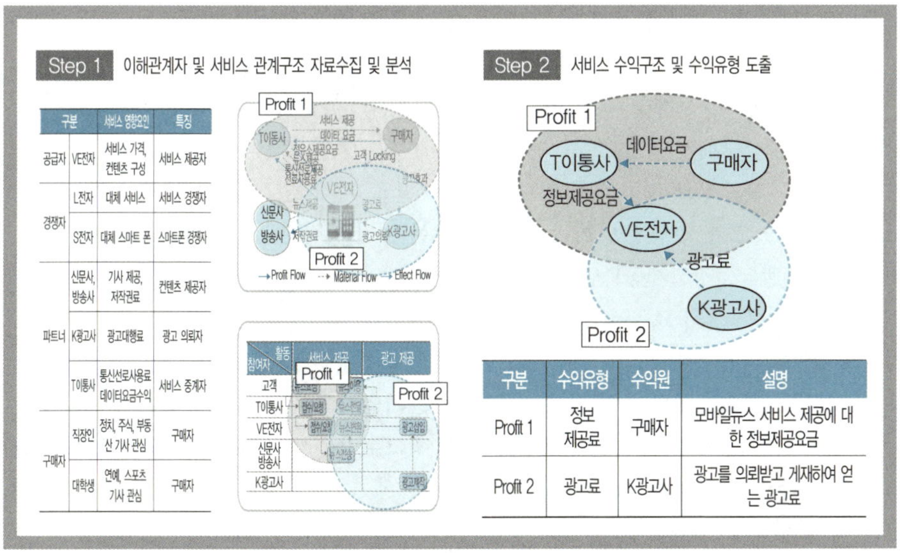

VE전자는 Step 1을 통해 모바일뉴스 서비스에 대한 수익구조를 분석하고 두 가지 상황을 도출하였다. 이를 바탕으로 Step 2에서 수익유형 및 수익원을 아래와 같이 정의하였다.

[Profit 1] 모바일뉴스 서비스를 제공하여 구매자에게 받는 정보이용료

[Profit 2] K광고사의 의뢰를 받아 모바일뉴스 서비스에 광고를 게재하여 얻는 광고료

Step 3 서비스 수익모델도출

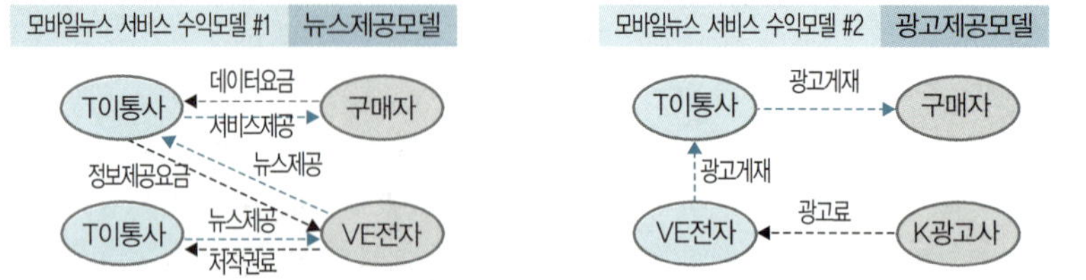

수익유형	수익원	구분	설명
정보제공료	구매자	수익방법	뉴스정보 제공을 통해 이용료
		수익금액	최대 월 2,000원/인
		수익이슈	뉴스저작권료

수익유형	수익원	구분	설명
정보제공료	광고사	수익방법	광고게재를 통한 광고료
		수익금액	게재횟수에 따른 광고료 책정
		수익이슈	서비스 이용 구매자수(광고노출수)

VE전자는 Step 3을 통해서 두 가지 수익모델을 도출하였다.

[수익모델 #1] 뉴스제공모델

- 수익유형 : 정보제공료
- 수익원 : 구매자
- 설명 : 뉴스정보 제공을 통한 이용료 수익으로 최대 월 2,000원/인의 수익을 확보할 수 있으며, 관련된 마이너스 요인으로는 뉴스 저작권료가 있다.

[수익모델 #2] 광고제공모델

- 수익유형 : 광고료
- 수익원 : 광고사
- 설명 : 광고게재를 통한 광고료 수익으로, 가입자의 수를 통한 광고노출횟수에 따라 수익을 확보할 수 있다. 또한 이러한 광고수익을 위해서는 다수의 가입자를 확보하는 것이 중요하다.

Step 4는 앞서 도출된 수익모델의 수익을 예측하는 과정이다. VE전자의 모바일뉴스 서비스의 두 수익모델에 대한 수익은 아래와 같이 예측되었다.

Step 4 수익성 예측

- 스마트폰의 판매와 함께 서비스 이용자를 지속적으로 확보하여, 월 2,000원/인 정액제 가입을 유도
- 서비스 이용자를 대상으로 주요 뉴스 콘텐츠에 광고를 게재하여 맞춤 광고 제공

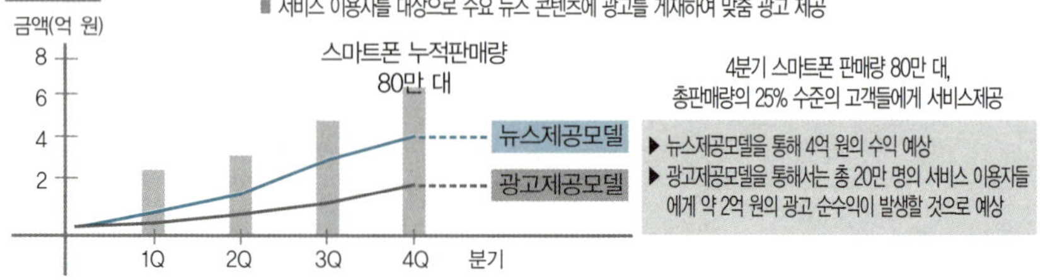

VE전자는 스마트폰의 판매와 함께 별도의 모바일뉴스 서비스를 제공하여 스마트폰 누적판매량이 80만 대에 이를 경우 약 6억 원의 수익을 낼 수 있을 것으로 전망하였다.

핵심용어

- **Techno Business 서비스** : 융합기술 및 IT기술을 통해 창출된 상품의 판매 및 제공과 관련한 Techno Business의 모든 경제활동으로 공급자와 소비자 간에 발생되는 관계적 거래행위
- **서비스 분류체계** : 서비스를 대상으로 분류체계를 개발하는 것으로 서비스를 다양한 분류기분에 의해 분류하고 유형화함으로써 유형별 서비스 특성과 현재 트렌드를 분석하기 위한 체계
- **지식서비스산업** : 직접 지식을 창출하거나 창출된 지식을 가공, 활용, 유통시키거나 지식이 체화된 중간재를 생산활동에 집약적으로 사용함으로써 새로운 지식 또는 고부가가치의 서비스를 제공하는 산업
- **서비스분석** : 서비스를 제공하기 위해 서비스 구성요소분석 및 서비스의 타당성평가와 서비스상의 가치흐름 및 프로세스분석을 통해 서비스 모델을 설계하여 서비스 제공방안을 구체화하는 방법
- **서비스 구성요소분석** : 서비스 상품과 제공서비스의 고유 속성과 서비스에 연관되는 주요 이해관계자분석을 통해 서비스 제공목적과 가치를 구체화하는 것
- **서비스 속성분석** : 비즈니스를 통해 제공하는 상품 및 제공 서비스의 속성을 정의하고 구체화하여 서비스의 핵심가치를 분석하는 것
- **서비스 이해관계자분석** : 비즈니스에서 영향력을 행사할 수 있는 집단 또는 개인을 체계적으로 파악하는 분석방법이며, 기업의 자원 배분 및 서비스 제공 방향을 어떻게 할 것인지를 결정할 수 있게 하는 분석 방법
- **서비스 타당성평가** : 서비스의 기술적, 전략적, 경제적 타당성 요인을 사전에 체계적으로 조사평가 함으로써 비즈니스 환경에서 위험요인을 최소화하고 성공가능성을 높이기 위한 분석 방법
- **서비스 모델설계** : 서비스를 중심으로 관련된 객체와 시스템 간의 연계형태 및 행위를 예측하고 규정함으로써, 서비스 제공의 가치전달 흐름과 세부절

차들을 구조화하고 서비스 수익을 분석하여 수익모델을 도출하는 것

- **서비스 시나리오분석** : 서비스 제공상에 발생할 수 있는 상황을 예측하고 서비스 제공방안에 대한 스토리를 작성하는 분석방법
- **서비스 관계구조분석** : 서비스 제공상에 전달되는 이해관계자 간의 가치흐름에 대한 분석과 서비스 제공을 위해 수행하는 활동의 프로세스를 분석하여 서비스의 구조를 구체화하는 것
- **서비스 수익모델분석** : 서비스 제공과 관련된 이해관계자 간의 관계구조상에서 창출되는 수익의 형태와 대상, 구조를 분석하는 방법

참고문헌

김재규 & ITR, "유비쿼터스 기반 GIS 서비스 사업 타당성 평가체계 개발", 연세대학교 ITR 석사학위논문, 2007.

김학훈 & ITR, 정보화 요구사항 도출을 위한 비즈니스 프로세스 분석체계에 관한 연구, 연세대학교 ITR 석사학위논문, 2003.

서비스경영연구회, "서비스수익모델", 삼성경제연구소, 2005.

신현규 & ITR, "유비쿼터스 비즈니스 모델 사업타당성 평가체계에 관한 연구", 연세대학교 ITR 석사학위논문, 2004.

이상규 · 김학훈 · 임춘성, 금융과 이동통신 중심의 모바일 지급결제 프로세스 모델에 관한 연구, 대한산업공학회 추계학술대회, 2003.

이준희 · 백남석 · 김병건 · 임춘성, 지속가능 도시를 위한 U-City 서비스 타당성 평가체계, 한국정보기술융합학회 ITCON 하계학술대회, 2010.

임춘성 & ITR, "유비쿼터스 비즈니스 타당성 분석 방법론 개발보고서", 산업자원부, 2005.

임춘성 & ITR, "USN 서비스 모델 실태조사 및 개발 방법론 연구", 정보통신부, 2005.

임춘성 · 홍정완 · 박윤정 · 김유석, e-Marketplace 중심의 유통산업 비즈니스 프로세스 표준모형 개발, 대한산업공학회 추계학술대회, 2001.

전남주 & ITR, "유비쿼터스 기술 환경의 비즈니스 모델 개발 방법론 연구", 연세대학교 ITR 박사학위논문, 2007.

정도범 & ITR, "유비쿼터스 환경의 비즈니스 모델 사업화 전략 평가체계 개발에 관한 연구", 연세대학교 ITR 석사학위논문, 2005.

정보통신정책연구원, "미래 시나리오 방법론 연구", 2005.

조위덕, "U-서비스 디자인", Jinhan M&B, 2009.

허원영 & ITR, "이해관계자 관점의 XBRL 기반 기업정보화 관련 Taxonomy 설계에 관한 연구", 연세대학교 ITR 석사학위논문, 2006.

황용호 & ITR, "유비쿼터스 특성을 고려한 GIS 서비스 기술 적합성 평가체계 개발", 연세대학교 ITR 석사학위 논문, 2007.

U-Eco City 사업단, "U-City 도시통합운영센터 관련 기술개발 과제 2차년도 보고서", 국토해양부, 2009.

Alexander Osterwalder, Yves Pigneur, Christopher L. Tucci, "CLARIFYING BUSINESS MODELS: ORIGINS, PRESENT, AND FUTURE OF THE

CONCEPT", *Communications of AIS*, Volume 15, Article , 2005.

De Jong, J.P.J., A. Bruins, W. Dolfsma, and J. Meijaard, "Innovation in Service Firms Explored : What, how and why?", *Strategic Study*, B00205, EIM, Netherlands, 2003.

Irani, A., Patnayakuni, R. & Patnayakuni, N., "Technology Investment and Business Performance", *Communications of the ACM*, Vol.40, No.7, 1997.

James brain quinn, Jordan J. Baruch, and Penu Cushman Paquette, *Scientific American*, Vol.257, No.2, December 1987, p.50.

Porter, M.E., "How Competitive Forces Shape Strategy", *Havard Business Review*, 1979.

Raphael Amit, Christoph Zott, "Value Creation in E-Business", *Strategic Management Journal*, 2001.

Rifkin, Jeremy, "The Age of Access", Tarcher/Putnam, New York, 2000.

Sasser, "Management of Service Operations", *Allyn and Bacon*, Boston, MA, 1978.

Sasser, W.E., R.P. Olsen, and D.D. Wyckoff, "Management of Service Operations", Allyn and Bacon, Boston, 1987.

Schwartz Peter, "The Art of Long View : Planning for the Future in an Uncertain World", *Currency and Doubleday*, 1996.

Shoemarker, Paul J.H., "Profiting from Uncertainty : Strategies for Succeeding No Matter What the Future Brings", The Free Press, 2002.

Wack, Pierre, "Scenarios : Uncharted Waters Ahead", *Harvard Business Review Sep-Oct.*, pp.73-89, 1985.

Willcocks L.P. and Lester S., The Evaluation and Management of Information Systems Investment : From Feasibility to Routine Operations, Investing in Information Systems, London : Chapman and Hall, 1996.

http://www.projectcartoon.com

제 7 장

Techno Business를 위한 고객분석

제7장에서는 Techno Business를 위한 고객의 개념과 분석방법을 알아보도록 한다. Techno Business에서의 고객은 소비자와 시장을 포괄하는 개념이다. 본 장에서는 먼저 고객분석체계를 설명하고 시장현황과 고객유형을 파악하는 방법을 소개한다.

또한, 고객만족도분석을 통해 고객이 원하는 다양한 가치를 정의하고 핵심요구사항을 도출하는 방법을 설명한다.

목차

Theme 7 : User – 고객이란?

종래에 찾아볼 수 없었던 첨단기술을 갖추고 성공적인 사업계획을 수립했을지라도 고객이 해당기업의 제품과 서비스를 만족하지 못한다면 쓸모없는 휴지조각에 불과하다. 자본주의 경제구조에서는 고객이 진정한 왕이므로 이들을 만족시킬만한 무엇인가를 만들어 제공해야 하는 것이다. 그러므로, 기업은 항상 고객에게 귀를 기울이고, 만족을 가져다줄 만한 요인을 탐색해야 한다.

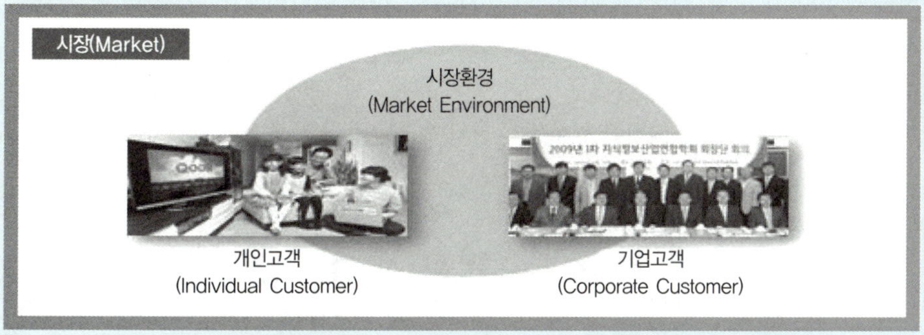

본 장에서 다루게 될 고객(User)은 위와 같이 광의의 개념으로는 시장(Market), 협의의 개념으로 시장 내 개인 및 기업단위 소비자(Customer)를 의미한다. 그들은 기업이 창조한 가치(제품 및 서비스)를 전달하는 대상임과 동시에, 기업이 제공한 가치에 상응하는 대가를 돌려주는 주체이다. 고객을 진정으로 위하는 기업이 되고 싶다면 지금, 아래와 같은 세 가지 질문을 던져보고 답을 고민해보라.

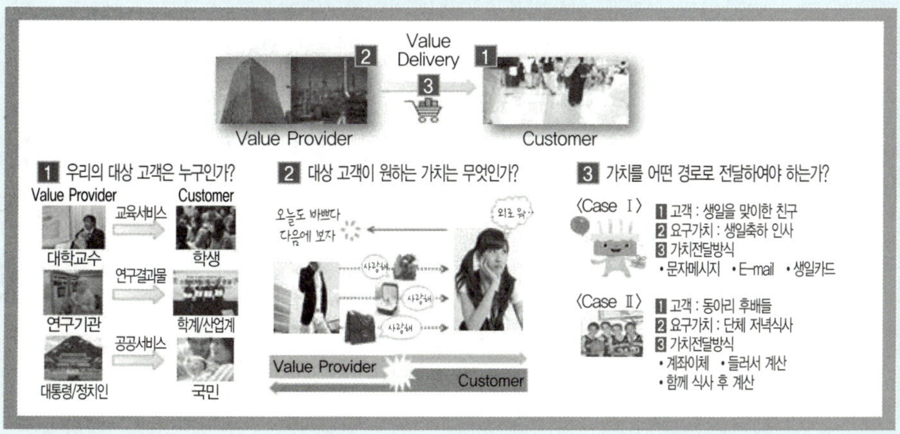

첫째, 기업이 주시하여야 하는 '고객' 을 생각해보라. 대학교수가 제공하는 '교육 서비스' 의 고객은 가르침의 대상인 학생이다. 연구기관에서는 자신의 '연구결과물' 을 적극 활용하는 학계와 산업계를 주요 고객으로 보아야 한다. 대통령이나 정치인이 제공하려는 '공공서비스' 는 국민이 고객이다. 고객을 이해하지 않으며 그들의 목소리를 수용하지 않는다면 어떤 일이 일어날까? 학생은 올바르게 성장할 수 없고 학계와 산업계에서 제시하는 발전전략 또한 이행이 어려우며 국민들은 정부를 신뢰하지 않을 것이다. 따라서 기업 또한 자사의 원하는 제품과 서비스에 대한 '대상고객' 을 올바르게 설정하였는지 점검해야 한다.

둘째, 고객이 원하는 '가치' 를 찾아보라. 연애 중인 젊은 남녀를 보라. 남자가 숱한 선물 공세로 자신의 사랑을 표현하지만 여자는 눈 하나 깜박이지 않을 수 있다. 여자는 자주 만나면서 마음의 문을 조금씩 열고자 함에도 불구하고, 남자가 선물 공세만으로 여자를 유혹하려 한다면 어떠하겠는가? 가치를 주는 사람이 아무리 논리적으로 생각하고 이를 실행하였을지라도 고객이 원하는 가치와 일치시키지 못한다면 그들을 감동시킬 수 없다. 기업의 성공적인 시장공략을 위하여 '고객요구' 를 파악하여 진정으로 원하는 '가치' 를 정의하라.

마지막으로, '선정한 가치' 를 '대상고객' 에게 제공하는 '경로 및 수단' 을 고민하라. 같은 가치일지라도 고객에게 전하는 방법에 따라 모두 다르게 인지할 것이다. 예를 들어 생일을 맞이한 친구에게 '축하인사' 라는 가치를 전하려 한다고 하자. 아마도 친구(대상고객)와 나(기업)의 친밀감을 고려하여 문자메시지만 보낼 것인지 생일축하카드와 소정의 선물을 함께 전할지 결정할 것이다. 동아리 후배에게 '저녁식사' 라는 가치를 전하는 경우에도 후배(대상고객)의 중요도에 따라 잠깐 들러서 계산만 해줄 것인지 식사까지 함께하고 여럿이 모인 가운데 계산을 할지 결정해야 할 것이다. 즉, 대상고객이 원하는 가치를 명확히 인지한다면 결정은 보다 수월할 것이다.

지금까지 이야기한 것처럼 우리 기업이 적시에 실효성있는 제품을 공급하기 위해서 중요한 것은 다름아닌 고객을 이해하는 것이다. 기업은 대상 시장의 규모와 현황, 그리고 고객의 특성별 요구사항을 도출하여야 한다. 또한 제품과 서비스를 사용한 주요 고객의 만족도를 조사함으로써 시장과 소비자가 원하는 편익을 제공하고 있는지 점검해보아야 할 것이다. 본 과정을 빠짐없이 실행함으로써 기업은 고객을 왕으로 모시라는 유명한 표어를 진정으로 달성할 수 있을 것이다.

1. 고객분석체계

고객의 중요성

단순히 뛰어난 기술기반의 제품을 개발한다고 해서 반드시 시장에서 성공하는 것은 아니다. DuPont社가 1971년 개발한 Kevlar라는 인조섬유가 대표 사례이다. 이 물질은 같은 굵기의 철에 비해 5배의 강도를 내면서 무게는 철의 1/5에 불과하고, 타이어 고무와 결합이 잘 된다는 특징을 가지고 있었다. DuPont社는 기술사업성을 높이 평가하고, Kevlar를 주원료로 하는 타이어 개발에 5억 달러를 투자하였으나, 출시 1년 만에 큰 손해를 입게 되었다. DuPont社의 사업 실패 원인은 크게 세 가지로 분석할 수 있다.

1. 타이어 시장의 포화상태로 인한 높은 경쟁강도
2. 고객이 원하는 가치분석 실패
3. 기존에 출시한 타이어 제품과의 차별성

당시, 타이어 시장은 경쟁이 치열하여 신제품 개발에 따른 높은 수익률을 기대하기 어려웠다. 고객은 뛰어난 내구성보다는 안락한 승차감을 보장하는 타이어가 더 큰 가치를 지닌 것이라 생각했다. 하지만, DuPont社는 기존의 제품에 비하여 자사 신규제품이 제공하는 차별화된 가치를 고객에게 인식시키지 못함으로써 스스로 실패를 초래하였다.

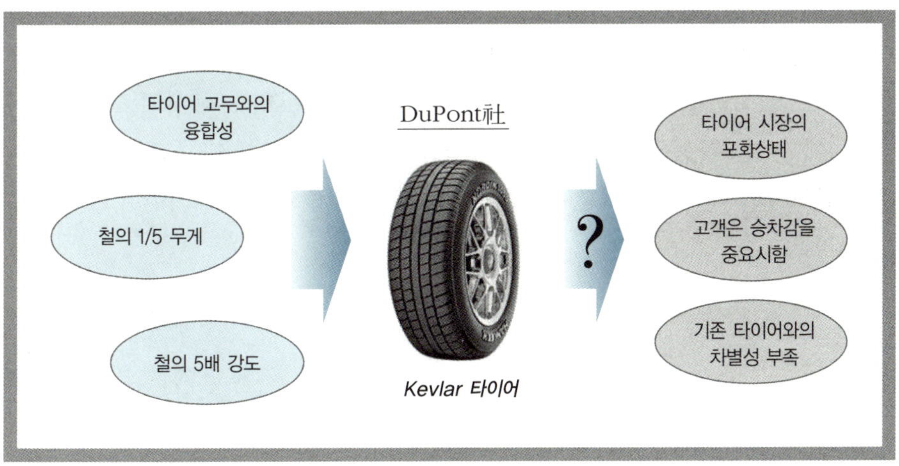

※ 아마이드기(基)를 제외한 모든 주사슬에 페닐기(基)가 파라(para) 형태로 결합된 방향족 폴리아마이드 섬유를 말한다. 황산용액에서 액정방사한 고강력섬유로, 강도 · 탄성 · 진동흡수력 등이 뛰어나 진동흡수장치나 보강재 · 방탄재 등으로 사용된다. 인장강도가 높아 쉽게 끊어지지 않고, 열에 의한 수축률도 적다. 벤젠 등에 의해 쉽게 녹지 않는 내화학성 물질이며, 전기절연성 · 내화성 등의 성질이 있다. 하지만 물에 젖으면 강도가 눈에 띄게 줄어들어 별도의 방수처리가 필요하다. Kevlar라는 벨트(belt) · 방화복 · 콘크리트 건조물 보강재 등으로 폭넓게 사용되고 있다. 특히 방탄성능이 우수해 방탄복이나 방탄모 등에 사용되는 것으로 유명하다. 최신형 Kevlar라는 새로 개발된 방적 공정에 의해 에너지 흡수율을 향상시킴으로써 더 가볍고 유연성을 높이는 방향으로 개선되고 있다. [자료 : 두산백과사전]

1.1 고객분석체계 개요

마케팅(Martketing)뿐만 아니라 기업의 경영전략, 사업모델 수립을 위하여 고객(User)분석은 필수적이다. 또한, 여기서 '고객'(User)의 개념은 단순히 소비자(Customer)의 의미뿐만 아니라 '시장'(Market)이라는 개념을 포함한다. 시장은 단일제품과 관련된 시장이 아닌 다양한 경쟁요소가 상호작용하는 복합시장(Multi-Market)을 의미한다. 따라서, 현재의 시장현황과 고객의 성향, 그리고 미래변화흐름 등을 다양한 관점에서 분석하는 것이 필요하다.

고객이 "진정으로 원하는 제품은 무엇인가?"라는 질문에 답할 수 있도록 기업에서는 고객분석방법을 통해 고객의 요구사항과 제품 및 서비스의 유용성을 복합적으로 파악할 수 있다. 본 절에서는 Techno Business에서의 고객특성을 파악하고 이를 활용하기 위한 세부 방법들을 소개하고자 한다. [그림 7-1]은 각 컴포넌트별로 '고객'에 대한 투입요소와 각각의 산출요소를 제시한다.

그림 7-1 TISSUE Model Correlation Framework

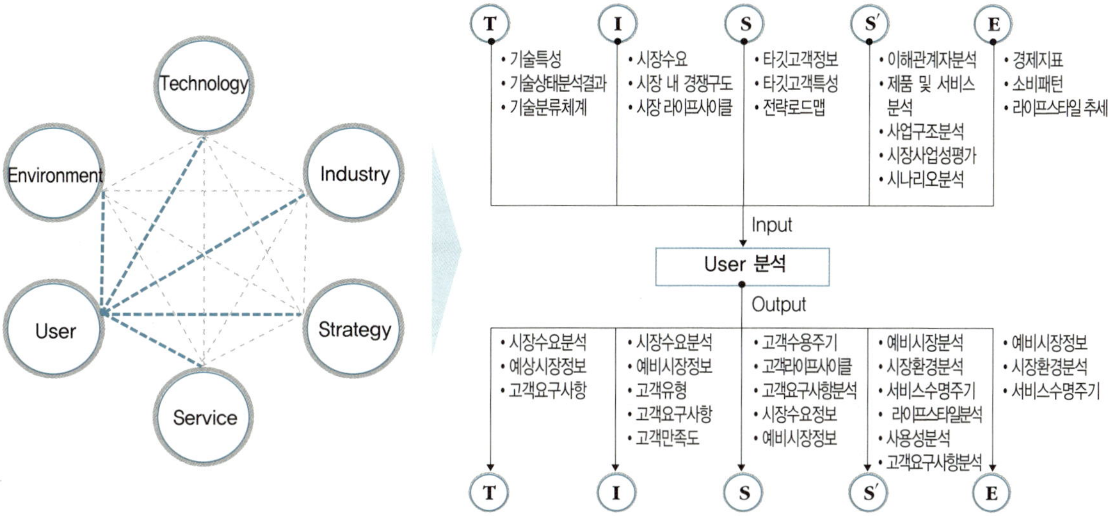

1.2 고객분류체계

Techno Business에서의 고객은 개별소비자와 시장으로 구분된다. 소비자(Customer) 관점에서는 개개인의 성향과 다양한 요구사항을 중심으로 특성을 파악하게 된다. 특히 소비자 심리와 사회 트렌드에 따른 변화요인들을 파악하는 것이 중요하다. 시장(Market) 관점에서는 고객의 다양한 욕구들이 시장현황과 미래 변화양상을 분석하는 것이 목적이다. 따라서 고객분류체계는 이러한 개별 소비자의 유형과 시장의 변화흐름을 체계적으로 정리하고 분류하는 개념적 틀(Framework)을 의미한다.

고객분류체계 개념

마케팅 분야에서는 다양한 기준을 통해 고객을 분류하고 있다. 단순히 인구통계학적 관점으로 분류할 뿐만 아니라, 경제능력, 사회적 위치로 구분하기도 한다. 최근에는 문화적 차이(Trans-Cultural)에 따라 고객을 분류하여 각각의 성향을 분석하기도 한다. 그러나 이러한 분류기준들은 주로 개별소비자의 특성에 초점을 맞추고 있다. [그림 7-2]에서는 고객의 개념을 설명한다. 광의의 개념인 시장(Market)은 첨단기술기반 비즈니스와 관련된 공급자, 수요자, 경쟁자, 시장환경을 의미한다. 이후 제시하는 고객분석기법은 광의 · 협의의 고객을 모두 분석대상으로 설정하였다. 그리고 협의의 개념인 소비자는 제품 및 서비스를 사용하는 실사용자(Customer)를 의미한다.

◈ **ITR Definition**

> **고객분류체계**
> **고객의 유형 및 특성을 분석하기 위해 직업, 연령, 취미 등의 요인을 기반으로 분류한 개념적 체계**

그림 7-2 고객의 개념

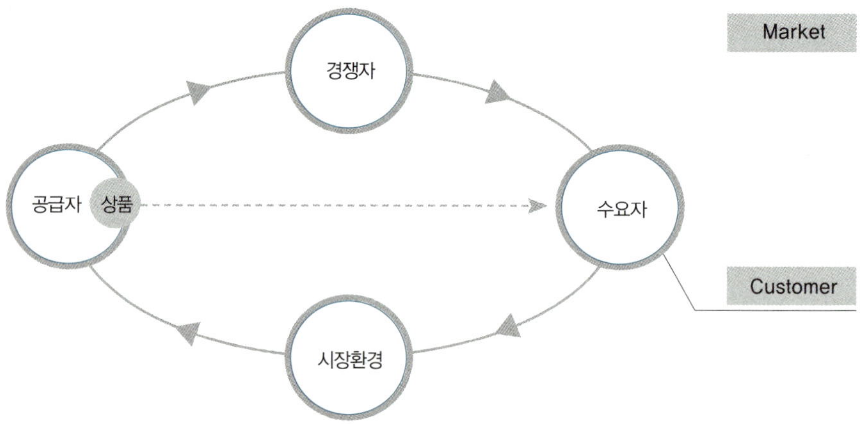

고객분류체계 목적 및 필요성

고객분류체계는 앞서 정의한 고객의 개념에 따라 해당 시장의 고객특성을 정의하고, 그들의 주요 구매성향을 파악하기 위한 개념적 틀이다. 이는 제품의 개발 및 마케팅을 위한 기반을 마련하고, 미래시장을 정확히 예측하는 것에 그 목적이 있다. 고객은 각기 복잡한 속성을 보이므로, 기업의 한정적인 자원과 프로세스로 대응하려면 고객분류기준을 활용하여 목표 고객군집별 시장현황과 만족도 실태를 도출하여야 한다.

[그림 7-3]은 고객의 특성에 따른 시장의 이해 및 요구사항 도출을 위해 만든 고객분류체계의 개념 및 활용예시를 제시한다.

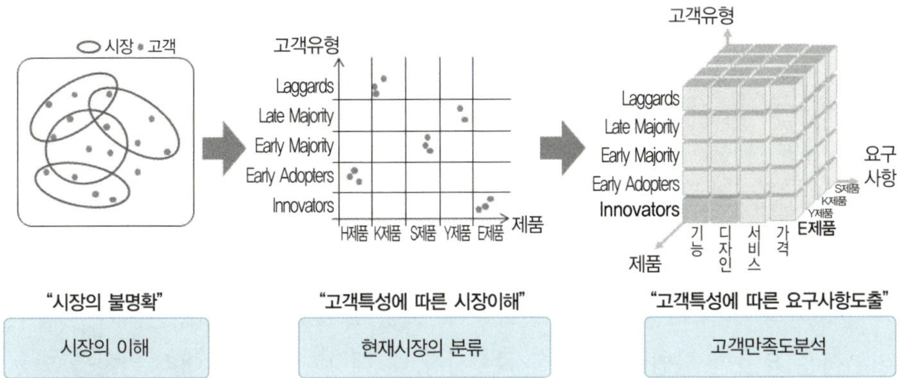

그림 7-3 고객분류체계 개념 및 활용예시

고객유형 및 분류기준

고객의 유형은 속성에 따라 [표 7-1]과 같이 네 가지로 구분할 수 있다. 우선 신제품 수용주기에 따라 정의되는 수용속성과 인구통계학적/사회적 분류에 따라 고객의 특성을 정의한 고객속성이 있다. 또한 기업이 제품을 통해 전달하고자 하는 가치의 이동과 경로에 따라 가치속성으로 볼 수 있다. 한편, 제품의 수요자가 어떤 사람인가에 따라 유형속성으로도 구분할 수 있다. 일반 소비자집단인지, 아니면 기업 내부의 일부 부문(Department)인지, 기업의 경계 밖에 있는 다른 기업인지, 또는 공공기관인지로 분류할 수 있다. 이후, 고객분석 대상을 정의한 결과에 따라 적용하는 세부분석기법이 달라질 수 있다.

표 7-1 유형별 고객 분류체계

분류유형기준	정의	분류예시
1 수용속성	신제품수용주기에 따른 분류	Innovators, Early Adopters, Early Majority, Late Majority, Laggards
2 고객속성	고객특성에 따른 분류	고학력/저학력, 전문직/일반직, 대도시 거주/소도시 거주 등
3 가치속성	가치제공 유무에 따른 분류	직접가치제공, 간접가치제공
4 유형속성	제품수요자에 따른 분류	일반소비자, 기업내부, 기업외부, 공공기관

1.3 고객분석기법 개요

고객분석은 기업의 가치제공 대상을 정의하고 신규가치를 도출하는 절차이다. 본 장에서는 시장 및 소비자분석관련 문헌과 사례조사를 통해 비즈니스 수행 시 일반적으로 활용하는 방법을 살펴보고 Techno Business를 위한 고객분석기법을 제시한다.

Techno Business 고객분석기법 개념

Techno Business의 고객분석은 기법별로 공통요소를 가진다. 하지만, 분석 목적에 따라 전혀 다른 결과가 산출된다. 예를 들어 시장매력도 분석과 시장우위분석은 유사한 기법이지만, 전자는 시장 내 해당 제품의 상대적 위치를 도출하는 것이라면, 후자는 시장 내 · 외의 경쟁형태와 구조를 도출한다. 이는 신제품 마케팅과 하이테크 비즈니스분석에서 활용하는 기본방법을 모아 Techno Business에 특화된 고객분석기법을 도출한 점에 의의가 있다. "과연 실제 제품을 사용한 고객의 심리적 만족은 어떠하며 그들의 라이프스타일은 어떠한가?" 라는 구체적인 질문에 Techno Business 기업이 대답할 수 있도록 하는 것이다. 이제 Techno Business 분석자는 현재 시장과 미래시장변화에 대한 체계적으로 분석할 수 있을 것이다.

◈ **ITR Definition**

> **고객분석기법**
> **고객 집단별로 맞춤화된 제품 및 서비스를 제공하기 위해 고객의 사회적, 경제적 특성 등을 분석하는 방법**

다음 [표 7-2]의 분석기법들은 마케팅 분야에서 주로 활용하는 방법론, 관련 연구문헌 조사를 통해 수집하였다. 특정 기법들은 이미 경영현장에서 신제품 기획과 출시전략 수립을 위하여 활용하는 보편적인 방법이다.

표 7-2 고객분석기법 Pool

분석기법	세부분석기법
시장매력도분석	BCG Matrix, GE & McKinsey Matrix
잠재시장분석	구매의도분석, 선호서열분석, Logit분석
시장우위분석	경쟁형태, 경쟁자파악 등을 통해 목표시장 선정
서비스수명주기분석	현 시장에서의 서비스 성숙단계분석
고객사용성분석	제품의 기능성, 사용편의성, 안정성 및 효율/효과성분석
고객라이프스타일분석	고객의 주요 관심, 의견에 따른 구매분석
고객수용주기분석	고객의 특성에 따른 신제품수용주기
고객구매분석	주변상황, 고객특성 신제품수용주기
고객가치분석	기능적/사회적/개인적/경험적 편익분석
고객요구사항분석	구매실행결과에 대한 만족 및 불만족요인분석
고객추종성향분석	구매에 따른 긍정적/부정적 만족지수분석

Techno Business 고객분석 목적

Techno Business는 시장민감도가 매우 높으므로, 고려하여야 하는 요소 또한 다양하다. 최신 기술이 탑재된 제품을 원하는 고객도 있지만, 그보다 기능이 조금 떨어지지만 가격우위를 지닌 제품을 사용하는 것에 만족하는 고객도 있다. 즉, 급진적 기술혁신을 모든 고객이 수용하는 것은 아니라는 것이다. 본 절에서는 일반적인 고객의 요구사항과 성향을 토대로 Techno Business 고객분석 Key Questions을 도출하였다. 그리고, [표 7-3]과 같이 Key Questions을 시장현황분석, 고객유형분석, 고객만족분석으로 구분함으로써 Techno Business를 위한 고객분석영역을 식별하였다.

표 7-3 Techno Business 고객분석 Key Questions

	Key Questions	분석영역
1	이미 존재하거나 대체할 새로운 기술적 제품이 존재할까?	시장현황
2	기술기반의 시장에서 경쟁사가 출시할 제품의 기술은 무엇일까?	시장현황
3	새로운 기술개발에 따른 신제품을 구매할 고객층은 어디일까?	고객유형
4	기술시장에서 고객이 원하는 제품의 기능은 무엇일까?	고객유형
5	고객이 이 제품을 통해 얻고자 하는 기술적 가치는 무엇일까?	고객만족
6	고객이 요구하는 제품의 기술적 특징은 무엇일까?	고객만족

분석기법은 Techno Business 가치창출을 위한 목표시장의 현황과 목표고객별 요구사항을 만족도 등을 산출할 수 있도록 구성하여야 한다. 따라서 본 장에서는 [표 7-4]와 같이 고객분석영역을 구체화하여 세부분석기법을 정의하였다. 다음 절에서는 Techno Business 관점에서 고객을 분석하기 위해 필요한 기법들을 설명과 예시를 통해 자세히 설명하고자 한다.

표 7-4 Techno Business 고객분석 기법 도출절차

분석영역의 구체화

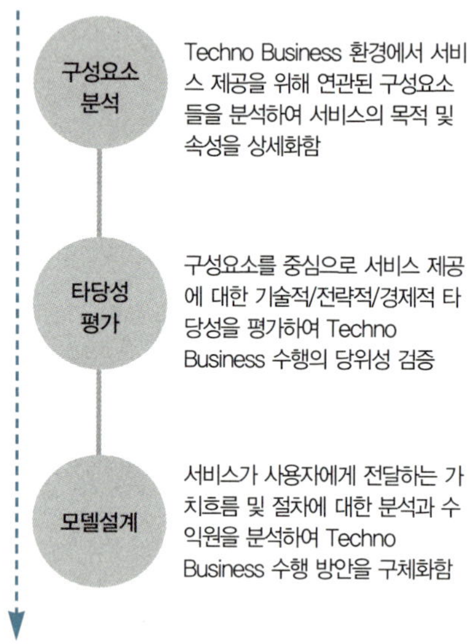

분석기법 정의

	분석영역	분석기법	세부분석기법
1	서비스 구성요소 분석	서비스속성 분석	상품 및 제공서비스 정의, 고유속성분석 및 구체화
		서비스이해 관계자분석	서비스 제공에 관련된 이해관계자분석
2	서비스 타당성 평가	기술적합성 평가	서비스 제공을 위해 적용된 기술의 적절성 분석
		전략부합성 평가	서비스 목적과 기업전략과의 일치성분석
		시장사업성 평가	서비스 제공의 경제적 영향 및 효과분석
3	서비스 모델 설계	서비스시나리오 분석	서비스의 예측가능한 문제들을 인식하고 분석
		서비스관계 구조분석	서비스 이해관계자 간의 가치 및 프로세스 흐름분석
		서비스수익 모델 분석	서비스 제공을 통해 얻는 주요, 부가, 잠재수익분석

2. 시장현황분석

시장현황분석의 중요성 사례

기업이 새로운 제품을 개발하기 위해서는 현재 시장에 대해 명확히 파악하고 있어야 한다. 그렇지 않으면 적시에 제품을 출시하지 못하여 경쟁사들에게 시장의 주도권을 빼앗기게 될 수도 있다. 그 대표적인 예로 IBM社를 들 수 있다.

초기 컴퓨터산업은 IBM社에 의해 좌지우지되었다. 1985년도만 하더라도 세계 1위 PC 제조기업은 IBM社였다. 뛰어난 기술력과 시장지배력을 바탕으로 경쟁사들의 시장 진입은 거의 불가능하였고, 전 세계 컴퓨터시장의 40%를 차지하는 대형 기업이었다. 당시만 하더라도 컴퓨터시장은 개인용 컴퓨터가 아니라 기업이나 정부에서 사용하는 대형 컴퓨터가 주류를 이루었는데, 점차 개인용 컴퓨터시장이 대두되고 있는 시기였다. 이에 따라 IBM社는 향후 개인용 컴퓨터시장에 대한 예측보고서를 작성하였는데, 그 보고서는 내용은 가히 충격적이였다. 약 10년 후인 1993년도의 개인용 컴퓨터시장을 미국기준으로 27만 5천 대로 예측한 것이다. 이에 따라, IBM社는 이익이 적은 개인용 컴퓨터보다는 기존의 기업용 컴퓨터에 매진하기로 결정하여 이미 개발된 개인용 컴퓨터기술을 매각하는 한편, 애플의 시장진입에 대해 별 신경을 쓰지 않았다. 하지만 그 결과는 엄청난 것이었다.

실제 1993년도 개인용 컴퓨터시장은 미국기준으로 1억 7천 만대였고, 그에 따른 이익은 고스란히 애플社가 독차지하게 되었다. 그 결과 IBM社는 1992년 최악의 재정적자

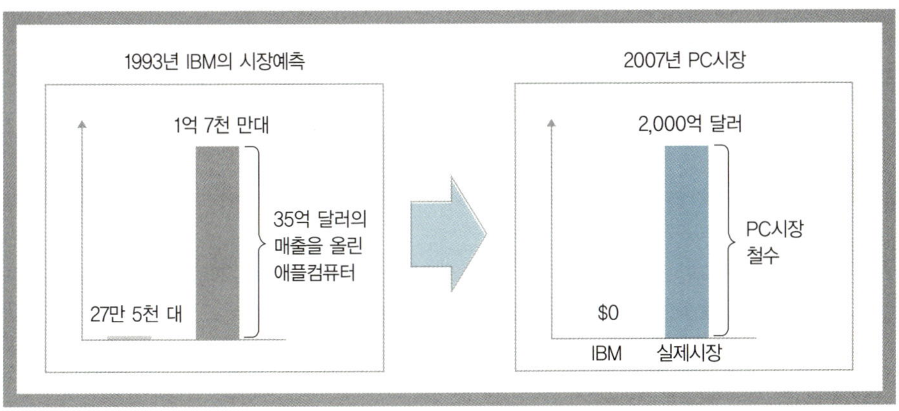

를 기록하였고, 이를 극복하기 위해 1993년 워크스테이션이라는 새로운 PC를 출시하며, 개인용 컴퓨터시장의 주도권을 잡으려고 하였다. 하지만, 너무 늦은 시장진입에 따라 기존 애플과 같은 기존 경쟁사에게 밀리게 되어 결국 2005년 PC 사업분야를 중국의 레노버에게 매각하기에 이른다. 결과적으로 약 2,000억 달러의 PC시장에서 IBM社의 매출액은 전무한 상태에 놓이게 된 것이다.

이처럼 시장예측의 실패는 기업의 존폐와 연관될 만큼 심각한 문제이다. 급변하는 사회 속에서 고객의 취향은 매우 다양해질 뿐만 아니라, 새로운 경쟁사의 등장 또한 빨라지고 있다. 이러한 문제를 해결하기 위해서는 앞으로의 시장을 미리 예측하여 그 시장에 맞는 제품을 재빠르게 공급할 수 있는 유연성을 갖추는 것이 요구되고 있다.

2.1 시장현황분석 개요

시장현황은 기업이 특정 분야에 진출하기 전 기초자료로 사용하는 분석자료로써 시장우위, 시장매력도 등 객관적인 지표로 나타날 수 있다. 시장현황을 상세하게 분석하려면 현재의 시장뿐만 아니라 과거시장 대비 변화율에 대해서도 점검해야 하며 향후 시장환경이 변화할 흐름을 파악해야 한다. 이를 통해 기업은 제품출시시기와 투입규모 등을 계획할 수 있다.

시장현황분석의 개념

고객의 욕구가 다양해지고, 그에 따른 신제품 출시 주기도 점점 빨라지고 있다. 시장 불확실성(Uncertainty)이 커지고 있는 상황에서 기업은 이를 해소할 수 있는 합리적인 대안을 탐색하며 현재시장의 움직임을 조사하고 분석하여 대응방향을 설정하게 된다.

◈ **ITR Definition**

시장현황분석
시장의 동향을 파악하고 그에 적합한 고객층 확보 방안을 수립하기 위해 제품 및 브랜드 간 경쟁, 소비자들의 선호 변화 흐름 등을 분석하는 방법

시장현황분석의 필요성

기존의 대량생산체제에서 다품종 소량생산체제를 거쳐 다품종 대량생산으로 변화하는 시장환경 속에서 고객이 요구하는 제품을 적시에 출시하는 것은 기업의 필수사항이 되었다. 이는 생산 프로세스의 변화 때문이기도 하다. 제조 프로세스는 효율성 확보를 넘어서 제품 구성 상의 변화(Variation)를 폭넓게 반영할 수 있는 형태로 변화되고 있다. 따라서 이와 같은 경쟁국면에서 [그림 7-4]와 같이 시장환경분석을 통해 변화에 능동적으로 대응하며, 장기적으로는 미래수요를 견인하여 경쟁력을 확보하는 것이 중요하다.

그림 7-4 Techno Business 시장현황 분석의 필요성

시장현황분석 On Hand

과거 시계시장은 단순히 시간을 알려주는 안정적인 시장이었다. 하지만 1980년대 일본의 CASIO社가 기존의 기계식 시계보다 정확하고 가벼우면서 저가의 전자시계를 출시하면서 시계시장에 큰 변화가 발생하게 되었다. 이를 예측하지 못한 스위스의 시계회사들 대부분이 부도를 면치 못하였고 고객들은 점차 전자시계에 익숙해지게 되었다. 이후 스위스의 시계회사들은 이러한 시장의 변화에 대한 새로운 활로로 고가의 예물시계를 출시하게 되었다. 이를 통해 새로운 활로를 찾았을 뿐만 아니라, 고수익의 시계시장을 창출할 수 있었다. 앞으로의 시계시장은 어떻게 발전할지 예측하기 어렵다. 특히 핸드폰의 보급으로 시간만을 알려주는 기존의 가치에서 벗어나 좀더 새로운 가치를 창출해 줄 수 있는 것으로 변화되어야 하기 때문이다. 이러한 상황에서 현재의 시계시장을 분석하여 앞으로의 시계시장 예측을 할 수 있다면, 시장의 조기 선점을 통해 많은 이득을 취할 수 있을 것이다.

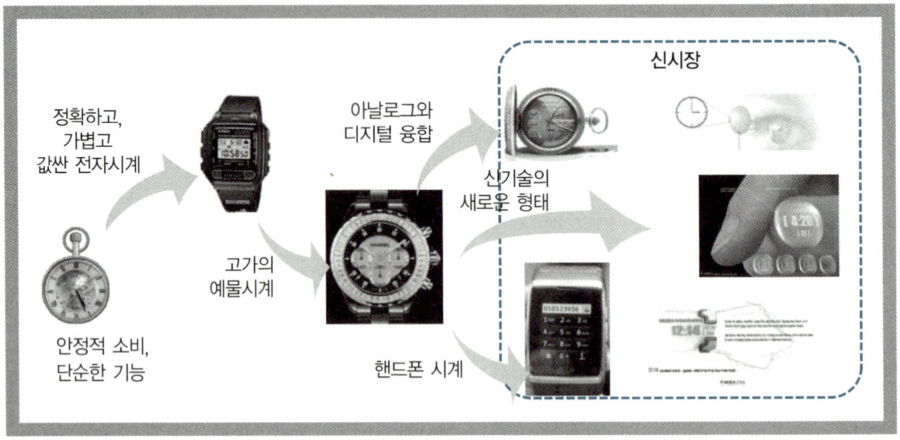

시계시장을 분석하기 위해서는 향후 시계시장의 성장잠재력은 얼마나 될지 파악하여 얼마의 이득을 얻을 수 있는지 예측해야 한다. 또한 기존시장의 경쟁자와 새롭게 등장할 수 있는 경쟁사들을 명확히 파악할 필요가 있다. 마지막으로 자사의 장점을 활용하여 성공할 수 있는 시장을 분별해야 한다.

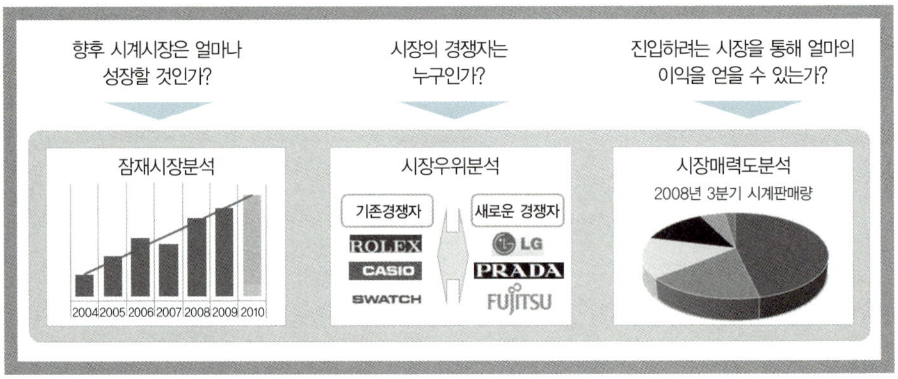

시장현황분석 유형

시장현황분석의 유형은 [표 7-5]와 같이 크게 잠재시장, 시장우위, 시장매력도분석의 세 가지로 구분된다. 잠재시장분석은 새로운 가치창출을 위해 신규진입이 가능한 시장을 탐색하는 것으로 기존시장과 더불어 최대 달성할 수 있는 매출규모를 예측하는 데 활용된다. 시장우위분석은 자사가 개발하려는 제품과 유사한 제품을 제공하는 경쟁사들을 파악하는 것이다. 마지막으로 시장매력도분석은 진입하려는 시장에서 필요한 역량과 자사의 장점 등을 분석하여 성공적인 시장에 진입하는 것을 목적으로 한다.

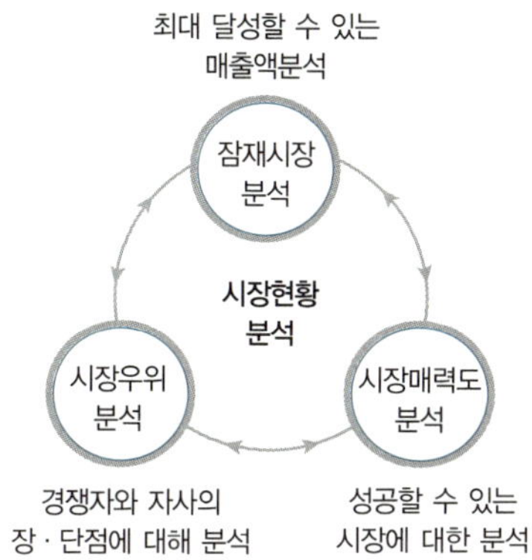

시장현황분석 유형

구분	설명
잠재시장 분석	미개척 시장에 진입한 기업들이 잠재적으로 얻을 수 있는 평균적인 이익의 크기에 대한 분석
시장우위 분석	고객들에게 비슷한 욕구를 만족시키는 제품이나 서비스를 공급하는 경쟁자에 대한 분석
시장매력도 분석	시장 크기와 자사의 장점을 활용하여 성공할 수 있는 시장에 대한 분석

표 7-5 시장현황분석 유형

2.2 잠재시장분석

잠재시장분석 개념

기업의 고객전략이 성공하려면 미래의 트렌드를 예측하고 잠재시장을 발굴하여 신수종사업 · 포트폴리오를 구상해야 한다. 미래의 사업기회(Opportunity)를 찾아내는 방법인 잠재시장분석은 미래시장의 변화 및 발전 가능성을 파악하고 보다 능동적으로 대처를 도모하기 위한 작업이다.

◈ ITR Definition

> **잠재시장분석**
> 잠재고객들의 동향을 파악하기 위해 제품구매가 예상되는 고객들의 특성이나 구매경향을 분석하는 방법

잠재시장분석의 필요성

현재 기업이 진입한 시장에서 달성된 매출액과 그 시장이 가지고 있는 잠재력을 비교·분석할 수 있다면 자사의 현황과 부족한 점을 파악하기에 용이할 것이다. 이를 통해 잠재시장을 분석한 기업은 문제점 파악 및 해결을 통한 수익증대와 더불어 앞으로 집중해야 할 시장에 대해 파악할 수 있다. 앞으로 어떠한 상품이 높은 소득을 올릴 수 있을 것이며 이를 위해 자사가 취해야 할 행동이 무엇인지 명확히 정의할 수 있다. [그림 7-5]는 새로운 시장기회 포착과 향후 투자방향 측면에서 잠재시장분석의 필요성을 설명하고 있다.

그림 7-5 잠재시장분석의 필요성

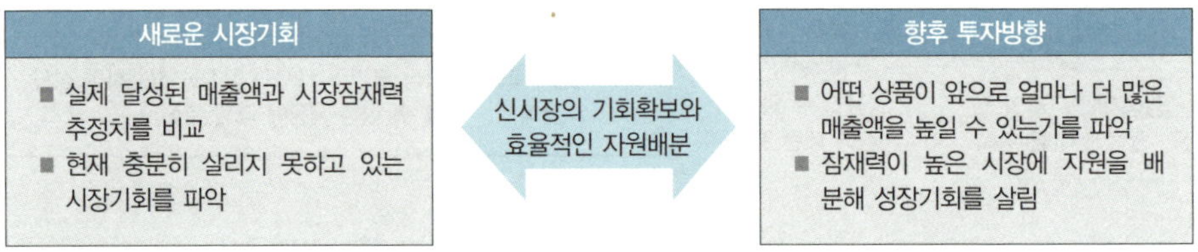

잠재시장분석 유형

잠재시장분석에는 산업과 상품의 종류에 따라 여러 가지 방법이 존재한다. 본 절에서는 고객전략에 필요한 필수적인 핵심요소를 설명한다. 대표적으로 [표 7-6]과 같이 구매의도분석, 선호서열분석, Logit분석이 있다. 이를 통해 신규시장에서 자사의 수익규모와 성장가능성을 예상해 볼 수 있다.

표 7-6 잠재시장분석 기법의 유형 및 비교분석

대표적 기법	정의	장·단점
1 구매의도분석	단순히 소비자들에게 신제품 구매 또는 사용할 가능성을 물어본 후 이로부터 얻어낸 주관적 추정치를 과거의 경험 등을 통해서 신제품을 구매할 확률로 환산하는 방법	소비자 설문을 통해서 손쉽게 분석할 수 있음
		설문을 통한 구매의도와 실제구매와의 차이가 존재함
2 선호서열분석	신제품의 선호서열이 1위냐, 2위냐, 3위냐에 따라 각각의 서열에 해당하는 구매확률을 부여함으로써 시장점유율을 추정하는 기법	소비자의 설문 필요 없이 기존상표들과의 비교우위를 통해 얻을 수 있음
		비슷한 선호를 가진 대안에 대해서는 실제와 동떨어진 추정치를 얻음
3 Logit분석	소비자들이 각 대안을 좋아하는 정도를 감안하여 구매확률에 대한 정확한 추정치를 산출하는 기법	소비자행동에 근거한 오차를 허용하는 통계적 기법
		소비자들이 중요하게 느끼는 대안을 선택하기 위해서 경험축적이 필요

Deliverables

VE전자의 CEO는 새롭게 개발한 스마트폰에 대한 매출액을 파악하고 싶어한다. 이를 위해 우선 스마트폰을 판매하는 목표시장을 설정하였다. 목표시장은 제품구입 및 사용에 가장 많은 영향을 미치는 제품의 가격과 사용연령에 따라 구분하였다. 즉, 고가폰을 사용하는 저연령층을 주요 고객으로 선택하였는데, 목표시장을 고가폰의 저연령층으로 한정한 이유는 복잡한 스마트폰의 기능을 가장 활발하게 활용할 수 있는 연령대이기 때문이다. 또한 스마트폰 기능 추가에 따른 가격상승으로 인해 스마트폰을 사용하는 고객은 어린 연령층이 아니라 어느 정도의 금전적인 여유가 있는 대학생이나 젊은 비즈니스맨으로 한정하였다. 이 결과를 토대로 기존의 핸드폰시장에서 저연령층과 고가의 핸드폰시장에 대해 조사하였다. 기존의 핸드폰시장 중 저연령층이면서 고가의 핸드폰을 구매하는 사람들의 시장추이를 살펴보면 아래의 표와 같이 매년 상승하고 있는 것을 알 수 있다.

(단위 : 만 달러)

연도	2004	2005	2006	2007	2008	2009	2010
매출액	25,000	44,950	69,890	63,700	79,950	99,890	116,400

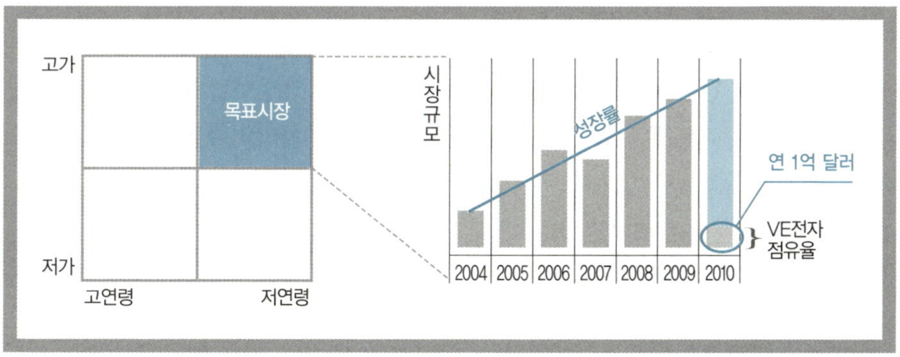

2004년부터 2009년까지의 시장매출액을 분석해본 결과, 2억 5,000만 달러에서 9억 9,000만 달러의 성장률을 기록하여 평균적으로 약 1억 4,800만 달러의 성장을 기록하였다. 이에 2010년도의 시장매출액은 약 11억 6,400만 달러로 예측되었다. 이 중 VE전자

의 조기 시장진입의 이점과 기술경쟁력에 의해 약 9%의 시장점유율을 달성한다고 예측했을 때 얻어지는 이익은 연 1억 달러에 달할 것으로 전망된다.

2.3 시장우위분석

시장우위분석 개념

시장우위분석이란 시장의 경쟁형태를 파악하고 자사제품의 상대적우위 및 고객장악 역량을 살펴보는 작업이다. 제4장에서 소개한 산업경쟁분석과 유사하지만 산업경쟁분석이 경쟁행위 자체에 집중하는 것과는 달리 시장우위분석은 제품 및 서비스를 중심으로 한 시장의 변화에 관심을 둔다.

◈ **ITR Definition**

> **시장우위분석**
> **기업의 제품과 서비스가 갖는 상대적 우위를 파악하기 위해 매출 및 시장점유율 등을 조사하고 분석하는 방법**

시장우위분석의 필요성

시장우위분석을 통해 [그림 7-6]과 같이 현재시장의 경쟁상황을 파악함으로써 자사의 장 · 단점이 무엇인지 명확히 알 수 있고 경쟁자들의 위치를 확인할 수 있다. 또한, 새롭게 직면하게 된 경쟁자들을 미리 파악하여 유동적인 시장환경에 보다 능동적으로 대처할 수 있다. 이를 통해 제품 및 서비스 개발 과정을 효과적으로 수행할 수 있다.

그림 7-6 시장우위분석의 필요성

시장우위분석 유형

시장우위분석 기법으로는 기술의 빠른 발전단계를 보다 효과적으로 분석하기 위한 지각도분석, 제품제거분석, 사용상황별 대체분석, 상표전환 매트릭스 기법, 수요의 교차탄력성 기법 등이 있다. Techno Business 관점에서 시장우위를 분석하기 위해서는 제품의 특성을 고려하여 각각의 기법들을 적절히 선택하여 활용해야 할 것이다. [표 7-7]은 다섯 가지의 시장우위분석기법을 구분하여 설명하고 있다.

표 7-7 시장우위분석 기법의 유형 및 정의

	대표적 기법	정의
1	지각도분석	고객의 마음 속에서 여러 상품들이 차지하고 있는 위치를 2차원이나 3차원공간에 나타내는 것으로 그림상에서 가까이 있는 제품들은 유사성이 높고, 멀리 위치한 제품은 유사성이 낮음
2	제품제거분석	고객에게 구매의향이 있는 제품을 설문하여 첫 번째로 선택된 제품을 제거하고, 그 나머지 제품들에 대해 다시 구매의향을 설문하여 두 번째로 선정된 제품을 파악하는 것으로, 첫 번째 제품을 대체할 가능성이 높은 두 번째 제품은 첫 번째 제품의 경쟁제품으로 인식함
3	사용상황별 대체분석	어떤 제품의 가능한 모든 사용상황에 적합한 다른 제품을 파악하고 각 사용상황에 적합한 제품마다 그 사용상황에 어울리는 정도를 점수화함
4	상표전환 매트릭스기법	대체가능성이 높은 상품들 사이의 고객 소비행동을 파악하여 상품들 간의 경쟁관계를 분석하는 것으로, 보통 수백 명의 소비자들을 대상으로 지난번 구매제품과 현재의 구매제품에 대해 설문함
5	수요의 교차탄력성기법	교차탄력성이란 한 상품의 가격이 1% 변했을 때, 다른 상품의 판매량이 변화하는 퍼센트를 말하는 것으로 두 상품 간 교차탄력성이 높다면 두 상품은 높은 대체상품으로 치열한 경쟁관계를 나타냄

Deliverables

VE전자의 CEO는 새롭게 출시할 스마트폰의 경쟁자에 대해 파악하기 위해 시장우위 분석을 실시하였다. 이를 위해 우선 스마트폰에 대해 명확히 정의하고 이와 동일하거나 유사한 제품 및 서비스를 제공해 줄 수 있는 경쟁자들을 파악하였다.

- 스마트폰이란 정확하게 어떤 제품이라고 정의하기는 어렵지만, 본서에서는 기본적인 휴대폰 기능에 컴퓨터와 같은 기능이 포함되는 것으로 정의하고 정의된 스마트폰 시장에서 출시되어 있는 경쟁제품들을 파악함

시장우위분석을 위한 세부기법으로는 제품제거분석을 사용하였는데, 상대적으로 다른 분석절차에 비해 사용하기 용이하고 새롭게 진입하려는 시장에서의 경쟁자를 명확히 파악할 수 있기 때문이다. 제품제거분석은 아래와 같이 네 단계를 거쳐 시행됐다.

- 스마트폰을 명확히 정의하여 유사한 제품을 제공하는 경쟁사들을 선정함.
- 선정된 경쟁사들을 고객들에게 설문하여 어떠한 제품을 구매할지 조사함.
- 1위로 조사된 경쟁사를 제거한 후, 남은 경쟁사들을 토대로 다시 구매의향이 있는 경쟁사에 대해 조사함.
- 첫 번째로 선정된 경쟁자와 두 번째로 선정된 경쟁자는 고객의 욕구를 충족시켜 줄 수 있는 유사한 제품을 공급해 줄 수 있는 가장 큰 경쟁자임.

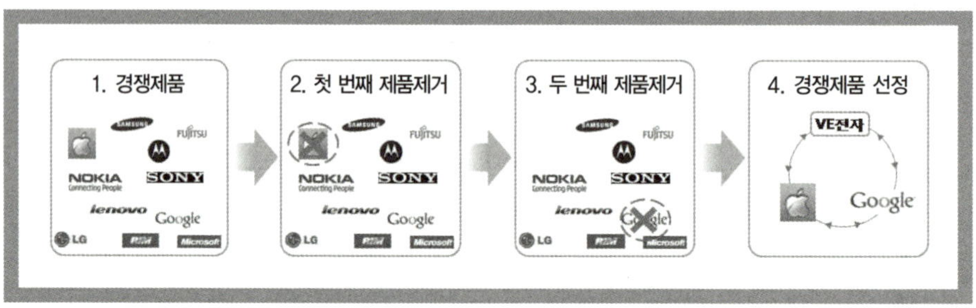

제품제거분석을 통해 VE전자의 스마트폰과 유사하거나 동일한 제품을 제공하는 경쟁사는 첫 번째로 선정된 애플과 두 번째로 선정된 구글이었다. 이에 따라, VE전자의 스마트폰 판매전략은 국내 애플리케이션과의 호환성과 가격경쟁력으로 맞서야 할 것으로 분석되었다.

2.4 시장매력도분석

시장매력도분석 개념

시장매력도분석이란, 현재시장의 규모와 앞으로의 시장규모를 파악하여 앞으로의 시장성장률을 예측할 수 있다. 이를 통해 시장 진입 시 얼마만큼의 매출액을 올릴 수 있는지 사전에 파악할 수 있어 자사의 역량을 효율적으로 조절할 수 있다.

◈ ITR Definition

> **시장매력도분석**
> **현재시장의 수익규모, 성장률 등을 파악하여 시장 진입 시 충분한 매출을 거둘 수 있는지를 분석하기 위한 방법**

시장매력도분석의 필요성

점점 단축되는 신제품 수명주기와 개발비용의 증가는 기업에 위협적인 요인이 되고 있다. 이에 따라 자본회전율의 저하가 심각한 문제로 대두되고 있다. 이를 해결하기 위해 기업이 진입하려는 시장의 성장률을 분석하여 시장 진입에 따른 매출액이 어느 정도인지를 파악해야 한다. 이와 같이 시장매력도분석이 커다란 역할을 담당하고 있다. [그림 7-7]은 시장매력도분석의 필요성을 설명하는 내용으로 시장매력도 분석을 통해 기업은 자본의 효율적인 배분으로 인해 안정적으로 시장진입을 할 수 있고 초기시장 발굴 또한 용이해 질 수 있다.

그림 7-7 시장매력도 분석의 필요성

시장매력도분석 유형

시장매력도분석은 시장성장률, 시장점유율, 상대적 시장점유율 등을 통해 향후 집중해야 할 사업영역을 도출할 수 있는 분석기법이다. 시장매력도를 분석하는 세부기법은 제품의 유형과 산업의 특성에 따라 다양해질 수 있다. Techno Business 관점에서 기술의 급격한 발전에 따라 시장매력도를 분석하는 대표적인 세부분석기법으로 BCG Matrix와 GE & McKinsey Matrix가 있다.

그림 7-8 BCG Matrix 개념도

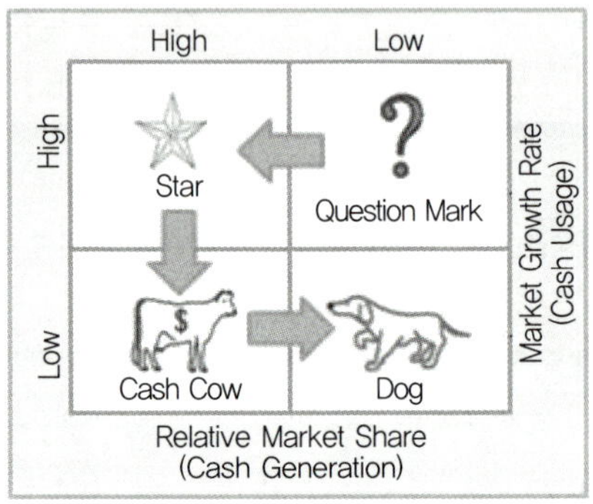

[그림 7-8]에서 BCG Matrix는 상대적 시장점유율과 시장성장률을 가지고 각 사업의 위치를 결정한 후, 어느 정도의 자원을 배분할지 결정하는 것으로 시장성장률이 높고 잠재력이 낮은 Question Mark 범위에서 Star, Cash Cow, Dog의 도입기, 성장기, 성숙기, 쇠퇴기 단계를 표현하고 있다.

그림 7-9 GE & Mckinsey Matrix 개념도

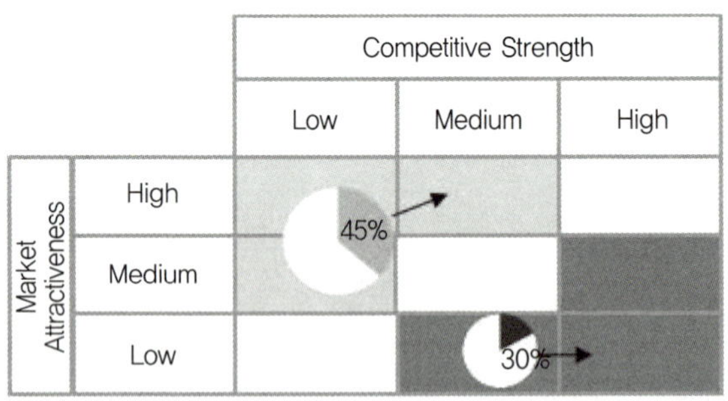

[그림 7-9]에서 GE & McKinsey Matrix는 산업매력도와 개별 산업단위의 강점이라는 두 차원에서 전략사업단위를 평가하는 기법으로 각각 Low, Medium,

High의 9개 영역으로 구분하여 나타낸다. 각 영역은 좌상의 바람직한 지역, 우하의 바람직하지 못한 지역, 대각선상의 불확실한 지역을 나타낸다. 이때, 원의 크기는 산업 전체의 규모를 나타내고 각 사업단위의 점유율을 원 안에 표시한다.

Deliverables

VE전자의 CEO는 스마트폰의 시장매력도분석을 통해 어느 정도의 매출액을 기대할 수 있을 지 분석하였다. BCG Matrix를 통해 시장매력도분석을 시행한 결과, 기존의 핸드폰시장은 Cash Cow단계에서 Dogs의 단계로 넘어가는 과정이고, 스마트폰시장은 Question Marks단계에서 Stars단계로 넘어가는 양상을 보였다. 즉, 스마트폰시장은 도입기에서 성장기로 이행되고 있어 시장진입에 따른 매출액을 기대할 수 있지만, 기존 핸드폰시장은 성숙기를 거쳐 쇠퇴기의 단계이기 때문에 시장진입에 따른 매출액을 기대하기 어렵다.

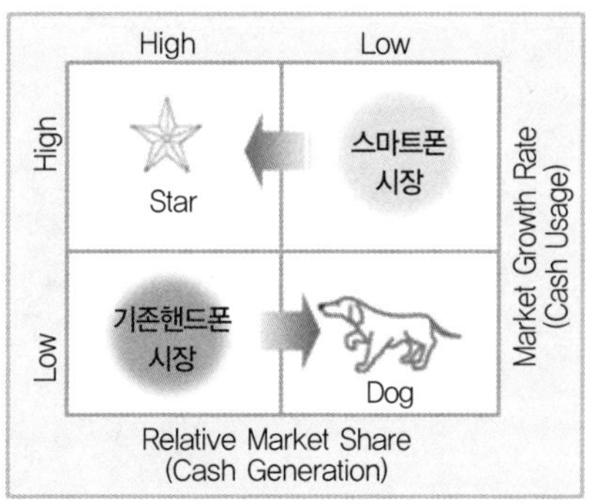

이를 기반으로 2008년 3분기의 스마트폰 판매량을 전문조사업체인 연세리서치에 의뢰한 결과 다음과 같은 결과를 얻었다. 현재 스마트폰시장을 주도하고 있는 경쟁사는 노키아의 심비안과 애플의 아이폰이지만, 아직까지 시장이 성숙되지 않았으므로 재빠른 시장진입이 요구되고 있다. 또한, 기존의 핸드폰시장인 약 11억 달러의 시장이 스마트폰으로 점차적으로 대체되고 있기 때문에 여기서 발생할 수 있는 매출액은 상당할 것으로 기대된다.

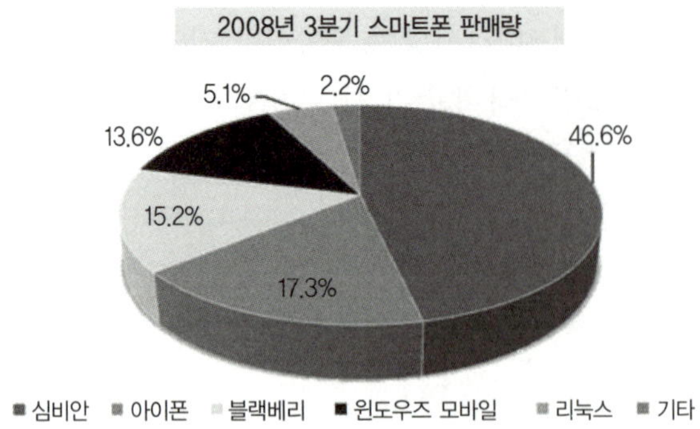

자료 : www.canalys.com

3. 고객유형분석

고객유형분석의 중요성 사례(소 사례)

고객의 유형에 따른 판매 제품은 다양하다. 그 단편적인 예로 일본의 SONY社에서 개발한 아이보를 들 수 있다. 아이보를 단순히 홈쇼핑이나 어린이들을 위한 완구점에서 판매한다면 잘 팔릴까? 답은 모두가 알고 있듯이 잘 팔리지 않을 것이다. 우선 아이보 자체가 고가의 제품이기 때문에 구매고객 자체가 어린이가 아니라 성인을 타깃으로 잡아야 할 것이다. 또한, 애완동물의 특징을 가지고 있지만, 최첨단 기술의 제품으로 노년층들은 제품 자체에 대한 신뢰도가 없어 구매를 망설이게 될 것이다. 따라서, 아이보를 판매하기 위해서는 우선 아이보의 특징을 분석해 보아야 한다.

아이보는 최신 기술의 제품이며 고가격(약 150만 원)이고, 짧은 제품수명을 가지고 있다. 이러한 제품을 구매하는 고객층은 소위 말하는 Early Adopters일 것이다. Early Adopters는 신기술이나 제품을 빠르게 구매하기 좋아하고, 이에 대한 제품 Review를 좋아하는 계층이다. 이러한 고객층에게 효과적으로 제품을 판매하기 위해서는 인터넷 쇼핑몰을 활용해야 한다. 만약, 이것을 홈쇼핑에서 판매한다면 주요 시청자가 여성이나 혹은 주부들이기 때문에 쉽게 외면받을 것이고, Early Adopters가 인지하기 전에 제품

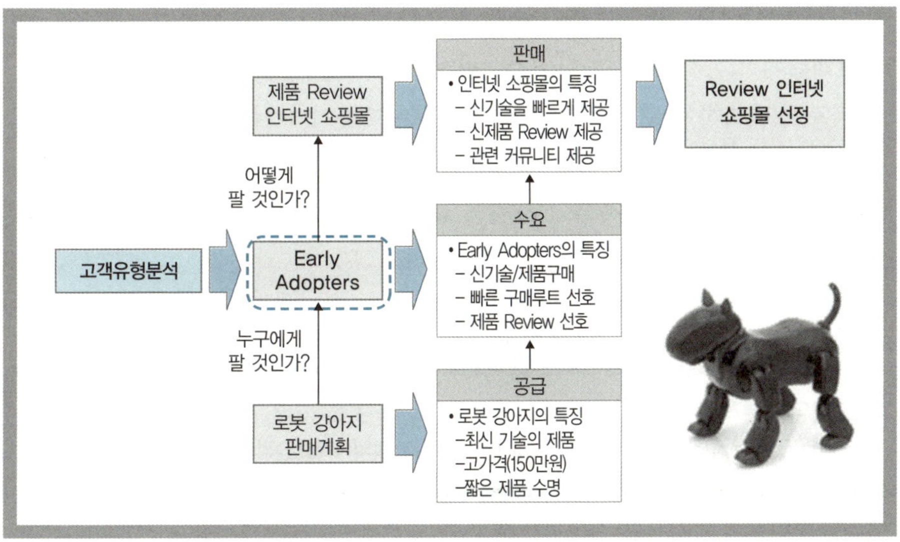

은 사장될 것이다. 따라서, 아이보를 판매하기 위해서는 신기술을 제빠르게 제공해 줄 수 있으며 그 제품과 관련된 커뮤니티에 제품 관련 Review를 쓸 수 있는 인터넷 쇼핑몰이 적합할 것이다.

아이보는 1999년 세계 최초의 본격적인 감성지능형 완구 로봇 애완견이다. 아이보는 애완동물을 대체하는 개념으로 시작되었으며, 현재 다양한 옵션과 지속적인 제품개발에 의해 인간과 친구가 될 수 있는 하나의 새로운 개체로 인정받고 있다. 기쁨, 슬픔, 성냄, 놀람, 공포, 혐오 등의 6가지 감성과 성애욕, 탐색욕, 운동욕, 충전욕 등의 4가지 본능이 구현되어 외부의 자극과 자신의 행동으로 인하여 감성과 본능수치가 항상 변화한다.

[자료 : 네이버 용어 사전]

3.1 고객유형분석 개요

다양한 고객유형을 분석하기 위해서는 성향 · 특성 등에 따른 고유의 분류기준을 정립해야 한다. 이에 따라 본 절에서는 고객의 성향을 파악하기 위한 고객유형 세부기법들은 어떤 것들이 있는지 제시하고 구체적인 사례를 통해 설명하고자 한다.

고객유형분석의 개념

고객유형분석은 고객의 특성에 따라 유사한 성향을 가진 계층으로 분류하고, 각 고객층에 적합한 제품 및 서비스 개발방안을 도출하기 위한 분석방법이다.

빠르게 변화하는 고객의 욕구에 충족하는 제품이나 서비스를 만들기 위해서는 그를 필요로 하는 고객들을 분류하여 타깃 고객층에 자사의 역량을 집중할 필요가 있다. 이를 통해 자사의 자원을 효율적으로 활용할 수 있을 뿐만 아니라 성공적으로 시장에 진입할 수 있기 때문이다.

◈ **ITR Definition**

고객유형분석

고객의 인구학적 특성, 구매 특성 등을 바탕으로 고객의 유형을 정의하고 분석하는 방법

고객유형분석의 필요성

최근 고객들은 욕구가 매우 다양하고 빠르게 변화하기 때문에 충분한 흥미를 유발하지 않으면 아무리 좋은 기술의 제품이라 하더라도 외면받기 쉽다. 고객의 니즈에 따라 신제품을 개발하면 많은 개발비용과 시간이 소모되므로 적시에 제품을 시장에 출시하지 못할 뿐만 아니라 경쟁사에게 뒤쳐질 수도 있다. 이러한 문제를 해결하기 위해 고객유형을 분석하여 고객이 원하는 제품이 무엇인지 빠르게 파악해야 한다. 이를 통해 자사의 역량을 고객이 원하는 제품 개발에 집중하여 효율적인 자원활용이 가능해 질 수 있다. [그림 7-10]은 고객유형분석의 필요성을 설명하고 있다.

그림 7-10 Techno Business 고객유형분석의 필요성

고객유형분석 On Hand

매우 다양한 고객의 욕구를 모두 만족시키는 제품 및 서비스를 개발하는 것은 기업의 입장에서 거의 불가능에 가까운 일이다. 만약, 현대자동차에서 20가지의 SUV 차량을 판매한다고 한다면 과연 성공할까? 물론 성공할 것이다. SUV를 좋아하는 매우 협소한 시장에서만 말이다. 전체 자동차시장을 놓고 본다면 SUV시장은 매우 작을 것이다. 기업은 되도록 다양한 시장에서 다양한 제품을 출시하여 많은 고객층을 확보해야만 보다 많은 이익을 올릴 수 있을 것이다. 이러한 문제를 해결하기 위해 고객을 보다 세분화하여 살펴볼 필요가 있다. 고객의 특성을 고려하여 운송수단이라는 가치를 제공해 주는 자동차를 고객의 입맛에 맞도록 다양한 스타일로 판매한다면 신제품 개발에 따르는 위험도 줄어들 수 있을 뿐만 아니라, 성공적으로 시장에 진입할 수 있을 것이다.

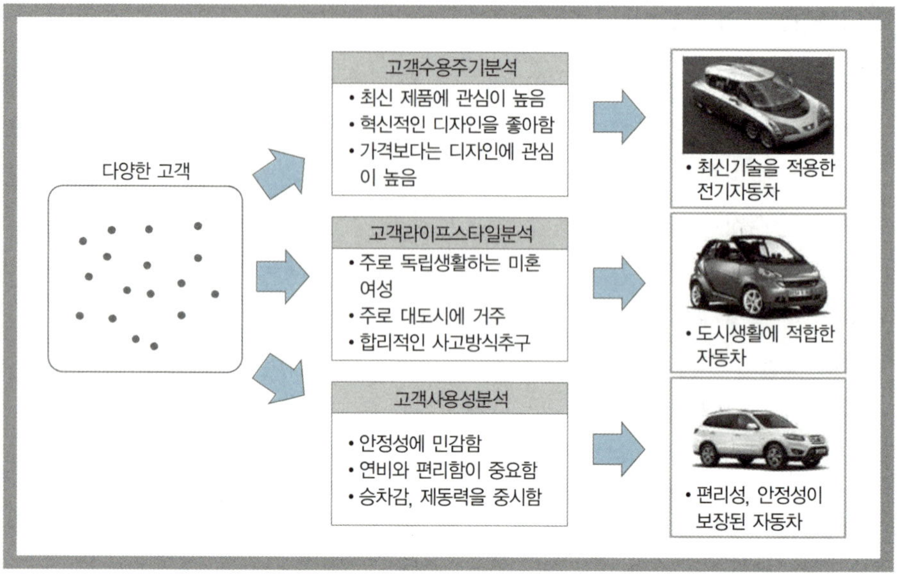

이를 위해서 기업은 신제품을 구매하는 고객들의 구매주기에 대해 파악할 필요가 있다. 제품이 처음 출시되었을 때 어떠한 특성을 가진 고객층이 가장 먼저 관심을 갖는지 분석한다면 제품의 인지도를 지속적으로 상승시키는 데 유리할 것이다. 그 다음으로는 고객의 특성에 대해 분석하여 각 고객의 특성에 맞는 차별화된 제품을 개발하도록 노력해야 한다. 또한, 출시된 제품의 사용성에 대해 분석하여 이를 다음 제품개발에 적용하여 신제품개발 노하우를 축적해야만 기업의 경쟁력이 확보될 것이다.

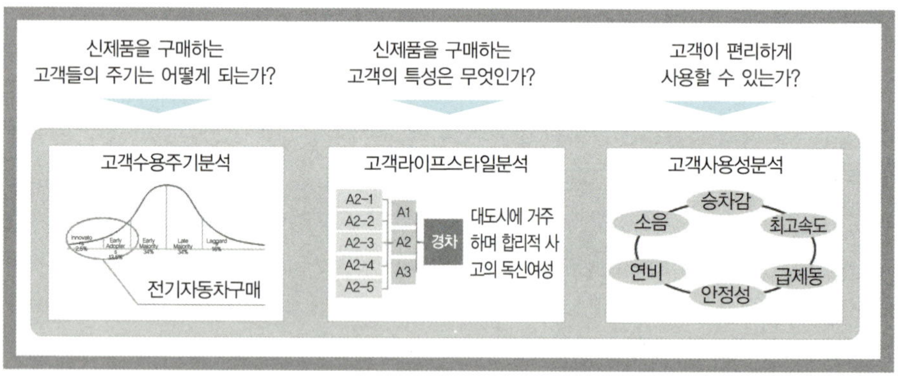

고객유형분석 유형

신제품에 대한 고객의 구매과정을 분석하여 이에 대한 적절한 시장대응방법을 파악하고 고객들의 소비활동과 주요 관심사, 실제 제품 및 서비스를 사용하는 고객들이 원하는 디자인은 무엇인지 파악하여 고객이 진정 원하는 제품을 개발하여야 한다. 이를 위해서 본 절에서는 [표 7-8]에서와 같이 가장 대표적인 기법인 고객수용주기 분석기법, 고객라이프스타일 분석기법, 고객사용성 분석기법에 대해 설명하고자 한다.

표 7-8 고객유형분석

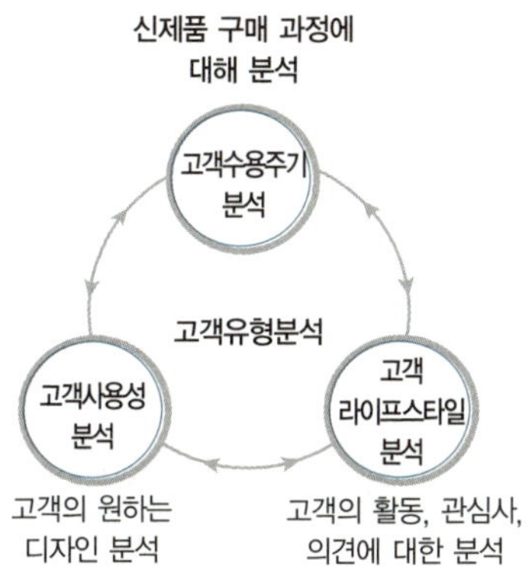

고객유형분석

구분	설명
고객수용주기 분석	고객이 신제품을 알고 구매하기까지의 과정에 대해 분석함
고객라이프 스타일분석	고객이 시간을 소비하는 방법(활동), 주요 관심사, 의견 등을 파악하여 원하는 제품 및 서비스에 대해 파악함
고객사용성 분석	제품 및 서비스를 실제 사용하는 고객이 원하는 디자인에 대해 분석함

3.2 고객수용주기분석

고객수용주기분석 개념

고객수용주기분석은 시간에 따른 고객의 신제품 구매과정을 파악하여 성공적으로 시장에 침투할 수 있는 방안을 마련하게 한다. 또한 수용주기에는 계층의 구분이 존재한다. 이는 신제품이 처음 출시 되었을 때 고객이 이를 구매하는데 걸리는 시간에 따라 나뉜다. 각각의 계층은 제품에 따라 다르지만 일반적으로 정규분포를 따르며 계층별 특성을 파악하여 신제품 도입전략을 세울 수 있다.

◈ **ITR Definition**

> **고객수용주기**
> **고객의 제품 수용에 따른 의사결정 패턴을 분석하여 고객별 대응방안을 도출하기 위한 방법**

신제품 수용과정모형

고객이 신제품을 처음 알고 구매하기까지의 과정을 신제품의 수용(채택)이라 하고, 제품의 입장에서 처음에는 소수의 고객이 신제품을 구매하다 점차 많은 고객이 구매하게 되는 것을 신제품의 확산이라 한다. 신제품 수용과정은 크게 다섯 단계로 나누어지는데 마케팅관리자가 이러한 고객의 신제품 수용단계를 자세히 이해하는 것은 시장진입을 위한 방안을 마련하는 데 많은 도움을 줄 수 있다. 세부적인 단계에 대한 설명은 다음 [그림 7-11]과 같다.

그림 7-11 신제품 수용단계

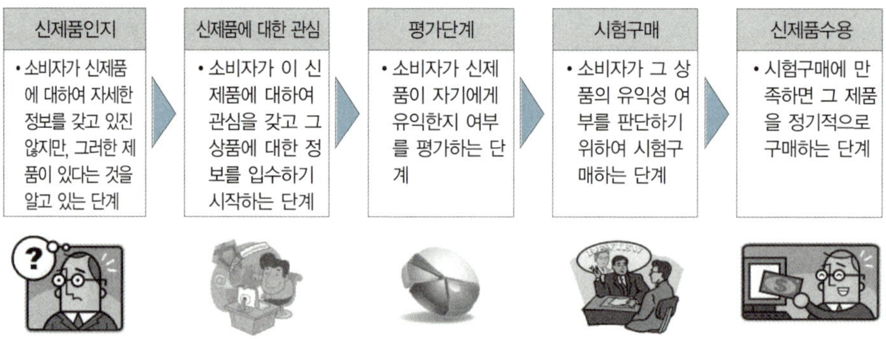

신제품 수용자 유형

신제품 수용자의 유형은 다음의 [표 7-9]와 같이 다섯 계층으로 분류될 수 있다. 계층에 따른 소비자 유형을 파악하여 각 유형에 맞는 차별화된 신제품 도입전략이 필요하다.

구분		정의	특징
1	Innovators	'기술애호가' 라고도 하며, 신제품을 선호하여 구매하는 고객층	신제품을 가장 먼저 받아들이며 통상 시장의 2.5%를 점유하고 모험적이고 새로운 경험을 계속 추구함
2	Early Adopters	'선구자' 라고도 하며, 신제품의 경제적 이익과 전략적 가치를 우선시 하는 고객층	통상 시장의 13.5%를 점유하고, 사회의 존경을 받는 지도층 인사들이 대부분이고 활발한 정보활동과 넉넉한 경제적 여력이 있음
3	Early Majority	'실용주위자' 라고도 하며, 변화보다는 점진적 변화에 따른 생산성 향상과 유지를 우선시 하는 고객층	전체 시장의 34%를 점유하며, 검증된 성과를 요구하며, 반드시 복수의 대안을 고려하여 제품을 구매함
4	Late Majority	'보수주의자' 라고도 하며 대부분 가격에 민감한 위험회피형 고객층	전체 시장의 34%를 점유하며 낮은 가격, 표준화, 단순화를 통해 성공적으로 제품을 판매할 수 있음
5	Laggards	'느림보' 라고도 하며, 선천적으로 기술을 싫어하고, 전통지향적인 고객층	이들이 구매하는 제품은 어떤 의미에서 이미 신제품이 아닐 가능성이 높고 상당한 마케팅비용이 수반됨

표 7-9 고객수용주기의 계층별 특징

Deliverables

VE전자의 CEO는 스마트폰의 고객층에 대해 분석하기 위해 고객유형분석을 실시하였다. 이를 위해 우선 스마트폰의 특징에 대해 분석하였다. 스마트폰은 최신 전자기기로써, 편리한 인터넷 접속이 가능하고 이동성이 확보된 통신기기이다. 이러한 특징의 제품들은 신기술을 좋아하고 신제품에 대한 거부감이 적은 고객층이 주요 타깃이고, 이는 고객수용주기에서 Innovators, Early Adopters층들의 특성이다.

신제품 수용주기모형

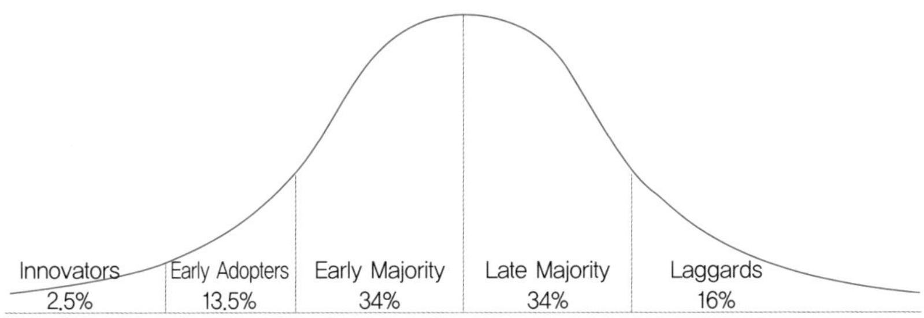

출처 : Rogers, "Diffusion of Innovations", 2003.

그 다음으로는 스마트폰의 주요 기능을 분석하였다. 스마트폰의 주요 기능은 E-mail 확인, 웹서핑, 일정관리 등과 같은 기능을 제공하기 때문에 스마트폰을 사용하는 고객들의 주요 특징으로는 주로 바쁜 업무에 시달리는 경영자층이나 해외출장이 잦은 사람, 인터넷에 친숙한 젊은층을 들 수 있다. 이러한 분석 결과 스마트폰의 주요 고객층은 젊은층의 비즈니스맨과 대학생을 타깃으로 선정하여야 할 것이다.

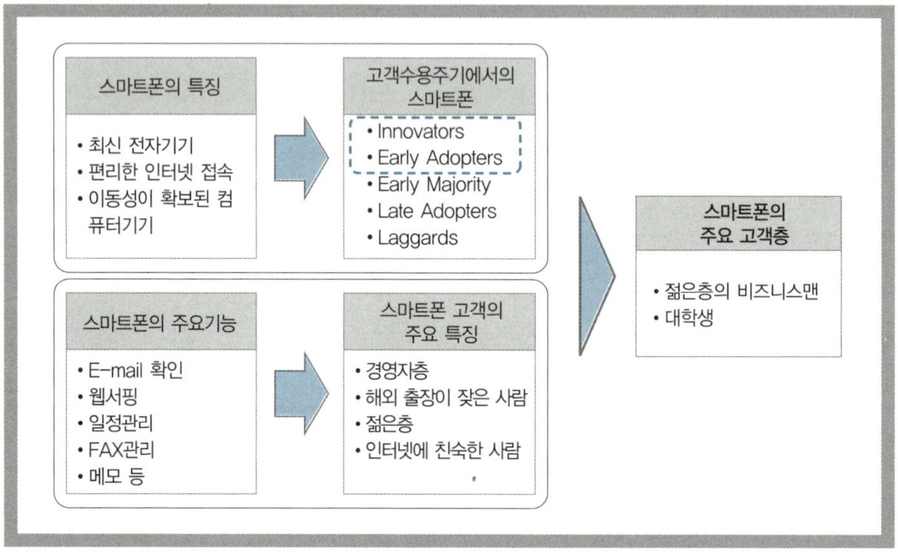

3.3 고객라이프스타일분석

고객라이프스타일분석 개념

고객의 질적 특성을 파악하려면 관심분야, 활동 등의 라이프스타일분석을 통해 적절한 판단기준을 마련해야 한다. 고객의 나이, 소득, 주거형태와 주거장소, 교육수준 등 인구통계적 변수들이 모두 같다 하더라도 제품 및 서비스의 제공방법이나 시기에 따라 고객에게 주어지는 가치가 다를 수 있기 때문이다.

◈ **ITR Definition**

> **고객라이프스타일분석**
> **고객의 생활 패턴 및 가치관, 관심사 등을 검토하는 과정을 통해 잠재적인 욕구를 파악하고 구매 성향을 분석하는 방법**

고객라이프스타일 정의 항목

고객의 취향을 고려한 제품 및 서비스를 제공하기 위해서는 먼저 고객의 라이프스타일에 대해 분석할 필요가 있는데 [표 7-10]과 같이 활동, 관심, 의견의 세 가지 항목과 18가지 세부항목을 조사하여 파악할 수 있다.

표 7-10 고객라이프스타일 정의 항목

활동	관심	의견
일	가족	개인적(자기자신) 관계
취미	가정	사회적 문제
사회적 사건	일	정치
휴가	공동체(지역사회)	사업
오락	레크리에이션	경제
클럽회원	패션	교육

자료 : Henry, "Consumer Behavior", 2004.

고객라이프스타일분석 유형

고객의 라이프스타일을 비교 · 분석하는 기법에는 크게 세 가지가 있는데, AIO(Activity, Interest, Opinion) 목록, 가치 및 라이프스타일조사, Forrester의 기술묘사적 세분시장 분석이 그것이다. 분석 기법별 정의 및 장 · 단점은 [표 7-11]과 같다.

표 7-11 고객라이프스타일 분석기법의 유형 및 비교분석

	대표적 기법	정의	장 · 단점
1	AIO 목록	300개의 AIO 문항을 근거로 고객들에게 설문하여 그 결과를 요인분석을 통하여 라이프스타일 범주를 축소하여, 표본을 만듦	비교적 간편한 방법에 의해 조사 가능함
			특정 상품에 대한 세분화된 고객 라이프스타일분석이 불가능함

2	가치 및 라이프스타일 조사	여론조사에 기초한 접근방법으로 2,500명의 고객을 조사하여, 8개의 집단으로 분류하여 이를 고객의 라이프스타일로 보고, 이에 따른 시장진입에 필요한 대응책을 마련함	각 고객군에 따른 전략수립이 용이함
			고객라이프스타일을 8개로 한정하여 다양한 고객의 성향 파악에 미흡함
3	Forrester의 기술묘사적 세분시장	Forrest Research사가 개발한 방법으로 수평축은 가정, 경력, 오락 및 지위로 나누어지고, 수직축은 기술낙관과 가처분소득에 대한 태도를 반영하는 것으로 이를 통해 도출된 매트릭스를 통해 고객의 라이프스타일을 파악함	다양한 고객라이프스타일 도출이 가능함
			상대적으로 다른 기법에 비해 복잡하여 사용하기 어려움

Deliverables

VE전자의 CEO는 새롭게 출시하려는 스마트폰을 주로 사용하는 고객층의 라이프스타일을 분석하여 적절한 판매전략을 수립하고자 한다. 이를 위해 우선, 스마트폰의 주요 고객층인 20~30대층의 젊은 비즈니스맨과 대학생들에게 300여 가지의 AIO목록을 설문하였다. 조사된 설문결과를 요인분석을 통하여 라이프스타일의 범주를 결정할 수 있었다. 그 결과, 스마트폰을 사용하는 고객층의 라이프스타일은 크게 가격의식적, 자칭 의견선도자, 자기과신적인 특징을 보여주고 있었다. 이러한 특징을 통해 도출된 고객의 특성은 다음과 같다.

- 스마트폰을 인지하고 있는 사람
- 최신 휴대폰을 자랑하기 좋아하는 사람
- 전문직에 종사하는 사람
- 컴퓨터 활용에 능한 사람
- 인터넷 사용시간이 많은 사람

이러한 결과를 통해 VE전자는 인터넷 판매를 주요 통로로 설정하고 인터넷 카페에 관련 커뮤니티를 만들어 고객들의 흥미를 유발시켜야 한다. 또한 대대적인 광고보다는 특정 지역, 즉 대학가나 회사가 밀집한 지역에 이벤트를 열어 고객들이 실제 사용해 볼 수 있는 기회를 제공해 주어야 한다.

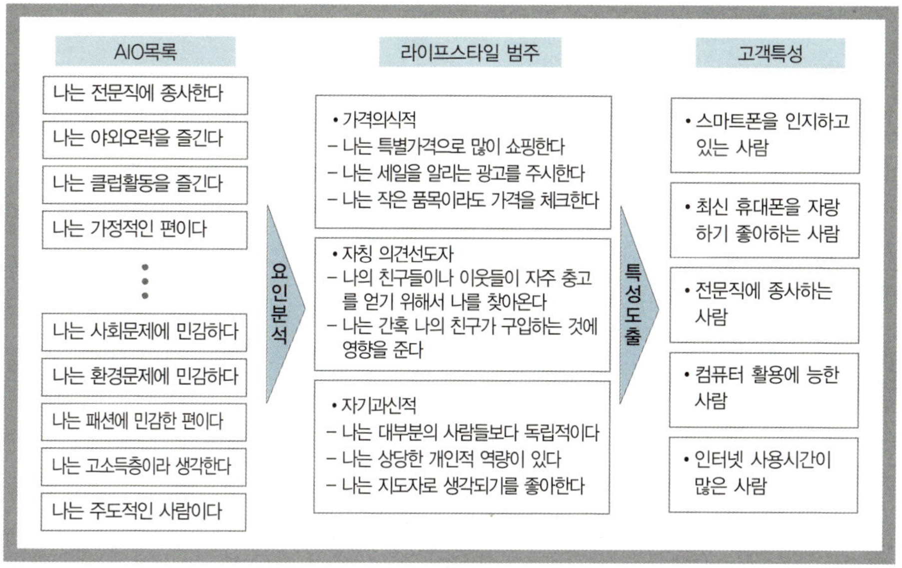

3.4 고객사용성분석

고객사용성분석 개념

제품의 명시적인 품질뿐만 아니라 기능적 만족도, 내구성 등을 제고하려면 고객의 사용성 감지내용을 파악해야 한다. 또한 고객의 감성을 자극할 수 있는 혁신적인 디자인을 통해 제품의 가치를 극대화시킬 수 있어야 한다. 저비용으로 생산된 제품이라 하더라도 고객의 욕구를 충족할 수 있다면 고객의 전달가치를 극대화할 수 있다. 따라서 고객사용성분석은 제품기획 및 개발에서 중요한 과정이다.

◈ ITR Definition

고객사용성분석
고객이 인지하는 제품의 편의성, 기능성 등을 검토하기 위해 설문지 또는 인터뷰를 통해 고객의 반응을 분석하는 방법

고객사용성 분석유형

고객의 사용성을 평가할 수 있는 기법들은 인지분석, 실험계획, 설문조사 등 매우 다양하다. 일반적으로 제품의 사용에 대한 고객의 반응이 가장 큰 영향을 미치므로 대표적인 분석기법으로 사용편의성 분석기법과 사용자 인터페이스 평가방법이 효과적이다. 분석기법별 평가항목 및 세부평가단계는 [표 7-12]와 같다.

표 7-12 고객사용성 분석기법

	구분	평가 항목	평가 단계
1	사용편의성 분석기법	효율성, 학습용이성, 유연성 태도	• 사용편의성의 목표 정의 • 사용편의성의 수준 설정 • 가능한 디자인의 해결책의 영향분석 • 사용자에게서 나온 의견을 제품디자인에 반영 • 계획된 수준이 달성될 때까지 디자인-평가-디자인의 순환 반복
2	사용자 인터페이스 평가기법	학습시간, 수행속도, 실수횟수, 만족도, 기억력	• 목표 결정 • 원하는 시스템의 상태를 의도 • 의도를 실현하는 행동순서 설정 • 행동 실행 • 시스템의 물리적 상태 지각 • 물리적 상태 해석 • 시스템의 상태를 목표와 의도를 이룰 수 있는지 평가

Deliverables

VE전자의 CEO는 스마트폰의 사용성을 분석하여 향후 고객의 감성을 자극시킬 수 있는 제품개발에 필요한 사항은 무엇인지 파악하고자 한다. 이를 위해 사용자 인터페이스 평가기법을 활용하였는데, 이를 수행하기 위해서는 다음과 같은 평가단계를 수행해야 한다.

- 목표 결정
- 원하는 시스템의 상태를 의도
- 의도를 실현하는 행동순서 설정
- 행동 실행

■ 시스템의 물리적 상태 지각
■ 물리적 상태 해석
■ 시스템의 상태가 목표를 이룰 수 있는지 평가

이러한 평가단계를 통해 스마트폰을 평가하기 위한 8가지 항목을 도출할 수 있었다. 도출된 평가항목들을 고객들에게 10점 척도로 설문한 결과, 인터넷 접속속도와 젊은층이 원하는 기능부분, 애플리케이션 구조의 이해에 대한 영역이 각각 5점, 6점, 6점으로 가장 낮게 나타났다. 즉, 향후 출시될 스마트폰의 추가적인 기능은 인터넷 접속기술을 더욱 발전시켜 빠른 응답시간을 확보해야 하고, 젊은층의 인식에 대해 철저히 분석하여 어떠한 기능을 원하는지 파악할 수 있어야 한다. 또한, 현재 애플리케이션의 구조를 분석하여 고객들이 손쉽게 이해할 수 있는 구조로 바꿔야 할 것이다.

평가항목	점수
키패드 크기는 적당한가	8
인터넷 접속속도는 적당한가	5
하루 평균 사용시간에 충족하는가	7
젊은층이 원하는 기능은 무엇인가	6
웹서핑에 적당한 액정크기인가	9
통화품질은 만족하는가	8
젊은층의 손 크기에 맞는가	9
애플리케이션 구조는 이해하기 쉬운가	6

스마트폰의 보완필요사항

- 인터넷 접속기술 개발
- 애플리케이션구조 분석시행
- 젊은층의 인식조사

4. 고객만족도분석

고객만족도분석의 중요성 사례(스타벅스 사례)

과연 뛰어난 기술기반만으로 시장의 현황을 정확히 분석하여 고객이 원하는 제품을 개발하여 출시한다면 모두 성공할 수 있을까? 불가능할 것이다. 제품의 수요를 좌우하는 고객에 대한 이해가 결여되었기 때문이다. 이러한 문제를 해결하기 위해서 필요한 것이 바로 고객만족도분석이다.

이러한 점을 고려하여 최근 선풍적인 인기를 끌고 있는 커피전문점을 예로 비추어 보자. 그 중 대표적인 글로벌 기업인 스타벅스는 일상에 지친 직장인이나 도시인들에게 편안한 '제3의 장소'를 제공한다는 슬로건을 걸고 있다. 즉, 고객들은 스타벅스에 가서 단순히 커피를 마시는 것이 아니라 편안한 분위기와 문화를 향유하는 것이다. 또한, 스타벅스는 커피뿐만 아니라 다이어리, 머그잔, 텀블러, 티셔츠 등 다양한 아이템들을 개발하여 판매하고 있다. 이는 단순히 커피를 파는 것에서 벗어나 다양한 상품들을 통해 일상생활에서 친숙하게 다가갈 수 있는 창구일 뿐만 아니라 새로운 가치창출의 매개체 역할까지 겸하고 있는 것이다.

4.1 고객만족도분석 개요

고객만족도분석은 제품과 서비스를 실제 사용하는 고객들에 대한 반응을 살펴보는 것이다. 즉, 고객의 심리적 특성을 전략으로 활용할 수 있는 객관적 자료이다. 분석결과를 통해 기업은 자사 제품의 경쟁력을 재검토하며, 고객관계관리(CRM)를 비롯한 기업전략의 핵심지식으로 활용한다. 일례로 국가고객만족도지수(NCSI)는 특정 산업에 대하여 전체 소비자가 어떻게 인식하고 있는지를 반영하는 지표이다. Techno Business에서는 기업별 상황에 맞는 고객만족도 지표를 개발하는 방법을 소개하며, 이를 통해 고객이 요구사항을 반영할 수 있다.

고객만족도분석의 개념

고객만족도분석을 통하여 고객이 기대하는 것 이상의 가치를 제공해 줄 수 있는 요인들을 관리함으로써 자사의 제품 및 서비스에 대한 지속적인 재구매 또는 선호도를 향상시킬 수 있다. 따라서 고객들이 느끼는 만족감과 요구사항에 대해 파악할 수 있다.

◈ **ITR Definition**

고객만족도분석

고객의 제품에 대한 인식 수준을 검토하고 향후 재구매 의도 여부를 파악하는 과정을 통해 제품 및 서비스 개발의 효과를 분석하는 방법

고객만족도분석의 필요성

고객들은 제품을 선택할 때 단순히 기능만을 고려하지 않는다. 제품을 생산한 기업의 이미지나 브랜드도 중요한 고려대상이 된다. 따라서 고객이 제품을 구매함으로써 체감하게 될 경험들을 면밀히 분석해야 한다. 이를 위해서는 제품 및 서비스의 기능뿐만 아니라 고객들이 만족할 만한 새로운 가치를 제공해야 한다. 소수의 고객이 만족하면 구전효과에 의해 점차 다수의 고객으로 확산되기도 한다. [그림 7-12]는 고객만족도분석의 필요성을 설명하고 있다.

그림 7-12 Techno Business 고객만족도분석의 필요성

고객만족도분석 On Hand

카메라의 기능을 생각하면 고화질을 제공하면서 손쉽게 촬영할 수 있는 것을 떠올릴 것이다. 그러나 고객이 느끼는 가치에 따라 카메라의 기능은 매우 차별화될 것이다. 아래의 그림과 같이 주로 전문 사진가들에게 필요한 카메라는 고배율의 망원렌즈와 고화질을 탑재해야 한다. 또한 고용량의 메모리카드도 필요할 것이다. 이러한 요건을 만족시키다 보면 휴대성이 극도로 떨어지는 카메라가 될 우려가 있다. 전문 사진가들이 느끼는 가치는 휴대성보다는 고배율 · 고화질 · 고용량이 더 중요할 것이다. 일반적인 사람들이 느끼는 카메라의 가치는 어떠할까? 필요이상의 고배율이나 고화질은 필요가 없다. 일반적인 사람들은 손쉽게 언제 어디서나 찍을 수 있는 휴대성의 가치를 매우 높게 평가하기 때문이다. 이처럼 고객들이 느끼는 가치는 현저하게 다를 수 있다. 따라서 고객이 진정 원하는 가치는 무엇이고 그에 따른 만족도를 조사하여 최적의 제품을 생산할 필요가 있다.

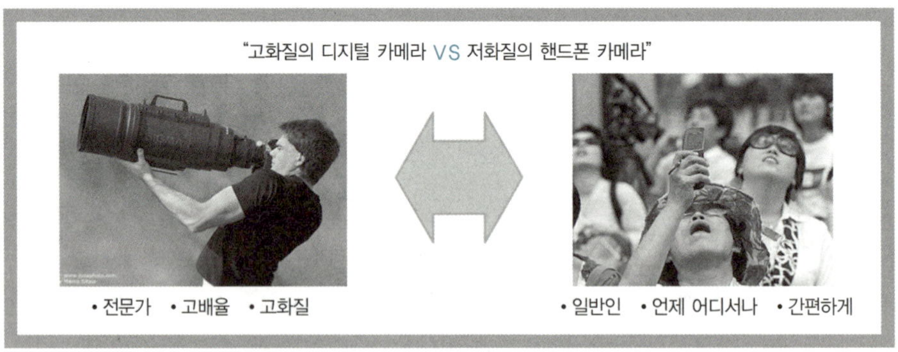

고객만족도분석을 하기 위해서는 우선 고객을 만족시킬 수 있는 가치가 무엇인지 파악해야 한다. 그리고 그러한 가치가 무엇인지 파악되었으면 실제로 고객들의 만족감을

충족시키는 요인들에 대해 분석해야 한다. 그 결과를 토대로 고객만족도를 높이는 구체적인 사항들이 도출될 수 있다. 이러한 사항들은 제품 개발 시 적용되어 고객의 만족도를 현격하게 높일 수 있는 방안이 될 것이다.

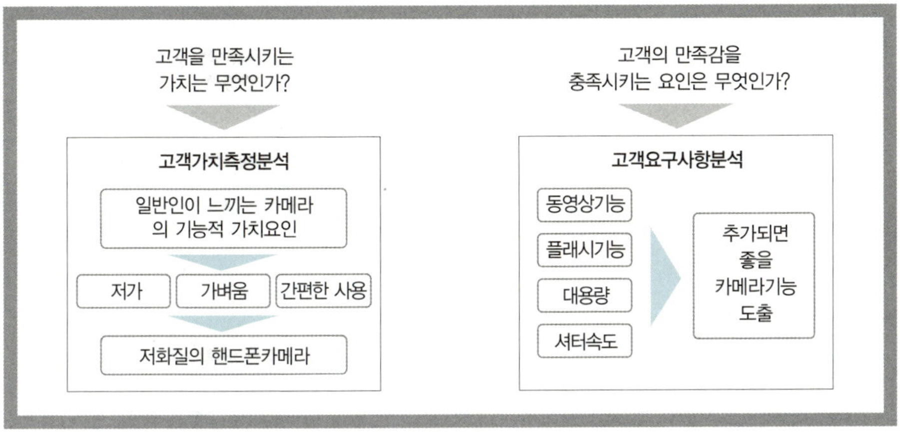

고객만족도분석 유형

고객만족도를 분석하기 위해서는 고객이 제품 및 서비스를 통해 얻게 되는 가치와 소요비용의 차이를 도출해야 한다. 즉, 고객이 필요로 하는 요구사항은 무엇인지, 자사의 제품 및 서비스의 문제점 및 강점은 무엇인지 파악하여 고객이 자사의 제품 및 서비스를 통해 느끼는 가치를 극대화시킬 수 있도록 해야 한다. [표 7-13]은 고객만족도분석의 유형을 구분하여 설명하고 있다.

표 7-13 고객만족도 분석 유형

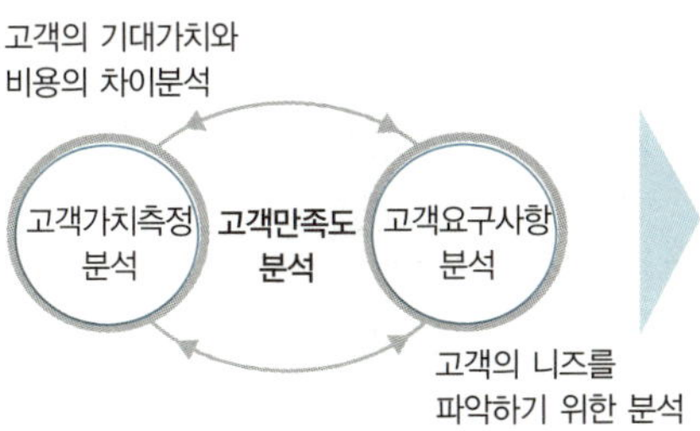

고객만족도분석

구분	설명
고객가치측정 분석	제품을 구입하여 사용하며 얻게 되는 편익과 교환과정에서 발생하는 비용에 대한 차이를 분석
고객요구사항 분석	고객이 누구이며, 무엇을 원하는지, 자사에 대해서 어떤 점에 만족하고 어떤 점을 불만스럽게 여기는지 세밀히 분석

4.2 고객가치측정분석

고객가치측정분석 개념

고객가치는 일반적으로 기대했던 편익과 실제 지불한 비용의 차이를 의미하며 이러한 가치가 커질수록 고객은 만족을 느낀다. 따라서 고객을 만족시키기 위해서는 고객이 기대하는 가치보다 더욱 큰 가치를 제공해야 한다. 고객가치측정 분석은 이러한 고객의 기대편익과 지불비용의 차이를 분석하는 방법이다.

고객의 기대편익 − 실제 고객이 지불한 비용 = 고객가치

◈ **ITR Definition**

> **고객가치측정**
> **제품 및 서비스 제공의 성과를 도출하기 위해 고객이 제품 및 서비스 구매를 통해 인지하게 된 가치를 정량적인 기준으로 측정하는 방법**

고객가치측정분석기법

고객가치측정분석은 제품이나 산업의 특성에 따라 매우 다양하지만 본 절에서는 고객편익-비용분석기법을 중점적으로 설명하고자 한다. 고객편익-비용분석기법은 고객에게 줄 수 있는 편익과 비용을 [표 7-14]와 같이 네 가지로 분류하여, 각 영역에 해당하는 고객가치를 측정한다. 여기서 측정된 편익과 비용의 차이를 통해 고객이 느끼는 가치를 도출할 수 있다.

표 7-14 편익-비용 기법의 분류

구분	정의 및 예시	구분	정의 및 예시
기능적 편익	제품사용에서 얻게 되는 실용적 결과 Ex) 기초화장품은 피부의 노화를 억제	금전적 비용	직접적인 비용과 잘못된 결정으로 인한 손실 Ex) 잘못 주문한 커피값+새로 구입할 커피값
사회적 편익	다른 사람들로부터 얻게 되는 긍정적 반응 Ex) 고급승용차는 사회적 지위를 충족시킴	시간적 비용	제품의 구매에 걸리는 시간 Ex) 식당에서 음식을 주문하고 기다리는 시간
개인적 편익	제품의 구입, 소유, 사용에서 얻는 좋은 느낌 Ex) 우표수집가들은 희귀한 우표를 얻었을 때 희열을 느낌	심리적 비용	구매결정에 필요한 정신적 에너지와 스트레스 Ex) 고가의 제품이나 복잡한 제품구매에 필요한 많은 정보
경험적 편익	고객들이 얻는 감각적 즐거움 Ex) 분위기 좋은 식당에서 식사하는 즐거움	행동적 비용	제품의 구매와 사용에 필요한 물리적 행동 Ex) 컴퓨터를 구매하기 위해 용산전자상가에 가는 행동

Deliverables

VE전자의 CEO는 스마트폰을 통한 고객가치측정을 위해 고객이 지불가능한 가치와 제품의 가치를 각각 측정하고, 그 차이를 통하여 불필요한 기능은 무엇인지 분석하고자 한다. 이를 통해서 고객에게 큰 가치를 제공해 줄 수 없는 기능들에 대해서는 보다 낮은 사양의 기능으로 교체하여 제품의 생산비용을 줄이거나 아예 기능을 없애 자사의 이익을 증대시킬 수 있는지 조사하였다.

고객가치측정분석을 실시하기 위해서 앞서 정의한 스마트폰을 이용하는 고객인 대학생과 젊은 비즈니스맨들을 상대로 설문조사를 실시하였다. 설문조사는 스마트폰에 대해 고객이 느끼는 편익을 크게 기능적 편익, 사회적 편익, 개인적 편익, 경험적 편익으로 구분하여 각각에 대해 명확히 정의된 명세서를 만든다. 이를 고객들에게 충분히 설명하고, 각각에 대해 어느 정도의 가격이면 구매할 것이가에 대해 설문하는 것이다. 그 결과, 아래와 같은 금액이 산출되었다. 즉, 스마트폰의 가격이 309,000원보다 높은 가격이라면 대다수의 고객은 구매하지 않을 것이다. 하지만, 현재 개발된 스마트폰의 원가의 대부분을 차지하고 있는 카메라기능, 인터넷기능, MP3기능, 어학기능, 소형화에 대한 비용으로 329,000원이 투입되어야 한다. 이미 고객이 생각하는 준거가격보다 20,000원이 초과된 상태로 제품을 시장에 출시한다면 고객에게 외면받기 쉬울 것이다.

이러한 문제를 해결하기 위해 고객가치측정분석의 두 번째 단계로 각 기능에 따라 고객에게 주는 가치에 대해 산출하였다. 그 결과 어학기능과 소형화를 통해 제공되는 고객가치가 다른 기능들에 비해 상대적으로 덜 중요하게 조사되었다. 이를 바탕으로, 가장 저렴한 가치를 제공해 주는 어학기능을 삭제하여 19,000원의 비용을 절감할 수 있었다. 또한, 스마트폰의 소형화기능을 일부 포기하여 30,000원의 원가절감을 이루었다. 즉, 고객이 구매할 수 있는 가격인 309,000원의 가격보다 더 저렴한 280,000원의 공장도가격

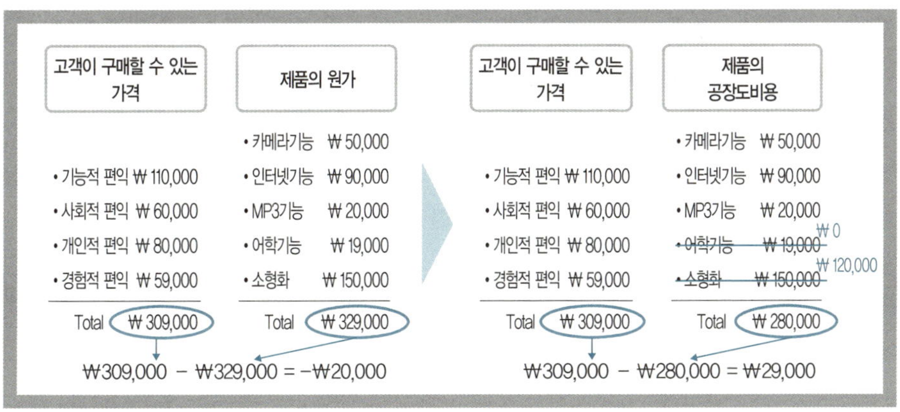

을 산출할 수 있었다. 이를 통해, VE전자는 스마트폰을 시장에 출시하여 29,000원의 순이익을 더 발생시킬 수 있도록 제품을 수정할 수 있었다.

4.3 고객요구사항분석

고객요구사항분석 개념

제품과 서비스는 혁신적인 기술이나 획기적인 아이디어에 의해서 창출될 수 있지만, 고객이 필요로 하지 않으면 시장에서 외면받을 수 있다. 고객요구사항분석은 고객이 원하는 요소를 분석하여 제품 및 서비스에 반영하기 위한 방법이다. 고객들이 필요로 하는 제품과 서비스는 시장을 선점하는 요인이 되며 경쟁사와의 차별성을 가능하게 한다.

◈ ITR Definition

고객요구사항분석
고객 집단별로 적합한 분석결과를 도출하기 위해 제품, 서비스에 대한 인식이나 문제점, 개선사항 등을 분석하는 방법

고객요구사항분석 필요성

고객들이 제품으로 느끼는 만족감과 요구사항은 명확히 규정하기 어렵다. 고객의 요구사항은 인지적 선택뿐만 아니라 심리적 반응까지 포함하기 때문에 다차원(Multi-Dimension)적인 시각에서 분석해야 한다. 고객의 다양한 취향을 분석하고 고객의 요구에 부합하는 제품을 개발한다면 아무도 예측하지 못하였던 틈새시장(Niche Market)을 발견할 수 있다. 치열한 경쟁시장을 먼저 선점하고 독자적인 영역을 구축할 수 있는 것이다. [그림 7-13]은 고객만족도분석의 필요성을 설명하고 있다.

그림 7-13 고객만족도분석의 필요성

고객요구사항분석 유형

고객요구사항은 고객이 이상적으로 생각하는 수준과 현재 수준의 차이이다. 따라서 현재 출시되어 있는 제품 및 서비스에 대한 분석도 중요하지만 잠재된 사용자의 의도를 파악하는 것 또한 중요하다. 집단연구기법인 Focus Group Interview와 Repertory Grid는 지금까지 설문조사나 심층 인터뷰를 통해 파악하기 힘들었던 고객의 잠재요구를 파악하는 데에 유용한 방법이다. [표 7-15]는 고객요구사항의 분석기법을 4가지로 분류하여 각 장 · 단점을 설명하고 있다.

표 7-15 고객요구사항분석 기법의 유형 및 비교분석종류

	대표적 기법	정의 및 특징	장 · 단점
1	FGI기법 (Focus Group Interview)	실제로 가장 많이 활용되는 기법으로, 한 명의 진행자 주관으로 6~8명의 참가자에게 다양한 질문을 던지고 토론함으로써 미충족된 고객의 욕구를 파악하여 새로운 시장기회를 모색할 수 있음	심도 깊은 결과를 도출할 수 있음
			진행자의 주관이 들어갈 수 있음
2	Repertory Grid 기법	응답자들로 하여금 가장 유사한 제품 둘을 선정하게 하고 그 두 제품이 어떤 점에서 유사한지 설명하고 논의하게 함으로써 어떠한 요소가 중요한 비교판단기준이 되는지를 파악함	비교적 사용하기 편리함
			유사제품이 없을 경우 활용 불가능
3	Echo Technique 기법	응답자가 제품에 대해 좋은 점과 나쁜 점, 유용한 점, 불필요한 점 등의 모든 면을 다 이야기하도록 유도하여 더 이상 답변할 것이 없을 때가지 계속하는 방법	제품에 대한 정확한 분석이 가능함
			전체고객을 대변하기 어려움
4	만족-중요도 매트릭스	제품의 만족요인과 중요도 요인에 대한 점수화를 매트릭스를 통해 도식화하여 과다 투자요인과 보완요인을 도출함	자사의 제품에 대한 장 · 단점을 파악
			분석절차가 비교적 복잡함

Deliverables

VE전자의 CEO는 스마트폰을 출시하면서 스마트폰에 대한 고객요구사항 분석을 수시로 실시하고 있다. 이를 통해 고객의 욕구변화 추이를 신속히 파악할 수 있을 뿐만 아니라 고객의 만족도와 중요도 Matrix를 그려서 비효율적으로 소비되고 있는 요소를 파악할 수 있었다. 고객의 주요 요구사항은 크게 다음과 같이 네 가지였다.

- 통화품질이 가장 중요하다.
- 값이 비싸도 A/S가 확실한 제품을 선택한다.
- 디자인은 매우 중요한 요소이다.
- 내구성이 좋아야 한다.

이상과 같은 고객요구사항들의 변화를 살펴보면, 디자인 요소는 지속적으로 중요하다고 인식되고 있으며, 나머지 요소들도 꾸준히 증가하는 추세임을 알 수 있다. 통화품질이나 내구성에 대한 인식은 상대적으로 덜 중요한 요소로 파악되고 있다. 이를 기반으로 만족도와 중요도 Matrix를 그려보면 아래와 같다. 디자인은 고객들이 지속적으로 중요한 요소로 생각하고 있지만, 그에 대한 만족감은 상대적으로 낮게 나타났다. 통화품질과 내구성 같은 경우는 고객들이 그다지 중요하게 생각하지 않는 요소임에도 불구하고 매우 높은 만족도를 나타내고 있다. 디자인 같은 경우는 보다 많은 투자를 통해 고객들의 만족도를 높여야 할 것이다. 즉, 통화품질이나 내구성에 투자되는 비용을 디자인에 투자한다면, 고객의 만족도는 더욱 높아져 제품의 재구매율이나 경쟁사와의 차별성을 확보하고 자사의 이미지를 제고할 수 있을 것이다.

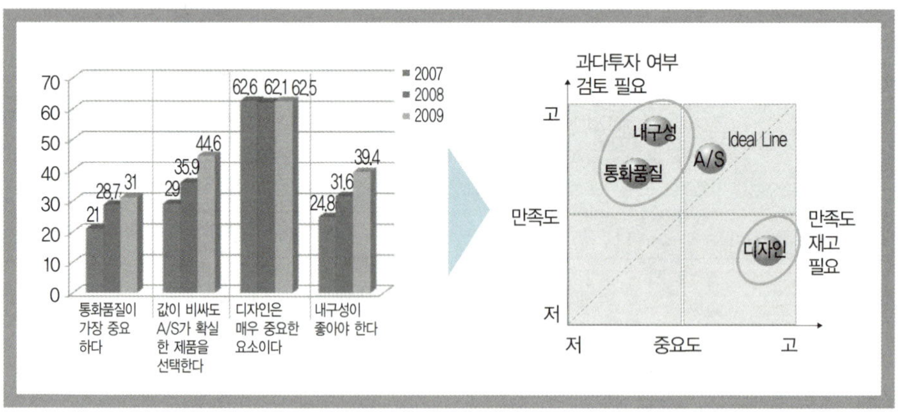

핵심용어

- **고객분석기법** : Techno Business의 제공 대상이 되는 시장 및 고객에 대한 특성을 분석하는 컴포넌트로써 고객정의 및 요구사항 도출 등의 기법으로 구성된 컴포넌트
- **시장현황분석** : 현재 성장시장은 무엇이고 성숙시장은 무엇인지 파악하여, 향후 창출될 수 있는 새로운 시장은 무엇인지 예측 및 분석하는 체계
- **잠재시장분석** : 미개척시장에서 일정기간 동안 이상적인 조건하에서 자사와 경쟁사들이 달성할 수 있는 최대 매출액을 산출하여 새로운 시장기회를 얻거나 효과적으로 자원을 배분할 수 있는 분석체계
- **시장우위분석** : 고객의 동일한 욕구를 충족시키는 제품이나 서비스를 제공하는 경쟁자와의 경쟁상황을 파악하는 분석체계
- **시장매력도분석** : 현재 시장의 산업평균수익률, 다른 산업과의 수익률차이, 성장률 등을 파악하여 시장 진입 시 충분한 매출을 거둘 수 있는지를 분석하는 체계
- **고객유형분석** : 고객의 특성에 따라 유사한 성향을 가진 고객층으로 구분하여 각 고객층에 맞는 제품 및 서비스를 제공할 수 있도록 분석하는 체계
- **고객수용주기분석** : 신제품을 고객이 수용하는 데 걸리는 시간의 순서를 다섯 개의 수용군으로 분류하여 모형화한 분석체계
- **고객라이프스타일분석** : 고객들이 그들의 시간을 소비하는 방법, 그들의 환경에서 중요하다고 생각하는 것 그리고 고객 주위의 세상과 그들 스스로 생각하는 것에 의해서 확인 · 규명되는 생활유형에 대해 분석하는 체계
- **고객사용성분석** : 고객의 나이, 성별, 환경 등을 고려한 제품의 혁신적인 디자인 개발을 통하여 제품의 기능성, 사용편의성, 안정성 및 효율/효과성을 높여 고객에게 주어지는 제품 및 서비스의 가치를 극대화시킬 수 있는 분석체계

- **고객만족도분석** : 고객이 제품 및 서비스에 대해 기대하는 것 이상을 제공하여 감동시킴으로써 고객의 재구매율을 높이고, 그 제품 및 서비스에 대한 선호도가 지속되도록 하는 것을 측정하는 분석체계
- **고객가치측정분석** : 제품을 구입하여 사용하며 얻게 되는 편익과 교환과정에서 발생하는 비용에 대해 측정하는 분석체계
- **고객요구사항분석** : 고객이 누구이며, 무엇을 원하는지, 자사에 대해서 어떤 점에 만족하고 어떤 점을 불만스럽게 여기는지 세밀히 분석하여 고객에게 기대 이상의 가치를 제공해 주는 분석체계

참고문헌

배순학 & ITR, 인스턴트 메신저의 사용성 평가 연구, 연세대학교 ITR 석사학위논문, 2008.

신현동 & ITR, 시장가치 중심의 유비쿼터스 비즈니스 모델 투자가치 평가 방법론에 관한 연구, 연세대학교 ITR 석사학위논문, 2006.

윤종일 & ITR, "모바일 서비스 고객만족도 평가체계에 관한 연구", 연세대학교 ITR 석사학위논문, 2003.

윤종일 · 서형식 · 임춘성, 모바일 서비스 고객만족도 평가체계에 관한 연구, 한국경영과학회/대한산업공학회 춘계공동학술대회, 2003.

임춘성 · 신기태 · 고동환 · 최상선 · 김태훈 · 김실호, 설계의 재사용성 증대를 위한 컴포넌트 기반의 기업정보시스템 개발 연구, 대한산업공학회 춘계 공동학술대회, 1999.

전남주 & ITR, "유비쿼터스 기술 환경의 비즈니스 모델 개발 방법론 연구", 연세대학교 ITR 석사학위논문, 2007.

황규하 & ITR, "U-City 현황 및 서비스 모델 분류체계에 관한 연구", 연세대학교 ITR 석사학위논문, 2007.

황현정 & ITR, IT 서비스 고객만족도 평가 시스템에 대한 연구, 연세대학교 ITR 석사학위논문, 2001.

Alvin J. Silk and Glen L. Urban, "Pre-Test-Market Evaluation of New Packaged Goods: A Model and Measurement Methodology", *Journal of Marketing Research*, Vol.15, No.2, pp.171~191, 1978.

Henry assail, "Consumer Behavior", *Houghtion Mifflin*, 2004.

John R. Hauser and Glen L. Urban, "Assessment of Attribute Importance and Consumer Utility Functions: Von Neumann-Morgenstern Theory Applied to Consumer Behavior", *The Journal of Consumer Research*, Vol.5, No.4, pp. 251~262, 1979.

Lee, H.J., Leem, C.S., Kim, S.G., A study of the development of usability evaluation framework, Lecture Notes in Computer Science, Volume 3983, 2006.

Leon G. Schiffman, Leslie L. Kanuk, "Consumer Behavior", 4th, Englewood Cliffs, Prentice-Hall, 1991.

Roger, Everette M., "Diffusion of Innovations", 4th edition, Free Press, 1995.

William D. Wells, Douglas J. Tigert, "Activities, Interests and Opinion", *Journal of advertising Research*, Vol.11, pp.27~35, 1971.

제 8 장

Techno Business를 위한 환경분석

제8장에서는 Techno Business를 수행하는데 영향을 미치는 환경요인들과 이를 분석하는 방법을 소개한다. 정부정책, 경제, 사회 전반의 거시환경이 Techno Business 기업에 미치는 외적인 영향을 본 장의 환경분석 절차를 통하여 도출하는 내용으로 구성하였다. 환경분석기법의 개념, 목적 및 필요성, 유형 그리고 세부기법들을 소개함으로써, 사업을 수행하는 데 고려해야 할 외부요인을 체계적으로 분석하고자 하는 기업에서 활용토록 한다.

목차

Theme 8 : Environment-환경이란?

전략경영분야에서는 기업이 경쟁우위를 지니는 전략을 수립하기 위해서 내부의 자원뿐 아니라 외부환경을 고려하여야 함을 역설한다. 그렇다면 우리 기업에 영향을 미치는 외부환경은 무엇이며, 어떻게 분석해야 하는 것일까? 본 서에서는 정책환경과 경제환경, 사회환경을 '외부환경(Environment)'의 3대 범주로 설정하였다.

정책환경부터 살펴보도록 하자. '정부'의 성향에 따라 정책 미션과 목표가 판이하게 달라지므로 정책기조와 세부 실행과제 또한 변화무쌍함을 보일 것이다. 기업에서도 이러한 점을 잘 알기 때문에 정책대응팀을 별도로 설치 · 운영하는 추세를 보이고 있다. 전략을 수립하는 과정에서도 법, 제도를 준수하고 정부가 육성하는 산업에 매진하기 위해 많은 노력을 기울인다.

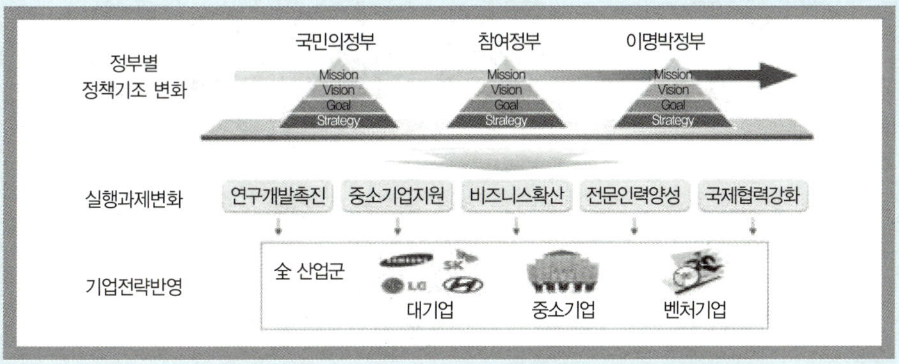

경제환경변화에 주도면밀하게 대응하는 것 또한 중요함을 알 수 있다. 하루가 다르게 상승하는 원유 및 원자재가격, 녹색성장을 도모하는 탄소배출권 등 경제환경의 변화에 따라 기업의 대응전략이 달라지는 것이 좋은 예라 할 수 있겠다.

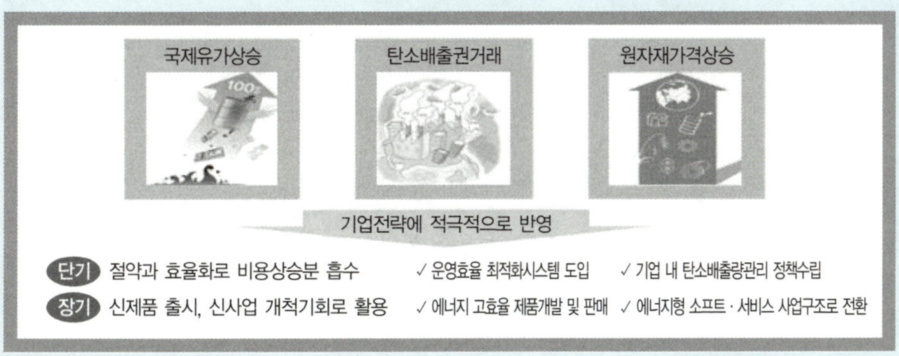

고객의 욕구는 사회트렌드의 변화를 반영한 것이다. 따라서 그 흐름을 분석하는 것은 매우 중요하다. 2000년대 후반 들어 본격화된 녹색성장 트렌드는 사회 전반에 놀라운 변화를 가져왔다. 이러한 변화를 통해 소비자들이 '친환경기업' 이 제공하는 '친환경제품 및 서비스' 에 관심을 가지게 되었고 기업은 지속가능경영, 환경경영을 실천하고 있다는 것을 널리 홍보해야 했다. 정부 또한 깨끗한 지구 속에 살 수 있는 인간의 권리를 지켜주기 위해 다양한 정책을 펼치고 있다.

예시) 녹색성장트렌드

소비트렌드 ➞ 환경친화상품
산업트렌드 ➞ 에너지, 환경산업
사회문화트렌드 ➞ 생태문화관광
경영트렌드 ➞ 환경경영, 지속가능경영
국내경제트렌드 ➞ 환경관련주 강세
글로벌트렌드 ➞ 오바마 신정부정책

기업이 변화에 능동적으로 대처하고, 높은 수익을 창출할 수 있도록 반드시 외부환경(Environment)을 고려해야 한다. 정부정책과 법 · 제도가 기업의 행보에 주는 파급력을 고민하여 적합한 해결책을 찾고, 경제지표(GDP, 환율 등)와 기타 각종 경제상황의 변동이 미치는 영향을 점검해야 한다. 또한 사회동향과 유행에 민감히 대응할 수 있도록 그 흐름을 잘 파악하고 있어야 한다.

1. 환경분석체계

환경분석의 중요성

日, 사회를 읽어 민심을 얻은 민주당 54년만에 정권교체 달성

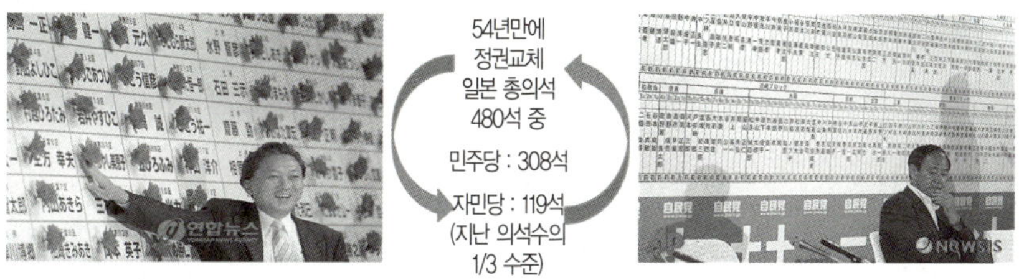

최근 들어 기업에 영향을 미치는 외부요인에 대한 분석의 중요성이 더욱 강조되고 있다. 이는 기업뿐만 아니라 정치와 사회문화에 있어서도 마찬가지이다.

2009년 8월 31일 일본 총선에서 바뀌지 않을 것만 같았던 일본의 정권교체가 일어났다. 이는 제2차 세계대전 이후 줄곧 집권당으로 독점하고 있던 자민당의 패배이기도 했지만 일본정치에 대한 국민의 새로운 바람이라고 볼 수 있다.

지난 총선 전까지 360석 이상의 총 의석을 갖고 있던 자민당이 총선 이후 1/3밖에 안 되는 의석수를 차지하는 데 그친 것은 기득권 심리에 머물러 국민의 목소리에 귀 기울이지 못한 점이 가장 크다. 자민당은 예산이 낭비되고 별 효력을 거두지 못하는 정책을 그대로 유지하여 국민의 불만을 유발하였으며, 이어지는 오랜 경제불황과 빈부격차의 심화로 자민당에 대한 일본 국민의 불만은 더욱더 커졌지만 정작 그들은 사회동향 분석에 소홀히 하여 현재의 119석이라는 참패를 맛보게 되었다.

민주당의 이번 대승은, 자민당에 대한 불만 표출로 인한 것도 원인이 될 수 있지만, 더 큰 이유는 민주당이 내세웠던 국민을 위한 정책공약이 성공을 거뒀기 때문이다.

민주당은 "출생에서 중학교 졸업까지 자녀 양육비를 35만 원씩 매월 지원하겠다"고 선거공약을 내세웠다. 국민의 정서와 사회환경을 분석하여 실제 국민이 원하는 것을 정확히 집어 국민공감과 정권 교체를 이룩한 결과이다. 인구는 해마다 감소하고 있으며, 일본의 30~34세 남녀 중 1/3이 미혼으로 나타나는 등 인구저하 문제가 지속적으로 사회적 이슈였다. 경제적 이유로 결혼과 출산을 미루고 있다는 지배적 여론에 대응하고자 내세운 이번 공약은 민주당의 대승에 초석이 되었다.

기업 또한 정치 · 경제 · 문화적 요인들의 영향을 철저히 분석하고, 대응방안 및 전략을 수립함으로써 실효성 있는 Techno Business를 이끌어내야 한다.

1.1 환경분석체계 개요

일반적으로 '환경'은 우리 주변의 다양한 객체와 그들 간의 관계의 총집합을 의미한다. 흔히 '경제환경', '정치환경'이란 표현에서도 알 수 있듯, 환경은 주변의 다양한 변화와 영향을 의미한다.

Techno Business 통합분석모델(TISSUE모델)의 환경(Environment) 컴포넌트는 비즈니스 수행 시 고려하여야 하는 외부변화와 그들의 영향력을 분석토록 한다. '내부환경'은 기업의 조직에서 창출되는 가치사슬과 핵심역량을 의미하는 반면, '외부환경'은 정치, 경제, 사회 등의 변화를 의미한다. 따라서 환경분석체계는 내부환경과 외부환경을 종합적으로 고려하고 연구하는 한편, 비즈니스 전략에 미치는 영향을 도출하기 위한 방법이다. [그림 8-1]은 각 컴포넌트별 '환경'에 대한 투입요소와 각각의 산출요소를 나타내고 있다.

그림 8-1 TISSUE Model Correlation Framework

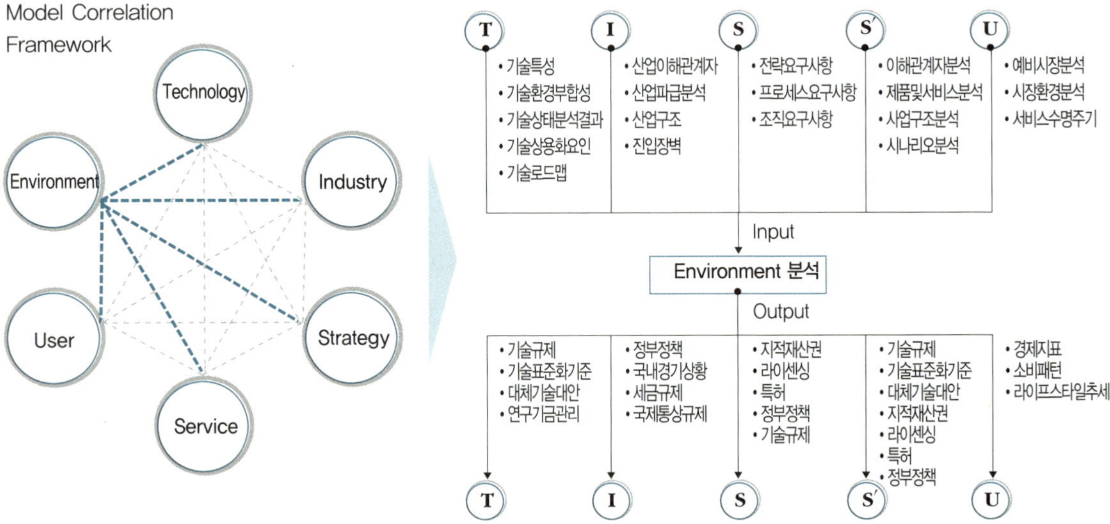

1.2 환경분류체계

환경분류체계는 기업이 처한 상황과 조건에 맞게 구체화되어야 한다. 기업의 전략수립, 비즈니스 수행에 긍정적으로 작용하는 요인과 부정적인 요인을 고려하여 향후 대응방안을 수립하기 위한 기반자료로 활용한다.

환경분류체계 개념

Techno Business의 환경분류체계는 기업의 기술기반 비즈니스 활동에 영향을 미치는 기업 내 · 외부의 모든 요인을 구조화하여 분류하는 것을 의미한다. 이를 통해 기업이 직면한 환경이 비즈니스에 미치는 영향을 유형화하여 이해하고, 환경변화에 대한 효과적인 대체가 가능하다.

◈ **ITR Definition**

> **환경분류체계**
> **효과적인 경영 전략을 수립하기 위해 기업의 다양한 외부영향 요인들을 분류한 개념적 체계**

Techno Business Design과 넓은 의미의 '환경'

분석의 대상이 기업 '내부환경' 인가 아니면 '외부환경' 인가에 따라 환경에 대한 정의가 달라질 수 있다. [그림 8-2]에서와 같이 핵심역량(Core Competency)이나 가치사슬(Value Chain)과 같은 개별기업의 특징은 내부 환경으로 정의될 수 있다. 반면, 거시경제환경, 기술변화, 경쟁자의 움직임 등은 기업 외부의 환

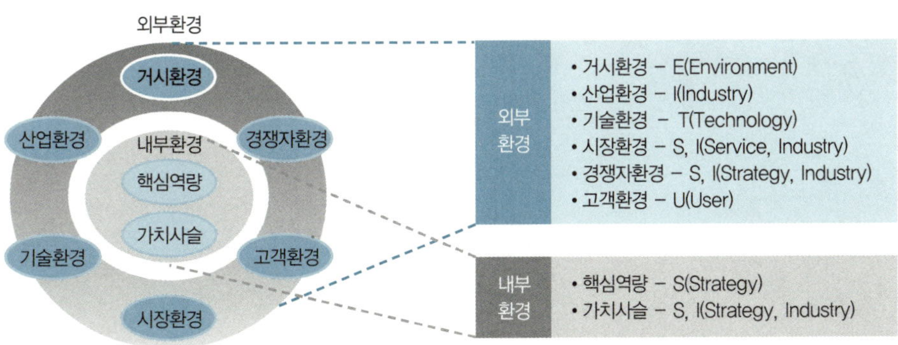

그림 8-2 Techno Business Design에서의 환경영역

경으로 구분할 수 있다. 특히 이러한 거시환경은 앞서 설명한 TISSUE 모델의 분석영역을 포함한다.

거시환경분류체계 유형

거시환경은 고객, 경쟁자, 산업구조에 영향을 미치는 가장 근원적인 흐름으로 사회문화, 인구통계, 정치, 경제, 법 · 제도적 환경의 추세와 변화를 말한다. 거시환경은 특정 기업이나 경영자의 역량으로만 극복해나가기 힘든 다양한 상황과 조건을 포괄하고 있다. 따라서 거시환경에 영향을 주는 요인들을 선별하고 분석하여 중 · 장기적인 파급효과 및 영향도를 도출할 수 있다. 또한 그 영향요인들이 어떻게 기업의 현재와 미래에 기회와 위협으로 작용하는가를 분석할 수 있다. 아래 [표 8-1]은 거시환경분류에 대한 6가지 유형 및 그 예시를 나타내고 있다.

표 8-1 거시환경분류체계 유형 및 예시

분류유형 및 기준		분류체계 예시
1	인구통계학적 환경	인구의 노령화, 인종 구성도, 베이비 붐 세대의 성숙, 특정 지역 내 인구성장률 변화
2	사회문화적 환경	노동여성, 건강에 대한 관심, 교육변화, 전통문화, 민족성
3	정치적 환경	정부정책, 정책변화, 자본제한, 독과점규제에 대한 완화
4	거시경제 환경	이자율, 환율, 인플레이션율, 저축률, 무역적자/흑자
5	글로벌 환경	경제공동체, Eastern-bloc국가들, 제3세계 부채문제
6	법 · 제도적 환경	특허법률, 표준화, 라이센스, 고용안정법

1.3 환경분석영역

일반적으로 환경분석이란 전략을 수립하기 위해 기업의 거시적인 현황 및 시장환경에 대한 정보를 수집하고 이들이 기업의 비즈니스에 미칠 수 있는 영향을 다각적으로 분석하는 것을 말한다. 환경분석의 분석 대상 및 내용은 비즈니스 수행목적에 따라 달라질 수 있으며, 그 영향과 파급효과도 달라질 수 있다. 분석결과는 전략수립 및 환경변화에 따른 대응전략을 구상하는 데 있어 유용한 정보로 활용된다.

환경분석개념 및 분석영역

Techno Business의 환경분석을 수행하기 위해서는 목적에 따라 환경분석의 대상을 세부적으로 나눌 필요가 있다. 각각의 환경영역은 구체적인 범위나 분야에 따라 다르게 나타날 수 있다. 또한 다양한 환경요인의 효과를 파악하기 위해서는 각 요인의 변화에 대한 모니터링이 지속적으로 이루어져야 한다.

◈ **ITR Definition**

Techno Business 환경분석
기술기반 비즈니스에 대한 외부환경의 영향을 파악하기 위해 법, 경제, 사회 등 다양한 환경요인을 분석하는 방법

문헌조사와 연구분석 리포트, 사례조사 등을 통해 환경분석의 분석영역을 도출하였다. 각 영역은 [표 8-2]와 같이 분야에 따라 정치, 경제, 사회, 문화, 환경보호 및 법 · 제도로 구분된다. 이러한 분석영역들은 해당 조직이 환경을 어떻게 인식하고 있느냐에 따라 달라질 수 있다. 또한 조직 내에서 교환되는 자원의 가치와 활용방안을 도출하는 데 도움이 된다.

표 8-2 환경분석영역 Pool

환경분석기법 도출 접근법

- 문헌조사
- 연구분석리포트
- 사례조사

기존연구 분석영역	세부분석기법
정치적 요인	정부정책, 법률제정, 정책변화, 자본제한
경제적 요인	국제환율, 국내경기상황, 경제블럭, 노동임금 등
사회적 요인	사회변화추이, 라이프스타일 추세, 사회이슈
문화적 요인	고유정서, 민족성, 이데올로기
환경보호적 요인	국제온난화, 이상기후, 자원고갈
법 · 제도적 요인	고용안전법, 라이센스, 특허법률, 표준화

Techno Business 환경분석목적

Techno Business에서 환경분석을 수행해야 하는 이유는 기술기반비즈니스 특유의 환경적 요인을 반영하기 위함이다. 기술집약적 성격을 갖고 있는 Techno Business는 고객, 공급자, 규제당국 등 외부 변화에 민감할 수밖에 없다. 따라서 다양한 외부환경을 세분화하여 구체적인 변화와 영향을 검토하는 것이 중요하다. 본절에서는 비즈니스 내 · 외부환경을 토대로 Techno Business 환경분석 Key Questions을 도출하였다. 그리고, [표 8-3]과 같이 Key Questions의 해당 범주를 앞서 정의한 정책환경, 경제환경, 사회환경 등 세 가지 영역으로 구분하였다.

표 8-3 Techno Business 환경분석 Key Questions

	Key Questions	분석영역
1	정부의 정책발표에 따라 테크노 비즈니스에 미치는 파급효과는?	정책환경
2	비즈니스를 수행함에 있어 법률, 표준화, 환경규제에 접촉되는 사항이 없는가?	정책환경
3	테크노 비즈니스의 사업화에 따른 경제적인 파급효과는?	경제환경
4	환율변동 등 경제지표가 테크노 비즈니스에 미치는 영향은 어떠한가?	경제환경
5	문화적 이슈와 트렌드가 테크노 비즈니스에 미치는 영향은 어떠한가?	사회환경
6	테크노 비즈니스를 받아들이고 이를 활용할 유저들의 수용도는 어느 정도인가?	사회환경

Techno Business 환경분석영역

환경분석의 영역은 크게 정책, 경제, 사회 영역으로 구분지을 수 있다. 기업이 자원을 활용하고 분배하는 데 직접적인 영향을 주는 경제환경뿐만 아니라 규제를 조성하고 산업의 방향을 결정하는 정책의 영향, 그리고 사회의 이슈나 변화를 반영하는 사회적 영향 등을 고려할 수 있다. 본 장에서는 [표 8-4]와 같이 분석영역을 구체화하여 세부분석기법들을 정의하였다. 다음 절에서는 Techno Business 관점에서 환경을 분석하기 위해 필요한 기법들을 구체적인 설명과 예시를 통해 설명하고자 한다.

표 8-4 Techno Business 환경분석 영역 도출절차

분석영역의 구체화

- **정책**: 비즈니스 환경분석에 있어 신기술이 기존의 법과 규정 등의 준수 여부 및 표준화 제정 및 제도화가능 여부, 환경이슈 및 환경 규제의 영향을 분석해야 함
- **경제**: 비즈니스 사업화에 따른 경제지표의 변화와 경제적인 파급효과에 따른 영향 등을 분석해야 함
- **사회**: 사회문화적 트렌드와 이슈를 분석하여 새로운 기술 및 비즈니스 모델을 개발하고 문화수용요인을 분석하여 중장기적인 기업의 전략을 도출해야 함

분석기법 정의

기존분석영역	도출된 분석영역		세부분석기법
정치적 요인	1	정책 환경	정부정책 영향분석
법 · 제도적 요인			법 · 제도 영향분석
환경보호적 요인	2	경제 환경	경제지표 영향분석
경제적 요인			경제적 파급효과분석
사회적 요인	3	사회 환경	사회트렌드분석
문화적 요인			문화수용분석

2. 정책환경분석

정책환경분석의 중요성

높아지는 EU 환경장벽, 수출전선 비상등

■ 국제환경규제

	규제내용	규제 주체 및 시행일
RoHS	전기 · 전자제품에 납, 카드뮴 6가크롬 사용금지	EU 2006년 7월
China RoHS	RoHS와 통일	중국 2007년 3월
WEEE	폐전기 · 전자제품 75% 이상 제조 · 수입사가 의무 회수	EU 2007년 1월
EuP	에너지사용제품은 라이프사이클을 고려한 친환경설계	EU 2008년 8월
REACH	화학물질 등록, 평가, 승인	EU 2007년 6월

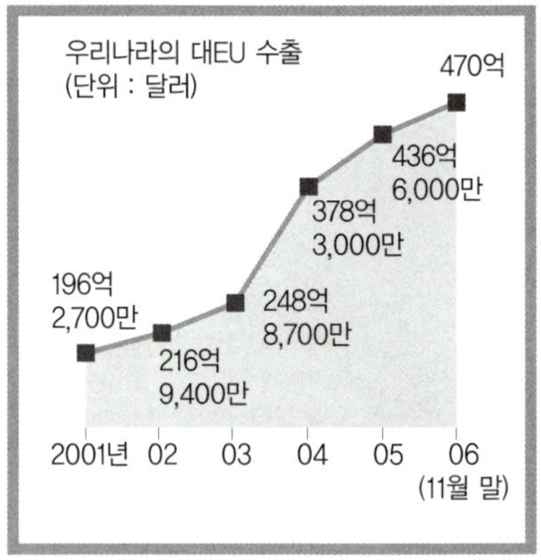

환경보호에 관한 국제적인 관심과 규정들이 수출입에 장벽이 되고 있으며 최근 EU에서 규제하고 있는 환경기준은 다른 국가에게 큰 부담이 되고 있다.

EU의 RoHS 규제로 인해 일본 경제와 기술의 상징인 SONY의 자존심이 무너졌다. 2001년 네덜란드 정부는 일본 SONY의 플레이스테이션 게임기 수입을 금지하였는데 이유로는 본체에서 기준 이상의 카드뮴이 검출되었기 때문이었다. 또한 PC제조업체 COMPAQ은 1999년 PC에서 난연재가 검출되어 스웨덴 조달청과 계약이 파기된 바 있다. 영국 DYSON회사의 청소기는 카드뮴 검출로 독일과 스위스로부터 수입금지조치를 당했다.

2007년부터 적용 중인 EU의 REACH규제는 또 하나의 환경장벽이 되고 있는데, 이는 유럽과 중국 등에 수출량이 많은 국내 화학사용 제품에 큰 타격을 주고 있다. 수출품 선적 이후 환경유해가능성을 이유로 통관을 거부하는 사건이 빈번히 발생되어 국내 대기업 및 중소기업의 피해가 심각하다.

이렇게 환경문제에 대한 규제가 강화되고 무역장벽으로 작용하고 있는 지금 국내의 KCC는 환경규제 강화정책을 예상하고 규제기준에 맞춰 독자적인 기술개발에 성공하여 이전보다 더 큰 호황을 누리고 있다.

KCC는 신속한 RoHS(중금속규제) 대응개발로 자동차용 전착도료 및 선박도료를 개발함으로써 조선 선진국인 유럽으로부터 호평을 받고 있다. 또한, REACH 환경기준을 뛰어넘는 독자기술 개발로 '바이오 솔루블 세라믹 화이버', '천연페인트-푸르미' 등과 같은 신제품이 독일 ITEM 호흡기 독성시험을 통과하였으며 최상의 안전성을 획득하였다.

정책의 흐름을 분석하여 예측하고 이에 대한 대응방안을 수립하는 정책환경분석이 더욱 중요해 지고 있음을 알 수 있다.

2.1 정책환경 개요

정책은 크게 규제와 장려로 나누어진다. 특정 사업진출, 특허관리, 기술개발 프로세스 등과 밀접하게 관련된 정부의 규정 내지는 법률, 국제적인 협약 등이 관련이 있다. 정부의 규제는 비즈니스 수행 시 심각한 제약요인이 될 수 있다. 그러나 시장주도와 개방형 혁신을 중시하는 최근에는 '규제' 로서의 정책보다는 '장려' 와 '조절기제' 입장에서 정책 역할이 더욱 부각되고 있다.

정책환경분석의 개념

정책환경분석이란 비즈니스 수행 시 정부, 단체 및 기관 등이 발표하는 정책들의 영향을 분석하고 이에 대한 대응방안을 수립하기 위한 방법이다. 정부에서 발표하는 정부정책 및 각 기관에서 발표하는 표준화, 그리고 국제적인 규제와 환경관련 이슈들을 통해 수립되는 정책들에 대한 지속적인 관심이 필요하다.

◈ **ITR Definition**

정책환경분석
정책이 비즈니스에 미치는 영향들을 파악하고 대응 방안을 수립하기 위해 정책의 유형을 구분하고 분석하는 방법

정책환경분석의 필요성

정책분석은 사회 분위기와 경제환경을 포괄할 수 있는 정부의 정책에 능동적으로 대응함으로써 문제요인과 기회요인을 탐색하는 데 목적이 있다. 정책환경분석은 산업의 규제나 진흥뿐만 아니라 다양한 국가적 이슈를 반영하는 내용으로 구성될 수 있다. 예를 들면 종종 제기되는 WTO나 FTA와 관련된 무역이슈나 FDI와 같은 해외직접투자 장려책 등이 대표적인 정책분석의 소재이다. [그림 8-3]은 정책환경분석의 필요성을 나타내고 있다.

그림 8-3 정책환경분석의 필요성

정책환경분석 On Hand

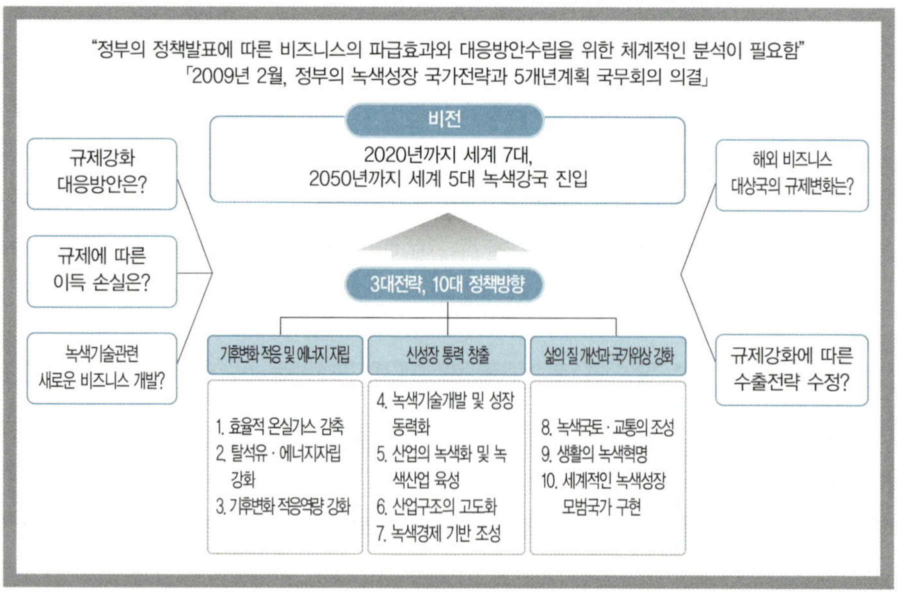

정부의 녹색성장 전략 발표는 산업 및 기업 또한 개인에게 있어 다양한 영향을 미칠 수 있다. 기업에서는 정부의 정책이 가져오는 파급효과를 다각적으로 분석하고 이에 대

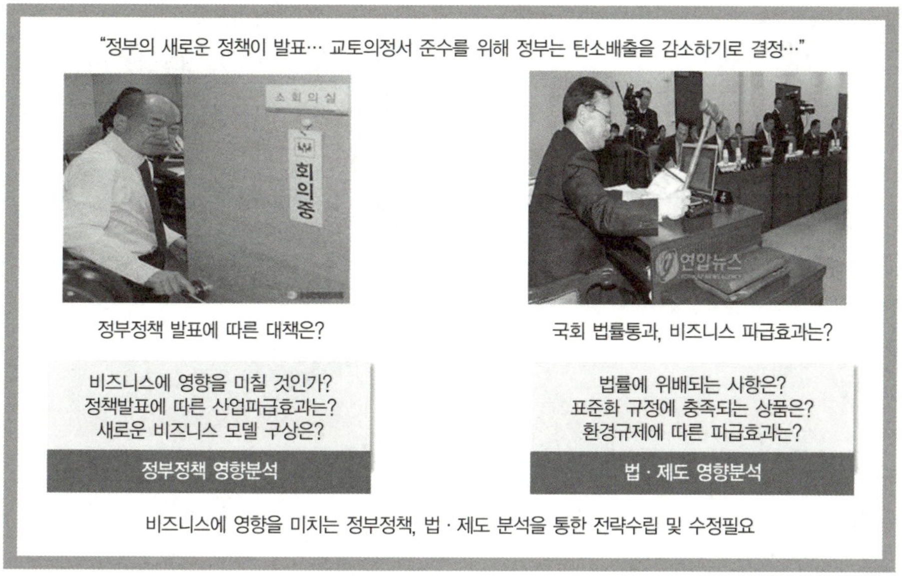

한 대응방안을 검토하게 되며 이런 과정에서 기업의 자원 및 전략 수립에 대한 조정이 이루어진다.

정책환경은 정부의 정책이 기업에 미치는 파급효과를 분석하는 정부정책 영향분석과 정부 및 각 기관에서 수립하는 진흥법률, 제한법률, 표준화법률 등이 기업에 미치는 파급효과를 분석하는 법 · 제도 영향분석으로 구분된다. 분석결과를 통해 기업은 전략을 수립하거나 수정하는 등 영향요인들을 반영하게 된다.

정책환경분석영역

Techno Business 정책환경분석은 크게 정부정책에 의한 영향과 법 · 제도에 의한 영향으로 나뉜다. 무엇보다 분석과정에서 염두에 두어야 할 것은 외부의 영향이 기업의 고유 역량에 미치는 변화를 구체적으로 살펴보아야 한다는 점이다. 정부정책을 통해서는 특정 산업정책이나 국가전략이 시장 및 비즈니스에 어떻게 적용되는지 살펴본다. 한편 법 · 제도 영향분석을 통해서 특정 기관의 방침, 가이드라인, 조례와 같은 것들을 통해 미시적 단계의 규제가 미치는 영향을 살펴보게 될 것이다. [표 8-5]는 정책환경분석 영역을 구분하여 이를 설명하고 있다.

표 8-5 정책환경분석 영역

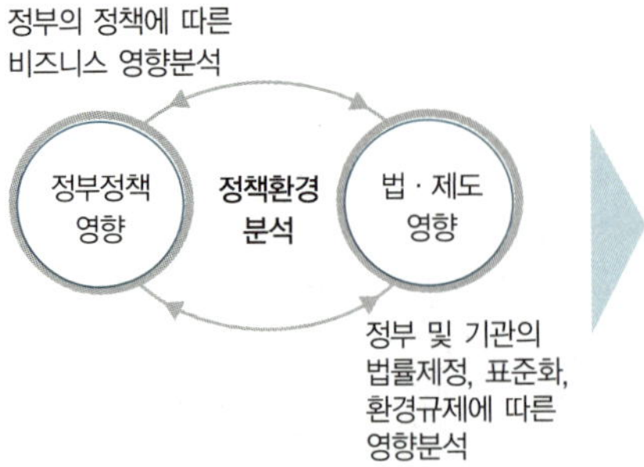

정책환경분석

구분	설명
정부정책 영향분석	정부의 산업 및 관련 업무에 대한 정책이 비즈니스에 미치는 영향분석
법 · 제도 영향분석	정부 법률제정 및 기관의 표준화, 환경규제에 따른 비즈니스 영향에 대해 분석

2.2 정부정책 영향분석

정부정책 영향분석 개념

정부는 산업 전반에 걸쳐 있는 여러 문제점을 인지하고 각 분야의 전문가와 실무자들을 통해 다각적인 분석을 수행 후 정책을 수립하게 된다. 정책분석은 문제를 해결하기 위한 결정과정에 필요한 지식과 정보를 창출하고 정책결정자가 즉시 이용할 수 있는 형태로 제공하는 것을 말한다. Techno Business에 있어 정부정책 영향분석은 도출된 정책이 각 산업 및 기업 등에 미치는 파급효과를 분석하여 대응방안을 도출하는 것을 말한다.

◈ ITR Definition

> **정부정책영향분석**
> **정부 정책이 비즈니스에 미치는 영향을 파악하기 위해 규제, 표준화 정책 등의 파급효과를 분석하는 방법**

정부정책 영향분석의 범위

정부정책분석은 협의와 광의의 개념으로 구분할 수 있다. 협의의 정책분석은 정책관련 지식과 정보를 과학적이고 체계적으로 수립하여 정책을 수립하는 데 도움을 주기 위하여 실시하며, 광의의 정책분석은 정책결정이 이루어지기 이전에 필요한 정보를 창출하는 활동과 함께 정책결정이 이루어진 이후의 집행모니터링, 정책평가 등을 수행하는 것을 말한다. 이런 정책분석의 결과가 기업 및 산업에 미치는 영향을 분석하고 대응방안을 수립하는 것이 정부정책 영향분석의 범위라고 할 수 있다.

구체적으로 정부정책에 따라 기업이 대응할 수 있는지를 파악하기 위해 기업 내부의 자원을 조사하고, 이런 정책이 산업에 미칠 수 있는 영향에 대해 예측해보며, 마지막으로 정책에 따른 기업의 수출, 무역대상국과의 영향에 대해 분석을 수행한다. 이를 통해 기업은 기업의 자원을 조정하며 전략을 새롭게 수립하거나 수정 보완하게 된다. 또한 정부의 정책은 기업에 있어 새로운 비즈니스 기회가 되기도 한다. [그림 8-4]는 정부정책 및 영향분석에 대해 설명하고 있다.

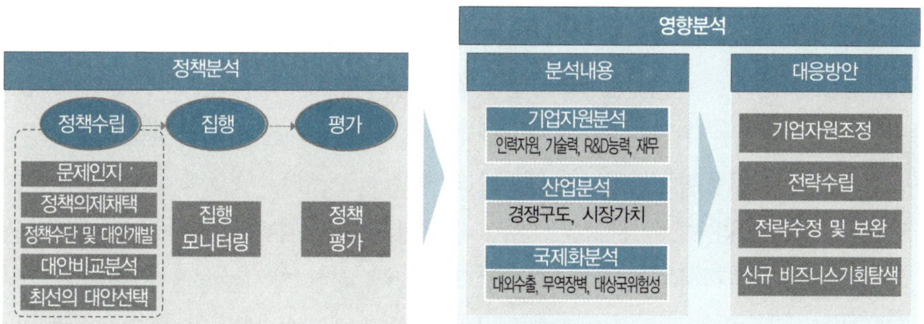

그림 8-4 정부정책 영향분석의 범위

정부정책의 유형

정부정책은 Lowi의 공공분류에 따라 분배정책, 규제정책, 재분배정책, 구성정책으로 구분될 수 있으며 Ripley & Franklin의 규제정책 분류에 따라 분배정책, 경쟁적 규제정책, 보호적 규제정책, 재분배정책으로 구분될 수 있다. 또한 Wilson에 따르면 정부정책은 정책비용과 정책이익이 전체국민으로 분산되는지 아니면 특정 집단에 집중되는지에 따라 공공정책을 네 가지 유형으로 구분할 수 있다고 보았다. [표 8-6]은 Wilson의 네 가지 정부정책 유형과 그 내용을 설명하고 있다. 여기서, 정책비용이란 정책채택으로 인해 특정 사람이나 집단이 감당해야 하는 금전적 · 비금전적인 부담을 말하며 정책이익이란 정책채택으로 인해 사람들이 향유하는 금전적 · 비금전적 만족을 말한다.

이와 같이 정부정책은 기업에게 직접적인 비용부담과 이익을 가져다 주기도 하지만 간접적으로 미칠 수 있는 다각적인 영향을 더욱 구체적으로 분석함으로써 기업의 새로운 비즈니스 기회를 창출하고 대응방안을 수립할 수 있다.

표 8-6 Wilson의 정부정책 유형구분

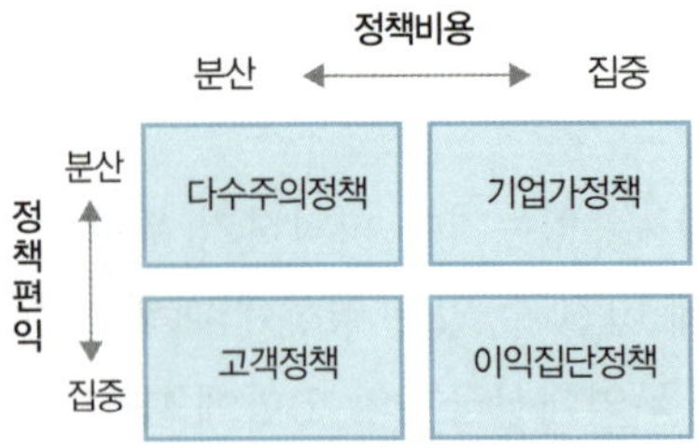

구분		설명	
1	다수주의 정책	정책비용과 정책이익이 전체 국민에게 분산	의료보험, 거시경제정책 등
2	기업가 정책	특정 사회집단에 정책비용을 부과한 정책을 통해 사회전체가 정책이익 누림	반공해법, 안전장치의무화 등
3	이익집단 정책	정책비용과 정책이익이 특정 집단에게 집중	노사관계법 등
4	고객 정책	정책이익은 특정 집단 집중, 정책비용은 일반 국민에 분산	정부보조금, 재향군인회지원, 농촌보조금정책 등

정부정책의 분석내용

정부정책은 [표 8-7]과 같이 기업자원 및 산업 그리고 국제화 측면으로 그 영향 범주를 분류할 수 있다. 또한 정부정책 발표에 따라 기업이 대응할 수 있는 능력을 보유하였는지를 분석할 수 있다. 이를 위해 기업은 기업자원분석을 통해 새로운 정책에 대응할 수 있는 인력자원과 보유하고 있는 기술력, R&D능력, 재무상태를 파악한다. 또한 산업분석은 정부정책 발표에 따라 관련산업 및 경쟁 기업들의 동향을 분석하는 경쟁구도 분석과 시장에 대한 가치분석을 수행한다. 국제화 분석을 통해서는 수출정책뿐만 아니라 각국의 무역정책 및 수출입 제한요인을 파악할 수 있으며, 대상국의 위험성을 파악하고 구체적인 대응방안 및 전략을 수립할 수 있다.

표 8-7 정부정책 분석내용

분석내용		설명
기업자원 분석	인력자원	정책에 대응한 조치 및 전략수립에 필요한 인력현황분석
	기술력	기업이 보유하고 있는 기술력 및 경험
	R&D능력	새로운 정책에 따른 기업이 보유한 연구개발능력 및 인프라에 대한 분석
	재무	정책에 따른 기업전략 수정 및 새로운 비즈니스 모델개발에 따른 기업보유 자산분석
산업분석	경쟁구도	정책 발표에 따른 관련산업의 경쟁기업들의 동향 분석
	시장가치	정책에 따른 시장의 성장가치 및 파급의 금전적 가치분석
국제화 분석	대외수출	정책에 따른 제한요인 및 규제 등이 수출에 미치는 영향분석
	무역장벽	각국의 무역정책에 따른 수출입의 제한요인분석
	대상국위험성	기업의 글로벌화에 따른 해외 인프라 구축 및 판매시장 개척에 있어 해당국의 안정성

Deliverables

정부의 모바일 육성정책 발표에 따른 정부정책 영향분석

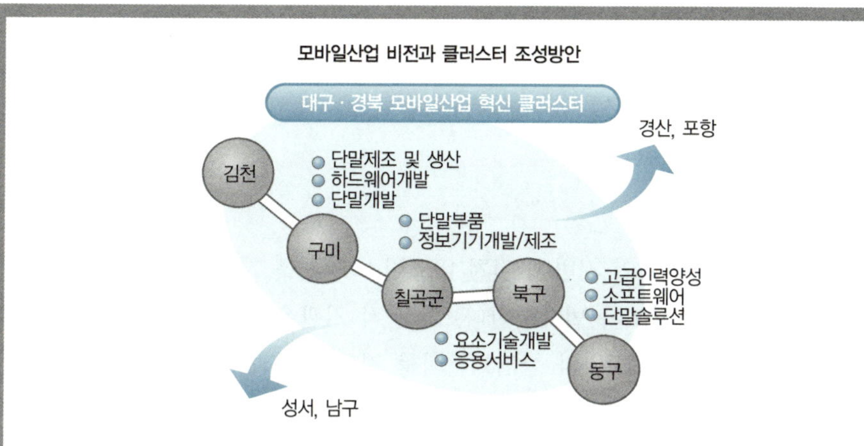

VE전자는 최근 정부가 '세계 1위의 모바일 강국 수립' 이라는 정부정책 발표에 따른 사업 기회를 도출하기 위해 정부의 정책을 검토하고 파급효과를 분석하였다.

대구 · 경북을 중심으로 한 혁신 클러스터 조성 정책에 대해 구미시는 단말제조 및 생산단지 조성, 대구시는 소프트웨어 및 인력양성을 위한 지원을 하겠다고 발표하였다. 이에 따라 VE전자는 이들의 파급효과를 기업자원, 산업, 국제화측면에서 분석하고 관련 사항을 정리하여 영향을 도출하였다.

영향분석

분석내용		해당 여부	VE전자 관련사항분석
기업자원 분석	인력자원	○	관련연구소 및 대학인력 수급
	기술력	–	–
	R&D능력	○	정부, 산 · 학 · 연, R&D센터 설립
	재무	○	정부의 장비지원 및 감세혜택
산업분석	경쟁구도	○	관련기업의 시너지효과
	시장가치	○	대구경북지역 경제성장
국제화 분석	대외수출	○	대외무역 물류비용 절감
	무역장벽	○	수출입제한요인 대안연구
	대상국위험성	–	–

VE전자 대응전략수립

- 단말기 생산공장 김천산업단지 이전
- 물류공장 구미설립
- 연구센터 대구설립

VE전자는 정책의 파급효과가 인력양성 및 대외무역을 위한 물류에 영향을 줄 수 있다고 분석하여 단말기공장을 김천산업단지로 이전하고 물류공장을 구미에 설립하며 연구센터를 대구에 설립하기로 결정하였다.

2.3 법제도 영향분석

법제도 영향분석 개념

정부는 산업 및 기업 전반에 걸친 비즈니스 환경을 지원하고 보다 효율적인 경영활동을 할 수 있도록 법제화한다. 또한 각 기관은 통제기준에 부합하는 표준제정을 통해 기술고도화와 산업효율화를 지향한다. 법제도 영향분석은 정부의 진흥과 규제관련 법률, 제도와 표준화 등이 산업 및 비즈니스에 미치는 영향을 분석하고 이에 따른 비즈니스 전략 및 대안을 도출하는 것을 말한다.

◈ ITR Definition

법제도 영향분석
정부 및 관련 기관의 법제도가 비즈니스에 미치는 영향을 파악하기 위해 산업의 표준 및 인프라 조성에 관련된 조항들을 분석하는 방법

법제도 영향분석의 필요성

정부의 법률제정 및 기관의 표준화는 산업환경에 큰 변화를 가져온다. [그림 8-5]와 같이 새로운 법제도 및 표준화에 따라 기업은 기준에 맞는 제품을 생산하기 위해 기업의 자원을 조정하고 기존 비즈니스를 개선하며 새로운 기업전략을 구상해야 한다. 새로운 법률제정 및 표준화는 기업에 있어 제한사항이 될 수 있지만 이를 적극적으로 활용하고 대응한다면 다른 기업보다 시장을 선점하거나 자사의 기술력을 보호할 수 있다. 따라서 구체적이고 적극적인 영향분석이 필요하다.

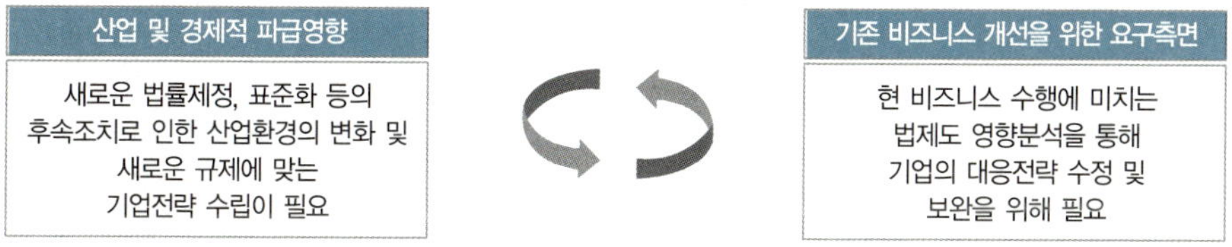

그림 8-5 법제도 영향분석의 필요성

법제도의 유형

일반적으로 법제도는 [표 8-8]과 같이 진흥, 규제, 표준화관련 제도로 유형을 구분할 수 있다. 진흥관련 법률은 각 분야의 산업을 활성화시키기 위해서 제정되며 산업의 기반을 조성하고 기업을 지원하는 조항으로 구성된다. 규제관련 법률은 비즈니스 수행에 관련된 산업, 기업 등에 관한 제한사항을 규정하여 비즈니스 환경의 투명성을 확보하고 경제발전에 기여하는 데 목적이 있다. 표준화관련 법률은 합리적인 표준을 제정 및 보급하여 산업의 품질 고도화 및 생산효율의 향상, 생산기술의 혁신 등을 추구하기 위함이다. 이를 통해 시장경쟁조성 및 파급효과조성이 가능하다.

표 8-8 법제도의 유형

구분		설명	대표적 법제도
1	진흥관련	진흥관련 법률은 각 분야의 산업의 개발, 이용을 촉진하기 위해서 제정한 법률로 산업진흥에 필요한 사항을 정하여 산업발전의 기반을 조성하고 경쟁력을 강화함으로써 국민생활의 향상과 경제발전에 이바지함	• 소프트웨어산업진흥법률 • 출판문화산업진흥법 • 발명진흥법 등
2	규제관련	비즈니스 수행에 관련된 산업, 기업 등에 관한 기본적인 사항을 규정함으로써 비즈니스 환경의 투명성을 확보하여 국민의 이용상의 불편을 줄이고 국민경제의 발전에 이바지함을 목적으로 함	• 독점규제 및 공정거래에 관한 법률 • 외국인투자규제법률 • 조세감면규제법률 등
3	표준화관련	적정하고 합리적인 표준을 제정, 보급함으로써 광공업의 품질고도화 및 동 제품 관련 서비스의 향상, 생산효율의 향상 생산기술혁신을 기하며 거래의 단순, 공정화 및 소비의 합리화를 통하여 경쟁력을 향상시키고 국민경제발전에 이바지함을 목적으로 함	• 산업표준화법 • 산업표준화법 시행령 등

Deliverables

스마트폰 사업화에 따른 법제도 영향분석

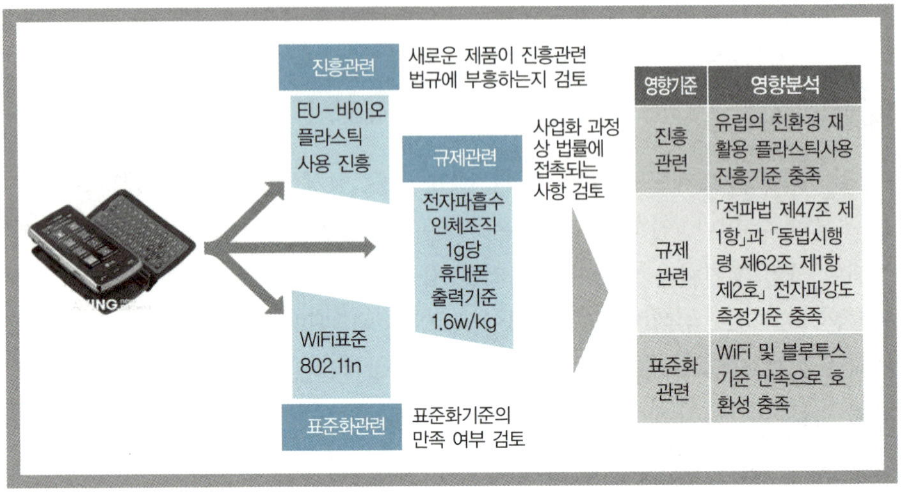

VE전자는 세계 핸드폰시장에서 지속적으로 점유율을 높여 왔다. 획기적인 제품개발 없이는 지속적인 성장이 불가능하다고 판단하였다. 따라서 소비자의 다양한 욕구를 반영한 스마트폰을 개발하기로 결정하였다. 제품개발을 위해서는 소비자의 욕구 뿐만 아니라 제품에 대한 각종 규제들의 검토가 필요하다.

개발전략을 수립하기 전에 스마트폰에 적용되고 있는 각종 규제는 어떤 것이 있는지 분석하고 이를 충족하는 제품을 생산해야 한다. 진흥관련법규와 규제관련법규, 표준화 관련 사항들이 주된 요인이 된다.

진흥관련 법제도는 새로운 제품이 진흥관련 법규에 부응하는지 검토하는 것을 말하며, 규제관련 법제도는 사업화 과정상에 법률에 접촉되는 사항을 검토한다. 또한 표준화 관련 법제도는 표준화기준의 만족 여부를 검토하는 것이다.

이에 따라 VE전자는 친환경 재활용 플라스틱 사용 제품의 경우 관세를 절감해주는 유럽의 정책을 파악한 후 바이오 플라스틱으로 제품을 만들어 유럽 수출에 보다 유리하도록 하였다. 또한, 전자파의 인체피해에 대한 관심과 규제가 높아지고 있어 이에 대한 규제를 충족하도록 기술을 개발하였다. 또한 국제적으로 Wi-Fi 및 블루투스 기준을 만족하여 국내뿐 아니라 수출에 있어서 호환성을 높였다.

3. 경제환경분석

경제환경분석의 중요성

'뚱뚱한 도요타', 300만대 과잉생산에 '휘청'

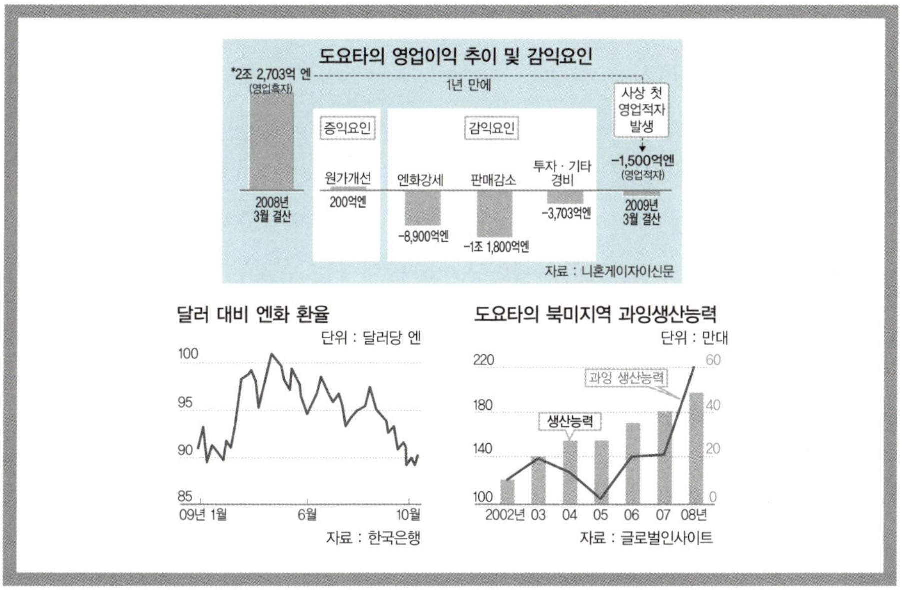

도요타가 창사 이래 70년 만에 첫 적자를 기록했다. 와타나베 가츠아키 도요타 사장은 "글로벌 경기침체의 속도와 깊이, 범위가 상상했던 것 이상이다. 불행히도 나는 지금 바닥이 어딘지 볼 수 없다"고 말하면서 도요타가 처해 있는 위기에 대해 설명하였다.

도요타의 고전 이유는 첫째, 경제파급효과분석에 실패하였기 때문이다. 2008년 도요타의 판매전망은 2007년(890만 대) 대비 15% 감축된 754만 대로 예상되었으나 경기는 더욱 침체되어 이보다 못한 실적을 기록하였다. 둘째, 경제지표분석에 실패하였기 때문이다. 2008년 초 달러당 100엔대 예상이 무너져 90엔 대를 기록하고 있어 추가적인 손실이 예상되며 엔高 현상으로 가격경쟁력은 더욱 떨어졌다. 셋째, 경기불황에도 불구하고 지속적인 생산라인 투자로 생산능력을 1,000만 대까지 확장하여 초과생산능력이 300만 대 이상이 되었던 것이 최대 주범이라고 할 수 있다.

도요타의 예를 통해 알 수 있듯이 정확한 경제분석 및 신중한 투자는 더욱 복잡하고 치열해지는 현재의 경제환경에서 더욱 중요해지고 있다.

3.1 경제환경 개요

경제환경은 기업의 전략에 직접적으로 영향을 미치는 거시경제 및 미시적 차원의 기업 간 거래 양상이나 특정 원자재의 가격동향, 국제 금융 업계의 이슈 등이 주된 분석사항이다. 따라서 전략 수립 관계자는 수많은 경제지표와 시장정보를 종합적으로 이해하여 경제환경분석을 수행해야 한다.

◈ **ITR Definition**

경제환경분석
기업 전략에 영향을 미치는 거시경제 및 미시경제의 동향을 파악하기 위해 금융, 수출입 등의 요인을 구체적으로 분석하는 방법

경제환경분석의 개념

다양한 경제연구소나 싱크탱크에서 발간되는 '경제환경분석' 내지는 '경제동향보고서'와 같은 산출물들이 갖고 있는 목적은 단순하다. 복잡한 경제 정보를 정보수용자가 이해하기 쉽게 편집하고 구조화하여 제공하는 것이다. 정부를 비롯하여 국내외 여 · 수신 금융기관, 연구원 등이 발간하는 다양한 신용정보, 이슈 보고서들 상당수가 이에 해당한다. 이 보고서들은 기업이 직면한 경제환경을 다양한 측면에서 분석하고, 미래 동향을 예측하는 데 의의가 있다. Techno Business의 경제환경분석은 특정 기술 도입과 관련한 국내외 경제이슈를 반영해야 한다.

경제환경분석의 필요성

기업전략 수립에서 거시경제, 금융전략 전문가가 중요한 역할을 하는 이유는 무엇일까? 경제정보에 용이하게 접근할 수 있는 전문가가 많지 않기 때문이다. 경제환경분석을 수행함으로써 경제요인을 정확히 분석하는 것뿐 아니라, 기업·산업에 미치는 파급효과까지 파악할 수 있다. [그림 8-6]은 경제환경분석의 필요성을 나타내고 있다.

그림 8-6 경제환경분석의 필요성

경제환경분석 On Hand

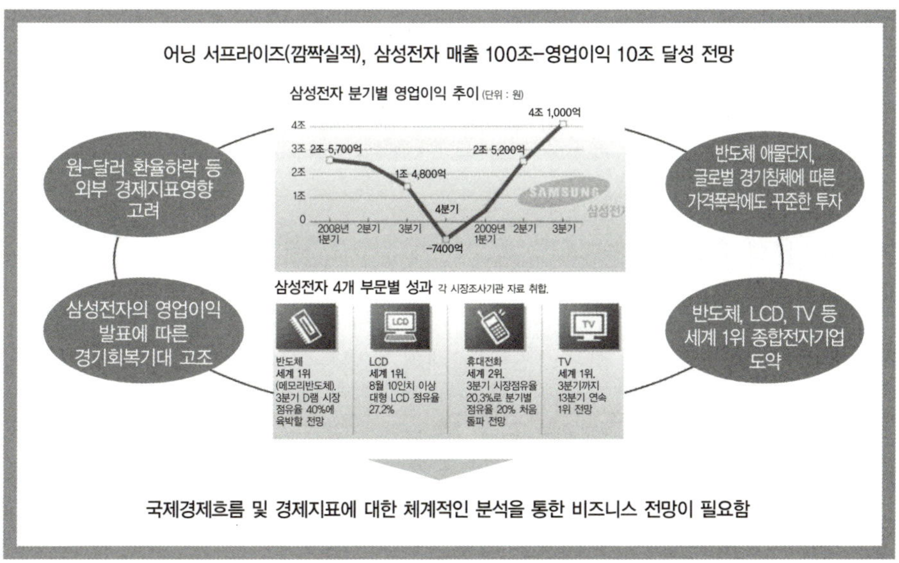

경제환경은 국내뿐만 아니라 국외의 다양한 요인들이 서로 연관성을 가지고 있다. 따라서 기업은 경제환경의 파급효과를 철저히 분석하고 예측하여 대비함으로써 지속적인 경쟁우위 또는 사업의 기회를 도출할 수 있다. 예를 들어 삼성전자는 반도체시장의 침체에도 불구하고 환율에 대한 분석과 경제지표분석을 통해 지속적으로 투자를 하였고 이를 통해 매출 100조원 대의 매출 성과를 낼 수 있었다.

국내기업의 해외진출, 환율변화, 산업의 융합화에 따른 파급효과 등 다양한 경제이슈 존재

경제지표에 따른 비즈니스 영향효과?

- 환율변동에 따른 수출입 저해요인은?
- 사업실적 발표에 따른 기업의 영향은?
- 경기지표 발표에 따른 비즈니스 전략수정은?

경제지표 영향분석

Convergence시대, 경제적 효과도 융합?

- 비즈니스에 따른 동반산업 유발효과는?
- 타 산업에 미치는 파급효과는?
- 경제적인 수입유발효과는?

경제적 파급효과분석

경제지표에 따른 비즈니스 저해요인 분석 및 비즈니스 유발/파급효과분석 필요

경제환경은 환율변동, 사업실적발표 등 경제자료의 변화에 따라 다양한 방향으로 파급효과를 발생시킨다. 따라서 각종 지표 및 정보에 대한 정확한 분석과 향후 흐름에 대한 예측이 중요하다.

경제환경분석 유형

Techno Business 경제환경분석은 내·외부 경제지표의 영향관계를 분석하는 경제지표 영향분석과 비즈니스의 경제적 효과를 다각적으로 분석하는 경제적 파급효과분석으로 구분하여 수행한다.

경제지표 영향분석은 정부 및 한국은행과 같이 국내에서 조사가 수행되어 발표되는 거시경제지표와 각국의 조사 및 국제기구들의 발표, 국제유가, 원자재 등과 같은 국외 경제지표들에 의한 비즈니스 영향을 분석하는 것이며, 경제적 파급효과분석은 정부의 이런 국내외 경제지표 및 새로운 비즈니스 사업의 등장에 따른 파급효과를 분석하는 것이다. [표 8-9]는 경제환경분석의 유형을 구분하여 그 내용을 설명하고 있다.

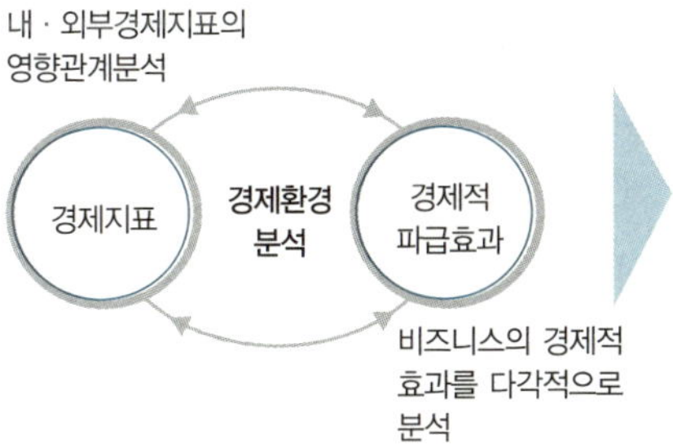

경제환경분석

구분	설명
경제지표 영향분석	내 · 외부경제지표들에 의한 비즈니스 영향력을 분석
경제적 파급효과분석	비즈니스의 사업화에 따른 경제적 파급효과들을 분석

표 8-9 경제환경분석 유형

3.2 경제지표 영향분석

경제지표 영향분석 개념

경제지표는 기업이 처한 경제환경을 가장 객관적으로 나타내는 통계수치이다. 따라서 경기 및 산업현황을 파악하기 위한 기초 자료라고 할 수 있다. 생산, 투자, 고용을 비롯한 내부 경제 행위와 해외 수출입과 관련된 개별 경제지표들의 추이를 종합적으로 검토한다. 이러한 분석이 실행되는 과정에서 전문가의 직관과 경험이 중요한 판단 기준으로 작용하게 된다.

◈ **ITR Definition**

> **경제지표영향분석**
> **거시경제적인 변화가 기업의 환경에 미치는 영향을 파악하기 위해 생산, 소비 등의 경제 행위와 관련된 지표를 기반으로 분석하는 방법**

경제지표 영향분석의 필요성

환율변동, 원자재 가격변화, 소비자물가지수의 탄력성 등과 같은 경제지표는 경제환경전략의 주요 참고대상이다. 또한 전망 및 예측의 차원에서 유용한 정보이자 과거, 현재, 미래의 경제 흐름을 관측하기 위한 자료이다. 객관적인 경제지표분석은 경제환경의 관점에서 기업의사결정의 기초자료가 된다.

거시경제지표 구분

거시경제지표를 통해 기업에 영향을 미치는 요인을 구분할 수 있으며, 이를 통해 비즈니스 수행 기업의 전략수립 및 대응방안 도출이 가능하다. 주요 거시경제지표로는 [표 8-10]과 같이 물가, 유가, 환율, 이자율, 소비성향, 가동률을 들 수 있으며 이런 지표들은 기업 차원에서의 실질적인 경제상황을 판단할 수 있는 기준이 된다.

표 8-10 거시경제지표 구분

지표구분	설명
물가 (Prices)	물가는 다수 상품의 개별적 가격을 의미하는 것이 아니라, 사회 전체의 입장에서 전체 상품을 평균한 개념적 표현
유가 (Oil Price)	석유가 매매되는 가격으로 인터컨티넨탈 익스체인지에서 영국 술롬보로 팔려가는 브렌트유의 값으로 정함
환율 (Exchange Rate)	타국의 화폐단위로 표현된 한 국가의 화폐단위가격 또는 외환들 간의 일정한 비율
이자율 (Interest Rates)	이자는 화폐의 차용에 대하여 지불하는 가격이며, 기간당 지급되는 이자를 원금의 비율로서 표시한 것이 이자율
소비성향 (Propensity to Consume)	경제학에서 총소득 또는 소득증가분에 대해 소비자가 저축하지 않고 재화나 용역에 지출하고자 하는 것의 비율
가동률 (Fictitious Profit)	기업의 생산활동에 있어서 생산의 능률을 나타내는 지표의 하나로, 작업시간의 면에서 측정한 계수를 가리킴

경제지표 범주

경제지표는 [표 8-11]의 5가지 범주로 구분되며, 이들 지표는 경제환경분석을 위해 다양한 정보로 가공된다. 예를 들어, 거시경제지표만으로는 경제의 흐름을 분석하거나 의미를 부여하기 어렵기 때문에 이를 체계적으로 분석하기 위해 다음과 같이 범주화하여 흐름을 분석한다.

경제지표는 금액 및 지수, 증가율, 실사지수, 비율지표, 증가율 차 등의 데이터 형식을 취하게 된다. 금액 및 지수는 변수들 자체만으로 경제활동의 움직임이나 변화를 파악하기 어렵기 때문에 금액과 지수로 정량화하여 표현하는 것으로 대표적으로 GDP, 산업생산량, 물가지수 등이 있다. 증가율은 경기의 변화를 증감으로 표현하는 것으로 대표적으로 전년동월 비, 전기 비 데이터 등이 있다. 실사지수는 실제로 조사해 얻어진 결과를 지수화하는 것으로 한국은행의 소비자동향조사 등이 대표적이다. 비율지표는 두 지표 간의 수준을 비교하는 것으로 가동률, 노동생산성, 재고율 지표들이 이에 속한다. 증가율 차는 증가율 차를 %로 나타내는 것으로 재고 순환지표, 금리차 등이 포함된다.

표 8-11 경제지표 범주

지표구분	설명	대표변수
금액 및 지수	변수들 자체만으로는 경제활동의 움직임이나 변화를 파악하기 힘들기 때문에 금액과 지수로 정량화하여 표현한 것	- 금액(GDP, 산업생산, 기업이익, 통화량, 가계신용, 임금 및 소득, 재고, 출하금액) - 지수(경기종합지수, 물가지수, 한국산업활동)
증가율	경기의 변화를 증감으로 표현하는 것으로 경제흐름을 잘 이해하기 위해서는 단기적인 변화를 잘 나타내는 전기비와 순환적인 흐름을 잘 반영하는 전년동기비를 함께 반영해 판단하는 것이 바람직함	전년동월 비, 전기 비 데이터
실사지수	실제로 조사해 얻어진 결과를 지수화한 것으로 별다른 가공절차를 거치지 않고 지표들의 움직임 자체를 통해 각 경제주체들의 경제상황에 대한 전망이나 지출 및 투자계획 등을 파악할 수 있음	- 가계부문 (통계청의 소비자전망조사, 한국은행 소비자동향조사) - 기업부문 (전경련 BSI, 한국은행 기업경기조사 등)
비율지표	두 지표 간의 수준을 비교하는 것으로 판단근거로서는 과거의 평균적인 추세치보다 높은지 낮은지를 분석하는 방법과 절대적 수치를 기준으로 그 수준보다 높은면 좋거나 나쁘다란 식으로 평가할 수 있음	가동률, 노동생산성, 재고율지표, 소비성향, 저축률, 부채상환부담, 교역조건
증가율 차	증가율 차는 %로 표시된 변수들 간의 차이를 나타내는 것으로 두 변수 중 어느 것이 더 빠르게 늘어나고 증가하는가를 보기 위해 증가율의 차를 계산하는 것	재고순환지표, 금리차(장·단기 금리차, 신용등급 간 금리차)

경제지표 영향분석 수행

우선 대상 비즈니스의 산업군을 선정하고 분석하고자 하는 목표를 수립한다. 한편, 분석 목적에 맞는 경제지표 데이터를 수집하고 수집된 자료의 체계적인 분석을 위해 해당분야의 전문가 및 전문기관의 경제전망치를 수집한다. 영향분석 단계에서는 수집된 자료와 현재 기업이 보유하고 있는 자원 및 환경을 분석하여 기업의 파급효과 및 이에 대한 대응방안 및 전략을 수립한다.

Deliverables

거시경제지표 분석을 통한 비즈니스전략 수립

Step 1 거시경제지표 자료분석

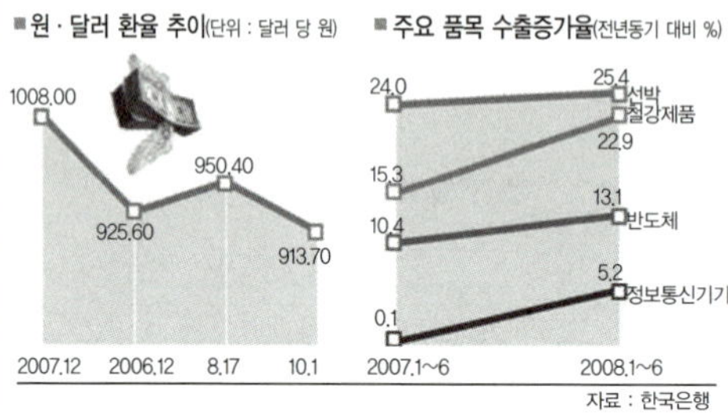

Step 2 분석 및 전망

- 원-달러 환율의 지속적인 약세를 통해 수출 호조 예상
- 북미 스마트폰 시장, 현재 노키아의 심비안과 구글의 아이폰이 주도
- 브랜드인지도를 이용한 마케팅전략과 환율약세에 따른 저가공급 효과 기대

Step 3 결정

- 북미 수출용 스마트폰 생산라인 증가
- 제품부품의 원활한 수급 및 생산관리를 통한 원가절감을 통해 북미 스마트폰 점유율 15% 달성

VE전자는 세계 1위의 전자기업으로 성장하기 위해 수출을 확대하고 생산라인을 추가로 늘리기로 결정하였다. 이에 수출에 영향을 미칠 수 있는 요인들이 어떤 것인지 분석이 필요하다. 이를 위해 VE전자는 지속적인 경제지표 자료 및 추이를 분석하였으며 기업의 역량을 분석하여 비즈니스 전략을 수립하였다.

■ Step 1 : 거시경제지표 자료 분석

수출을 확대하기 위해서는 거시경제지표 자료를 수집하고 다각적으로 분석하여 경기흐름을 분석한다. 또한 권위 있는 기관 및 정부의 경기전망치 및 경기예상을 활용하여 향후 수출에 미칠 영향을 예측한다.

■ Step 2 : 분석 및 전망

한국은행의 원 · 달러 환율추이 및 수출증가율을 통해 전자기기의 수출은 지속적으로 성장할 것으로 보이며, 대외수출에 있어서도 달러 강세로 인해 가격경쟁력이 확보될 것으로 보인다. 또한 VE전자의 최대 수출대상인 북미지역의 아이폰의 강세가 예상되지만 최근 높아진 VE전자의 브랜드이미지와 고품질의 합리적인 가격으로 극복이 가능할 것으로 보인다.

■ Step 3 : 결정

경제지표분석을 통해 북미시장에 신전략 상품인 스마트폰의 생산라인을 증설하기로 결정하였으며, 꾸준한 생산관리로 원가절감을 통해 북미 스마트폰 점유율을 15%까지 높이는 목표를 구체적으로 설정하였다.

3.3 경제적 파급효과분석

경제적 파급효과분석 개념

경제적 파급효과는 새로운 산업의 등장 및 사업화를 통해 발생되는 다양한 효과를 말한다. 각 산업 간의 상호 연계성에 기초한 산업연관분석을 통해 해당 기업의 비즈니스 영향을 추정할 수 있다. Techno Business의 경제적 파급효과 분석은 비즈니스에 미치는 직 · 간접적인 영향을 분석하여 향후 비즈니스 전략 및 운영방안에 대한 계획을 수립하거나 보완할 수 있도록 다각적으로 파급효과를 분석하는 것이다.

◈ **ITR Definition**

> **경제적 파급효과분석**
> **새로운 산업의 등장과 기술의 사업화가 비즈니스에 미치는 경제적 영향을 파악하기 위해 기대효과 또는 파급효과를 정량적으로 분석하는 방법**

경제적 파급효과분석의 필요성

국내외 산업 간의 의존도 증가 및 각 기업 간의 전략적 제휴와 공동개발 등으로 인해 여러 분야에 걸쳐 상호의존성이 증대되고 있다. 또한 기업의 비즈니스와 경제활동은 다양한 분야에 영향을 미치고 있다. 따라서 사업화 및 신규 비즈니스 발주에 따라 다양한 분야에서 발생하는 비용과 편익을 고려하는 작업이 중요시 되고 있다.

경제적 파급효과 유형

경제적 파급효과 유형에는 생산, 수입, 고용, 부가가치, 전후방연쇄효과가 있다. 기업의 비즈니스 실행에 따라 직 · 간접적인 생산 및 수입유발효과, 고용효과가 나타나며, 이런 수행은 전 산업에 걸쳐 직 · 간접적인 부가가치와 연쇄효과가 나타난다. [표 8-12]는 경제적 파급효과 유형을 5가지로 구분하여 설명하고 있다.

표 8-12 경제적 파급효과 유형

지표구분	설명
생산유발효과	기업의 비즈니스 계획 및 수행에 따라 직 · 간접으로 유발되는 생산
수입유발효과	비즈니스가 수행되고 증가할 때 직 · 간접으로 유발되는 수입
고용유발효과	새로운 비즈니스 및 사업수행에 따라 직 · 간접으로 유발되는 고용
부가가치유발효과	비즈니스의 계획 및 수행에 따라 전 산업에서 직 · 간접으로 유발되는 부가가치
전후방연쇄효과	비즈니스의 감응도계수 및 영향분석을 통해 직 · 간접으로 나타나는 연쇄효과

산업연관분석

산업연관분석은 미국의 경제학자 Leontief 교수가 처음 제시한 방법으로, 산업 간의 연관관계를 투입과 산출의 의존관계로 보고, 특정 산업의 수요가 전체 경제에 미치는 효과를 분석하는 것이다. 산업연관표는 산업연관분석을 위한 도구로 1년 동안 경제 내에서 성장하는 재화 · 서비스의 생산 · 거래형식을 종합적으로 정리하고 요인 간 상호관계를 나타내는 통계표이다.

경제적 파급효과분석 수행

경제적 파급효과에 대한 영향을 분석하기 위해서는 대상선정, 시장분석, 파급효과분석의 3가지 Phase 및 6가지의 Activity를 수행하여야 한다. 대상선정 단계에서는 대상 비즈니스의 산업군을 선정하고 대상 비즈니스와 연관된 서비스 및 제품을 찾는다. 시장분석단계에서는 연관 서비스 및 제품의 시장규모를 파악하고 산업연관분석 및 파급효과를 분석한다. 파급효과분석 단계에서는 분석결과를 검토하여 시사점을 도출하고 파급효과의 경제적 기대효과를 계산한다.

Deliverables

스마트폰 출시에 따른 경제적 파급효과분석

시장분석 기존 핸드폰 시장분석

<글로벌 팀5 벤더들의 휴대폰 판매대수>

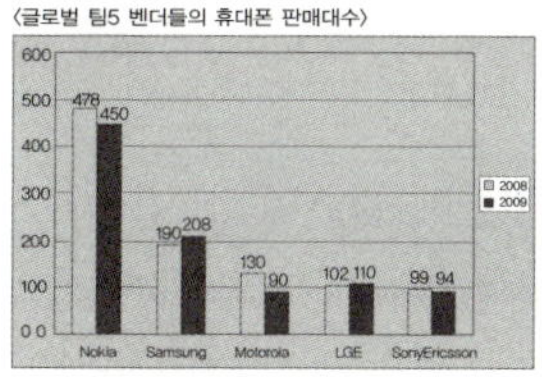

(2008년 : 추정치, 2009년 : 예상치, 단위 : 100만대)

- 글로벌 침체 영향으로 2008년 추정
  - 11억 9,000만 대
  - 11억 5,000만 대(2009년 예상)

파급효과 경제적 파급효과

유발효과	세부
생산	하드웨어 파트와 함께 관련 S/W부서 성장
수입	직 · 간접적 수입증대
고용	생산라인 추가로 인한 신규 기업 인원채용
부가가치	스마트폰시장의 VE전자 브랜드인지도 상승
전 · 후방 연쇄	VE전자 하청업체의 동반 성장, 원활한 부품수급

국내 1위의 종합전자기업인 VE전자는 최근 스마트폰 출시로 이슈가 되고 있다. 기존 VE전자의 핸드폰을 사용했던 고객뿐만 아니라 타사의 핸드폰을 사용하고 있는 많은 사용자들에게 고품질의 성능과 저렴한 가격으로 공격적인 마케팅을 하고 있어 향후 시장점유율증대가 기대된다.

국내의 핸드폰시장은 2008년 미국발 금융위기로부터 시작된 글로벌 침체의 영향으로 2008년 대비 4,000만 대가 줄어든 11억 5,000만 대의 핸드폰 생산량을 기록할 것으로 예상되었다.

이런 국내의 어려운 핸드폰시장에서 VE전자의 새로운 스마트폰은 많은 경제적인 파급효과를 가져올 것으로 전망된다. 이러한 파급효과는 타 산업뿐만 아니라 기업 내에서도 시너지효과를 가져올 것으로 보인다. VE전자는 지속적인 경쟁우위를 확보하기 위해 경제적 파급효과분석을 통한 구체적인 대응방안을 수립하는 것이 필요하다.

경제적 파급효과는 생산, 수입, 고용, 부가가치, 전 · 후방 연쇄효과 등에 대해 분석을 실시하며, 생산에 있어 VE전자의 하드웨어 사업부서와 함께 관련 S/W부서의 성장이 기대되며 수입 역시 직 · 간접적으로 수입이 증대될 것으로 예상된다. 스마트폰의 생산라인 증가에 따라 신규 생산인력이 채용될 것으로 예상되고, 스마트폰을 처음으로 출시한 VE전자의 브랜드인지도가 더욱 상승할 것으로 보인다. 또한 VE전자에 부품을 공급하는 하청업체의 동반 성장이 기대된다.

4. 사회환경분석

사회환경분석의 중요성

노키아 실패, 2001년 한국진출 2년 만에 철수

세계 핸드폰시장에서 부동의 1위 노키아는 중국, 베트남 등 동남아시아 시장점유율 1위의 파워로 한국시장을 점령하기 위해 2001년 첫 진출을 시도하였다. 2001년 한국진출 당시 노키아는 세계시장점유율 35%로 2위와 3위의 통합점유율보다도 높은 점유율을 보유하고 있는 거대 기업이었으며, 세계 10대 브랜드 중 6위를 차지할 만큼 막강한 브랜드 파워를 가지고 있었다.

그러나 노키아는 한국시장에서는 진출 2년 만에 별다른 성과를 얻지 못하고 철수해야만 했다. 한국사회는 노키아가 그동안 경험했던 사회와는 다른 문화와 정서를 가진 곳이었다. 한마디로 노키아는 한국이라는 진출시장에 대한 사회환경분석에 실패한 것이다.

유럽의 경우 많은 사용자들은 익숙한 매뉴얼을 선호하기 때문에 같은 회사를 고집하게 된다. 핸드폰시장에 초기부터 진출하여 선점하고 있던 노키아에 대한 충성도 높은 고객들을 확보했다고 볼 수 있다. 또한 유럽인들은 복잡한 기능보다는 간편한 기능을 선호하였으며, 핸드폰 교체주기 또한 느렸다.

하지만, 한국의 경우 많은 부분이 달랐다. 노키아가 실패했던 원인을 분석해보면 첫째, 한국인의 취향 및 선호도분석에 실패하였다. 한국사람들은 간편함보다는 디자인과 다기능을 중시하는 경향이 있었다. 둘째, 욕구와 소비패턴분석에 실패하였다. 한국에서는 매뉴얼의 익숙함보다는 최신폰에 대한 수요가 높았으며, 핸드폰의 교체주기 또한 빨

랐다. 이런 요구를 충족할 만큼 노키아는 새로운 휴대폰을 만들어 공급하지 못했다. 셋째, 소비자분석에 실패하였다. 한국의 청소년층 고객은 통화기능보다는 문자기능을 중시하였다. 노키아의 문자입력방식보다는 삼성에서 개발한 천지인 입력방식이 보다 편리하여 노키아의 입력방식을 수용하기 힘들었던 것이다.

노키아의 사례에서 볼 수 있듯이 진출시장에 대한 사회환경분석이 부족할 경우 세계 1위의 기업이라고 하더라도 별다른 성과를 얻을 수 없었다. 이렇게 사회환경분석은 비즈니스분석에 있어 점점 더 중요해지고 있다.

4.1 사회환경 개요

사회환경(Social Environment)은 물리적 환경과 함께 비즈니스모델의 외부환경을 구성한다. 인간이 만든 제도, 조직, 계급, 풍습 등을 가리킨다. 본문에서는 비즈니스 전략수립의 결정적인 요인이 되는 사회이슈, 라이프스타일, 취향 및 선호도 등을 포함한다. 세계적으로 사회문화적 교류가 활성화됨에 따라 특정 제품이나 서비스가 어떤 문화나 사회의 산물인지 규정하는 것이 어려워졌다.

사회환경분석의 개념

사회환경분석은 비즈니스 외부의 여러 이슈들을 분석함과 동시에 다양한 문화적 요인들이 사회적으로 어떤 파급효과를 미칠지 검토하고 예측하는 것이다. 그러나 다른 분야의 예측과 달리 사회환경은 특정 관점이나 가치를 파악하고 예측되는 고객성향의 변화나 동향을 파악하여 다른 분석방법의 기초자료로 활용한다.

◈ **ITR Definition**

사회환경분석
사회 문화, 라이프스타일 등이 비즈니스에 미치는 영향을 분석하기 위해 소비자들의 제품 선호도, 인식 등을 조사하고 분석하는 방법

사회환경분석의 필요성

많은 경영이론가들이 '변화와 혁신'을 논하며 환경예측의 중요성을 강조한다. 그러나 시장의 트렌드는 기업이 단기적으로 편성한 전략으로 쉽게 예측할 수 있는 것이 아니다. 따라서 사회환경분석을 통해 사회현상의 다양한 질적 특성을 파악하고, 발생가능한 변수를 채집해야 한다. 사회환경분석을 통해 기업은 기업이 나아가야 할 성장전략을 구상하게 되며, 시장에서 지속적인 경쟁우위를 차지할 수 있는 근본요인에 대한 지식을 습득할 수 있다. [그림 8-7]은 사회환경분석의 필요성을 설명하고 있다.

그림 8-7 사회환경분석의 필요성

- 문화는 미래기업의 성공 키워드
- 지속성장을 위한 문화흐름 분석을 통한 변화가 요구됨

- 상품구매에 있어 정보기술 수용의 영향이 대단히 큼
- 다양한 소비자의 욕구에 대응하는 비즈니스전략 필요

■ 비즈니스 수행과정상에 미치는 외부 사회적 요인을 파악하여야 기업의 지속적인 성장이 가능함
■ 사회환경을 분석함으로써 비즈니스전략 및 수행방법을 결정할 수 있음

사회환경분석 On Hand

성공적인 비즈니스를 위해서는 비즈니스 수행대상의 문화와 트렌드 분석이 필요함
"국내에선 O.K. 하지만 외국에선 ??"

GM, Chevy Nova

미국내 판매호조, 멕시코에서 No va는 라틴어로 '움직이지 않는다'는 뜻으로 맥시코에서 실패

Ssangyong, Chairman

양성평등의 해외시장, 비즈니스맨, 샐러리맨도 비즈니스 퍼슨(Person)으로 남성적 단어 사용자제, 미국에서 '체어맨' 실패

KIA, Pride

국내 소형차시장 판매 1위의 프라이드, 작은 차 이미지에 맞지 않는 이름으로 실패

각국의 문화와 트렌드, 문화수용분석을 통해 비즈니스 전략수립 필요

사회환경은 각국의 트렌드와 이슈, 국민의 정서를 반영하며 이를 분석하지 않고 이해하지 못한다면 아무리 좋은 제품과 비즈니스라고 해도 성공하기 어렵다. 제품에 네이밍(Naming)을 하는 것도 그 판매대상이 되는 국민의 정서와 문화를 이해하고 분석하여야 한다. 위의 자동차 네이밍 사례는 이런 문화와 정서를 간과하여 실패한 예이다.

내 개성에 맞는 나의 자동차, 현지문화에 맞는 특성화전략

"옷도 내맘대로 맞춰입는데, 차는 왜?"

"GM 윈스톰 마이초이스 프로그램"
- 자신이 원하는 옵션만 선택
- 옵션선택에 따른 나만의 개성 있는 차량 구매가능
- 1년 이내 파손시 새차교환프로그램 시행으로 구매욕구 자극

사회트렌드분석

"그들이 받아들이게 만들어라"

中 중국 현지문화를 감안해 공자의 핵심 유학사상인 인(仁)이라는 개념을 도입

日 부드러운 색을 선호하는 현지 특성에 맞게 초코파이의 상징이던 빨간색 포장도 베이지와 흰색으로 변경

문화수용분석

사회의 트렌드와 비즈니스 전략대상의 문화수용분석을 통해 비즈니스 전략구상 필요

사회환경을 파악하려면 사회문화적 이슈, 소비자의 취향과 선호도, 욕구와 소비패턴, 라이프스타일분석 등 비즈니스 대상이 되는 사회에 대한 단기적인 영향력을 분석하는 사회트렌드분석을 수행한다. 또한 사회문화, 국민정서, 문화적 가치관, 역사적 배경 등 중 · 장기적인 영향력의 원인을 분석하는 문화수용분석도 필요하다.

사회환경분석 유형

사회환경분석 유형에는 [표 8-13]과 같이 단기적인 사업기회에 영향을 미치는 사회트렌드분석 유형과 함께 제품 및 서비스의 수용자관점에서 장기적인 영향을 분석하는 문화수용분석단계가 있다. 따라서 이를 통해 기업은 Techno Business 기획시점에서 장 · 단기적인 사회환경의 변화흐름을 읽게 된다. 지금까지 'TISSUE' 의 여러 단계를 거쳐 온 분석 유형이 주로 기업관점이었다면, 이 분석은 수용자 혹은 고객의 관점에 입각한 방법이라 하겠다.

표 8-13 사회환경분석 유형

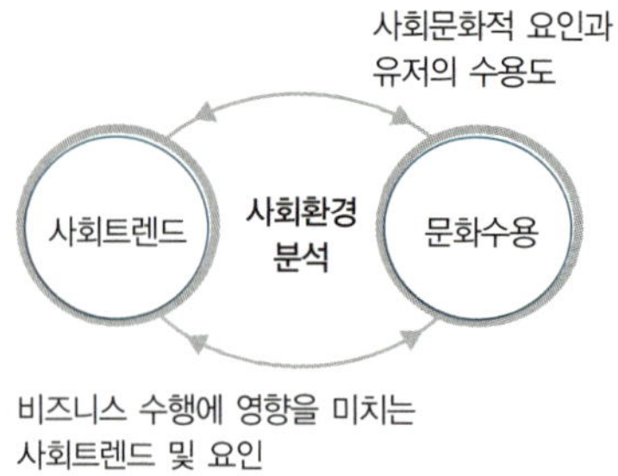

사회환경분석

구분	설명
사회트렌드 분석	비즈니스에 영향을 미치는 사회의 문화, 라이프스타일, 소비자 취향 및 선호도의 영향분석
문화수용 분석	비즈니스에 대한 소비자 및 사회의 정서, 문화적 측면의 영향분석

4.2 사회트렌드분석

사회트렌드 개념

트렌드란 비즈니스의 소비주체인 각 개인 및 사회의 단기적인 소비패턴 및 취향, 선호도를 의미하며, 사회트렌드는 비즈니스 수행에 있어서의 사회적 이슈와 문화적 변화를 통틀어 표현한 것이다. Techno Business에 있어 사회트렌드 분석은 이러한 사회 · 문화적 변화들이 각 산업 및 기업 등에 미치는 단기적인 영향력을 분석하는 것이다.

◈ **ITR Definition**

> **사회트렌드분석**
> **단기적인 사회트렌드의 변화가 비즈니스에 미치는 영향을 분석하기 위해 소비자의 생활 패턴이나 욕구 등을 분석하는 방법**

사회트렌드분석의 필요성

사회문화적 이슈는 새로운 사업기회를 창출한다. 예를 들어 건강에 대한 관심이 증대되면서 웰빙이라는 사회적 트렌드가 생겨났고 이를 통해 새로운 헬스 산업의 기회들이 급속도로 생겨났다. 이렇듯 사업기회 자체는, 우리가 예상하기 힘든 '유행'을 따라가면서도 발견할 수 있다. 수많은 정보 경로를 통해 나타나는 사회 이슈가 과연 기업에 어떤 맥락으로 작용하는지 분석하는 것이 중요하다. [그림 8-8]은 사회트렌드분석의 필요성을 설명하고 있다.

그림 8-8 사회트렌드 분석의 필요성

사회트렌드 변화요인

최근 들어 전략이론이나 국제경영분야에서 '과도기 경영'(Transitional Management)의 중요성이 강조되고 있다. 시장이나 기업현장에 나타난 변화를 단계와 요인별로 구체화하여 파악해야 한다는 것이다. 따라서 인간, 기술, 산업, 문화를 아우르는 다양한 변화의 양상을 특정 개념이나 이론에 종속시키기보다는 다양한 행동(Behavior) 관점에서 변화를 '관찰'하는 것이 중요하다고 한다. 그러한 관점에서 사회트렌드 변화요인을 [표 8-14]와 같이 요약할 수 있다.

표 8-14 사회트렌드 변화요인

구분	설명	View Point
1 개인화와 커뮤니티화	정보통신의 발달에 따른 '개인'을 보다 가치있는 존재로 부각시켰고 개인은 네트워크를 통해 지속적으로 연결된 공동체를 형성함	• 사회적 관계 측면
2 보편화와 다원화	모든 정보를 공유하며 동질화되면서 보편화가 되어지며 새로운 것을 접하면서 또한 새로운 기술의 발달로 산업 및 문화를 통합함	• 문화 및 소비의 측면
3 분화와 통합/융합화	새로운 기술의 발달로 산업 및 문화의 통합과 융합화 촉진되며, 이와 함께 세분화된 취향과 필요에 따라 분화가 촉진됨	• 산업과 서비스분야 측면
4 참여와 숙의	쌍방향적 소통이 가능해지고 개인미디어 발달로 '참여' 기회가 부여되며 이에 따라 보다 신중한 의식의 숙의가 부각됨	• 사회합의체계 측면

사회트렌드분석 대상

기업의 경제환경과 함께 중요성이 부각되고 있는 것이 사회문화적인 트렌드다. 이것은 마케팅관점에서 반드시 고객의 인지구조와 더불어 분석해야 할 대상이기도 하다. 비즈니스의 구상과 함께 사업의 기회창출을 위해서는 다양한 사회의 트렌드분석을 수행해야 한다. [표 8-15]는 사회트렌드 분석대상을 사회문화적 이슈, 취향 및 선호도, 욕구와 소비패턴, 라이프스타일, 소비자분포 등 총 5가지로 구분하여 설명하고 있다. 이를 통해 새로운 비즈니스 기회를 창출할 수 있으며 사업전략을 도출할 수 있다.

그림 8-15 사회트렌드 분석대상

구분	설명	View Point
1 사회문화적 이슈	한류문화, 웰빙문화 등 사회에 문화, 건강, 자연환경 등의 이슈	유기농, 웰빙산업
2 취향 및 선호도	개인의 개성중시와 차별화 등 다양한 취향 및 선호도 존재	나만의 컴퓨터, 자동차 마케팅전략
3 욕구와 소비패턴	비슷한 욕구를 가진 커뮤니티를 통한 공동구매와 인터넷 쇼핑을 통한 상품비교 구매 등 다양한 욕구와 소비패턴 존재	온라인마켓, 공동구매
4 라이프스타일	주 5일제 등 레저와 문화중시, 높은 이혼율 증가와 독신자 증가 등에 따른 다양한 라이프스타일 존재	싱글족, 이혼율 증가
5 소비자분포	중장년의 소비계층 이외의 유아, 청소년, 노인 등의 다양한 연령층의 다양한 소비자형태가 존재	유아, 성인용품 등

사회트렌드분석 수행

사회트렌드분석을 수행하기 위해서는 예비단계, 분석단계, 후속단계의 3가지 Phase 및 8가지의 Activity를 수행하여야 한다. 예비단계에서는 비즈니스의 대상이 되는 사회트렌드 및 변화의 진단 및 평가영역을 도출하고 설문대상을 선정하여 설문조사를 수행한다. 분석단계에서는 이러한 변화를 가져오게 된 사회트렌드 변화요인과 사회트렌드 대상을 분석하여 비즈니스에 미치는 영향력을 분석한다. 마지막으로 후속단계에서는 분석결과를 검토하여 시사점을 도출하고 이에 대한 대응방안 및 전략을 수립한다.

Deliverables

사회트렌드분석을 통한 맞춤형 스마트폰 출시

트렌드분석 다양한 분야의 이슈분석을 통해 폭넓은 옵션선택 가능

트렌드 구분	트렌드 반영사항
웰빙, 그린문화	핸드폰 본체의 바이오 플라스틱 선택가능
나만의 개성폰	개성에 맞는 UI 설정가능
레저산업 이슈	GPS 및 골프장지도(S/W) 구매가능
IT기기의 통합화	움직이면서 파일수정편집, 이메일 확인 탈부착식 자판입력기 구매가능
실버산업	어르신을 위한 음성인식기능 설정가능

- 일반플라스틱 제품과 바이오플라스틱 제품 선택가능
- 개성있는 나만의 폰을 위한 UI설정 가능 필요시 자체 레저산업이슈 GPS 및 골프장지도(S/W) 구매가능
- 레저 및 골프마니아를 위한 GPS패키지 구매가능
- 문서편집기능이 많은 사용자를 위해 탈부착식 자판입력기 구매가능
- 어르신을 위한 실버팩 설정 및 UI 제공

VE전자는 국내 휴대폰판매율 1위를 고수하고 국외점유율을 높이기 위해 대량생산을 통해 원가를 절감하여 저가로 공급하는 전략보다는 고객의 개인취향을 살리고 개성있는 폰을 공급함으로써 소비자의 마음을 얻을 수 있는 제품을 개발하기로 전략을 세웠다.

소비자를 분석하기 위해서는 소비자들 사이의 이슈가 되고 있는 트렌드가 무엇인지를 분석하는 것이 선행되어야 한다. 이를 위해 VE전자는 사회트렌드분석을 통해 다음과 같은 제품을 만들기로 결정하였다.

최근 사회에서 건강과 녹색환경에 대한 관심이 증대되고 있다. 웰빙문화와 그린문화가 그것이며, 이를 충족하기 위해 VE전자는 핸드폰 본체를 바이오 플라스틱으로 선택할 수 있도록 하였다.

또한 개인화, 나만의 개성추구의 성향을 반영하여 자신의 개성을 살릴 수 있는 UI 소프트웨어를 개발하여 제공하기로 결정하였다. 또한 여가시간 증가에 따른 레저산업이 발달하는 추세여서 이에 따라 GPS기능 및 골프장 지도 등을 구매하여 활용할 수 있도록 하였다. 또한 핸드폰의 이메일 작성 및 간단한 편집기능이 필요하게 되어 탈부착식의 자판입력기를 옵션으로 제공할 수 있도록 개발하였다. 실버산업에 대한 관심이 고조되고 있어 보다 손쉽게 사용하실 수 있도록 음성인식기술을 기본사양으로 제공한다.

4.3 문화수용분석

문화수용 개념

문화(Cuture)가 무엇인가에 대한 정의는 다양하게 내려질 수 있다. 본문에서는 기업과 그 서비스, 제품과 관련된 이미지, 정서를 수용하는 여러 가지 배경요소들을 '문화' 라고 정의한다. 따라서 우리가 특정 제품을 구매할 때 '문화' 를 통해 행동양식, 인식을 습득하게 된다. 그러므로 제품구매는 문화수용이라고도 표현할 수 있을 것이다. Techno Business의 '문화' 는 비교적 장기적인 관점에서 고객의 제품에 대한 근본인식에 영향을 주는 작용을 한다.

◈ **ITR Definition**

> **문화수용분석**
> **소비자의 성향을 파악하고 특성별로 맞춤화된 전략을 수립하기 위해 문화적 정서, 가치관, 유행 민감도 등을 조사하고 분석하는 방법**

문화수용분석의 필요성

어떤 제품은 급격한 속도로 혁신을 이루어왔음에도 2등을 면치 못하는가 하면, 크게 기능 개선이나 디자인 변화가 없어도 10년 넘게 사랑받는 제품들이 있다. 이것은 합리적인 선택 기준으로는 설명이 불가능한 측면이다. 고객의 구매패턴이나 제품인식에는 문화적 측면이나 이미지, 주관적 평가 등이 작용한다. 따라서 비즈니스전략 및 마케팅에서는 '문화' 를 분석하여 보다 적합성 높은 비즈니스계획을 구상하기 위해 다양한 정성분석(Qualitative Analysis)의 툴과 민족지학(Ethnography)적 방법을 동원하기도 한다. [그림 8-9]는 문화수용분석의 필요성을 설명하고 있다.

그림 8-9 문화수용 분석의 필요성

문화수용 영향요인

개인의 문화수용 행위에 영향을 미치는 근본요인은 다양하다. 사회규범, 특정 이미지에 대한 습관적인 생각, 구전효과의 적극적인 반영 등이 좋은 사례다. 또한 사회규범은 주관적 성격을 나타낸다. 심리적으로 자신의 판단 능력에 대한 준거가 되고, 행위자 주변의 생각을 참고하는 포인트(Reference Point)가 된다. 고객의 행위에 대한 '이미지(Image)' 도 중요하다. 특정 상황이나 자신의 사회적 이미지와 같은 인식매체는, 문화수용에서 빼놓을 수 없는 영향요인이다. '가시성' (Visibility)도 중요한 요인 중 하나다. 조직에서 개인이 어떻게 평가되고 이해되는지도 중요하다. 마지막으로 커뮤니케이션 경로의 문제로 '구전/추천효과' 를 들 수 있다. 수많은 합리적 정보가 유통되고 있음에도 불구하고, 주변의 친지나 공신력있는 정보원으로부터 직접 정보를 입수하여 판단을 내리려는 요인이 작용한다. [표 8-16]은 문화수용 영향요인을 4가지로 요약하여 이를 설명하고 있다.

표 8-16 문화수용 영향요인

구분	문화수용 영향요인 정의 및 영향
1 주관적 규범	어떤 개인의 준거가 되는 중요한 개인 및 집단이 자신의 행위의 성과에 대해 갖게 될 견해에 대한 입지
	행위자에게 영향을 가지고 있는 주요한 인물들이 어떻게 생각하느냐가 행위자의 행동과 인지에 여향을 주며 소비자의 구매의도를 예측하는 데 중요한 결정변수
2 이미지	이미지는 혁신을 수용하거나 사용함으로써 사회시스템 내에서 자신의 사회적 지위나 이미지가 증대 혹은 강화되는 정도
	개인은 이런 이미지의 힘을 이용하여 준거집단 내에서 자신의 이미지를 향상시키고 유지하기 위해 노력
3 가시성	가시성은 혁신조직 내에서 가시화되는 정도로 자신의 주위에서 사람들이 보이는 정도
	자신의 주변에 광범위하게 사용되고 있다면, 이것은 사회적 압력으로 작용하여 잠재적 수용자들로 하여금 혁신을 받아들이게 한다는 것
4 구전/추천효과	입으로 전해지는 정보의 흐름으로 상품관련 정보 및 조언
	소비자의 수용의사의 결정구조를 변화시키고, 제품구매에 따른 위험을 분산하고 공신력 있는 정보원으로부터 의사결정에 도움을 받기 원함

문화수용 분석대상

문화수용분석은 사회환경 중에서도 정성적이고 주관적인 심리가 반영되는 항목이다. 각 지역 · 국가의 고유한 사회문화, 국민정서, 문화적 가치관, 역사적 배경 등을 분석함으로써 사용자층이나 주변 여론의 잠재적인 인식을 살펴보기 위한 방법이다. [표 8-17]은 이들 문화수용분석 대상과 그 예시를 나타내고 있다.

표 8-17 문화수용분석 대상

구분	설명	예시
1 사회문화	각 지역 및 국가, 연령, 조직별 등의 고유한 문화가 문화수용에 영향을 미침	군대문화, 아파트문화
2 국민정서	백의민족의 정서로 한국인의 백색을 선호하는 성향과 중국인들의 붉은색을 선호하는 정서 등이 수용에 영향을 미침	정(情)의 문화, 감성마케팅
3 문화적 가치관	제품의 비용보다 품질과 신뢰성을 중시하는 소비층이나 이와 반대로 품질보다는 비용을 선택하는 등의 소비가치관의 차이존재	명품선호문화
4 역사적 배경	각 나라의 역사에 따른 관습과 인식이 문화를 받아들이는 수용에 영향을 미침	중국의 "공자"사상 마케팅

문화수용분석 수행

문화수용분석은 정보를 선택적으로 받아들일 수 있는 단계이다. 물론 역사, 가치관 등 개별적인 사실은 중요한 배경요인이다. 그러나 이러한 정보들을 활용하여 기업의 전략에 반영하기 위해서는 상황에 적합하게 구조화하여 분석해야 한다. 따라서 문화수용분석의 각 요소들은 그대로 명확한 전략적 시사점을 갖는 요인들로 구성되어야 한다.

Deliverables

유럽시장의 문화수용분석을 통한 확대전략 수립

문화수용분석 대상

- 유럽의 사회문화
- 유럽인의 국민정서
- 문화적 가치관
- 역사적 배경

구분	VE전자 유럽시장 문화수용분석
사회문화	다민족 · 다문화의 개방적 시장환경
국민정서	각국의 국민들 자국제품 애호
문화적 가치관	소형화 디자인보다 합리적인 가격선호
역사적 배경	과거 저가형 국내제품으로 인해 한국의 제품은 저품질이라는 인식 존재

구전/추천 · 주관적규범 · 이미지 · 가시성

스마트폰 시장확대전략

- 광고를 통한 제품가시화 및 친숙성 향상
- VE전자 전시관설립 및 신문, 지상파 광고
- 저가형 제품의 이미지 탈피를 위한 기능전시회 출품

VE전자는 새로운 스마트폰 출시에 따라 기존의 북미지역에 대한 확대전략뿐만 아니라 기존의 노키아 등에 대한 브랜드충성도가 높은 유럽시장을 개척하기 위한 전략을 수립하고자 한다.

북미지역과 유럽지역은 국민정서와 사회문화적인 특성이 매우 다르기 때문에 북미지역과 같은 비즈니스전략 및 마케팅전략으로는 진출을 성공시키기 어렵다. 이럴 때 무엇보다 중요한 것은 유럽을 이해하고 유럽인의 특성을 파악하는 것이다.

VE전자는 유럽의 역사적 배경과 문화적 가치관 그리고 유럽인들의 사회문화, 국민정서를 파악하여 이에 대한 철저한 대응전략을 세워야 노키아가 아시아권의 일본과 한국에서 실패했던 전철을 따르지 않을 수 있다고 판단하였다.

문화수용분석은 단기적인 트렌드분석과는 달리 중 · 장기적인 전략을 적용해야 한다. 이를 위해 가장 중요한 것은 VE전자에 대한 인지도를 높이고 이미지를 메이킹하는 것이라고 판단하였다. 기존의 저가 이미지를 탈피하기 위해 기능전시회에 출품하여 성능 및 품질에 대한 홍보를 지속적으로 실시하고, 유럽인의 VE전자에 대한 인지도를 높이기 위해 지면광고뿐 아니라 축구경기에 대한 적극적인 마케팅으로 제품을 가시화하고 친숙성을 향상시키고자 한다.

핵심용어

- **환경** : 비즈니스에 영향을 미치는 기업 내·외부의 모든 요인을 총칭
- **거시환경** : 고객, 경쟁자, 산업구조에까지 영향을 미치는 가장 근원적인 흐름으로 사회문화, 인구통계, 경제, 정치, 법제도적 환경에 대한 추세를 말함
- **정책** : 기업 및 경기의 성장 및 안정 등을 위해 정부에서 수행하는 일련의 조치
- **정책분석** : 정책문제해결을 위하여 정책결정과정에 필요한 지식과 정보를 창출하고 정책결정자가 즉시 이용할 수 있는 형태로 제공하는 것
- **협의의 정책분석** : 과학적이고 계량적인 방법을 활용하여 정책관련 지식과 정보를 수집하여 정책을 수립하는 것
- **광의의 정책분석** : 정책결정이 이루어지기 이전에 필요한 정보를 창출하는 활동과 함께 정책결정이 이루어진 이후의 집행모니터링, 정책평가 등을 수행하는 것
- **법** : 산업 및 기업의 질서를 유지하고 정의를 실현함을 직접 목적으로 하는 사회규범
- **제도** : 관습이나 도덕, 법률 따위의 규범이나 사회구조의 체계
- **경제** : 재화와 용역을 생산·분배·소비하는 활동 및 그와 직접 관련되는 질서와 행위의 총체
- **경제지표** : 경제활동의 상태를 알아내기 위하여 특정 경제현상을 통계수치로 나타낸 것
- **경제지표분석** : 가장 기본적인 경기분석기법으로 생산, 투자, 고용, 수출 등 경기의 움직임을 잘 반영하는 개별경제지표들의 추이를 경기변동이론이나 과거의 경험적인 사실 등에 비추어 종합적으로 판단하는 것
- **거시경제지표** : 기업에 영향을 미치는 경제지표로 물가, 유가, 환율, 이자율, 소비성향, 가동률 등 기업 차원의 경제상황을 판단할 수 있는 기준

- **산업연관분석** : 1936년 Leontief 교수가 처음 발표한 분석방법으로 산업 간 투입과 산출의 상호의존관계에 입각하여 특정 산업 혹은 전 산업에 있어서 최종수요가 국민경제에 미치는 효과를 분석하는 도구
- **산업연관표** : 일정기간 동안 국민경제 내에서 발생하는 재화와 서비스의 생산 및 처분과 관련된 모든 거래를 일정한 형식에 따라 기록한 종합적인 통계표
- **사회** : 비즈니스가 이루어지는 공간으로 생산과 소비를 통해 이익을 창출하고 부가가치를 만들어 내는 공간
- **사회환경** : 비즈니스 외부의 사회적 이슈와 문화적 요인과 같은 다양한 요인
- **트렌드** : 비즈니스의 소비주체인 각 개인 및 사회의 단기적인 소비패턴 및 취향, 선호도를 의미
- **문화** : 기업 및 제품에 대한 이미지와 정서 등을 받아들이는 대상의 행동양식이나 인식
- **수용** : 새로운 비즈니스, 제품 등에 대해 사용자가 그것을 받아들이고 활용하는 것

참고문헌

강수현 & ITR, 글로벌 규제대응을 위한 컴플라이언스 대비 수준에 관한 연구, 연세대학교 ITR 석사학위논문, 2011.

김정언 · 강성진, "특허권 강화와 특허출원 변화의 기술혁신 및 생산성파급효과", 정보통신정책연구원 연구보고서, 2006.

녹색성장위원회, 저탄소녹색성장기본법안, 2008.

박윤정 · 임춘성 · 윤용기, 전자상거래 표준화 현황 및 정책 분석에 관한 연구, 한국데이터베이스학회, 2003.

박정현, "마이크로의 눈으로 트렌드를 읽어라", LGERI리포트, 2009.

윤종일 & ITR, "모바일 서비스 고객만족도 평가체계에 관한 연구", 연세대학교 ITR 석사학위논문, 2003.

이지평 · 강선구, "디지털 컨버전스에 따른 뉴트렌드", LG경제연구원, 2002.

임춘성 & ITR, "유비쿼터스 비즈니스 타당성 분석 방법론 개발보고서", 산업자원부, 2005.

임춘성 & ITR, 통합 GRC 구현을 위한 기업과 정부의 역할, ITR Report, 2010.

임춘성 & ITR, 한국 기업 Green IT 인식과 성공사례, ITR Report, 2009.

임춘성 & ITR, Green to Gold-IT를 통한 Green Business 추진전략 및 최근사례, ITR Report, 2009.

임춘성 & ITR, Green to Gold-IT를 통한 Green Business 확산모델, ITR Report, 2009.

전남주 & ITR, "유비쿼터스 기술 환경의 비즈니스 모델 개발 방법론 연구", 연세대학교 ITR 박사학위논문, 2007.

Irini A., Patnayakuni, R., Patnayakuni, N., "Technology Investment and Business Performance", *Communications of the ACM*, Vol.40, No.7, 1997.

James Q. Wilson, "Bureaucracy", 1989.

Jennifer Gibbs, Kenneth L. Kraemer, Jason Dedrick, "Environment and Policy Factors Shaping Global E-Commerce Diffusion : A Cross-Country Comparison", *Information Society*, 2003.

Lee, H.J., Leem, C.S., Evaluation CSFs for HCI in Ubiquitous Computing Environments, Knowledge-Based Intelligent, Information & Engineering Systems, Volume 12(2), 2005.

Mark J. Flannery, Kasturi P. Rangan, "Market Forces at Work in the Banking Industry : Evidence from the Capital Build up of the 1990s", University of Florida, 2002.

Michael E. Porter, *From Competitive Advantage to Corporate Strategy*, 1987.

Robbin Derty, Ronald M. Green, "Ethical Theory in Business Ethics : A Critical Assessment", *Journal of Business Ethics*, pp.521~533, 1989.

| Part Ⅲ |

Techno Business 방법론과 사례

제 9 장

Techno Business 통합분석방법론

제9장에서는 TISSUE모델을 기반으로 개발된 실제 기술기반 비즈니스 시나리오를 분석하는 절차와 도구, 산출물을 포함하는 Techno Business 통합분석방법론을 제시한다. 통합분석방법론은 기반 · 핵심 · 참조 컴포넌트로 구성되며, 각각의 개념과 상호관계를 설명한다. 또한, 비즈니스 시나리오별로 특성화된 방법론을 도출하기 위한 Techno Business 통합분석방법론의 적용과정을 살펴본다.

목차

Theme 9 : **Methodology – 방법론이란?**

제3장부터 8장까지, 총 6개 장에 걸쳐 Techno Business 통합분석모델의 개별 컴포넌트에 대해 살펴보았다. 본 장에서는 통합분석모델을 활용하여 기술기반 비즈니스 모델을 수립하는 방법론을 제시하고자 한다.

'방법론(Methodology)' 이란 무엇인가? Wikipedia에서 이야기하는 것처럼 목표를 달성하기 위한 '방법' 의 집합에 불과한가? 이는 특정 상황을 분석하고 해결하도록 하는 이론적 기반으로서, 절차와 활동, 구체적인 방법, 최종 산출물을 모두 포괄한다. 방법론은 단순히 문제해결을 위한 하나의 '도구' 가 아니라 문제에 대한 접근방식부터 해답을 찾는 기술을 체계적으로 일러주는 핵심 '이론' 이다.

연구조사방법론의 예를 보자. 설문지나 통계프로그램, 수식은 연구를 위해 필요한 도구(Tool)이다. 연구자는 연구모델을 검증하고자, 통계적 기법(Technique)을 활용하기도 한다. 연구동향과 이론적 배경에 맞추어 표본추출, 회귀분석, 요인분석 등의 분석방법이나 데이터를 수집하는 서베이법 모두 방법론이라고 할 수 있다. 위와 같이, 정형화된 결과를 산출하기 위해 기법과 방법을 다수 축적한 논리적 체계가 방법론이다.

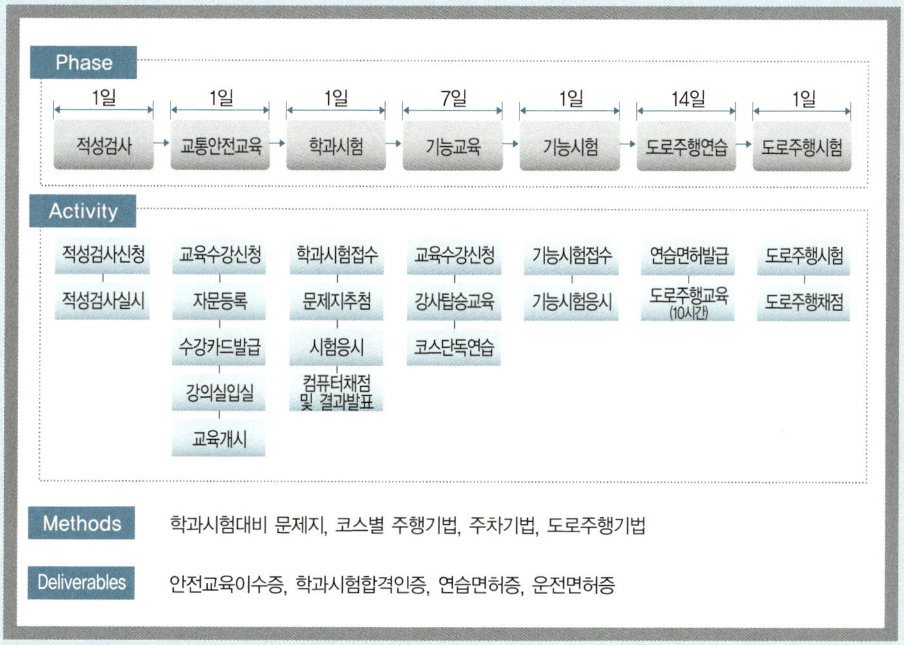

방법론은 위와 같은 구체적 형태를 지닌다. 운전면허 취득방법론의 경우, '적성검

사-학과시험-기능시험-도로주행시험' 에 이르는 실행절차(Phase)를 가진다. 각 절차는 세부활동(Activity)으로 구성되어 있다. 사람들은 면허증을 취득하기 위해 우선 학과 시험대비 문제집을 보고, 코스별 운전기법, 주차기법, 도로주행기법을 연마하는 등 운전면허를 취득하기 위한 방법(Methods)을 곳곳에서 숙지하여야 한다. 그 결과 교통안전교육 이수증, 학과시험합격인증, 연습면허증, 운전면허증과 같은 산출물(Deliverables)을 획득할 수 있는 것이다. 방법론이 주어진 목표를 제대로 달성하려면 문제해결을 위한 구체적인 절차, 활동, 방법이 정의된 산출물을 갖추어야 한다.

1. Techno Business 통합분석방법론 체계

Techno Business 통합분석의 필요성

기술의 급격한 발전은 신규 비즈니스 기회를 발굴하는 데 다양한 분석영역을 고려하도록 요구한다. 따라서 본서에서는 Techno Business 통합분석방법론을 통하여 최신환경에 부합하는 기술사업화방안을 제시하였다. 상단의 그림과 같이 3가지 측면에서 Techno Business통합분석 방법의 필요성을 살펴볼 수 있다. 분석대상 측면에서 기술기반 비즈니스 수행 시 고려하여야 하는 기술 · 산업 · 전략 · 서비스 · 고객 · 환경의 6대 분석컴포넌트를 제시하였다. 뿐만 아니라 본 방법론은 기술사업화에 필요한 비즈니스 분석방법을 설명함으로써, 분석의 효율성을 극대화하였다. 본절에서는 Techno Business 통합분석방법론의 개념을 기반으로 통합분석을 실제로 수행하기 위한 절차에 대해 구체적으로 설명한다.

1.1 Techno Business 통합분석방법론 체계개요

Techno Business 통합분석방법론은 앞서 검토한 Techno Business 통합분석모델을 기반으로 분석기법을 목적에 맞게 조합하여 유의미한 비즈니스 분석결과를 도출한다.

본 장에서는 Techno Business 통합분석방법론을 설명하기에 앞서 방법론(Methodology)의 기본개념을 살펴본다. 이후 제2장에서 제시한 Techno Business 통합분석모델의 상세내용과 분석 시나리오에 따른 Techno Business 통합분석방법론 활용과정을 설명한다. [표 9-1]은 통합분석방법론의 개요를 나타내고 있다.

표 9-1 Techno Business 통합분석 방법론 개요

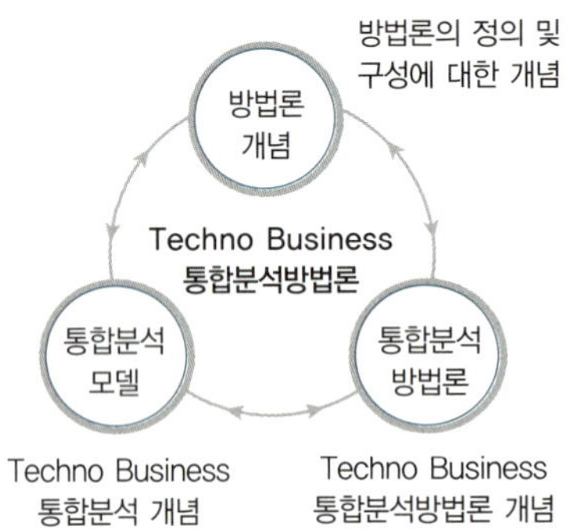

구분	설명
방법론의 개념	• 방법론의 정의 및 의미 • 방법론의 구성요소
Techno Business 통합분석모델	• TISSUE 표준모델의 개념 • 컴포넌트 간 상호 관계성 • TISSUE 복합모델의 개념
Techno Business 통합분석방법론	• TISSUE 모델과의 관계성 • 통합분석의 개념 • 통합분석방법론의 구성 • 통합분석방법론의 절차

방법론(Methodology)은 그리스어의 'Method(~로부터 여행)' 와 'Logos(행위에 대한 준칙)' 가 합성된 용어이다. [그림 9-1]에서는 방법론의 어원을 바탕으로 현대적 차원에서 재해석한 방법론의 정의를 나타낸다. 방법론은 '특정 목적(지식 창출)을 위한 절차와 기법, 산출물을 정리하여 행동 방향을 제시하는 준칙' 으로 정의할 수 있다.

그림 9-1 방법론(Methodology)의 어원 및 현대적 해석

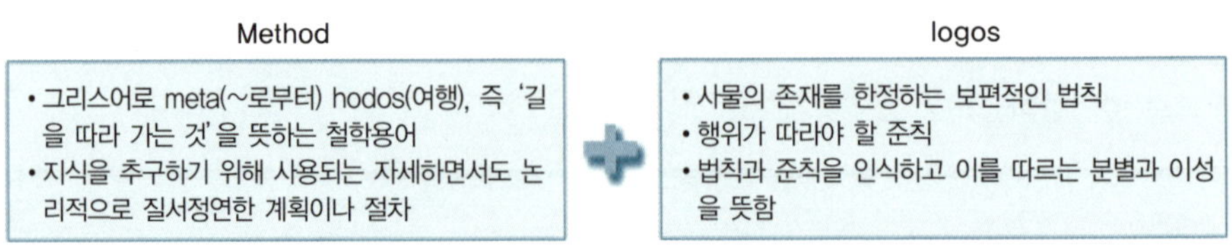

◈ **ITR Definition**

> **방법론(Methodology)**
> **특정 문제를 체계적이고 효율적으로 해결하기 위해 절차, 기법, 산출물을 논리적으로 정리해 놓은 체계**

방법론은 다양한 분야에서 범용적인 의미로 사용되고 있다. 그 중 비즈니스 현황분석 방법론은 아래와 같은 주요 특징을 포함한다.

첫째, 특정 업무 수행시 예측가능한 수준의 결과를 산출할 수 있도록 지원한다.

둘째, 절차(Procedure), 단계(Phase), 활동(Activity) 등으로 이루어진 체계적인 절차를 포함한다.

셋째, 업무기술서의 개념을 넘어 광범위하게 응용할 수 있는 일반화된 도구로 구성한다.

넷째, 모든 단계의 선 · 후행관계를 규정하며, 각 단계는 명확한 산출물을 가진다.

따라서 분석목적 및 적용분야에 따라 방법론의 구성요소는 다르게 나타날 수 있다. [표 9-2]는 방법론의 일반적인 구성요소를 정리하고 있다.

표 9-2 방법론의 구성요소

구성요소		정의
Procedure	Phase	프로젝트 수행시 이루어지는 작업단계의 체계
	Activity	
Method	Tool	작업단계별로 요구되는 분석의 기술 및 경험양식
	Technique	
Deliverables		작업단계별로 생성해야 할 결과물의 목록 및 작성방법, 템플릿

1.2 Techno Business 통합분석모델

Techno Business는 기술(Technology), 전략(Strategy), 시장(Market)의 3대 관점으로 분석된다. 또한, 이를 세분화하여 기술기반 비즈니스와 관련 요소를 통합적으로 분석할 수 있는 TISSUE모델을 도출하였다. 통합분석모델은 [그림 9-2]와 같은 절차로 구성된다.

그림 9-2 Techno Business 통합분석 모델의 구성과정

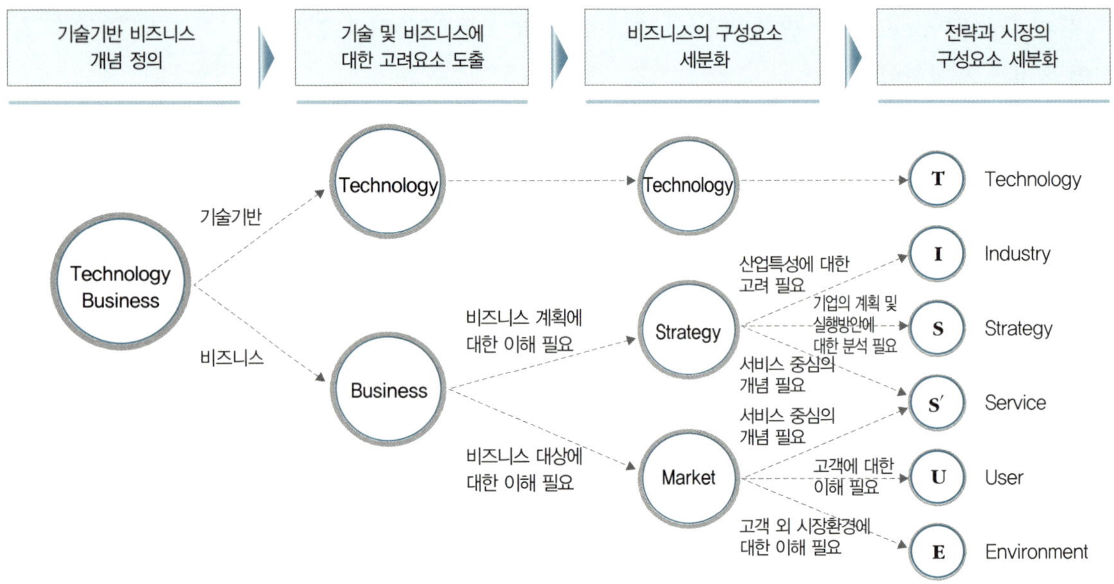

TISSUE모델의 각 컴포넌트는 다른 컴포넌트에서 산출한 정보를 입력받아 분석에 반영하고, 분석 결과를 또 다른 연관 컴포넌트에 제공하는 상호 보완성을 지닌다. 즉 [그림 9-3]과 같이 컴포넌트 간 N:N의 정보 상호교환이 발생하는 복합적 체계를 가지게 된다.

그림 9-3 Techno Business 통합분석 모델의 상호관계

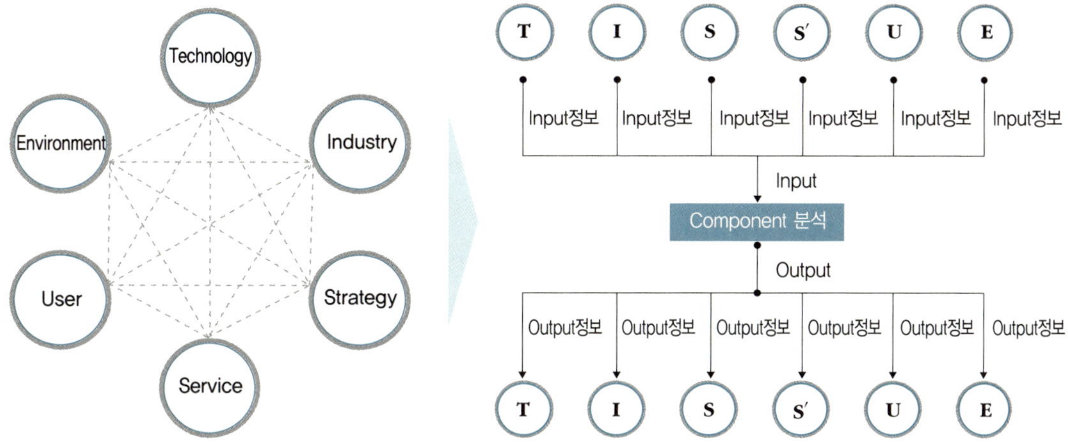

1.3 Techno Business 통합분석방법론

Techno Business 통합분석방법론은 기술기반비즈니스 실행에 있어서 필요한 문제해결 · 전략수립 · 신규기획방법을 지원하도록 구성되었다. [그림 9-4]는 통합분석방법론의 구성체계를 나타낸다.

그림 9-4 Techno Business 통합분석 방법론의 구성체계

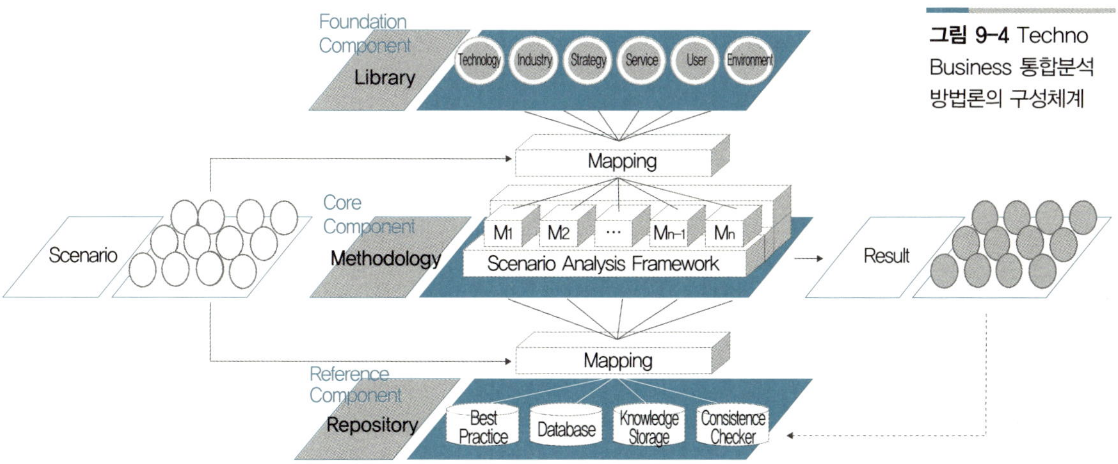

독자들은 Techno Business와 관련된 문제들을 해결하기 위해 다수의 시나리오를 구상하고, 통합분석방법론의 주요 구성요소를 유기적으로 활용함으로써 민간기업 또는 공공기관의 분석 시나리오를 선정한다. 핵심 컴포넌트를 중심으로 기반컴포넌트 및 참조 컴포넌트를 연계하여, 개별 시나리오 별로 특성화된 분석절차 및 실행순서를 선정하는 논리를 설정하는 것이다.

방법론의 구성요소를 간략히 설명하면 다음과 같다. 기반 컴포넌트(Foundation Component)는 Techno Business 통합분석모델(TISSUE모델)의 6대 요소별 분석기법을 체계화하여 정의한 라이브러리이다. 핵심 컴포넌트(Core Component)는 기업에서 제시하는 분석 요구사항에 따라 시나리오에 특성화된 Techno Business 통합분석방법론 실행절차를 도출하는 과정이다. 또한, 참조 컴포넌트(Reference Compenent)는 프로젝트 경험 지식을 축적한 레파지토리로써, 기반 · 핵심 컴포넌트의 수행 결과가 타당한지 검토할 수 있는 비교기준을 제공한다. 통합분석방법론의 구성요소를 활용하여 시나리오에 특성화된 방법론을 도출하는 과정은 제3절에서 자세히 설명하기로 한다.

2. Techno Business 통합분석방법론 구성

Techno Business 통합분석방법론 구성요소

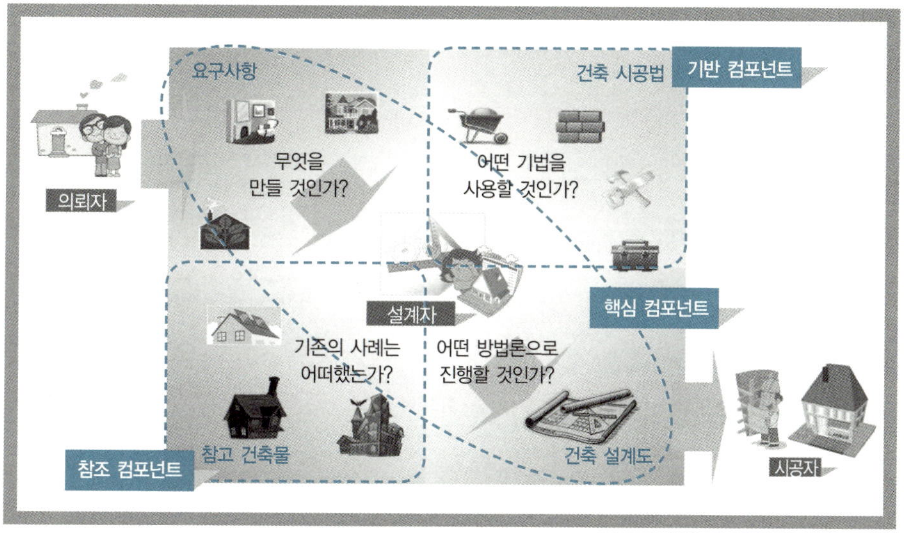

Techno Business 통합분석방법론은 어떻게 구성해야 하는가? Techno Business 통합분석은 분석주체의 요구사항을 구체화하여 적합한 방법을 제시하는 과정이다.

이는 집을 짓기 위한 '의뢰자' 가 자신이 원하는 집을 짓기 위해 공사절차를 정하는 과정에 비유할 수 있다. 먼저 의뢰자는 어떤 집을 짓고 싶은지 설계자에게 알리는 과정을 거쳐 설계도를 작성하고, 설계자는 시공자에게 실제 집을 짓도록 지시한다. 이 과정은 방법론에서 분석 요구사항을 식별하여 시나리오에 특성화된 방법론을 구성하는 과정인 핵심 컴포넌트의 내용과 유사하다. 또한 집을 설계하는 과정에서 어떠한 시공법을 사용할 것인지를 결정하는 것은 방법론의 기반 컴포넌트에 포함된, 분석기법 라이브러리 중 필요한 분석기법을 선별하는 과정과 유사하다. 설계 시 다양한 참고 건축물을 참고하여 설계를 수행함으로써 건축물의 완성도를 높이는 과정은 방법론에서 참조 컴포넌트에 해당되는 분석 레파지토리의 참고과정과 유사하다.

본절에서는 집을 짓는 과정에 비유한 것과 같이 Techno Business 분석을 수행하는 과정에서 필요한 요소들이 무엇인지를 설명하고 있다.

2.1 Techno Business 통합분석방법론 구성개요

Techno Business 통합분석방법론은 앞서 제1절에서 설명한 바와 같이 3개의 주요 컴포넌트로 구성된다. 각각의 컴포넌트는 범용적 구성요소인 Techno Business 기반 컴포넌트, 특성적 구성요소인 Techno Business 핵심 컴포넌트, 그리고 참조적 구성요소인 Techno Business 참조 컴포넌트이다. 구성요소 간 관계와 그 내용은 [표 9-3]과 같다.

표 9-3 Techno Business 통합분석 방법론구성요소

구분	설명
Techno Business 기반 컴포넌트	• TISSUE 복합모델의 상호연계 개념 • TISSUE 복합모델의 입력-산출체계 • TISSUE 복합모델의 컴포넌트별 분석기법
Techno Business 핵심 컴포넌트	• Techno Business 시나리오 개념 • Techno Business 시나리오 분석체계
Techno Business 참조 컴퍼넌트	• Techno Business 레파지토리 개념 • Techno Business 레파지토리 참조유형

각각의 구성요소를 조합하여 특정 목적의 시나리오를 지원하는 특성화된 분석방법론을 산출한다. 지금부터 방법론의 주요 구성요소에 대한 상세한 내용을 살펴본다.

2.2 Techno Business 기반 컴포넌트

Techno Business 기반 컴포넌트는 Techno Business를 구성하는 6개의 구성요소를 정의하고 해당 분석기법을 체계화하여 분석기법 라이브러리를 정리한 컴포넌트이다. 이 과정에서 Techno Business의 6개 구성요소는 비즈니스분석 관련 연구들을 통해 도출되었으며, 이를 분류하면 [표 9-4]와 같다.

표 9-4 Techno Business 통합분석 관점 관련 기존연구

연구자	기술	산업	전략	서비스	고객	환경
Aaker(2007)			○		○	
Anthony(1965)			○			
Bateman(2007)		○	○	○	○	
Boyer et al(1996)	○		○			
Brown and McDonald(1994)	○					
Christensen(2000)	○					
Daft(2009)						
Dean and Snell(1996)	○					
English and Marcione(1983)						
Grant(1995)						
Haksever(2004)	○					
Heinrich(2003)	○					
Hiroyuki and Itami(1992)	○					
Hitt and Brynjolfsson(1996)	○					
Hooley and Saunders(1993)			○			○
Jones and Jennifer(2008)		○	○	○	○	
Lee(2006)			○			○
Likert(1967)		○		○		
Lynch(2006)			○			
Margaret and Garry(2003)	○			○		
Meredith(1987)	○		○			
Schendel and Hofer(1978)			○			
Schumpeter(1939)	○	○		○		
Skinner(1984)	○		○			

다양한 연구자들에 의해 논의된 비즈니스 분석 관점은 크게 기술, 산업, 전략, 서비스, 고객, 환경으로 구분될 수 있다.

6개의 비즈니스 분석관점은 각각의 학자에 의해 그 중요성이 논의되었다. Boyer et al(1997), Brown and McDonald(1994) 등의 연구에서는 비즈니스에서 기술이 가지는 중요성이 비즈니스의 성공에 중요한 영향을 미치고 있음을 제시하였으며, Draft(2009)와 English and Marcione(1983)의 경우 비즈니스 분석을 통해 산업이 가지는 중요성을 언급하였다. Grant(1995), Hiroyuki and Itami(1992)는 전략을 비즈니스 구성요소 중에서 운영 관점의 대표적 표현으로

정의하였으며, Heinrich(2003), Likert(1967)의 경우 기술사업화 과정에서 기술은 상업적 목적에 의해 변화된 결과물로서 제공되는 서비스라고 정의하였다. 또한 Haksever(2004), Jones and Jennifer(2008)는 비즈니스를 구성하는 내부적 요인에 외부적 요인 관점인 시장을 고려하여 고객의 관점으로 인식하였으며, Aaker(1965), Hooley and Saunders(1993)는 비즈니스를 구성하는 부차적 차원에서 환경요소의 중요성을 언급하였다.

TISSUE Model은 2005년 연세대학교 임춘성 교수에 의해 유비쿼터스 환경의 비즈니스 구성요소로써 기술, 산업, 서비스, 고객, 환경으로 정의된 바 있으며, 이후 Techno Business의 정의를 위해 전략측면을 추가한 TISSUE Model Ver 2.0이 제시되었다.

[그림 9-5]에서와 같이 TISSUE Model은 구성요소 측면에서 기술주도형(Technology Driven) 비즈니스와 서비스주도형(Service Driven) 비즈니스를 포함하고 있다. Technology에서 Environment 방향으로 나아가는 경우가 기술주도형, Environment에서 Technology 방향으로 나아가는 경우는 서비스주도형 비즈니스이다. TISSUE 모델은 컴포넌트 간의 선순환적 사이클을 형성함으로써 Techno Business를 이해하는 통합적인 시각을 제공한다.

그림 9-5 Techno Business 통합분석 모델(TISSUE Model)

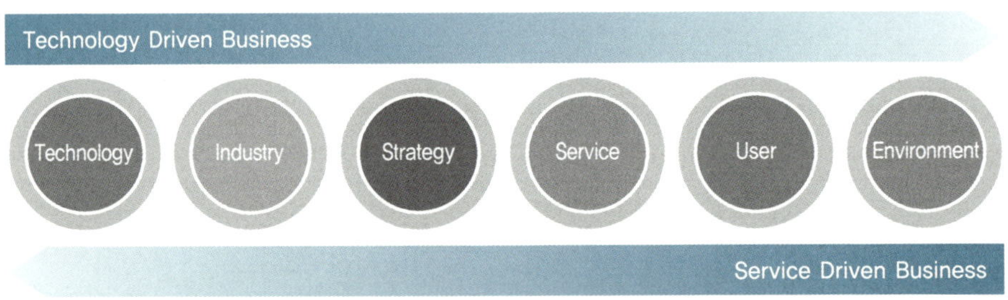

TISSUE 모델의 각 컴포넌트는 상호 연관성을 가져 다른 컴포넌트로부터 산출된 정보를 입력받아 분석에 반영하고, 분석 결과 산출된 정보를 다시 다른 컴포넌트에 제공한다. 이렇게 TISSUE 모델은 복합적 정보의 N:N 상호교환 과정이 지속적으로 일어나는 복합적 체계라 파악할 수 있으며, 각 상호교환 과정 중 일어나는 구체적인 프로세스는 [그림 9-6]과 같이 도식화할 수 있다.

TISSUE 모델을 복합적 체계에 따라 접근하기 위해서는 먼저 컴포넌트 간 관련성을 식별하고 정보를 요구하는 컴포넌트 또는 정보를 산출할 컴포넌트를 정의하는 과정을 거친다. 이후 컴포넌트별로 입력정보 및 산출정보를 파악하고, 컴포넌트 간 상호교환 형태를 명확히 정의한다. 마지막으로 이러한 상호교환 과정에서 나타난 컴포넌트별 분석 수행내용 및 기법을 구체화하여 복합적 체계를 정의한다. 결과적으로 도출된 TISSUE 모델의 복합적 체계(Complexity Framework)는 [그림 9-6]과 같다.

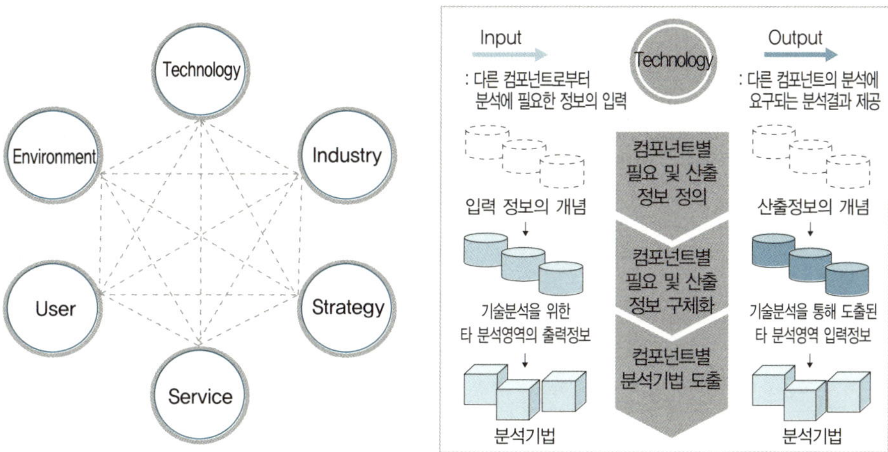

그림 9-6 TISSUE모델의 복합적 체계

TISSUE모델의 복합적 체계는 각각의 비즈니스 구성요소가 상호 독립적이지 않고, 서로 연계된 개념임을 나타내고 있다. TISSUE모델은 이러한 상호 연계 개념을 구체화하기 위해 각각의 컴포넌트가 상호 교환하고 있는 정보의 개념을 정의하고 이를 실제 정보로 식별하여 각각의 컴포넌트가 포함하고 있는 분석기법을 도출하는 과정을 통해 Techno Business 통합분석방법론의 기반 컴포넌트인 분석기법 라이브러리를 구성한다. TISSUE모델 하나의 컴포넌트는 분석 시 나머지 다섯 컴포넌트로부터 분석에 필요한 정보를 입력받아 반영하며, 하나의 컴포넌트에서 분석을 수행한 결과로 산출된 정보는 나머지 다섯 컴포넌트가 요구하는 형태에 따라 다시 제공된다. [표 9-5]는 TISSUE모델의 컴포넌트 간 입력-산출정보의 개념을 나타내고 있다.

표 9-5 TISSUE 모델의 컴포넌트 간 입력-산출체계

	Input	Component	Output	
I	산업 지속가능성, 내·외부 파급력 분석정보	Technology	기술특성 및 분류체계에 대한 분석정보	I
S	전략적 기술경쟁구도와 미래가치 분석정보		기술특성 및 사업화관련 분석정보	S
S′	서비스특성 및 핵심기술의 적합성 분석정보		기술특성 및 구현을 위한 기업자원 분석정보	S′
U	고객요구사항 및 예상고객 분석정보		기술특성 및 기술분류 구조정보	U
E	정책 측면의 구현가능성 분석정보		기술특성 및 기술로드맵 분석정보	E
T	기술특성 및 분류체계에 대한 분석정보	Industry	산업 지속가능성, 내·외부 파급력 분석정보	T
S	산업 내·외부 경쟁구도, 이해관계자 분석정보		산업구조 및 경쟁환경에 대한 분석정보	S
S′	서비스속성 및 사업화가능성 분석정보		산업 이해관계자 및 가치사슬 분석정보	S′
U	예상고객의 산업에 대한 요구사항 분석정보		시장수요, 수명주기, 산업경쟁구도 분석정보	U
E	산업에 파급효과를 미치는 거시환경 분석정보		산업구조, 이해관계자 및 진입장벽 분석정보	E
T	기술 특성 및 사업화 관련 분석정보	Strategy	전략적 기술경쟁구도와 미래가치 분석정보	T
I	산업구조 및 경쟁환경에 대한 분석정보		산업 내·외부 경쟁구도, 이해관계자 분석정보	I
S′	서비스 모델구조·속성, 전략부합성 분석정보		전략적 방향성 및 전략과제 도출 정보	S
U	기술수요 추정, 고객요구사항 분석정보		타깃고객의 특성 및 전략방향성 도출정보	U
E	비즈니스 구현가능성을 위한 환경적 고려요인		전략, 프로세스, 조직측면의 요구사항정보	E
T	기술특성 및 구현을 위한 기업자원 분석정보	Service	서비스 특성 및 핵심기술의 적합성 분석정보	T
I	산업 이해관계자 및 가치사슬 분석정보		서비스속성 및 사업화가능성 분석정보	I
S	전략적 방향성 및 전략과제 도출정보		서비스모델구조·속성, 전략부합성 분석정보	S′
U	고객유형, 특성, 요구사항 분석정보		서비스모델구조·속성, 사업성 분석정보	U
E	비즈니스 구현가능성을 위한 환경적 고려요인		서비스속성, 모델구조 분석정보	E
T	기술특성 및 기술분류 구조정보	User	고객요구사항 및 예상고객 분석정보	T
I	시장수요, 수명주기, 산업경쟁구도 분석정보		예상고객의 산업에 대한 요구사항 분석정보	I
S	타깃고객의 특성 및 전략방향성 도출정보		기술수요 추정, 고객 요구사항 분석정보	S
S′	서비스 모델구조·속성, 사업성 분석정보		고객유형, 특성, 요구사항 분석정보	S′
E	경제적, 사회적 측면의 분석정보		목표시장의 특성 및 고객요구사항 분석정보	E
T	기술특성 및 기술로드맵 분석정보	Environment	정책 측면의 구현가능성 분석정보	T
I	산업구조, 이해관계자 및 진입장벽 분석정보		산업에 파급효과를 미치는 거시환경 분석정보	I
S	전략, 프로세스, 조직 측면의 요구사항정보		비즈니스 구현가능성을 위한 환경적 고려요인	S
S′	서비스 속성, 모델구조 분석정보		서비스 제공을 위한 환경적 고려요인	S′
U	목표시장의 특성 및 고객요구사항 분석정보		경제적, 사회적 측면의 분석정보	U

이러한 일련의 N:N 상호 교환 과정은 순차적이 아닌 동시적이고 복합적인 체계를 이루며, TISSUE 모델 여섯 가지 컴포넌트의 입력, 산출, 제공정보를 통합적으로 반영할 수 있도록 한다.

주요 분석정보의 흐름을 요약하여 도식화한 결과는 [표 9-6]과 같다. Technology 컴포넌트는 나머지 Industry, Strategy, Service, User, Environment 컴포넌트로부터 행에 해당하는 정보들을 입력받아 분석을 수행하며, 분석결과 도출된 열에 해당하는 산출정보들은 이를 요구하는 나머지 컴포넌트들에 다시 제공한다는 의미로 해석할 수 있다. 나머지 컴포넌트들에서도 이와 동일한 상호 교환 프로세스가 나타난다.

표 9-6 TISSUE 모델의 컴포넌트 간 입력–산출활용기법

	Technology	Industry	Strategy	Service	User	Environment
Technology		• 산업수명주기 • 산업연관분석결과	• 경쟁기술분석결과 • 미래예측기술 • 기술가치추출결과 • 원천기술현황 • 경쟁분석결과	• 기술적합성평가 • 제품 및서비스분석	• 시장수요분석 • 예상시장정보 • 고객요구사항	• 기술규제 • 기술표준화기준 • 대체기술대안 • 연구기금관리
Industry	• 기술예측결과 • 기술의 산업특성 • 기술의 실현가능성 • 기술수명주기 • 기술로드맵 • 기술분류체계		• 경쟁환경분석 • 경쟁자분석 • 전략로드맵	• 이해관계자구조 • 제품서비스정보 • 사업구조 • 시장사업성평가	• 시장수요분석 • 예비시장정보 • 고객유형 • 고객요구사항 • 고객만족도	• 정부정책 • 국내경기상황 • 세금규제 • 국제통상규제
Strategy	• 기술사업화모델 • 기술이전모델 • 기술결정수준 • 기술구현자원 • 기술경쟁력분석 • 유망투자기술 • 기술상용화절차	• 산업수명주기 • 산업경제관점 • 산업수익구조 • 산업이해관계자 • 경쟁구조분석 • 경쟁강도분석		• 이해관계자구조 • 제품서비스정보 • 사업구조 • 시장사업성평가 • 전략부합성평가 • 시나리오 • Value map • Process map	• 고객수용주기 • 고객라이프사이클 • 고객요구사항분석 • 시장수요정보 • 예비시장정보	• 지적재산권 • 라이센싱 • 특허 • 정부정책 • 기술규제
Service	• 기술특성 • 유망기술 • 기술기여가치 • 기술수명주기 • 기술사업화모델 • 기술이전모델 • 필요(구현)자원	• 산업이해관계자 • 산업가치사슬 • 산업위험요소 • 산업성숙도	• 프로세스요구사항 • 조직요구사항 • 전략과제 • 전략방향성 • To-Be모델 • 실행계획		• 예비시장정보 • 시장환경분석 • 서비스수명주기 • 라이프스타일분석 • 사용성분석 • 고객요구사항분석	• 기술규제 • 기술표준화기준 • 대체기술대안 • 지적재산권 • 라이센싱 • 특허 • 정부정책
User	• 기술특성 • 기술상태분석결과 • 기술분류체계	• 시장수요 • 시장 내 경쟁구도 • 시장라이프사이클	• 타깃고객정보 • 타깃고객특성 • 전략로드맵	• 이해관계자분석 • 제품 및 서비스분석 • 사업구조분석 • 시장사업성평가 • 시나리오분석		• 경제지표 • 소비패턴 • 라이프스타일 추세
Environment	• 기술특성 • 기술환경부합성 • 기술상태분석결과 • 기술상용화요인 • 기술로드맵	• 산업이해관계자 • 산업파급분석 • 산업구조 • 진입장벽	• 전략요구사항 • 프로세스요구사항 • 조직요구사항	• 이해관계자분석 • 제품 및 서비스분석 • 사업구조분석 • 시나리오분석	• 예비시장분석 • 시장환경분석 • 서비스수명주기	

TISSUE모델을 활용한 분석기법 라이브러리는 [표 9-7]과 같이 구성될 수 있다.

표 9-7 분석기법 라이브러리의 정의

T. Technology	정의	S'. Service	정의
T1. 기술수요예측분석 T2. 기술수명주기분석 T3. 기술로드맵분석	기술기반 비즈니스에서 비즈니스 아이템으로써 활용되는 기술을 대상으로 사업화 과정에서 필요한 주요 기술분석과 기존 비즈니스의 개선을 위해 수행하는 기술분석 기법으로 구성된 컴포넌트	S'1. 서비스모델 구성 S'2. 서비스흐름 분석 S'3. 서비스모델 평가	기술기반 비즈니스 사업화 과정에서, 기술이 서비스(혹은 제품)로 전환되면서 요구되는 비즈니스 모델 구체화에 해당되는 분석기법으로 구성된 컴포넌트
I. Industry	**정의**	**U. User**	**정의**
I1. 산업연관분석 I2. 산업구조분석 I3. 산업경쟁력분석	기술기반 비즈니스에서 비즈니스 아이템으로 활용되는 기술에 해당되는 산업을 대상으로 산업 내 환경특성을 분석하는 기법들로 구성된 컴포넌트	U1. 고객유형분석 U2. 고객요구사항분석 U3. 고객만족도분석	기술기반 비즈니스의 제공대상이 되는 시장 및 고객에 대한 특성을 분석하는 컴포넌트로써 고객정의 및 요구사항 도출 등의 기법으로 구성된 컴포넌트
S. Strategy	**정의**	**E. Environment**	**정의**
S1. 기술전략수립 S2. 사업전략수립 S3. 지속가능전략수립	기술기반 비즈니스의 사업화 과정에서 수행하는 비즈니스전략 수립에 필요한 분석 및 기존 비즈니스의 새로운 전략방향 설정을 위해 필요한 분석기법으로 구성된 컴포넌트	E1. 경제 · 국제환경분석 E2. 정치 · 규제환경분석 E3 사회 · 문화환경분석	기술기반 비즈니스의 사업화 과정에서 발생하는 비즈니스 저해요인에 대한 분석을 수행하는 컴포넌트로써 비즈니스 환경의 외부적 요인에 대한 영향효과 및 리스크를 분석하는 기법으로 구성된 컴포넌트

- **기술(Technology)** : Techno Business를 위한 기술분석에서는 기술예측, 기술평가, 기술사업화에 관련한 세부 분석기법들을 제시한다. 기술의 향후 발전전망을 예측하고, 현 가치를 평가하며, 이를 실제 사업화하기 위한 분석방안을 포함한다.
- **산업(Industry)** : Techno Business를 위한 산업분석에서는 산업구조분석, 산업경쟁분석, 산업진화예측의 세 가지 분야에 대해 세부분석기법들을 제시한다. Techno Business가 속해 있는 산업의 현황을 파악하고 경쟁구조를 이해하며 향후 어떻게 진화할 것인지 예측한다.
- **전략(Strategy)** : Techno Business를 위한 전략분석은 전략요구사항분석, 전략최적방안수립, 전략성과평가의 세 가지 분석 분야로 구성된다. 기업에서 발생하는 요구사항을 명확하게 분석하여 기존 전략방향에 부합하는 최적의 전략을 수립하고 성과를 평가하는 과정까지 활용되는 세부 분석기법을 포함한다.

- **서비스**(Service) : Techno Business를 위한 서비스분석에서는 서비스구성요소분석, 서비스타당성평가, 서비스모델설계에 대한 세부분석기법들을 제시한다. 실제 고객가치를 제공하는 비즈니스 모델을 구체화하기 위해 서비스의 구성요소들을 분석하고 타당성을 평가하여 구체적인 서비스 모델을 결정하는 과정을 포함한다.
- **고객**(User) : Techno Business를 위한 사용자분석은 시장현황분석, 고객유형분석, 고객만족도분석으로 구성되어 세부분석기법들을 제시한다. 비즈니스의 제공대상을 시장 및 고객으로 구분하여 시장현황을 파악하고 고객유형 및 만족도 등을 분석하여 Techno Business가 고객요구에 부합하는 가치를 전달하도록 지원한다.
- **환경**(Environment) : Techno Business를 위한 환경분석은 정책환경분석, 경제환경분석, 사회환경분석으로 구성된다. 비즈니스를 영위하는 데 영향을 미치는 거시적 환경요소에 대해 구체적으로 분석하여 이에 대한 효과 또는 리스크를 예측할 수 있는 세부분석기법들을 포함한다.

통합분석모델의 개별 컴포넌트별로 CPM(Critial Path Method)의 ITO(Input – Tool&Technic – Output) 분석을 수행함으로써 보다 구체적인 분석기법 라이브러리를 생성하였다. [그림 9-7]은 '기술예측' 기법에 적용한 예시를 나타낸다.

그림 9-7 분석기법 라이브러리의 도출과정 (기술예측 예시)

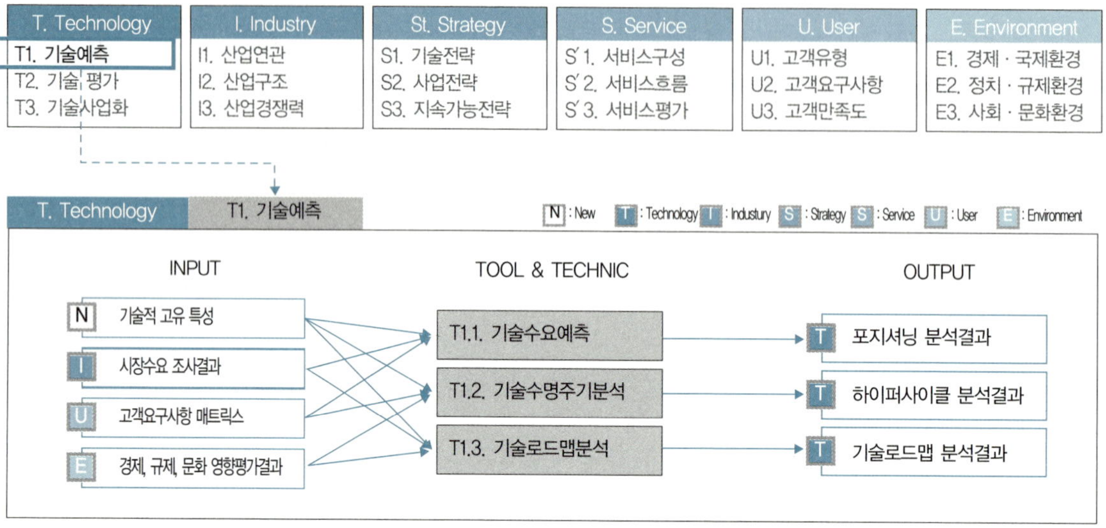

위와 같은 절차를 수행하기에 앞서 본서의 방법론에서 활용할 6대 컴포넌트별 세부분석기법은 [표 9-8]에서 나타내고 있다.

표 9-8 Techno Business 분석기법 정의

컴포넌트	분석영역	분석기법	정의
Technology	기술예측	기술수요예측	기술의 잠재적 수요예측 기법
		기술수명주기	특허인용주기 등을 활용한 기술수명예측기법
		기술로드맵	기술의 진화에 따른 기술로드맵 개발기법
	기술평가	기술등급평가	기술을 정성적으로 평가하는 기법
		기술가치평가	기술을 금전적 가치로 환산 평가하는 기법
	기술사업화	기술이전	기술의 도입 및 판매에 해당되는 절차기법
		기술상용화	기술상용화를 위한 모델개발 기법
Industry	산업구조	산업구성요소	산업구성요소를 정의 및 특성화하는 기법
		산업가치사슬	산업의 프로세스와 수익구조를 파악하는 기법
		산업성공요인	프로세스별 핵심 성공요인을 도출하는 기법
	산업경쟁	경쟁그룹분석	경쟁그룹을 정의하고 개별분석하는 기법
		경쟁구도분석	경쟁그룹 간의 역학관계 분석기법
		경쟁강도분석	경쟁의 정도를 수치화하여 분석하는 기법
	산업진화	산업규모예측	산업영향요인을 고려하여 산업규모 예측기법
		산업수명주기	산업라이프사이클을 바탕으로 성숙도 측정기법
		산업시나리오	위험/기회요인에 대한 시나리오 분석기법
Strategy	전략요구사항 분석	조직요구사항	기업 내부 경영진 목표 및 구성원 핵심 역량 발현을 위한 요구분석기법
		프로세스요구사항	대내외 업무체계 및 포트폴리오 분석기법
		시장요구사항	외부환경의 변화 및 기업의 강 · 약점에 따른 요구사항 분석기법
	전략최적화 방안수립	전략방향수립	사업전략과 기능전략 간 연계를 통한 전략방향성 수립기법
		전략과제도출	실행우선순위 평가를 통해 최종 전략과제 도출기법
		실행계획수립	일정/투자/인력계획 등의 전술계획 수립기법
	전략성과 평가	전략계획평가	전략실행에 대한 사전성과 평가기법
		전략효과평가	전략실행 후 성과평가 및 개선과제 도출기법
Service	서비스 구성요소 분석	서비스속성	상품 및 제공서비스 정의, 고유속성 분석 및 구체화기법
		이해관계자	서비스제공에 관련된 이해관계자 분석기법
	서비스 타당성 평가	기술적합성	서비스 제공을 위해 적용된 기술의 적절성 분석기법
		전략부합성	서비스목적과 기업전략과의 일치성 분석기법
		시장사업성	서비스제공의 경제적 영향 및 효과분석기법
	서비스 모델 설계	서비스시나리오	서비스의 예측가능한 문제들을 인식하고 분석하는 기법
		서비스관계구조	서비스 이해관계자 간의 가치 및 프로세스 흐름분석기법
		서비스수익모델	서비스제공을 통해 얻는 주요, 부가, 잠재수익분석기법
User	시장현황 분석	잠재시장	구매의도분석 및 선호서열을 분석하는 기법
		시장우위	경쟁형태, 경쟁자파악을 통한 목표시장 선정기법
		시장매력도	시장의 진입확대를 위한 매력도 분석기법
	고객유형 분석	고객수용주기	고객의 특성에 따른 신제품 수용주기분석기법
		고객라이프스타일	고객의 주요 관심 의견에 따른 구매분석기법
		고객사용성	제품의 기능성, 사용편의성, 안정성 및 효율/효과성 분석기법
	고객만족도 분석	고객가치측정	기능적/사회적/개인적/경험적 편익분석기법
		고객요구사항	구매실행결과에 대한 만족 및 불만족 요인분석기법
Environment	정책환경	정부정책 영향	정부정책에 대한 비즈니스 영향요인 분석기법
		법제도 영향	법제도에 대한 비즈니스 영향요인 분석기법
	경제환경	경제지표 영향	경제지표에 의한 비즈니스 영향효과 분석기법
		경제적 파급효과	비즈니스수행으로 인한 경제적 파급효과 분석기법
	사회환경	사회 트렌드	단기적 사회효과에 의한 영향효과 분석기법
		기술문화수용	장기적 사회현상에 의한 영향효과 분석기법

또한 위와 같이 정의된 분석기법은 각각 구체화된 정보를 포함하고 있으며 그 주요 내용은 분석기법 정의, 유형, 절차, 템플릿 등으로 구성된다. [표 9-9]는 분석기법들 중 기술수요예측기법에 대한 라이브러리의 상세정보를 나타내고 있다.

표 9-9 Techno Business 분석기법 라이브러리(기술수요예측기법 예시)

기술수요예측 기법 세부유형

구분		정의	대표적 기법	장 · 단점
1	주관적 예측기법	전문가의 지식을 이용하여 특정 기술집합의 미래를 예측하는 기법	Delphi (델파이법)	과거자료가 없거나 정량적 접근이 제한되는 경우에 적합함 전문가 선정 및 객관성 확보가 제한됨
2	탐구적 예측기법	과거부터 현재까지의 경향을 미래에 연장하여 미래의 연속적 변화를 예측하는 기법	Trend Extrapolation (경향외삽법)	기술 및 시장수요조사에 적합함 장기적인 관점에서 기술변화 요인의 분석이 제한됨
3	규범적 예측기법	미래사회의 요구, 목표 및 가치 등 규범을 설정하고 현재의 실현가능성을 분석하는 예측기법	Relevance Tree (연관나무기법)	신기술 예측에 효과적임 기술예측의 응용수준이 낮음

기술수요예측 기법 분석절차

1단계 예측자료준비	2단계 기술예측수행	3단계 예측결과분석
① 예측목표설정 ② 분석요인도출 ③ 분석데이터 수집	④ 예측기법선정 ⑤ 분석 및 예측 실행	⑥ 예측결과 해석 ⑦ 예측결과 검증 및 보완 ⑧ 예측결과정리

◈ **ITR Definition**

기술수요예측기법
기술예측에 기초하여 기술에 대한 전반적인 예측, 평가, 기획을 대상으로 하는 기법으로써, 특정한 논리체계에 따른 설계, 생산, 기계, 재료 및 공정의 이용과 관련된 기술 특성의 변화 정도, 기술속성과 시기에 관한 정량화된 전망을 분석하는 기법

2.3 Techno Business 핵심 컴포넌트

Techno Business 통합분석방법론의 핵심 컴포넌트는 시나리오에 특화된 방법론을 산출하는 컴포넌트이며 이 과정에서 시나리오 분석체계를 활용하여 분석 요구사항을 구체화된 시나리오로 정의한다. 시나리오 분석체계는 시나리오의 패턴 및 특성을 정의함으로써 Techno Business 기반 컴포넌트와 참조 컴포넌트의 연계(Mapping)를 위한 시나리오의 속성정보를 제공하게 된다. Techno Business 통합분석방법론에서 시나리오 분석체계의 역할은 [그림 9-8]과 같다.

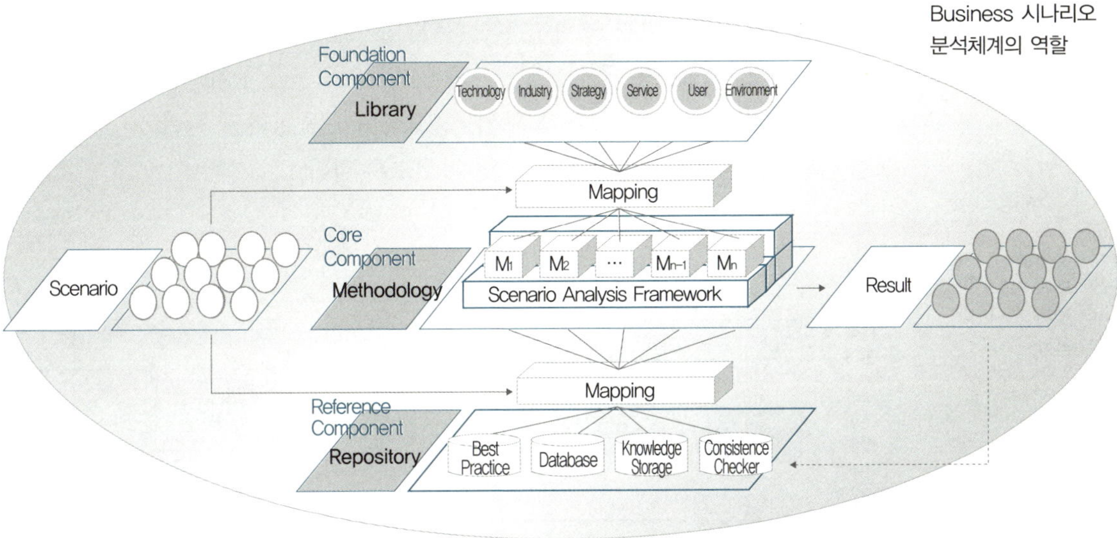

그림 9-8 Techno Business 시나리오 분석체계의 역할

'시나리오(Scenario)'는 기업 또는 조직의 요구사항을 구체화한 산출물로써 주로 SW기업에서 Vendor의 요구사항을 구조화하는 방법으로 많이 사용하였다. 하지만, 전 산업분야에서 시나리오를 활용하게 되면서 많은 연구자들은 활용 목적별로 차별화된 고유의 방법론을 제시하였다. 본서에서는 기술기반 비즈니스 현안 해결을 위한 요구사항을 식별하고, 이를 패턴화하는 것을 시나리오 작성의 목적으로 한다. 따라서, [표 9-10]과 같은 다수의 시나리오 작성방법 중,

표 9-10 시나리오 작성방법론의 종류

접근법	특징	연구자
Natural Language Approach 자연어접근법	• 자연어방식의 기술 • 초기요구사항 도출에 용이 • 상호작용구조를 통한 검증	Jacobson I.(1992)
State Chart Representation 상태도 표현기법	• 구조화된 텍스트와 상태도 기술 • 복합적인 시나리오 표현이 용이	Glintz M.(2000)
Hirerarchical Graphical Notation 계층적 도면표시법	• 환경적, 구조적, 이벤트적 관점으로 구성 • 그래픽한 표기법으로 이해가 쉬우며 복잡한 정보를 포함할 수 있음	Regnell B.(1996)
Use Case Maps 유즈케이스맵	• 소프트웨어 개발시 주로 사용 • 유즈케이스에 기반하여 이벤트와 결과의 상관 관계를 표현함	Buhr R.(1996)

Jacobson(1992)의 자연어접근법을 본서의 이론적 기초로 활용하였다.

Techno Business 실무자는 핵심 컴포넌트인 통합분석 프레임워크에 개별 시나리오를 적용하여, 사례별로 TISSUE 모델의 컴포넌트 활용 필요수준을 식별하고 하위 분석기법을 최종 선정한다. 분석 프레임워크는 TISSUE 모델 컴포넌트(분석분야), 기술사업화 수명주기(분석범위), 민간기업 및 공공기관(분석대상)의 3대 영역을 통합하여 구성하였다. 분석 프레임워크를 통해 시나리오가 지니는 주요 특성을 통합 가시화함으로써, 프로젝트에 특성화된 Techno Business 통합분석방법론의 적용방안을 모색할 수 있도록 한다.

그림 9-9 Techno Business 시나리오 분석 프레임워크

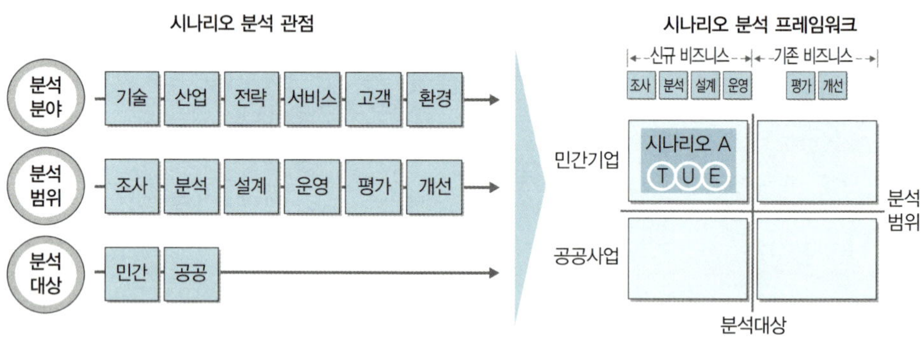

분석 프레임워크 중 '분석범위'의 기준은 '신규 비즈니스 창출'과 '기존 비즈니스 보완' 중 시나리오가 주안하는 방향에 적합한 분석결과를 도출하기 위하여 설정하였다. 분석범위는 [그림 9-10]과 같이 기술사업화 수명주기(Life Cycle)를 기반으로 '조사-분석-설계-운영-평가-개선'의 6대 속성으로 정

그림 9-10 기술사업화 수명주기와 분석범위

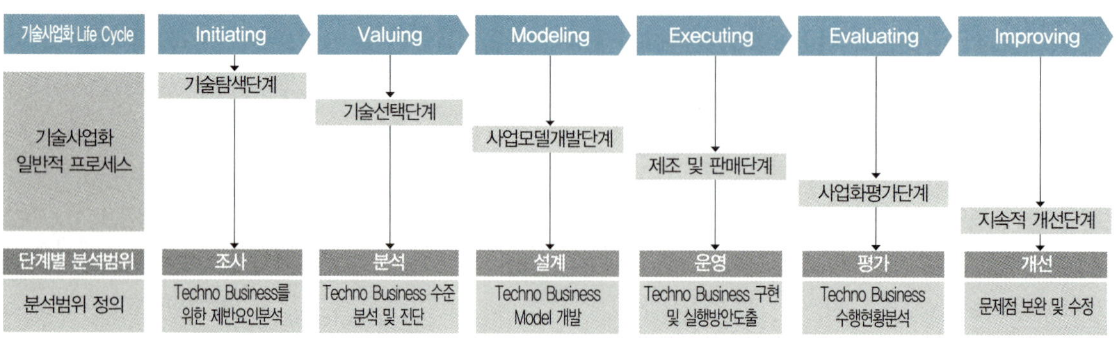

의된다. 시장에 진입하려는 사업자는 '조사-분석-설계-운영'을, 비즈니스 현황을 진단하고 발전 방안을 수립하려는 사업자는 '평가-개선'을 목표로 Techno Business 통합분석을 활용할 수 있다.

2.4 Techno Business 참조 컴포넌트

Techno Business 통합분석방법론의 참조 컴포넌트는 전체 방법론에서 수집된 분석데이터를 저장 관리하는 역할을 담당한다. 분석데이터를 체계적으로 관리하기 위해 데이터의 속성에 따라 4개의 레파지토리로 구분하여 저장하고 관리한다. [그림 9-11]은 참조 컴포넌트 4개 유형의 레파지토리 개념을 나타낸다.

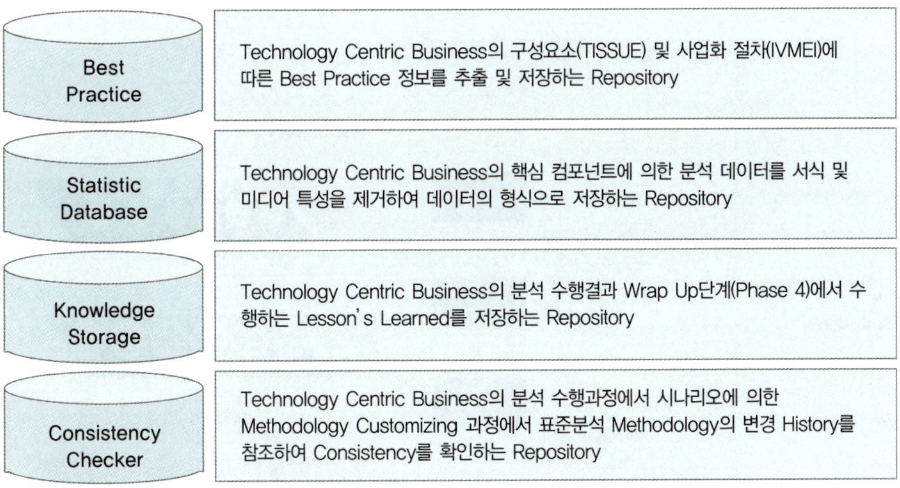

그림 9-11 Techno Business 분석 레파지토리의 구성

Best Practice는 Techno Business의 구성요소 및 사업화 절차에 따른 분석 정보 중에서 Best Practice에 해당되는 정보, 즉 분석의 결과 중 Implication 등에 해당되는 정보를 저장 및 관리하는 레파지토리이며, Statistic Database는 Techno Business의 분석과정에서 발생하는 수치 데이터를 수집하여 저장 및 관리하는 레파지토리이다. Knowledge Storage는 분석을 수행하는 과정에서 발생한 경험정보(Lesson's Learned or Tip)를 저장하여 과거의 오류 혹은 장애 요인을 답습하지 않고 분석과정을 진행할 수 있도록 돕는 정보들을 관리하며

Consistency Checker는 시나리오에 특화된 방법론을 구성하는 과정에서 유사한 과거 방법론 구성정보나 표준 방법론 정보, 템플릿 등을 제공함으로써 방법론 구성과정의 효율성 및 신뢰도를 향상시킬 수 있도록 구성된다.

참조 컴포넌트는 방법론이 다수 적용되면서 그 정보의 양이 증대될 때 의미를 가진다. 참조 컴포넌트는 방법론이 수행되는 과정에서 발생되는 모든 유형의 정보가 축적되어야 의미가 있기 때문이다.

참조 컴포넌트의 레파지토리는 Techno Business 통합분석방법론이 적용되는 과정에서 다양한 방식으로 활용된다. 앞서 설명한 바와 같이 Implication, Statistic Data, Tip, Comparision 등의 활동 이후에 저장된 경험 데이터를 참조하여 현재 수행하는 방법론의 효율성 및 신뢰도를 높이도록 지원한다. [그림 9-12]는 Techno Business 시나리오분석 시 레파지토리를 참조하는 과정을 보여준다.

그림 9-12 Techno Business 분석 레파지토리의 참조과정

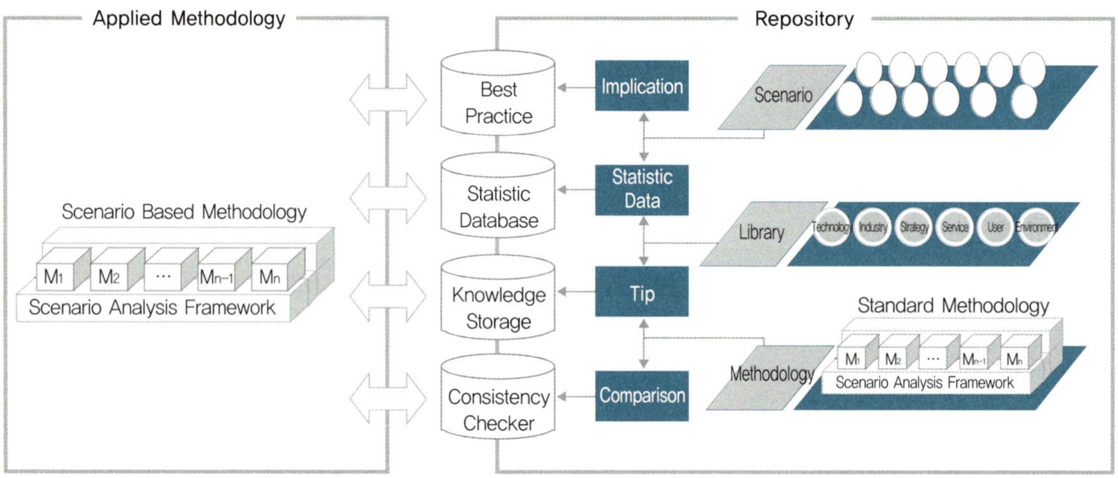

참조 컴포넌트의 정보는 과거의 분석결과, 템플릿, 표준적용 방법론, 계량적 정보를 포괄하며, 이는 검색엔진을 통해 조회 · 획득할 수 있도록 하여야 한다. 본서에서는 참조 컴포넌트의 정보를 제공하기 위한 IT솔루션 구현과정을 다루지 않기로 한다.

3. Techno Business 통합분석방법론 활용

Techno Business 통합분석방법론의 활용방법

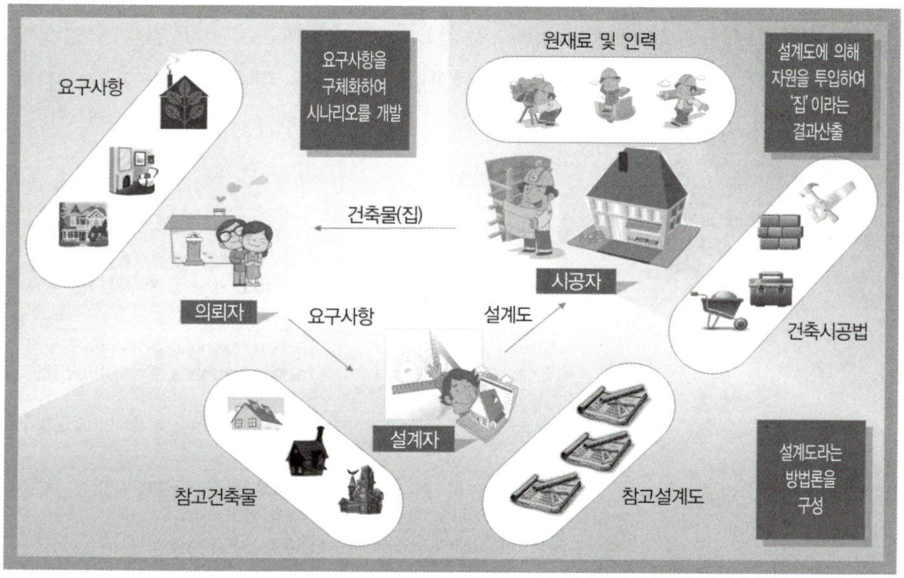

Techno Business 통합분석방법론의 활용방법과 절차를 주택 건축 과정에 견주어보기로 한다. 주택 건축을 의뢰한 사람은 Techno Business 분석 의뢰자에 해당한다. 주택 설계자는 Techno Business 특성화 방법론을 수립하는 기획자라 할 수 있다. 또한, 주택 시공자는 Techno Business 분석기법을 실제로 수행하는 사람이다.

보다 상세히 살펴보자. 의뢰자가 자신의 요구사항을 설계자에게 제시하면 설계자는 이를 기반으로 기존의 건축 경험과 유사 형태의 선진 건축물을 참조하여 주택 형태 및 시공법을 선정한다. 설계도가 완성되면, 시공자가 원자재와 인력을 투입하여 주택 건축을 완료하고, 의뢰자에게 납품하게 된다.

이제 Techno Business의 분석과정을 살펴보자. 분석 요구사항을 충족하는 시나리오 개발을 위해, Techno Business 수행 설계도인 특성화 방법론을 수립한다. 방법론에서 사용하기로 한 분석기법 및 수행절차, 기법별 분석정보를 정의함에 따라 기업에 적합한 분석결과를 도출하게 된다. 본절에서는 Techno Business 통합분석 수행을 위해 방법론의 3대 컴포넌트를 활용하는 과정과 분석결과를 산출하는 방법을 설명하고자 한다.

3.1 Techno Business 통합분석방법론 활용개요

Techno Business 통합분석방법론은 TISSUE 모델을 활용하는 실행방법론이다. 본절에서는 Techno Business 분석요구에 대응하는 분석기법과 수행절차를 소개하고 이를 적용한 분석과정을 설명한다. 방법론 활용과정은 [표 9-11]과 같이 9단계의 절차로 구성된다.

표 9-11 Techno Business 통합분석 방법론의 활용

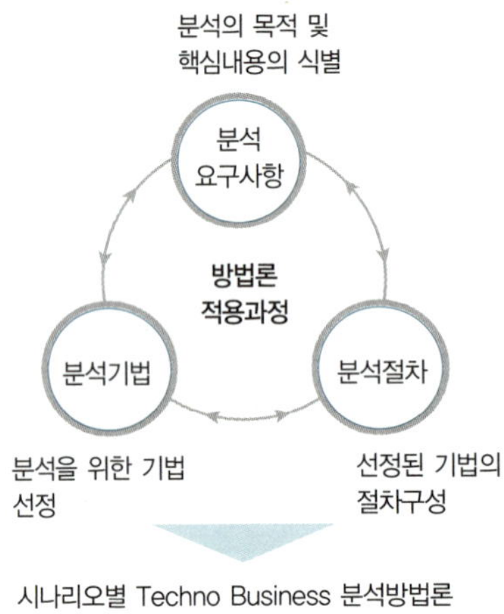

구분	설명
Techno Business 분석요구사항 식별	• Techno Business 분석목적 정의 • Techno Business 분석핵심내용 식별 • Techno Business 분석 CSF 식별분석
Techno Business 분석기법 선정	• Techno Business 분석시나리오 구성 • Techno Business 분석시나리오 패턴 및 특성분석 • Techno Business 분석기법 매칭 및 도출
Techno Business 분석절차 구성	• Techno Business 분석기법 중복성 체크 • Techno Business 분석기법 타당성 체크 • Techno Business 분석기법 절차구성 (모듈화)

Techno Business 통합분석방법론은 3대 컴포넌트(기반 · 핵심 · 참조 컴포넌트)를 유기적으로 조합하여 개별 시나리오에 특성화된 방법론을 구성하고, 이를 수행함으로써 비즈니스에 유의미한 분석결과를 산출하도록 한다. 최종 분석결과는 참조 컴포넌트에 경험데이터의 형태로 저장되어 향후 유사한 분석요구가 있을 때 재사용할 수 있도록 한다.

Techno Business 통합분석방법은 크게 분석요구사항의 식별(A1-A2), 분석기법의 선정(A3-A5), 분석절차 구성(A6-A9) 등으로 이루어진다. 각 절차에서는 기반, 핵심, 참조 컴포넌트의 구성요소가 모두 활용된다. [그림 9-13]은 방법론의 3대 컴포넌트를 적용하는 절차를 나타낸다.

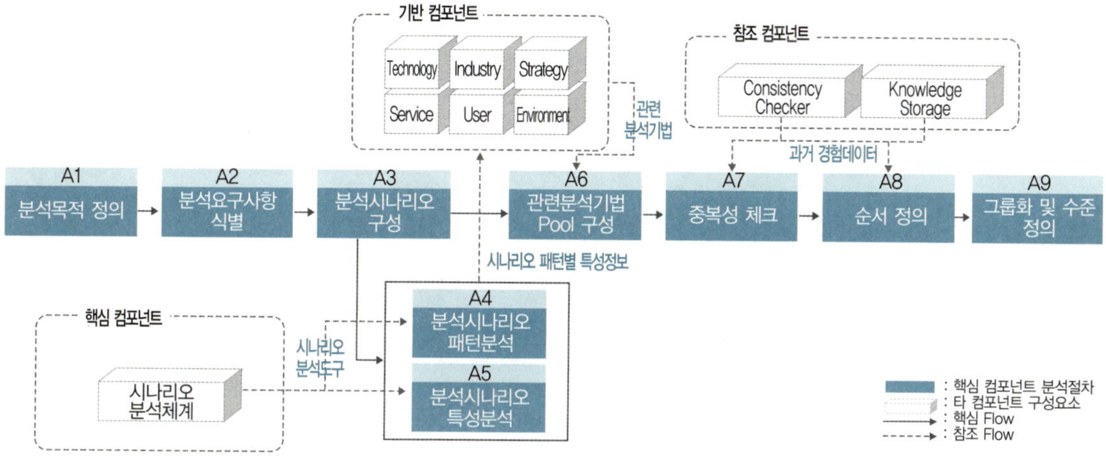

그림 9-13 Techno Business 통합분석 방법론의 특성화 절차

3.2 Techno Business 통합분석 요구사항 식별

Techno Busines 통합분석방법론은 비즈니스 분석과 관련된 다양한 분석요구를 수용할 수 있도록 구성되었다. 즉, 분석요청 주체가 분석을 원하는 내용이 존재할 때 이를 체계적으로 정의하여 분석도구를 개발할 수 있다. 이러한 초기 단계를 지원하는 과정이 요구사항 식별 단계이다.

요구사항을 식별하는 단계는 Techno Business의 분석을 의뢰하거나 수행하는 주체가 분석을 원하는 내용을 구체화하도록 하는 일련의 방법들로 구성된다. 분석요청 주체가 분석 요구사항을 제시하면 분석을 수행하는 주체는 이를 분석 CSF(핵심목표)로 정의하여 수행해야 할 분석내용을 명확히 한다. [그림 9-14]는 이와 같은 과정을 예시적으로 설명한다.

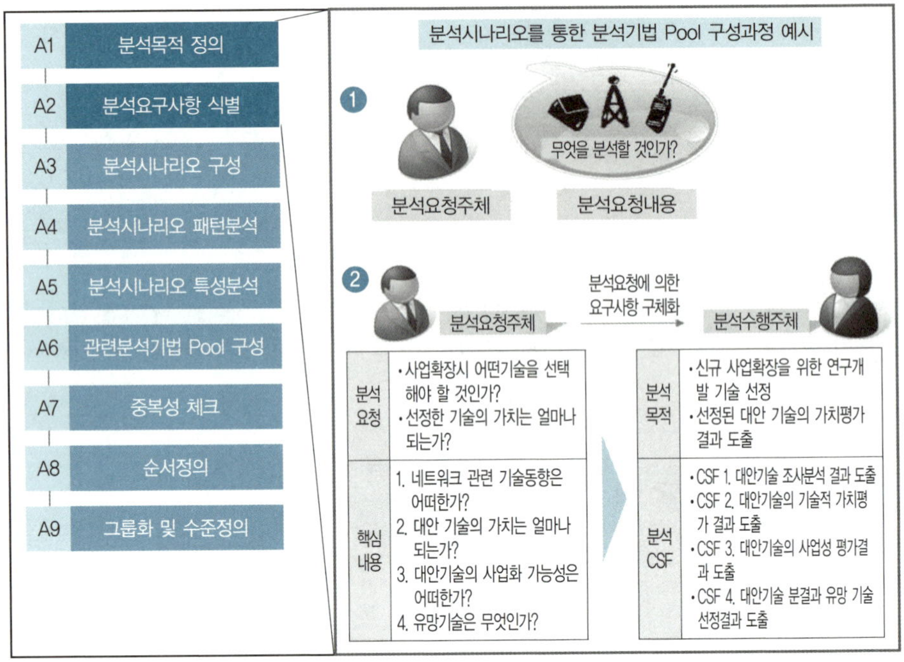

그림 9-14 시나리오별 분석방법론의 특성화 과정 – 요구사항 식별

3.3 Techno Business 통합분석 분석기법 선정

분석요구사항이 확정되면 분석 CSF를 통해 시나리오를 구성하고 시나리오 분석체계를 적용하여 패턴화와 특성 파악을 수행한다. 이 과정은 본 방법론이 포함하고 있는 다양한 분석기법을 분석수행 주체의 전문성에 의존하지 않고 유관된 분석기법을 방법론이 내포하고 있는 논리구조만으로 선별하기 위해 요구되는 과정이다. [그림 9-15]는 분석시나리오를 통한 분석기법 Pool 구성과정 예시를 나타내고 있다.

그림 9-15 시나리오별 분석방법론의 특성화 과정 – 시나리오 구성

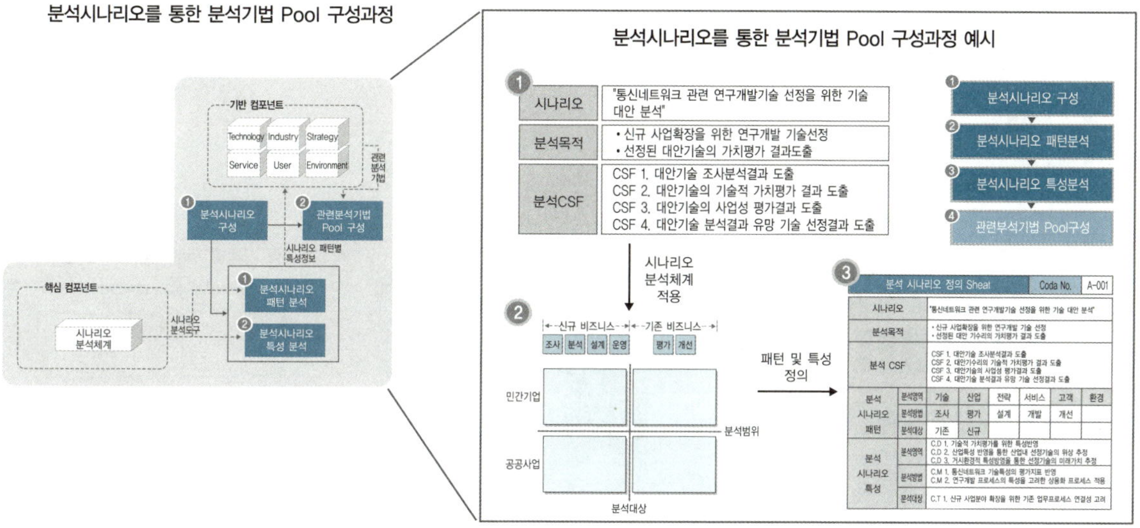

분석절차에서는 시나리오의 패턴을 기반컴포넌트의 분석기법과 연계하는 것이 중요하다. 따라서 기반 컴포넌트의 분석기법과 각각의 세부기법들이 어떠한 속성을 가지고 있는지 명확히 정의하여야 한다. 분석특성은 분석기법이 모두 정의되어 분석이 수행될 때, 분석기법의 세부요소(평가지표, 분석방향, 수집정보 등)에 반영된다. [그림 9-16]은 시나리오를 통해 분석요구사항 정의서를 구성하고 이를 분석기법 속성 정의서와 맵핑하여 관련 분석기법 Pool을 구성하는 과정을 보여준다.

그림 9-16 시나리오별 분석방법론의 특성화 과정 – 분석기법 Pool 도출

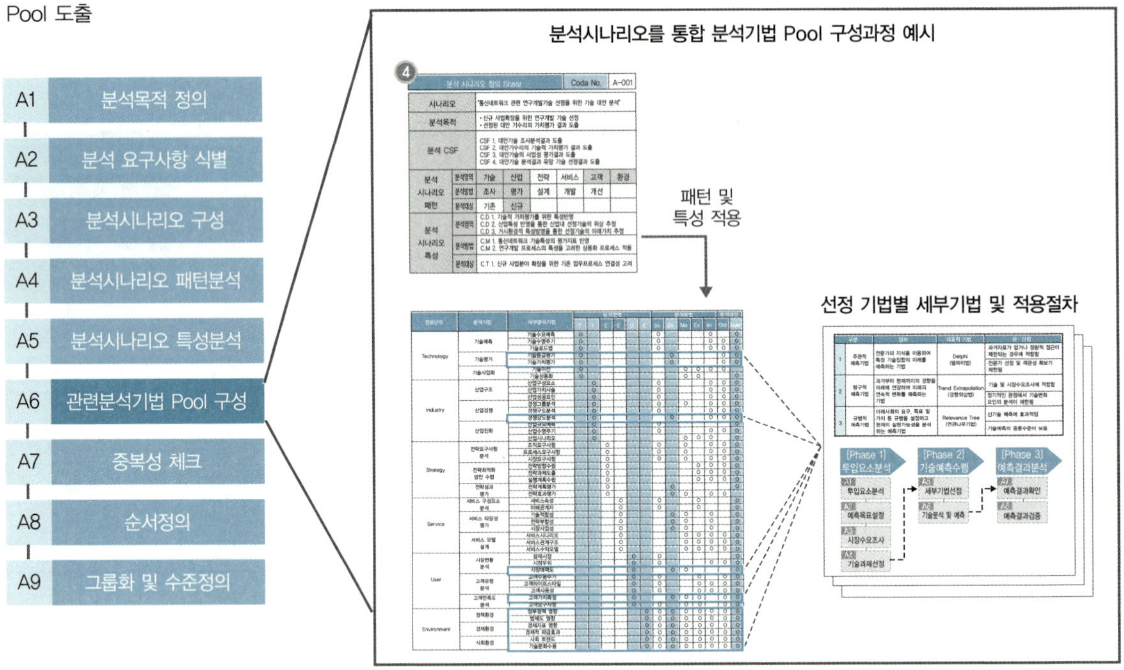

3.4 Techno Business 통합분석 분석절차 구성

이렇게 선정된 분석기법 Pool은 기본적으로 시나리오와 분석기법의 패턴 및 속성의 맵핑을 통해 범용적 수준에서 선정된 것이므로 구체적인 분석 목적에 적합한 형태로 도출된 것으로 보기에는 한계가 있다. 따라서 도출된 분석기법 Pool에서 중복된 참조 컴포넌트를 확인하여 조정하는 과정을 [그림 9-17]과 같이 거치게 된다.

불필요한 부분이 수정된 분석기법 Pool은 현재까지 분석기법 간의 선후행 관계가 정의되어 있지 않다. 선후행 관계가 정의되어야 분석기법 간의 순서를 구성하고 이를 통해 방법론으로써 수행해야 하는 Activity를 구성할 수 있다. 따라서 이후 단계에서는 순서(Sequence)정의 및 그룹화(Cluster) 그리고 수준(Level)을 정의하는 과정을 거친다.

그림 9-17 시나리오 별 분석 방법론의 특성화 과정 - 분석절차 구성

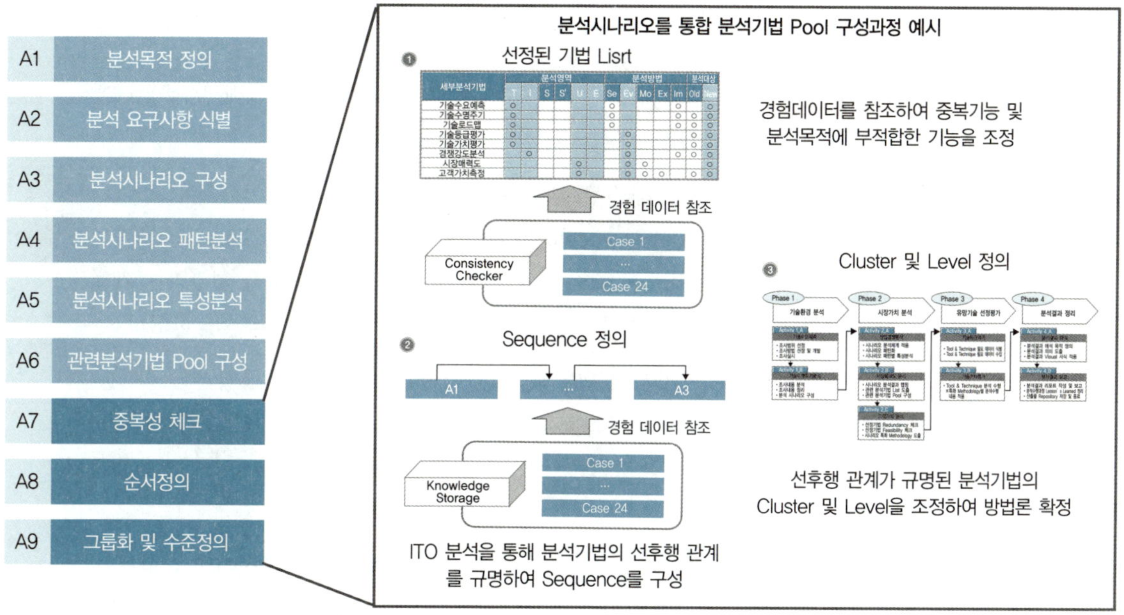

Sequence 정의 단계에서는 Sequence를 파악하기 위해 CPM(Critical Path Method)에서 사용하는 ITO(Input - Tool&Techni - Output)분석을 수행한다. 이 과정을 통해 필요한 정보가 도출된 다른 분석기법에 의존적이지 않은 기법을 처음으로 설정하여 방법론의 분석 순서를 정의하게 된다.

이후 그룹화와 수준정의의 과정을 통해 방법론을 의미단위로 그룹화하여 최종적인 분석방법론으로 확정하게 된다.

핵심용어

- **방법론** : 특정 목적을 체계적이고 효율적으로 해결하기 위해 일반화된 절차, 기법, 산출물을 논리적으로 정리해 놓은 체계
- **Techno Business 통합분석 모델** : Techno Business의 특성을 반영하는 구성요소를 정의한 체계로써 기술주도형(Technology Driven) 비즈니스 현상 및 서비스주도형(Service Driven) 비즈니스 현상을 설명하는 개념적 모델과 각 컴포넌트 간의 상호관계를 설명하는 복합적 모델로 구성
- **Techno Business 통합분석방법론** : Techno Business 통합분석 모델을 기반으로 Techno Business의 분석요구사항을 수용하여 분석결과를 산출할 수 있도록 고안된 방법론이며, 기반 컴포넌트, 핵심 컴포넌트, 참조 컴포넌트로 구성
- **기반 컴포넌트** : Techno Business 통합분석방법론의 분석기법 집합체인 분석기법 라이브러리를 포함하는 컴포넌트로써 Techno Business 통합분석 모델의 6개 컴포넌트별로 분석기법을 체계화하여 라이브러리를 구성
- **핵심 컴포넌트** : Techno Business 통합분석방법론의 분석절차를 포함하는 컴포넌트로써 Techno Business의 분석요구사항을 구조화는 시나리오 분석체계와 시나리오에 특화된 방법론을 포함
- **참조 컴포넌트** : Techno Business 통합분석방법론의 경험데이터를 포함하는 컴포넌트로써 Techno Business 분석이 수행될 때 과거의 경험데이터를 참고할 수 있도록 고안된 컴포넌트
- **분석요구사항** : Techno Business 통합분석방법론을 활용할 때 첫 단계인 분석요구사항을 식별하는 것으로써 분석요구사항 정의서를 통해 분석요청자의 요구사항을 구체화하는 내용을 포함
- **분석기법** : Techno Business 통합분석방법론의 기반 컴포넌트에 해당하는 분석기법 라이브러리에 저장되는 것으로 Techno Business를 분석하기 위한 필수분석 방법을 의미

■ **분석절차** : Techno Businss 통합분석을 수행하기 위해서 분석요구사항을 정의한 시나리오에 따른 분석기법의 산출 후 각 분석기법을 논리적으로 연결하여 일련의 분석절차를 구성하는 것을 의미

참고문헌

임춘성 · 전남주 · 신현규 · 송기보, IT 신기술 비즈니스 모델 개발 방법론 연구, 대한산업공학회 2004 추계학술대회, 2004.

최종화 & ITR, 기술사업화 관점의 비즈니스 통합분석 방법론에 관한 연구, 연세대학교 ITR 박사학위논문, 2010.

Anthony, R., *Planning and Control System: A Framework for Analysis*, Harvard University, 1965.

Brown, L. & McDonald, M., *Competitive Marketing Strategy for Europe*, Macmillan, 1994.

Cengiz Haksever et. al., A Model of Value Creation: Strategic View, Journal of Business Ethics, Kluwer Academic Publishers, 2004.

Choon Seong Leem, Sangkyun Kim, Introduction to an integrated methodology for development and implementation of enterprise information systems, Journal of Systems and Software, Volume 60, Issue 3, 15, 249–261, 2002.

Cooper, R.G., *Winning at New Product*, Addison–Wesley Pub., 1986.

David A. Aaker, *Strategic Market Management*, John Wieley & Sons, 2007.

Grant, R.M., *Contemporary Strategy Analysis*, Blackwell, 1995.

Greenley G., Forms of market orientation in UK companies. J Manage Study (1):47–66, 1995.

Heinrich M. Arnold, *Technology Shocks*, Physica–Verlag, 2003.

Hiroyuki Itami and Tsuyoshi Numagami, Dynamic Interaction between Strategy and Technology, *Strategic Management Journal*, Vol.13, 119–135, 1992.

Jamison D.W. and Jansen C., "Technology transfer and economic growth", Industry and Higher Education, Volume 15, Number 3:189–196, 2001.

Jennifer M. George, Gareth R. Jones, *Contemporary Management: Creating Value in Organizations*, McGraw–Hill, 2008.

Jolly, V.K., "Commercializing New Technology", *Harvard Business School Press*, 1997.

Kokubu, "Technology Commercialization in International Technology Transfer", in Chung, H. 2003, *Theory and Practice of Technology Commercialization, Daejeon: Korea Instiute of Science and Technology Information*, 2001.

Melissa A. Schilling, *Strategic Management of Technological Innovation*, McGRaw-Hill, 2005.

Meredith, J.R., The strategic advantages of new manufacturing technologies for small firms, *Strategic Management Journal*, Volume 8, 3, 249-258, 1987.

NRI, *Marketing Strategy in the era of Ubiquitous Network*, 2002.

OECD, "Frascati Manual 2002 - Proposed Standard Practice for Surveys of Research and Experimental Development", 2002.

Richard L. Daft, The new era of management, Thomson South-Western, 2009.

Robert M. Verburg et. al., Managing Technology and Innovation, Routledge Taylor & Francis Group, 2006.

Robert Phaal, "Technology Roadmaping-A Planning Framework for Evolution and Revolution", Technology Forecasting & Social Change, 71:5-26, 2004.

Saul J. Berman and Jeff Hagan, How technology-driven business strategy can spur innovation and growth, Strategy & Leadership, Vol.34 No.2, 28-34, 2006.

Shapiro, C. and Varian, H.R., Information Rules: A Strategic Guide to the Network Economy, *Harvard Business School Press*, Boston, MA, 1999.

Skinner, W., *Operations technology: blind spot in strategic management, Interfaces*, January-February, 116-125, 1984.

Suresh Kotha and Paul M. Swamidass, Strategy, advanced manufacturing technology and performance: empirical evidence from U.S. manufacturing firms, Journal of Operations Management 18 257-277, 2000.

Technology, Trade in Services, and Economic Growth, Catherine L. Mann, OECD, 2007.

Tushnab M.L., Anderson P., Technological Discontinuities and Organizational Environments, *Administrative Science Quarterly* 31(3): 439-465, 1986.

제 10 장
Techno Business Cases

제10장에서는 Techno Business 통합분석방법론의 이론적 기반과 접근 방식을 체계적으로 이해할 수 있도록 실제 현업에서 적용된 사례를 수록하였다. 사례별로 기술 동향을 간략히 소개하고 대상기업 또는 기관의 기술사업화 및 선진화 목적을 설정한 후 세부이행과제를 제시한다. 그리고 통합분석방법론 수립절차에 기반하여 프로젝트 사례 특성화방법론을 구성함으로써 분석영역 및 하위분석기법을 제시한다. 마지막으로 분석기법별 산출물을 통해 최종 시사점을 도출한다.

목차

Theme 10 : **Case – 사례란?**

웹 서핑을 하던 중 우연히 누리꾼들이 올린 '좋은 예, 나쁜 예' 사진을 보았다. 피겨 여왕 김연아가 올림픽에서 환한 웃음과 함께 금메달을 수여받는 모습, 스케이트를 타는 중 순간적으로 표정이 일그러진 모습이 담긴 두 장의 사진을 양 옆에 붙여 대조한 것이다. 그들은 김연아뿐만 아니라 유명 연예인과 운동선수 등을 대상으로 수많은 주제에 걸쳐 '좋은 예, 나쁜 예' 사진을 올려 보는 사람에게 큰 웃음을 주었다. 전하고픈 이야기를 말이 아닌 사진과 같은 가시적 '예시' 로 보임으로써 '각인효과' 를 통해 청중이 쉽게 이해하고, 오래 기억하도록 만든 것이다.

사례(Case)는 왜 중요할까? 귀감을 주는 좋은 사례는 아직 몰랐다거나 실행하지 못했던 일을 다시 생각해보게 하는 새로운 동기를 부여하기도 한다. 범용적인 사례는 여러 사람이 일반적으로 행하는 것을 보임으로써 나 또한 그들의 대열에 합류하도록 이끈다. 또한, 실패사례를 보면서 지금의 내 모습을 반성하고 새로운 변화를 창출하기도 한다.

'사례' 를 가리키는 또다른 용어들로 Event, Instance라는 표현이 있다. 특정 사건이나 상황을 전하므로 'Event', 실제로 참고할 수 있도록 유형화하므로 'Instance' 라 하는 것이다. 제10장은 그러한 내용을 담는 '사례' 중심으로 구성되어 있다. 미국의 경영대학원에서도 가장 중요하게 여겨지는 커리큘럼이 '사례연구' 이다.

매 시간, 교수가 발제한 사례를 숙지하여 온 학생들이 찬반을 두고 열띤 토론을 벌이는 것이 주이다. 책에 깨알 같이 적힌 이론만으로는 현장의 목소리를 체감하는 진짜 공부를 할 수 없기 때문이다. '사례연구' 는 학생의 등록적인 사고를 자극하고, 토론시간에 창의적 아이디어를 발산함으로써 함께 배울 수 있도록 돕는다.

1. Techno Business Cases Overview

Techno Business Cases의 중요성

본서에서는 기술, 전략, 시장을 포괄하는 TISSUE Model을 제시하고 그를 바탕으로 Techno Business 통합분석방법론을 구성하였다. 이는 독자가 첨단기술 사업화를 위한 시나리오 구성 및 분석을 수행할 때 필요한 분석체계를 구성한 것이다. 'Techno Business Design' 의 '전체적인 개념' 을 다시 살펴보자.

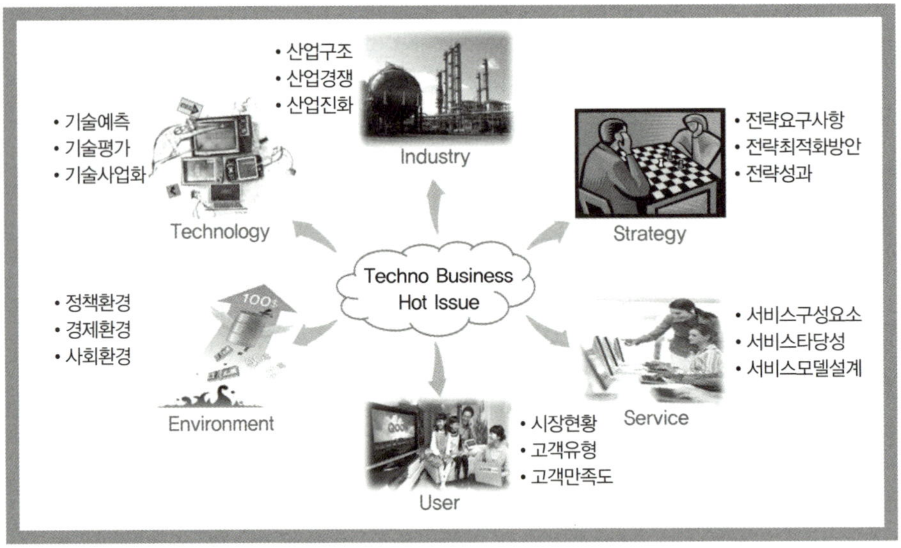

- 기술(Technology) : 기술의 현재가치와 미래 발전방향, 효과적인 사업화방안을 분석함
- 산업(Industry) : 목표산업의 거시구조 및 경쟁세력 현황을 분석하고 변화흐름을 도출함
- 전략(Strategy) : 대상기업의 전략요구사항과 세부최적화방안, 성과발현방안을 수립함
- 서비스(Service) : 서비스제공을 위한 구성요소와 구체적인 모델을 설계하고 타당성을 분석함

- 고객(User) : 해당 시장의 전반적인 동향과 핵심 고객의 유형별 속성, 만족수준을 분석함
- 환경(Environment) : 비즈니스 외부의 환경특성인 정치, 경제, 사회적 요인 전반을 고찰함

개념을 정리하고 방법론의 활용방법을 설명하는 것만으로는 부족하다. 구체적인 적용방법을 알기 위해서는 사례를 통한 실용학습이 필요하기 때문이다.

본장에서 다룰 사례(Case)들을 통해 독자들은 Techno Business Design을 실행하기 위한 보다 실용적인 접근법을 습득하게 될 것이다.

Techno Business Cases의 필요성

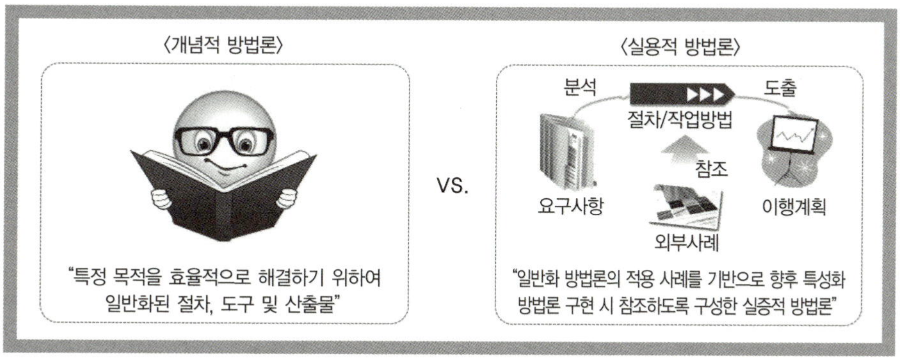

Techno Business는 전통적 비즈니스에 비해 생명주기도 짧고 불확실성이 크기 때문에, 신속한 상황대응을 위한 분석과 이를 지원하는 도구가 중요하다. 혼재하는 기술기반 비즈니스의 개념 및 분석방법을 체계화하고 향후 원활한 사업수행을 위한 이론적 토대를 마련하기 위하여 본서에서는 Techno Business 통합분석방법론을 개발 · 제시하였다.

이는 첨단기술기반 비즈니스의 도입 및 활성화라는 목적 아래 기술의 사업화를 달성할 수 있도록 분석절차와 하위분석기법 그리고 산출물 예시를 소개하고 있다. 독자들은 이를 통해 보다 손쉽게 Techno Business 통합분석을 실행할 수 있을 것이다. 본서에서는 제2장부터 9장까지 해당 내용을 명확히 설명하고 있으므로, Techno Business 통합분석방법론의 전체 흐름 및 세부 내용의 정독을 원할 경우 선행 장을 다시 살펴볼 것을 추천한다.

Techno Business 통합분석을 위해 설계한 일반화 방법론을 실제 산업현장에 적용

하여 각 프로젝트별 요구사항과 절차 및 작업방법, 이행계획에 이르기까지 광범위한 결과물을 설명하였다. 이를 통해 독자가 직접 특성화방법론을 구현할 때 주요 사례로서 참조할 수 있을 것이다.

1.1 Techno Business Cases 기술내용

기술(Technology), 전략(Strategy), 시장(Market)의 3대 기술기반 비즈니스 분석관점을 바탕으로 6대 세부분석요소로 구성된 TISSUE모델을 방법론에 적용한다. 실제 분석수행이 가능하도록 구성하기 위하여 모델의 각 컴포넌트별 분석기법, 실행방법론 및 절차, 경험데이터의 레파지토리로 구분하고 이를 최종적으로 Techno Business 통합분석방법론에 반영한다.

방법론은 구성요소의 순차적이며 논리적인 관계로 구성된다. 본장에서는 연세대학교 ITR에서 수행하였던 5대 '기술기반 비즈니스 통합분석'을 토대로 한 프로젝트사례를 소개한다. 또한, 실제 분석을 위하여 Techno Business 통합분석방법론에서 제시한 기반, 핵심, 참조 컴포넌트 등을 바탕으로 특성화방법론을 구성하여 분석기법과 세부분석절차를 설명한다. 이는 기업 내 · 외부의 정량적 또는 정성적 데이터를 활용하여 실행한 결과물로써 전략가이드라인 또는 분석리포트를 작성하기 위해 활용될 수 있다.

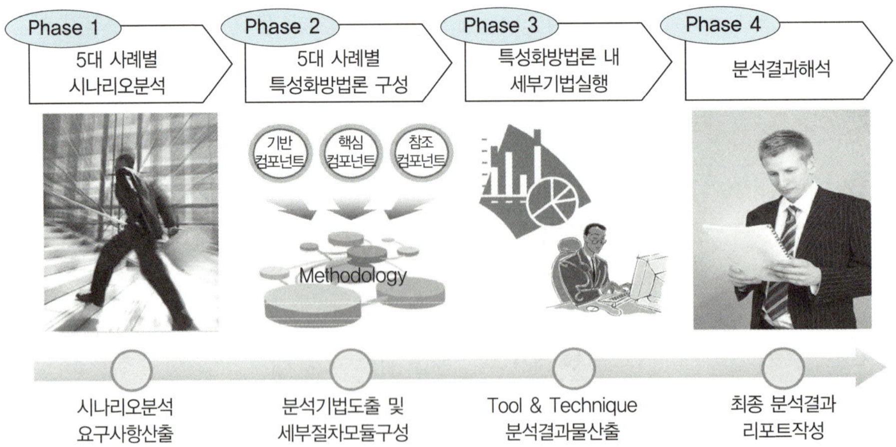

1.2 Techno Business Cases 유형분류

연세대학교 ITR은 TISSUE 모델을 기반으로 다양한 기술기반 비즈니스 프로젝트를 수행하였다. 민간 · 공공의 양대 분석대상과 기술사업화 관점의 분석범위를 대응시켜 시나리오의 유형을 구분하였다.

Techno Business 통합분석 시나리오 유형

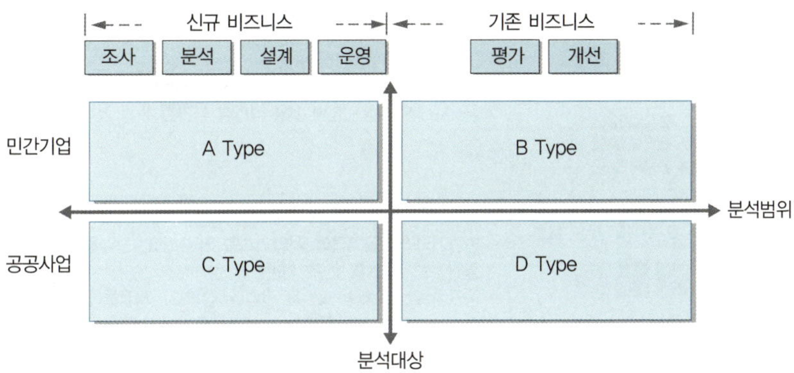

- **A type** : 민간기업이 신규 비즈니스를 계획 및 실행하는 유형으로, 제반 환경을 탐색하는 조사 단계와 기술의 가치를 정량화하고 선택하는 분석 단계, 이상적인 사업모델을 개발하여 Techno Business를 구체화하는 설계단계를 포함한다. 또한 실제 비즈니스를 구현하는 운영단계도 이에 속한다.
- **B type** : 민간기업이 기존의 비즈니스 모델을 재분석하여 실적을 개선하거나 사업범위를 확장하는 유형이다. 설계단계를 통해 구현된 모델을 종합적으로 평가하고, 운영 타당성을 검증하여 비즈니스 모델의 지속 가능성을 분석하게 된다.
- **C type** : 정부의 사업투자 유형 및 지방자치단체의 기획, 실행 등에 의해 비즈니스를 시작하는 유형이다. A Type과 달리 이해관계자 구성이 단순하고, 비즈니스로부터 발현되는 수익성보다는 산업 활성화와 성장성에 비중을 두는 경우가 많다. 공공기관 차원에서 기 개발된 기술의 확산을 지원하고 자생적인 비즈니스 발현 전략을 지원하는 유형도 포함된다.

■ **D Type** : 공공기관이 이미 발주한 사업에 대해 면밀히 검토하는 유형이다. 역시 C Type과 마찬가지로 이 분야의 평가와 개선에는 공공성 부합 여부 및 사회적 지속가능성이 중요한 요소로 고려된다. 또한 기존의 비즈니스에서 나타난 오류를 분석하여 선진형 Techno Business Model을 구축 · 보급하고자 하는 목적도 포함되어 있다.

시나리오 유형	컴포넌트 활용수준	사례별 시나리오 분석내용
 조사 분석 설계 운영 평가 개선 K사 휴대인터넷 신규 사업화 민간사업 기존비즈니스 공공사업 신규비즈니스 공공사업 기존비즈니스	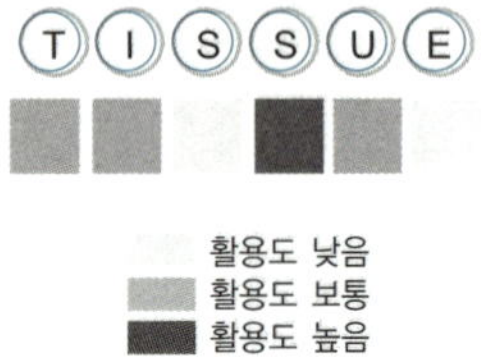 T I S S U E 활용도 낮음 활용도 보통 활용도 높음	Case 1) 휴대인터넷 시장진출을 위한 BM 개발 · 운영 - 민간기업 K이동통신이 성장초기 기술 시장에 진입하기 위한 신규 BM 개발 및 운영방침 수립 - 신규 발주사업으로 기술환경 및 시장현황은 기술(T), 산업(I), 고객(U)을 주로 분석하는 한편, BM 적합성 평가를 위해 서비스(S′)분석
 조사 분석 설계 운영 평가 개선 GIS BM 타당성 진단 및 보완 전략 수립 공공사업 기존비즈니스	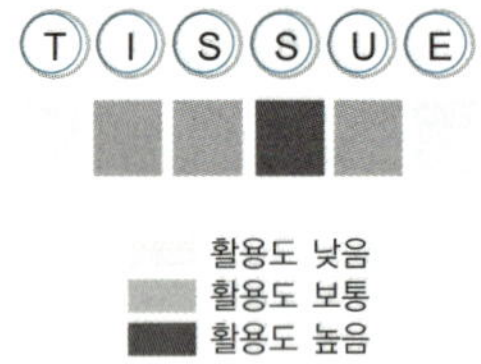 T I S S U E 활용도 낮음 활용도 보통 활용도 높음	Case 2) 공간정보서비스 BM 타당성분석 - 민간기업 및 공기업에 사업기회를 제공하고, 산업활성화를 구현하는 공간정보서비스의 신규, 기존 BM 상세분석 - 공간정보산업 제반 요인은 산업(I), 전략(S), 시장을 분석하는 한편, 사전 · 사후 통합 타당성평가는 서비스(S′)분석기법을 집중 활용
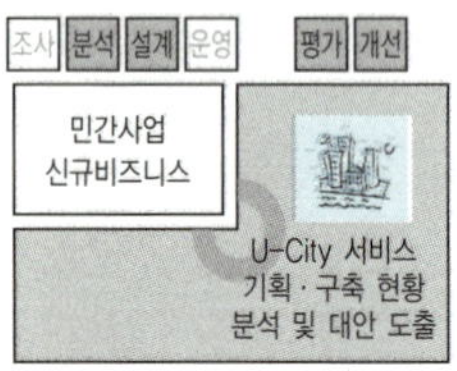 조사 분석 설계 운영 평가 개선 민간사업 신규비즈니스 U-City 서비스 기획 · 구축 현황 분석 및 대안 도출	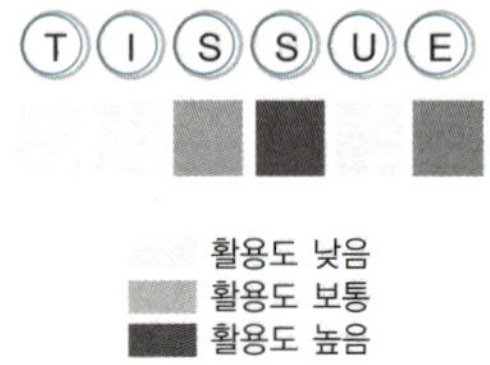 T I S S U E 활용도 낮음 활용도 보통 활용도 높음	Case 3) 지속가능성중심의 U-City 서비스타당성평가 - 지방자치단체와 민간기업이 공동 구축한 U-City 서비스와 중 · 장기 계획을 통합분석, 전략수립 - 환경(E)분석기법을 통해 정책 현안을 분석하는 한편 U-City 응용 서비스 추진 동향 및 미래 전략 과제는 서비스(S′) 기법 활용, 전략(S) 관점도 참조
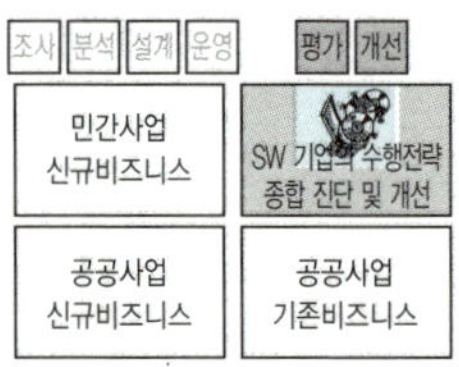 조사 분석 설계 운영 평가 개선 민간사업 신규비즈니스 SW 기업의 수행전략 종합 진단 및 개선 공공사업 신규비즈니스 공공사업 기존비즈니스	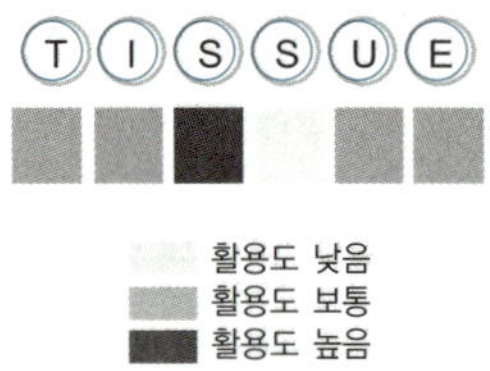 T I S S U E 활용도 낮음 활용도 보통 활용도 높음	Case 4) SW기업 경쟁력평가 및 개선방안 도출 - 민간 SW기업의 고유특성을 산업(I) 관점에서 분석하고 기술(T)역량과 고객(U)관점에서 사업자진단 - 국내 SW 산업 구도 및 각 분야의 경쟁전략 요구사항에 부합하는 성장 대안 창출 과정에서 전략(S) 관점의 분석기법 활용
 조사 분석 설계 운영 평가 개선 민간사업 신규비즈니스 공공사업 기존비즈니스 공공사업 신규비즈니스 행정기관 홈페이지 발전방안 도출	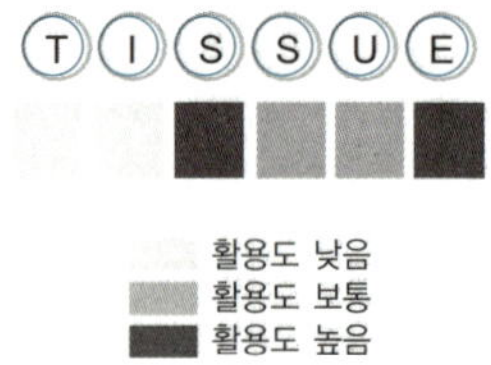 T I S S U E 활용도 낮음 활용도 보통 활용도 높음	Case 5) 행정기관 홈페이지 평가 및 선진화 가이드라인 작성 - 기존 전자정부 추진 동향을 환경(E) 중심으로 분석하는 한편 홈페이지 평가는 서비스(S′)와 고객(U)분석을 수행하고, 가이드라인은 전략(S) 분석 활용

1.3 Techno Business Cases 구성

Techno Business Cases에서 다루게 될 내용들은 본 서의 Techno Business 통합분석방법론의 개념을 명확하게 이해할 수 있도록 도움을 줄 것이다. 실제 분석수행 시 참조가능한 사례별 특성화방법론과 분석기법 실행 내용을 중심으로 설명할 것이며, 이는 독자로 하여금 기술기반 비즈니스 요구에 직면하였을 경우 시장선도적인 전략수립 방안을 확보하는 방법을 습득할 수 있는 기회가 될 것이다.

연세대학교 ITR에서는 지난 10여 년에 걸쳐 WiBro 비즈니스 모델 개발, U-City 서비스 평가, 공간정보서비스 비즈니스 모델 사업타당성 평가, SW기업 경쟁력 평가, 행정기관 홈페이지 만족도 평가 등 광범위한 분야를 포괄하는 '기술기반 비즈니스 통합분석' 프로젝트를 수행하였다. Techno Business Cases에서는 각 사례별 분석 요구사항에 따른 추진 방향 및 세부분석목표를 기술하고, 통합분석방법론의 기반, 핵심, 참조 컴포넌트에 따라 도출한 특성화방법론을 제시한다. 각각의 사례는 실천목표(Objective), 세부분석기법(Method), 분석기법 실행산출물(Deliverables), 분석 결과 및 시사점(Implication)으로 구성되어 있다.

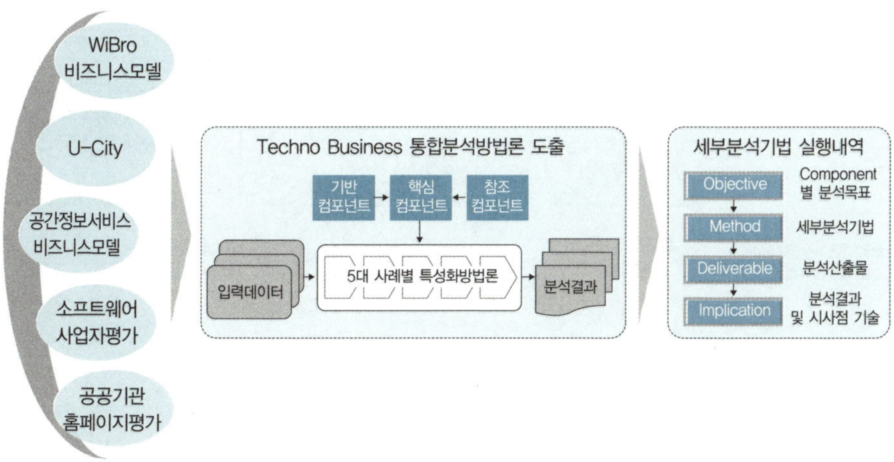

2. 휴대인터넷 시장 진출을 위한 BM 개발 및 운영

2.1 프로젝트 개요

연세대학교 ITR은 휴대인터넷 시장의 대략적인 기술동향을 검토한 다음, 시장조사를 수행하였다. 그 결과 다양한 프로젝트가 갖고 있는 목적과 배경을 도출해 낼 수 있었다. 또한 서비스 시나리오를 개발함과 동시에 실현가능한 비즈니스를 위한 사전평가모델을 개발하였다. 특히 K사의 WiBro 기술 상용화를 전제로 성장성이 있다고 판단되는 비즈니스모델을 결과물로 제시하였다.

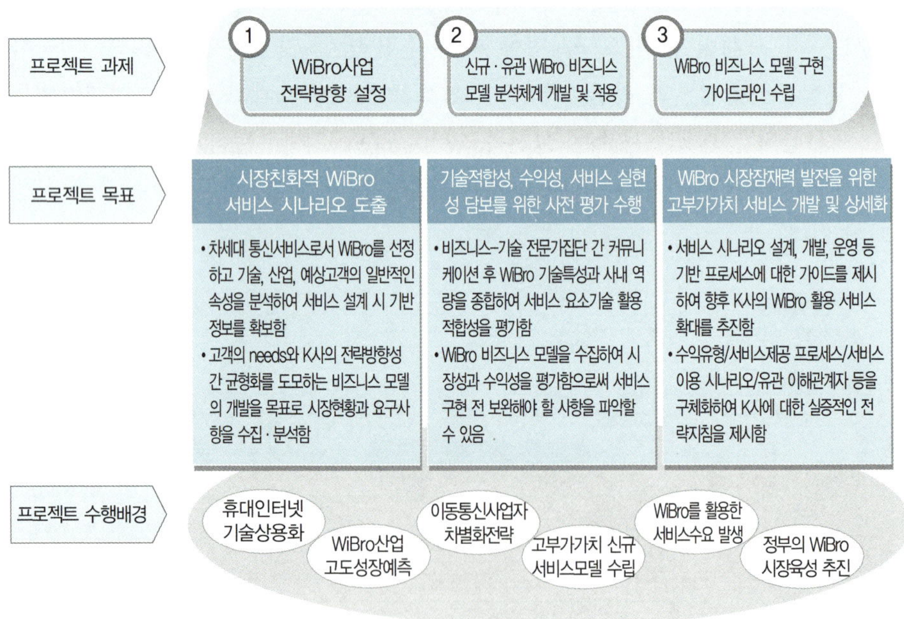

WiBro 비즈니스 모델은 네트워크, 관련 인프라 등 외부환경적 요인을 반영할 수 있어야 한다. 따라서 개별비즈니스의 속성뿐 아니라 거시적인 경제환경 · 정책환경 등을 포괄적으로 분석해야 하는 것이다. 그 후 선별된 다양한 대안을 통해 WiBro 출시 기업으로서의 전략적 방향성을 설정할 수 있다.

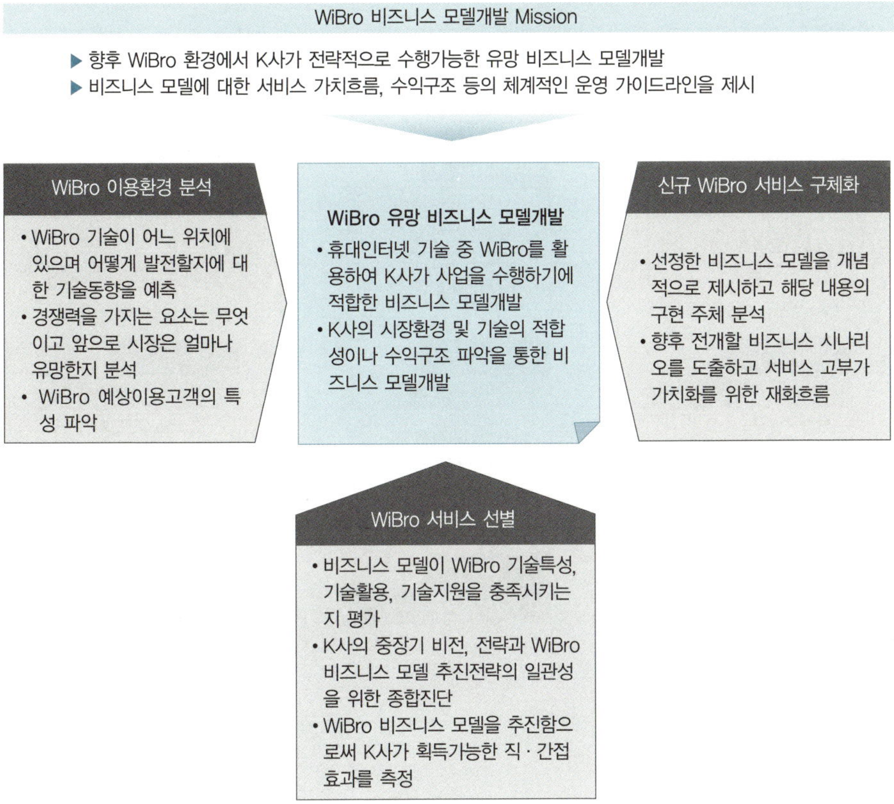

2.2 프로젝트 특성화방법론

유사한 목적을 지닌 세부기법을 TISSUE 모델을 통해 적용하였다. 기술/전략/시장이라는 3대 관점을 기반으로 평가기준을 마련하여 적합성/부합성/효과 평가를 수행하였다. 특히 평가단계에서는 기술중심의 컴포넌트를 순차적으로 분석한다는 특징이 있다.

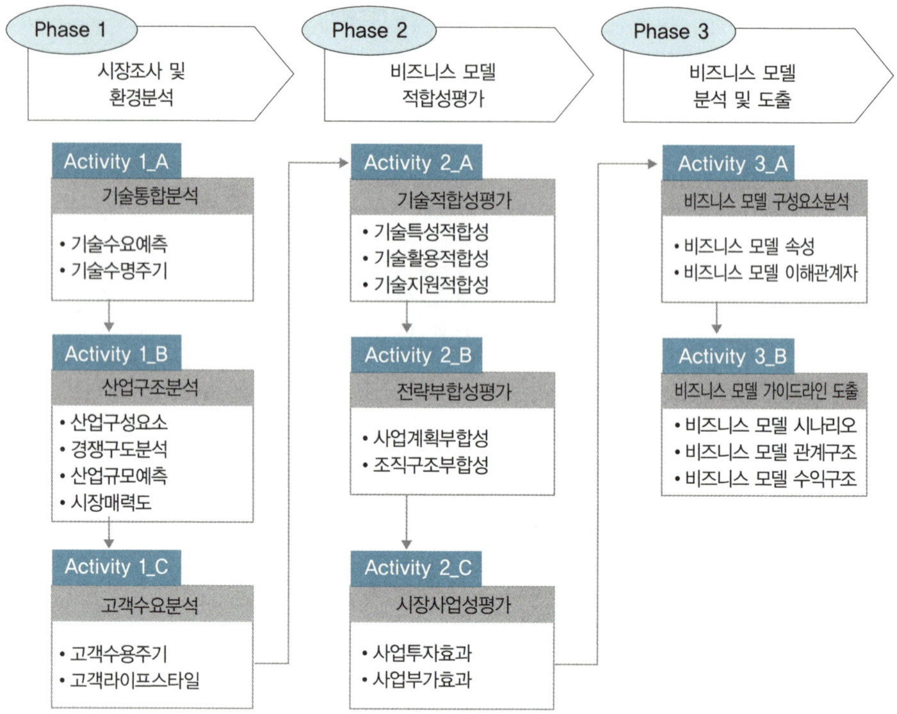

2.3 분석기법 적용 산출물

Phase 1. 시장조사 및 환경분석

Activity 1. 기술통합분석

Objective

WiBro 기술은 시장이 활성화되어 있는 HSPA, Wi-Fi 기술과 현재 기술적으로 구현가능하지만 상용화에는 다소 미흡한 LTE(Long Term Evolution)의 중간단계에 위치한 기술이다. 따라서 정확한 기술수요예측과 기술수명주기 분석을 통하여 WiBro의 수요와 수명을 정확히 예측하여 마케팅 방안과 기술투자를 실행하여야 할 것이다.

Method

WiBro 유관기술 상용화에 소요되는 시간, 이 결과 창출가능한 잠재수익률을 종합하여 K사의 휴대인터넷 시장 진출을 위한 교두보로서 선택하여야 하는 '기술과제의 우선순위'를 선정한다. 또한, Gartner의 Hype Cycle 기법을 활용하여 기술의 발전수준을 파악하고 초기단계로서 잠재적으로 휴대인터넷 시장 진출과 개인 사용자로의 보급이 유력한 기술종류, 등장시기를 예측한다.

Deliverable

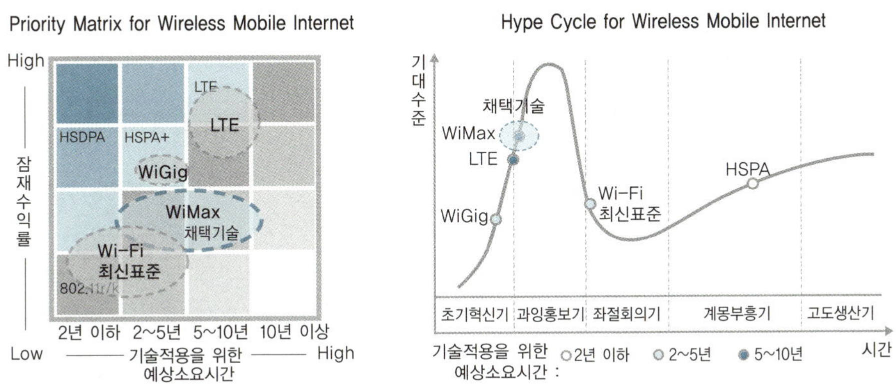

Implication

HSPA는 계몽부흥기로 이제 고도생산기로 접어들어가고 있는 상황이고 Wi-Fi는 과잉홍보기를 지나 좌절회의기에 접어든 것으로 나타났다. 현재 시장에서 이 두 기술이 표준으로 자리를 잡을 것으로 예상이 된다. WiBro는 이 두 기술의 쇠퇴기에 접어들었을 때 시장에 침투하는 전략을 선택해야 하며 이후의 LTE기술의 상용화 시간 차를 이용하여 시장선점을 통한 주도권 확보가 필요하다.

Activity 2. 산업구조분석(1)

Objective

WiBro가 속한 이동통신산업의 구성요소분석을 통해 경쟁력제고에 필요한 요소 등을 파악한다. 이를 바탕으로 K사의 WiBro 산업의 시장에서의 위치변화를 시간의 흐름에 따라 검토함으로써 WiBro 시장의 트렌드와 향후 방향성을 알 수 있다.

Method

5-Forces Model을 활용하여 휴대인터넷 산업, 특히 WiBro 산업에서 내·외부 이해관계자(산업구성요소)의 경쟁현황을 분석한다. 이후 WiBro 산업에서 두각을 나타내는 두 기업(K사, S사)의 경쟁구도를 가입자수, 시장점유율, 연평균성장률 등을 파악한다.

Deliverable

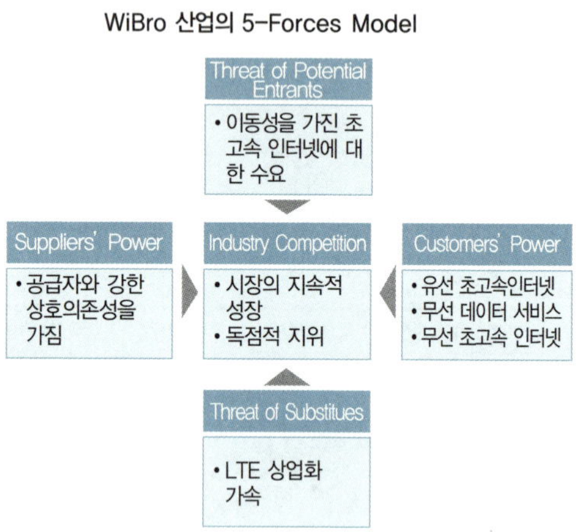

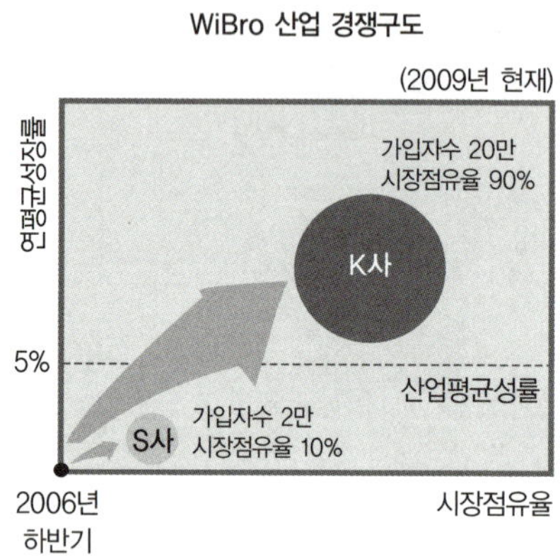

Implication

5-Force 분석을 통해 WiBro는 LTE 상업화라는 위협요인이 있지만 시장의 성장성과 공급자 간 유대관계 구축이라는 강점이 있는 것으로 파악되었다. K사는 현재 WiBro 산업에서 타 이동통신사에 비하여 경쟁우위를 점하고 있으나, S사 또는 잠재 타 이동통신사의 경쟁에 대비하여 지속적인 성장동력을 확보할 수 있는 전략의 수립이 시급하다.

Activity 2. 산업구조분석(2)

Objective

향후 5년 동안의 WiBro 시장규모 전망을 통하여 WiBro 산업의 규모가 얼마나 증가하는지를 예측하고 이에 따른 전략방향을 도출한다. 또한, WiBro 사업 타당성을 검토하기 위해 실질적인 시장매력도를 분석한다.

Method

해당 분야 전문가를 통해 WiBro 산업의 규모 및 가입자수를 예측한다. 그리고, K사가 WiBro를 전략적 우선순위로서 투자할 수 있도록 BCG Matrix와 같은 분석기법으로써 시장매력도를 도출한다.

Deliverable

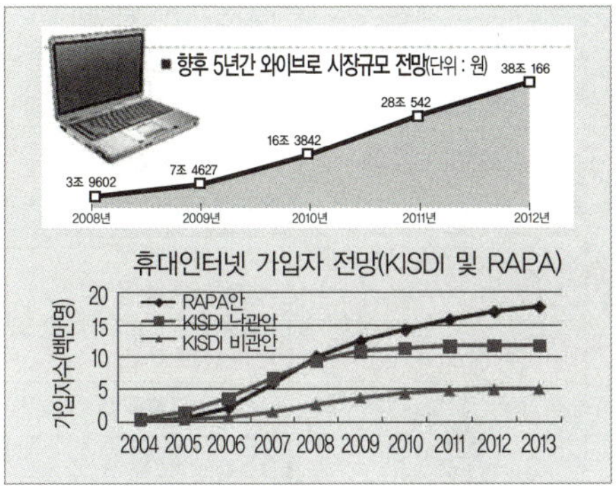

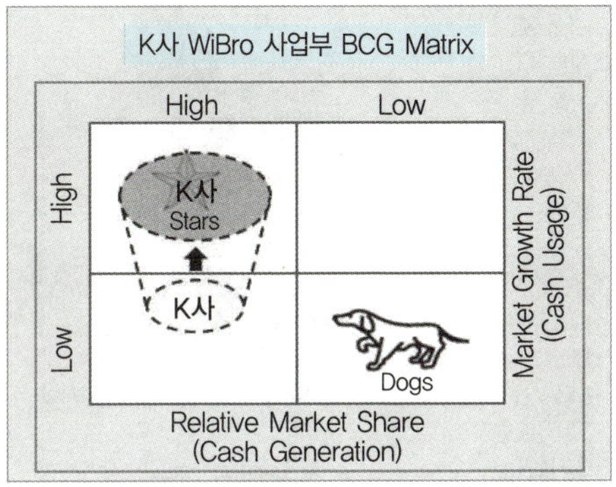

Implication

국내 WiBro 시장은 향후 5년간 연 70% 이상의 급속한 성장을 이룰 것으로 예측이 되고 있다. 이에 따라 BCG Matrix상에서 K사 WiBro 사업은 상대적인 시장점유율이 높을 뿐만 아니라 성장률 또한 높은 Stars단계로 진입할 것이다. 따라서 적극적이고 공격적인 마케팅으로 지속적인 시장성장을 견인하고 상대적 시장점유율 우위를 유지해야 한다.

Activity 3. 고객수요분석

Objective

WiBro 서비스 모델의 개발에 앞서 타깃 고객층의 특성분석 AIO(Activities-Interest-Opinion) 분석기법을 통해 활동, 흥미, 의견 등을 조사하여 WiBro 서비스 모델 개발에 활용한다.

Method

WiBro의 기술특성과 주요 기능을 적극 수용하는 고객들의 유형과 주요 속성을 분석함으로써, K사가 전략을 제공하여야 하는 핵심 고객층을 선별하여 파악한다. 추가적으로 고객의 평소 활동(Activities), 흥미거리(Interest), 의견(Opinion)을 수집하여 고객수명주기분석에서 파악되지못한 고객속성 및 라이프스타일을 도출한다.

Deliverable

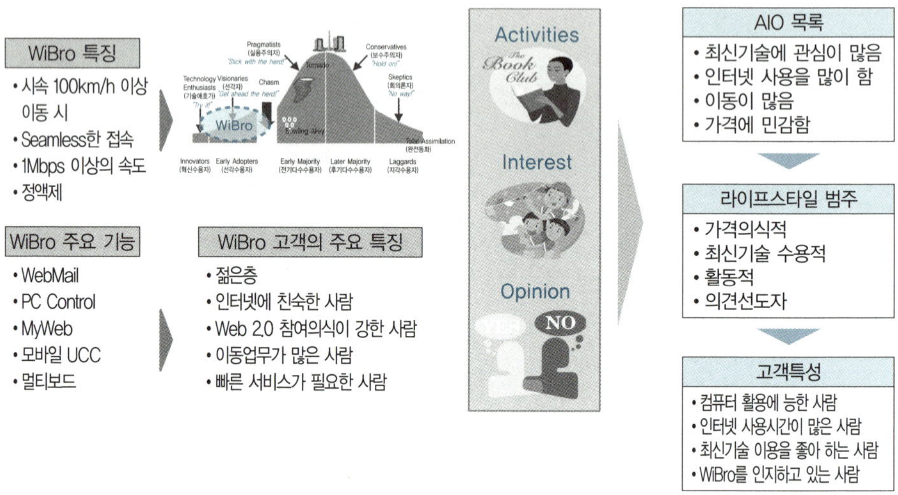

Implication

WiBro 시장은 현재 Early Adopter에서 Early Majority로의 전환시기로 Chasm 국면에 처해 있기 때문에 이를 극복할 수 있는 타깃고객층에 집중한 마케팅을 펼쳐야 한다. 이를 위하여 WiBro의 타깃고객층의 구체적 분석을 위하여 AIO 분석을 실시하였고 WiBro의 타깃고객층은 컴퓨터와 인터넷 사용을 즐겨하고 최신기술 인지와 사용을 좋아하는 특성을 가지고 있음을 알 수 있게 되었다. 이를 바탕으로 WiBro 서비스 모델을 개발하여 타깃고객층을 집중공략하고 시장확대를 하여야 한다.

휴대인터넷 시장조사 및 환경분석 결과 요약 및 시사점

K사가 이동통신시장 성숙을 극복하고 산업 내 신규수요를 견인하기 위하여 이동성, 간편성을 지니는 휴대인터넷 시장으로의 본격 진출이 필요하다. 해당 시장을 대표하는 기술은 HSPA, Wi-Fi, WiBro, LTE 등을 꼽을 수 있다. K사는 이 중에서 가장 수익성이 크고 개인 고객에 다가설 수 있는 기술을 선정한 후 집

중적으로 투자하여야 할 것이다. 따라서 최우선적으로 기술수요예측과 기술수명주기 등의 분석기법을 통해 휴대인터넷 기술을 비교 · 분석하였다. 그 결과, 현재 상용화가 완료되어 시장 출시 초기 단계에 위치하지만 안정적인 공급이 가능하고 잠재수익률 또한 타 기술 대비 평균 이상 확보할 수 있는 WiBro 사업을 K사 휴대인터넷 시장진출 및 선점을 위한 주력사업으로 확정하였다. 이후 해당 산업에서의 비즈니스 추진 타당성을 검증하기 위하여 산업구성요소와 경쟁구도, 성장규모 예측 및 시장매력도에 대한 분석기법을 수행하였다. 투자비용규모가 커 K사와 S사의 양대 사업자만이 경합을 벌이고 있으나 높은 예상시장규모 및 잠재성장률 속에서 살아남기 위한 K사의 전략수립이 시급한 것으로 나타났다. 또한, 예상고객에 대한 수용주기, 라이프스타일 분석 결과를 종합하여 넓은 행동반경을 보이고 실시간으로 모바일 서비스 이용 욕구를 보이는 사람을 대상으로 수요를 집중분석하였다.

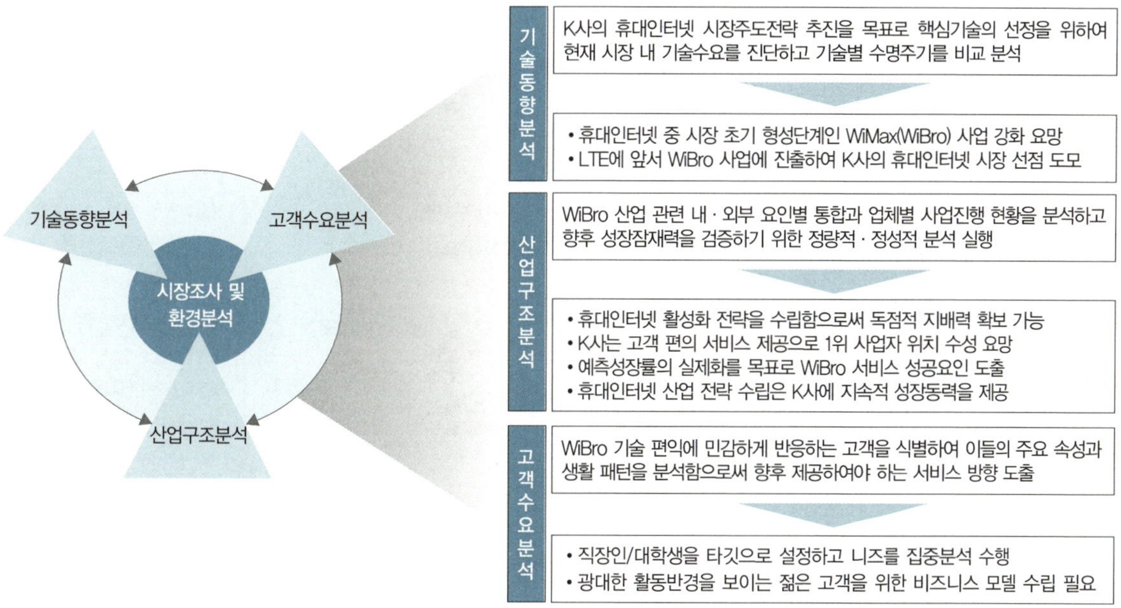

Phase 2. 비즈니스 모델적합성 평가

Activity 1. **기술적합성 평가**

Objective

K사가 WiBro 비즈니스 모델(BM) 기반기술을 구현할 수 있는지, 기술이 우수한지 진단한다.

Method

기술특성적합성, 기술활용적합성, 기술지원적합성 등으로 구성된 기술적합성평가체계를 개발한다. 이후, K사가 도출한 WiBro BM 후보군 157개를 평가하여 결과를 도출한다.

Deliverable

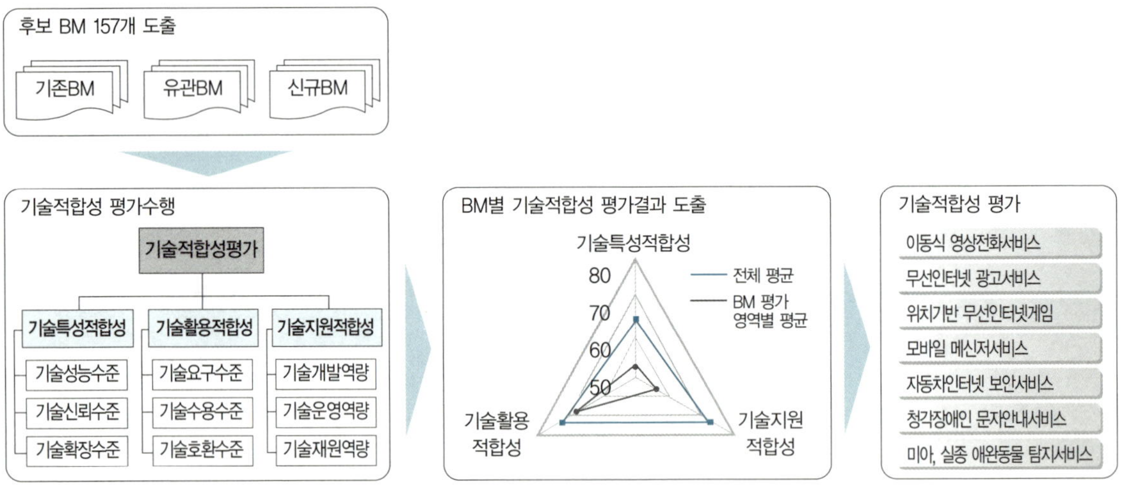

Implication

휴대인터넷 산업의 기존 · 유관 BM과 프로젝트 수행 시 WiBro 기술특성을 반영하여 개발한 신규 BM을 총정리하여, 157개의 서비스 제공 후보 BM을 도출하였다.

Activity 2. **전략부합성 평가**

Objective

K사의 사업목표, 조직구조 등 BM 수행전략과 전사 전략의 일관성을 평가한다.

Method

사업계획부합성, 조직구조부합성의 양대 차원으로 전략부합성 평가체계를 수립한다. 본 체계에 후보 BM을 대입함으로써 전략부합성 우수 BM을 도출하게 된다.

Deliverable

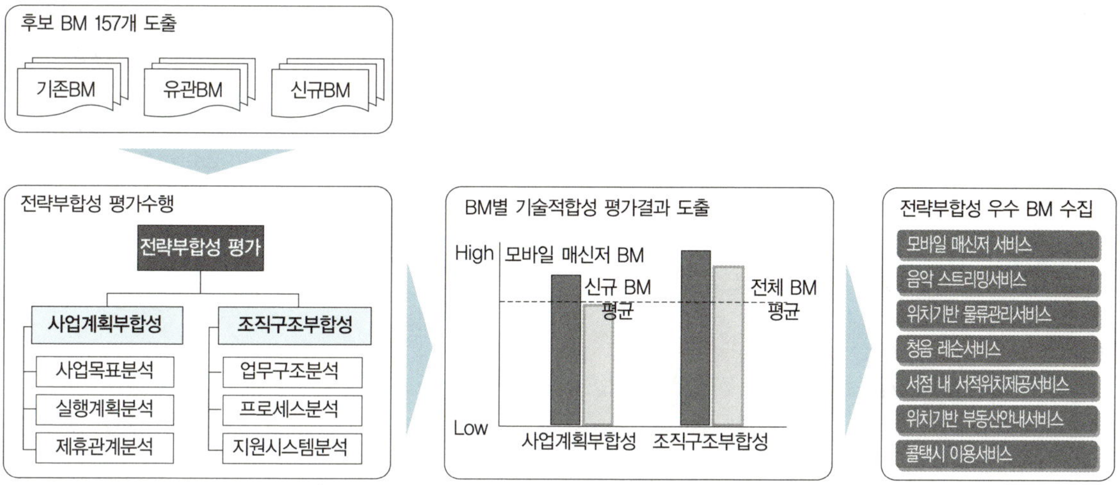

Implication

Activity 1에서 도출한 157개의 후보 BM이 전략부합성 평가 대상이다. 평가결과를 바탕으로 지하철 내 뉴스 제공 서비스, 홈 감시 서비스 등 12개의 BM을 도출하였다.

Activity 3. **시장사업성 평가**

Objective

BM 구현으로 K사가 순수익을 획득할 수 있는지, 부가적 가치창출을 실현하고 있는지를 평가한다.

Method

본 사례에서는 시장사업성을 사업투자효과, 사업부가효과의 양대 차원으로 평가하였다. 시장사업성 평가를 마친 후, 앞서 도출한 기술적합성 및 전략부합성 평가결과를 종합하여 K사가 추진할 유망 BM을 선정하게 된다.

Deliverable

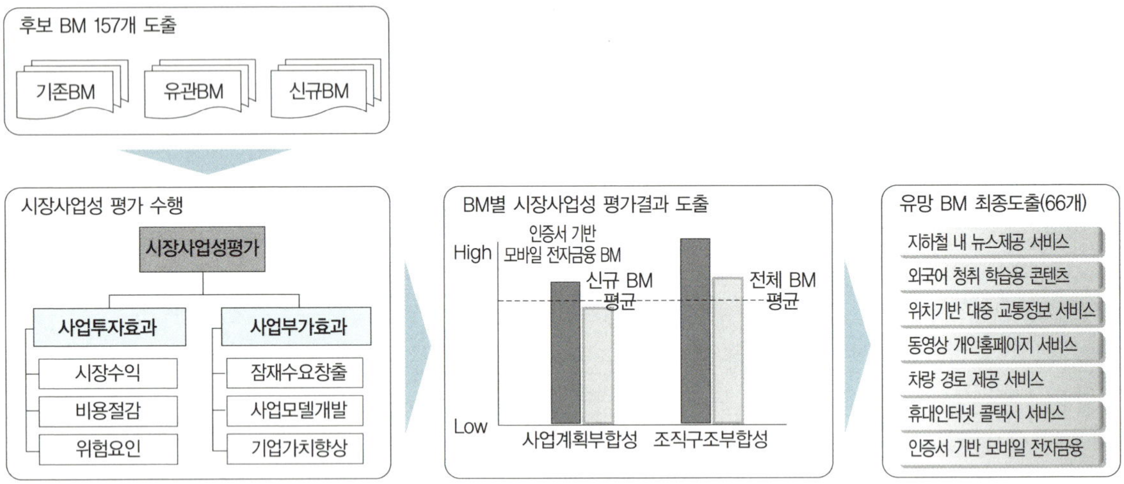

Implication

Activity 1과 2에서 평가한 후보 BM의 적합성을 평가하는 마지막 단계이다. 본 Activity 3에서 측정한 사업성과 점수를 종합하여 K사가 역점을 두고 추진해야 하는 유망 BM을 최종적으로 도출하였다. 도출된 BM을 대상으로, 서비스 설계 및 운영 가이드라인을 수립한다.

휴대인터넷 비즈니스 모델 적합성 평가결과 요약 및 시사점

WiBro 기반의 휴대인터넷 서비스를 고객에 제공하는 것만으로는 투자 대비 수익 달성이 어려울 뿐만 아니라 효율성 측면에서도 문제가 생길 수 있다. 따라서, 유선인터넷 산업과 휴대인터넷 산업 내 사업자가 고객에 제공하고 있는 비즈니스 모델을 수집하고 WiBro를 통하여 향후 실현가능한 신규 비즈니스 모델을 개발함으로써 총 157개의 후보 WiBro 비즈니스 모델을 도출하였다. 하지만 K사가 해당 서비스를 모두 구현하는 것은 인적 · 물적자원의 낭비가 심하므로 타당성, 사업성 등을 종합평가하여 향후 사업화할 비즈니스 모델을 엄선하여야 한다. 따라서 Techno Business 통합분석방법론에 수록한 분석기법을 참조하여 기술적합성, 전략부합성, 시장사업성 등의 평가체계를 수립하고 각 비즈니스 모델별로 점수를 산출하여 상위 20개의 유망 비즈니스 모델을 도출하는 절차를 실행하였다. 이는 K사의 기술보유역량, 수립한 전략, 목표고객 욕구충족 여부를 총체적으로 반영하였으며 향후 WiBro 비즈니스 전략 수립 방향성에 큰 영향을 미칠 것이다.

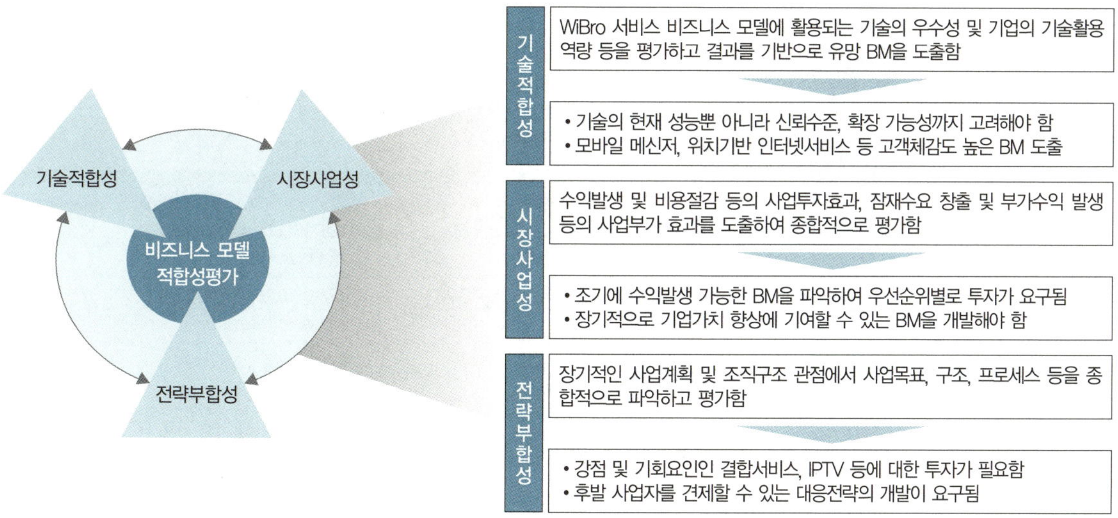

Phase 3. 비즈니스 모델 분석 및 도출

Activity 1. 비즈니스 모델 구성요소분석

Objective

개발된 비즈니스 모델의 서비스 정의와 주요 기능 및 구성항목을 분석한다. 이를 바탕으로 공급자, 경쟁자, 파트너, 구매자 등의 이해관계자 분석을 실시한 후 개발된 WiBro 비즈니스 모델에 대한 특성을 도출한다.

Method

WiBro 산업 내의 주요 이해관계자를 중심으로 분석을 수행한다. 이해관계자는 크게 경쟁자, 공급자, 구매자, 파트너로 구분할 수 있다. 이들을 가리켜 기업의 '외부환경'이라고도 한다. 경쟁사의 상품 기획 및 개발과 관련된 역량, 공급자의 공급체인 관리능력, 구매자의 소비력, 파트너들의 경쟁력 등을 검토한다.

Deliverable

제공서비스 정의서

관리부서	K사 WiBro 사업부 금융서비스 기획팀	
유형	금융서비스	
이름	WiBro 뱅킹서비스	
정의 및 목표	인증서가 내장되어 있는 단말기를 통하여 온라인 뱅킹 및 상거래뿐만 아니라 오프라인 상거래에 대한 결제도 가능한 서비스	
주요 기능 및 기술	• 휴대전화 내 WiBro 지원 기술 • 금융자산 통합관리기술 • 인증서기반 금융보안기술	• 개인신용관리 • 일정기간 소비성향분석 • 금융자산 통합관리 • 금융상품 및 서비스광고
구성 항목	• H/W : WiBro 고속인터넷망, Web Server, 개인 WiBro 휴대전화 • S/W : 금융자산 통합관리 S/W, 고객소비동향 분석 S/W, Web Server 보안 S/W	
고객	직장인, 대학생, 주부 등 성인연령 층 고루 분포	
이슈사항	통신사 주도의 금융통합서비스 제공	

구분	서비스 영향요인	이해관계자
공급자	서비스가격, 개인 금융정보 보안, 통합 UI 지원	K사
경쟁자	대체서비스(모바일 뱅킹, 신규 Finance 서비스)	S사, L사
파트너	제휴 금융상품, 시스템/SW 사용료	E금융사, S전자
구매자	이동 시 전자거래수요, 사용 편의성	직장인, 대학생

Implication

도출된 개별 비즈니스 모델의 구현 시 필요한 기능 및 사용자, 구성항목 등의 분석을 위하여 'WiBro 뱅킹서비스' 정의서를 작성하였다. 이를 바탕으로 이해관계자들을 분석해 본 결과 타 이동통신사, 제휴 금융사, System 개발사 등이 본 비즈니스 모델 실현 시 유의한 영향을 미치는 것으로 나타났다.

Activity 2. 비즈니스 모델 가이드라인 도출(1)

Objective

기술기반 비즈니스의 분석영역별 최신 트렌드를 충족하는 비즈니스 모델을 수립한 후 K사에 적합한 최종 시나리오를 선정한다.

Method

도출 단계는 크게 두 가지 차원(Phase)으로 구분된다. 먼저 거시적인 기술동향, 산업구조, 고객수요 등을 살펴보면서 외부환경의 특성을 포괄적으로 분석한다. 그 다음 기술적합성, 전략부합성, 시장사업성을 평가하여 실제 기업의 비즈니스 모델과 외부환경의 연관성을 분석한다. 선행 단계의 결과가 종합되면, 서비스 시나리오를 통해 서비스 성공 가능성을 검토하고, 그 후에 최적의 방안을 선정한다.

Deliverable

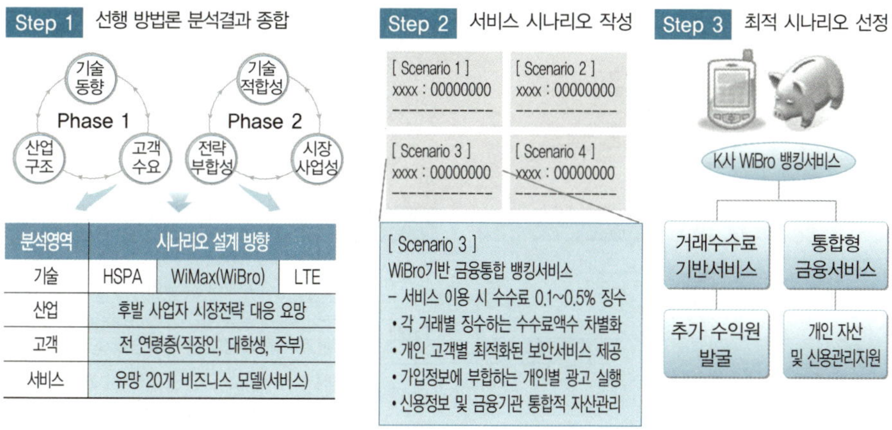

Implication

시장조사 및 환경분석, 비즈니스 모델 적합성 평가결과를 기초로 최신 트렌드에 부합하는 K사의 WiBro 서비스 전략방향을 수립하였다. 이를 바탕으로 지속적인 고객수요 증대가 예상되는 WiBro 서비스를 대상으로 후발사업자(S사) 견제를 위한 응용서비스 시나리오를 작성하였다. WiBro 뱅킹, 종합 지역정보 제공 등 생활밀착형 응용서비스를 도출한 후 K사가 사업화가능한 대안을 최종 선정하였다. 또한 K사의 내 · 외부요인을 고려하여 선정 시나리오별 추진비전과 전략목표, 서비스 제공형태를 분석하였다.

Activity 2. 비즈니스 모델 가이드라인 도출(2)

Objective

시나리오를 기반으로 비즈니스 모델 내 가치흐름 및 절차를 구성하고 K사의 이윤창출을 위한 비즈니스 모델 수익구조를 파악한다.

Method

서비스를 통해 발굴될 수 있는 수익유형, 수익원 등을 정의한다. 서비스 출시 및 운영으로 인해 발현되는 가치를 중점적으로 살펴보는 'Value Map'과 서비스가치 창출과정을 분석하기 위해 'Process Map'을 활용한다. 이를 바탕으로 당사가 창출하게 될 수익을 다이어그램과 같은 시각적인 기법으로 표현한다.

Deliverable

1 Value Map

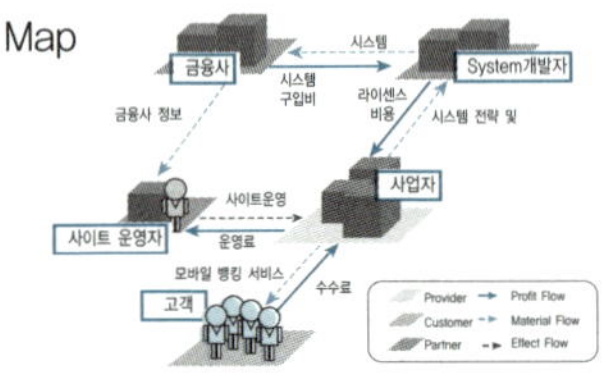

2 Process Map

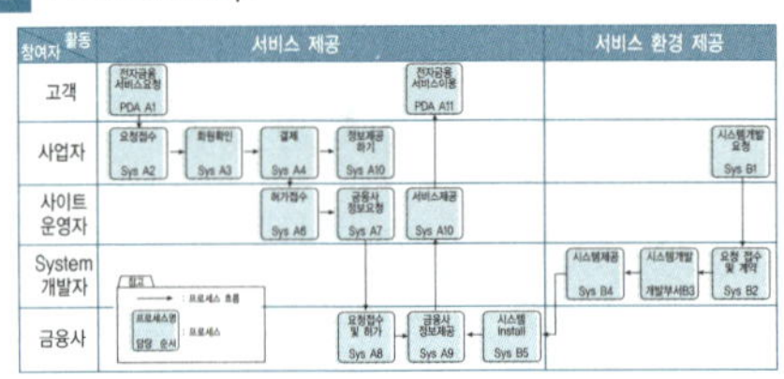

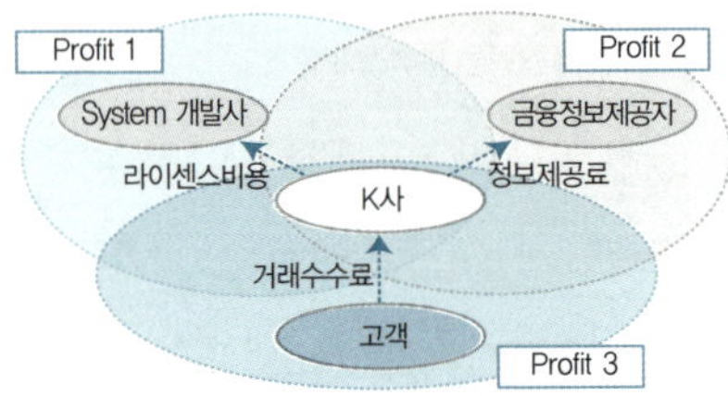

구분	수익유형	수익원	설명
Profit 1	라이센스 비용	System 개발사	등록비(20만)+관리비(20만)/연
Profit 2	정보 제공료	금융정보 제공자	K사로부터 정보료 월정액 징수
Profit 3	거래 수수료	K사	거래 시 고정비 수수료 징수

Implication

K사는 서비스파트너(금융정보제공사)로부터 금융정보를 획득하여 이용고객에게 금융정보 종합관리서비스를 제공하였다. 이를 좀 더 구체화하기 위하여 'WiBro 뱅킹서비스' 구현에 따르는 이해관계자별 수행절차를 분석하여 시나리오를 구체화하였다.

'WiBro 뱅킹서비스'에서는 K사와 서비스 이해관계자 간 3가지 수익유형을 도출하였다. 또한 가치흐름별 현재시장가치를 분석하여 정보이용료와 라이센스 비용 및 일정이익을 반영한 서비스 이용요금을 책정하였다.

WiBro 비즈니스 모델 분석 · 도출결과 요약 및 시사점

유망 20개 비즈니스 모델 중 'WiBro 뱅킹서비스'에 대한 비즈니스 모델 분석 · 도출절차와 산출물을 제시하였다. K사가 해당 비즈니스 모델을 일관성을 가지고 구현할 수 있도록 서비스의 주요 기능과 구성항목 등의 속성을 정의하고, 서비스 실행에 있어 영향을 미치는 대내외 이해관계자와 이들의 역할을 식별함으로써 비즈니스 모델 구성요소를 도출하였다. 다음 단계로 Phase 1과 2의 분석결과를 종합하여 비즈니스 모델 구현 시 고객이 활용가능한 서비스 시나리오를 도출하고 수익창출 방향과 세부지원기능 등을 포함하는 비즈니스 모델 시나리오 분석을 수행한다. 또한 시나리오 구현을 위하여 이해관계자별 자원흐름을 Value Map으로 구조화하고 Process Map을 활용하여 사업자의 업무 프로세스를 확정하는 등 비즈니스 모델 관계구조를 명확화하고 비즈니스 모델에 따르는 하위 수익유형을 규명함으로써 비즈니스 모델 구현 가이드라인을 작성하였다. WiBro 비즈니스 모델 개발 프로젝트에서는 나머지 19개 유망 비즈니스 모델에 대해서도 동일한 절차에 따라 산출물을 구성하였으며, K사가 휴대인터넷 시장 내에서 확고한 위치를 점할 수 있도록 시장전략을 수립할 때 활용할 수 있도록 하였다.

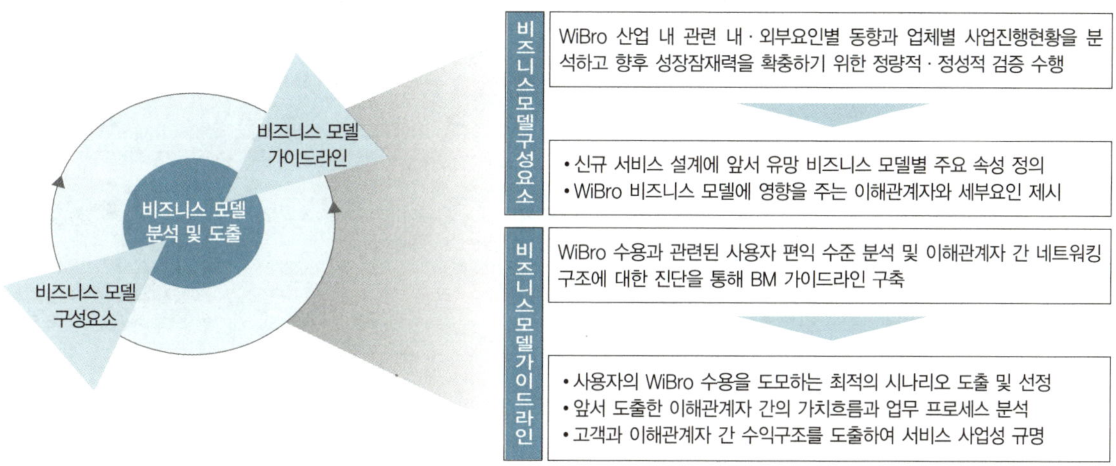

3. 공간정보서비스 BM 타당성분석

3.1 프로젝트 개요

공간정보산업은 구축된 인프라를 기반으로 다양한 비즈니스 모델을 수립할 수 있어 향후 지속적인 발전이 기대되는 분야이다. 특히 무선인터넷의 보급으로 위치기반서비스(LBS)와 같이 공간정보를 활용한 서비스들이 각광받고 있다. 연세대학교 ITR은 공간정보 유통 산업의 특징을 파악하여 비즈니스 모델의 타당성 평가체계를 개발하였다. 또한 이를 바탕으로 공간정보서비스 비즈니스 모델 가이드라인을 개발하여 공간정보의 유통 및 활용 기회를 마련하였다.

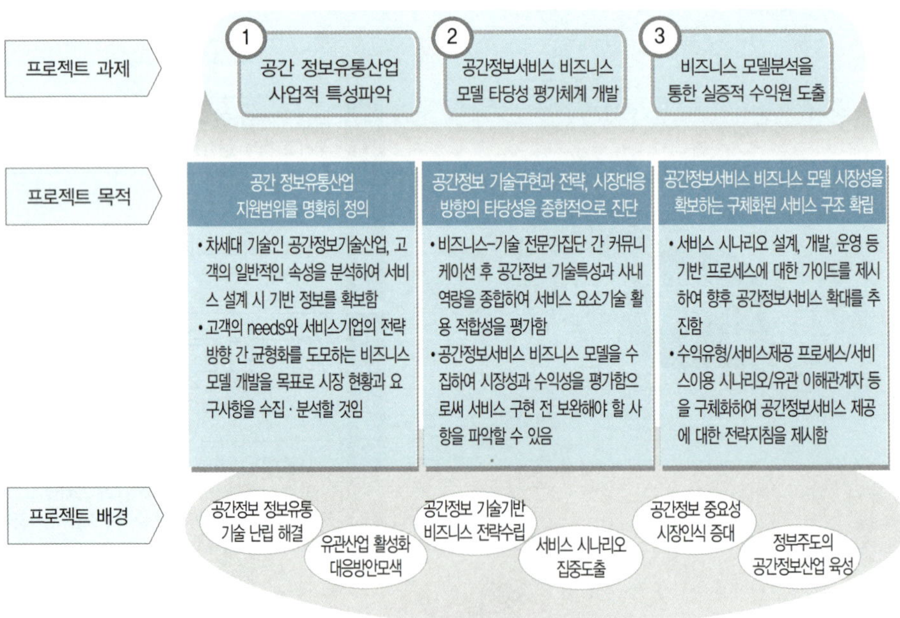

공간정보기술은 자체 기술뿐만 아니라 확장된 인프라 및 활용영역이 중요한 분야이다. 따라서 응용기술 차원의 혁신뿐만 아니라 산업 내 활용증대를 위한 비즈니스 모델의 개발이 요구된다. 개발된 비즈니스 모델은 타당성 분석방법을 통해 서비스 제공 가능성을 파악할 수 있다. 공간정보서비스 프로젝트 사례를 통해 정보유통산업의 구조를 파악하는 것 뿐만 아니라, 유망서비스 시나리오로 구체화하는 방법을 도출할 수 있다.

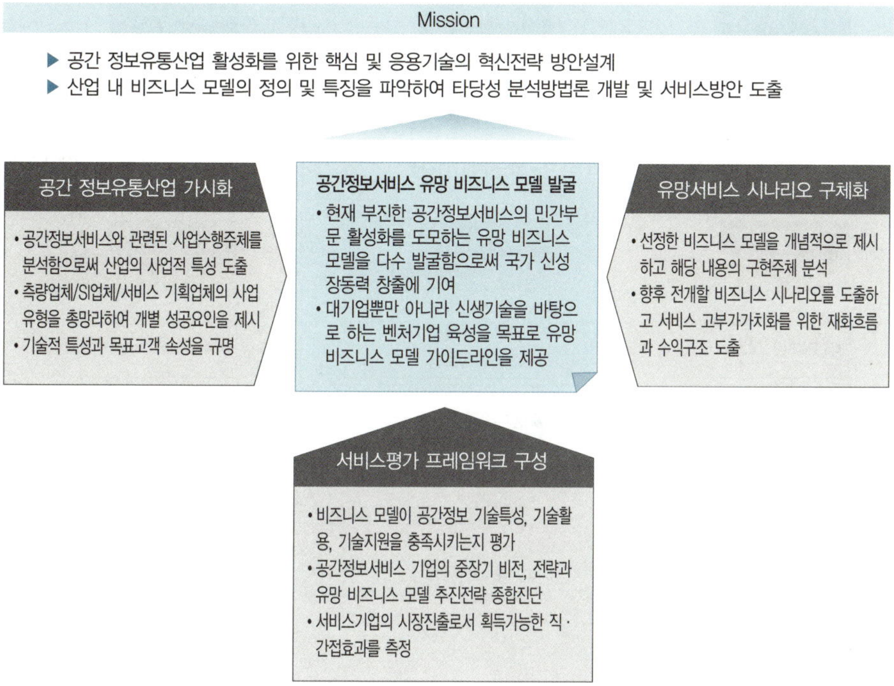

3.2 프로젝트 특성화방법론

유망 비즈니스 모델을 정의하기 전에 정보유통산업이 무엇인지 정의하는 단계가 필요하다. 먼저 산업조사 및 환경분석을 통해서 기술현황/산업구조/고객의 속성을 분명하게 정의한다. 그리고 분석한 결과들을 종합하여 기술적합성/전략부합성/시장사업성 관점에서 BM의 타당성을 분석하고 평가한다. 마지막으로 비즈니스 모델 구성요소 분석 및 구성내역 도출을 통해 비즈니스 모델을 구체화한다.

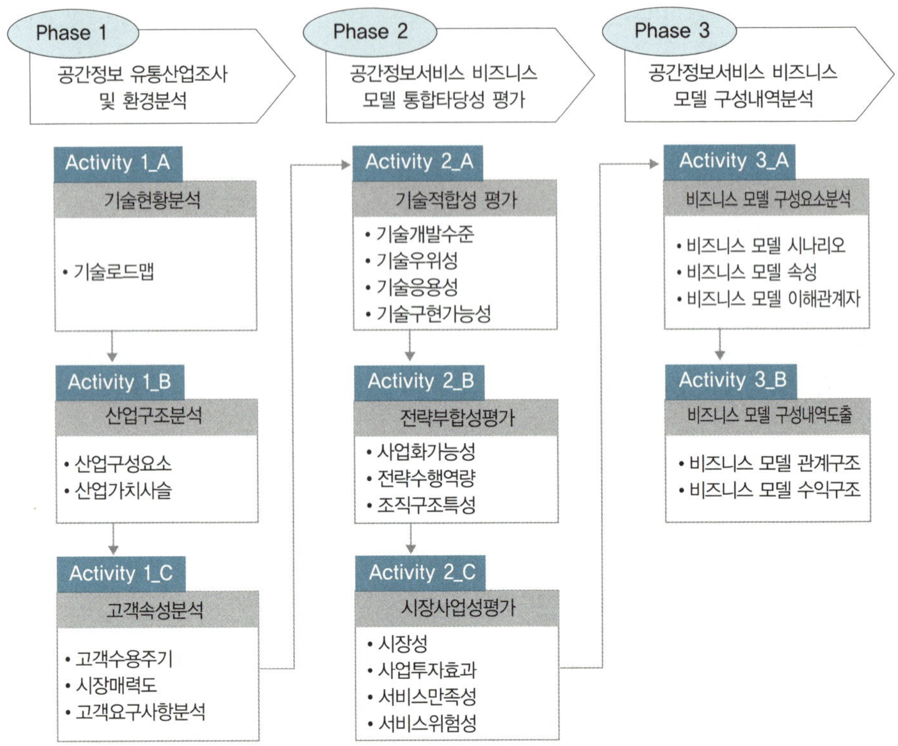

3.3 분석기법 적용 산출물

Phase 1. 공간 정보유통산업조사 및 환경분석

Activity 1. 기술현황분석

Objective

공간정보 관련기술의 발전방향을 분석하고 향후 개발하여야 할 필요기술 및 제품을 식별하여 최선의 기술대안을 도출한다.

Method

다양한 기술군의 발전 양상을 수평적으로 표현함과 동시에 기술의 중요도, 개발전략 등을 함께 살펴본다. 이 단계에서는 공간정보와 관련된 기술들이 어떻게 변화하는지 상세하게 표현한 다음, 기술군에서 상품화 및 속성으로 정의할 수 있는 요소들을 도출하여 전략적 시사점을 파악한다. 본 방법에서는 크게 Standard/Technology, Product/Service, 그리고 Infra의 3단계로 나누어 살펴본다.

Deliverable

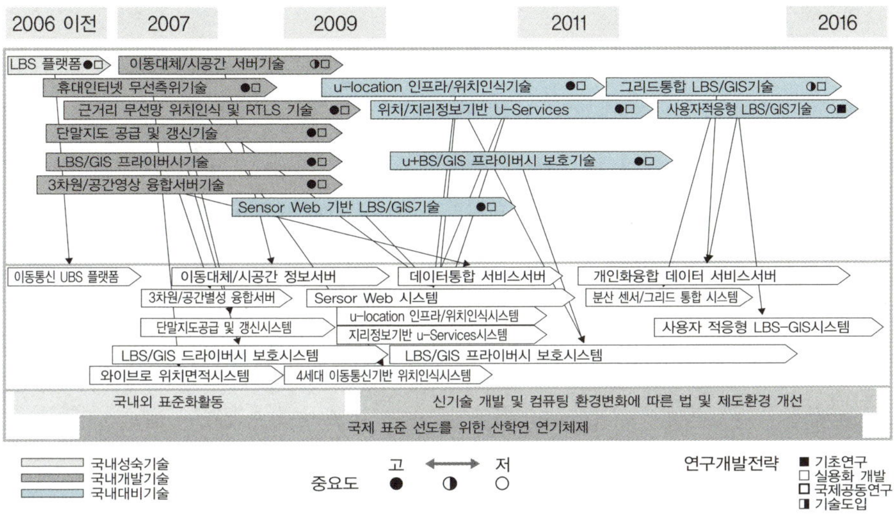

Implication

국내에서 공간 정보유통산업의 핵심기반기술(플랫폼, 서버, 위치인식, 단말지도, 보안 등)이 개발진행 중 또는 완료된 상황이다. 선행 핵심기반기술에 비하여 심화형 후속기술을 개발하고 기 구축된 기술성숙수준을 높여 공간 정보유통산업의 경쟁력을 제고하여야 한다. 위치/지리정보기반의 u-Service 유관 기술 상용화를 목표로 R&D 과제별 세부기술과 개발 일정, 조직지원 역량 등을 파악하여야 한다. 산 · 학 · 연 연계체제 및 법 · 제도 수정으로 공간 정보유통산업 원천 기술 인프라를 구축하여 국가적 비전과 기업가치 창조를 충족할 수 있을 것이다.

Activity 2. 산업구조분석

Objective

공간 정보유통산업의 이해관계자, 경쟁자 등의 환경적 요인과 산업단위 프로세스를 파악하여 해당 산업의 현 위치 및 상황을 이해한다.

Method

산업의 외부환경 분석을 수행할 때 자주 활용하는 5 forces Model을 통해 외부 영향력이 자사의 전략에 미치는 영향을 분석한다. 그 다음 산업 내부의 가치사슬을 표현하여 5 forces의 각 영향력이 기업의 활동 중 어떤 측면과 관계가 있는지 분석한다. 본 방법에서는 공간정보산업의 공공성 및 사회성을 고려하여 고객, 정부, 기업, 개인의 차원으로 나누어 살펴보았으며 지리정보획득, 공간정보 DB 구축, 상품/서비스 개발의 단계로 나누어 가치창출활동을 정의하였다.

Deliverable

공간 정보유통산업의 5 Forces Model

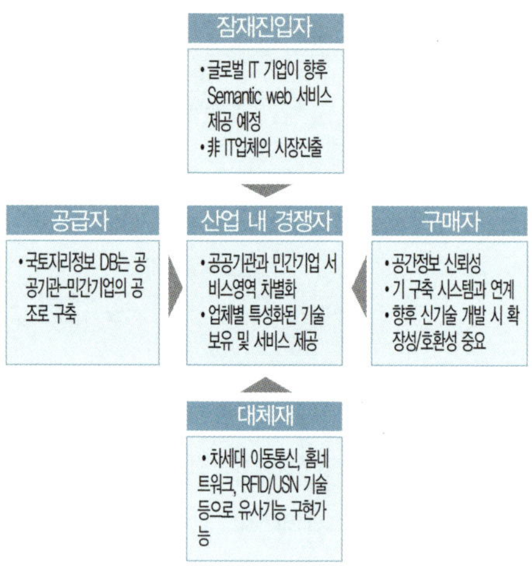

공간 정보유통산업의 가치사슬

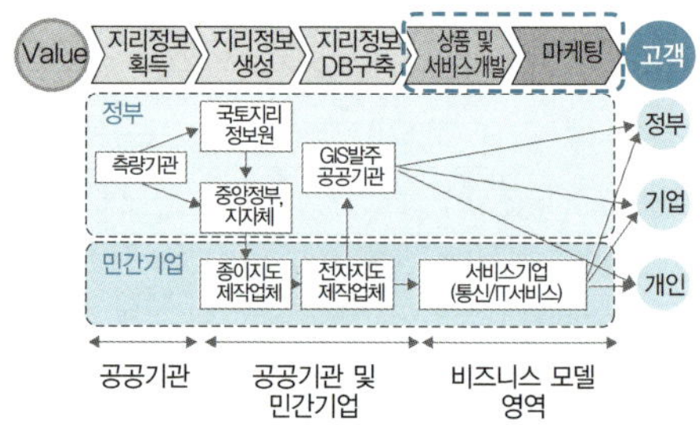

가치 생성	지리정보 획득	공간정보 DB구축	상품/서비스 개발
설명	원천정보로부터 지리정보를 획득하는 모든 활동	획득한 지리정보를 수치정보(Data)로 변환/DB화	지리정보 DB를 바탕으로 비즈니스 모델 구현

Implication

공공기관이 실제지형자료 전산화, 지리정보관리에 중점을 두는 반면 민간기업은 웹기반 LBS, Telematics, where 2.0 등 사용자수요 중심의 공간정보 활용 서비스 개발 및 제공을 수행하고 있다. 또한, IT서비스업 위주로 사업자가 분포하며 이들은 각기 특성화된 전략을 보유하고 있다.

공간정보 가공 및 전달은 공공기관-기업-사용자 순으로 전개하며 서비스 성숙을 위하여 연관산업(장비, 단말기)과의 연계가 중요하다. 산업 내 가치사슬 상의 활동은 각 단계별 필요한 기술을 조합하여 수행하며 특히 서비스 개발 단계에서 다 기술 융합이 발생한다.

Activity 3. 고객속성분석(1)

Objective

공간정보기술의 주요 기능에 따라 이를 활용하는 고객층 정보를 수집하고 시장의 기대 성장규모를 관측하여 향후 고객 대응방안을 모색한다.

Method

공간정보기술은 시장에서의 적극적인 수용 및 보급이 시급한 신기술이다. 따라서 고객수용주기분석을 통한 하이테크 제품 마케팅 전략이 중요하다. 이 전략에서 제일 중요한 것은 사용자의 속성을 파악하여, 적극적 구매자 뿐만 아니라 대다수의 사용자에게 제품이 수용될 수 있게 하는 것이다. 그 가운데서 주된 진단 및 대안도출 방법으로 활용하는 'Chasm' 분석기법을 통해 대안을 발굴·제시한다.

Deliverable

공간정보 기술의 고객수용주기

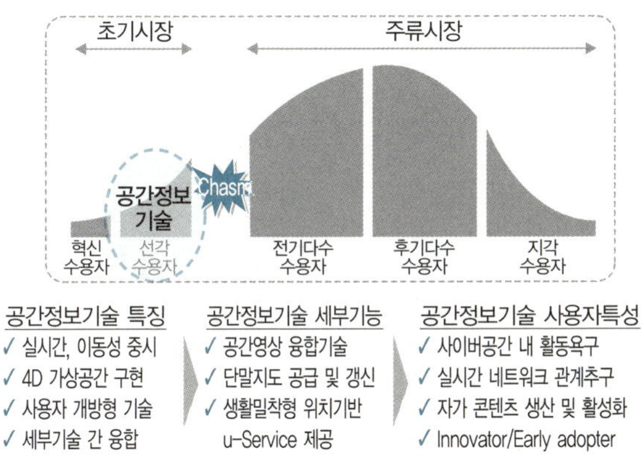

세계 공간정보 시장규모 및 성장률

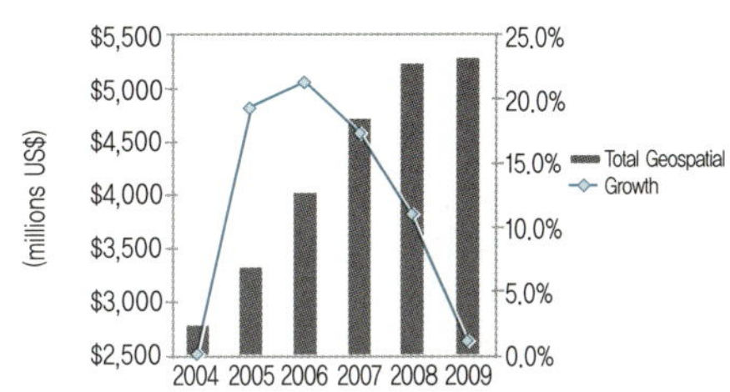

국내 공간정보 시장규모

(단위 : 억원)

연도	2002	2003	2004	2005	2008	2011
액수	6,832	8,412	10,085	11,758	17,000	110,000

Implication

공간정보기술은 사이버 공간에서 오랜 시간을 소비하며 가상 인간관계에 익숙한 Early adopter로서 청년층을 주요 고객으로 하고 있다. 향후 생활밀착형 위치기반 u-Service는 사용편의성 증진, 개별요구충족을 통하여 chasm을 극복하고 산업성장을 유인할 것이다.

세계 시장은 2006년 이후 시장규모 및 산업성장률 하락세에 접어들어 신규 공간정보 서비스 개발이 시급한 실정이다. 국내 시장은 지금도 규모가 확대되고 있으나, 2011년까지 정책지원과 비즈니스 모델 구현을 통해 신성장동력의 창출이 필요하다.

Activity 3. 고객속성분석(2)

Objective

공간정보서비스의 기초 형태인 Web기반 전자지도 사용자 설문을 통하여 만족, 불만족요인을 도출하고 서비스 요구수준 부합 방안을 연구한다.

Method

고객의 서비스만족도를 평가하여 지속적으로 유지해야 할 영역, 점진적으로 개선할 영역, 중점적으로 개선할 영역, 유지 및 관리가 필요한 중간영역 등을 도출하는 단계이다. 양적인 고객만족도뿐만 아니라 고객이 서비스에 만족하는 요인, 비활용 요인 등을 검토한다.

Deliverable

Web기반 전자지도 서비스만족도 설문

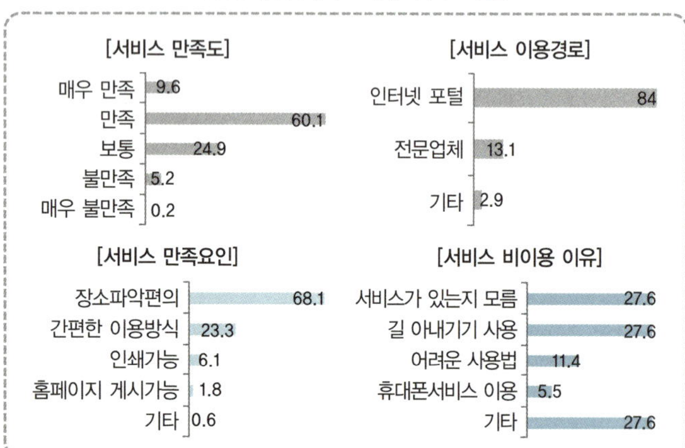

만족도-중요도 Matrix

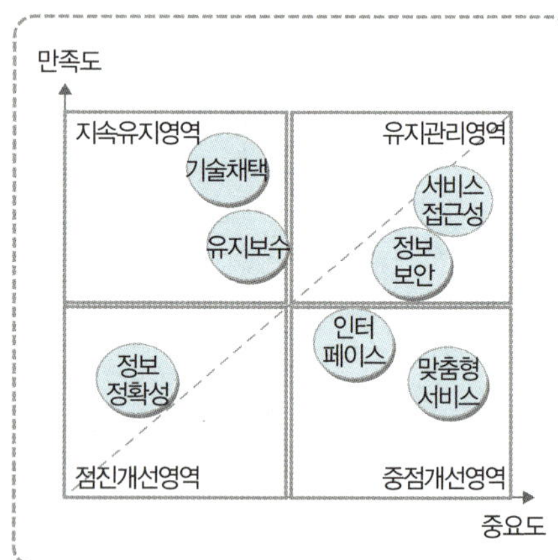

Implication

Web기반 전자지도(GIS서비스 기초형태)는 대부분의 고객이 인터넷 포털에서 사용하며 70% 이상 만족하고 있는 것으로 조사되었다. 서비스의 핵심 기능인 위치 알림을 효과적으로 제공하였을 경우 고객의 만족도가 높았으며, 대체재를 사용하는 경우 서비스 이용률이 감소하였다. 개인위치 정보보안과 서비스 휴대성, 접근성은 공간정보 산업 내 경쟁력의 결정요인으로서 상시 사용자 만족 수준 향상 및 유지 노력이 필요할 것이다. 또한, 목표고객을 정의하고 그들의 속성을 반영하여 서비스 설계 시 사용 편의성, 인터페이스, 맞춤형 콘텐츠 등의 제공 방안을 수립하여야 한다.

공간 정보유통산업 조사 및 환경분석 결과 요약 및 시사점

공간정보 유통기술개발이 가속화됨에 따라 다양한 사업자가 참여하는 추세를 보이고 있다. 거시적으로 IT산업에서 자신의 입지를 넓혀가고 있는 공간정보 유통산업의 성장잠재력과 향후 발전방향을 올바르게 인식하기 위하여 해당 산업 전반에 대한 조사와 내 · 외부환경 분석을 우선적으로 진행하여야 한다. 이에 따라 기술로드맵을 통하여 2016년 까지 개발 및 상용화 가능한 공간정보 관련 기술과 제품, 서비스를 파악할 수 있었다. 또한 5-Forces Model을 활용한 산업 구성요소와 지리정보획득에서부터 마케팅까지의 업무 프로세스를 포괄하는 산업가치사슬 전반을 분석함으로써 공간정보 유통산업에서 반드시 고려하여야 하는 이해관계자 동향 및 가치흐름을 중심으로 산업 성공요소를 이해할 수 있었다. 마지막으로 기술수용주기 내 공간정보 유통기술의 위치, 특성, 세부기능에 따르는 고객속성을 도출하고 서비스 만족도와 구현 요구사항에 대한 설문조사

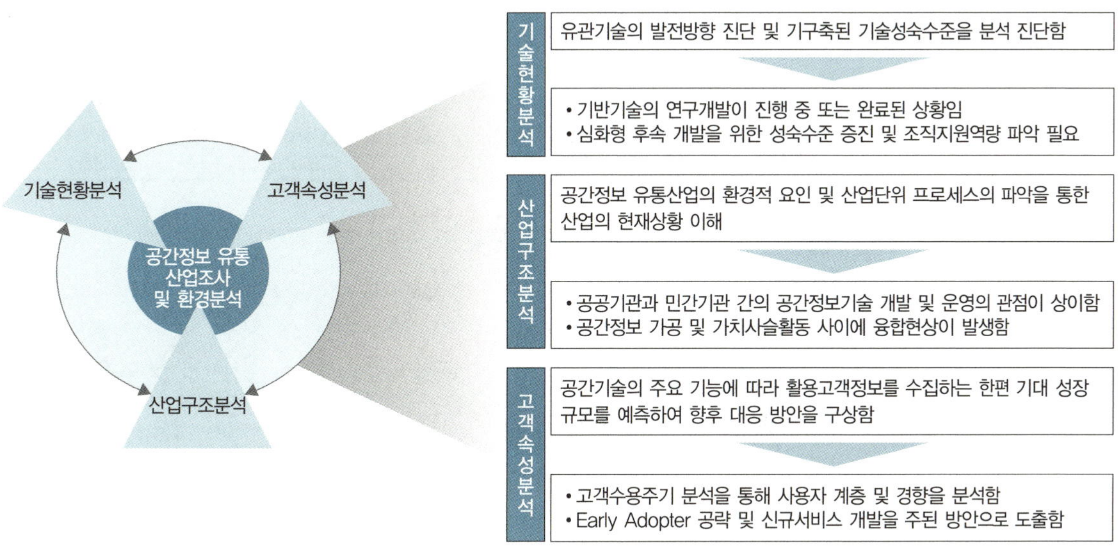

를 실시하고, 시장규모와 성장률 분석을 통하여 향후 성장잠재력을 예측한다. 본 절차를 통해 도출된 산업의 기본정보는 이후 전략 수립에 있어 입력물의 형태로서 활용하도록 한다.

Phase 2. 공간정보서비스 비즈니스 모델 통합타당성 평가

Activity 1. 기술적합성 평가

Objective

공간정보서비스 비즈니스 모델 구현기술의 핵심 특성과 타 기술 대비 우수성 충족 여부를 평가하기 위한 기술적합성 평가체계를 개발하고 사례에 적용한다.

Method

기술적합성 평가는 기술의 개발수준, 우위성, 응용가능성, 구현가능성 등을 평가하는 절차이다. 이 방법을 활용하기 위해서는 우선 기술평가와 관련된 각종 선행연구들을 정리한 다음, 공간정보 기술과 관련된 문헌을 조사 · 정리하고, 적합성평가를 위한 구성요소 도출 및 세부평가지표를 개발하는 단계를 거친다.

Deliverable

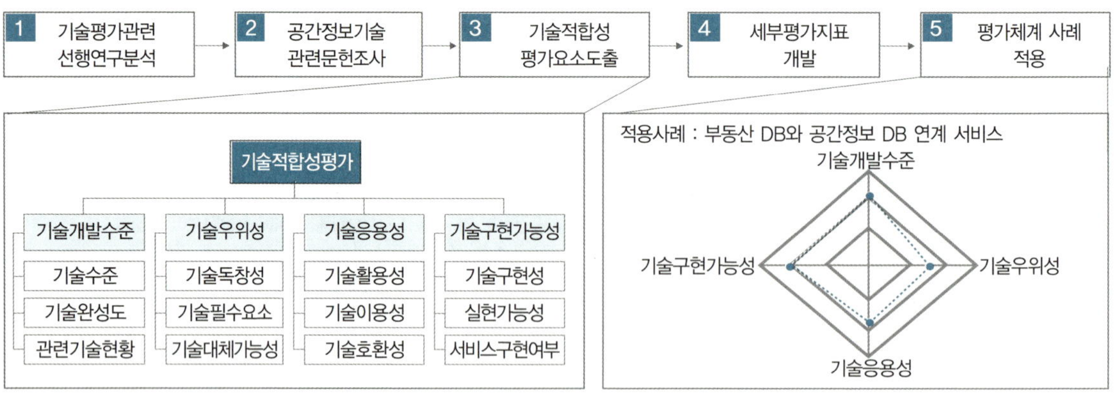

Implication

공간정보산업의 핵심 기술특성을 분석하여 유사한 영역에 따른 평가지표를 개발함으로써 공간정보 기술적합성 평가체계를 완성한다. 이후 해당 기술의 수준, 독창성, 이용성, 완성도, 품질 그리고 한계성 등의 분석을 통해 해당 기술이 비즈니스 모델을 구현하는 데 적합한지 평가한다. 앞서, WiBro BM 개발 사례와 같이 평가체계를 바탕으로 유망 비즈니스 모델 도출이 가능할 것이다.

Activity 2. 전략부합성 평가

Objective

기업의 전사적 비전과 공간정보 비즈니스 모델의 실행목적 간 일치성을 평가하고 실제 사업화에 필수적인 기업역량과 조직구조의 보유 여부를 평가한다.

Method

전략부합성 평가를 통해서는 크게 세 가지 측면을 검토하게 된다. 먼저 서비스 자체의 사업화가능성을 통해 기업전략부합성 및 기술대상부합성 그리고 사업목적부합성을 파악한다. 전략수행역량을 통해서는 기술역량 및 마케팅역량, 조직 역량 등을 분석한다. 그 다음 조직구조 특성을 통해서는 업무구조, 프로세스, 지원시스템 등 비즈니스를 수행하기 위한 조직체계가 어떻게 갖추어져 있는지 평가하게 된다.

Deliverable

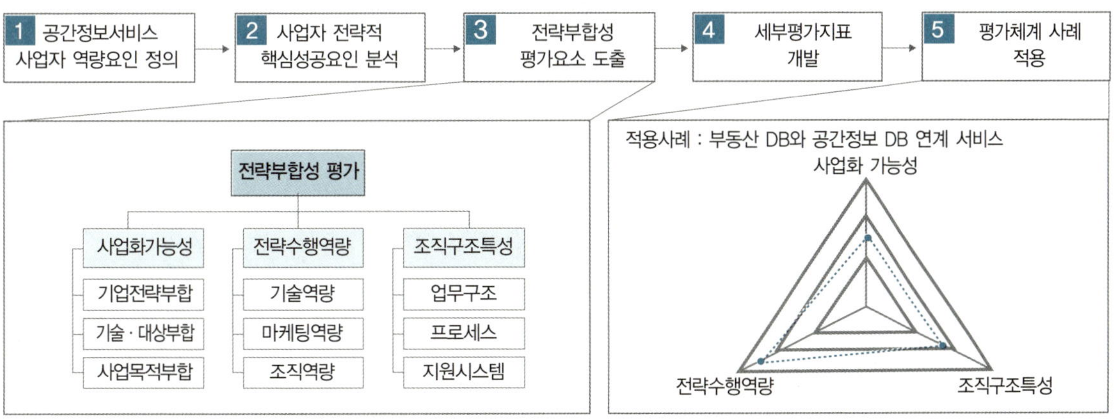

Implication

공간정보서비스 사업자를 집중 분석하고 그들의 특성을 도출함으로써 사업화 가능성과 조직구조 특성에 대한 평가지표를 도출한다. 사업자 수행 역량 요인을 선행연구 문헌조사를 통하여 기술과 마케팅, 조직으로 분류하고 세부 평가지표를 개발한다. 이를 통해 유망 비즈니스 모델에 대한 기업의 현재 전략 방향과 향후 성장력 강화 달성 가능 여부를 파악할 수 있다.

Activity 3. 시장사업성 평가

Objective

목표 시장 투자 대비 예상 성과를 분석하고 서비스 사용 시 고객 관점에서 식별 가능한 장단점을 종합 진단함으로써 공간정보 비즈니스 모델에 대한 수익 창출 능력을 검토한다.

Method

공간정보서비스 영역별로 특성을 도출하고 유형을 분류하여 시장사업성 평가에 필요한 개념적 체계를 수립한다. 또한 사업성 평가와 관련된 다양한 기관 및 연구자의 관점을 반영하여 적합한 평가요소를 도출한다. 평가영역으로는 서비스의 수익 및 비용절감 등의 성과와 관련된 시장성, 사업투자효과 등을 설정한다. 또한 고객들의 서비스에 대한 인식을 파악하기 위해 서비스 만족성 영역을 설정하고 서비스의 실패 요인을 검토하기 위해 서비스 위험성 평가영역을 제시하였다.

Deliverable

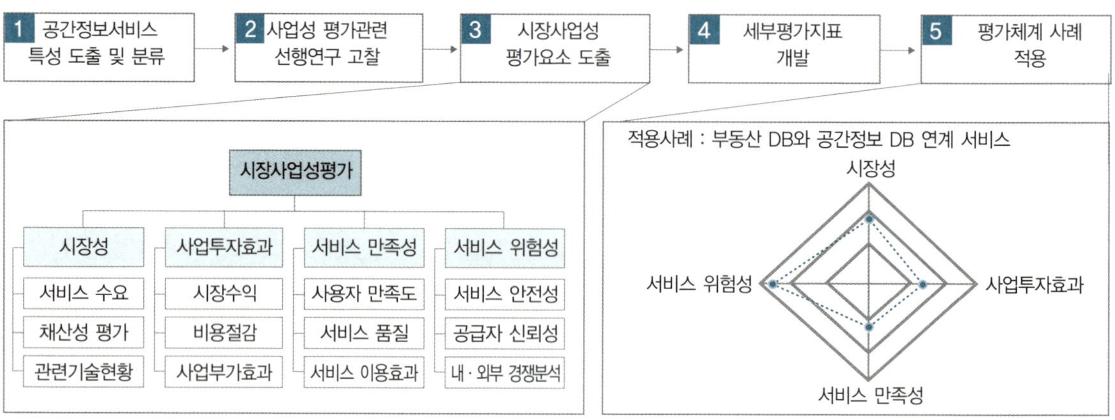

Implication

공간정보서비스 유형을 분석 및 종합하고 각 유형별 특성(수익구조, 서비스 수요 등)을 도출함으로써 평가체계를 구성한다. 또한 서비스를 활용하게 될 소비자의 행동과 요구사항을 분석하고 사업성 평가관련 선행연구를 고찰한다. 이를 통해 공간정보서비스의 성공요인을 평가할 수 있다.

공간정보 비즈니스 모델적합성 평가결과 요약 및 시사점

Web기반 전자지도의 보급에 따라 공간정보의 활용률이 점차 증대하고 있으며, 성장 잠재력이 충분하다고 파악되었다. 또한 생활밀착형 위치기반 U-service의 출현에 따라 사용편의성이 높은 공간정보활용 제품의 사용증대가 예상된다. 따라서 시장사업성과 기술적합성을 고려한 신규서비스 플랫폼 개발이 요구된다.

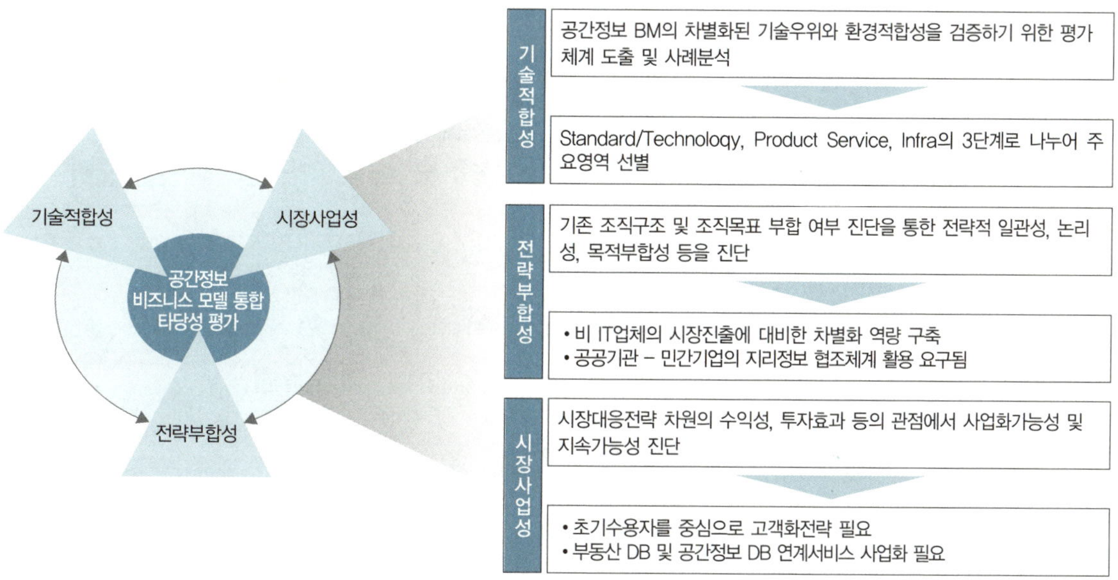

Phase 3. 공간정보서비스 비즈니스 모델 구성내역분석

Activity 1. 비즈니스 모델 구성요소분석(1)

Objective

환경분석 결과 및 공간정보서비스 활용영역 분류에 기반하여 유망 서비스 시나리오를 작성한 후 사업화를 목표로 하는 실행 시나리오를 도출한다.

Method

기술, 사회, 정부의 3대 트렌드 분야를 바탕으로 비즈니스 모델 구성요소들을 제시한다. 그 다음 공간정보서비스의 활용분야, 수요자특성, 서비스를 기준으로 서비스 시나리오들을 작성한다. 마지막으로 최적의 시나리오를 선별하여 O사가 출시하게 될 서비스의 구체적인 방향을 나타낸다.

Deliverable

Step 1 선행방법론 분석결과 종합

트렌드 분야	거시동인
기술	Web 플랫폼 기반 Mobile 공간정보 기술 발전
	4D 가상세계 구현(공간정보 표현기술)
사회	공간정보 DB를 통한 양적 정보 수요
	Local 공간정보 서비스 확대
정부	공간정보기반 조성사업 추진(제도정비, 표준화)
	민간 공간정보 응용서비스 고도화 지원

Step 2 서비스 시나리오 작성

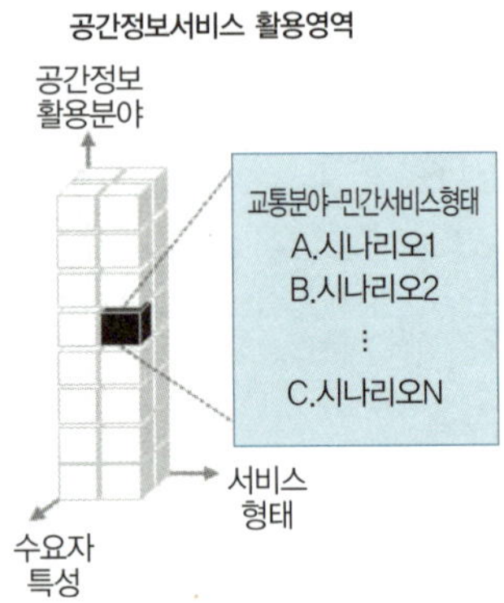

Step 3 최적 시나리오 선정

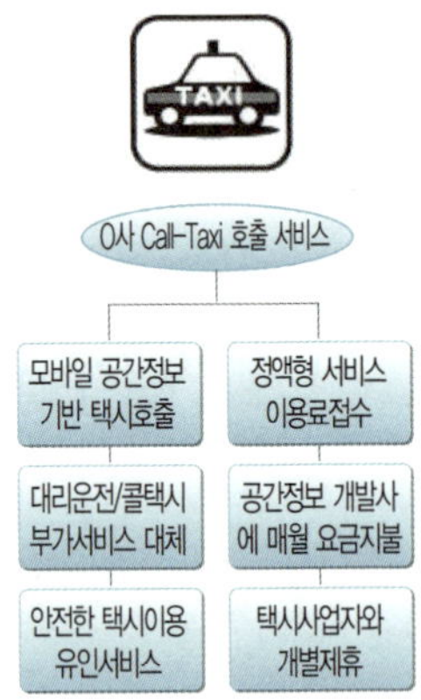

Implication

공간정보서비스 관련 동향을 분석한 결과 특정 지역을 중심으로 모바일 공간정보 응용서비스 고도화 지원에 대한 필요성이 제기되었다. 이를 바탕으로 공간정보 활용분야 9개를 수요자 특성(공공/민간)과 서비스 형태(단독/융합)에 따라 36개로 최종 분류한 후 컴포넌트별 시나리오를 작성하였다. 그 결과 교통분야의 민간 서비스형태로 수익모델을 창출할 수 있을 것이며, Web기반 DB의 발전에 따라 기능적인 지원 역시 가능할 것으로 판단된다.

Activity 1. 비즈니스 모델 구성요소분석(2)

Objective

유망 공간정보서비스 또는 비즈니스 모델의 세부 내용을 명확히 정의하고 효과적인 구현을 위하여 산업 내 · 외부 관계자와 서비스 영향요인을 분석한다.

Method

공간정보서비스의 내부 구성요소를 파악하는 절차로써 활용목적, 대상고객, 정보제공 및 유통주체, 경쟁자 등을 분석하게 된다. 이를 통해 서비스에 영향을 줄 수 있는 다양한 요인들의 세부내용을 도출하는 한편, 직접적인 이해관계자를 제시한다.

Deliverable

제공서비스 정의서

관리부서	L사 비즈니스 공간정보 사업부
유형	교통분야/민간 서비스
이름	공간정보기반 Call-Taxi 호출 서비스
정의 및 목표	사용자가 콜택시를 원할 때 휴대 단말기 위치를 추적하여 사용자의 소재지 파악 후 콜택시가 직접 이동하여 수송 서비스 제공
주요기능 및 기술	• 위치알림기술(Hot-Key) • Navigation 단말기(Kiosk) • 웹 기반 사용자 모니터링 기술 • 공간정보 DB 구축기술 (Digitizer, ArcGIS) • Call-Taxi 자동예약 • 정비소 위치/정비 가이드 제공 • 택시 내 인터넷 사용환경 • 웹상에 사용자 위치정보 공개
구성항목	• H/W : 휴대 단말기(인터넷 지원), Taxi Navigation, Web Server • S/W : GIS Solution, 데이터 수집지원 application, 공간정보기반 서비스지원 모바일 application
고객	30세 이상 직장인/자영업자(성별 무관)
이슈사항	비즈니스 모델의 보조활동은 Outsourcing(제휴 포함)을 원칙으로 함

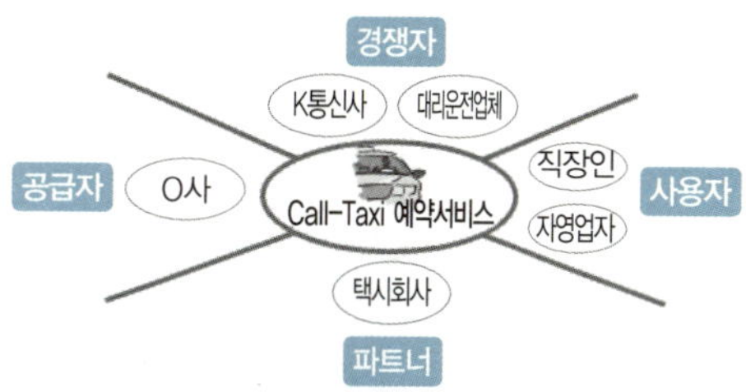

구분	서비스 영향요인	이해관계자
공급자	Navigation 기능성, 서비스 공급비용	O사
경쟁자	서비스이용료, 대체서비스, 안정적 수익구조	K통신사, 대리운전업체
파트너	상호 마케팅 채널 확보, 협력택시업체 확보율	택시회사
사용자	인터페이스 편의성, 서비스이용료, 부가서비스	직장인, 자영업자

Implication

유망 서비스 제공이 가능한 가상업체를 대상으로 목표시장을 공략하기 위한 서비스 범위와 핵심기술, 구성내역을 정의한다.

공간정보 정보유통산업 외부주체와 역할, 서비스 영향요인을 고려하여 비즈니스 모델 정립을 위한 분석요인으로 설정한다. 불안정한 서비스 이용기기 및 수익구조는 시나리오 성숙 수준을 감소시키고 관계자의 서비스 이탈을 초래할 수 있다.

Activity 2. 비즈니스 모델 가이드라인 도출

Objective

비즈니스 모델별 가치흐름과 업무 프로세스를 분석하고 수익구조를 산출하여 서비스 제공자에게 비즈니스 모델 운영 가이드라인을 제시한다.

Method

Value Map과 Process Map을 통해 가치창출 과정과 요인을 분석한다. 공간정보산업은 인프라 구축보다는 시스템 운영 및 유지보수, 정보제공을 통한 무형 자원의 가치창출 비중이 더 높은 산업이다. Value Map을 통해서 나타나는 대부분의 가치들은 공간정보를 통한 종합 솔루션과 같은 정보제공에 따른 수익이다. Process Map을 통해서는 시스템 운영주체와 L사, 그리고 고객들의 가치전달구조를 나타내게 된다.

Deliverable

1 Value Map

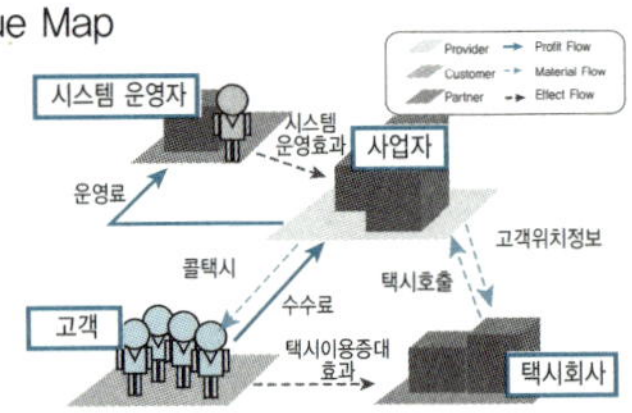

2 Process Map

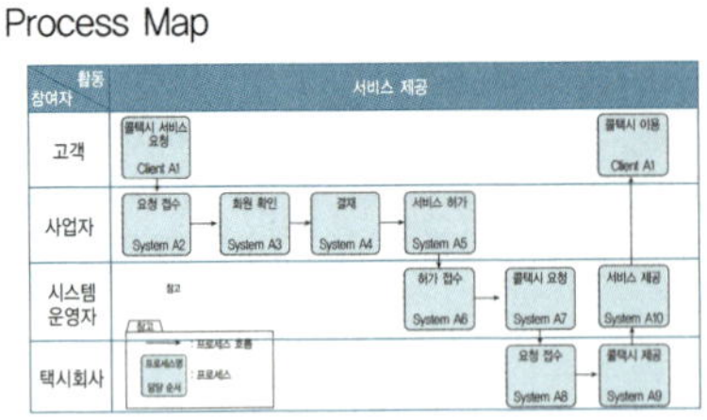

L사의 서비스 수익구조

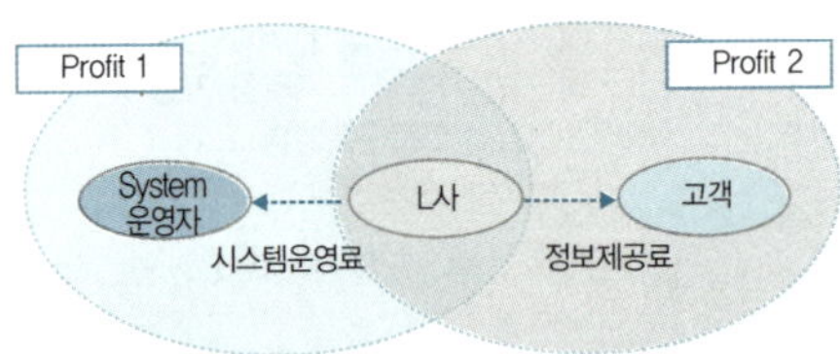

구분	수익유형	수익원	설명
Profit 1	시스템운영료	L사	지리정보 종합솔루션 제공 및 운영요금
Profit 2	정보제공료	고객	Call-Taxi 서비스 제공 건수당 정액요금

Implication

Call-Taxi 호출 서비스의 경우 사용자가 전송하는 위치 정보를 운수업체와 교환하여 주변지역의 Taxi를 예약·이용할 수 있도록 한다. 유망 공간정보서비스 시나리오별 가치흐름과 업무구조를 분석하여 사업수행을 위한 가이드라인을 사업자에게 제공한다.

사용자에게 월정액 수수료를 징수한 후 System 운영 외주업체에 솔루션 구축 및 유지보수비용을 지불하여 최종 수익을 창출한다. 고객체감비용을 최소화할 수 있도록 시장사업성을 가지는 사용료 책정이 필요하며, 시나리오별로 다양화된 수익원을 발굴해야 한다.

공간정보서비스 비즈니스 모델분석 및 도출결과 요약 및 시사점

유망공간정보서비스 비즈니스 모델의 속성과 구성요소를 분석하여 서비스 전략과제와 관계구조, 수익유형을 포괄하는 비즈니스 모델 운영 가이드라인을 수립한다. 이를 통해 공간정보서비스 비즈니스 모델 구현의 중요 가이드라인으로 활용할 수 있도록 한다.

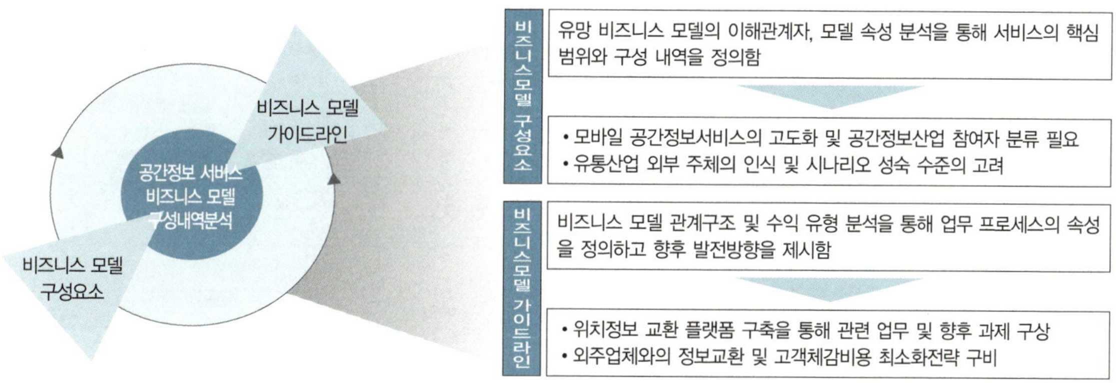

4. 지속가능성중심의 U-City 서비스타당성 평가

4.1 프로젝트 개요

인천 청라지구를 비롯하여 새로 지어지는 신도시 인근에는 U-City라는 개념이 등장하고 있다. 무엇보다 다양한 IT기기가 융복합 차원에서 구현되는 공간이라는 점에서 U-City는 앞으로 건설, 전자를 비롯한 다양한 산업에서 주목 받을 전망이다. 연세대학교 ITR에서는 지속가능한 도시 개발 관점과의 적합성을 분석하고 U-City 서비스 평가개발 방안을 도출하였다.

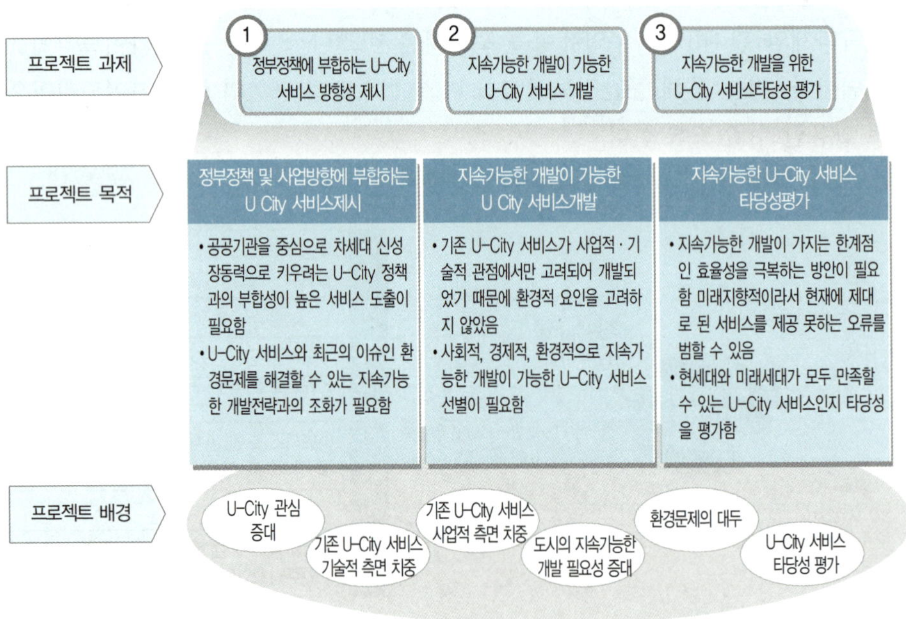

U-City 서비스의 경우에는 정부정책의 영향이 큰 사업이라는 점을 감안하여 서비스 방향성과 정부의 정책을 함께 분석해야 한다. 특히 환경문제나 신성장동력과 같은 최근 이슈와 결부된 문제들을 중점적으로 검토해 볼 수 있다.

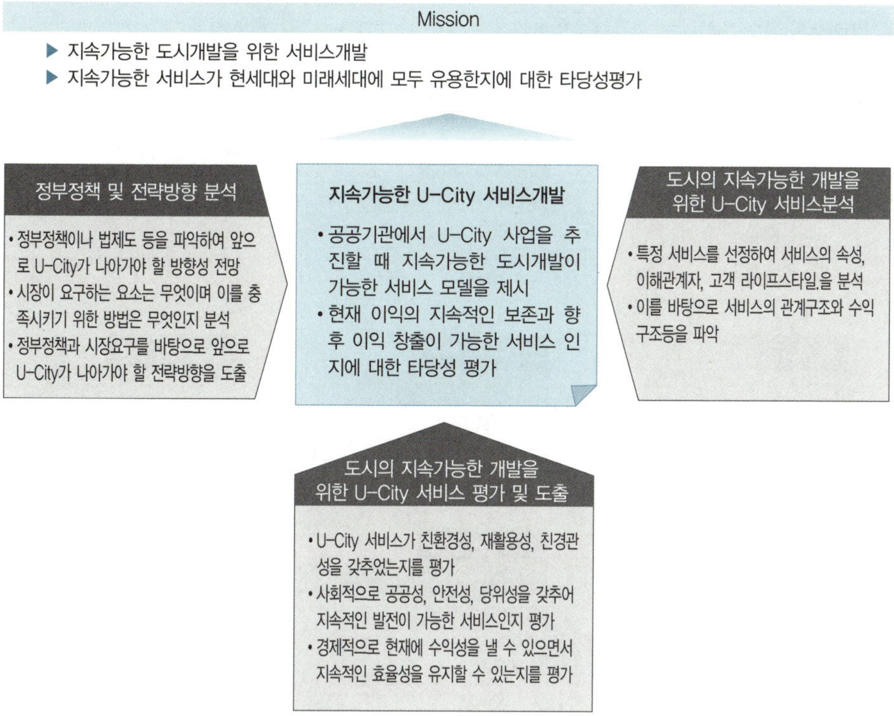

4.2 프로젝트 특성화방법론

U-City 사업의 가장 커다란 요인 중 하나가 정책이다. 따라서 첫 번째로 정부정책 및 고객특성을 분석한다. 정책 및 시장환경에 대한 체계화된 분석을 통해 전략방향을 도출하고, 전략과제를 제시한다. 두 번째 단계로 지속가능한 도시개발을 위한 U-City 서비스평가를 통해 환경적 지속가능성/사회적 지속가능성/경제적 지속가능성을 검토하고, 이를 바탕으로 최종 서비스에 대한 분석과 계획을 평가한다.

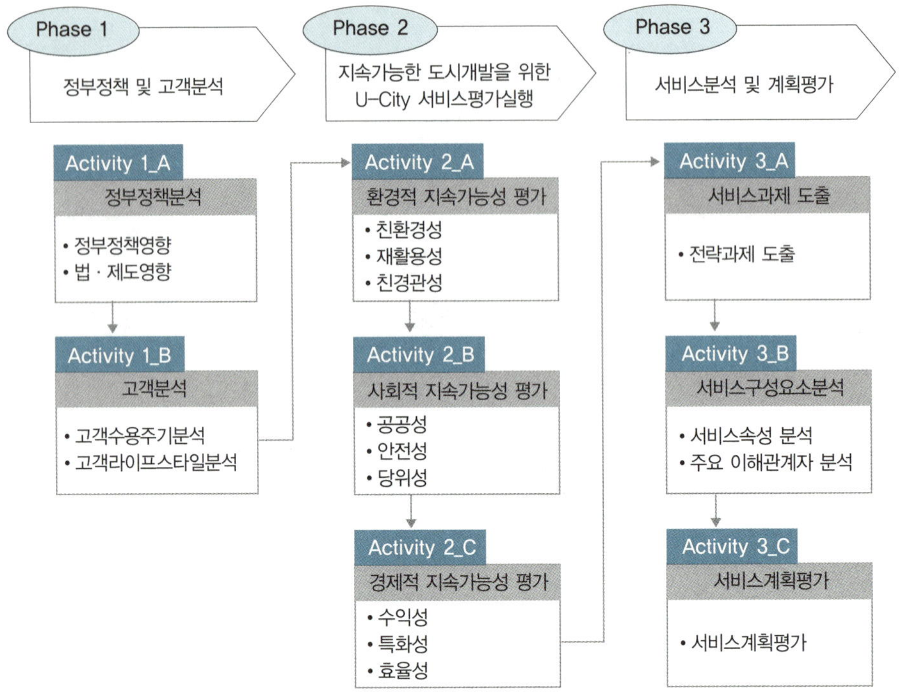

4.3 분석기법 적용 산출물

Phase 1. 정부정책 및 고객분석

Activity 1. 정부정책분석

Objective

국책사업으로 진행되고 있는 U-City는 지자체 · 정부 등 사업주체가 대부분 공공기관으로 구성되어 있다. 따라서 U-City 외부환경 분석을 위해 중앙 및 지방정부의 정책을 면밀히 분석하여야 한다.

Method

정부정책 영향분석을 통하여 U-City 관련 정책은 무엇이 있으며 어떤 요인이 있는지를 분석하여 방향성을 도출한다. 또한 U-City 개발과 연관된 법/제도에 대한 검토를 통하여 U-City 개발 시 제약요소는 무엇인지에 대해서 조사한다.

Deliverable

분석내용		해당 여부	U-City 관련사항분석
공공 기관 분석	인력자원	O	U-City 석박사 지원사업
	기술력	-	세계최고수준의 IT기술
	R&D능력	O	정부, 산 · 학 · 연, R&D센터 설립
	재무	O	지자체 활성화
국제관계 분석	무역장벽	O	건설업과의 시너지효과
	대외수출	O	신성장동력
민간 기업 분석	사업성	O	정보통신과 건설산업의 융합에 따른 내수와 수출로 이어지는 전략의 구현
	수익성	-	-
	법/제도	O	민간기업이 정보를 이용할 수 있게 법개정이 필요함

영향 기준	검토사항	정보
진흥 관련	진흥관련 법규에 부흥하는지 검토	IT 839정책에 의해 U-City를 국가의 신성장동력으로 추진함
규제 관련	사업화 과정상 법률에 접촉되는 사항 검토	국내 환경규제 기준이 선진국 수준으로 강화되고 있음
표준화 관련	표준화 기준의 만족 여부 검토	각 지자체별로 U-City 기술 표준화가 이루어지지 않았음

Implication

U-City 사업은 건설산업과 IT산업이 융합된 신성장 분야로 국가차원의 적극적인 지원이 이루어지고 있다. IT 839정책에 의해 융복합 사업이 지속적으로 증가하고 있으며 건설과 IT의 융복합 사업인 U-City 역시 지속적인 성장이 기대된다. 환경규제의 대두로 인한 친환경성 · 친경관성 시설관리 등이 중요할 것으로 파악된다.

Activity 2. 고객분석

Objective

지속가능한 U-City 서비스를 받아들이는 고객의 수용주기와 라이프스타일 분석을 통한 파악이 필요하다.

Method

고객수용주기 분석을 통하여 U-City 서비스를 이용하게 되는 고객들은 현재 어느 위치에 있으며 어떠한 방법으로 접근해야 하는지에 대해서 조사한다. 또한 AIO분석기법을 이용한 고객라이프스타일 분석을 통하여 고객의 활동, 흥미, 의견 등을 조사 및 종합하여 서비스의 방향성을 파악할 수 있다.

Deliverable

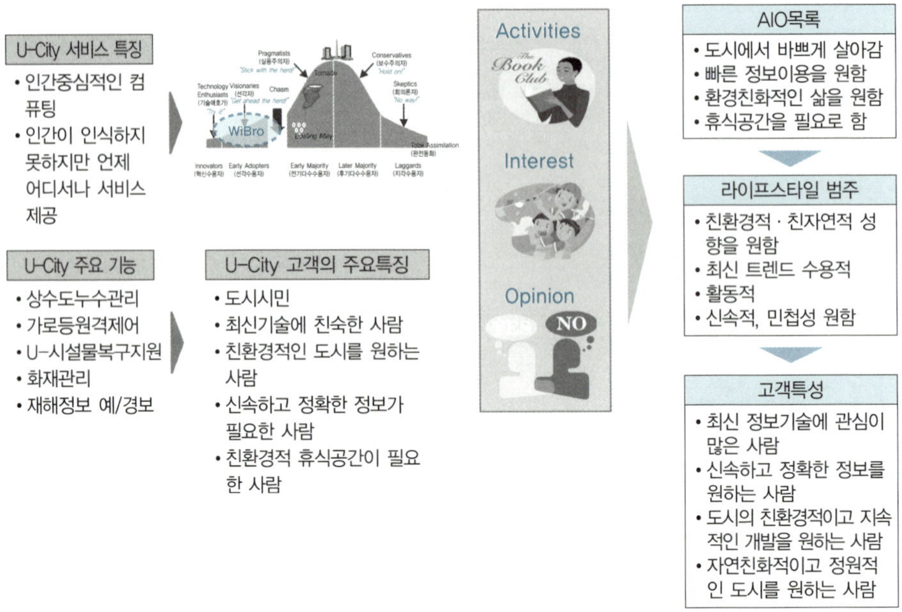

Implication

U-City는 현재 Early Adopter에서 Early Majority로의 전환시기로 Chasm에 걸려 있는 경우이다. 따라서 지속가능한 U-City서비스라는 친환경적 이미지를 부각시키기 위한 홍보가 필요하다. AIO분석을 통해서는 U-City의 도시민이 친환경적인 휴식공간을 필요로 하고 최신기술의 수용과 사용을 좋아하는 특성을 가지고 있음을 알 수 있다.

U-City 서비스 정부정책 및 고객분석 결과 요약 및 시사점

U-City 서비스 개발에 앞서 정부정책 분석 및 고객분석을 통하여 전략적 방향성을 도출하고, 향후 서비스 개발에 필요한 평가체계 및 U-City 서비스 개발의 기반 데이터로 활용한다.

정부정책의 분석결과 환경에 대한 지속적인 관심으로 인해 환경보호에 대한 정책이 지속적으로 증가하고 있으며 환경규제 또한 선진국 수준으로 상향조정될 것임을 파악하였다. 이를 바탕으로 최근의 트렌드인 지속가능한 도시개발 개념을 적용한 U-City 서비스를 개발하여야 한다. 또한 고객분석을 통하여 아직 기술이 일반고객(시민)들에게 효과적으로 인지되어 있지 않은 상태임을 알 수 있다. 이를 극복하기 위하여 적극적인 홍보와 친환경적인 이미지로 U-City를 시민들에게 인식시켜야 한다.

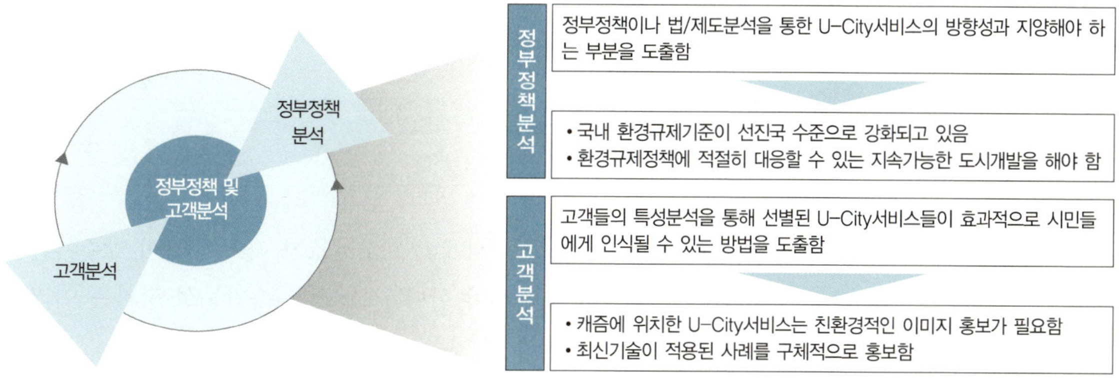

Phase 2. 지속가능한 도시개발을 위한 U-City 서비스 평가실행

Activity 1. 환경적 지속가능성 평가

Objective

지속가능한 U-City 서비스 개발을 위하여 기존에 개발되어 있는 U-City 서비스 모델을 환경적 지속가능성 지표를 기반으로 재평가하여 지속가능한 도시개발에 적합한 U-City 서비스를 도출한다.

Method

친환경성 · 재활용성 · 친경관성이라는 주요 속성을 중심으로 기존의 U-Service를 평가하고, 도시개발전략에 부합하는 서비스모델을 개발한다.

Deliverable

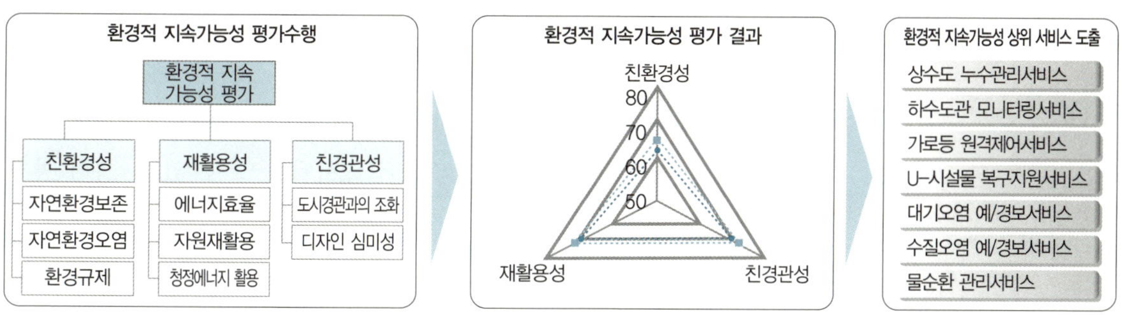

Implication

친환경성 · 재활용성 · 친경관성을 중심으로 평가한 결과 도시의 인프라서비스 정비 및 친환경성 배양이 중요한 요인으로 나타났다.

Activity 2. 사회적 지속가능성 평가

Objective

U-City는 사회적으로 적합한 도시개발 프로젝트가 되어야 하며 발주기관인 지자체, 정부 등의 공공성을 고려해야 한다. 사회적 지속가능성 평가는 이러한 U-City의 사회부합성을 지표화한 것이다.

Method

사회적 지속가능성은 단순히 도시공간의 성장과 발전에 국한되지 않고, 도시 개발의 정책목표 부합 여부, 타당성 등을 고려한 것이다.

인프라의 사회적 부합성을 고려하는 공공성, 이용자의 신뢰 · 보안을 담보하는 안전성, 정책부합성, 필요성 등을 위한 당위성 등의 영역으로 나누어 평가를 수행한다.

Deliverable

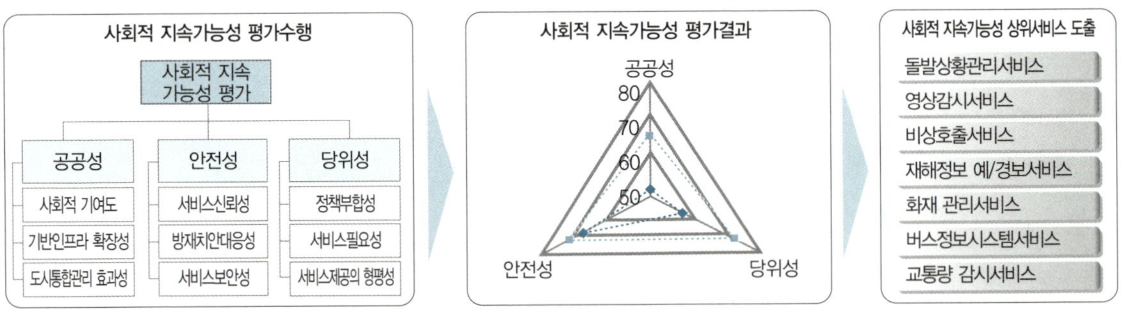

Implication

공공성, 안전성, 당위성 차원에서 사회적 지속가능성 영역이 구체화되었으며, 서비스의 보안성, 대응성과 함께 효과성이 중시됨을 알 수 있다. 특히 방재분야와 교통분야의 서비스 구현이 중요한 것으로 나타났다.

Activity 3. 경제적 지속가능성 평가

Objective

U-City 사업으로 인해 발생되는 수익, 비용 등을 종합적으로 파악하기 위한 평가방법이다.

Method

경제적 지속가능성 평가에서는 수익성, 특화성, 효율성이라는 세 가지 속성을 중심으로 평가한다. 이러한 평가영역은 U-City뿐만 아니라 일반적인 공공프로젝트의 지속성 · 사업성을 평가하는 데에 중요한 요소이다. 지표들 또한 정량적 지표와 정성적 지표가 함께 구성된다.

Deliverable

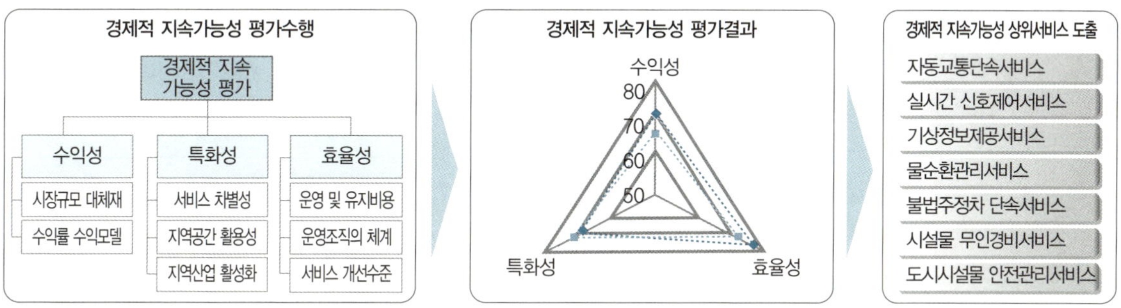

Implication

수익성, 특화성, 효율성 차원에서 U-City 서비스는 지역과의 연계, 운영비용 산정의 효율화 등이 중요함을 도출하였다.

도시의 지속가능한 개발을 위한 U-City 서비스 평가 및 도출 결과 요약 및 시사점

기존의 U-City서비스들은 IT기술위주나 서비스 제공측면에서만 분석, 평가되어 왔다. 이를 최근 도시개발 트렌드인 지속가능한 도시개발지표인 환경적, 사회적, 경제적 지속가능성을 바탕으로 재평가를 수행한다. 이를 바탕으로 지속가능한 도시개발을 위한 U-City 서비스 개발 시 필요한 서비스 모델을 도출한다. 환경적 지속가능성 평가지표로 친환경성, 재활용성, 친경관성을 활용하여 상수도 누수관리, 하수도관 모니터링서비스 등 총 7개의 서비스를 선별하였다.

또한 사회적 지속가능성 부분에서는 공공성, 안전성, 당위성 관점을 이용하여 돌발상황관리, 영상감시서비스 등 7개의 서비스를 선별하였다. 마지막으로 경제적 지속가능성의 수익성, 특화성, 효율성 평가지표를 이용하여 자동교통단속, 실시간 신호제어서비스 등의 7개의 서비스를 도출하였다.

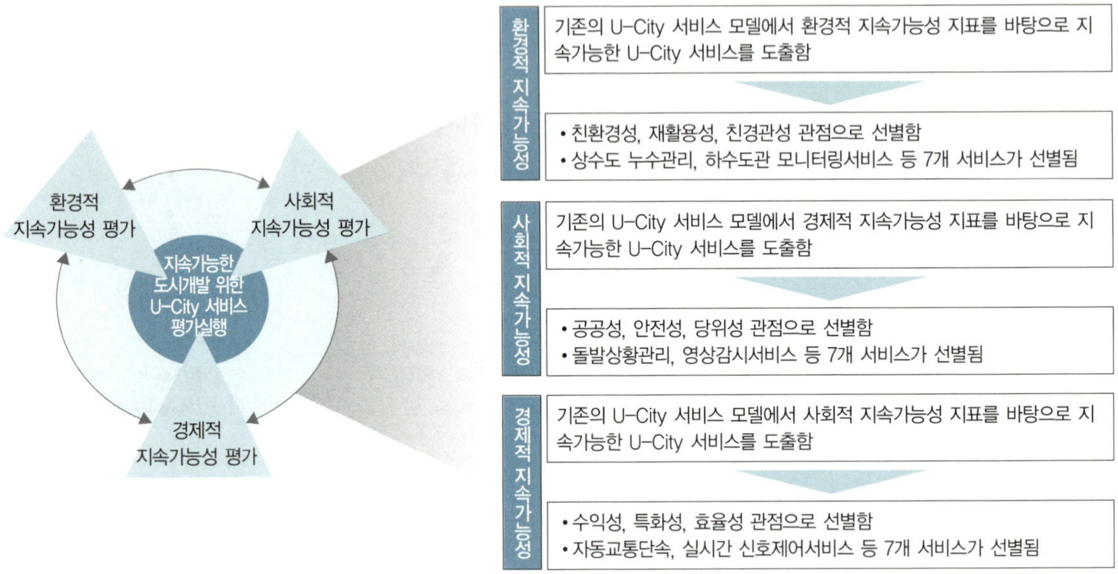

Phase 3. 서비스분석 및 계획 평가

Activity 1. 서비스과제도출

Objective

선별된 U-City 서비스를 바탕으로 구체적인 실행계획 수립을 위한 전략과제를 도출하고 이를 바탕으로 서비스 구축 일정을 확정한다.

Method

과제의 목적 고려사항은 교통모니터링 서비스의 일반적인 목적 및 의의를 포함하는 내용이다. 한편 요구사항과 기대효과의 내용은 지자체 또는 발주자별로 필요로 하는 내용들을 반영할 수 있다.

Deliverable

<table>
<tr><td>과제번호</td><td>A1</td><td>과제명</td><td>교통모니터링 서비스</td><td>추진조직</td><td>U-City 기획부서</td></tr>
<tr><td>과제목적</td><td colspan="2">• 교통흐름을 방해하고 사고위험률 높이는 불법 주 · 정차차량 및 버스전용 차로위반, 속도/신호위반 차량을 감시하여 사고 없는 원활한 교통흐름을 만드는 것임</td><td>고려사항</td><td colspan="2">• 교통모니터링 서비스는 개인 프라이버시 침해로 인한 문제가 발생할 가능성이 있기 때문에 이에 대한 적절한 제약장치가 필요함</td></tr>
<tr><td>요구사항</td><td colspan="2">• 개인 프라이버시 침해 우려 해소가 필요함
• 교통모니터링 서비스가 교통경찰하고의 유기적인 연계가 필요함</td><td>기대효과</td><td colspan="2">• 교통사고가 줄어들어 지속가능한 발전이 가능함
• 교통흐름의 원활한 소통을 인한 에너지 절약과 환경오염 감소로 지속가능한 발전이 가능함</td></tr>
<tr><td>과제번호</td><td colspan="5">• 추진일정 : ×××년 ×월 ×일 ~ ×××년 ×월 ×일
• 추진절차
교통모니터링 서비스 개발 계획 → 교통모니터링 서비스 요구사항 및 필요사항 개발 → 교통모니터링 서비스 실행계획 개발 → 교통모니터링 서비스 타당성 평가
자료 수집, 검토 / 도시 교통문제의 조사를 통한 요구사항 및 필요사항 분석 / 요구사항 및 필요사항을 충족시킬 수 있는 실행계획 개발 / 개발된 교통모니터링 서비스의 타당성 검토</td></tr>
</table>

Implication

교통모니터링서비스는 도로교통상황의 안정적인 관리뿐만 아니라 에너지 절감 및 환경오염 감소를 실행하기 위한 계획 등까지 포함하고 있다. 따라서 종합적인 타당성 평가체계를 구성하는 것이 중요하다.

Activity 2. 서비스 구성요소분석

Objective

교통모니터링서비스의 구성요소분석을 통한 교통모니터링서비스의 특성을 파악한다.

Method

해당서비스의 이해관계자 파악을 통해 각 이해관계자의 중요한 영향요인 및 평가기준을 구체화한다. 이를 주요 기능과 서비스 구성항목을 바탕으로 구조화하여 서비스정의서를 작성한다.

Deliverable

제공서비스 정의서

관리부서	교통모니터링팀	
유형	교통모니터링	
이름	교통법규위반영상확인	
정의 및 목표	속도/신호 위반, 버스전용차로 위반, 교통흐름을 방해하는 불법주정차 차량을 감지하는 단계	
주요 기능 및 기술	• 속도/신호, 버스전용차로, 불법주차 위반영상정보	• event 발생정보
구성항목	• 통합모니터링시스템	
고객	교통경찰, 차량운전자	
이슈사항	개인 프라이버시 침해 우려	

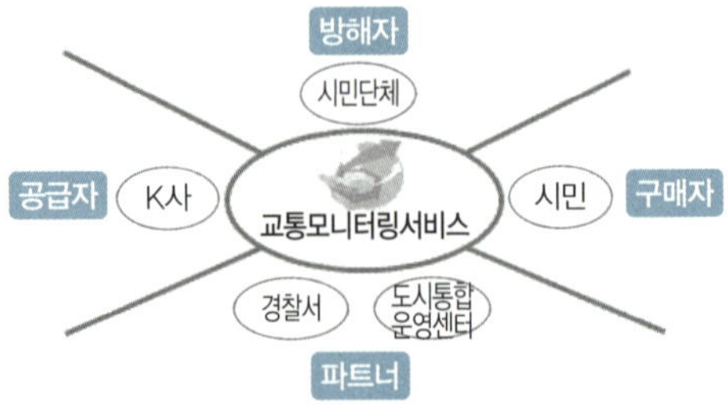

구분	서비스 영향요인	이해관계자
공급자	장비가격, 장비기술력	K사
방해자	개인 프라이버시 침해 우려	시민단체
파트너	단속업무의 상호 협조	경찰서
구매자	만족도 평가	시민

Implication

교통모니터링시스템은 속도위반, 불법주·정차 등과 관련된 도시교통법규를 지원할 뿐 아니라 사회적 문제와 도입 이후 이슈까지도 함께 고려해야 한다.

Activity 3. 서비스 계획평가

Objective

교통모니터링서비스의 계획을 도시문제 해결관점에서 구체성과 타당성 평가를 통하여 파악한다.

Method

Reward Diagnostic 기법을 이용하여 속도위반단속, 신호위반단속 등이 지속가능한 도시개발을 위한 에너지 절감, 교통흐름 향상, 시민편의 향상 등과 얼마나 적합한지를 파악하여 U-City 서비스의 타당성을 평가한다.

Deliverable

Sample 1) 구체성평가 : Reward Diagnostic — Reward(최적 예상성과)

	Option	에너지 절감	교통흐름 향상	시민편의 향상	교통경찰 업무향상	Total Reward
1	속도위반 단속	●	◕	◕	◕	◕
2	신호위반 단속	●	◕	●	◕	●
3	버스전용차로 위반 단속	◕	◑	◕	◕	◕
4	불법 주정차차량 단속	◕	◕	◑	◕	◕
5	교통상황 종합 모니터링	◕	◑	◑	◑	◑
6	교통사고 발생 시 모니터링	◑	◑	◕	◔	◑
7	모니터링 서비스 종합효과	●	◕	◔	◕	◕

성과측정치 : 매우 그렇다 ● ◕ ◑ ◔ ○ 매우 아니다

Implication

모니터링과 단속 서비스는 지속가능한 도시개발에 필요한 에너지 절감, 교통흐름 향상, 시민편의 향상 등에 기여를 많이 하는 것으로 분석되었다.

U-City 서비스 계획평가 결과 요약 및 시사점

선별된 U-City 서비스의 효과성과 타당성에 대한 평가가 필요하다. 따라서 U-City 서비스 중 특정 서비스를 선정하여 실행계획을 통한 구성요소를 분석하고, 이를 바탕으로 서비스 계획의 효과성과 타당성을 평가한다.

U-City 서비스 중 교통에너지 절약을 위한 교통모니터링서비스를 분석하였다. 교통모니터링서비스 분석결과 교통법규 단속을 통해서 교통흐름의 개선이 이루어지며 이는 곧 자동차의 에너지절감을 달성할 수 있음을 파악하였다. 또한 교통흐름의 개선은 시민편의를 향상시키는 효과가 있다.

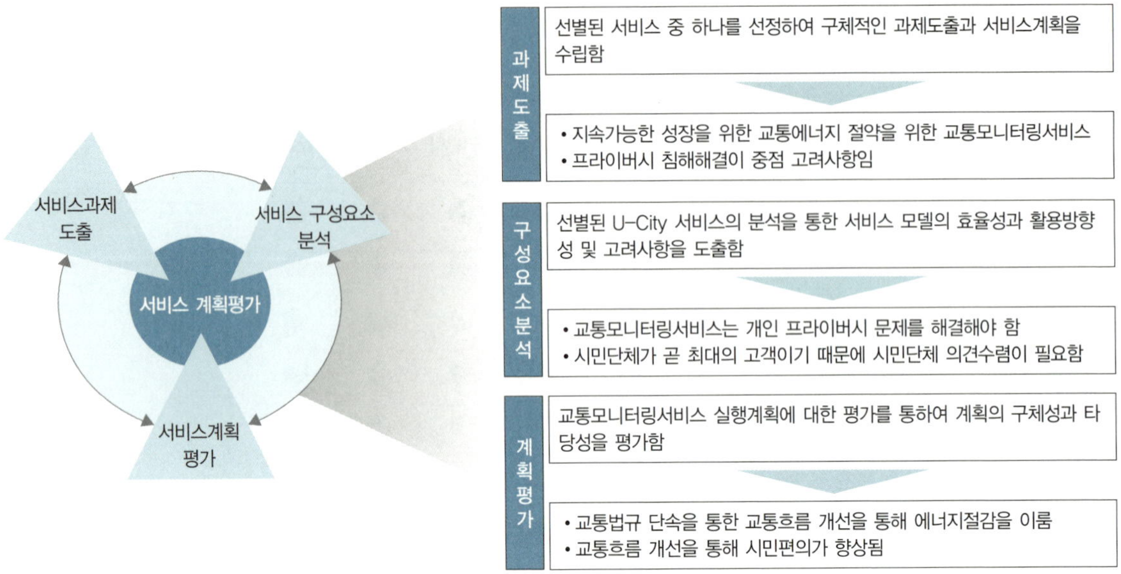
서비스과제
도출
서비스 구성요소
분석
서비스 계획평가
서비스계획
평가
과제도출
선별된 서비스 중 하나를 선정하여 구체적인 과제도출과 서비스계획을 수립함
• 지속가능한 성장을 위한 교통에너지 절약을 위한 교통모니터링서비스
• 프라이버시 침해해결이 중점 고려사항임
구성요소분석
선별된 U-City 서비스의 분석을 통한 서비스 모델의 효율성과 활용방향성 및 고려사항을 도출함
• 교통모니터링서비스는 개인 프라이버시 문제를 해결해야 함
• 시민단체가 곧 최대의 고객이기 때문에 시민단체 의견수렴이 필요함
계획평가
교통모니터링서비스 실행계획에 대한 평가를 통하여 계획의 구체성과 타당성을 평가함
• 교통법규 단속을 통한 교통흐름 개선을 통해 에너지절감을 이룸
• 교통흐름 개선을 통해 시민편의가 향상됨

5. SW기업 경쟁력평가 및 개선방안 도출

5.1 프로젝트 개요

본격적인 유비쿼터스 시대를 맞이하여 SW에 의한 다양한 기술의 융복합화가 가속화되면서, 새로운 국가기간산업으로서 SW산업의 중요성이 강조되고 있다. 또한 SW산업은 지식서비스 산업 중 고부가가치 형태를 띠지만, 개별사업자의 혁신능력에 따라 성패 여부가 좌우된다는 점에서 SW 기업경쟁력 평가는 매우 의미있는 작업이다. SW 기업경쟁력 평가는 SW 기업평가시스템을 적용하여 기업자원 및 고객만족도 중심의 SW사업자 분석, 진단평가 단계를 거친다. 그리고 평가 상위기업 정보를 토대로 SW분야에서 선도기업의 벤치마킹전략을 수립하고, 이를 하향전파한다는 목적을 갖는 평가 프로젝트라고 하겠다.

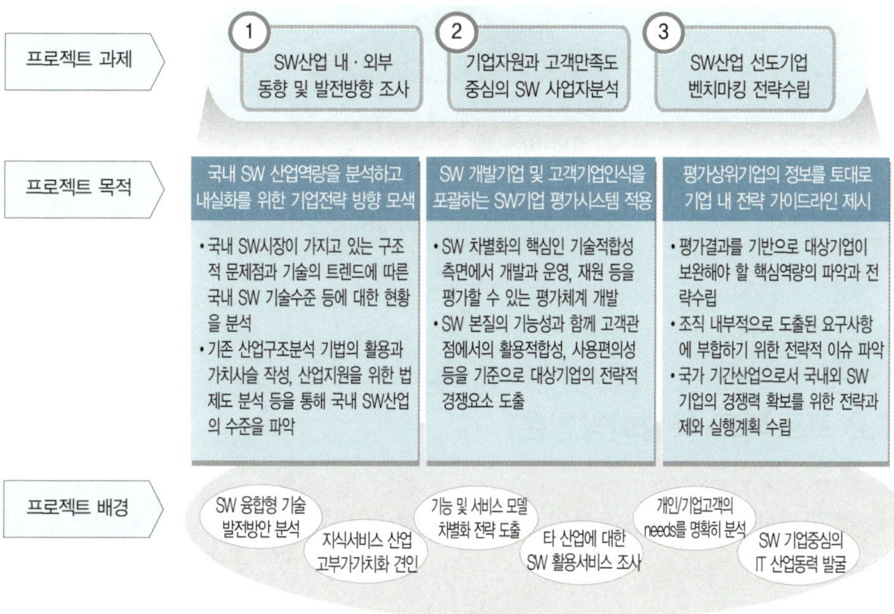

본 프로젝트에서는 SW사업자를 둘러싼 다양한 환경적 요인을 염두에 두어야 한다. 사업자 입장에서 어떻게 외부고객을 만족시킬 것인지, 각 기업단위의

특화된 비즈니스 모델을 수립하기 위한 요인분석이 필요하다. 또한, SW사업자의 상당수가 중소 사업자라는 실정을 반영해야 하는 한편, 경쟁력 결정요인을 고려하는 것도 중요하다. 확보된 경쟁우위를 통해 신규시장을 창출하고, 보다 성장가능성이 높은 해외시장의 진출도 검토해 보아야 한다. 이를 통해 확대된 개념의 SW 제품 및 서비스 모델을 가시화할 수 있다.

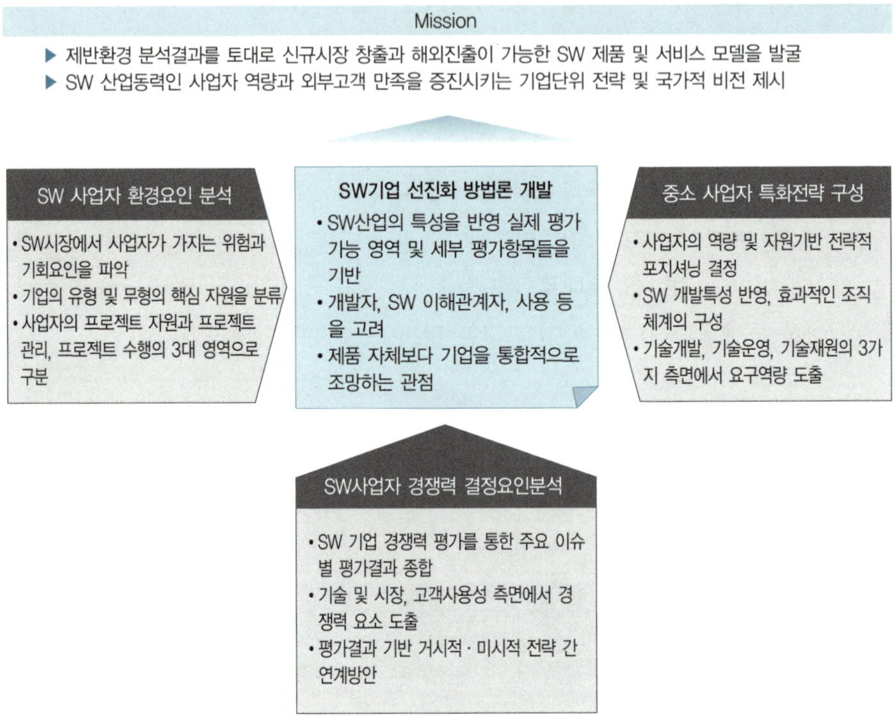

5.2 프로젝트 특성화방법론

첫 단계에서는 국내 SW산업 특성 및 제반 환경을 분석하여 내 · 외부환경 요인을 명확하게 정의한다. 산업 내 구성요소와 가치사슬, 경쟁그룹의 분석 등을 수행하여 TISSUE 모델의 '산업' 분야에서 제시된 'I'의 요소에 주안하여 초기 항목들을 설정한다. SW산업의 주요 특성들이 도출되면 이후 해당 산업에 영향을 줄 수 있는 다양한 정책 및 법제도, 경제적 파급효과 등을 분석하게 된다. SW 기업경쟁력 평가의 본 단계에서는 기술의 적합성을 판단하여 기업내부 자원을 분석하고 시장우위 요소와 고객사용성 등을 검토하는 고객시장분석 과정을 수행하게 된다. 최종적으로 SW기업 성장전략 창출 단계에서는 조직 및 시장의 요구사항을 종합하여 SW 산업 및 기업의 발전방향을 분석하고, 이를 바탕으로 전략방향과 과제, 실행계획 수립을 통해 기업경쟁력 제고방안을 도출하게 된다.

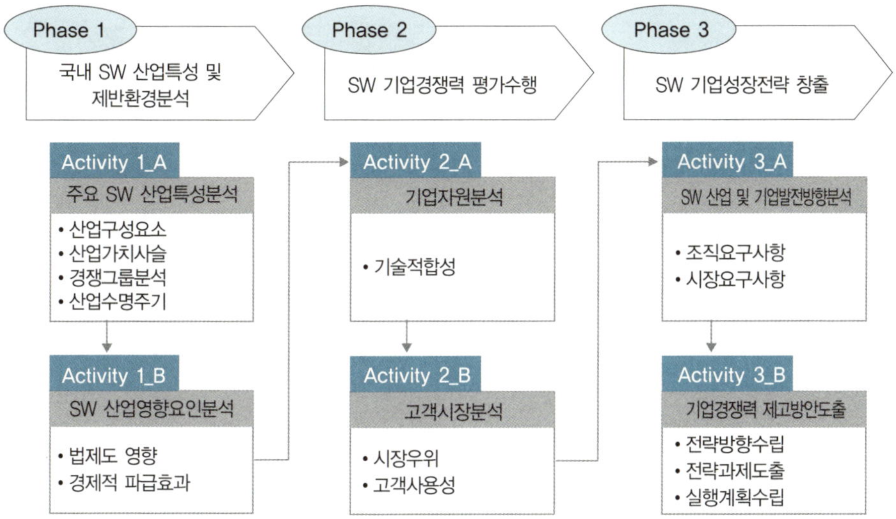

5.3 분석기법 적용 산출물

Phase 1. 국내 SW 산업특성 및 제반환경분석

Activity 1. 주요 SW 산업특성분석(1)

Objective

제조산업과 차별화되는 SW산업의 고유특성을 도출하고 대내외 환경요인과 가치사슬 분석결과를 종합하여 SW산업 내 발전방안을 식별한다.

Method

SW산업에 속한 사업자 다수뿐만 아니라 경영방침에 직접적인 영향을 주는 사업자들을 분석하기 위하여 5-Forces Model 기법을 통한 산업구성요소분석을 시행한다. 이후 산업가치사슬분석을 통해 SW산업 본연의 재화흐름을 상세히 조사하고 경쟁상황에 능동적으로 대처할 수 있는 핵심성공요인을 도출한다.

Deliverable

국내 SW산업의 5-Forces Model

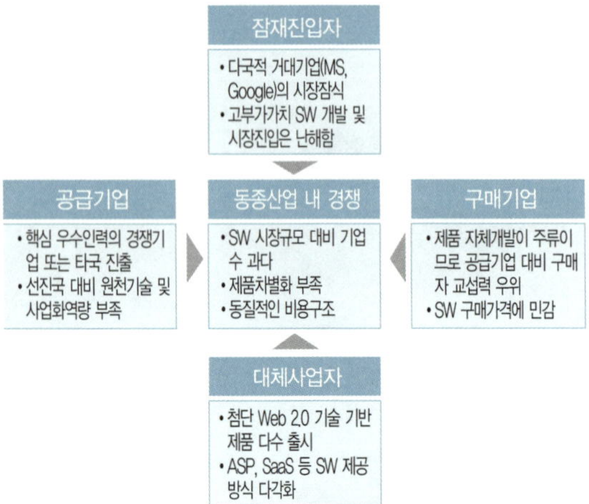

SW산업의 가치사슬

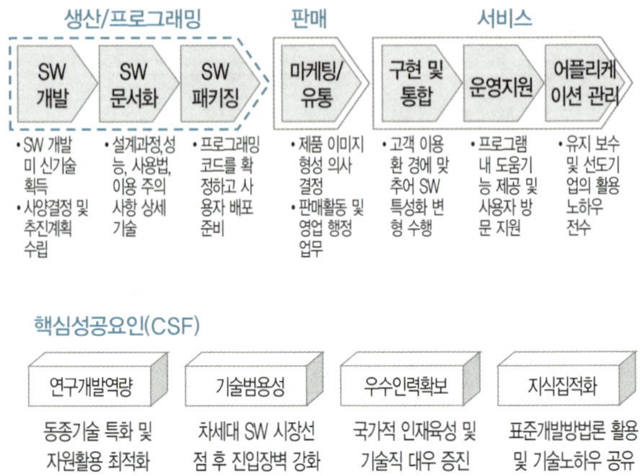

Implication

기술인력을 조기 확보한 후 사업성을 담보할 수 있는 첨단 SW 유관기술을 적극 개발하여 네트워크 효과를 발현할 수 있는 고부가가치 SW를 양산하여야 한다. 그리고 경쟁제품이 많을 경우 SW 생산원가 절감을 위한 노력이 필요하다.

SW 종류에 관계없이 기업의 제품 연구개발 프로세스가 산업 내 경쟁력 확보를 위한 결정요인으로 도출되었으며, 향후 발전전략 수립 시 이를 최우선으로 고려하여야 할 것이다. 또한, 선도 기업 벤치마킹에 앞서 각 기업별 고유 역량 증진도 중요하다.

Activity 1. 주요 SW 산업특성분석(2)

Objective

SW 제품군에 따라 사업자를 분류한 후 이들의 경쟁현황을 조사하고 국내 SW 산업과 이에 속한 사업자의 성장잠재력을 고찰한다.

Method

시장점유율과 제품기능성을 기준으로 전략 그룹도를 정의한 후 사업자 분류군을 대응시켜 그룹별 속성과 선진 사업자로의 전환을 어렵게 하는 저해요인을 도출하는 경쟁그룹분석을 수행한다. 뒤이어 산업성숙주기 내 국내와 선진국 SW 산업위치를 파악하여 신규 비즈니스 모델 육성과 사업 고도화를 위한 필요 조건을 분석한다.

Deliverable

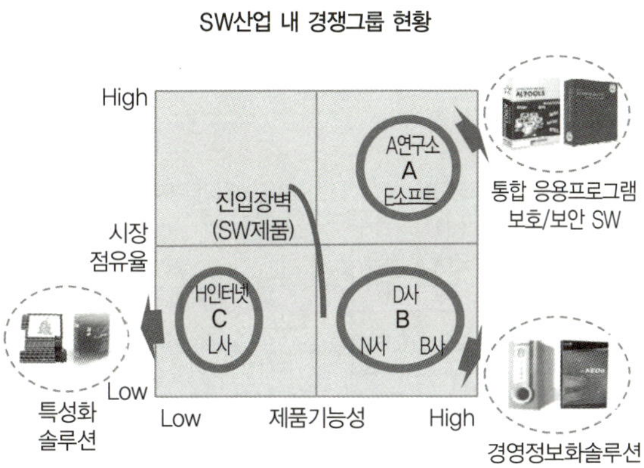

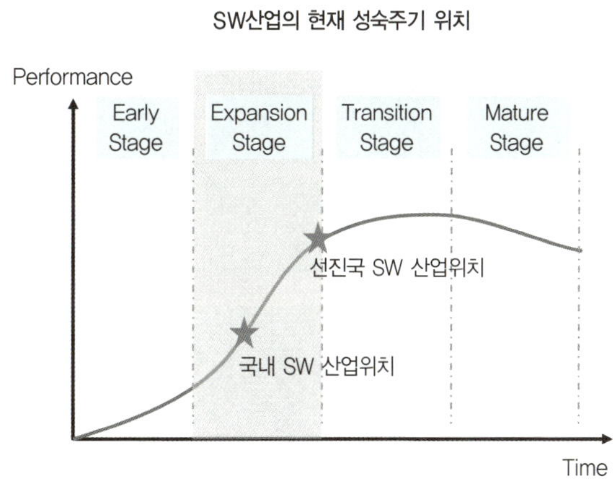

Implication

SW산업의 주요 핵심변수를 시장점유율과 제품 기능성으로 설정하여 분석한 결과 3대 경쟁그룹을 파악하였다. 그룹 내 사업자들은 국내 굴지의 SW기업으로 거듭나기 위하여 SW 제품 호환성을 높이고 기능 다양화를 달성하여 진입 장벽을 돌파하여야 할 것이다.

국내 SW산업은 현재 확장 초기 단계에 직면해 있다. 글로벌 거대기업을 필두로 산업 발전을 견인하는 선진국에 대응하기 위하여 창의적인 기술 개발 역량을 습득하고 중소기업 간 협력생산체계 구축을 통해 틈새시장을 공략해야 한다.

Activity 2. SW 산업영향요인분석

Objective

SW 기업경쟁력 평가는 상대적으로 규모가 영세한 국내 민간 SW기업의 역량 평가를 목적으로 한다. 해당 산업의 성장 및 역량 제고를 위해 파악해야 할 외부환경 요소를 분석하기 위한 절차를 진행한다.

Method

SW산업은 법적/정책적 영향에 의해 좌우되는 정도가 높은 산업이다. 따라서 현행 법령 및 규제를 중심으로 형성된 외부 영향력을 객관적으로 진단하는 절차가 필요하다. 이는 크게 진흥과 규제, 표준화와 관련된 법제도 영향으로 도출할 수 있다. 또한 시장의 규모 및 경제적 비중을 토대로 SW산업 자체가 가지고 있는 고용효과 및 부가가치 창출능력을 진단하여 지원규모나 정책의 개입 정도를 결정하게 된다.

Deliverable

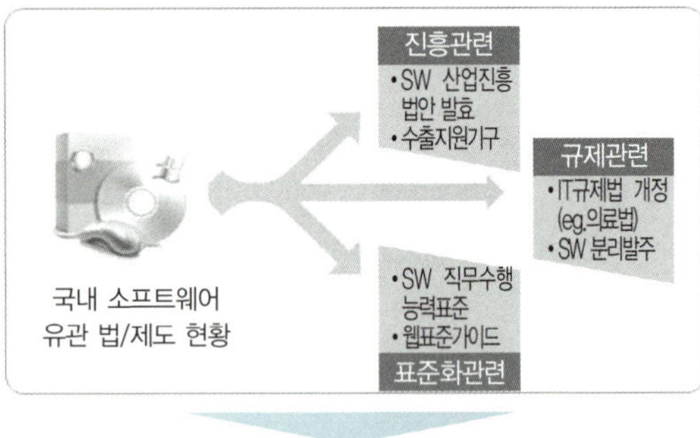

SW 산업별 시장규모

(단위 : 억 달러)

구분	세계 시장	국내 시장	점유율
패키지 SW	2,777	26	0.9%
IT 서비스	5,156	60	1.2%
임베디드 소프트웨어	1,219	89	6.8%
합계	9,152	174	1.8%

SW 산업의 경제적 비중 추이

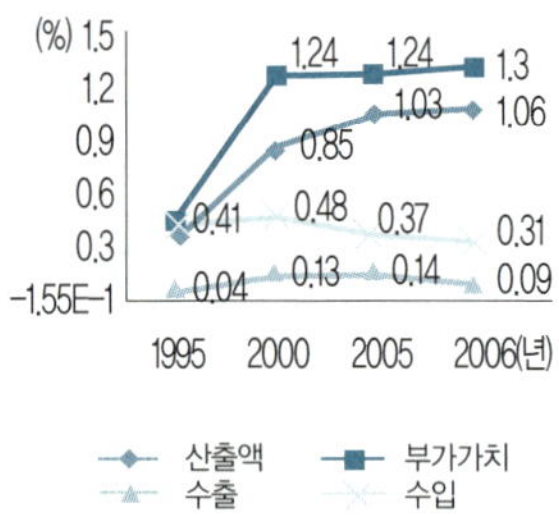

영향기준	영향분석
진흥관련	중소 SW사업자 시장참여 지원/지식경제부의 SW 부문별 육성시책 추진
규제관련	전통산업 내 IT활용 규제법안 축소/공기관의 중소 SW제품 발주 의무화
표준화관련	기업 내 SW 인력 수준 진단 · 관리 체계/웹 표준 제공으로 품질개선 수행

영향기준	영향분석
생산	SW산업 최종수요 증가 시 일반 서비스업보다 큰 생산파급효과 창출
수입	100만 원의 최종수요(소비, 수출수요 등) 발생 시 19만원의 수입유발효과
고용	지식집약형 산업특성에 의거하여 산업이 발전할 경우 취업 및 고용증진
부가가치	제조업보다 생산파급효과는 작으나 부가가치를 2배 이상 유발
전후방연쇄	단순히 최종제품의 생산뿐 아니라 전통산업 중간투입재로서의 역할 확대

Implication

국내 SW산업 유관부처에서는 SW 제품품질을 높이고 융합 SW 창출을 주도하는 법제도를 수립하여 시행하고 있다. 의료, 건설산업의 신성장동력인 U-Health, U-City 구현의 기반 요소인 SW 서비스 육성을 위하여 전통산업 내 규제를 완화하여야 할 것이다.

또한, SW산업의 경우 각계 각층에서 IT의 중요성을 역설하고 투자를 늘렸음에도 불구하고 국내 경제에 미치는 파급효과는 적은 것으로 나타났다. 고부가가치 제공산업으로서 향후 국가 수입 창출의 핵심산업으로 성장하기 위하여 SW 기업친화적 육성 방안 수립이 시급하다.

국내 SW산업특성 및 제반 환경분석 결과 요약 및 시사점

SW산업의 특성 및 제반환경 분석을 위해서는 크게 SW산업특성 및 영향요인을 분석해야 한다. 이는 SW 기업경쟁력 평가를 수행하기 전 국내 SW산업의 구조와 특성을 파악함으로써 SW기업의 경쟁우위 확보를 위한 경쟁원천을 사전에 파악하고 전략의 상세화와 필요한 법제도적 요소를 도출하는데 그 목적이 있다.

세부적으로는 5-Forces 분석을 통해 SW산업의 구조분석을 수행하고, 가치사슬분석을 통해 SW산업을 구성하는 가치요소의 흐름을 분석하며, 핵심성공요인을 도출한다. 또한 시장점유율과 제품기능성을 기준으로 SW산업 내 경쟁그룹을 분석하여 경쟁현황을 파악하여야 한다. SW산업의 현황이 파악되고 나면 SW산업 발전에 영향을 미칠 수 있는 관련 법과 제도의 영향분석 과정을 통해 개선이 필요한 사항들을 도출하는 것이 필요하다.

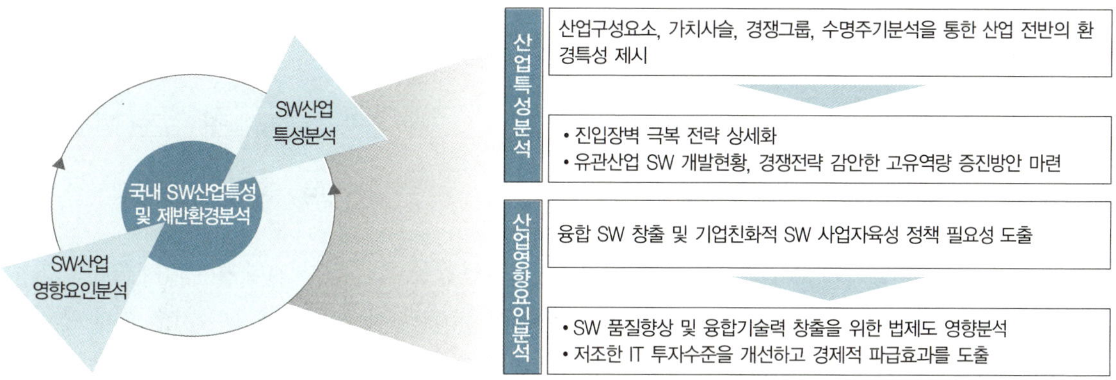

Phase 2. SW 기업경쟁력 평가수행

Activity 1. 기업자원분석

Objective

제조산업과 차별화되는 SW산업의 고유 특성을 도출하고 대내외 환경요인과 가치사슬분석 결과를 종합하여 SW산업 내 발전방안을 식별한다.

Method

해당 기업이 갖고 있는 기술역량을 중심으로 기술지원 적합성을 파악한다. 과거 프로젝트 경험, 제품개발 및 출시이력, 활동경력 등을 중심으로 개발역량을 분석하는 한편 SW 도입으로 인해 기업경쟁력의 개선 정도를 평가하는 운영역량을 살펴본다. 또한 보유기술재원의 양적인 특성에 따라 기술재원역량을 검토한다.

Deliverable

SW기업 기술적합성 평가체계 수립

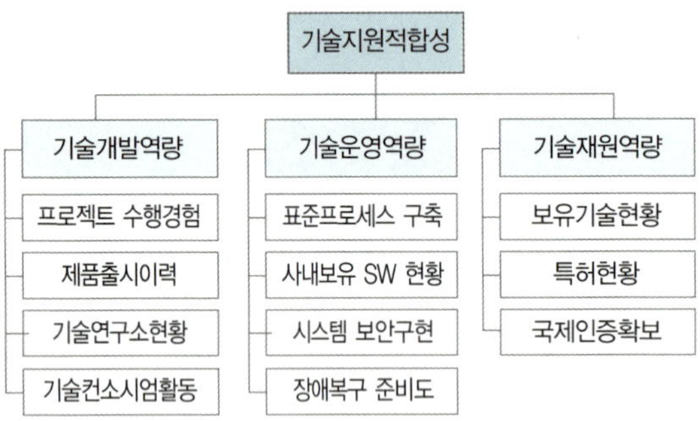

SW기업 기술적합성 평가결과

기술개발역량		기술운영역량		기술재원역량	
프로젝트 수행경험	B	표준프로세스 구축	B	보유기술현황	C
제품출시이력	C	사내보유 SW 현황	B	특허현황	C
기술연구소현황	D	시스템 보안구현	C	국제인증확보	B
기술컨소시엄활동	C	장애복구 준비도	B	-	-

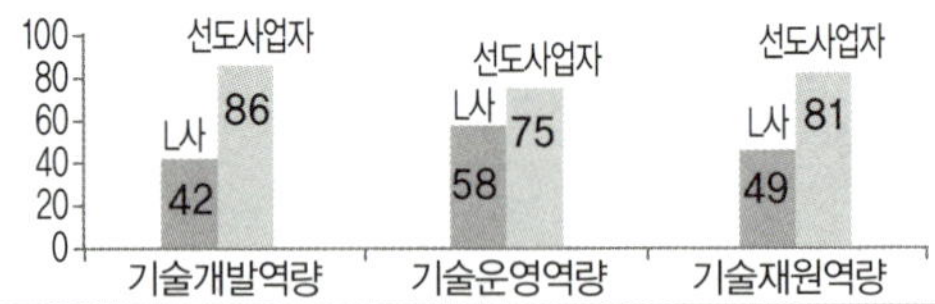

Implication

SW기업이 보유한 기술개발 자원현황을 평가하기 위하여 SW 제품개발 프로젝트에 직접적으로 관련된 기술개발 역량과 사내 전반의 보유기술 이용 활성화를 위한 기술운영역량, 사용가능한 기술수량 중심의 기술재원역량으로 기술적합성 평가체계를 수립하였다. 평가항목이 반영된 설문은 40여 개 기업을 대상으로 수행되었으며, 평가위원의 실사를 통하여 최종 평가결과를 작성하였다. 본 절에서 예시로 보일 L사의 경우 상위 5개 기업점수 평균에 비하여 기술적합성이 미흡하여 해당 부문에 대한 세부 진단과 전략 수정이 필요한 것으로 분석되었다.

Activity 2. 고객시장분석

Objective

L사의 제품에 대한 시장의 인지도 및 사용성 평가요인, 고객의 평가 등을 중심으로 SW 출시를 계획하고 있는 L사가 보완해야 할 측면을 도출하게 된다.

Method

Perception Map을 통해 L사 제품에 대한 가격인지도 및 브랜드인지도를 도출하여 상대적인 비중을 파악하게 된다. 사용성 평가요인을 통해서는 SW가 갖고 있는 기능적 우위, 사용편의성, 적합성 등을 진단하는 한편 고객설문을 통해 해당 SW에 대한 객관적인 만족도 등을 조사하여 평가결과를 도출해 낸다.

Deliverable

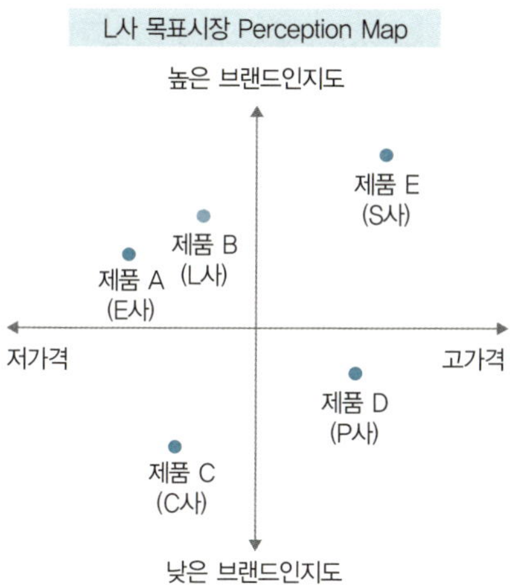

1 사용성 평가요인 도출

2 고객설문 수행

[사용편의성 설문 Sample]

평가항목	점수
UI 가 사용하기 편리하도록 디자인되어 있는가	3
SW 기능습득이 용이한가	4
타 응용 SW가 호환되는가	4
메뉴구조가 합리적인가	3
설치방식이 효율적인가	4

3 평가결과 분석

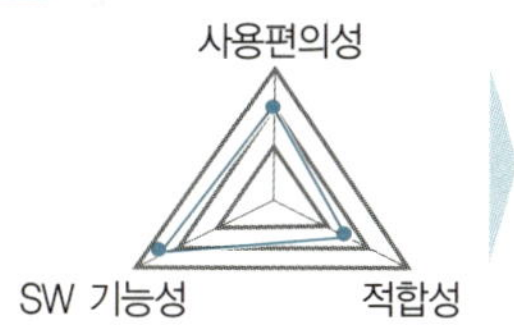

L사 SW 보완필요사항
- SW 호환성 확보
- 어플리케이션 메뉴 수정 요망
- 산업별 번역요구사항 추가 반영

Implication

L사는 번역 SW업계에서 중간 이상의 브랜드인지도를 보유하고 있으며, 시장 내 형성된 표준 공급가격에 부합하는 제품을 제공함으로써 목표산업의 중심기업에 위치한다. 이들은 중고가 제품 생산 및 브랜드 가치 증진을 위한 전략수립이 필요할 것이다.

또한, L사의 판매 SW에 대해 사용편의성, SW기능성, 적합성으로 구성된 고객사용성을 평가한 결과, L사의 경우 타사 대비 사용성 증진을 위하여 메뉴구조, 도움말 등 UI를 변경하고 고객사 번역 요구사항을 반영하기 위한 인식 조사가 필요한 것으로 나타났다.

SW 기업경쟁력 평가수행결과 요약 및 시사점

SW 기업경쟁력 평가를 수행하기 위해서는 SW기업이 보유하고 있는 기술개발역량과 기술운영역량, 기술재원역량 등의 영역을 포함하는 기술지원적합성

평가체계를 수립해야 한다. 이들 각 영역별 평가항목을 구성하여 40여 개 기업을 대상으로 설문조사가 수행되었으며 그 결과, 각 기업들에 대해 영역별 요구되는 전략을 도출할 수 있다. 또한, 평가대상 기업들에게 사용성 평가와 해당 SW 사용고객들을 대상으로 만족도를 조사하여 해당기업의 전략수립에 필요한 다양한 요소들을 도출할 수 있다. 분석대상 기업은 평가결과를 기반으로 중고가 제품 생산을 통한 브랜드가치 증진과 사용성 증진의 전략적 시사점이 도출되었다.

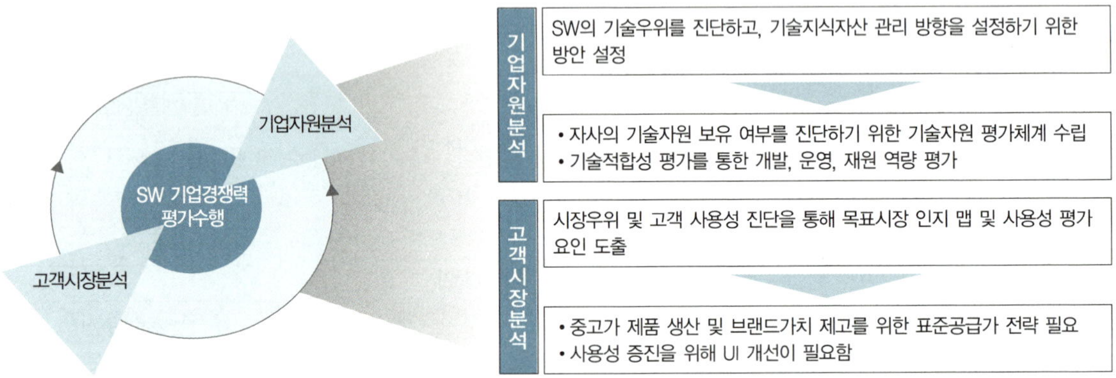

Phase 3. SW 기업성장전략 창출

Activity 1. SW 산업 및 기업발전방향 분석

Objective

SW기업이 미래성장전략을 위해 확충할 수 있는 핵심역량들을 도출하고, 이러한 역량들의 우선순위를 정하는 한편, 자사와 외부환경의 조건을 진단하여 발전전략의 밑그림을 제시한다.

Method

핵심역량 후보군을 나열한 다음 사업기회 다양성, 고객가치 기여도, 경쟁사 모방 난이도 등을 파악하고 분석하여 상대적인 수치로 나타낸다. 그 다음 PEST, 3C분석을 통해 내부환경과 외부환경의 연계포인트를 분석하여 브랜드 경쟁력 제고, 공급망 확충, 고객접촉도 개선 등의 시사점들을 도출한다.

Deliverable

L사의 핵심역량 종합분석

핵심역량 최종후보	사업기회 다양성	고객가치 기여도	경쟁사 모방 난이도	Score*
창조적 인재 양성 시스템 구축	●	◕	●	91.7
축적된 SW 기술력 및 잠재개발 역량	◕	●	◕	84.3
안정적인 재무구조	●	◕	◕	82.9
번역업무 특화 솔루션 leading 업체	◑	◕	◕	77.5
다양한 영업 제휴 인적 네트워크	◑	◑	◑	49.3
해외수출 활성화	◔	○	◔	26.1

* Score = 100만점의 최종점수

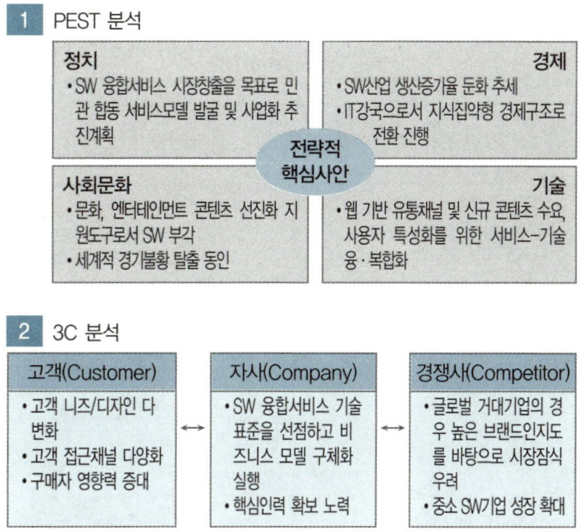

Implication

L사는 대학 및 SW 기술양성기관과의 교류를 통해 기업에 필요한 핵심인재 고용 및 재교육시스템을 확보하고 있으며, 높은 기술력과 잠재 개발역량을 보유하고 있는 것으로 파악되었다. 반면, 향후 해외시장 공략을 목표로 영업역량을 추가 보완하여야 할 것으로 보인다.

국내 산업수요는 융·복합 SW 서비스 활성화 및 문화 콘텐츠 선진화를 지원하는 SW제품을 중심으로 형성되어 있다. L사는 SW 융합서비스 수익모델을 구현하기 위한 고객수요 조사와 글로벌시장 트렌드분석을 수행하여야 할 것이다.

Activity 2. 기업경쟁력 제고방안도출(1)

Objective

시나리오를 기반으로 비즈니스 모델 내 가치흐름 및 절차를 구성하고 K사의 이윤창출을 위한 비즈니스 모델 수익구조를 파악한다.

Method

전략적 컴패스(Strategic Compass)는 기업전략의 상대적인 방향을 제시하는 방법으로, 대안 시나리오를 제시함과 동시에 기업의 현재 위치를 파악할 수 있는 효과적인 도구이다. 이를 통해 비즈니스 모델의 거시적인 방향을 수립하는 한편, 핵심역량분석을 통해 비즈니스 모델이 전략적으로 변화하기 위해 제고되어야 할 주요 기능 및 전략 등을 도출한다.

Deliverable

1 Strategic Compass for a Software Company

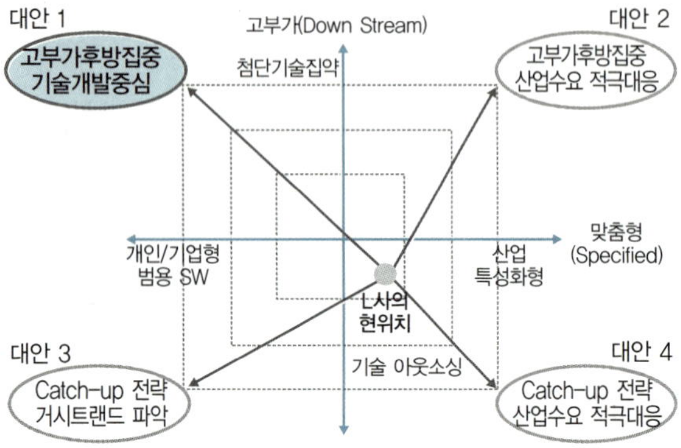

2 핵심역량분석

핵심역량 (Core Competencies)	전략방향 대안 1 SW 성숙시장 공략	전략방향 대안 2 목표시장 재설계	전략방향 대안 3 융합서비스업 진출
고급기술자 다수확보	○	◕	●
SW 개발표준 구성	◔	◔	◔
모회사 재무 안전성	◑	◕	◕
대규모 개발 경험	◕	◑	◔
전국적 지사망	◕	●	◕
브랜드 특성화 실현	●	◑	◑

Implication

L사는 번역 SW를 중심으로 산업의 특수한 요구를 충족할 수 있는 맞춤형 SW기업이며, 중저가 제품을 주력 품목으로 설정하여 고부가가치 창출에는 미흡한 실적을 보이고 있다. 이러한 문제해결을 위해 4대 전략 대안을 도출하였는데, 이 중 원천기술을 개발하여 고가의 보급형 제품을 생산하는 것을 L사의 향후 전략목표로 설정할 것이다. 이에 따라 융합서비스업 진출을 목표로 고급기술자와 전국적 지사망을 활용하여 시장동향분석 및 개발 프로젝트를 구상할 수 있다.

Activity 2. 기업경쟁력 제고방안도출(2)

Objective

서비스의 현재 경쟁력과 장래의 경쟁력을 위해 필요한 사업역량을 파악한 다음 기업조직이 경쟁우위를 확보하기 위한 과제를 정의한다. 그 다음 역할과 권한 등의 직능분석을 수행하여 조직의 역할 및 자원배분구조를 도출한다.

Method

기업의 경쟁력을 네 가지 단계로 살펴보는 BCG 매트릭스가 주된 방법으로 사용된다. 사업부문을 중심으로 미래의 경쟁우위를 위해 발전시켜야 할 부분, 현상유지를 해야 할 부분, 발전시키거나 철수해야 하는 부분, 철수해야 하는 부분 등의 네 가지 차원으로 나타낸 다음 비즈니스 모델 기획에 필요한 각 부서의 역할, 역량, 권한 등을 체계적으로 분석한다.

Deliverable

1 BCG Matrix

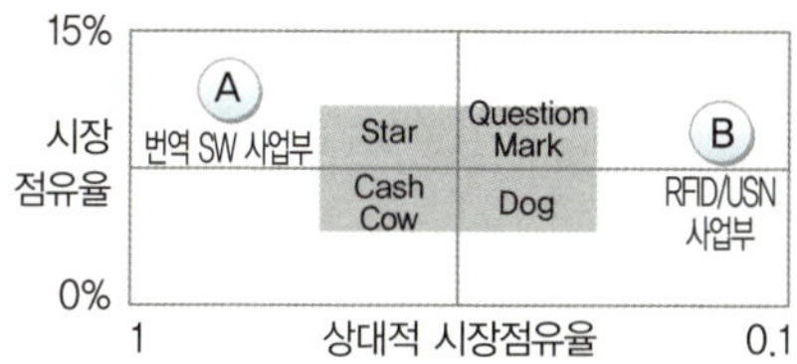

2 과제 정의서 작성

과제번호	A1	과제명	SW 학술번역 서비스 수익모델분석
과제 목적	• On-line 상으로 세계 각국의 학술연구 논문 번역 열람을 제공하는 서비스 설계	고려 사항	• 고객특성을 감안하여 핵심기능을 효과적으로 전달하도록 부서 간 협력 요망
요구 사항	• 현 번역SW 기능 고도화 • 수익모델 도출을 위한 경쟁기업 전략동향 및 환경분석	기대 효과	• 학생의 연구저변 확대 기여 • 판매중심의 단선적 비즈니스를 혁신하여 기업가치증진

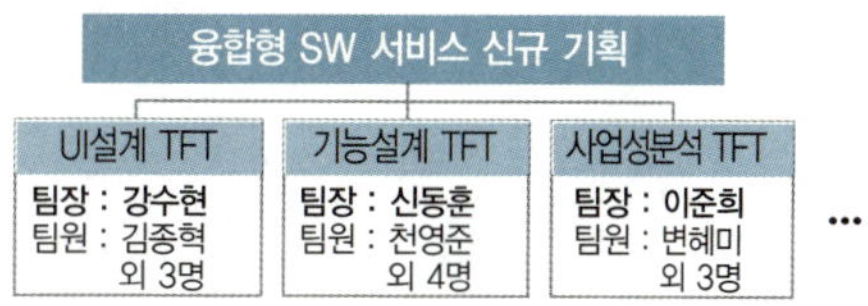

	UI설계 TFT	기능설계 TFT	사업성분석 TFT
역할	• SW 내부 UI 설계	• 제품기능 및 로직 설계	• 시장대응형 비즈니스 모델 설계
권한	• UI 의사결정 • 자사 UI DB 접근	• 기능설정 • 자사기술 DB 접근	• 기업 전사전략 정보 • 신규 프로젝트 총괄
필요 역량	• 커뮤니케이션 • 디자인	• 데이터분석 • 프로그래밍	• 번역 SW 산업이해 • 경제성 분석이론
주요 작업	• UI 디자인 • UI 로직설계	• 프로그래밍 • 타사제품 모니터링	• 기술, 전략, 시장분석 • 서비스 설계 및 구체화

Implication

L사는 번역 SW 사업부와 RFID/USN 사업부로 구성되어 있으며, 이들은 잠재성이 높은 시장을 목표로 설정하고 있다. 기술, 산업, 고객 등 분석 결과를 바탕으로 위와 같이 SW 학술번역 서비스 등의 융복합 서비스 신규시장 공략을 위한 전략 과제를 정의하였다.

또한 서비스 기반 SW를 제작하고 고객수요에 대응하기 위하여 UI와 기능설계를 담당할 조직과 고부가가치 시장을 점유하기 위하여 사업성분석을 수행할 조직을 신규로 창설할 필요가 있다.

SW 기업성장전략 창출 결과 요약 및 시사점

SW산업 및 기업의 성장전략을 창출하기 위해서는 PEST나 3C 분석을 통해 거시적 환경과 미시적 환경을 분석하여 향후 SW산업의 경쟁력을 확보하기 위한 시사점을 도출해야 한다. 또한, 기업전략의 방향성 및 핵심역량을 분석하여 대안 시나리오를 제시한다. 이러한 전략적 방향이 수립되면 최종적으로 기업의 자원과 역량을 배분하기 위한 조직체계를 구성한다. 분석대상 기업은 융복합 신규 서비스 시장의 공략을 전략 과제로 정의하고 이에 적합한 신규조직을 창출해야 한다.

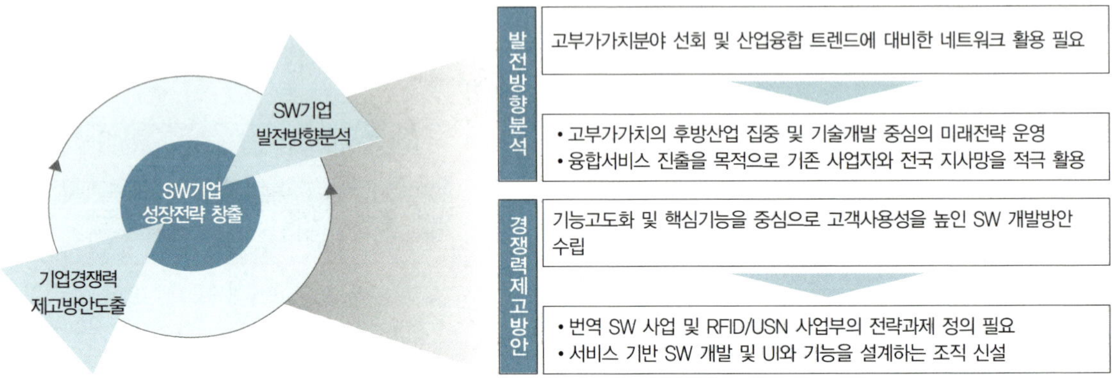

6. 행정기관 홈페이지 평가 및 선진화 가이드라인 작성

6.1 프로젝트 개요

전자정부 프로젝트를 비롯하여 정부기관의 정보화 정책의 영향으로 인해 상당수 정부기관들이 정보투명성과 생산성을 입증하기 위해 홈페이지를 개설, 개선하고 있다. 특히 그 가운데에서도 민원처리 및 다양한 대국민 서비스를 통한 행정기관 홈페이지의 중요성이 증대되고 있다. 연세대학교 ITR은 그동안 정보화 수준진단 작업을 수행해 왔던 데이터를 기반으로 행정기관 홈페이지컨설팅 프로젝트를 수행하였다. 그 결과 행정기관 홈페이지 구현환경 및 수준 진단/분석과 벤치마킹 가능한 행정기관 홈페이지 사례 발굴, 선진형 정부기관 웹사이트 구현을 위한 컨설팅 수행이라는 3대 항목을 설정하였다.

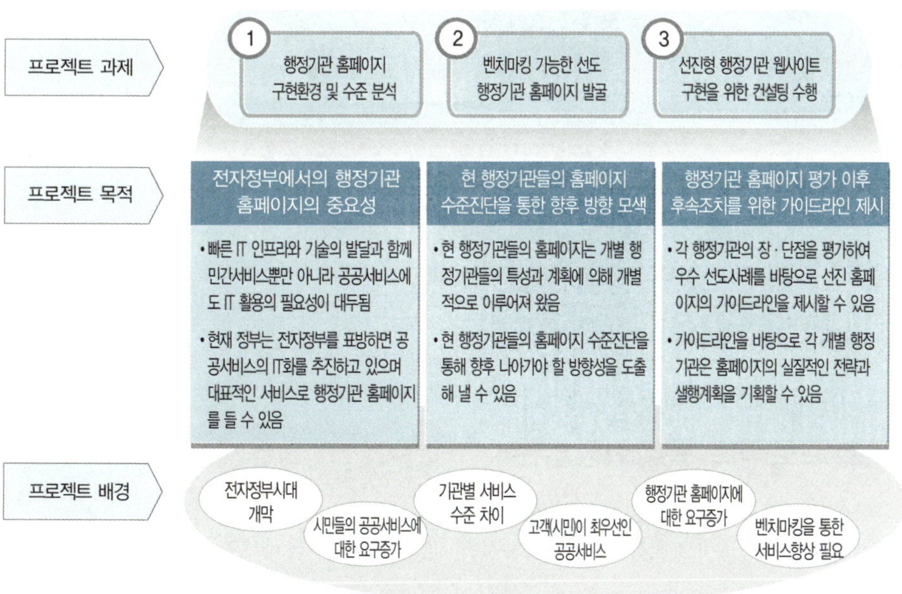

중앙정부 차원에서의 정보공개 및 대국민서비스 강화뿐만 아니라, 수많은 행정기관의 독자적인 운용 및 참여행정기반을 조성하기 위해서는 홈페이지 구축 전략이 중요하다. 우선 홈페이지 전략은 크게 현재의 이용환경과 구축현황, 중점 고려요인 및 시장요구사항의 세 가지 분석단계를 거쳐 개선방향을 제시한다. 특히 각각의 개선과제들이 실제 정책 및 조치화될 수 있도록 구체적인 최적화 모델의 모습을 띠는 것이 중요하다.

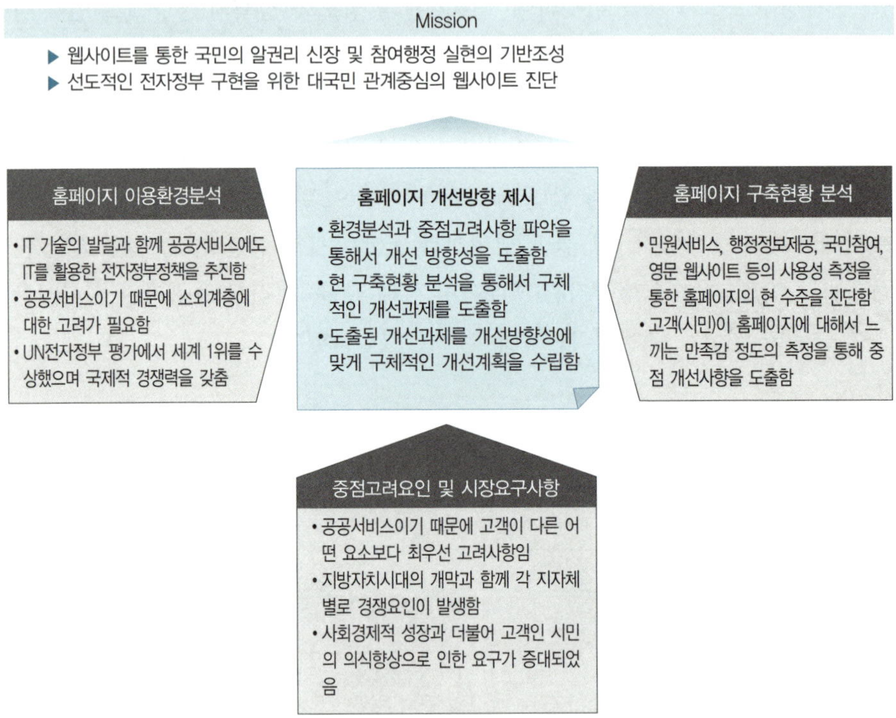

6.2 프로젝트 특성화방법론

방법론은 크게 행정기관 홈페이지에 대한 환경분석과 현재의 구축수준에 대한 진단과정을 통해 최종적으로 행정기관 홈페이지 선진화 가이드라인을 제시하는 것으로 구성되어 있다.

행정기관 홈페이지의 환경분석 단계에서는 우선 행정기관 홈페이지 구축에 대한 각 기관들의 관점 및 관련 정책들을 분석해야 한다. 또한 사회 트렌드 분석을 통해 다양한 사회 외부관계자들이 행정기관 홈페이지에 대해 어떤 시각을 갖고 있는지 분명하게 제시하는 것이 중요하다. 이후, 사업주체가 행정기관이라는 점과 관련산업이 국가의 정책적 사안이라는 점을 감안하여 산업의 가치사슬 및 성공요인 분석을 수행하고 이용자 관점에서 시장의 요구사항을 도출한다. 환경분석 단계가 끝나면 고객사용성과 기술적합성 등의 관점에서 현재 홈페이지 수준을 진단하고 고객의 요구사항을 기반으로 고객에게 전달될 수 있는 가치요소 분석을 수행한다. 홈페이지의 수준진단까지 수행한 후에는 전략방향 수립을 통해 전략과제를 도출하고 이들 각각에 대한 실행계획을 수립하는 선진화 가이드라인 제시로 프로젝트를 완료하게 된다.

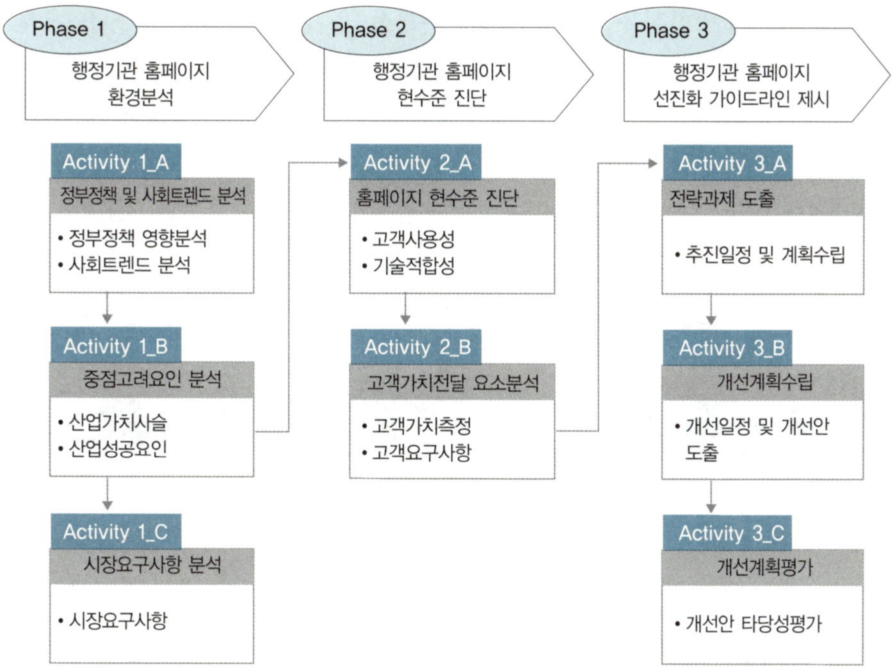

6.3 분석기법 적용 산출물

Phase 1. 행정기관 홈페이지 환경분석

Activity 1. 정부정책 및 사회트렌드 분석

Objective

정부정책 및 사회트렌드 분석을 통하여 행정기관 홈페이지에 관련된 환경을 분석한다.

Method

정부정책 영향분석을 통하여 행정기관 홈페이지와 연관되는 정책들을 파악하고 그 정책의 방향성을 분석함으로써 문제점 및 개선안을 파악한다. 또한 행정기관 홈페이지와 관련된 시대적 변화를 알기 위하여 트렌드 분석을 실시한다. 이를 통하여 현재 고객(시민)들이 행정기관 홈페이지의 니즈분석의 기반연구로 활용한다.

Deliverable

1,2 차 전산망계획 / 정보화 촉진 기본계획 / 1차 전자정부 / 2차 전자정부

분석내용		행정기관 · 지방자치단체 관련사항 분석
소외계층 지원 분석	웹 접근성	[장애인, 노인 등의 정보통신 접근성향상을 위한 권장지침]
	정보 격차	[정보격차해소에 관한 법률]
국제화 분석	경쟁력	2010년 UN전자정부 평가에서 대한민국 전자정부가 세계 1위 달성
	민간 기업	삼성 SDS는 전자정부 구축 탄력에 힘입어 해외수주액 사상최대 실적 기록
	지원	정부가 보유한 252개 전자정부시스템의 지적재산권을 기업에 공개하고, 해외수출 지원센터를 통해 지원
	위험 요소	DDoS 대란 등 정보보호에 대한 인식부족

IT기술의 발달 / 지방자치 시대 / 정보격차 / 시민의식 향상

트렌드 구분	트렌드 반영사항
디지털시대	웹사이트에 대한 이용성 향상
지방자치시대	공공서비스에 대한 요구증가
사회의식 향상	공공서비스에 대한 요구증가
컴퓨터와 인터넷전용선 확대	컴퓨터와 인터넷전용선의 활성화로 웹을 이용한 공공서비스 제공가능
소외계층	공공정책이기 때문에 노인, 장애인, 외국인 등의 소외계층에 대한 배려 필요

Implication

전자정부정책과 함께 행정기관 홈페이지가 발달하면서 소외계층의 정보격차해소를 위한 법률 제정의 필요성이 대두되었다. 전자정부기술을 해외에 수출할 수 있는 정책적 지원도 필요하게 되었다. 또한 디지털시대의 도래와 함께 민간서비스부터 시작된 IT를 이용한 서비스는 공공기관에까지 영향을 미치고 있다. 지방자치시대의 개막과 시민의식의 향상으로 공공서비스에 대한 요구는 지속적으로 증가할 것으로 보인다.

Activity 2. 중점고려요인분석

Objective

공공기관 홈페이지 구축 시 가치사슬 흐름과 이 중 성공요인분석을 통해 중점고려요인을 도출한다.

Method

공공기관 홈페이지의 가치사슬분석을 통하여 홈페이지 가치흐름이 어떻게 흘러가는지를 분석한다. 이 중 성공요인을 도출하여 특히 주의하여야 할 사항들이 무엇인지를 도출한다.

Deliverable

공공기관 홈페이지 가치사슬 및 성공요인

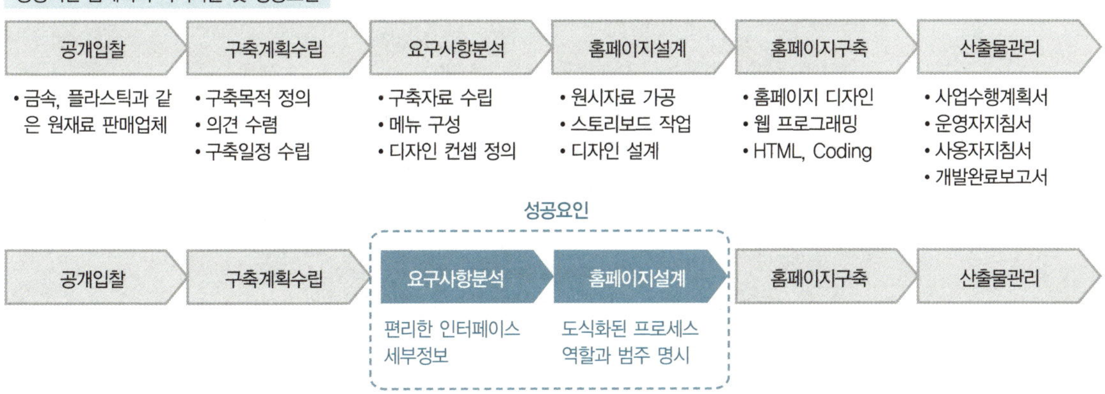

Implication

공개입찰을 통한 외주작업을 실시한다. 홈페이지 구축에 필요한 기술적인 부분보다는 고객(시민)의 요구가 얼마나 잘 반영되었는가의 콘텐츠 내실이 핵심 성공요소이다. 고객(시민)의 요구를 무리 없이 신속하게 실현시키는 것이 기술의 핵심이라 할 수 있다.

Activity 3. 시장요구사항분석

Objective

시장요구사항분석을 통해 향후 행정기관 홈페이지의 방향성을 설정한다.

Method

시장환경분석을 통하여 향후 행정기관의 방향성을 수립하기 위해서는 크게 세 가지 영역으로 구분하여 시장요구사항 분석을 수행한다. 먼저, PEST 분석으로 거시환경을 분석하고 5-Forces분석으로 경쟁환경을 분석하며, 3C분석을 통하여 수요환경을 분석한다. 이들 분석결과들은 향후 행정기관 홈페이지의 문제점 파악과 개선안 도출 시 기반자료로 사용한다.

Deliverable

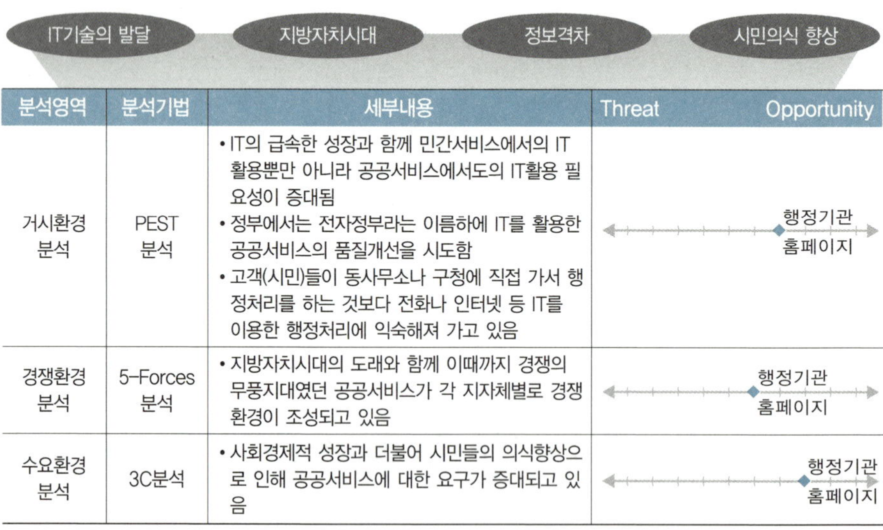

분석영역	분석기법	세부내용	Threat — Opportunity
거시환경 분석	PEST 분석	• IT의 급속한 성장과 함께 민간서비스에서의 IT 활용뿐만 아니라 공공서비스에서도의 IT활용 필요성이 증대됨 • 정부에서는 전자정부라는 이름하에 IT를 활용한 공공서비스의 품질개선을 시도함 • 고객(시민)들이 동사무소나 구청에 직접 가서 행정처리를 하는 것보다 전화나 인터넷 등 IT를 이용한 행정처리에 익숙해져 가고 있음	행정기관 홈페이지
경쟁환경 분석	5-Forces 분석	• 지방자치시대의 도래와 함께 이때까지 경쟁의 무풍지대였던 공공서비스가 각 지자체별로 경쟁환경이 조성되고 있음	행정기관 홈페이지
수요환경 분석	3C분석	• 사회경제적 성장과 더불어 시민들의 의식향상으로 인해 공공서비스에 대한 요구가 증대되고 있음	행정기관 홈페이지

Implication

IT의 발달로 인한 활용성 증대로 전자정부 및 행정기관 홈페이지 구축의 필요성이 증가하고 있다. 지방자치시대에 각 지차체는 행정기관 홈페이지 등의 공공서비스의 향상이 요구된다. 경제적 성장과 함께 시민들의 의식이 향상되어 공공서비스에 대한 요구가 증가하고 있으므로 공공서비스의 질적 향상이 필요하다.

행정기관 홈페이지 환경분석 결과 요약 및 시사점

행정기관 홈페이지는 공공서비스이기 때문에 정부정책 및 사회트렌드에 민감하게 반응한다. 이에 정부정책 및 사회트렌드를 분석하고 가치사슬과 요소별 성공요인 분석을 통하여 홈페이지의 중점가치 고려요인을 고찰한다. 마지막으로 시장의 요구사항을 분석하여 행정기관 홈페이지와 관련된 환경들에 대해서 분석하여 향후 행정기관 홈페이지 문제점 도출 및 개선안 제시의 기준점으로 사용한다. 행정기관 홈페이지는 공공서비스이기 때문에 고객(시민)의 편익향상과 만족도가 집중고려요소이다. 따라서 시민의식향상에 대한 기대수준향상에 신속히 대처하여야 한다. 특히 디지털시대의 개막과 함께 IT서비스 수준의 향상과 정보격차 해소를 최우선 과제로써 해결하여야 할 것이다.

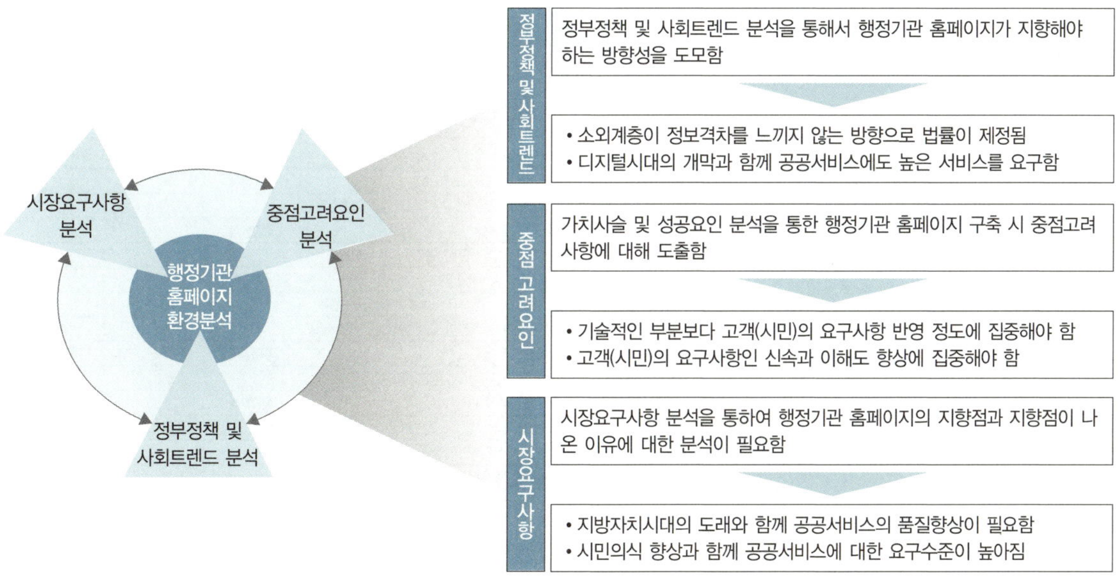

Phase 2. 행정기관 홈페이지 현수준 진단

Activity 1. **홈페이지 현수준 진단(1)**

Objective

현 행정기관 홈페이지의 사용성분석을 통해 각 행정기관의 홈페이지 수준을 진단한다.

Method

행정기관 홈페이지의 문제점을 분석하고 개선안을 찾기 위해서는 현재 구축되어 있는 홈페이지의 사용성을 평가하고 이를 바탕으로 문제점을 파악해야 한다. 그러기 위해서 민원서비스, 행정정보제공, 국민참여, 영문 웹사이트 등의 지표들을 이용하여 사용성 평가를 실시한다.

Deliverable

행정기관 홈페이지 사용성 측정요소

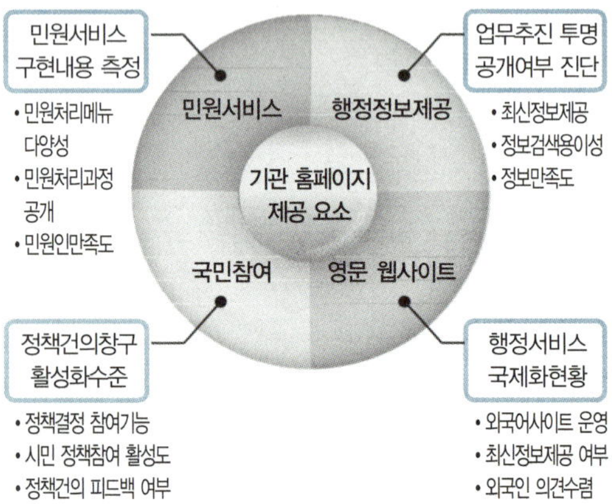

행정기관 홈페이지 사용성 평가결과

중앙행정기관 부_처 웹사이트 평가결과		행자부	건교부	문광부
1. 민원서비스				
1.1 민원안내	**평가방식**			
소관민원에 대한 안내기능을 제공하고 있는가		2	3	4
게시된 민원서식 검색 및 다운로드 기능의 오류는 없는가	평가 Tool 참조	4	3	2
타 기관 연계 민원서비스를 해당기관 서비스도 연계하는가	평가 Tool 참조	4	3	1
1.2 민원처리 인터넷 공개시스템 운영	**평가방식**			
민원처리 인터넷 공개대상 민원사무 목록을 안내하고 있는가		3	5	2
1.3 인터넷 민원상담	**평가방식**			
민원상담(Q&A) 및 질의에 대한 답변을 신속하게 처리하는가		4	4	2
FAQ는 주기적으로 갱신하고 있는가	설문결과 참조	5	4	3
소관 민원사무에 대한 담당자 연락처를 공해하고 있는가		4	3	4
민원상담 및 질의에 대한 답변 게시일이 생성되는가		3	3	3
1.4 민원서비스	**평가방식**			
선도적인 인터넷 민원서비스가 홈페이지에서 제공되는가		4	3	3
1.5 인터넷 민원신청 및 처리	**평가방식**			
인터넷 민원신청기능을 제공하고 있는가		5	3	4
인터넷 민원신청시 본인확인 기능을 제공하고 있는가		3	4	2
수수료 지불을 위한 전자결제기능과 결제수단을 제공하는가		4	3	4
인터넷 민원접수, 처리결과 조회 및 공개기능이 제공하는가		5	3	4

Implication

민원서비스에서는 텍스트위주의 정보제공으로 인한 인식성 부족의 문제점이 나타난다. 행정정보제공에서는 인터페이스의 복잡성으로 인해 고객(시민)들이 불편함을 느낀다. 국민참여 부분에서는 전자설문의 활용빈도가 낮은 것으로 측정되었다. 영문 웹사이트는 'help' 게시판이 제대로 작동이 되고 있지 않았다.

Activity 1. 홈페이지 현수준 진단(2)

Objective

행정기관 홈페이지의 기술적합성을 평가하기 위하여 기술안정성, 기술구현수준, 기술보안성 등을 평가한다.

Method

행정기관 홈페이지에서 사용성뿐만 아니라 기술 또한 중요한 요소이다. 따라서, 기술적합성을 평가하여 문제점을 파악하고 향후 개선안에 대한 방향성을 수립한다. 이를 위해서 웹페이지 가시성과 응답오류 정도 등을 평가항목으로 가지는 기술안정성과 웹 표준 준수여부 및 페이지 링크수 등을 평가항목으로 가지는 기술구현수준, 그리고 개인정보나 첨부파일의 노출여부 등을 평가항목으로 가지는 기술보안성 등의 지표를 이용한다.

Deliverable

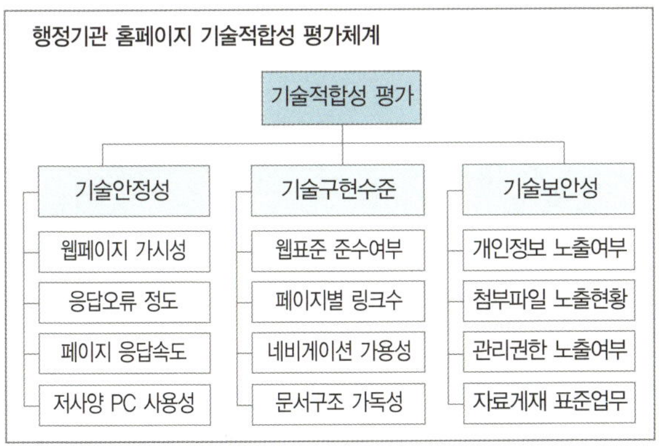

행정기관 홈페이지 기술적합성 평가결과

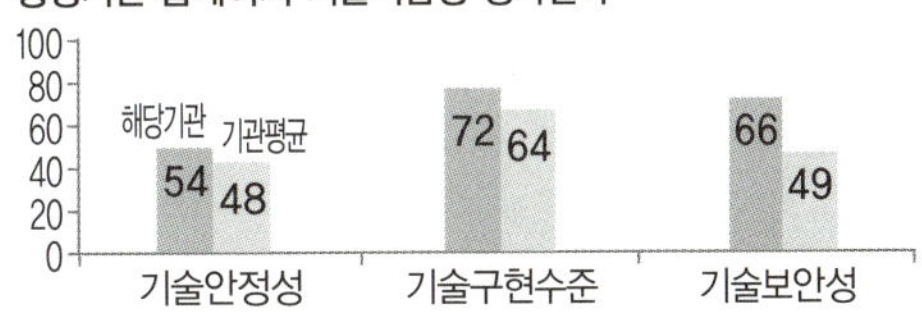

기술안정성		기술구현수준		기술보안성	
웹페이지 가시성	B	웹표준 준수	B	개인정보노출	B
응답오류정도	B	페이지 링크	A	첨부파일노출	C
페이지응답속도	C	네비게이션	B	관리권한노출	B
저사양 PC사용성	C	문서가독성	A	게재표준	B

Implication

기술안정성 부분은 기술적합성 평가에서 가장 평가결과가 낮았으며, 특히 페이지 응답속도가 문제인 것으로 분석된다. 기술구현수준은 양호한 편으로 나왔으나 웹표준 준수와 네비게이션에서 문제점이 지적되었다. 기술보안성은 첨부파일의 노출에서 문제가 있는 것으로 분석된다.

Activity 2. 고객가치전달 요소분석

Objective

고객요구사항분석을 통해서 과다 투자된 부분과 보완하여야 할 부분을 파악하여 효율적인 투자 방향성을 제시한다.

Method

홈페이지 사용성 평가와 기술적합성 평가를 통해서 나온 자료를 바탕으로 고객들이 느끼는 가치들이 무엇이며 고객가치 중요도에 따라 과잉투자나 과소투자가 이루어진 곳이 어디인지를 분석하여 투자방향성을 결정한다.

Deliverable

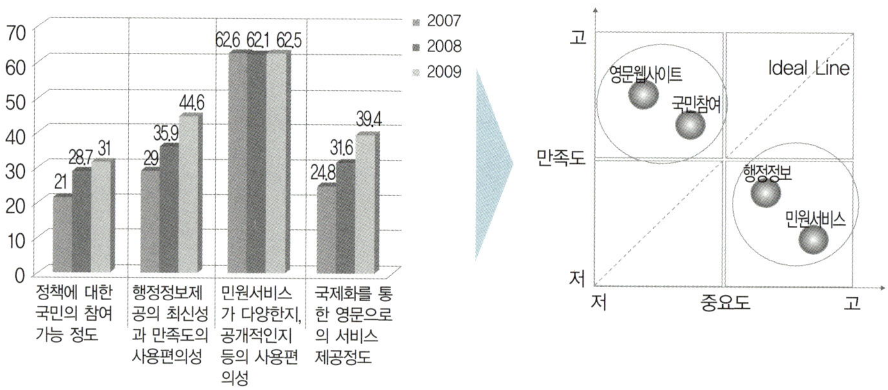

Implication

민원서비스의 사용편의성을 시민들은 지속적으로 중요시 하였다. 국민참여서비스나 웹페이지의 영문화서비스에 대해 시민들이 느끼는 중요도는 낮다. 영문 웹사이트와 국민참여서비스 간의 만족도 차이나 행정정보 및 민원서비스 간의 만족도 차이는 크지 않으나 이들 두 그룹 간의 만족도 차이는 큰 것으로 나타났다. 따라서, 영문 웹사이트나 국민참여 서비스에 대한 투자보다는 행정정보 및 민원서비스에 대한 투자를 늘려야 한다.

행정기관 홈페이지 현수준 진단 결과 요약 및 시사점

기 구축되어 있는 각 시, 도, 군 등의 홈페이지 수준 진단을 실시한다. 이를 통해서 무엇이 문제이며 고객(시민)들은 어떤 부분을 중시하며 어떤 부분에 대해서 서비스 향상을 기대하는지를 설문평가를 통해서 도출한다. 도출된 문제점들은 향후 개선안 제시의 기반자료로 활용된다.

설문조사결과 텍스트 위주의 정보제공으로 인한 인식성 부족문제, 전자설문의 익명성 보장의 약화, 활용빈도의 낮음 등이 문제점으로 제시되었다. 이들 서비스는 특히 민원서비스에 집중되어 있었는데 이는 고객가치전달 요소분석에서 알 수 있듯이 고객(시민)들은 국민참여 부분이나 웹페이지의 영문화서비스보다는 민원서비스에 대해서 중요하게 생각하고 있다. 이를 바탕으로 민원서비스의 관련자료 제공과 인식성 향상 등에 더 많은 투자와 개선안을 제시하는 방향으로 가이드라인이 계획되어야 할 것이다.

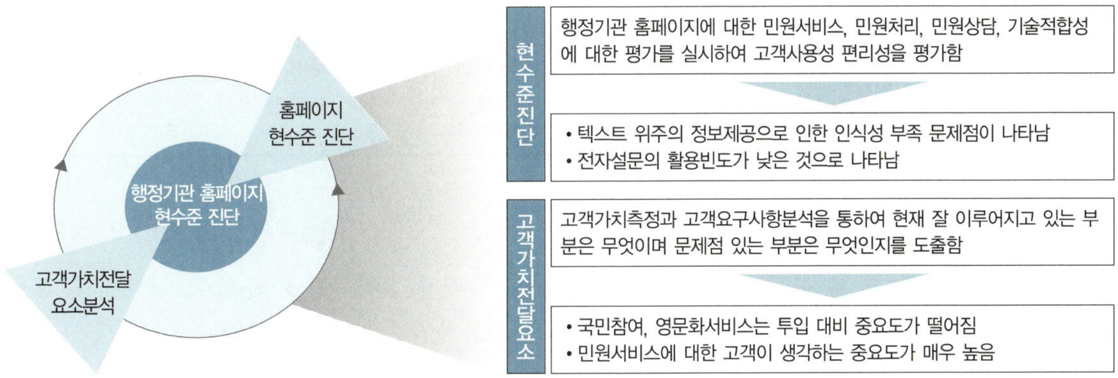

Phase 3. 행정기관 홈페이지 선진화 가이드라인 제시

Activity 1. 전략과제도출

Objective

도출된 문제점의 구체적인 분석과 개선을 위한 전략과제도출을 통해서 구체적인 컨설팅 계획을 세운다.

Method

전략과제 명세서를 이용하여 과제목적, 고려사항, 요구사항, 기대효과 등을 분석하고 구체적인 추진일정과 추진절차를 수립함으로써 홈페이지 고객(시민)의 가치 향상을 위한 구체적인 개선안을 제시한다.

Deliverable

과제도출 및 정의 : 과제 정의서

<table>
<tr><th>과제번호</th><td>A1</td><th>과제명</th><td>민원서비스 인식성 향상 방향</td><th>추진조직</th><td>IT 부서</td></tr>
<tr><th>과제 목적</th><td colspan="2">• 민원서비스 시 텍스트 위주의 설명으로 인해 인식성이 떨어지는 문제점을 그림이나 심볼을 이용하여 인식성 향상을 꾀함</td><th>고려 사항</th><td colspan="2">• 다양한 세대의 고객(시민)이 인지하고 이해하기 쉬운 그림을 사용해야 함</td></tr>
<tr><th>요구 사항</th><td colspan="2">• 다양한 세대가 이해할 수 있는 그림이나 심볼
• 고객(시민)수준에서 이해할 수 있는 범위 설명
• 복잡해 보이지 않는 웹페이지</td><th>기대 효과</th><td colspan="2">• 문의전화의 감소로 인한 공무원들의 업무 효율 향상
• 고객(시민)들의 만족감 상승
• 서버 과부하 문제 방지</td></tr>
<tr><th>과제번호</th><td colspan="5">• 추진일정 : ×××년 ×월 ×일 ~ ×××년 ×월 ×일
• 추진절차
인식성향상 개발계획 → 인식성향상을 위한 심볼 선정 → 심볼 및 설명 평가체계 개발 → 인식성향상 타당성 평가
인식성향상 개발계획: 자료수집, 검토
인식성향상을 위한 심볼 선정: 수집된 자료를 바탕으로 고객(시민)에 적합한 심볼 선정
심볼 및 설명 평가체계 개발: 선정된 심볼 및 설명의 유효성 평가
인식성향상 타당성 평가: 인식성 향상 개발의 타당성 평가</td></tr>
</table>

Implication

행정기관 홈페이지 개선을 위하여 과제 정의서를 통해 목적, 고려사항, 요구사항, 기대효과, 추진일정 등을 구체화하였다. 또한 민원서비스 이용 시 고객(시민)들이 텍스트 위주의 설명이라 인식성에 문제가 있다고 이슈를 제기한다. 그리고 공공서비스이기 때문에 다양한 세대를 포괄할 수 있는 인식성 향상이 필요하다. 마지막으로 고객(시민)편의 향상뿐만 아니라 문의전화 감소로 업무효율성 향상도 기대된다.

Activity 2. 개선계획 수립

Objective

현 행정기관 홈페이지에서 도출된 문제점을 바탕으로 개선방향을 제시한다.

Method

사용성 평가와 기술적합성 평가에 의해서 도출된 문제점들을 정부정책 및 사회트렌드 분석, 중점고려요인, 시장요구사항 분석 등을 통해서 나온 방향성을 이용하여 개선안을 제시한다. 전략과제 명세서에 의해서 제안된 개선일정 및 개별적인 개선안을 정리하였다.

Deliverable

Step 1 현 행정기관 홈페이지에서 도출된 문제점

서비스 영역	현 상황
민원 서비스	텍스트 위주의 정보제공
	민원관련 서식 제공 시 서식만 제공
행정정보 제공	인터페이스의 복잡성
	자료실에서 제공하는 정보만 제공
국민참여	전자설문에 대한 활용빈도가 낮음
	국민이 단순히 자신의 의견을 개진할 수 있는 게시판만 있음
영문웹사이트	적절한 'help' 게시판이 없음
	영문사이트와 국문사이트의 배치가 비슷함
기술 및 개인정보 보호	주민등록번호 관리가 잘되고 있음
	웹 브라우징 속도 향상 니즈가 있음

Step 2 개선방향 제시

서비스 영역	개선사항
민원 서비스	그림 위주의 정보제공으로 인식성 향상 필요
	근거법규, 담당부서, 처리기간, 민원신청서 및 구비서류, 처리절차 등을 동시에 제공 필요
행정정보 제공	빈도가 높은 정보에 대한 퀵메뉴 개발 필요
	문서에 관련된 전반적인 정보를 같이 제공이 필요
국민참여	주기적인 설문 실시 및 익명성 보장 강화 필요
	시민이 제안한 의견의 담당처리부서와 처리단계 및 상황과 더불어 그 의견이 반영되었는지의 여부를 알 수 있는 페이지를 마련하는 것이 바람직함
영문웹사이트	Q&A와 FAQ 게시판 마련이 필요함
	검색엔진을 메인화면에 배치하여 접근 용이성을 높일 수 있음
기술 및 개인정보 보호	이미지 크기 조정을 통한 웹 브라우징 지체 속도 향상 필요
	검색의 용이성을 위한 타이틀 및 키워드 설명 필요

Implication

민원서비스에서는 관련서식과 함께 근거법규, 담당부서, 처리기간, 처리절차 등을 동시에 제공할 수 있도록 개선계획을 수립한다. 또한 행정정보제공에서는 인터페이스의 복잡성을 해소하기 위해 빈도가 높은 서비스에 대해서는 퀵메뉴를 개발하는 계획을 수립한다. 그리고 국민참여서비스에서는 전자설문에 대한 활용빈도를 높이는 방향으로 개선계획을 수립한다. 마지막으로 영문웹사이트 'help' 기능을 담당하는 Q&A, FAQ 게시판을 활성화할 수 있는 방향으로 개선계획을 수립한다.

Activity 3. 개선계획 평가

Objective

행정기관 홈페이지의 개선사항들에 대해 시민들이 느끼는 편의의 향상 정도를 측정하여 개선사항의 타당성을 평가한다.

Method

Reward Diagnostic 기법을 이용하여 그림 및 심볼을 이용한 인식성 향상,

근거법규 및 구비서류 등의 관련사항 첨부 등이 행정기관 홈페이지의 궁극적인 목적인 시민편의 향상 및 시민참여 향상 등에 얼마나 적합한지를 파악하여 개선안의 타당성을 분석한다.

Deliverable

Sample 1) 구체성평가 : Reward Diagnostic — Reward(최적 예상성과)

	Option	시민편의 향상	시민참여 향상	비용절감	외국인 참여	Total Reward
1	그림 위주의 정보제공으로 인식성 향상	●	●	◕	◕	●
2	근거법규, 부서, 처리기간, 구비서류 등을 동시에 제공	●	●	◔	◕	◕
3	빈도가 높은 정보에 대한 퀵메뉴 개발	◕	◑	◕	●	◕
4	설문조사 항목의 주기적 설문 실시 및 익명성 보장 강화	◕	◕	◑	◕	◕
5	시민의견의 처리절차를 보여주는 페이지 개설	◕	◑	◑	◑	◑
6	영문웹사이트의 Q&A와 FAQ 게시판 활성화	◑	◑	◕	●	◑
7	이미지 크기 조정을 통한 웹브라우징 속도 향상	◕	◕	◔	◕	◕

성과측정치 : 매우 그렇다 ● ◕ ◑ ◔ ○ 매우 아니다

Implication

개선계획들이 홈페이지 선진화에 얼마나 기여했는지를 특성요인들을 통해서 평가한다. 그리고 그림 및 심볼 위주의 정보제공과 관련 서류 및 절차의 동시제공은 시민편의 향상과 시민참여 향상에 특히 기여하였다. 또한 퀵메뉴 개발과 Q&A 및 FAQ 게시판 활성화는 비용절감과 외국인 참여를 향상시켰다.

행정기관 홈페이지 선진화 가이드라인 제시결과 요약 및 시사점

행정기관 홈페이지 선진화 가이드라인 제시를 위해 Phase 2에서 실시한 설문조사에서 나타난 문제점들을 바탕으로 구체적인 전략과제를 도출한다. 도출된 전략과제들을 기반으로 구체적인 실행계획을 계획한다. 계획된 서비스 실행계획들의 구체성과 타당성을 검증을 통해 가이드라인의 타당성을 증명한다. 예를 들어 민원서비스의 인식성향상을 위해서는 텍스트위주의 설명이 가지고 있는 복잡성과 전 세대가 공감할 수 있는 심볼을 찾아야 하는 문제점 등이 있다.

그러나 개선이 된다면 고객편의 향상뿐만 아니라 문의전화 감소로 공무원들의 업무효율이 향상되는 이점이 있다. 이와 같이 민원, 행정, 국민참여, 영문웹사이트, 기술 등의 5대요소에 대한 전략과제 도출과 실행계획수립을 하였다. 또한 이 가이드라인들이 행정기관 홈페이지의 실질적인 목표인 시민편의 향상과 시민참여 향상등의 기여 정도를 측정하여 타당성을 증명하였다.

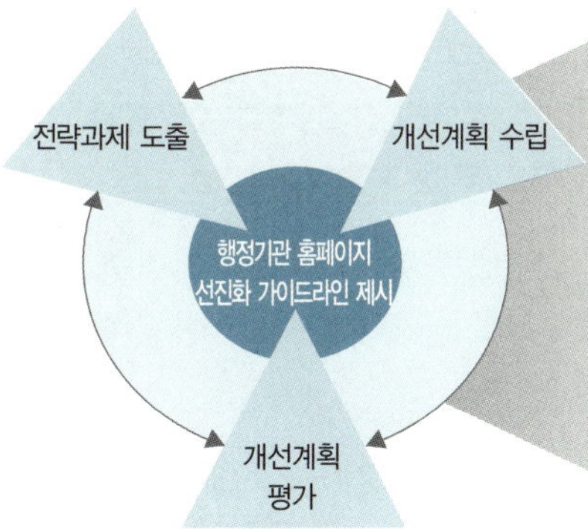

전략과제도출

분석을 통해 나온 문제점의 실제적인 개선안을 제시하기 위하여 개선과제 도출 및 구체적인 컨설팅 일정을 세움

- 텍스트 위주의 설명으로 인한 인식성 저하 현상 개선이 필요함
- 고객편의 향상뿐만 아니라 문의전화 감소로 업무효율 향상이 가능함

개선계획수립

현 행정기관 홈페이지에서 도출된 문제점들에 대해서 과제도출을 통한 구체적인 개선안을 제시함

- 텍스트 위주의 설명은 그림 및 심볼 등을 추가하여 인식성을 개선함
- 국민참여 설문의 익명성을 향상시켜 참여도를 높임

개선계획평가

행정기관 홈페이지 개선사항이 시민들의 편의향상 기여 정도를 구체성 평가를 통해 측정함

- 인식성 향상과 서류 등의 추가는 시민편의 및 시민참여를 향상시켰음
- 퀵메뉴 구축과 Q&A 활성화는 외국인 참여를 증가시켰음

핵심용어

- **Techno Business Cases** : 융합기술을 중심으로 한 사업모델의 특성, 유형을 파악하고, 각 사업유형별로 적합한 분석기법과 절차를 사례기반으로 분석하는 방법
- **Techo Business 통합분석 시나리오** : Techo Business의 기반 컴포넌트인 기술(Technology), 산업(Industry), 전략(Strategy), 서비스(Service), 고객(User), 환경(Environment)의 요소들을 바탕으로 특정 사업 모델의 현황과 내 · 외부환경 등을 분석하고 상황별로 적합한 방안을 도출하는 방법
- **WiBro 비즈니스 모델** : 휴대인터넷 디바이스와 관련 인프라를 응용하여 모바일 환경에 접목시킴으로써 다양한 서비스 모델을 개발하고 이를 수익화할 수 있는 사업모델
- **공간정보서비스** : 위치정보, 지리정보 등의 공간정보를 활용하여 개발된 서비스
- **U-City 서비스** : 시민의 편의성 제고 및 안정적인 도시 인프라 구축을 목적으로 개발된 것으로, 전자공간과 물리공간의 결합을 통해 사용자의 의도와 상황에 알맞게 활용할 수 있는 서비스
- **SW 사업자 경쟁력 평가** : 성장성과 안정성을 갖춘 국내 SW업체를 발굴하고 이들의 경쟁력 강화를 촉진하기 위해 인적자원, 기술력, 고객만족도 등의 평가방법
- **행정기관 홈페이지 만족도** : 정보화 정책 구현 및 행정서비스의 편의성 강화를 목적으로 개설된 행정기관 홈페이지의 기능적 수준을 파악하고 개선하기 위해 사용성, 유용성 등의 영역을 중심으로 개발된 평가방법

참고문헌

김대성 & ITR, 업종별 업무 프로세스에 따른 모바일 비즈니스 도입 타당성 연구, 연세대학교 ITR 석사학위논문, 2003.

김병건 · 임춘성, 효율적인 U-City 개발을 위한 사업 평가 모델 개발에 관한 연구, 지식정보산업연합학회 연합학술대회, 2009.

김재규 · 김병건 · 임춘성 · 황용호, 유비쿼터스 환경에서의 공간정보서비스 사업타당성 평가 방안에 관한 연구, 한국경영과학회, 2007.

백남석 & ITR, 지속가능한 개발을 위한 U-City 서비스 타당성 평가체계의 개발에 관한 연구, 연세대학교 ITR 석사학위논문, 2010.

변혜미 · 이승현 · 임춘성, 소프트웨어 기업 경쟁력 통합평가체계 적용을 통한 기업실태에 관한 연구, 2010 경영관련학회 통합학술대회, 2010.

손영대 · 백남석 · 김병건 · 임춘성, U-City 통합운영센터 구축을 위한 서비스 분류 및 정의에 관한 연구, 국제지식서비스학회 동계학술발표대회, 2009.

송기보 & ITR, 유비쿼터스 비즈니스 모델의 기술적합성 평가에 관한 연구, 연세대학교 ITR 석사학위논문, 2006.

송기봉 · 임춘성 · 신선도 · 한정아 · 임정훈, 직업훈련학교를 위한 웹기반 인트라넷 구현과 효과분석, 한국경영과학회 추계학술대회 및 정기총회, 2003.

유상준 · 김병건 · 최종화 · 임춘성, 중 · 소 소프트웨어 기업의 성과 향상을 위한 내 · 외부 역량 요인에 관한 연구, 산업정보학회지, 14(1).

윤성철 & ITR, 인터넷 비즈니스 모델 평가체계에 관한 연구, 연세대학교 ITR 석사학위논문, 2001.

이병율 · 이승현 · 임춘성 · 한진혁, 소프트웨어 사업자 평가체계 개선에 관한 연구, 한국소프트웨어공학 학술대회, 2008.

이휘재 & ITR, RBV관점의 소프트웨어 산업 국제화 지표개발 및 활용에 관한 연구, 연세대학교 ITR 석사학위논문, 2003.

임기만 & ITR, 기업 내 모바일 도입분야 선정방법에 관한 연구, 연세대학교 ITR 석사학위논문, 2003.

임춘성 & ITR, 기업정보화방법론 워크북, 2007.

임춘성 & ITR, 기업정보화방법론, 2007.

임춘성 · 백남석 · 김병건, 서비스지향적 u-City 구성체계, 제2회 사회기반시설 국가자산관리 국제심포지움.

임춘성 · 이선구, 기업 웹사이트 평가체계에 관한 연구, 대한산업공학회 추계학술대회, 2001.

임춘성 · 서형식 · 윤용기 · 황현정 · 김진영 · 허남훈 · 이상훈, 소프트웨어 사업자 평가 시스템 개발 및 활용, 대한산업공학회/한국경영과학회, 춘계공동학술대회, 2002.

임춘성 · 전남주 · 김민형 · 황용호, GIS Business Model의 성공요인 도출에 관한 연구, 한국IT서비스학회.

정규성 & ITR, 소프트웨어사업자의 국제화역량 평가체계 개발에 관한 연구, 연세대학교 ITR 석사학위논문, 2005.

정규성 · 신현동 · 임춘성, 휴대인터넷 환경에서 B2C활성화에 영향을 미치는 요인에 관한 연구, 한국경영정보학회 2005 춘계학술대회, 2005.

차종혁 & ITR, S/W 기업의 제품개발 역량 진단을 위한 통합평가체계 개발에 관한 연구, 연세대학교 ITR 석사학위논문, 2006.

최종화 · 김병건 · 임춘성 · 유진수, 상황기반 도시통합운영센터 개발 방법에 관한 연구, EJIT, Volume 9(1), 2010.

최종화 · 정규성 · 신현동 · 정도범 · 임춘성, 인터넷 비즈니스 모델 분석체계 개발에 관한 연구, 대한산업공학회 추계학술대회, 2004.

한진혁 & ITR, 소프트웨어 프로젝트 경쟁력 평가체계 개발에 관한 연구, 연세대학교 ITR 석사학위논문, 2008.

허남훈 & ITR, 정보산업 공급자 분석 모델 개발 및 활용에 관한 연구, 연세대학교 ITR 석사학위논문, 2002.

황용호 & ITR, 유비쿼터스 특성을 고려한 GIS 서비스 기술 적합성 평가체계 개발, 연세대학교 ITR 석사학위논문, 2007.

황용호 · 김병완 · 김병건 · 김재규 · 임춘성, 유비쿼터스 기반 GIS 서비스 분석체계 개발에 관한 연구, IT 서비스 학회 2007 추계학술대회, 2007.

Yamamoto Hisatoshi, MOT관점에서 본 실전적 기술전략, 2007.

Ansoff, I.H., Corporate Strategy, 1965.

Chandler, A.D., *Strategy and Structure*, 1962.

Christine, B. Bullen and John F. Rockart, *A Primer on Critical Success Factors*, 1981.

Craig S., *Fleisher and Babette Bensoussan, Strategic and Competitive Analysis*, 2002.

Ford, D., *Develop Your Technology Strategy*, 1988.

Georgs, S. Bay, *Market Driven Strategy–Process for Creating Value*, 1990.

Hwang, G.H., Choi, J.H., & Kim, B.W., Leem, C.S., A Taxonomy of u–City

Service Models, ICUT 2007.

Jay B. Barney, William S. Hesterly, *Strategic Management and Competitive Advantage: Concepts and Cases*, 2007.

Jeon, N.J., Leem, C.S. & Kim, M.H., Shin, H.G., A taxonomy of ubiquitous computing applications, Wireless Personal Communications, Volume 43(4), 2007.

Kaplan, R.S. and Norton D.P., *The Balanced Scorecard: Measures that Drive Performance*, 1992.

Leem, C.S., Jeon, N. J. & Choi, J.H., Shin, H.G., A Business Model Development Methodology in Ubiquitous Computing Environments, Lecture Notes in Computer Science, Volume 3483, 2005.

Michael E. Porter, *Competitive Advantage: Creating and Sustaining Superior Performance*, 1995.

Michael E. Porter, *From Competitive Advantage to Corporate Strategy*, 1987.

Michael E. Porter, *Competitive Strategy: Techniques for Analyzing Industries and Competitors*, Free Press, 1980.

Richard P. Rumelt, *Strategy, Structure and Economic Performance*, 1974.

Robert M. Grant, *Contemporary Strategy Analysis*, 1998.

Saloner, G., Shepard, A., and Podolny, J., *Strategic Management*, 2001.

Simon, H., *Lessons from Germany's Midsize Giants*, 1992.

Wheelen, T.L. and Hunger, J.D., *Strategic Management and Business Policy*, 2004, 2006.

Appendix

Techno Business 분석절차

부록에서는 Techno Business를 도입하기 위해 TISSUE 모델의 각 컴포넌트별로 요구되는 분석절차를 제시한다. 각각의 분석절차는 본문에서 설명하는 세부분석기법들을 활용하기 위한 단계를 중심으로 구성되어 있다. Techno Business를 기획하는 전문가들과 마케팅 · 연구개발 부서의 실무자, 그리고 연구자들이 참조할 수 있는 분석절차들을 중심으로 정리하였다.

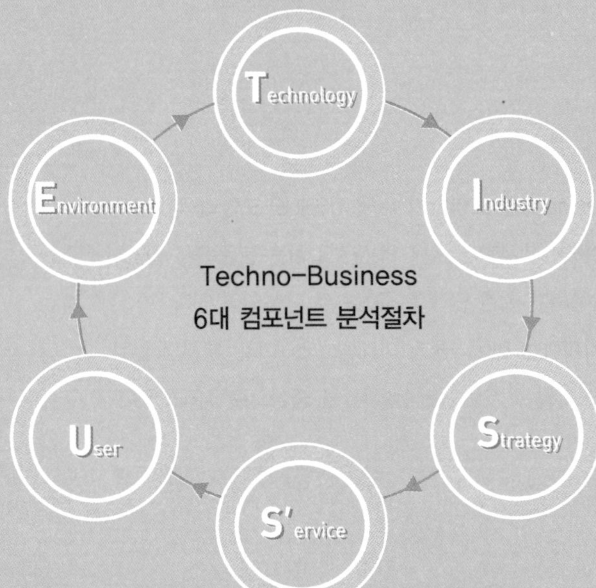
Technology
Industry
Strategy
S'ervice
User
Environment
Techno-Business
6대 컴포넌트 분석절차

1. 기술

1.1 기술수요예측

Objective

기술수요예측은 미래 시장에서 예상되는 신기술의 수요를 예측함으로써 기술의 향후 성장성을 파악하는 기법이다. 이를 통해 다양한 미래 유망기술의 가치를 예측하고, 보다 효율적인 사업계획을 구상할 수 있다. 기술수요예측을 위해서는 예측자료준비, 기술예측수행, 예측결과분석 등의 단계가 요구된다.

Procedure

1단계	2단계	3단계
예측자료준비	기술예측수행	예측결과분석
① 예측목표설정	④ 예측기법선정	⑥ 예측결과 해석
② 분석요인도출	⑤ 분석 및 예측실행	⑦ 예측결과 검증 및 보완
③ 분석데이터수집		⑧ 예측결과정리

Description

- 예측자료준비 : 예측의 근거로 삼을 투입요소들을 다양한 자료와 범위에 걸쳐 조사하며 기술의 예측목표가 설정되면 시장수요와의 비교를 통해 기술도입을 위한 과제를 선정함
- 기술예측수행 : 구체적인 세부기법을 정하고 기술예측을 수행함. 미래의 기술변화 양상을 양적 · 질적으로 파악함. 이 과정에서 예측은 단순히 생산방식이나 기기의 특징에 한정될 수 있지만, 기술과 관련된 다양한 사회변화, 기업가치사슬을 포괄할 수도 있음
- 예측결과분석 : 제품이나 서비스 관련 기술과 수요변화의 예측 결과를 정리함

1.2 기술수명주기분석

Objective

기술수명주기분석은 다양한 기술의 도입과 성장, 성숙과 쇠퇴를 거치는 과정을 통해 기술의 활용현황과 발전단계를 파악하는 기법이다. 이를 통해 기술개발의 투자 타당성을 검토하고, 앞으로의 기술변화 방향성을 판단할 수 있다. 기술수명주기분석을 위해서는 기술분류, 데이터조사 및 분석, 기술수명주기 도출 등의 단계가 요구된다.

Procedure

1단계 기술분류

1. 기술군 정의
2. 기술분류관점 정의
3. 기술분류체계 도출

2단계 데이터조사 및 분석

4. 특허 데이터분석
5. 인용기간 측정

3단계 기술수명주기 도출

6. 인용주기 도출
7. 기술수명주기 작성

Description

- 기술분류 : 기술의 특성에 따라 기술군을 정의하고, 주요 관점을 바탕으로 분석대상 기술들을 분류함
- 데이터조사 및 분석 : 자사 및 경쟁기업들의 보유 특허 데이터를 분석하여 기술지식자원의 현황을 파악하며 인용기간 측정 등의 방법을 통해 기술수명주기 도출을 위한 기반을 마련함
- 기술수명주기 도출 : 특허인용횟수, 빈도 등을 바탕으로 인용주기와 기술수명주기를 작성함

1.3 기술로드맵분석

Objective

기술로드맵분석은 기술기획 과정에서 시장의 요구를 충족시킬 수 있는 기술들을 대상으로 활용단계와 개발 계획을 도출하는 기법이다. 이를 통해 중요기술의 활용가능 시점과 효율적인 사업 계획수립이 가능하다. 기술로드맵분석을 위해서는 기술로드맵 정의, 기술로드맵 작성, 기술로드맵 실행 등의 단계가 요구된다.

Procedure

1단계 기술로드맵 정의

1. 개발범위 결정
2. 핵심요소 정의

2단계 기술로드맵 작성

3. 개발목표 도출
4. 요구사항 정의
5. 기술로드맵 도출

3단계 기술로드맵 실행

6. 기술로드맵 검증
7. 단계별 실행계획수립

Description

- 기술로드맵 정의 : 기술기획을 통해 기술의 개발범위와 단계별 핵심요소를 정의하여 기술로드맵의 구성내용을 정의함
- 기술로드맵 작성 : 단계별로 달성하고자 하는 개발목표를 도출하고 경쟁기술과의 비교를 통해 요구사항을 정의하고 관련 연구활동, 추진조직 등을 구체화함
- 기술로드맵 실행 : 작성된 기술로드맵을 검증하고 사업계획과 비교하여 구체적인 일정과 목표를 통한 단계별 실행계획을 수립함

1.4 기술등급평가

Objective

기술등급평가는 개별기술의 상대적 수준에 따라 미리 정해진 등급을 기준으로 기술적 우위성을 정성적으로 평가하는 일종의 등급평가기법이다. 이를 통해 비교적 적은 비용과 시간으로 수많은 기술들 중 기술가치 평가 대상기술의 선정이 가능하다. 기술등급평가를 위해서는 기술평가체계 개발, 평가영역별 가중치 도출, 기술등급 도출 등의 단계가 요구된다.

Procedure

1단계	2단계	3단계
기술평가체계 개발	평가영역별 가중치 도출	기술등급 도출
① 평가관점 설정	④ 평가영역 검증	⑥ 평가수행
② 평가영역 도출	⑤ 평가지표 가중치 산출	⑦ 평가결과 종합
③ 평가지표 개발		⑧ 기술별 등급 산정

Description

- 기술평가체계 개발 : 기술등급 평가를 위한 평가체계를 개발함
- 평가영역별 가중치 도출 : 전문가 설문 등을 통해 평가영역을 검증 및 지표별 가중치를 산출함
- 기술등급 도출 : 평가를 수행하고 평가결과를 종합하여 기술별 등급을 산정함

1.5 기술가치평가

Objective

기술가치평가는 기술평가와 가치평가의 혼합된 개념으로 개발 중이거나 개발 완료된 기술을 재무가치로 환산하여 평가하는 기법이다. 이를 통해 기술의 우수성뿐만 아니라 화폐가치를 통한 객관적 평가결과를 확보하여 해당 기술을 통한 사업의 타당성 판단자료로 활용할 수 있다. 기술가치평가를 위해서는 기대소득 예상, 현재가치 환산, 기술기여가치 도출 등의 단계가 요구된다.

Procedure

1단계	2단계	3단계
기대소득 예상	현재가치 환산	기술기여가치 도출
① 시장목표 수립	③ 자본환원율 결정	⑥ 기술기여항목도출
② 예상영업이익 산출	④ 할인현금흐름 산출	⑦ 기술기여가치 산출
	⑤ 현재가치 산출	

Description

- 기대소득 예상 : 기술예측 결과를 기반으로 매출예상액을 산출하며 기술의 수명과 기대영업기간을 고려하여 예상영업이익을 산출함
- 현재가치 환산 : 감가상각비, 은행이자율, 위험률 등 다양한 요인을 고려하여 할인율을 결정하고 이를 적용한 할인현금흐름을 산출한 후 현재가치로 환산함
- 기술기여가치 도출 : 기술자산, 인적자산, 시장자산 비율을 산출하여 기술기여항목을 도출하고 예상소득에 적용하여 최종 기술기여가치를 산출함

1.6 기술이전

Objective

기술이전은 제휴 및 협약을 통해 이미 개발된 기술을 다른 기업 등에 이전함으로써 기술을 사업화하는 기법이다. 이를 통해 기술도입비용을 절감할 수 있으며, 후발기업의 효과적인 기술습득이 가능하다. 기술이전을 위해서는 기술이전 전략수립, 기술이전 협상 및 계약, 기술이전 사후관리 등의 단계가 요구된다.

Procedure

1단계	2단계	3단계
기술이전 전략수립	기술이전 협상 및 계약	기술이전 사후관리
① 기술이전 목적검토	③ 기술이전 마케팅	⑥ 기술이전 조건이행
② 기술이전 전략계획	④ 기술이전 조건협상	⑦ 기술이전 성과관리
	⑤ 기술이전 계약체결	

Description

- 기술이전 전략수립 : 기술 판매의 필요성을 분석하고 판매기술의 우선순위를 설정함과 동시에 기술이전의 수요자 분석 및 요구사항의 정의를 통해 기술이전 전략을 수립함
- 기술이전 협상 및 계약 : 기술홍보, 보안전략 및 기술도입자의 권리와 계약을 통해 기술이전의 법적 · 경제적 조건 등을 정의함
- 기술이전 사후관리 : 기술관련 자료를 제공하고 권리 이전에 대한 절차가 마무리되면, 지속적인 기술지식관리와 사후협약준수 여부확인 등을 통해 기술이전 성과를 관리하고 개선함

1.7 기술상용화

Objective

기술상용화는 기술이전과 함께 기술사업화 전략의 일부로서 기업이 기술을 개발하고, 그 결과를 발현하기 위해 수행하는 기법이다. 이를 통해 기업은 체계화된 기술기획과 사업화를 수행할 수 있다. 기술상용화를 위해서는 제품 및 서비스 구상, 촉진활동, 상품화 등의 단계가 요구된다.

Procedure

1단계	2단계	3단계
제품 및 서비스 구상	촉진활동	상품화
① 아이디어 구상	④ 시제품 테스트	⑥ 제품생산
② 연구개발	⑤ 출시전략 수립	⑦ 마케팅
③ 시제품 제작		⑧ 시장진출

Description

- 제품 및 서비스 구상 : 아이디에이션(Ideation)을 통해 구상된 다양한 아이템들을 토대로 기획과정을 거친 후, 실제 구현을 통한 시제품 제작을 수행함
- 촉진활동 : 제품 및 서비스 구상을 통해 만들어진 시제품을 테스트하고 출시전략 및 일정계획을 수립하고, 사업의 규모와 범위를 분석하여 출시전략을 수립함
- 상품화 : 실제 제품생산라인을 통하여 재공품을 확보하고, 마케팅 활동을 통해 시중에 유통시킴

2. 산업

2.1 산업구성요소분석

Objective

산업구성요소분석은 경쟁전략 관점에서 산업 내·외부의 다양한 이해관계자들과의 영역과 구조를 종합하고 변화흐름을 파악하여 방향성을 도출하는 기법이다. 이를 통해 산업구조 전반에 대한 이해가 가능하므로 현 상황을 파악하고 향후 진행될 산업구조의 변화 방향을 예측할 수 있다. 산업구성요소분석을 위해서는 산업환경 파악, 산업구성요소 도출, 산업구성 예측 등의 단계가 요구된다.

Procedure

1단계	2단계	3단계
산업환경 파악	산업구성요소 도출	산업구성 예측
① 산업현황 파악	④ 이해관계요인분석	⑥ 구성요소 간 관계파악
② 이해관계 정의	⑤ 구성요소 정의	⑦ 미래 변화요인 도출
③ 이해관계구조분석		⑧ 산업변화 방향 제시

Description

- 산업환경 파악 : 산업구조분석 및 예측의 근거가 될 산업환경의 다양한 자료를 조사함으로써 현재 산업의 현황을 분석하고 이해관계구조를 분석함
- 산업구성요소 도출 : 이해관계에 영향을 미치는 이해관계요인을 분석하고 산업을 구성하는 개체와 관계 등을 포함하는 구성요소를 정의함
- 산업구성 예측 : 산업구성요소들 간의 관계를 파악하여 도출된 미래 변화요인을 제시하고, 이를 활용하여 산업변화 방향을 예측하고 방향성을 제시함

2.2 산업가치사슬분석

Objective

산업가치사슬분석은 산업기반요소 조사를 통해 해당 산업의 부가가치가 생성되고 연결되는 흐름을 파악하여 프로세스와 수익구조를 정의하는 기법이다. 이를 통해 산업 전반의 구체적 수익구조 및 가치흐름 프로세스와 개선요인을 파악할 수 있다. 산업가치사슬분석을 위해서는 산업기반요소 조사, 산업가치흐름 파악, 산업가치사슬 세부분석 등의 단계가 요구된다.

Procedure

1단계	2단계	3단계
산업기반요소 조사	산업가치흐름 파악	산업가치사슬 세부분석
① 기반자료조사	④ 산업기반요소 종합	⑥ 수익구조 파악
② 문헌조사	⑤ 산업가치흐름 도출	⑦ 수익구조 세부분석
③ 설문 및 전문가 인터뷰		⑧ 우선과제 도출

Description

- 산업기반요소 조사 : 문헌연구조사, 설문조사, 전문가인터뷰 등 조사방법론을 활용하여 산업기반요소 파악을 위한 기본자료들을 수집함
- 산업가치흐름 파악 : 조사자료들을 종합하여 구조화하고 가치전달 경로와 다양한 채널 중심으로 종합하여 산업 내 가치흐름을 정의함
- 산업가치사슬 세부분석 : 산업가치사슬에 기반한 수익구조의 파악 및 세부분석을 실행한 후 수익극대화를 위한 우선과제를 도출함

2.3 산업성공요인분석

Objective

산업성공요인분석은 특정 환경에서 산업이 지속 및 성장할 수 있는지를 파악하고, 산업흐름에 영향을 미칠 수 있는 요인들을 구체화하는 기법이다. 이를 통해 산업성공요인을 중요도별로 파악하고 우선순위를 산정할 수 있다. 산업성공요인분석을 위해서는 산업가치사슬분석, 프로세스 단계별 성공요인 중요도 평가, 산업성공요인 도출 등의 단계가 요구된다.

Procedure

1단계	2단계	3단계
산업가치사슬분석	프로세스 단계별 성공요인 중요도 평가	산업성공요인 도출
① 산업기반요소 조사	④ 평가지표 개발	⑦ 산업성공요인 정의
② 산업가치흐름 파악	⑤ 프로세스별 중요도 평가	⑧ 산업성공요인 세부분석
③ 가치사슬 세부분석	⑥ 주요 프로세스분석	⑨ 우선순위 설정

Description

- 산업가치사슬분석 : 산업을 구성하는 프로세스를 분석하여 주요 기반요소 및 가치의 흐름을 파악함
- 프로세스별 성공요인 중요도 평가 : 평가의 기준이 될 평가지표를 개발하여 프로세스별 중요도를 평가한 후 중요도가 높은 요인에 대한 분석을 실시함
- 산업성공요인 도출 : 산업성공요인을 정의하고, 각 요인들에 대하여 세부분석을 실시하여 중요도와 시급성, 비용 등의 요소들을 반영한 우선순위를 설정함

2.4 경쟁그룹분석

Objective

경쟁그룹분석은 유사한 경쟁력을 가진 기업들 간의 분류를 통해 경쟁그룹을 설정하고, 이들의 특성을 분석하여 미래 예측을 효과적으로 수행하는 기법이다. 이를 통해 현재 경쟁국면의 해석이 가능하며, 미래에 형성될 수 있는 기업 간 역학관계를 예측할 수 있다. 경쟁그룹분석을 위해서는 핵심전략변수 및 경쟁그룹 도출, 경쟁그룹분석 수행, 예측결과분석 등의 단계가 요구된다.

Procedure

1단계	2단계	3단계
핵심 전략변수 및 경쟁그룹 도출	경쟁그룹분석 수행	예측결과분석
① 핵심전략변수 설정	④ 경쟁그룹 특성분석	⑥ 경쟁그룹별 전망 예측
② 경쟁그룹 분류	⑤ 이동장벽분석	⑦ 예측결과 검증
③ 산업 내 기업 도식화		

Description

- 핵심전략변수 및 경쟁그룹 도출 : 산업 내 경쟁력의 강도를 좌우하는 핵심전략변수를 설정하고, 그에 따른 경쟁그룹을 분류하여 산업 내 기업들을 도식화함
- 경쟁그룹분석 수행 : 도식화된 경쟁그룹과 기업들 간의 특성을 분석하고, 이동장벽을 분석함
- 예측결과분석 : 현 상황의 핵심전략변수와 그룹 간 특성, 이동장벽 등을 기반으로 경쟁그룹별 전망 등의 가능성을 예측하고 이를 검증함

2.5 경쟁구도분석

Objective

경쟁구도분석은 산업 내 경쟁구도를 파악하고 주요 경쟁자와 해당 기업의 시장점유율 및 성장률을 분석함으로써 향후 기업의 전략과 방향성을 수립하는 기법이다. 이를 통해 산업 내에서 해당 기업이 차지하는 비중과 포지셔닝을 파악할 수 있다. 경쟁구도분석을 위해서는 산업경쟁구도 파악, 산업 경쟁현황 분석, 전략적 방향성 수립 등의 단계가 요구된다.

Procedure

1단계	2단계	3단계
산업경쟁구도 파악	산업경쟁현황분석	전략적 방향성 수립
① 주요 경쟁자 정의	③ 주요 경쟁자분석	⑤ 경쟁구도 도식화
② 산업 내 경쟁구도 파악	④ 경쟁자와의 역량비교분석	⑥ 포지셔닝분석

Description

- 산업 경쟁구도 파악 : 해당 산업 내 주요 경쟁자를 정의하고 경쟁구도를 파악하여 다음 단계를 위한 기반조사를 실시함
- 산업경쟁현황분석 : 주요 경쟁자들을 대상으로 한 시장점유율 및 평균성장률, 진출영역 등을 분석하고, 자사와의 역량비교분석을 실시함
- 전략적 방향성 수립 : 산업 내 경쟁구도를 도식화하고 향후 취해야 할 포지셔닝과 나아갈 방향성을 수립함

2.6 경쟁강도분석

Objective

경쟁강도분석은 목표시장 내 경쟁기업의 분포 현황과 경쟁강도의 수준을 분석하는 기법이다. 이를 통해 해당 산업분야의 경쟁수준을 파악할 수 있다. 경쟁강도분석을 위해서는 시장경쟁구도분석, 평가지표개발 및 평가, 시장경쟁강도분석 등의 단계가 요구된다.

Procedure

1단계	2단계	3단계
시장경쟁구도분석	평가지표 개발 및 평가	시장경쟁강도분석
① 경쟁구도 파악 사전조사	④ 평가지표 개발 및 가중치 설정	⑥ 영역별 평가 종합
② 현황분석	⑤ 경쟁강도 평가수행	⑦ 주요 이슈 정리
③ 심층분석		

Description

- 시장경쟁구도분석 : 산업 내 주요 경쟁자들과의 비교분석을 통하여 경쟁구도를 파악함
- 평가지표 개발 및 평가 : 해당 산업의 중요 가치창출활동 및 업무 기능의 비중 등을 고려한 가중치와 외부환경을 반영한 평가지표를 개발, 중요도를 평가함
- 시장경쟁강도분석 : 경쟁강도의 정량적 · 정성적 분석을 통해 경쟁국면을 극복할 수 있는 주요 이슈를 도출하고 해결방안을 모색함

2.7 산업규모예측

Objective

산업규모예측은 해당 산업이 가지고 있는 시장규모를 조사하고 변화양상을 파악하는 기법이다. 이를 통해 산업규모 형성에 영향을 미치는 요소들을 구체화하고 향후 진출 여부를 판단하는 기반자료로 활용할 수 있다. 산업규모 예측을 위해서는 가설설정 및 데이터 수집, 영향요인 도출, 산업규모 추정 등의 단계가 요구된다.

Procedure

1단계	2단계	3단계
가설설정 및 데이터수집	영향요인 도출	산업규모 추정
① 산업규모 영향요인 추정	③ 회귀분석 실시	⑤ 산업규모 예측
② 데이터 수집	④ 유의요인 도출	

Description

- 가설설정 및 데이터 수집 : 산업규모 증감에 대한 다양한 가설을 설정하고 분석을 위한 데이터들을 수집함
- 영향요인 도출 : 설정한 가설들을 회귀분석을 통하여 검증하고, 유의한 결과들을 도출하여 요인들을 추출함
- 산업규모 추정 : 실증분석 결과와 유의요인들을 종합하여 산업의 미래 동향, 규모 등을 예측함

2.8 산업수명주기분석

Objective

산업수명주기분석은 생성기, 성장기, 성숙기, 쇠퇴기 등 산업의 성장과 소멸 과정을 분석하여 진출 산업의 경쟁우위요소를 파악하는 기법이다. 이를 통해 특정산업 진출여부와 시점 등을 효과적으로 예측할 수 있다. 산업수명주기분석을 위해서는 성숙단계 영향지표 도출, 성숙단계 파악, 산업수명주기 활용 등의 단계가 요구된다.

Procedure

1단계	2단계	3단계
성숙단계 영향지표도출	성숙단계 파악	산업수명주기 활용
① 산업특성 파악 및 분석	③ 산업지표 평가	⑤ 성숙단계 특징 파악
② 성숙단계 영향지표 정의	④ 성숙단계 설정	⑥ 해당 기업과 비교분석

Description

- 성숙단계 영향지표 도출 : 산업 내 · 외부환경을 분석하여 성숙수준에 영향을 줄 수 있는 다양한 특성지표들을 도출함
- 성숙단계 파악 : 다양한 산업지표들을 평가하고 성숙단계를 설정함
- 산업수명주기 활용 : 산업수명주기 곡선을 도출하고, 단계별로 나타나는 일반적 특징과 해당기업의 상황을 비교함

2.9 산업시나리오분석

Objective

산업시나리오분석은 환경에 따른 시나리오 수립을 통해 해당 산업의 미래를 예측하고 그에 영향을 주는 요인들을 분석하는 기법이다. 이를 통해 산업 성공요인 및 위험요인을 구체적으로 파악하고 체계적인 대응전략을 수립할 수 있다. 산업시나리오분석을 위해서는 산업환경현황분석, 시나리오 설정, 시나리오별 대응전략 수립 등의 단계가 요구된다.

Procedure

1단계 산업환경현황분석

1. 분석범위 결정
2. 일반트렌드 분석

2단계 시나리오 설정

3. 불확실성요인 도출
4. 초기시나리오 테마수립
5. 일관성 검증

3단계 시나리오별 대응전략 수립

6. 최종시나리오 확정
7. 시나리오별 결과예측 및 평가
8. 대응전략 수립

Description

- 산업환경현황분석 : 산업의 분석범위를 설정하여 다양한 관점으로 분석한 후 중요 이슈를 중심으로 트렌드를 정의함
- 시나리오 설정 : 개별 시나리오별로 불확실성 및 위험요인을 정의하고, 초기 시나리오의 테마를 수립하여 요소별 일관성을 검증함
- 시나리오별 대응전략 수립 : 최종 시나리오를 확정하고, 각 시나리오별 예상 결과들을 예측 평가하여 향후 대응전략을 수립함

3. 전략

3.1 조직 요구사항분석

Objective

조직 요구사항분석은 기업전략에 영향을 미치는 조직 내 요인을 분석하고 문제점을 파악하여 개선하는 기법이다. 이를 통해 전략 수립을 위해 조직 내에서 전략을 실행하기 위해 필요한 사항과 보완이 요구되는 부분을 검토할 수 있다. 조직 요구사항분석을 위해서는 조직구조분석, 핵심역량 및 자원분석, 조직문제점 진단 등의 단계가 요구된다.

Procedure

1단계	2단계	3단계
조직구조분석	핵심역량 및 자원분석	조직문제점 진단
① 의사결정구조분석	③ 핵심조직역량 정의	⑥ 조직요구사항 파악
② 부문별 조직기능분석	④ 전략수행역량 파악	⑦ 요구사항분석
	⑤ 현행역량수준 종합	⑧ 분석결과 종합

Description

- 조직구조분석 : 전략을 수립하는 데 필요한 의사결정구조를 검토하고 조직별 기능을 파악하여 조직구조의 특성과 유형을 분석함
- 핵심역량 및 자원분석 : 해당 조직의 핵심역량과 실행역량을 파악하여 수립된 전략의 실현가능 수준을 검토함
- 조직문제점 진단 : 조직 요구사항을 분석하고 결과를 종합하여 보완이 필요한 부분을 도출함

3.2 프로세스 요구사항분석

Objective

프로세스 요구사항분석은 업무활동을 종합적으로 파악하고 업무프로세스와 관련된 부서, 조직원들의 가치창출 및 전달흐름을 파악하는 기법이다. 이를 통해 전략을 실행하는 단위프로세스를 정의하고 효과적인 업무 추진을 위한 수행조직, 영역 등을 파악할 수 있다. 프로세스 요구사항분석을 위해서는 가치사슬분석, 비즈니스시스템분석, 업무기능분석 등의 단계가 요구된다.

Procedure

1단계	2단계	3단계
가치사슬분석	비즈니스시스템분석	업무기능분석
① 프로세스별 가치 파악	③ 핵심업무영역 도출	⑥ 계층별 기능분석
② 프로세스별 강약점 파악	④ 영역별 관계 정의	⑦ 부문별 기능분석
	⑤ 경쟁사 비교우위분석	⑧ 요구사항 분석결과 종합

Description

- 가치사슬분석 : 가치창출과 연관된 프로세스를 파악하고 개별 프로세스의 강 · 약점을 분석함
- 비즈니스시스템분석 : 핵심업무 영역을 정의하고 선후관계를 파악한 다음 경쟁사와의 비교분석을 통해 비즈니스시스템의 비교우위를 도출함
- 업무기능분석 : 계층별 · 부문별로 기능을 세분화하여 분석한 다음 프로세스 요구사항 분석 결과를 종합함

3.3 시장 요구사항분석

Objective

시장 요구사항분석은 시장수요의 변화를 유발하는 거시적인 환경요인을 파악하고 분석하여 효과적인 대응방안을 도출하는 기법이다. 이를 통해 외부의 환경 변화를 기업전략의 관점에서 재정의하고 그에 따른 체계적인 시장진입전략을 수립할 수 있다. 시장 요구사항분석을 위해서는 거시환경분석, 경쟁환경분석, 수요환경분석 등의 단계가 요구된다.

Procedure

1단계	2단계	3단계
거시환경분석	경쟁환경분석	수요환경분석
① PEST분석	③ 경쟁구도 파악	⑥ 3C분석
② 시사점 및 패턴 파악	④ 경쟁강도 검토	⑦ 요구사항 분석결과 종합
	⑤ 경쟁요인 도출	

※ PEST 분석은 정치적(Political), 경제적(Economical), 사회문화적(Socio-Cutural), 기술적(Techmological) 관점에서 거시적 환경요인을 분석하는 방법임.

Description

- 거시환경분석 : 기업의 경영전략에 영향을 미치는 주요 거시환경 요인을 파악하고 시사점을 도출함
- 경쟁환경분석 : 산업 내 경쟁구도, 경쟁 강도를 파악하고 경쟁환경의 핵심 요인을 도출함
- 수요환경분석 : 3C분석을 통해 자사의 시장 내 경쟁력을 검토하고 시장 요구사항 분석 결과를 종합함

3.4 전략방향수립

Objective

전략방향수립은 기업의 전략적 비전과 목표를 검토하여 기업 전체, 사업부, 기능부서별로 연계된 목표와 방향을 정립하는 기법이다. 이를 통해 전략 수립 목표 및 실행 목표를 연계시키고, 발생가능한 시나리오별로 대처가능한 전략을 도출할 수 있다. 전략방향 수립을 위해서는 시나리오 작성, 전략적 포지셔닝 맵 작성, 전략적 컴파스분석, 전략대안평가 등의 단계가 요구된다.

Procedure

1단계	2단계	3단계	4단계
시나리오작성	전략적 포지셔닝맵 작성	전략적 컴파스분석	전략대안평가
① 시나리오 유형선정	③ 포지셔닝맵 요소 도출	⑤ 핵심전략요소 파악	⑦ 산업관점평가
② 유형별 시나리오 작성	④ 자사위치파악	⑥ 전략방향도출	⑧ 안정성관점평가
			⑨ 실현성관점평가

Description

- 시나리오작성 : 긍정적, 중립, 부정적 시나리오 유형을 선정하고 해당 기업의 관점에서 발생가능한 유형별로 시나리오를 작성함
- 전략적 포지셔닝맵 작성 : 매출, 시장점유율, 브랜드인지도 등을 기준으로 경쟁기업과 자사의 위치를 파악함
- 전략적 컴파스분석 : 전략 수립에 요구되는 핵심요소를 검토하고 전략방향을 도출함
- 전략대안평가 : 도출된 전략방향을 바탕으로 산업관점, 안정성관점, 실현성관점에서 적정성을 평가함

3.5 전략과제도출

Objective

전략과제도출은 경영전략의 방향을 구체화하기 위하여 기업전략, 사업전략, 기능전략의 단계별로 전략의 목적, 보완요구사항, 실행절차 등을 정의하는 기법이다. 이를 통해 명확한 전략수립의 목표를 제시하고 전략실행 이후 도출된 성과지표들과 직접 연계시킬 수 있다. 전략과제도출을 위해서는 기업전략수립, 사업전략수립, 기능전략수립, 최종 전략과제도출 등의 단계가 요구된다.

Procedure

1단계	2단계	3단계	4단계
기업전략수립	사업전략수립	기능전략수립	최종 전략과제도출
① 전략적 위치검토	④ 본원적 전략분석	⑥ 비즈니스변환분석	⑧ 전략과제 정의
② BCG Matrix	⑤ 사업전략 요구사항 도출	⑦ 부가가치분석	
③ 기업전략 주요 영역 도출			

Description

- 기업전략수립 : 자사의 전략적 위치를 파악하고 전략방향을 도출한 다음 기업전략의 주요 영역을 도출함
- 사업전략수립 : 기업전략의 주요 영역을 바탕으로 사업단위의 전략을 분석하고, 요구사항을 도출함
- 기능전략수립 : 각 비즈니스가 부서, 조직별로 배분되는 과정과 그를 통해 생성되는 주요 가치를 분석함
- 최종 전략과제도출 : 최종적인 전략과제를 도출하고 상세한 내용을 정의함

3.6 실행계획수립

Objective

실행계획수립은 현재의 조직역량 대비 전략실행 가능 수준을 파악하고 실현 가능한전략들을 중심으로 계획을 수립하는 기법이다. 이를 통해 각 조직과 프로세스별로 체계화된 전략실행 계획을 도출할 수 있다. 실행계획수립을 위해서는 일정계획수립, 조직/개인역량분배, 모니터링계획, 변화관리계획 등의 단계가 요구된다.

Procedure

1단계	2단계	3단계	4단계
일정계획수립	조직/개인역량분배	모니터링계획	변화관리계획
① 과제수행기간 설정	④ 과제유형 파악	⑦ 성과모니터링계획	⑨ 수명주기/전략부합성분석
② 과제 중요도분석	⑤ 필요역량 검토	⑧ 세부과업맵핑	⑩ 시나리오위험분석
③ 실현가능성검토	⑥ 조직/개인별 역량분배		⑪ 조직, 프로세스, 기술변화분석

Description

- 일정계획수립 : 전략과제 실행 기간을 정하고 중요도, 실현가능성 등을 검토하여 일정에 반영함
- 조직/개인역량분배 : 전략과제 유형을 분석하고 각 부문별로 필요역량을 파악하여 적합한 부분에 역량을 배분함
- 모니터링계획 : 전략 수행으로 인해 창출되는 성과 모니터링계획을 수립하고 세부과업을 도출함
- 변화관리계획 : 전략부합성, 시나리오위험성 등을 파악하고 조직, 프로세스, 기술 차원의 변화 분석을 수행함

3.7 전략계획평가

Objective

전략계획평가는 전략실행계획의 적합성을 파악하고 향후 효과적인 전략 수립 가능성을 제고하는 기법이다. 이를 통해 전략의 상위단계와 하위단계를 종합적으로 평가할 수 있다. 전략계획평가를 위해서는 구체성평가, 타당성평가, 실현성 평가 등의 단계가 요구된다.

Procedure

1단계	2단계	3단계
구체성평가	타당성평가	실현성평가
① 측정가능성평가	③ 일관성평가	⑤ 자사실행역량평가
② SWOT분석	④ 안정성평가	⑥ 수행 우선순위파악
		⑦ 전략계획 평가결과도출

Description

- 구체성평가 : 전략계획이 측정가능한 구성요소로 구체화되어 있는지, 기회/위협, 강점/약점 등의 요소를 분명히 제시하고 있는지 평가함
- 타당성평가 : 전략계획에 제시된 목표, 비전 등의 일관성 및 측정지표의 안정성 등을 평가함
- 실현성평가 : 자사의 계획 실행가능성을 검토하고 계획 요소별로 수행 우선순위를 도출하고 평가결과를 종합함

3.8 전략효과평가

Objective

전략효과평가는 전략실행을 통해 달성가능한 성과를 예측하고 평가하는 기법이다. 이를 통해 전략이 경영성과에 미치는 정성적 · 정량적 효과를 파악하고 개선하여 향후 전략 수립에 반영할 수 있다. 전략효과평가를 위해서는 전략실행 효과분석, 투자비용 분석, 전략실행 위험분석 등의 단계가 요구된다.

Procedure

1단계	2단계	3단계
전략실행 효과분석	투자비용분석	전략실행 위험분석
① 핵심성과지표 영향분석	② 전략실행 직접비용분석	④ 잠재위험요인 파악
	③ 전략실행 간접비용분석	⑤ 보완필요영역 선정
		⑥ 개선방향 도출

Description

- 전략실행 효과분석 : 핵심성과지표를 도출하고 이를 바탕으로 정량적 · 정성적 효과를 분석함
- 투자비용분석 : 효율적인 투자전략을 수립하기 위해 전략 실행으로 인한 비용을 산출하고 분석함
- 전략실행 위험분석 : 전략 실행의 잠재위험을 파악하고 개선방향을 도출함

4. 서비스

4.1 서비스속성분석

Objective

서비스속성분석은 제품 및 서비스의 기능과 가치, 목적, 구성요소 등을 도출하는 기법이다. 이를 통해 서비스 자체가 가지는 특성을 분석하고, 가치창출 과정에서 서비스를 제공하기 위해 파악해야 할 요소들을 도출할 수 있다. 서비스속성분석을 위해서는 서비스분석영역 설정, 주요 영역별 분석, 서비스정의서 작성 등의 단계가 요구된다.

Procedure

1단계	2단계	3단계
서비스분석영역 설정	주요 영역별 분석	서비스정의서 작성
① 분석대상 서비스 정의	③ 주요 기능분석	⑦ 분석결과 정리
② 분석범위 및 영역설정	④ 핵심구성요소분석	⑧ 서비스속성 문서화
	⑤ 사용자 및 고객분석	
	⑥ 주요 이슈 도출	

Description

- 서비스분석영역 설정 : 서비스분석의 대상이 되는 분석영역을 설정하기 위해 제품 및 서비스를 정의하고 서비스를 통해 얻고자 하는 목표를 설정함
- 주요 영역별 분석 : 서비스 모델과 관련되어 있는 다양한 외부 및 내부정보들의 영역별 분석을 통해 최종적인 주요 이슈를 도출함
- 서비스정의서 작성 : 주요 영역별 분석단계의 결과물을 바탕으로 제품 및 서비스 정의서를 작성하고 서비스를 통해 해결되어야 할 과제, 목표 등을 구체화함

4.2 서비스이해관계자분석

Objective

서비스이해관계자분석은 서비스 제공과 관련된 집단 또는 개인을 파악하여 비즈니스 참여주체를 명확히하고, 기업의 자원배분 및 서비스 제공방향을 파악하는 기법이다. 이를 통해 해당 서비스를 구성하고 있는 이해관계를 구체화하여 전략적인 서비스 제공을 위한 구조를 파악할 수 있다. 서비스 이해관계자분석을 위해서는 이해관계자 정의, 이해관계자 속성분석, 이해관계자별 대응전략 수립 등의 단계가 요구된다.

Procedure

1단계	2단계	3단계
이해관계자 정의	이해관계자 속성분석	이해관계자별 대응전략 수립
① 서비스구조분석	③ 유형별 서비스 영향 요인분석	⑤ 분석결과 정리
② 이해관계자 유형 정리	④ 유형별 특성분석	⑥ 관계정보 수립
		⑦ 전략적 방향설정

Description

- 이해관계자 정의 : 기업이 도입 내지 착수하려는 서비스의 구조를 분석함으로써 해당 서비스와 관련이 있는 다양한 이해관계자들을 가치사슬 영역에 따라 각각 정의함
- 이해관계자 속성분석 : 앞서 정의된 이해관계자별 서비스 영향 요인과 특성을 분석하여 대응전략을 수립하기 위한 기반을 마련함
- 이해관계자별 대응전략 수립 : 이해관계자 유형별 정의한 내용을 바탕으로 향후 이들에게 적합한 서비스를 제공하기 위한 전략적 방향을 설정함

4.3 서비스타당성평가

Objective

서비스타당성평가는 서비스의 시장출시 전 사전평가과정을 통해 다양한 정보를 수집 · 분류하고 검토하는 기법이다. 이를 통해 서비스가 시장에 진출하기 이전에 해당 서비스가 가지는 불확실성을 판단하고 성공가능성을 예측할 수 있다. 서비스타당성평가를 위해서는 타당성평가계획, 타당성평가체계구성, 타당성평가수행, 타당성평가결과분석 등의 단계가 요구된다.

Procedure

1단계	2단계	3단계	4단계
타당성 평가계획	타당성 평가체계구성	타당성 평가수행	타당성 평가결과분석
① 평가대상선정	③ 평가영역 선정 및 개발	⑤ 평가요소조사	⑨ 타당성분석
② 평가계획수립	④ 세부평가지표 개발	⑥ 기술적합성평가	⑩ 개선사항도출
		⑦ 전략부합성평가	
		⑧ 시장사업성평가	

Description

- 타당성 평가계획 : 서비스 평가 전에 평가 범위와 과정 및 평가를 통한 기대효과 등을 계획함
- 타당성 평가체계구성 : 기업의 기존 전략이나 서비스 프로세스를 고려하여 신규 서비스의 평가영역 및 평가지표를 개발함
- 타당성 평가수행 : 기술, 전략, 시장의 관점에서 서비스 구성요소 및 도입 계획의 타당성 평가를 수행함
- 타당성 평가결과분석 : 기술적합성 평가, 전략부합성 평가, 시장사업성 평가를 바탕으로한 결과들의 타당성을 분석하고, 위험요인의 배제 및 개선사항 도출을 통해 서비스의 성공가능성을 높임

4.4 서비스시나리오분석

Objective

서비스시나리오분석은 서비스와 관련된 현상 및 트렌드를 분석하여, 서비스 제공과정에서 발생할 수 있는 상황을 사전에 예측하고, 이에 대한 구체적인 대응방안을 수립하는 기법이다. 이를 통해 서비스 불확실성을 최소화하고 서비스 및 비즈니스의 방향을 미리 설정해 볼 수 있다. 서비스시나리오분석을 위해서는 시나리오 근거탐색, 요인별 시나리오작성, 시나리오분석, 전략도출 등의 단계가 요구된다.

Procedure

1단계	2단계	3단계
시나리오 근거탐색	요인별 시나리오작성	시나리오분석
① 거시요인 영역설정	③ 거시적 요인분석	⑤ 최적 시나리오 선정
② 거시요인 도출	④ 다수 시나리오작성	⑥ 시나리오별 전략수립

Description

- 시나리오 근거탐색 : 서비스에 영향을 주는 요인과 서비스로 인해 변화하게 될 고객 또는 시장의 반응을 주요 요소로 시나리오의 근거를 도출함
- 요인별 시나리오작성 : 이미 정의된 거시적 요인을 기업의 서비스 경쟁력 관점에서 분석하며 현재 예상되는 환경 변화에 따른 시나리오를 도출함
- 시나리오분석 : 전략적으로 가장 최적인 시나리오를 선정하고 서비스 제공을 위한 시나리오별 전략을 수립함

4.5 서비스관계구조분석

Objective

서비스관계구조분석은 서비스 제공에 관련된 이해관계자들 간의 전달되는 가치와 프로세스를 분석하여 서비스의 구조를 구체화하는 기법이다. 이를 통해 서비스 제공상에 발생하는 가치전달 구조와 프로세스 흐름을 분석하여 서비스 수행방안을 구체화할 수 있다. 서비스관계구조분석을 위해서는 이해관계자 요구분석, 서비스 구조 분석, 서비스제공방안 수립 등의 단계가 요구된다.

Procedure

1단계	2단계	3단계
이해관계자 요구분석	서비스 구조분석	서비스 제공방안 수립
① 이해관계자 정의	③ Value map 분석	⑥ 서비스 이슈 도출
② 이해관계자 요구사항 도출	④ Process map 분석	⑦ 문제해결 방안 제시
	⑤ 서비스구조화	

Description

- 이해관계자 요구분석 : 서비스 모델을 통해 주요 이해관계자들을 정의하고 요구사항을 도출함
- 서비스구조분석 : Value map과 Process map을 통해 구체적인 서비스모델 구조를 분석하고 서비스모델을 구조화함
- 서비스 제공방안 수립 : 주요 문제점의 분석을 통해 서비스 이슈를 도출하고 이를 해결하기 위한 방안을 제시함

4.6 서비스수익모델분석

Objective

서비스수익모델분석은 서비스를 제공함으로써 창출되는 직접수익, 간접수익, 잠재수익을 파악하여 해당 서비스의 투자를 위한 경영자의 의사결정을 지원하는 기법이다. 이를 통해 서비스를 통해 얻게 되는 수익의 형태와 대상, 구조를 분석하여 수익구조 및 원천을 구성할 수 있다. 서비스수익모델분석을 위해서는 서비스관계구조분석, 수익구조 및 유형분석, 수익모델도출 등의 단계가 요구된다.

Procedure

1단계	2단계	3단계
서비스관계구조분석	수익구조 및 유형분석	수익모델 도출
① 서비스구성요소분석	④ 수익원분석	⑥ 수익구조 분석결과 정리
② Value map 결과분석	⑤ 수익유형분석	⑦ 수익모델도출
③ Process map 결과분석		⑧ 수익성 예측

Description

- 서비스관계구조분석 : 서비스 구성요소 분석과 Value map, Process map 결과를 바탕으로 가치발생 요인의 기초자료를 정리함
- 수익구조 및 유형분석 : 구체적인 수익발생 요인 및 수익 유형, 창출 과정 등을 상세하게 검토하며 기준에 따라 유 · 무형의 수익요인을 분석함
- 수익모델도출 : 서비스를 구축하고 운영하기 위해 필요한 모든 물적 · 인적자원 요소를 도출하고, 수익모델과 수익성을 분석함

5. 고객

5.1 잠재시장분석

Objective

잠재시장분석은 제품이나 서비스 출시로 인해 형성될 수 있는 미래의 시장 상황이나 시장에서의 기업역량을 증대시킬 수 있는 잠재적 요소들을 도출하는 기법이다. 이를 통해 목표시장의 잠재소비자 수를 파악하고 시장에 진출할 때 발생되는 기회비용과 시장의 변화 내용 등을 예측할 수 있다. 잠재시장분석을 위해서는 분석목표설정, 사용기법선정, 예측결과분석 등의 단계가 요구된다.

Procedure

1단계	2단계	3단계
분석목표설정	사용기법선정	예측결과분석
① 목표시장선정	③ 수행기법선정	⑤ 잠재시장예측
② 시장특징파악	④ 필요 Data 확보	⑥ 예측결과분석

Description

- 분석목표설정 : 미래의 공략 대상이 될만한 목표시장을 선정하고 해당 시장의 특성을 파악하여 시장분석의 기초자료로 정리함
- 사용기법선정 : 분석대상에 따른 주요 분석기법을 선정하고 필요자료를 수집 및 조사함
- 예측결과분석 : 실제 잠재시장 예측을 수행하고 예측 결과를 분석함. 예상되는 소비자그룹의 구매패턴, 해당 시장에서 기업이 갖게 될 경쟁 우위의 속성, 상품이나 서비스를 구매하는 과정에서 공급자의 의도와 다르게 나타날 수 있는 고객의 반응 등을 추정함

5.2 시장우위분석

Objective

시장우위분석은 고객의 동일한 욕구를 충족시키는 제품이나 서비스를 중심으로 시장의 경쟁상태와 변화양상을 분석하는 기법이다. 이를 통해 자사의 경쟁우위요인과 시장의 경쟁우위요인을 비교함으로써 경쟁상황을 보다 객관적으로 파악할 수 있으며, 직접적인 경쟁자 이외에 향후 발생가능한 경쟁세력 및 주요 반응 등을 추정해 볼 수 있다. 시장우위분석을 위해서는 시장정의, 경쟁관계분석, 전략수립 등의 단계가 요구된다.

Procedure

1단계	2단계	3단계
시장정의	경쟁관계분석	전략수립
① 자사제품/서비스정의	③ 경쟁상황파악	⑤ 경쟁자파악
② 시장제품/서비스정의	④ 분석기법선정	⑥ 경쟁자분석
		⑦ 대응전략수립

Description

- 시장정의 : 자사의 제품/서비스 및 시장의 제품/서비스 속성을 정의하고 분석 이전에 고려할 다양한 요인들을 정리함
- 경쟁관계분석 : 타사 및 산업 내 다양한 이해관계자들의 경쟁상황을 유기적인 관점에서 살펴보고, 이를 정확하게 분석하기 위한 기법을 선정함
- 전략수립 : 현재 시장 경쟁자의 행동 및 주요 위협요인, 공급자 네트워크 등을 상세하게 파악한 후, 경쟁자 파악 및 분석을 통해 미래의 경쟁동향에 따른 대응전략을 수립함

5.3 시장매력도분석

Objective

시장매력도분석은 시장에 대한 다양한 관점의 분석을 통해 목표시장 진입 시 기업의 사업성을 판단하는 기법이다. 이를 통해 자원의 효율적 배분을 통한 안정적 시장진입을 도모할 수 있으며, 초기시장 발굴도 가능하다. 시장매력도분석을 위해서는 시장매력도분석 준비, 시장매력도분석 수행, 최적화방안수립 등의 단계가 요구된다.

Procedure

1단계	2단계	3단계
시장매력도분석 준비	시장매력도분석 수행	최적화방안수립
① 제품/서비스속성 정의	③ 시장규모조사	⑤ 시장진입 대응방안도출
② 목표시장선정	④ 시장수익성 예측	

Description

- 시장매력도분석 준비 : 제품 및 서비스의 속성을 사전에 정의하고, 기업이 전략적 우위를 점하고자 하는 목표시장을 선정함
- 시장매력도분석 수행 : 경쟁시장의 예상규모를 조사하고, 시장에서 얻게 될 다양한 수익원 및 수익구조를 예측하여 시장의 재무적 매력도를 도출함
- 최적화방안수립 : 경쟁자 및 잠재적 경쟁자들의 시장 진입에 대처하기 위한 전략적 대안들을 도출하고 최적화 방안을 수립함

5.4 고객수용주기분석

Objective

고객수용주기분석은 고객이 신제품을 인지하고 주기적으로 사용하기까지의 과정을 파악하여 성공적인 시장진출 방안을 수립하는 기법이다. 이를 통해 신제품도입전략의 기준을 제공하며, 단계별 마케팅 전략수립에 도움을 줄 수 있다. 고객수용주기분석을 위해서는 신제품 정의, 신제품 수용자분석, 고객수용주기분석 등의 단계가 요구된다.

Procedure

1단계	2단계	3단계
신제품 정의	신제품 수용자분석	고객수용주기분석
① 신제품특징 파악	② 신제품 수용자 파악 ③ 유형별 소비자 매칭 ④ 유형별 주 사용기능 도출	⑤ 주기별 시장대응방안 도출

Description

- 신제품 정의 : 새로운 기술 내지는 최신형 서비스가 탑재된 신제품의 특징을 정리하고, 제품 사용을 통해 창출될 수 있는 소비자 편익을 도출함
- 신제품 수용자분석 : 고객수용주기에 나타난 각 계층별 신제품 수용자의 성향을 파악하고, 출시 제품에 대한 반응 및 주요 구매행동 등을 분류함
- 고객수용주기분석 : 각 수용주기의 계층별로 차별화된 시장대응 방안을 도출하며 성장성 및 수익성 관점에서 미래대응 전략을 수립함

5.5 고객라이프스타일분석

Objective

고객라이프스타일분석은 개별고객의 생활패턴을 분석하여 고객이 주요한 가치로 생각하는 것들을 파악하는 기법이다. 이를 통해 하나의 전형(Prototype)으로 정의된 고객라이프스타일을 정의할 수 있으며, 목표시장을 선정하는 데 효과적인 방법을 제공할 수 있다. 고객라이프스타일분석을 위해서는 고객설문, 통계적 분석, 분석결과 적용 등의 단계가 요구된다.

Procedure

1단계	2단계	3단계
고객설문	통계적 분석	분석결과 적용
① 고객대상 시장 설문조사	② 요인분석을 통한 고객 특징 도출	③ 고객특징별 세부내용 분석

Description

- 고객설문 : 고객의 행동(Activity), 관심사(Interest), 의견(Opinion)을 중심으로 주요 설문을 작성하고, 설문조사를 통해 수집할 데이터의 객관성을 확보함
- 통계적 분석 : 주요 요인 및 변수를 설정한 통계 모델링을 통해 집단별로 특징을 검증하고, 고객들이 주요 구매행동 시 보이는 패턴이나 특정 제품/서비스에 대한 특징을 도출함
- 분석결과 적용 : 각 고객의 전형별로 나타나는 특징 및 세부사항들을 조사하고 분석하며 양적 조사에서 파악할 수 없는 고객의 구매심리, 비합리적인 기호 등을 추론해 낼 수 있음

5.6 고객사용성분석

Objective

고객사용성분석은 개별 고객의 특성을 고려한 혁신적 디자인 개발을 통해 고객에게 제공되는 제품 및 서비스의 가치를 극대화하는 기법이다. 이를 통해 실제 고객이 사용하는 데 최적화된 제품을 개발함으로써 고객욕구를 효율적이고 효과적으로 충족시킬 수 있다. 고객사용성분석을 위해서는 평가요소선정, 사용성평가수행, 수정 및 보완 등의 단계가 요구된다.

Procedure

1단계	2단계	3단계
평가요소선정	사용성 평가수행	수정 및 보완
① 사용성 평가항목 구성	② 사용편의성 평가 ③ 사용자 인터페이스 평가	④ 평가결과 종합 ⑤ 개선사항 도출

Description

- 평가요소 선정 : 해당 제품 및 서비스를 통틀어 평가할 영역과 요소들을 선정하며 주로 사용편의성 및 인터페이스 등을 평가고려요인으로 구성함
- 사용성 평가수행 : 사용편의성 평가를 통해 제품의 효율성과 학습용이성 등을 분석하며 사용자 인터페이스 평가를 통해 제품의 기능적 특성 및 사용자 행동 특성 등을 분석함
- 수정 및 보완 : 사용성 평가 결과를 종합하여 최적화된 제품 디자인을 위한 개선사항을 도출함

5.7 고객가치측정분석

Objective

고객가치측정분석은 제품구매를 통해 고객이 얻고자 하는 가치를 측정하고 분석하는 기법이다. 이를 통해 고객이 원하는 것이 무엇인지 공급자 입장에서 파악할 수 있다. 고객가치측정분석을 위해서는 목표설정, 고객가치요인 도출, 고객가치분석 수행 등의 단계가 요구된다.

Procedure

1단계	2단계	3단계
목표설정	고객가치요인 도출	고객가치분석 수행
① 제품 및 서비스 이용 고객 정의	② 제품구매 여부 조사	⑤ 고객만족도 분석
	③ 선호제품 유형 조사	⑥ 고객가치요인 도출
	④ 선호상품 조사	

Description

- 목표설정 : 제품과 서비스를 이용하는 고객들의 유형과 성격을 정의함
- 고객가치요인 도출 : 현재 소비트렌드를 대변한다고 평가되거나 일반적으로 구매성향을 평가하는 기준으로 거론되는 제품의 구매 여부를 통해 고객의 특성을 유추함
- 고객가치분석 수행 : 고객의 물품구매 시 고려하는 기능, 구매심리 등 다양한 요소별로 만족도를 조사하여 고객의 가치기준을 도출함

5.8 고객요구사항분석

Objective

고객요구사항분석은 고객가치분석 절차보다 구체화된 단계이며, 제품 및 서비스의 시장진출 전 목표고객층을 선정하여 이들에 특화된 대안을 개발하기 위한 기법이다. 이를 통해 고객만족을 위한 전략의 활용방안을 구상할 수 있다. 고객요구사항분석을 위해서는 요구사항대상분석, 고객욕구파악, 제품기획 등의 단계가 요구된다.

Procedure

1단계	2단계	3단계
요구사항대상분석	고객욕구파악	제품기획
① 제품 및 서비스 정의	③ 다양한 분석기법 적용	⑤ 요구사항기반 제품기획
② 목표고객층 선정	④ 고객요구사항 도출	

Description

- 요구사항대상분석 : 제품 및 서비스의 특성을 정의하고, 목표고객층을 선정함
- 고객욕구파악 : 마케팅에서 활용하는 다양한 고객수요 측정방식 및 분석기법을 적용하여 고객요구사항을 도출함
- 제품기획 : 요구사항을 통해 사전 정의된 고객의 가치에 부합하는 제품을 개발하며, 고객요구사항은 제품기획 및 마케팅의 전 과정에 걸쳐 주된 검토 사항으로 활용될 수 있음

6. 환경

6.1 법제도 영향분석

Objective

법제도 영향분석은 기술도입에 미치는 법적 · 정책적 영향을 분석하고 규제에 대응하기 위한 대안을 개발하는 기법이다. 이를 통해 산업의 진흥 및 규제, 표준화 관련 정책을 상세하게 파악할 수 있다. 법제도 영향분석을 위해서는 법제도 유형 정의, 유형별 법제도 영향분석, 법제도 영향분석의 전략반영 등의 단계가 요구된다.

Procedure

1단계	2단계	3단계
법제도 유형 정의	유형별 법제도 영향분석	법제도 영향분석의 전략반영
① 비즈니스영역 정의	③ 자료분석	⑥ 기업자원 및 대응환경분석
② 자료수집	④ 전문가조언 및 관련부서 검토	⑦ 대응방안 및 전략수립
	⑤ 비즈니스 파급요인 도출 및 대안검토	

Description

- 법제도 유형정의 : 기업의 업무영역을 정의하고 관련 법령 및 정책, 각 부처의 규제 안내, 과거 법적 대응 사례 등을 참고하여 자료를 수집함
- 유형별 법제도 영향분석 : 특정 규제 및 정책과 연관된 기업 부서와 전문가들이 협업하여 법제도적 영향을 검토하고 향후 비즈니스에 미칠 영향을 분석함
- 법제도 영향분석의 전략반영 : 전사적 기업전략 단계에서부터 실무자급의 세부 실행방안에 이르기까지 법제도 환경에 대응하는 구체적인 대안을 수립함

6.2 경제지표 영향분석

Objective

경제지표 영향분석은 경제지표를 바탕으로 시장상황을 파악하고 영향을 구체화하는 기법이다. 이를 통해 기업매출, 시장점유율, 성장률 등과 연관된 영향을 정량화할 수 있다. 경제지표 영향분석을 위해서는 경제지표 영향분석 대상선정, 분석대상 데이터수집, 경제지표 영향분석 및 전략도출 등의 단계가 요구된다.

Procedure

1단계	2단계	3단계
경제지표 영향분석 대상선정	분석대상 데이터수집	경제지표 영향분석 및 전략도출
① 대상비즈니스 산업군 선정	③ 경제지표 데이터수집	⑥ 기업의 자원 및 환경분석
② 분석목표수립	④ 전문기관의 경제전망수집	⑦ 대응방안 및 전략수립

Description

- 경제지표 영향분석 대상선정 : 경제지표의 측정 또는 분석대상이 되는 업종, 산업군 등을 정의하며, 이 과정을 통해 전체 분석단계의 맵핑이 이루어짐
- 분석대상 데이터수집 : 경제지표에 관련된 다양한 데이터를 인터뷰, 설문조사, 델파이기법 등을 통해 조사하며, 연구소 등 각종 전문기관의 전망수치를 참고로 활용함
- 경제지표 영향분석 및 전략도출 : 경제지표상의 변화가 기업에 미칠 영향 등을 시뮬레이션을 비롯한 각종 예측기법을 통해 분석하고 대응방안을 수립함

6.3 경제적 파급효과분석

Objective

경제적 파급효과분석은 서비스나 제품이 시장에 미치게 될 경제적 영향을 정량적 · 정성적으로 분석하는 기법이다. 기술의 향후 성장성을 파악하는 기법이다. 이를 통해 Techno Business가 시장과 사회에 미치게 될 영향을 구체적으로 파악할 수 있다. 경제적 파급효과분석을 위해서는 경제적 파급효과 유형도출, 경제적 파급효과 영향분석, 세부 파급효과분석 등의 단계가 요구된다.

Procedure

1단계 – 경제적 파급효과 유형도출

1. 대상비즈니스 산업군 선정
2. 대상서비스 연관서비스 및 제품탐색

2단계 – 경제적 파급효과 영향분석

3. 연관서비스 및 제품시장 규모파악
4. 산업연관분석

3단계 – 세부 파급효과분석

5. 분석결과 검토 및 시사점 도출
6. 경제적 기대효과 계산

Description

- 경제적 파급효과 유형도출 : 분석절차에 포함할 산업군/연관서비스 및 제품을 탐색하고 선정함
- 경제적 파급효과 영향분석 : 기업, 브랜드에 관계 없이 서비스 및 제품이 창출하는 시장규모를 파악하고, 특정 비즈니스 모델이 산업 전반에 미칠 영향을 분석함
- 세부 파급효과분석 : 파급효과 및 경제적 기대효과를 정량적 · 정성적으로 검토하며 분석 결과는 환경대응 전략수립 시 중요한 참고근거로 활용함

6.4 사회트렌드분석

Objective

사회트렌드분석은 사회 · 문화적 변화들이 비즈니스에 미치게 될 영향을 분석하는 기법이다. 이를 통해 고객의 구매패턴이나 기술변화에 영향을 미칠 수 있는 각종 트렌드를 구체적으로 분석할 수 있다. 사회트렌드분석을 위해서는 사회트렌드 분석대상 선정, 사회트렌드 분석수행, 사회트렌드 전략반영 등의 단계가 요구된다.

Procedure

1단계	2단계	3단계
사회트렌드 분석대상 선정	사회트렌드 분석수행	사회트렌드 전략반영
① 변화진단 및 평가영역 도출	④ 사회트렌드 변화요인분석	⑦ 분석결과 검토 및 시사점 도출
② 설문대상 설정	⑤ 트렌드대상 분석	⑧ 대응방안 및 전략수립
③ 설문조사 실시	⑥ 비즈니스 영향분석	

Description

- 사회트렌드 분석대상 선정 : 사회적 변화를 기업 관점에서 분석하고, 주요 평가영역을 도출하며 설문지법을 통해 다수 사용자 및 대중의 반응을 수집하는 과정을 수행함
- 사회트렌드 분석수행 : 사회트렌드를 변화시키는 주된 요인은 무엇인지 설문조사 결과를 종합한 후 비즈니스에 미치는 영향을 도출함
- 사회트렌드 전략반영 : 분석단계를 통하여 도출된 시사점을 바탕으로 서비스나 제품 출시 전략을 수립함

6.5 문화수용분석

Objective

문화수용분석은 사회문화 현상의 파악을 통해 정량화할 수 없는 사용자의 다양한 특성을 관찰하고 제품기획에 반영하기 위한 기법이다. 이를 통해 시장 및 사용자의 문화적 특성, 고객심리 등을 상세하게 파악할 수 있다. 문화수용분석을 위해서는 문화수용 영향요인도출, 문화수용 영향요인분석, 문화수용 전략반영 등의 단계가 요구된다.

Procedure

1단계	2단계	3단계
문화수용 영향요인도출	문화수용 영향요인분석	문화수용 전략반영
① 시장 및 고객의 문화적 특성	④ 문화수용 영향요인분석	⑦ 결과 검토 및 시사점 도출
② 설문대상 선정	⑤ 문화수용 대상 분석	⑧ 대응방안 및 전략수립
③ 설문조사 실시	⑥ 비즈니스 영향분석	

Description

- 문화수용 영향요인도출 : 문헌 조사, 지역별 조사, 집단특성별 조사 등 고객과 시장의 배경정보를 읽어낼 수 있는 다양한 문화적 배경지식들을 수집하며, 정리된 데이터를 통해 고객의 문화적 특성을 정의함
- 문화수용 영향요인분석 : 수집된 자료를 토대로 다양한 문화적 배경이 고객의 행동에 미치는 영향요인들을 도출하며 그를 바탕으로 고객과 시장의 특성이 비즈니스에 미칠 잠재적 영향을 파악함
- 문화수용 전략반영 : 문화적 배경에 대한 대응전략을 수립함

찾아보기

[국문]

ㄱ

ㅇ

ㅈ

[저자소개]

임춘성 교수는,

서울대학교 산업공학과를 졸업하고, 미국 University of California at Berkeley에서 산업공학 박사 학위를 받았다.
미국 Rutgers University의 산업공학과 교수를 거쳐, 현재까지 연세대학교 정보산업공학과 교수로 재직 중이다.
사단법인 기업정보화지원센터 센터장, 한국전자거래학회 회장, 한국SME 회장과 대한민국 정보화추진위원회 및 전국경제인연합회 정보통신 자문위원 등을 역임했다.
관련분야 200여 편 이상의 논문발표와 다수의 저서가 있으며, 학술 및 산업발전의 유공자로 정부의 표창을 4회 수여받은 바 있다.

연세대학교 기업정보화연구센터는,

비즈니스모델 개발방법론과 더불어 IT기업 평가방법론과 기업정보화 방법론을 연구하는 특성화된 연구집단이다.
교수, 박사연구원, 박사과정 및 석사과정 연구원, 행정연구원으로 구성되어 있으며, 지금까지 100여 명의 박사와 석사를 배출하였다.
연세대학교 기업정보화연구센터(ITR : ITResearch & evaluation)의 홈페이지는 itr.yonsei.ac.kr이다.

테크노 비즈니스 디자인

2011년 6월 10일 1판 1쇄 인쇄
2011년 6월 15일 1판 1쇄 발행

저 자 / 임춘성
연세대학교 기업정보화연구센터(ITR)
발행인 / 이수영
발행처 / 도서출판 청람
서울시 마포구 대흥동 802(세양상가 109호)
전 화 / 02)3272-2601~2
팩 스 / 02)3272-2603
홈페이지 / www.crbooks.co.kr
e-mail / crbooks@paran.com
등 록 / 2000년 8월 26일 제6-0509호

ISBN 978-89-5972-190-0 93320 [정가 28,000원]

※ 본 서적은 부분적으로 연세대학교 창업지원단 '중소기업청 2011 창업선도대학 육성사업' 의 지원을 받음